普通高等教育“十一五”国家级规划教材

体育院校通用教材

运动选材学

全国体育院校教材委员会审定

主　编：王金灿
副主编：封飞虎
　　　　贝恩勃
编　委：刘志云　陈建国
　　　　龙　斌　刘　晨

人民体育出版社

图书在版编目（CIP）数据

运动选材学 / 王金灿主编. -- 北京：人民体育出版社，2009（2022.9重印）
普通高等教育“十一五”国家级规划教材. 体育院校专业教材
ISBN 978-7-5009-3618-3

Ⅰ. ①运… Ⅱ. ①王… Ⅲ. ①选拔运动员—高等学校—教材 Ⅳ. ①G808.18

中国版本图书馆CIP数据核字(2009)第036784号

*
人民体育出版社出版发行
中国标准出版社秦皇岛印刷厂印刷
新　华　书　店　经　销
*
787×1092　16开本　30印张　717千字
2009年12月第1版　2022年9月第14次印刷
印数：82,001—87,000册
*
ISBN 978-7-5009-3618-3
定价：65.00元

社址：北京市东城区体育馆路8号（天坛公园东门）
电话：67151482（发行部）　邮编：100061
传真：67151483　邮购：67118491
网址：www.psphpress.com
（购买本社图书，如遇有缺损页可与邮购部联系）

序

《运动选材学》是为了适应运动选材的发展和运动选材学教学的要求而编写的。本书在汇集国内外运动员科学化选材原理与方法的基础上，认真总结已有的知识和前人的经验，努力探索运动选材学科的知识要素、知识结构及其体系特征。将知识的基础性、层次性、系统性、实用性等原则作为《运动选材学》知识结构体系确定原则；将知识的发展性、延伸性、科学性、多样性、系统性和可操作性等作为《运动选材学》知识体系特征；将基础性知识、经验性和规律性知识、策略性知识等作为《运动选材学》知识要素和知识结构。其中基础性知识主要包括运动选材及其学科概念、运动选材基本原理等；经验性和规律性知识是在运动选材问题解决过程中许多经验性结论逐渐形成的规律性知识；策略性知识是主体怎样解决问题的策略，它主要包括选材方法、选材模式、选材技巧、思维模式和学习方法等。这些知识大体可分为学科介绍、选材原理、选材方法和选材模式。本书试图通过对这些内容的阐述，解决读者在运动选材过程中的疑惑和困难，探索运动选材的科学原理，开发更多的方法和指标，期望投入更多的实践验证和经验总结，逐步完善发展运动选材的理论、测评和预测方法体系。

本书以选材基本因素区分的体系为主干，探讨运动选材学科的主要内容。第一章“运动选材及其学科概论”，主要介绍运动选材的概念和意义，《运动选材学》的学科性质与研究内容、运动选材及其学科形成与发展、国内外运动选材及学科发展概况、运动选材要素、依据、原则、方法、组织管理、资料处理、选材预测等内容。自第二章至第八章分别介绍了遗传选材、年龄选材、体型选材、运动素质选材、生理机能选材、心理选材、运动技能选材的原理和方法。比较详细地介绍选材各基本因素的选材理论依据、方法过程或操作细则、评价方法或选材应用等，还附有主要运动项目选材评分表，以便形成较完整的选材学科体系。

本书在每章前部附有“教学要点”，将教学内容区分为了解、理解、掌握的学习要求。学生学习和考核以“理解、掌握”的教材知识为主，“了解”的教材知识由任课教师根据具体情况决定是否使用，主要由学员结合自己专项进行自学。在每章的后部附有“本章思考题”和“本章参考文献”，便于师生应用和课外阅读。本书还特意编制了较详尽的目录，以便读者阅读和查询，力争使读者在“要用”的基础上通过本书达到“明理”“能用”和“会用”的目的。

本书的读者对象主要是从事运动训练的教练员、体育教师和体育院校、体育师范院校体育专业的学生，以及各级体育科研机构的研究人员和其他有志于运动训练和运动选材的同志，作为教材或自学参考书籍。本书也可以作为体育测量与评价、体质普查等方面的参考资料。

编写人员及分工如下:

王金灿（主编、第一章、串编定稿）；封飞虎（副主编、第六章）；贝恩渤（副主编、第七章）；刘志云（第二章）；陈建国（第三章）；龙斌（第四、五章）；刘晨（第八章）。

书中引用了国内外很多专家学者的真知灼见，凝聚着很多人的心血，在此向他们表示崇高的敬意和衷心的感谢。虽然我们力图在正文、图例、表解以及参考文献中尽量引用原作者的名字，但由于各种原因，引注终不能完整无缺，深表歉意和内疚。同时由于运动选材学科难度大、涉及领域广，我们学识有限，书中谬误缺陷一定不少，殷切期望得到专家和广大读者的批评指正。

本书在编写过程中，受到武汉体院和其他院校有关领导的热情关怀，受到人民体育出版社的大力支持，也受到很多朋友的鼓励和帮助，在此一并致以深切的谢意！

编 者

2008 年 12 月

内 容 提 要

《运动选材学》是为了适应运动选材的发展和运动选材学教学的要求而编写的。运动选材原理与方法构成了运动选材学的主干内容，甚至可以说运动选材学就是一门在科学理论指导下的方法学。本书在汇集国内外运动员科学化选材原理与方法的基础上，总结已有的知识和前人的经验，经过筛选和加工，努力体现运动选材原理与方法的科学性、系统性和实用性，解决读者在运动选材过程中的疑惑和困难，探索运动选材的科学原理，开发更多的方法和指标，期望投入更多的实践验证和经验总结，逐步完善发展运动选材的理论、测评和预测方法体系。

本书以选材基本因素区分的体系为主干，以探讨运动选材原理与方法为主要内容。第一章“运动选材概述”主要介绍运动选材的概念和意义，国内外运动选材概况，运动选材要素、依据、原则、方法、组织管理、资料处理、选材预测等内容。自第二章至第八章分别介绍了遗传选材、年龄选材、体型选材、运动素质选材、运动生理生化机能选材、运动心理选材、运动技能选材。比较详细地介绍选材各基本因素的选材理论依据、方法过程或操作细则、评价方法或选材应用等，还附有主要运动项目选材评分表，以便形成较完整的选材原理与方法体系。本书还特意编制了较详尽的目录，以便读者阅读和查询。力争使读者在“要用”的基础上通过本书达到“明理”“能用”和“会用”的目的。

本书的读者对象主要是从事运动训练的教练员、体育教师和体育院校、体育师范院校体育专业的学生，以及各级体育科研机构的研究人员，亦可以作为体育测量与评价、体质普查等方面的参考资料。

目 录

第一章 运动选材及其学科概述

[教学要点] 掌握运动选材的概念和意义，理解运动选材学科性质与研究对象、运动选材学科依据与研究内容，了解运动选材学学科形成与发展、国外运动选材及学科发展概况、我国运动选材及学科发展概况，掌握运动选材学研究发展趋势。理解运动选材要素、依据和原则，了解运动选材方法概论、运动选材的组织与管理、运动选材资料处理及运动选材预测。

第一节 运动选材的概念、意义

一、运动选材的概念和内涵

目前对运动选材的称谓有许多，诸如运动选材、运动员选材、运动员科学选材、科学选材等，其基本含义大致相同。其中通用性较强、简明扼要、广为认可的是“运动选材”，并由其扩展为一门新兴的学科——运动选材学。

对运动选材概念的表述也很多，如前民主德国布特里希·哈雷博士指出：“运动选材主要指以高度的把握来预测少年运动员能否成功地完成所选运动项目的后备力量训练，以便下一步顺利地接受高级竞技训练。”

前联邦德国乌尔默教授认为：“运动选材（指科学选材）就是直接或间接地将应选者的天才因素测定出来，并根据现有测定结果分析预测其未来的竞技能力。”

哈雷（1982）认为：运动员选材是高度有把握地预测一个少年运动员能不能成功地通过某一项目的后备力量训练，参加高级竞技训练并取得好成绩。

乌克兰的普拉托诺夫（1984）认为：运动员选材是在所选运动项目中寻找那些有能力达到较高运动成绩的、最有天赋的运动员的过程。

《中国百科大辞典》体育卷（1979）这样定义“运动员选材”：经符合专项运动特点和要求的多指标测试和预测，准确地从小选出适合从事某项运动的人材，以提高培养成功率。

过家兴（1988）认为，运动员的早期选材，在“寻找和发现先天性竞技能力高、后天可训练性又强的运动员”。

徐本力（1990）认为：运动员选材是根据各个项目的特点，以科学的测试和预测方法，从众多的儿童少年和运动员后备力量中，准确地选拔出那些在先天和后天条件方面均较优越的运动员人才。

刘献武等提出：所谓选材，是指直接或间接地将被选者的运动才能之天赋因素测定出来，并根据测试结果分析预测其未来的竞技能力（见1991年人民体育出版社《运动选材学》p1）。

曾凡辉、王路德、邢文华等提出：科学选材，是根据不同运动项目的特点和要求，用现代科学的手段和方法，通过客观指标的测试，全面综合评价和预测，把先天条件优越、适合从事某项运动的人才从小选拔出来，进行系统的培养，并且不断地监测其发展趋势的一个过程（见1992年人民体育出版社《运动员科学选材》p1）。

叶国治等提出：用科学的方法和手段挑选合乎要求的青少年运动员苗子的工作过程就叫科学选材（见1992年成都科技大学出版社《运动员科学选材指南》p1）。

隗金水（2006）提出：运动员选材是与育才紧密结合的选拔青少年运动人才的动态过程。

综观各位学者的选材观点，表述和侧重点可能不同，但其共性是非常突出的。因此本书提出：运动选材就是依据科学的原理和方法，将具有良好运动天赋和竞技潜力的儿童少年或后备人才（简称优秀运动员苗子）挑选出来，并在训练中不断监测筛选的过程。在理解运动选材概念时，应处理好几个关系，进而明确其基本内涵。

1. 优秀运动员苗子与优秀运动员的关系：运动选材的对象应是青少年儿童（而不是优秀运动员），通过选材测评，判断其是否是优秀运动员苗子，并预测其未来能否成为优秀运动员。

2. 先天因素与后天因素的关系：应主要分析运动员的先天运动能力（先天因素）。所谓先天因素，是指所有稳定的、与训练无关的、不以人的意志为转移的、与生俱来的、从幼年或随着生长发育进程自然发展和表现出来的因素的总和。但不排除对一些后天因素的测评和分析，因为许多先天运动能力是通过后天表现的，人出生后不可避免会受到外界环境的影响，尤其受到运动训练的影响。选材是否包含训练导致的因素，是目前争论的问题。运动选材的全过程是通过客观指标的测试，全面综合评价和预测，把先天条件优越、适合从事某项运动的人才从小选拔出来，进行系统地培养训练，并且不断地监测其发展趋势的一个过程。这个过程不可避免受到后天训练的影响，选材也不得不包含后天训练导致的因素。

3. 当前测评与未来预测的关系：运动选材应通过科学的理论和方法进行测试和评价，进而对其未来的竞技能力进行准确地预测，两者不可偏废。当前测评是手段或过程，目的是预测或判断其未来是否能成为优秀运动员，预测是运动选材的核心。

4. 运动选材和运动训练的关系：运动选材是一个较长的工作过程，而决不是短时间完成的。较低层次的选材和训练在某种意义上是为了适应更高训练层次（而且是多层次）的选材或选拔，因此运动选材可以说是育才的有机组成部分，贯穿于初级、中级训练的全过程。在这个全过程中，不断地进行着训练、测评、预测、挑选、淘汰的选优工作。

5. 选材与选拔的关系：两者虽然都有选优的含义，但也有不同。

选材指“选择合适的人材，也泛指选择适用的材料或‘素材’（《辞海》P1049）”，运动选材就是依据科学的原理和方法，挑选优秀运动员苗子的过程。它主要挑选尚未经过训练或有一些训练经历、但目前还不是优秀运动员的人材，即俗称为原材料或半成品（者），选中后通常要进行较系统的长期训练，至少要经过较长时间的训练才能投入大型比赛。

而“选拔”通常指挑选那些半成品甚至可以是成品，他（她）可以是优秀运动员，被选中后可以不进行较系统的长期训练或较长时间训练就能投入比赛。

二、运动选材的意义

（一）运动选材是当前竞技运动的迫切需要

1. 当今世界几乎所有体育强国，都认为运动员的科学选材是取得优异运动成绩、攀登世界冠军宝座最强有力的要素。运动选材是竞技体育、科学训练必须首先解决的重要问题。前苏联著名教育学博士、基翰体育学院院长 B.H.普拉托诺夫教授指出：“现代运动迫切需要运动员的发展前景及早地显露出来”，这就是指运动选材。前苏联功勋教练员符·阿拉宾认为：“不经常考虑选材问题，训练工作将是徒劳无益的。”有人断言“选材成功意味着训练成功的一半”，运动选材在竞技体育中的地位十分明确。其重要作用在于：选材是当前竞技运动的迫切需要；传统的自然淘汰、层层选拔的方法，已不能适应当前需要。随着竞技体育的飞速发展，现代竞技运动水平正在逐步逼近人类自身能力的极限，一般的、普通的青少年是很难有希望成为未来竞技比赛中的优胜者。运动选材用现代的科学技术和方法，探索人体内在的运动潜力，发现和挑选那些先天性竞技能力高、后天的可训练性又强的运动员苗子，经过科学严格的训练，具有较强的科学性、客观性和准确性，成才率高。

2. 乌尔默教授认为：“培养当代世界冠军，必须具备三个条件：高水平的科学训练、优化的训练环境和运动员个人优越的天赋条件。”随着体育科学和体育情报工作的迅速发展，先进的训练理论、技战术知识和训练方法、手段的保密性下降，使世界各国、尤其是体育发达国家的训练条件、方法手段的差异逐渐缩小，运动水平差异日趋接近，运动员先天条件的重要性越来越突出，这时选材就显得尤为重要。运动选材可以充分挖掘和利用运动员的先天运动能力。所谓先天运动能力，是指所有稳定的、与训练无关的、不以人的意志为转移的、与生俱来、随着生长发育进程自然发展、表现出来的运动潜力和能力的总和。运动员潜在的先天性竞技能力被人们认识，可以激发其更强的动机，为攀登高峰提供原动力。

3. 运动选材可保证多年系统训练的顺利完成，为运动员训练过程最佳竞技年龄区间的确定提供依据。可以尽早地发现和培养有前途的优秀运动员的苗子，经过必须的训练时间，确保早出成绩，出优异成绩，避免贻误人才。成功的早期选材，可以及时地为运动员确定未来发展的专项，预测其未来成绩和最佳年龄区间，并及时开始系统的多年训练进程，保证目标的顺利实现。

4. 运动选材的研究还正处于起步阶段，还有大量课题需要探讨，还有许多规律需要去发现。许多教练员已感到仅凭经验进行选材和训练不能适应时代要求，渴望提高选材的成功率和准确性。学习运动选材学，研究运动选材的理论和方法，对各级、各类体育工作者都有教益，对教练员、体育科研人员尤为重要，可以促进运动选材科学研究的发展和深入，更深入地探索运动选材的奥秘，更好地指导运动选材的实践，为培养高水平的竞技运动人才、为实现奥运战略目标服务，为竞技运动的发展作出贡献。

（二）运动选材能产生巨大的经济效益

运动选材比“层层筛选”“自然淘汰”等经验选材具有更大的效益，能大大减少人力、人才、物力、财力的浪费。由于我国目前是发展中国家，经济还不发达，体育运动的普及水平和物质条件还比较落后，若采用放任自流的常规体制和方法，远不足以与世界经济发达或先进竞技水平国家相抗衡。只有采取非常措施，集中人力、物力、财力，筛选少数运动苗子进行特殊的培养，才能在世界竞技体育领域取得良好成绩。即使我国的经济实力壮大，也同样需要搞好运动选材工作，才能取得更好的成绩。

（三）运动选材能产生良好的社会效应

在当代竞技体育体制下，青少年运动员由于较多的时间用于训练和比赛，势必在文化学习、社会活动、升学就业等方面受到一定的影响。搞好选材工作，通过严格筛选、重点培养、层层衔接，降低淘汰率，提高成材率，从而减少上述影响并产生良好的社会效应。

第二节 运动选材学学科形成与发展

自从人类的运动活动演变成为社会生活有目的的体育竞技以后，运动选材的问题就随着体育竞赛活动和运动训练的研究发生发展起来，运动选材也经历了一个从无意识到有意识、从不自觉到自觉的过程。对运动选材的理论和方法的研究逐步深入和细致，并发展成为一门新兴学科——运动选材学。

一、运动选材溯源及运动选材学学科产生的历史背景

远在史前时代早期的人类生活中，由于同样性质的身体活动形式被人类不断加以分类、提炼、总结，作为特定的身体练习形式而被综合运用，出现了大量多功能、多目的的动作，并逐渐与劳动过程分离。它们不仅能更加有效地形成劳动所必需的身体素质，而且能更大限度地展现人的体能，并且为人们相互间的体能比较提供了可能，萌芽期娱乐活动的自发性和随意性逐渐消失，自主性和规范性娱乐活动的雏形随之出现。身体练习和娱乐活动的进一步发展，导致产生了能展示种种身体素质和最大限度地表现人的体能、以分胜负为特点的竞技运动萌芽。民族学资料证实，人类在旧石器时代晚期已经有了初步的分胜负意识，并开始进行竞技运动，在新石器时代已具有原始、古朴的体育比赛雏形。竞技运动的产生是原始体育继身体练习之后发生的第二次质的飞跃。而以竞技运动为中心内容的原始赛会（祭礼运动会）的出现，是原始体育的第三次质的飞跃。这些赛会如卡尔拉克、马拉斯、巴姆巴斯、奥林巴亚等（见拉斯洛·孔：《体育运动全史》1982 年版第 3 页）。它比单一的竞技比赛具有更大的规模、更加复杂的社会和文化作用。在人类社会漫长的史前时代，原始体育经历了它的萌芽期和身体练习与娱乐活动、竞技运动、祭礼运动会的历程。由于原始社会没有私有财产，是没有阶级的社会，人与人之间是平等的，原始体育是全民性的，全体社会成员都有义务和权利接受竞技运动和

参加竞技比赛，仅有年龄和性别的区分。可见，竞技运动萌发时期，并没有运动选材现象。

1. 原始选拔阶段（原始社会后期到公元前 776 年）

到了原始社会末期，由于物质和文化水平的提高，竞技运动不仅仅把解决生存和祭礼问题作为最重要的目标，不再以形成劳动和作战技能作为主要手段，强身健体、游戏娱乐越来越占有重要的地位，自我展现和功利的欲望逐渐出现并不断增强。随着私有财产的出现，社会发生了贫富分化，社会成员开始分化为统治者与被统治者，并出现了培养人的智力、体能、技能的专门机构（最初的学校）以及专门从事教育的人，逐渐使位于社会上层的部族贵族及其子弟在竞技运动中享有特权、拥有质地较好的器材、有参加训练和比赛的充裕时间和条件、更有专门供其学习竞技技术的机构或学校，由技艺高超的人传授军事和竞技运动技术。而出身贫困家族的子弟只能接受祖辈的职业技能或作为一个普通士兵必需的起码军事训练，只能有限地接触竞技运动。原始社会竞技运动制度的平等性、民主性也随之逐渐消失。在这个时期，虽然对竞技运动的受教育者有所区分，但只是出于富裕家族的世代延续，决不是选拔竞技能力优秀的运动员苗子，所以这个时期也没有运动选材现象的产生。

进入奴隶制社会后，虽然竞技领域内一度出现了大多数社会成员完全地丧失参与竞技运动的不良现象，但随着经济的发展、竞技运动的价值观转变和相对独立性增强，竞技运动水平不断提高，竞技运动取胜的难度增加，参与竞赛的人员也逐渐分化，富人或惧怕比赛的劳累及残酷而不亲自参与运动，或乐于观看竞技表演而懒于亲自参加运动，为了显示自己的富有，只雇人参加战车赛，优胜的荣誉属于车马的主人，或让奴隶之间进行争斗而获取观赏刺激和经济利润。竞技运动商业化倾向逐渐明显，出现了以功利性为主要目的的竞技运动，为了博取社会名声，一些罗马自由民甚至置死伤于不顾，充当“自愿角斗士”，基本出发点是获取名声、创造良好生存条件，进而要求获得更多的私有财产，由此出现了不同名分的竞技运动学校（如“庞培俱乐部”等）、职业运动员和高价聘请教练员的现象。完美的竞技运动部分的变成了少数运动员和商人发财致富的商品。公元前 5 世纪，古希腊开始出现职业竞技者，在相当于现代教练员的“教师”的指导下进行长期训练。有些城邦为了争夺冠军，出现了高价收买运动员的现象，有的运动员为了获取奖品轮流到各地参加比赛，赌博性竞技运动也逐渐产生和泛滥。在巨额物质利益的诱惑下，促使运动竞技逐步走向职业化、商业化。

在这个阶段中，人们已经认识到比赛是比较胜负的途径，意识到要取胜就要有派出具有更强的体能和技能的人参赛，并出现了职业竞技者。这些人需要通过选拔或比赛才被发现，但选出的人不是少年儿童，不是运动的素材，而是直接能参赛的成年人，仍处在以成绩或取胜为选拔唯一标准的自然淘汰状况。故这一时期称为原始选拔阶段，“原始选拔”是“选”的萌发，是运动选材得以形成和发展的基础。

2. 自然选材阶段（公元前 776 至 1895 年）

自从公元前 776 年第一届奥运会开始，历时 1170 年、举办了 293 届的古代奥运会，虽然是在和平、友谊的旗帜下所进行的显示力量与勇气的较量，但也不是任何人都能参加，当时规定：不是希腊血统的人、奴隶、道德和宗教信仰上有污点的人、没有裁判证明竞技者对所参加的项目有十个月的训练、并且最后一个月是在奥林匹亚运动场上训练的人不准参加比赛；妇女不准参加和参观比赛，违者处以死刑等等。各参赛队都沿袭了选派最剽悍、最勇猛的斗士去为本部族、城邦争光的传统。通过体育教育的发展和对职业运动员的培训经验，人们逐渐认识到优秀运动员是需要经过长期的训练才能产生的，需要对少年儿童进行长期的训练，逐渐把选拔的触角接触到“运动员素材”——儿童少年，开始人为、自主、有目的地选择训练对象——运动员苗子，这是运动选材的启蒙基础。当有目的地挑选运动员（并非普及性的全民教育）并开始训练的年龄逐渐缩小至儿童少年的时候，就产生了“运动选材”现象。其起始时间以公元前 776 年第一届古代奥运会前后为宜。

早在公元前 5 世纪后，波斯人就成立过作为训练的“教馆”，对 7~16 岁的孩子进行摔跤、跑步、骑马的训练。这些训练场馆的出现，注重了为取得优异成绩必须进行的长期训练，虽然主要是出于富裕家族的世代延续和氏族式教育，但其中就有“选材”的萌芽。

斯巴达是古希腊最大的城邦，从公元前 720 年到公元前 576 年的一个半世纪中，取得奥林匹克 81 项优胜中的 40 项，一直在奥林匹克祭神竞技会上保持优势。该城邦法律规定，身体虚弱的婴儿不得存活。健康的儿童 7 岁前由父母抚养，7 岁后即被送到国家设立的学校接受教育。为了把每一个斯巴达人培养成为一个战士，斯巴达学校对不同年龄的青少年分别施行不同的体育训练。12 岁以下的儿童，主要学习游戏、投枪、投重物、跳跃、角力、赛跑、远足和游泳等，有时也学声乐和舞蹈。12 岁以上的青少年被重新编组，进行更加严格和强度更大的训练。年满 18 岁的青年被编入青年组，参加正规军事训练。在阿尔特弥斯（月亮和狩猎女神）的祭典期间，青少年们必须在女神的祭台前接受鞭打。他们的父母在人群中观看并鼓励人们用力抽打自己的孩子。青少年咬紧牙关硬挺着，有的宁愿死于鞭下，也不肯哼一声。活下来的青少年便获得“祭坛征服者”的美称。这种严格的体育制度，也使斯巴达人获得了比其他城邦的居民更加良好的身体素质，而从中选出的奥林匹克参与者会更有竞争实力，能在一个半世纪的奥林匹克祭神竞技会上保持优势，便是这种训练制度带来的结果。

古代雅典体育的重要特征之一是体育的民主性。从梭伦改革（公元前 594 年）起，雅典公民（非奴隶）便逐渐获得越来越多的民主权利，体现于公民都享有体育权。雅典的男孩子，7 岁前在家里接受教育，指导他们进行不很吃力的游戏。从 7~14 岁期间，他们主要是接受智力教育，要在文部学校和弦琴学校学习。当他们年满 13 或 14 岁时，便进入以身体训练为主要内容的体操学校，在老师的指导下进行体操练习，学习摔跤、赛跑、跳跃、投掷铁饼、标枪和游泳。16 岁后，选出一部分青少年再转入新的学习场所——体操馆，这是用来炼身和休息的地方，它同时也是对青少年们进行一个新阶段教育的机构。

我国古代，早在西周时期就实行了“以射选士”的制度。“古者天子以射选诸候卿大夫士（《礼记·射义》）”。男儿一出生，“设弧于门左”，国君世子生，还要让“射人以桑弧蓬矢六，射天地四方”，希望他长大成人有远大志向。到了入学年龄，射是必修课程之一。“十有三年，学乐诵诗舞勺。成童（十五岁以上），舞象学射御。（《礼记·内则》） ”“以射选侯”是在帝王的宗室中以射箭来选拔诸侯，卿大夫士是从奴隶主阶层中的不同等级官吏或“非奴隶者”通过推荐与射箭来选拔的。以射选士的做法，自西周以后到唐以前一直延续未断。春秋战国时期（公元前 770—前 221 年），各列国诸侯提倡武事崇尚武功，楚庄王以猎求士、选拔人才，李悝颁发“习射令”，齐管仲提出“能泳者赐千金”。《管子·小匡》中说：“于子之乡有拳勇腹肱之力，筋骨秀出于众者有则，有则以告，有而不告，是谓蔽才，其罪有五。”东晋十六国以后，“取士拔才，必先弓马”（《十六国春秋·南凉录》）。可见，战国之时战争需要具有多方面素质才能的人，以武选士的内容扩大了，不再只是以射取士，而有了击技、长跑跳跃和举重等。《会稽典录》记“汉末，三国鼎峙,年兴金革,上以弓马为务,家以蹴鞠为学。”家家户户的青少年学习蹴鞠以适应战争的需要。

唐代武则天遵循古代以武选士的传统，施行武举制，三年一试，“又有武举，盖其起于武后之时，长安二年，始置武举。其制，有长垛、马射、步射、平射，筒射，又有马枪、翘关、负重、身材之选（《新唐书·选举志》）”。设立武举制是一种创举，是我国古代“以武选士”传统的发展。武举考试项目也基本上继承了古代考选内容，把射箭、骑马、使枪（击技）、举重、负重行走定为考试项目，九项考试项目都和体育有关。

古代竞技体育随着生产、宗教、战争的发展而发展，体育人才的选材（拔）与军事、宗教、教育密切相关。古代体育教育先以家族式教育传授（非选材），继而迈入大众式（非家族式）的教育传授（有选材因素）；虽然这种比赛或选举制度并没有侧重于少年儿童（也有少年中选者），但通过体育教育的发展和对军事人才的培训经验，人们逐渐认识到体育竞赛（含武举）优胜者需要经过长期训练，逐渐把选拔培训的触角接触到“人才素材”——儿童少年，开始人为、自主、有目的地选择训练对象，对少年儿童进行长期的教育和训练。当有目的地挑选运动员（并非普及性的全民教育）并将开始训练的年龄逐渐缩小至儿童少年的时候，就产生了“运动选材”现象。

在这个阶段中，选优思想已较为牢固，但未得到深入的理解。虽然随着时间的推移而逐渐深化和改进，但仍处在以成绩为选拔唯一标准的自然淘汰状况中。由于对运动选材的认识肤浅，仅仅存在某种朦胧的选优思想和原始粗糙、简单肤浅的优选方法，获得了一定的自然选优经验，故此阶段可以称之为自然选材阶段。

3. 经验选材阶段（1895 年至 20 世纪 50 年代）

1895 年在雅典启幕的奥林匹克运动会，为社会文明与进一步展示打开了一个窗口。竞技运动逐渐成为各国经济、文化、艺术的较量。这时选优思想已较为牢固。

随着经济文化的发展和竞技运动水平的提高，体育运动和竞技比赛已成为“超国界行动”，体育远远超出了原来的健身职能，而成为对政治、经济、文化和科学技术有重大影响的活动。上世纪 40 年代以前，各国对运动员的选拔与培养已逐渐重视，由于运动训练理论和方法的发展，广大教练员通过长期的训练实践，逐渐认识到运动选材的意义，从成功的个案事例逐渐积累了比较丰富的选材经验，并据此探寻选材与成材的规律，注意专项运动的特殊需求，尝试运动员的定向培养，积累了对运动员未来发展的预测经验。由于生物学科的研究还未渗透到体育领域里来，缺乏科学技术和仪器设备，运动员的选拔主要靠教练员的经验，故将此时期称为经验选材阶段。

4. 多学科综合选材阶段（从 20 世纪 50 年代开始至今）

进入 20 世纪五六十年代，由于各国对竞技体育的重视和科学技术的进步，运动训练学迅速起步并获得极大的发展。这一时期体育运动场地设施日趋现代化，大量生物学科的先进测试技术与仪器引进到体育领域中来。这一时期，国际体育运动水平大幅度上升，运动员的科学选材也有较大的发展，但是与训练科学相比，其发展速度十分缓慢。

1972 年第 20 届奥运会上，进步惊人的民主德国队闯入世界第三；在 1976 年 21 届奥运会，民主德国选手又以超人的技艺获得了总分第二的成绩，其中田径项目中竟获得25枚金牌（超过美、苏的总和），令全世界为之震惊。专家们认为："多年来系统进行的有科学基础的选材工作是前民主德国运动员取得成就的主要原因之一。"前民主德国的成功给世界体坛重大启发，各国相继更加重视对运动员科学选材问题的研究，使七八十年代成为运动选材学大发展的时期，发表了不少关于选材方法、手段以及理论问题的论文和专著，取得了显著的效果。由于竞技体育和体育科学的快速发展，人们逐渐对运动训练和选材的经验进行比较系统地总结，运动训练学科的产生和发展促进了对选材问题的深入探讨，对影响运动竞技能力的多因素和主导因素认识更加深入，诸多学科的相关知识渗透和补充训练、选材的知识体系，其众多方法也丰富了选材的方法，拓展了选材的视野和领域，逐渐形成了多学科综合选材的新阶段。促成七八十年代运动选材研究大发展的时期，发表了不少关于选材方法、手段以及理论问题的论文和专著，取得了显著的效果。并在20世纪80年代初期形成了一门独立学科——运动选材学。它是运动选材研究进程中的一个重要里程碑，但不是运动选材研究的终结。

由此可见：竞技运动萌发时期，并没有运动选材现象。运动选材萌生于原始社会后期、奴隶社会前期竞技运动发生的职业化或商业化现象，是竞技运动中功利思想的产物，是顺应竞技运动发展的需求、源于朴素的比较和朦胧的选优思想基础上逐渐进化和发展起来的。

运动选材的发展，经历了原始选拔、自然选材、经验选材、多学科综合选材四个阶段，今后必然迈向第五个发展阶段——科技化选材阶段。

根据时间发展序列，可将"原始选拔阶段"和"自然选材阶段"的运动选材（选拔）称为"古代运动选材（选拔）"；而将"经验选材阶段""多学科综合选材阶段"及其以后阶段的运动选材称为现代运动选材。为了研究方便，本书中凡未特指，所提出的运动选材均为现代运动选材。

二、国外运动选材及学科发展概况

国外对于运动选材的研究起步较早，从20世纪50年代以来，一些体育发达国家对运动选材逐渐重视，在选材制度的建立、科研机构、设施、人员的充实等方面做了大量的工作，取得了显著的成绩。从选材体制上划分，主要有集中和分散体制两种流派。

（一）集中体制选材

以前苏联、前民主德国、罗马尼亚、保加利亚等东欧国家为代表，前联邦德国也采取类似体制。其选材制度比较健全，理论研究较为深入，以奥林匹克竞赛为中心目标，从少年儿童开始进行选材，与运动训练成龙配套，层层筛选，采取有计划选拔培养运动员的制度，集中少数运动员尖子或苗子，以较少的投入，强化培养和训练，效果显著。其主要特点为：

1. 举国上下一条龙选材体制健全

在国家体联（委）的领导下，下设各行政体联（协会）和各单项运动协会。成立各类运动队、专项运动学校、奥林匹克中心、各级学校锻炼小组、代表队，形成上下衔接的一条龙体制。国家给以财政及人力支持，并制定统一的法规和计划，形成一条选材机构。

2. 重视普查与层层筛选

为了扩大选材范围，他们非常重视全国青少年的体质普查，每年对小学二年级（或8岁左右）的学生进行大规模的综合机能评定。如苏联在1982年以前曾从4600万学生中，选拔近150万人进入各类运动学校。罗马尼亚在1970年测了10万个4~8岁的儿童少年，再将4~18岁的18万一般学生经过三年追踪，然后进行各层的普选和决选，才转入正规训练，直到最高的训练层次。

3. 建立指标体系和优秀运动员模式

重视对各项目优秀运动员的模式进行修正和完善，不断优选对少儿的测试指标。采用计算机对所得数据进行统计处理，制定选材指标体系。如波兰的奥运会选材法等。

4. 注重选材理论的研究

动员多学科专家和学者的力量，综合运动训练与选材的实践经验，不断开展研究。撰写大量论文，推广选材方法和理论。前苏联在这方面的工作尤为突出，投入大量的人力物力，突击遗传选材研究，在体操、游泳方面取得令人可喜的成果。此外，他们还十分重视包括教育学、心理学、社会学、医学、生物学的选材测试仪器和试验方法的研究，取得一些显著成果。比较著名的有前苏联列·谢尔坚科等人关于运动才能的遗传学研究、B.M.沃尔科夫等著的《运动选材》、列·杰达关于“无氧代谢能力的遗传研究”、尼基丘克关于“冠军家族的身体素质的遗传研究”、前民主德国哈雷“关于选材的基本条件”和“关于速度素质的遗传研究”等。罗马尼亚体育科研中心把选材作为一项重要课题，研制出全国选材制度和选材手册。

5. 竞赛制度与各级选材体系紧密配合

举办不同年龄组的青少年比赛，将各类比赛与初级、中级、高级运动选材（拔）层层衔接，既考虑比赛名次，又根据平时成绩、测评等调查统计情况来挑选进入高层次队的成员。如我国乒乓球队组队参加世界大赛，不但要考虑运动员的技术水平，还要考虑能对付国外强手的特长突出的队员，这些队员在国内比赛中不一定名列前茅。国内青少年比赛，常常按年龄段附加素质等教学大纲内容的测评，按比例加入总成绩决定最终名次。

（二）分散体制选材

以美国为代表的一些西方国家，不组织大规模的测评选拔，一条龙选材体系不健全，企业、个人均可自行办队或组织训练，也可以终生或持续训练某队或某队员。大多以教练员的经验加上部分测试指标，在较大程度上采取自然淘汰筛选，向高层次运动队的输送，常常通过大赛前的专门选拔赛，事先规定名额和程序，按名次录取。如美国的选拔赛规定，100米跑前两名参加100米跑个人赛和4×100米接力赛，而三四名只能参加4×400米接力赛。世界纪录保持者、世界著名运动员在选拔赛上失利导致失去参加大赛资格的事例，在西方国家屡见不鲜。如英国最著名的田径中跑运动员塞巴斯蒂安·科，曾多次打破800米、1500米、3000米世界纪录，多次荣获世界大赛冠军，但他在参加1988年英国为第24届奥运会举办的选拔赛中未能发挥水平而落选，虽然英国朝野上下求情，甚至国际奥委会主席萨马兰奇也致函英国奥委会，请求给予特殊关照予以参赛，但英国奥委会专门开会研究后，仍以维护运动员选拔制度的神圣、严肃为由，否决了塞巴斯蒂安·科入选国家队的提案。此例虽然谈的是优秀运动员的选拔，但从中可见其通过比赛选人的典型性。有人认为这种以比赛作为杠杆、在竞争中选材是最广泛和合理的，但也有人指出这种选材、育才体制已经无法在国际竞技体育中长期取胜，呼吁成立专项运动学校开展普选和科学选材。

在理论研究方面，他们多采用多学科专家学者自由介入，往往从学科的角度进行运动选材的科学研究，如美国学者 W.格瑞里奇和 S.培里关于“骨龄”的研究，贝利和平纽氏关于“骨龄和最后身高百分比的研究”，哈佛利米克、卡帕林、坦纳、梅德维德、瓦尔克尔等人对体型预测的研究，达登关于肌肉力量与肌肉体积的相关研究，日本能允正比古关于血型与身体素质和心理素质关系的研究，山地正司关于“运动行为起源”的研究等。

虽然两种选材体制有明显不同，但各自均适合于本国国情，都在世界体坛创造了良好战绩。目前两种流派有相互融合、互补共进的发展倾向，应引起重视和研究。

三、我国运动选材及学科发展概况

我国对于运动选材的研究起步较晚，旧中国运动选材几乎是一片空白。20 世纪 50–60 年代，主要靠中小学体育教师依照自己的经验和学生的运动成绩进行推荐，如被某训练机构看中，直接可以办理入队手续。70 年代初期至 80 年代中期，各地逐渐成立青少年业余体校，并根据一些学校开展传统运动项目的特点，创立了一条龙训练网点。从中选拔和输送一批优秀体育后备人才。以后，我们学习国外的先进经验，运动选材的研究也随运动训练的发展开始萌发。

20 世纪 70 年代是我国选材科学的起步阶段。国内最早进行运动员科学选材研究的地区是上海，早在 1974 年就开始这方面的研究和实践工作，逐渐建立了一套比较完善的选材网络，其经验逐渐在全国推广。1975 年国家体委体科所等单位科研人员，对参加第三届全国运动会 11 个项目的 5175 名运动员测试了 23 项形态指标，发表了“我国运动员身体形态研究”，为运动员形态选材提供了一批研究数据和选材依据。

20 世纪 80 年代是我国运动选材研究取得重大突破的快速发展阶段，相继举办了大型研讨会、训练班，出版了许多有关运动选材专著，对运动选材的理论、方法、手段进行了较为精辟的论述。

1980 年 7 月国家体委在秦皇岛召开了“全国业余体校选材座谈会”，印发了 7 个项目“少年儿童运动员选材的参考意见”。同时组织了“优秀青少年运动员选材研究”课题，动员了 8 个单位 239 名科研人员，测试了 14871 名运动员 102 个指标，获得 74.8 万个数据，撰写了 123 篇论文。

1981 年《体育理论》第一次将“运动员选材”列为本科教材中的一个章节。

1982 年 12 月，国家体委在北京召开“运动员科学选材论文报告会”，有 60 多篇论文在大会上进行了交流。

1983 年我国第一本《运动训练学》中将“选材”列为其中一章。

1983 年 4 月由邢文华、李晋裕、曲宗湖编写的《中小学生体质测定与评价》，较系统地介绍了中小学生体质调查的基本知识、测定方法、统计方法、评价标准等，是一本非常有用的体质调查和选材工具书。

1983 年 8 月，出版了《优秀青少年运动员选材研究论文汇编》。该课题获 1985 年国家体委体育科学进步一等奖；获 1987 年国家科技进步二等奖。

1984 年广州体院刘献武等人编写了我国第一本《运动员选材学》教材。

1984 年底，国家体委在上海举办全国运动员科学选材训练班，主要教材是由课题组成员编写的《运动员科学选材讲义》，还介绍和推广了上海市在各区县体校建立选材网的经验。

1985 年 1 月由俞诚士编的《预测科学在体育领域的应用》一书，将我国部分体育预测理论探讨和实践研究的文章汇编成册。

1985 年后国家体委把建立一套监视体系列为“七五”期间体育科研重点项目，其中选材是重点内容。

1985 年 11 月山东体科所运动训练研究室编写的《训练与选材文集》，发表了曾凡辉同志的选材问题报告，对科学选材的一些问题进行了有益的研究。

1985 年 12 月邢文华、李裕晋等六人合编的《体育测量与评价》，是科学选材中测量与评价方面很有用的工具书。

1986 年 2 月由袁庆成编写的《人体测量与骨龄标准》，为选材提供了科学依据。

1986 年 2 月由北京体院过家兴、田麦久等五人编写的《运动训练学》，亦将运动员和运动员早期选材作为书中的一章节进行较系统地论述。

1987 年 2 月，国家体委在天津召开了“运动员选材研讨会”，成立了“全国运动员科学选材研究协作组”，提出“七五”期间一定要在推广应用上下工夫。争取全国能有三分之一到三分之二的省、市、自治区把科学选材工作很好地抓起来，抓出成效。

1987 年 5 月由刘献武、林文涛编写的《运动才能遗传学概论》是一本密切结合运动选材、提供遗传学理论和方法的专著。

1988 年 5 月，国家体委在太原召开全国运动员科学工作会议，交流经验，报告论文，讨论国家体委“关于加强运动员科学选材工作的意见（讨论稿）”，会后正式下发。并于 1988 年 8 月正式成立了“国家体委运动员科学选材中心组”，负责研究制订全国科学选材的工作计划和具体工作计划，指导、协调全国的科学选材工作。

1988 年由田麦久、武福全等编著的《运动训练科学化探索》中，登载有曾凡辉、肖焕庚、邱宜均、田麦久、李宗浩等同志写的《运动员早期科学选材》，对一些问题提出了精辟的见解。该书荣获 1989 年全国体育科技一等奖。

湖北省体科所王路德等研制的“选材多用微机及选材系列软件”获 1989 年国家体委体育科技进步三等奖。

1989 年河南体科所邵紫婉等写出《指纹与选材》一书，同年举办了全国指纹选材学习班。

1990 年 3 月，“中心组”决定组织力量，研制全国统一的各运动项目的中级选材标准。1990 年组织田径、游泳、体操、举重、篮球、排球、足球、羽毛球、乒乓球 9 个项目选材标准的研究组，1991 年又组织了摔跤、柔道、跳水、自行车、速度滑冰 5 个项目选材标准的研究组。其研究列为国家体委重点课题。

1990 年谢燕群编著《运动员选材学》。

1990 年武汉体院编写组编著《运动选材学》。

1991 年由刘献武等主编的《运动选材学》，是在参阅了近十年来同类编著和教学实践经验以及科研成果的基础上编撰的学术教材，它重点介绍了运动选材的理论基础和方法，是国内影响较大的选材专著之一。

1992 年叶国治、何仲涛、张艺宏编著了《运动员科学选材指南》。

1992 年由曾凡辉、王路德、邢文华等著的《运动员科学选材》，简介了我国运动员科学选材概况，阐述运动员科学选材的理论基础、工作步骤，录入了 9 个运动项目儿童少年运动员选材标准，推出其测试细则，论述了科学选材工作的组织与管理，基本形成了具有中国特色的运动员科学选材的理论与方法体系，是影响较大的选材专著。

1994 年由钟添发、田麦久、王路德等著的《运动员竞技能力模型与选材标准》，提出了优秀运动员竞技能力模型对于选材工作具有导向作用这一重要的理论观点，就初、中级运动员选材指标体系的完善提出了若干新的思路和有益的补充，并建立了赛艇、皮划艇、蹼泳、自行车、帆船、帆板、射击、射箭 8 个运动项目优秀运动员竞技能力模型和初、中级运动员选材标准，丰富了运动员科学选材的理论和方法体系。

1995 年由张绍岩、邵伟东、杨士增、黄耕培等著的《中国人骨成熟度评价标准和应用》，系统地介绍了“CHN 计分法和骨龄标准图谱”，对于运动选材中青少年发育程度的评价方面有了新的突破。

1997 年由王路德等研制的运动员选材测试评定计算机系统，在国内已有的 18 个项目选材标准基础上，编制计算机软件系统，使运动员选材测试评定工作实现计算机化，极大地提高了工作效率。

1997 年第五届体育科学大会上，设立了“运动员选材和后备力量研究”报告专题。

2000 年第六届体育报告大会上，设立了“选材与青少年运动员培养”报告专题。

2001 年第九届全国运动会论文报告会上，也设立了“运动员选材”专题报告。在开幕式上，国家体育总局公布了有关 2008 年奥运科技攻关项目的 10 个领域，“运动员科学选材”是其中之一。

2003 年冯连世等主编出版《优秀运动员身体技能评定方法》。

2004 年全国体育学院教材委员会编审出版《体育测量与评价》。

2005 年郭蓓等主编出版《上海市运动员科学选材工作指导手册》。

2005 年王金灿等编著出版《运动选材原理与方法》。

2006 年余竹生等编著出版《运动员科学选材》。

2006 年隗金水发表博士论文“运动员选材的选育结合理论与实证研究”。丰富了运动员选育结合的理论体系，并提出运动员选材追踪监测的内容、指标体系和网络技术构建。

2008 年 10 月由邢文华主编的《奥运优秀运动员科学选材的研究》（国家科技攻关计划项目）出版。该研究对我国乒乓球、跳水、（静水）皮划艇、羽毛球、艺术体操、体操、自行车、拳击、棒垒球、击剑、柔道、自由式摔跤、跆拳道、射箭、举重 15 个优势和潜优势项目优秀运动员（以选拔进入国家青年队或集训队的运动员为主）选材指标体系和优秀运动员后备人才库及其追踪监控体系理论框架等进行了长达三年多的研究。其中的《优秀运动员科学选材手册》包含这些项目的发展趋势、竞技能力结构特征、优秀运动员选材指标、选材指标的测试细则、单项评分标准及综合评价方法等内容。突出专项竞技能力结构特点和评价方法的简便性、可操作性和动态性，实现优秀运动员科学选材理念的再度深化。

以上材料充分表明，运动选材及其学科的研究在我国具有“起步晚、发展快、潜力大”的特点，理论研究已具有雄厚的基础，全国范围的选材体系业已形成，且有一大批从事理论研究和实际工作的选材队伍。在此基础上，我国运动选材的研究必将会有更大的发展并向着更高水平迈进。

第三节 运动选材学科性质与研究内容

一、运动选材学科性质

运动选材学是研究运动员科学选材原理和方法的科学。它借助于众多的学科作为自己的科学基础，不仅涉及自然科学多方面的知识，而且应用社会科学诸方面的理论；不仅应用现代科学最先进的仪器设备进行多种测试评价，而且需要进行科学的统计和预测，是一门综合多学科知识的体育学科。运动选材学是现代竞技运动发展的产物，是现代科学技术在体育领域中的应用。目前运动选材学科虽然有了较大的发展，但由于这门科学涉及面广，难度很大。当前，选材问题也仅仅在一些问题上有所突破，从总的方面看还处于研究、试验和探索阶段，科学选材还处于初级状态。运动选材的理论研究以及方法、手段都未形成完整的体系，目前运动选材学科是一门潜力大、难度大、综合性强的体育学科。

二、运动选材学的研究内容

运动选材学以竞技体育所特有的选育人才现象为自己的研究对象，研究运动员竞技能力的形成因素及其发展变化规律，研究专项运动的人才需求，以及选育过程相关组织管理等科学选材的原理和方法。重点研究如何发现先天条件优越、适合从事某项运动的优秀青少年人才、并且主动实施推荐和扶持、不断监测其发展趋势的原理和方法。运动选材学不仅要研究多学科对人体运动能力的测评原理和方法，而且要研究多学科测评方法的综合运用以及达到高运动水平远景目标的确定过程。

运动选材学是一门新兴的体育边缘学科，它以众多有关的学科作为自己的科学基础，以体育项群（目）特征要求和运动员作为自己研究的出发点和目的，以马列主义的哲学观点和唯物辨证法作为自己研究的指导思想，并具有自己独有的特点和研究内容，目前已初成体系。有必要对该学科知识结构体系、如何进一步的改进和完善等问题进行认真地总结和反思。

学科知识结构就是学科知识的构成及其联系规律。围绕基本概念及其联系来组织的学科知识体系，构成了既定科目的结构。确定“运动选材学”知识结构体系的依据主要是时代的发展和当代竞技体育的需要、运动选材知识与经验的总结和积累、教学对象的条件及其培养目标、其知识结构与素质教育的密切联系等。其知识结构体系的确定原则主要有基础性、层次性、系统性、实用性等原则。“运动选材学”知识体系特征主要有发展性、延伸性、科学性、多样性、系统性和可操作性等。

“运动选材学”的知识要素主要包括基础性知识、经验规律性知识、策略性知识。基础性知识主要包括运动选材及其学科概念、运动选材基本原理等；经验性知识主要指将许多经验性结论作为知识范畴，它来自于运动选材问题解决过程中偶然事件的巧合以及诸多选材因素的排列组合，并逐渐形成经验规律性知识；策略性知识是怎样解决问题的策略，它主要包括科学实用的选材方法、选材模式、选材技巧、思维模式和学习方法等。将以上三种知识合理组合就构成“运动选材学”的知识结构。

综观我国有影响的“运动选材学”和相关著作,不难发现其中许多知识内容是共有的或论述较多的，这些知识大体可分为学科介绍、选材原理、选材方法和选材模式。

1. 学科介绍　“运动选材学”的研究对象、研究内容、研究方法、理论基础；运动选材（学）的起源和发展；学习运动选材（学）的意义和方法；

2. 运动选材基本原理　运动选材的概念、意义、依据和原则，运动选材的层次、阶段、分类，影响运动选材的主要因素，运动选材方法概述，运动选材的程序，运动选材的组织和管理，选材效果检验，运动选材资料的统计学处理和选材预测等。

选材基本原理还包括各相关学科可用于选材的基本原理。如遗传、年龄、体型、身体素质、生理机能、生化特征、运动心理、运动技能等有关知识同运动选材的关系及其在选材中的应用原理。还包括各种选材方法应用于选材的理论依据。如上述相关学科可用于（或经过改制可用于）选材具体方法的测评原理。

3. 选材方法　运动员选材方法很多，依不同的分类依据可分为不同的类别，如依选材因素（或单学科领域）、依选材发展的科技水平、依选材工作过程、依多学科综合性区分的选材方法等。

4. 选材模式　主要包括各运动项目（群）不同年龄段有关选材测试指标的要求或标准。

虽然以上知识内容在各著作中论及较多，但其中细节部分却有较大差异。尤其是具体的测评指标及其测评方法差异较大。凡是与运动选材有关的理论和方法都应是“运动选材学”研究的知识内容，许多相邻学科中至今尚未开发或尚未应用于运动选材的知识也有待于补充和引进。以上四个方面的知识内容，虽然在“运动选材学”教材中不会事无巨细得面面俱到，但总体上应有兼顾，是相互依存的关系。

根据以上分析，本书将包括以下主要内容：

第一章运动选材及其学科概述，介绍运动选材的概念、意义，运动选材学科形成与发展、运动选材学科性质与研究内容、运动选材要素、依据、原则、方法，运动选材的组织与管理、运动选材资料处理、运动选材预测等知识。

第二章至第八章分章阐述各选材因素的理论依据、测评方法及选材应用。

第二章遗传选材，介绍运动能力遗传与变异规律，遗传选材方法和应用等。

第三章年龄选材，介绍选材、育材、成材的年龄范围，少儿生长发育的年龄特征，发育程度的鉴别及年龄选材方法和应用。

第四章体型选材，介绍体型的分类及与运动能力的关系，不同项群（目）选材的体型要求，体型的测量与预测方法等。

第五章运动素质选材，介绍运动素质发展因素及其与运动能力的关系，不同项群（目）选材对运动素质的要求，运动素质选材的测试与预测方法等。

第六章生理机能选材，介绍生理生化机能选材的依据与任务，常用指标与测试方法，选材应用等。

第七章心理选材，介绍心理选材概述，运动员心理能力选材及其评定方法，个性特征选材及其方法等。

第八章运动技能选材，介绍运动技术和竞技战术的选材内容、测评方法和选材特点等。

附录　主要运动项目（群）选材评分表。

三、目前运动选材学研究的重点与难点

目前运动选材学科虽然有了较大的发展，但由于这门科学既涉及社会科学知识，又涉及自然科学知识，难度很大，仅仅在一些问题上有所突破，总的看来还处于研究、试验和探索阶段，科学选材还处于初级状态。运动选材的理论研究以及方法、手段都未形成完整的体系，运动选材学科是一门潜力大、难度大、综合性强的新兴学科。当前运动选材研究的重点难点主要是：

1. 遗传基因研究成果对运动选材领域的渗透研究

组成人体运动能力的性状，大都受到遗传因素的重要影响。人类基因组约 6 万~10 万个基因，由约 30 亿个碱基对组成，分布在细胞核的 23 对染色体中。破译人类遗传密码不仅被认为是达尔文时代以来生物学领域最重大的事件，同时也被认为是人类历史上最重要的科研工程。弄清全部基因的位置、结构和功能，将有可能人工地改变人类的某种遗传特征，更加完善人类自身，提高运动能力。

运用遗传学的理论和方法进行运动选材只是刚刚起步，遗传工程应用于运动选材的前景广阔而紧迫，优秀运动员特异的 DNA 片段特征分析，将成为运动员科学选材的研究热点和突破点。目前已确定了核 DNA 和 mDNA 中均存在与运动能力相关的基因。美国学者 J.S.Maiman 预测 2020 年将实现基因选材。基因遗传工程应用于运动选材是历史必然、大势所趋，它必将从根本上引起运动选材理论和方法的革命。我们必须密切关注基因工程研究的进展，认真学习人类遗传学的基本原理和方法，并将它应用于运动选材的实践中，从而提高运动选材的科学性。

2. 先天与后天运动能力的发现、发展及其关系研究

运动选材的全过程是通过客观指标的测试，全面综合评价和预测，把先天条件优越、适合从事某项运动的人才从小选拔出来，进行系统地培养训练，并且不断地监测其发展趋势的过程。

所谓先天运动能力，是指所有与生俱来、与训练无关、不以人的意志为转移、从幼年或随着生长发育进程自然稳定发展和表现出来的运动能力。运动员潜在的先天运动能力一旦被人们认识，可以充分利用和发挥其先天优势，激发其更强的动机，为攀登高峰提供原动力。

选材中又不能排除对后天运动能力的测评和分析，因为许多先天运动能力是通过后天表现的，人出生后不可避免会受到外界环境的影响，尤其受到运动训练的影响。

目前的关键问题是如何区分先天和后天的运动能力；二者有什么关系、影响和作用；运动员的先天运动能力是如何发生、发展的；在儿童少年的不同阶段有哪些具体指标、采用什么方法发现和测评它……对这些问题虽然有些研究，但始终没有真正解决。

3. 运动选材预测理论和方法的研究

运动选材预测理论和方法的研究，尤其是对组成运动员竞技能力各因素的发展预测亟待深入研究。由于控制或影响组成人体竞技能力因素（或性状）的遗传基因、基因与性状表达的定量关系尚不十分清楚，造成尚不可预测的因素很多。而且由于遗传潜力的

发挥更多地取决于后天的环境条件，人体运动的多变性，使得对这些因素的发展预测难度很大。人类对体型的预测研究历史悠久，相对比较成熟，但对其他方面的预测研究相对较少，或难度太大、成效不甚明显。其中运动素质的发展预测更难。“运动素质通过训练是可以提高的”，这是众所公认的，问题是如何确定其运动素质的先天（或随着生长发育自然增长的）基础和后天可能提高的最大幅度，或者如何以目前的运动素质去预测未来的运动素质程度？没有这种估算，当前选材时制定的运动素质要求将是盲目的。诸如此类问题，在生理、生化、技能、心理预测等方面均不同程度的存在。“预测是运动选材的核心”，如果这个核心问题解决不好，科学选材将是一句空话。由于分阶段预测会比从少儿预测成人的长期预测准确的多，所以未来选材预测可能首先从短期（或分阶段）预测突破，逐渐延伸至长期预测。也可能首先从单个选材因素的预测进行突破，进而对影响人体运动能力的综合因素（总表达结果）进行预测；或者首先从固定某些发展条件（先天或后天条件）来验证另外某竞技能力因素的发展趋势（即实验室预测），再过渡到无控制条件的自然发展趋势的预测，逐步形成科学预测的理论与方法。

4. 儿少发育程度评价研究

对少年儿童运动员发育程度的评价、鉴定方面，还需要加大研究力度。自上个世纪初，克兰普顿等人认识到少儿生物成熟度有相当大的差异，各国学者相继提出以骨龄、牙齿、第二性征和身体形态为指标的成熟度评价方法。骨龄法是其中重要的方法，人类骨骼软骨形成及初级骨化中心的出现都有固定的次序，每块骨发育过程中各自形态的连续变化次序和骨干愈合的次序都有规律性。这种由遗传因素决定的骨化次序为骨发育程度的评价奠定了基础。出现了以 G-P 图谱和 TW 法为代表的图谱法和计分法，国内也在 1987 年研制出“手腕骨发育 X 线图谱计分法”，在 1995 年研制出“中国人骨成熟度评价标准及应用”，推动了儿少发育评价的不断改进和完善。但由于骨骼发育也受遗传、环境条件（营养、严重疾病、地理环境、季节气候）等因素的影响，使得骨骼发育评价及其应用难度增加。其中图谱法由于主观成分较大会增加评价误差，因为遗传原因骨化形式有相当大的正常变异，不同人群间骨发育速度的差异，某些疾病引起骨发育的改变，会发生和标准骨龄片不一致的情况，二者不会完全匹配，造成主观判断和误差较大。计分法逐骨评定，减少了评价误差，但繁琐的计算会使人生畏，各种方法均有假设基础的局限性及评价误差；手腕部不同类骨所代表的生物学意义仍不完全清楚，只有在对这些不同骨发育的遗传基因、调节机制、影响因素等所包含的生物学意义的研究工作进展后，才能更深入地了解每一骨在骨成熟度评价中的确切作用。虽然手腕部各骨形态特征的出现是有次序的，但每一形态特征出现的时间却是可变的，不同种族、不同生活环境条件的人群应当分别制定骨发育评价标准。手腕部骨龄判断是以局部推算还不能完全代表总体。由于齿龄难以反映全身的生物年龄，其中乳牙的发育无明显的性别差异(而实际上此时女孩的发育程度已经与男孩有差异)。在青春期后期，由于掌、指骨先后完成骺干愈合，只有桡骨、尺骨尚处于骺干愈合的过程中，二者的发育速度非常相似，此时由于尚未成熟的骨块过少，新的骨发育等级难以增加，造成区分困难和难以准确评价骨骼发育程度。骨的发展、第二性征发育是伴随人体生长发育进程的，它们同样存在着阶段性、波浪性、差异性等发育规律，并非是匀速恒定的，而是跳跃式不断发展变化的动态过程，还表现出明显的个体差异，且存在着应用范围的限制性。这些问题的解决还需要相当长的研究过程。中国人骨发育标准“CHN 法”，其评价准确性和预测效果，尚待进一步验证。其他评价、鉴定方法仍需深入研究开发，简化分辨程序，利用计算机参与繁琐运算，提高鉴定准确性，加强普及应用。

5. 中外运动选材（选拔）比较研究

目前从选材体制上划分，中外运动选材主要有集中和分散体制两种流派。

集中体制选材以前苏联、德国等东欧国家和中国为代表，其选材制度比较健全，理论研究较为深入，以奥林匹克竞赛为中心目标，从少年儿童开始进行选材，与运动训练成龙配套，层层筛选，采取有计划选拔培养运动员的制度，集中少数运动员尖子或苗子，以较少的投入，强化培养和训练，效果显著。举国上下一条龙选材体制健全，形成上下衔接的一条龙体制。

分散体制选材以美国和一些西方国家为代表，不组织大规模的测评选拔，一条龙选材体系不健全，大多以教练员的经验加上部分测试指标，在较大程度上采取自然淘汰筛选。向高层次运动队的输送，常常通过大赛前的专门选拔赛，事先规定名额和程序，按名次录取。在理论研究方面，他们多采用多学科专家学者自由介入，往往从学科的角度进行运动选材的科学研究。

虽然两种选材体制有明显不同，但各自均适合于本国国情，都在世界体坛创造了良好战绩。目前两种流派有相互融合、互补共进的发展倾向，应引起重视和研究。中外运动选材（选拔）比较研究有待深入，在比较的范围和深度上还应花大气力。

6. 科技化选材方法的研制和发展

国内外目前常用的选材方法依然是以自然淘汰法、比赛法、经验法和追溯法为主。随着科技水平的提高，科技化选材方法的研制和发展，有力地推动了选材水平的提高。比如测定有氧工作能力的方法，最初是测量人体胸围的呼吸差，进而采用肺活量计测定，以后又用气体收集分析法测定最大摄氧量，后来又采用 PWC_{170} 等间接法测定或推算最大摄氧量，而现在可以用肺功能仪测定。此类（以生理和生化测评较多）科技化方法的研制和发展，极大地促进了选材测评的可靠性和有效性。但对影响人体竞技能力的其他因素（如专项运动素质、技能、心理素质等）科技化测评方法手段还远远不足以适应发展的需要，尤其是与专项紧密结合的科技化测试和结果评定十分有限，而不得不主要采用经验法予以主观评定。随着科技水平的提高，一定会极大地推动选材水平的提高，科技化方法的研制和发展，将是运动选材研究永恒的课题。

7. 新选材指标开发研究

新选材指标的探索研究将是在较长时期内研究的热门课题，这是由于选材学科是一门综合性新学科的特点决定的。众多相关学科的陆续参与，必然涌现出更多的新选材指标，从不同的角度全面评价分析运动员的各种状况。由表及里、由繁到简、动静结合、实效可靠将是选材指标的筛选方向。目前对选材指标及其研究分析，大体可以分为六个水平：

（1）整体水平　对竞技体育运动员共同拥有的竞技能力指标的测评。

（2）项群水平　按照不同的分群依据，将同质或类质的运动项目集合成群，进而对该项群共性或该类运动员群体共性选材指标进行测评。

（3）专项水平　根据专项本身独特的选材要求，对该专项运动员选材指标的测评。

（4）个体水平　将运动员个体作为研究对象，如对身高、体重、运动素质、运动成绩等指标进行的选材测评。

(5) 组织和器官水平　将运动员个体的身体某部分（如呼吸、心血管系统中的组织器官等）功能作为研究对象，进行选材测评。

(6) 细胞和分子水平　对运动员体内组成组织器官的细胞和分子（如血乳酸、血红蛋白、骨骼肌纤维结构等）功能作为研究对象，进行选材测试分析。

8. 选材指标筛选、选材标准确定、综合评定体系的研究

(1) 通过分析目前已经制定出的一些项目的选材综合评定标准，可发现常常是用比较通用的测试指标和评定标准应用于不同的运动项目中，由于不同项目的比赛活动结构和要求不同，使得测试结果的有效性和针对性不足。如何针对专项特点，研制针对性强、有效性高的选材评定指标和标准，进而研制其综合评定标准，将是目前和相当长时期中的工作难点和热点。

(2) 多指标综合选材评定是目前选材研究的热点和难点。其研究发展大体可分为三个阶段：第一阶段测试指标和结果只作为参考、主要以教练员及专家的经验判断对运动员进行评价与预测；第二阶段通过主观和客观方法筛选出一些重要指标，或采用权重法，测试换算出运动员的选材评分，作为选材的重要依据,在此阶段国内已经制订出 17 个主要运动项目的初、中级选材综合评定标准，许多省市、运动队还自行制订本地、本项选材评定标准，涉及项目众多。第三阶段随着多学科测评仪器和方法的挖掘引进，使选材指标呈现多学科综合性，伴随微机的发展和普及，使大量引进数理统计方法成为可能，研制出多种选材应用软件，按程序输入测试数据，自动输出测评结果和选材建议，对研制多指标综合评定标准起到了重要的促进作用。但由于选材测试指标中定性与定量指标共存、静态与动态指标混杂、各种各类指标众多，测试结果数据庞大，预测未来竞技能力之艰难，要想弄清各指标、数据之间的相互联系，探索它们与竞技潜力之间的内在规律，并制定出科学有效的综合评定标准，其工作量和难度之大，实在可称之为世界体育界大难题之一。导致目前在选材（拔）实践过程中真正严格依照选材评定标准进行工作的运动队并不多。选材多指标综合评定标准的研究是建立在专项特点、选材指标筛选、权重分配和指标评定标准研究基础上的，由于新指标的不断发掘、运动水平的发展、对选材理论及方法的深入研究，众多项目的多指标选材综合评定标准的研究仍方兴未艾，已有的综合评定标准也时常面临追踪验证、修订完善的状况。而且这些综合评定标准的设计将会朝着多元化、阶段化、微机程序化、高效简便化的方向发展。

9. 运动选材与运动训练、运动竞赛密切结合研究

选材是否包含训练效应，如何将运动选材与运动训练、运动竞赛合理有效地结合，这是目前亟待解决但还未真正解决的问题。由于思想认识的偏颇、隶属行政领域的不同、利益分配的不均、结合研究的缺乏，导致运动选材与训练、竞赛之间不能有机结合。运动选材是一个较长的工作过程，而决不是短时间完成的。选材与训练的人为区分，仅仅是目前为了研究的方便，而决非客观的实质分离。实践已经证明并将继续证明：运动选材与运动训练、运动竞赛密切结合是未来运动选材的发展方向。选材不仅仅是育才的基本条件或只是育才的准备。较低层次的选材和训练在某种意义上是为了适应更高训练层次（而且是多层次）的选材或选拔，运动选材应该是育才的有机组成部分，贯穿于初级、中级训练的全过程，在这个全过程中，不断地进行着训练、测评、预测、竞赛、挑选、淘汰的选优工作，选材与育才密不可分，选中有育、育中有选。经过高级训练层次直至达到竞技水平的高峰，才能对选材效果进行最终检验。中低层次的运动竞赛本身既是竞技能力的较量、训练结果的验证、同时也是选材的必要过程。教练员应与选材工作人员密切配合，对优秀运动员苗子进行长期的追踪测试，根据测试结果合理调整和科学地安排运动训练和竞赛，逐步建立选材、训练、竞赛一体的科学检测和培养体系。

第四节　运动选材要素

一、决定竞技能力的主要因素

竞技能力指运动员在竞技运动中表现出的能力。虽然不同专项对运动员竞技能力的要求有所不同，但通常决定其竞技能力的主要因素均是在专项运动中所表现出的体能、技能、运动智能和心理能力。运动员的体能水平主要表现在力量、速度、耐力和柔韧四种基本运动素质以及由此组合的复合运动素质中。人体的形态和机能是决定其运动素质水平的基础条件。技能主要是依存于体能基础之上并在训练或竞赛中表现出的运动技术、战术能力。运动智能主要指运动员智力状况、一般和专项知识水平或知识的应用能力。心理能力主要包括运动员一般或专项的心理能力（含各种感知觉、反应、注意、智力、思维、运动记忆、运动表象等能力）和运动员个性心理特征（包括神经类型、气质类型、兴趣爱好、情感态度、意志品质、情绪状态等）。

运动员竞技能力的构成直接影响运动选材中运动员个人因素的构成，运动选材要适应专项运动竞技能力的需求，分阶段地提出选材的要求、制定选材模式。

二、影响运动选材的主要因素

影响运动选材效果的因素主要有待选对象的个人因素、各选材（含训练）层次的衔接关系、选材工作人员的自身水平以及选材的物质条件等（图 1–1）。

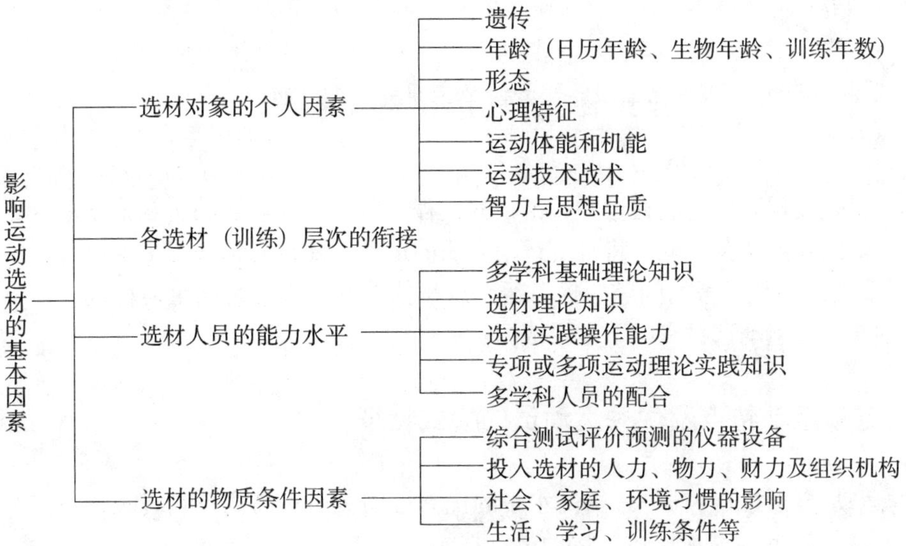

图 1–1　影响运动选材的主要因素图

各选材（含训练）层次的衔接主要指选材应适应运动队的更新节律。运动队的更新节律是指组成运动队的各成员本身存在一个运动能力上升、高峰、保持、下降的周期，要想一直保持运动队较高的运动水平并可能逐步提高，必须有节奏地将队内成员“吐故纳新”，这种有节奏的更新队员的规律就叫运动队的更新节律。常常听到有些队“后继乏人”“青黄不接”之类的评价，其原因之一就是选材和更新工作不及时或不合理。

从运动员的成长过程来看可分为：选材期、基础训练期、提高训练期、高峰期、更新期。一个完善的运动训练系统至少应有三个梯队组成，各梯队之间的选材与训练的配合应在理论上符合图 1–2 所示要求。为了保证一线队能持续较高的竞技能力，就必须使处于高峰期的队员替换那些处于更新期的队员，这种更新有时会出现低层次的队整个顶替高层次的队，而更多的是由低层次的队用个别输送的方式向高层次的队补充，用选拔、升级、降级、转项、淘汰的更新方式形成“以老带新、以新促老、保持水平、稳步提高”的态势。

一线队	选材期 初选 复选 定向	基础训练期 决选	提高训练期	高峰期	更新期		
二线队		选材期 初选 复选 定向	基础训练期 决选	提高训练期	高峰期	更新期	
三线队			选材期 初选 复选 定向	基础训练期 决选	提高训练期	高峰期	更新期
后备队依以上程序，源源不断地选材、训练、输送和更新							

图 1–2 运动选材与运动队更新节律对应设计

在实践中以上五个时期并不是等长的，并非如此规范的一一对应，但关键目标应使处于高峰期的队员及时替换那些处于更新期的队员，其培养周期或五个时期的期限应根据项目或运动员特点来决定。

第五节 运动选材的依据

运动选材是发现和挑选优秀运动员苗子的过程，应建立在坚实的科学依据之上，并不是凭空虚幻的瞎猜胡蒙。能否将具有运动天赋的运动人才预先选拔出来，有无科学依据?是实践中人们经常思考的问题。探讨运动选材依据的过程，是确定运动选材科学理论和方法的基础。运动选材有以下主要依据。

一、专项运动特点及优秀运动员的模式特征

“优秀运动员的模式特征”是指高水平的优秀运动员在最高竞技状态时、各主要竞技能力因素状态模型的客观描述。运动员竞技能力的高低常取决于形态、机能、素质、

技术、战术、心理及智能等方面的发展水平，理想的模式应该是这七个方面的有机组合。运动训练学或各专项训练的研究已经大量论述了各专项、项群特点和训练特点，建立了构成专项优秀运动员竞技能力要素的理想模式（如表 1–1 列出的“优秀乒乓球运动员竞技能力的基本特征”），这为运动员的选材提供了榜样模式和参照依据。

表 1–1 优秀乒乓球运动员竞技能力的基本特征

因素	基本特征	作用级别
形态	身材适中（男 175cm 左右、女 165cm 左右）、体态匀称	一般条件
机能	身体健康、可承担较大负荷及激烈比赛	基本条件
素质	灵敏好、速度好、反应快、具有一定的力量和较好的耐力	重要基础
技术	特长突出、技术比较全面、无致命弱点	决定性因素
战术	变化多样、应变能力强	决定性因素
心理	充满信心、意志顽强、有良好的自控能力	重要基础
智能	渴望学习科学知识、理解能力强、学习技术动作快、在激烈比赛中能及时作出判断和决策	重要基础

（依李富荣）

二、诸多相关学科的知识引进为运动选材提供了坚实的科学依据

1. 运动选材的教育学理论基础

运动选材是竞技体育界“英才教育”的体现。正如《孟子·尽心上》曰：“得天下英才而教育之”。英才是天赋和后天教育共同影响的结果。在现实经济不发达的情况下，为了保证对优秀人才的培养，只能通过层层筛选、挑出一些有天赋的人，集中有限的人力、物力和财力，创造出特殊的优越小环境，对他们进行重点的教育和针对性的培养，这就是教育界的“英才教育”制度。如果对具备高超禀赋的儿童施加高明的教育和训练，那他的发展将不可估量。我国现有的竞技体育训练体制如同教育界的英才教育，显著特点是重点培养、择优训练、促其冒尖、创优夺标。这与以增进健康为主要目的的普及化群众体育活动是有本质区别的。

2. 运动选材的社会经济学基础

我国现行训练体制的社会经济学理论基础是“计划经济和市场调节共存”理论。体育部门根据工作目标，有计划地筹拨资金，修建场馆设备、制定运动项目设置和运动员编制，挑选运动人才，按计划培养和参与竞技体育比赛。而发现人才、人才流动和相互调节，是对人才培养计划的有力补充。

3. 运动选材的社会学理论基础

我国现行训练体制是所谓的“一条龙”“金字塔”体制。通过运动选材，把那些优秀的运动员苗子，尽量无遗漏地吸收进“一条龙”体系中，通过层层筛选，逐渐优中取

优，推荐和输送到更高的训练层次中。将那些不适宜从事竞技运动的青少年予以淘汰，及时转向（项），“人尽其才”，选择更适宜他们的事业，发挥其才能，尽量减少资金、时间、人才的浪费。在当代竞技体育体制下，青少年运动员由于较多的时间用于训练和比赛，势必使文化学习、社会活动、升学就业等方面受到一定的影响，因此搞好选材工作，严格筛选、重点培养、层层衔接，降低淘汰率，提高成材率，能减少不良的社会影响，产生良好的社会效应。

4. 运动选材的生物学理论基础

(1) 人类遗传规律的研究

人类遗传尤其是运动能力遗传、变异规律的研究为运动选材提供了依据。人的运动天赋一定程度上取决于遗传，因此寻找具有良好遗传素质的运动员是选材中的最佳选择。通过对遗传规律的了解可有助于对运动员的先天运动能力的判断，对竞技能力的某些组成因素进行一定的预测，及早发现影响运动能力的遗传病患者，避免运动选材的失误，可对运动员的性别进行准确的检测与鉴别。基因（遗传）工程的开发和运用将人工地改变人类的某种遗传特征，从而更加完善人类自身，提高运动能力。

(2) 人体生长发育的程序和规律

人体随着年龄的增长，其形态、机能、素质、心理、智能等生长发育发展均有一定的程序和规律，这为在不同年龄阶段选择运动员提供了依据。

(3) 形态、素质、机能发展的统一性

形态与功能的一致性是生物学的重要规律，这种一致性为运动选材提供了依据。其中运动素质的增长是以形态和机能发育为基础，并受社会、营养、遗传及训练等因素影响的，其统一性表现为：

①增长速度基本趋势一致。

②不同年龄阶段的运动素质增长与形态机能发育密切相关。

三、现代科学技术的发展

运动选材建立在科学技术与生物科学的基础之上，并伴随其发展而发展。如 20 世纪 60 年代红白肌纤维学说的创立改变了从心血管系统机能来衡量运动能力的传统观念。随着医学生物学的发展，出现了众多的现代化手段，如血液成分的化验手段一滴血可得近 20 个指标数据。而电子计算机的应用及现代科学仪器监测等更为选材提供了科学的依据和手段。

四、各国的重视和运动员、教练员长期的实践经验

由于运动选材备受各体育强国的重视，经过广大教练员、运动员的长期实践和选材研究人员的努力工作，已经积累了大量的选材经验。通过对这些成功经验和失败教训的不断总结和提炼，使得选材理论和方法逐渐科学，尤其是各专项选材的研究更加深入和具体。

第六节 运动选材的原则

要想把那些能够承受巨大的训练压力，各方面条件都优越、并能快速提高运动成绩的“运动天才”挑选出来，必须遵循科学的原则。

一、广泛性原则

选材必须有广阔的基础，不能仅在实验室里对少数人进行测试，而应该在组织良好的青少年体育运动中广泛物色人才。前民主德国从多年选材工作中总结出一条经验：“谁要想挑选适合的少年运动员，必须首先组织尽可能多的儿童少年进行训练。”

我国地域广阔，人才济济，为广泛选材提供了得天独厚的条件。可以通过各种途径和方法对各地区、各种族的人进行调查和测试，以免遗漏人才。

重点测试也是必要的。在目前选材人员设备条件不足时更应对那些通过经验选拔或比赛选拔出来的运动员进行重点测试。

广泛普查在初级选材阶段尤其重要，而重点测试是在广泛普查的基础上，适用于初、中、高级选材阶段。为贯彻好这一原则，普及选材科学知识是非常重要的。科学选材决不是科研所一家的事，而是整个体育界的工作。只有使更多的体育工作者掌握了科学选材的理论与方法，才可能发现更多的人才。

二、实效性原则

科学选材是为了选拔适合某项运动的优秀人才，所以，选材的出发点、方法、手段及内容都要紧紧地围绕这个目的出发，通过细致的多方面的测试预测，通过多年的跟踪观察和最终实践验证，选择那些适合该项目的选材内容，方法手段以及更能正确恰当地反映早期选材的各因素指标和要求，针对性和有效性要强。如身高对篮、排球是影响成绩的主要因素，但对射击就不明显。又如引体向上次数这一指标，对研究肱二头肌的力量和耐力是有效的，而对研究肱二头肌的收缩速度则是无效的。简言之，有效性原则就是要求选材的内容、方法手段、指标体系能对该专项运动的主要影响因素具有针对性和有效性，否则会造成事倍功半甚至得出错误的结论。

三、可靠性原则

可靠性原则是指选材过程中的测试器具、测试方法应统一和规范；测试结果的评价和预测应客观和准确。要贯彻这一原则，就要做到以下几点：

1. 选材的测量器具、指标、测量部位和测量方法应有统一的标准要求，这样取得的数据结果才有可比性和研究意义。

2. 通过重复相同的测量手段获得结果的相同程度要强。

3. 对测试出的数据的评价要客观，不能以主观意愿判断，尤其是有些不易明确量值的因素，其评价也要尽量客观、正确，有可靠的科学依据。

4. 对选材对象各方面的预测（项目、能力、应达到的水平等）要准确可靠。

虽然选材的内容、方法和手段不是静止的，要随着选材科学的发展而发展，但可靠性原则对每个阶段都是十分重要的，其可靠性也会随着科学选材的发展而逐步发展。

四、因人因项制宜原则

该原则是指在选材过程中，要根据不同的专项要求和运动员的个人特点，有针对性地确定测试内容、选择方法手段、制定指标要求、明确预测方向、决定入选对象。由于竞技运动项目多，各项目中影响运动成绩的主导因素不同，所以尽管选材的目的、步骤等有些雷同，但在具体测试的项目、要求及方法上均有明显的不同。选材时，应该先找出决定该项目成绩的主导因素，再采取最适宜的选材方法手段予以测试、评价和预测。

因人制宜是指选材中要考虑到性别、年龄、训练年限、个人环境差别和个人条件的不同，客观评价该人的特点是否适应某个专项。

五、多因素综合分析原则

运动能力是受先天和后天因素共同影响的，在选材的初级阶段，应着重测评和分析运动员的先天运动能力因素，随着选材层次的提高，逐渐加大对后天运动能力的测评和分析。运动成绩的好坏是由多方面因素所决定的，某一方面的不足或多或少会影响到竞技能力的发展，但另一方面的突出能避免或弥补某些缺陷。任何人都不可能是十全十美的，所以要对各种考察和测定所得结果进行深入细致的分析，紧紧抓住几个决定运动成绩的主要因素，进行综合权衡，决定取舍，而对那些次要的可变因素可不必过多考虑。

六、多方法综合应用原则

该原则是指在选材过程中要采用多种有效的方法手段来测试、评价和预测备选对象的某一或综合运动能力。对运动员先天或后天运动能力的判断方法很多，相关学科的渗透更加丰富了运动选材的方法。目前多用经验法、追溯法、科学化法来选材。科学化选材刚刚兴起，随着科学技术的发展还会不断发展，但目前还很不完善，相当多的运动项目单靠测试还行不通，还要与经验选材相结合。经验选材是教练员在选材实践中获得的感性知识，只要上升到理论，它同样会有普遍意义。经验选材不能代替科学选材，它时常带有盲目性和个人倾向片面性。科学选材与经验选材应相辅相成，才能提高选材效果。

七、当前测评与预测未来相结合的原则

运动选材应通过科学的理论和方法进行测试和评价，进而对其未来的竞技能力进行

准确的预测，两者不可偏废。当前测评并不是目的，只是手段、过程，是预测的前提或基础，其最终目的是预测其未来能否成为优秀运动员，预测是运动选材的核心。所选择的指标除了要符合其他要求外，还要符合可预测性原则。

八、选材与训练相结合的原则

运动天才只有经过实践才能表现出来，它不是抽象的而是具体体现在各竞技能力因素上。哈雷指出："一个少年只有当他接受训练时，才能看到他是否适合这一项目。"运动选材是一个较长的工作过程，而决不是短时间完成的。较低层次的选材和训练在某种意义上是为了适应更高训练层次（而且是多层次）的选材或选拔，运动选材是育才的有机组成部分，贯穿于初级、中级训练的全过程。在这个全过程中，不断地进行着教学训练、跟踪测评、预测分析、挑选淘汰的选优工作。通过训练，才能对入选运动员的进步速度、学习能力等表现出的可训练性进行验证，进一步判断其体能、技能、智能、心理等素质水平和未来发展潜力。同时，可在训练中扬其所长、避其所短，逐渐缩小与最佳选材模式的差距，以适应更高层次的选材或选拔工作。

九、经济性原则

该原则要求在选材工作中应尽量减少费用的支出和人员、时间的投入，以增加科学选材的经济效益。

十、可行性原则

该原则要求在选材（尤其在基层选材）中应根据本地的实际情况进行，对那些测试仪器、设备要求高，本地又无法采用的测试指标方法应尽量避免采用，而选择那些可行的选材指标和测评方法，或采用一些替代、相关的指标和简易方法。

第七节 运动选材方法概论

方法是解决人们思考、行为的门路和程序，是人们从事精神活动和实践活动的行为方式。运动选材方法是对优秀运动员苗子的考查和识别的行为方式。研究方法，要在方法论的指导下进行，方法论是关于方法的学说或理论体系；而方法论又与世界观密切相联，有什么样的世界观，就有什么样的方法论。所以运动选材必须依据辩证唯物主义与历史唯物主义，从实际出发，实事求是、全面地根据主客观条件，制定切实可行的行动方案。运动选材方法要服从于选材的方向和目的，但是在方向和目的确定之后，方法就起着决定的作用。方法适当，才能获得切实有效的测试结果，辨别真伪，揭示备选者先天和后天运动能力的实际情况，制定相应的选材模式要求，预测其未来的运动能力，达到选材的目的，并能扩充选材知识数量和范围，启发思想、获得新的发现。如果方法不当，就会使选材工作徒劳无功，陷入混乱，达不到预期的目的，甚至误选人才。

运动选材借助于众多的学科作为自己的科学基础。它不仅涉及自然科学多方面的知识，而且应用生物科学、社会科学诸方面的理论；它不仅应用现代科学最先进的仪器设备进行多种测试评价，而且需要进行科学的统计和预测。运动选材不仅要研究多学科的测评方法，而且要研究多学科测评方法的综合运用以及达到高运动水平远景目标的确定过程，它通过一整套组织和方法措施系统，揭示儿童少年和青年在某一或某些运动项目中的未来竞技能力。

一、运动选材方法的基本结构

每一种选材方法（尤其是科学化选材方法），应由以下基本结构构成：

1. 方法名称　　2. 目的用途
3. 理论依据　　4. 需用仪器、场地、器材
5. 测试（量）细则　　6. 注意事项
7. 结果评价（选材应用）

二、运动选材方法的特点

（一）客观性和可靠性

运动选材研究的对象是竞技运动中运动员选优现象，是客观存在的社会现象，它们按照自身的规律运动，不以人的主观意志为转移。虽然在一定范围内人是可以改变客观世界，可以部分改变某运动员的现状和发展前景，但这是在人们掌握了事物的客观规律后、运用客观规律使事物按着自己所期望的方向发展。至于客观规律本身仍是丝毫不得违反的，否则就不会得到所期望的效果。客观性和可靠性特点要求选材方法中的测试器具、测试过程、测试结果的评价和预测应是客观、正确、统一并有可靠的科学依据。

1. 选材的测量器具、指标、测量部位和测量方法应有统一的标准要求，这样取得的数据结果才有可比性和研究意义。

2. 通过重复相同的测量手段获得结果的相同程度要强。

3. 对测试出的数据评价要客观，不能以主观意愿判断，尤其是有些不易明确量值的因素，其评价也要客观、正确并有可靠的科学依据。

4. 对选材对象各方面（项目、能力、应达到的水平）的预测要客观可靠。

虽然选材的内容、方法及手段不是静止的，要随着选材科学的发展而发展，但客观性和可靠性要求对每个阶段都是十分重要的。

（二）系统性和层次性

由于运动能力的组成因素具有系统性，选材方法也具有相应的系统性。它主要表现在选材层次、选材年龄、选材内容、选材指标、选材标准以及选材的组织管理方法等方面的系统性。在整个选材方法系统中又是分层次的。选材的层次是指不同选材类别的高低、前后的顺序位置。我国一般将选材层次分为基础、初级、中级、高级选材（拔）四个层次。每个层次有初选、复选、定向和决选四个阶段，中高级层次选材（拔）可无定

向阶段。

基础与初级选材是运动选材的基础层次，其任务是初步地挑选运动人才。在这个层次中，主要是通过对那些先天的、不可控的、相对稳定的因素进行测定和评价，揭示儿少运动能力的发展前景。中级与高级选材（拔）是运动选材的高级层次，其任务是最终选拔出优秀运动人才。这个层次中，测评相对稳定的因素比例相应地减少，而主要测评那些后天的、可控的和相对变化的因素。如技战术、运动素质、智能及心理个性等方面的因素，选拔出接近于世界优秀运动员模式的人才。

由于选材的层次不同，所测评的内容及方法也有所差别。层次越高，运用方法越多，则测评内容也更全面，各测试指标标准越高，测评考察也更深入细致。

（三）多样性和综合性

由于竞技运动项目很多，各项目中影响运动成绩的主导因素不同，尽管选材的目的、步骤等有些雷同，但在具体测试指标、要求和方法上均有明显的不同。采用多种有效的方法手段来测试、评价、预测备选对象的某一或综合运动能力，是选材工作的需要和发展趋势。由于众多学科对运动选材领域的渗透，形成了体系庞大的方法群，众多的方法都从各自不同的侧面对运动员的现状或未来进行测评或预测，这既有利于对运动员进行全面的分析评价，又极大地丰富了本身的研究领域和运动选材研究领域。这些选材方法既是互补的，又是可以独立存在的。运动成绩的好坏是由多方面因素所决定的，某一方面的不足或多或少会影响运动竞技能力的发展，但另一方面的突出就能避免或弥补某些缺陷，所以要对多种考察和测定的结果进行综合的、深入细致的分析，综合权衡，决定取舍。

三、运动选材方法的分类

运动选材方法很多，依不同的分类依据可分为不同的类别：

（一）依选材的基本因素区分

1. 遗传选材方法； 2. 年龄选材方法； 3. 体型选材方法；
4. 身体素质选材方法； 5. 生理机能选材方法； 6. 生化特征选材方法；
7. 心理选材方法； 8. 运动技能选材方法。

（二）依选材发展的科技水平区分

1. 经验法：运用过去选材的成功经验和失败教训来评价、预测当今选材对象的方法。很多有经验的教练员常用此法，或作为科学选材的辅助手段。

2. 追溯法：即追溯优秀运动员过去（成长过程）的情况，并通过借鉴制定选材模式，对备选运动员进行选材的方法。

3. 科技法：又称科学化法，即采用科学的测评方法手段、通过客观测定的数据或结果对备选运动员进行选材的方法。

以上三种方法是相对区分的，很多时候是相互交叉、综合运用的。科学化选材方法有着一个发展的过程，它是在经验法的基础上发展起来的。而经验法是从迷信、盲从境界中超脱出来，在自己的经验或看到的选材现象基础上，进行独立思考，从而形成自己的观念、判断或思辨的方法，有的经验的确具有真知灼见，能够发人深省，在当时的选材条件下也起过一定的积极作用。这种经验法的最大缺点是实践面窄，有时有点像“盲人摸象”，虽然也来源于客观事实，但它具有很大的偶然性、局限性和主观性，在很大程度上缺乏科学的论证。随着社会的发展，人们对选材重要性的认识越来越深刻，对选材的要求越来越高，逐渐认识到仅仅停留在思辨的经验方法是远远不够了，于是科学化选材方法逐渐形成和发展起来。自测试、追溯、调查、统计等方法被采用后，选材研究的面貌焕然一新，运动选材也在经验选材的基础上发展起来，逐渐成为一门科学。

（三）依选材工作类别区分

1. 运动选材的组织管理方法； 2. 选材指标筛选方法； 3. 选材标准确定方法；
4. 选材指标测试方法； 5. 选材测试结果评价方法；
6. 选材结果检验方法； 7. 选材预测方法。

（四）依选材学科领域区分

1. 单学科选材法

（1）遗传学选材法； （2）形态学选材法； （3）生理学选材法；
（4）生化学选材法； （5）医学选材法； （6）心理学选材法；
（7）生物力学选材法； （8）运动训练学选材法； （9）专项选材法；
（10）环境选材法； （11）社会学选材法； （12）预测学选材法等。

2. 多学科综合选材法

（1）模式选材法； （2）阶段选材法； （3）多因素选材法。

（五）依选材层次区分

1. 初级选材阶段选材方法； 2. 中级选材阶段选材方法；
3. 高级选拔（材）阶段选拔（材）方法。

四、选择选材方法的依据和标准

由于运动选材研究的发展和实践中的广泛应用，形成了很多选材方法，某次选材中不可能不加取舍地统统采用，故必须进行选材方法的筛选。运动选材方法应以运动员选材的基本理论和各运动项目对运动员个人条件的基本要求为依据，结合运动员选材的层次、具体目的及任务来确定。其方法是否合理，应符合下列要求及标准。

1. 客观性　是指任何人在任何时刻运用这一方法都能得到相同结果，不以测试人的意志为转移。

2. 可靠性　是指被检查、测定的特征具有稳定性，重复测定时可以得到同样的结果。

3. 有效性　指所测结果能够说明备选运动员的现状，有预测将来的可能或对未来成绩起影响作用。

4. 经济性　方法应尽量简便易行，选材结果和所耗费的经费之间的比例合理。

5. 可行性　即该方法在本地区、本时期的人力、物力、技术、知识条件下是可以进行的。

第八节　运动选材的组织与管理

一、运动选材组织管理体系

运动选材的全过程是一项系统工程，是一个多层次、多阶段和多年连续的控制过程，包括组织、计划、实施、评价监督等工作环节，涉及到目标、过程、财物、时间和效果五大要素。实现这五大要素的整体最优化，就是选材过程的最优控制。要科学地控制选材过程，就必须按照选材的客观规律，建立周密和完备的选材体系，建立健全组织管理机构，明确各层次各阶段的选材任务及相互间的有机联系，形成层层衔接的一条龙体系。要科学地制定选材计划，建立明确的方向、目标、指标测试及预测体系，充分发挥信息的作用，合理调配人、财、物，及时反馈效应结果，扩大成果推广。只有体系严密，才便于优秀人才的层层入选；只有管理得当，才便于选材工作的顺利进行；只有组织完备，才便于进行科学研究、深入揭示运动选材的规律，优质、高效地选拔优秀人才。

运动选材与运动训练具有并列发展的关系，选材应与训练形成并列适应的体制。我国运动选材系统总属国家体育总局领导；各级选材系统应隶属于相应一级体育、教育或体协部门的组织和管理，成立相应的组织机构，组织多学科人才的选材领导组，确定选材目标，制定选材计划，实施选材方案，总结检查反馈，选拔优秀运动人才。

多学科人才的选材领导组是各级运动选材系统的最主要的机构，它对选拔优秀人才起着决定性作用。运动选材不仅取决于被选者的条件，而且有赖于选材者的素质及水平。运动选材是一个多因素的分析过程，既要测定先天的因素，又要考虑后天的影响，既要测定生物学方面的因素、又要考虑社会学方面的影响，因而选材组应有多方面的人才。图 1–3 是选材组结构模式图，随着运动选材研究的发展，其结构还会有所变化。

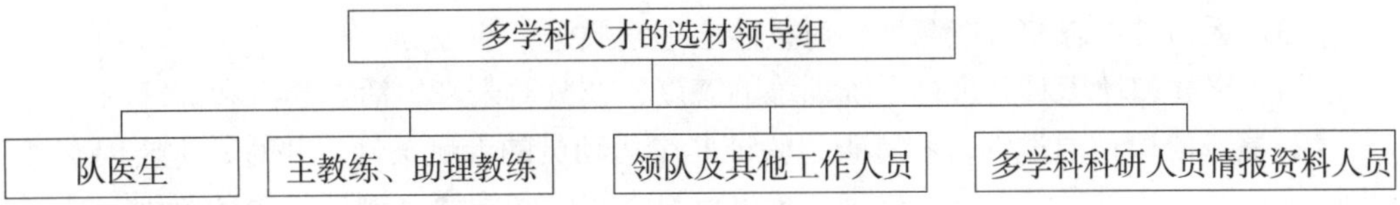

图 1–3　多学科选材组结构模式

二、运动选材的层次和阶段

选材的层次是指以行政管理层次不同而区分的选材类别的高低和前后的顺序位置。选材的阶段是指选材过程中的段落。不同层次、阶段选材的任务和要求应有相应的差异，这些差异来源于训练体制的连续性和阶段递进性。掌握运动选材的层次和阶段，可以对选材过程有一个整体清楚的了解，明确各层次、各阶段选材的特点、任务以及相互间的有机联系。

我国一般将选材层次分为基础、初级、中级、高级选材（拔）四个层次。每个层次有初选、复选、定向、决选四个阶段，中高级层次选材可无定向阶段（图 1–4）。

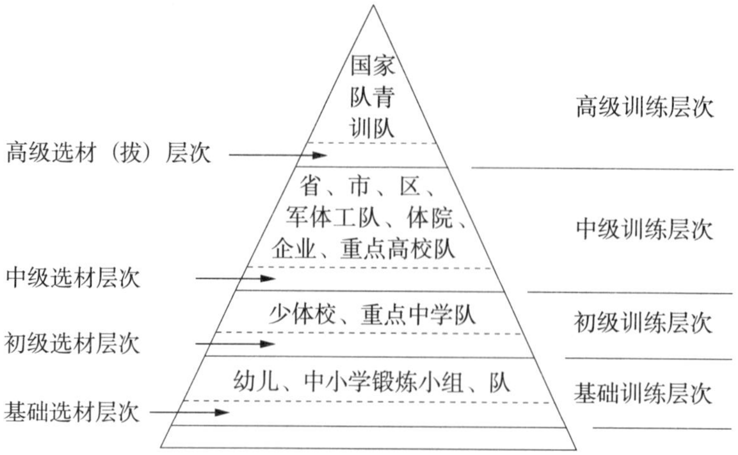

图 1–4 我国优秀运动员四级培养体制示意图

（一）基础与初级选材层次

基础与初级选材是运动选材的基础层次，主要是通过对那些先天的、不可控的、相对稳定的因素进行测定和评价，揭示儿少运动能力的发展前景，初步挑选运动人才。

1. 初选阶段 其任务是了解儿童少年运动能力的天赋条件，广泛发现运动人才，此时要对大量的群体进行观测。通过体质普查和幼儿、小学生的体育课或体育比赛活动，发现那些显露头角的运动苗子。并对他们进行进一步的调查和评价，主要内容有：

（1）遗传与家系调查。

（2）发育程度或发育分型的鉴别。

（3）运动员形态和机能测评，对某些心理素质进行测评。

（4）家庭和环境对其进行系统训练的态度，及其对未来生活、学习和训练的影响。

2. 复选阶段 通过训练和考查，验证儿少运动员的天赋条件，并对其主要因素进一步评价预测。此时应对入选队员进一步进行发育程度和发育高潮期长短的鉴别，并测量其原有运动水平和集训期的成绩提高幅度，其可训练性、承担大运动负荷的能力和训练潜力要超过平均水平。

3. 定向阶段 根据初选、复选中队员表现出来的能力、爱好、兴趣、训练项目编制和教练员状况等因素，为运动员选择一个或几个适合于他的专项，确定其未来方向和发展指标。定向正确与否直接影响运动员的成长成材。定向阶段主要适用于基础或初级选材层次，而运动转项（在其他层次中也存在）实际上是定向后的再定向。

大多数教练员在选材一开始就以从事本专项为目标进行选材，而大多数幼师或中小学教师是通过一定时间的教学训练实践后才为运动员选择专项。这时运动员本人的爱好固然重要，但教练、教师或科研人员的引导也很关键。

“运动转项”是指运动员从事某项竞技体育运动、在专业队训练一年以上或在业余队训练两年以后，又转入另一运动项目训练和比赛的情况。据王金灿 1997 年研究，体工队运动员的转项百分率为 22.8%，体校运动员为 59.7%，后者高于前者，其主要原因与训练目的、训练环境、专项训练的深化程度不同有关。运动员转项原因多种多样，在运动员转项中起着重要的动因作用。转项原因不同，导致转项趋向及效果也不同，其中为了发展与成就而导致的转项占总转项次数的百分率较高，且转项效果较好。单项与全能互转，大多数是由单项转向全能。体能类和技能类项群运动员的互转次数比率由高到低的排序是：“技→技”“体→体”“技→体”“体→技”。项群间运动员互转的效果“上升”比率由高到低的排序是“体→体”“技→体”“技→技”“体→技”。转项效果较好的多属同类项群间的互转，尤其是同组群项目之间的互转。运动员转项的适宜年龄与转项次数、转项效果有密切联系，又与初级选材的年龄宽容度密切相关，多呈现选材年龄宽容度小的项目向宽容度大的项目转向的趋势。

不同等级运动员转项人数、次数及其百分率不同，运动等级越高，转项人数越少，个人的转项次数越少；在有限的运动生涯中，转项次数越多，运动成绩越差。

转项引导人在运动员不同年龄段的转项引导次数不同。教练员、教师始终起着主要的引导人作用。家长在运动员较小的时候，对运动员转项起主要作用，随着运动员年龄增长（主要在 13 岁以后），家长的引导作用逐渐减弱，而自选逐渐上升为主要的引导地位。不同转项引导人对转项效果不同，使其上升较多的引导人排序是:教练、家长、教师、自选、同伴。

男女运动员在转项趋向方面稍有不同，这与性别、心理和项目特点有关。同项目转项年龄存在着女性比男性早的倾向。

4. 决选阶段 通过一定时间的实践考查，在以上三个阶段的基础上最终确定入选对象。此时对入选对象有以下一些要求。

（1）现有的成绩水平：通过各种手段来测定运动员在决定成绩的诸因素方面是否拥有足够高的成绩参数。如在前段训练中，运动成绩应优秀或超过平常水平；必须具备与所选项目特点相适应的身体能力；具有相应的技术水平和特别的战术能力；机能适应能力超过平均水平，表现在生理机能好，身体和心理负荷能力强、有关器官系统的工作高度节省，能承受频率较高的负荷量和较大强度的训练；体型符合专项要求。

（2）成绩提高的速度：比一般运动员提高得快，能较快地晋入更高的竞技等级；能以较快的速度发展专项所需的心理竞技素质。

（3）成绩的稳定性和继续提高的能力：具有持续提高的运动能力，能不断创新纪录和保持较好成绩；连续检查生理机能指标时都有明显的优势，在大运动负荷后，生化和机能指标都能较快恢复到静止时的指数；心理竞技能力比较优秀和稳定。

（二）中级与高级选材（拔）层次

中级与高级选材是运动选材的高级层次，其任务是最终选拔出优秀运动人才。在这个层次中，测评先天的、相对稳定的因素比例相应减少，而主要是测评那些后天的、可控的、相对变化的因素，比如技战术、运动素质、心理和智能等方面的因素，选拔出接近于世界优秀运动员模式的人才。而且选材层次越高，各指标标准就越高，测评考察更细致。图 1-5 比较直观地展示了选材不同层次和运动选材各因素的动态关系。

从图 1-6 看出，不同层次中选材和选拔所占的比例有所不同，层次越低，选材占比例越大；层次越高，则选拔的比例越大。

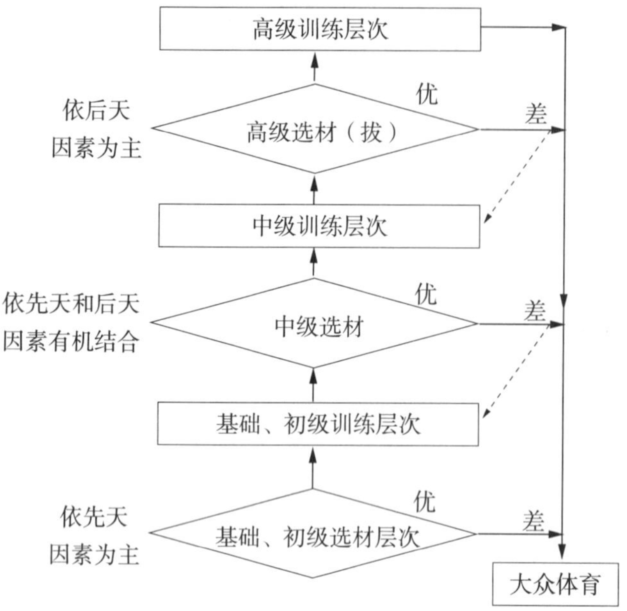

图 1-5　运动选材不同层次与运动训练层次结构

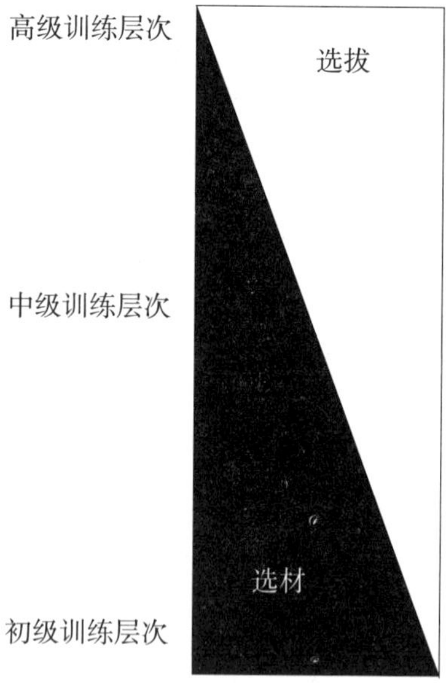

图 1-6　不同层次中选材与选拔所占的比例关系

综上所述，可以看出各层次运动选材的共性特征是挑选优秀运动员的后备人才，在个别选材指标和方法上可能相同，但具有明显的层次性差异特征：

1. 选材层次越低则更注重通过对那些先天的、不可控的和相对稳定的因素进行测定和评价，揭示儿少的发育潜力和训练潜力，预测其运动能力的发展前景，初步地挑选运动人才。相反，选材层次越高则注重测评那些后天的、可控的和相对变化的因素，比如技战术、运动素质、心理及智能等方面的因素，测评其竞技能力的现状和由训练效应而得到的发展能力，逐步选拔出接近于优秀运动员模式的人才。

2. 选材层次越低，则备选人数相对较多，而每选材点的生源区域较窄，且年龄越小，测试指标体系越简单，测试指标的可行性和可操作性强，测试精度要求相对较低，入选标准越低，以便于较大规模的组织实施。而选材层次越高则相反，测评考查更全面而细致。

三、运动选材的类别

运动选材类别就是按照一定的标准，将选材区分为不同的类型。通过分类可以更深刻地认识选材不同层次、类别的本质属性和固有规律，以便进行相应的研究；可避免在选材概念、层次、内容和任务等方面的混乱，从而更清晰地分辨各类别的共同点和差异点；正确的分类是发展和完善运动选材理论和方法体系必不可少的条件。

运动选材依不同的分类依据可分为不同的选材：

依选材层次可区分为基础、初级、中级和高级选材（拔）；

依选材内容可区分为遗传选材、年龄选材、体型选材、身体素质选材、生理机能选材、生化特征选材、心理智能选材和运动技能选材等；

依选材科学的发展阶段可将选材区分为自然选材、经验选材、多学科综合选材和科学化选材等；

依选材的研究水平可将选材区分为整体或个体水平选材、组织或器官水平选材、细胞或分子水平选材等；

依运动项目选材可将选材区分为个体、集体、体能和技能类项目选材；

依选材方法可区分为经验法选材、追溯法选材、综合法选材及科学化法选材等。

四、运动选材的程序

对运动选材全过程需要进行科学的控制，这一过程包括确定选材目标、建立选材模式、制定选材计划、实施选材计划、总结检验反馈等工作环节。

（一）确定选材目标

选材目标是根据对本专项、本层次运动员现状调查和运动成绩发展趋势，确定备选对象（人数、年龄、性别、生源等），并预测其未来发展前景，从而设计的本次选材期望结果。应根据运动选材的不同类别、特定任务以及在现状调查与分析的基础上，科学地确定选材目标。

（二）建立选材模式和模型

选材模式主要是指入选队员应达到的具体要求和标准，对这种要求或标准的系统描述称为选材模型。在确定明确的选材目标以后，应建立起该级或各级优秀运动员模型，为运动选材提供参照依据。选材模型的建立应考虑以下几点：

1. 研究各运动项目高水平运动员的模型特征。

2. 调查组成运动能力各因素在群体、个体中的平均值、最高值及变动范围。

3. 依据多年选材及训练测验所获得的数据资料，进行数理统计分析，确定影响专项成绩诸因素的指标体系及权重比率。

4. 正确把握各因素之间的有机联系，将各个具体指标及标准汇成一体，形成综合评定体系，建立动态的该级别或各级别选材模型。

（三）制定选材计划

运动选材计划的制定应根据确定的目标和建立的模型进行，还应考虑运动选材的影响因素和运动队的更新节律等（选材计划的类别和内容见后述）。

（四）实施计划

实施计划即是将制定的计划付诸现实。按照计划的要求成立选材机构，明确分工，统一要求，并按照计划规定的步骤对选材对象进行测评，及时反馈、调整、修正计划。

（五）检验

1. 对入选队员的再评价。检验所选出的运动人才是否为运动天才，可分为最初检验和最终检验。

最初检验是对选出的人才进行多种测试，以判断选材结果是否达到预定目标。最初检验也可作为反馈信息，用以及时调整和修正计划。

最终检验是指对选出人才的多年系统跟踪，从选出人才的最终表现（运动能力、运动成绩）来评价选材效果。对选材效果的评价还可依以下几方面进行：

（1）运动员的淘汰率，即进入该运动训练层次的运动员总人数与达到某种水平优秀运动员人数之间的比例，比值越大，淘汰率越高，选材的效率越差。下一级训练管理机构与上一级机构之间也可用输送率来进行评价。

（2）训练工作的经济效果，即培养一名运动员所投入的社会总时间和花费的总资金。

（3）参加重大比赛的获奖人数与训练人数之比。

2. 对优秀运动员最佳模式评价与修正。优秀模式是相对的和可变的，随着竞技运动的发展而发展，不可能永远固定在一个模式水平上。

3. 对选材工作中的测试内容和指标等方面评价与修正，它随人的体质发展、竞技运动的发展和预测科学的发展而变动。其常用的指标有：专项运动成绩、专家评定的名次和等级、比赛中具有某种数量特征的指标、合成指标（总分）、已被证明有效的标准化实验结果等。

4. 对选材方法的评价与鉴定，其标准仍依有效性、可靠性、客观性、经济性、可行性来评价。

5. 对选材组织机构的评价，要求其高效、多能、精干，多学科人才结构合理，知识水平、实践能力要强以及具有严谨认真的工作态度。

6. 对选材所用的仪器、设备及其操作程序的科学性评价，主要通过对试验的稳定性、一致性和等价性等方面来评价。

7. 对预测理论、预测方法的评价，主要检验其准确性、经济性和可行性等。

对以上各因素应经常进行系统的分析检查，并不断调整，促使选材工作不断提高和深入。

五、选材计划的类别和内容

选材计划主要包括选材对象、测试指标、使用仪器、选材方法、数理统计方法以及验收细则等内容。计划没有统一模式，但应力求全面、严密，便于实施和达到预期目的。

（一）选材计划的类别

选材计划依不同的分类依据可分为不同的类别，这里主要对依时间长短区分的计划进行说明。

1. 长期计划　一般是指为期十年以上的计划，它主要规定体育部门在比较长的时期内的发展方向、项目设置、队员人数、发展阶段和发展规模，是选材计划的重要形式之一。这种计划常常与体育部门或某个单项的远景规划合为一体，或成为远景规划中的一部分，受远景规划的制约和管理。

2. 中期计划　一般是指为期 1~5 年的计划或指其行政领导或其主教练任期期间的选材计划，它也常常是任期规划中的一部分。中期计划一般是根据长期计划编制的，是长期计划所规定的战略目标和任务分阶段地具体化，又是制定短期计划的基础和依据。它能避免短期计划由于时间太短而带来的局限性，为保证运动项目配置及队员的更新起到重要作用；它可以使体育部门或单项为实施三年为期的全国体育竞赛计划、四年一届的奥运会准备工作得到改善。其他如选材科研计划、选材管理干部培训计划等，用中期计划的形式也十分适合。

3. 短期计划　一般是指某次选材的工作计划，是长期计划和中期计划的进一步具体化。其内容和指标都比较细致，要求明确，方法具体。如按计划内容区分的体型、运动素质、生理生化、运动心理、技战术能力等选材计划，均可用短期计划的方式进行。

全国选材计划、地方选材计划是按照体育计划的制定和管理范围来划分的，它规定该范围竞技运动的发展方向、奋斗目标、重点和非重点项目的配置、运动员人数的比例、运动选材的方法和步骤等，其部分指标常纳入该范围的体育发展计划。

（二）选材计划的内容

选材计划的内容一般由两部分组成，一是计划的纲要部分，主要说明选材的目的、任务、指导思想和目标等。二是计划的具体内容部分，是纲要的具体化。

1. 长期计划的主要内容

(1) 计划的纲要部分

①当前体育形势、任务；

②编制计划的指导思想、目的；

③要达到的总目标和各项主要目标；

④主要计划的指标确定的依据。

(2) 计划的具体内容部分

①该时期（段）的发展方向；

②项目设置；

a. 接近和达到某水平（如世界水平或其他水平）项目的数量

b. 成立运动队（含不同层次的运动队）的总数

c. 重点项目占一般项目的百分比

③优秀运动员人数；

a. 目前优秀运动队（员）总数及计划期应达到的总数

b. 优秀运动队（员）人数占一般队（员）的百分比及计划期应达到的比率

c. 中级训练形式运动员人数（含体育运动学校、单项运动学校、体育中学和重点业余体校的人数）及计划期应达到的人数

d. 初级训练形式运动员人数（含普通中小学和一般少年儿童业余体校参加业余训练的人数）及计划期应达到的人数

e. 中、初级运动训练组织向上一级训练组织输送总人数和输送率

f. 高、中、初级训练形式淘汰率

④优秀运动员的输送程序及审批方式；
⑤优秀运动员的基本条件及要求；
⑥选材测试的指标体系；
⑦选材组织的机构及其管理；
⑧科学选材的宣传计划、科研计划、干部培训计划；
⑨选材工作的财务管理；
⑩选材仪器、设备等基本建设计划。

2. 短期选材计划（其种类很多，这里仅以某次选材计划为例简要说明）

（1）纲要部分
①本次选材的目的、任务、依据；
②对目前运动队、运动员及运动选材状况的调查分析。

（2）具体内容部分
①应选项目人数和年龄范围；
②招生（应选区域的）要求；
③选材工作的过程与步骤；
④应选者的主要条件、测试项目、内容、方法和指标（身体形态、运动素质、生理机能、生化特征、心理品质、技战术能力等），以及需要调查的有关内容，如政治思想品质、作风、学习、生活、家庭情况、参加运动的经历等；
⑤选材组织机构及工作人员的分工；
⑥报名、测验的时间地点；
⑦审批的手续和办法；
⑧试训的方法；
⑨经费、预算、设备条件；
⑩其他辅助内容等。

第九节　运动选材资料处理

在运动选材研究中，资料的处理分为定性资料的处理和定量资料的处理。

定性资料的处理多用逻辑的方法，如比较、分析、综合概括、类比、归纳、演绎等。大量运用定量方法（尤其是数理统计方法）是进行科学选材研究的发展趋势。诸如分析影响竞技能力的主次因素筛选测试指标、确定评价标准、对未来情况进行预测、建立选材模型等都可用数理统计方法进行。由于数理统计的方法很多，本节篇幅所限不能详细论述，仅提供一些统计方法在选材研究中应用的主要范围，而不讨论具体方法，需要时可参阅数理统计方法类书。由于数理统计各方法、各种数据计算之间大多是相互联系、相互依存、层层衔接的整体系统，本书人为地将其划分为指标筛选的方法、指标标准确定的方法及预测方法，主要是为了使其相对集中，便于读者选用。

处理运动选材资料的目的是将收集到的大量研究资料，分门别类地进行处理，使它们成为一组组有意义的资料群，以便揭示出其特点与规律性，进行指标筛选、标准确定、制定不同阶段的选材模式和预测运动员的未来发展前景。

一、选材测试指标的筛选

组成运动员竞技能力的因素很多，故选材时也应考虑很多因素。其中有些因素是独立存在的，也有一些是相互关联的，有的因素对其未来的竞技能力影响较大，而有的因素影响较小，所以要对各种因素进行分析，将影响因素排序，分清主次，以便抓住主要影响因素，剔除次要因素，这就需要对选材测试指标进行筛选。

（一）选材指标的定性筛选

1. 经验法（专家评定法）

分析影响竞技能力的诸因素，专家们根据已有的经验判断出对竞技能力影响较大的因素或指标，或直接筛选，或运用特尔菲法逐步筛选。

2. 逻辑推理法

常用的有归纳、演绎、类比三类方法。

（1）归纳法

归纳法就是依据对许多个别事物的认识，揭示出这些事物一般结论的方法。

例如："力量是篮球运动员重要的素质"结论形成的过程，它是建立在已有的知识、经验和查阅有关力量对篮球运动员的作用等基础上形成的，其归纳推理过程是：

篮球比赛中，需要起动快、跑得快，力量与加速度有关；

篮球比赛中，需要跳得高，爆发力、弹跳力是由力和加速度组成；

篮球比赛中，手指手腕力量可以提高技术运用的准确性；

结论：力量是篮球运动员重要的素质。

（2）演绎法

演绎法和归纳法相反，是从一般到个别的推理方法，例如对"力量是篮球运动员重要的素质"进行演绎推理：

大前提：力量是篮球运动员的重要素质；

小前提：发展力量素质能够提高弹跳力；

结论：发展篮球运动员的力量素质可以提高弹跳力。

注意：推出的结论是否正确要取决于推理的前提是否正确和推理形式是否合乎逻辑规则。

（3）类比法

类比法是根据两个（或两类）事物之间在某些方面的相似或相同，进而推出它们在其他方面也可能相似或相同的一种逻辑方法。

如在技能类隔网对抗性项群中网球和乒乓球的选材指标筛选的类比推理过程。

根据：A. 网球运动员需要反应快、起动快、制动快、往返移动快；

B. 乒乓球运动员也需要反应快、起动快、制动快、往返移动快；

假说（推理）：乒乓球运动员选材时采用的测评反应、位移速度的某些指标可以移植到网球运动员选材测评中。

类比的结论是或然的，其原因是：

①类比对象之间不仅是有相似性，而且也具有差异性。

②类比对象中有许多属性，有些是因有属性，有些是偶有属性。

所以，采用类比推理时应注意以下几个规律：

①类比所根据的相似属性越多，类比的应用也就越有效。

②类比所根据的相似属性之间越相关联，类比的应用也就越有效。

③类比所根据的相似数学模型越精确，才能把其中相关的因素分别准确地对应起来，类比的应用也就越有效。

（二）选材指标的定量筛选

1. 相关与回归分析

两者都是用来研究两种或两种以上变量之间的相互关系，不同点是：回归分析是根据一个或几个相对较易测定或控制的变量（可看做是非随机变量）之值，预测或控制另一个或几个变量（随机变量）的值，并确定其精度；而相关分析是讨论研究对象的变量之间是否存在着相关关系，若存在相关关系时，则分析变量间相关的密切程度，找出它们之间的数学表达式。

一元回归、二元回归和多元回归都是对所有变量建立回归方程。在选材指标等实际问题中，有大量的变量供选择，但实践中只能选取其中对我们研究的问题最有价值的一部分，且随时将不重要的变量剔除，这时可采用逐步回归的方法。

2. 聚类分析

聚类分析是对测试指标或测试对象进行分类的一种多元统计方法，是选材研究中常用的方法。聚类分析所依据的原则是：直接比较事物之间的性质，将性质相近的归为一类，而将性质差别较大的归为不同的类。它分为对观测变量（测试指标）聚类（又称 R 型聚类）和对观测对象聚类（又称 Q 型聚类）。

（1）R 型聚类的应用

①分析各运动项目成绩和各组成因素之间的关系，并进行分类。

②与其他统计方法相结合使用。如作多元回归分析时，可先进行聚类分析，再从每一类中选出一个最有代表性的指标，参加多元回归。在进行判断分析前，也可先进行聚类分析，以便找出有代表性的指标来建立判别式。

（2）Q 型聚类的应用

①对研究对象（个体）进行聚类，把总体情况相近的研究对象（个体）聚成一类。

②根据多个指标对运动员进行综合评价。

3. 主成分分析

主成分分析是通过分析影响结果的多个指标之间的内在联系，找出起决定作用的指标。如应用于研究组成竞技能力各因素之间的内在联系，找出其中起主要作用者实施训练和选材。

4. 模糊聚类分析

此方法与 R 型聚类分析相似，但用于分类的指标可以是“模糊”的，如大、小、好、坏、弱、强等。多用于对心理素质的分类、对选材因素的分类等。

5. 模糊相关分析

此方法与数理统计中的相关回归分析类似，但可以处理组成运动能力的一些不易具体测量的因素或指标，如心理、技战术能力等。

二、选材指标标准的确定

选材指标经筛选和测试后，将测试结果用定性或定量方法分析整理，制定出既切合本地情况、又比较科学合理的选材标准，或者建立优秀运动员模式和各级选材模式。

（一）用定性方法确定选材标准

1. 经验法 即选材者运用已有的选材经验确定指标标准，并依此作为选材要求的方法。

2. 类比法 如类比两个（或两类）在某些方面相似的事物，推出它们在其他方面也可能相似的一种逻辑推理方法。

如研究体操初级选材年龄标准，其假说形成的类比推理过程如下：

根据：A. 罗马尼亚科马内奇从4岁开始训练，14岁获世界冠军。

B. 苏联、捷克等国家体操运动员的早期训练是从三四岁开始的。

假说（推理）：我国体操早期训练，可从4岁开始选材，13~14岁可达到世界水平。

追溯法是类比法的一种具体应用，即追溯优秀运动员过去某阶段、年龄段、指标的情况，并依此作为当今同阶段、年龄段、该指标的选材标准。

移植法是类比法的另一种具体应用，将类似项目选材指标的标准相互移植、借鉴运用的方法。如将已被认可的外地某选材指标标准作为本单位选材指标标准；又如将已被认可的某项目选材标准作为（移植到）另外同类项目、同年龄段的运动员选材测评标准。此种方法虽然不甚准确，但在由于各种原因无力进行数理统计分析时，仍不失为一种相对合理且简便的方法，并可在以后的选材实践中对这些移植来的标准进行修订，逐渐适应本地、本专项的需求。

（二）用定量方法确定选材标准

1. 平均数

平均数是反映一组观察值的平均水平与集中趋势的量。对于多于一组的数据，用平均数可比较其优劣；此外，平均数可作为进一步计算与分析的常用量数。

2. 标准差

标准差是表明数据离散程度的量，它可用来衡量运动员从事某项目成绩的稳定性；识别和确定异常数据的取舍，根据一组运动员的某指标数据离散程度，决定是否需要分批（或分组）研究等。

3. 变异系数

变异系数就是标准差与平均数的比值（$S/\bar{x}$），用以比较两个不同性质（可能具有不同单位）样本的差异。一般当变异系数不超过10%~15%时，该组指标若是稳定的，属同类型数据，否则是分散的，属非同类型数据。它可以衡量评价指标的客观性：由多人用某评价指标对同一运动员打分，所得分值变异系数大，表明该评价指标客观性差；它也可以衡量评价指标的分辨力：由同一人用某种评价指标对一组运动员打分，所得分值变异系数越大，该评价指标分辨力越强。

4. 正态分布

在选材测试指标中，有很多指标服从正态分布，如身高、体重、心率等。因为影响这些指标的随机因素很多，而每个因素所起的作用不太大，多因素影响的结果产生累积效应，使得该指标服从正态分布。正态分布可在选材中估计实际指标数值分布情况、制定考核评价标准、统一评分标准等。要判定某指标是否是正态分布，可用 D 检验法、X2 检验、柯尔莫哥洛夫检验等来验证。

对于呈正态分布的指标，可用离差法来制定评价标准。离差法就是用平均数（$\bar{x}$）加或减若干个标准差（S）来计算出各类标准的办法（即 $\bar{x}$±S）。

例如将标准分上、中、下三个等级时，若把“上”定在 $\bar{x}$+ S 处，则大约有 16%的人可达“上”，若把“上”定在 $\bar{x}$+0.5S 处，则约 31%的人可达“上”（注：对成绩越大越好的指标，可用 $\bar{x}$+δS；而对成绩越小越好的指标，要用 $\bar{x}$–δS 来制定标准）。有一些派生指标，如：下肢长 A／下肢长 H，体重×1000／身高，髋宽／肩宽，平均动脉压等，并非测试值越大越好，越小越差，而只能有一个“中间最佳区间”，例如可将 $\bar{X}$– 0.5S~$\bar{x}$+ 0.5S 定为上，则约有 38%的人达此区间，不在此区间的评为“中”或“下”。

在运用离差法制定指标标准时还应注意各年龄组标准的变化趋势，应符合青少年生长发育的规律。由于选材测试时各年龄组的样本都不太大，有时会因抽样误差，出现 $\bar{x}$ 和 S 不合理的波动。如某次测得 12~15 岁男子的身高，S 和按 $\bar{x}$+ S，$\bar{x}$– 0.5S 分别算出值如表 1–2。

表 1–2　12~15 岁男子身高状况

年龄（岁）	n	$\bar{x}$	S	$\bar{x}$+S	$\bar{x}$–0.5S
12	14	158.91	7.422	163.332	155.199
13	19	166.58	7.550	174.095	162.832
14	15	171.10	7.936	179.036	167.132
15	24	170.80	5.076	175.879	168.261

由表中可见，15 岁的 $\bar{x}$ 比 14 岁小，且 S 也小，所以 $\bar{x}$+S 和 $\bar{x}$–0.5S 后的年龄变化趋势就很不合理了。这时候就不能凭主观改动某个年龄的标准，而应该用回归分析进行计算。用不同曲线方程及直线方程求各年龄身高的回归值，用它作为修正的标准。如果曲线方程中直线方程的 Q 值相似，也可用一元回归来计算 $\hat{Y}$，这样计算较方便。

图 1–7 的虚线就是用回归方程拟合后的修正值，比原来的 $\bar{X}$+S 和 $\bar{X}$–0.5S（实线）要合理一些。

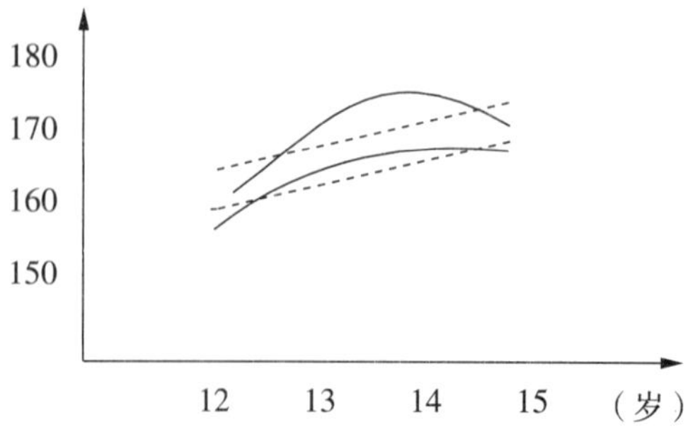

图 1–7　用回归方程拟合后的修正值

对于不呈正态分布的指标，可用百分位数法制定评价标准。百分位数用 P_X 表示，如令 X=10，则 P_{10} 说明在指标所有可能取值的全体中有 10%的数值小于或等于它，有 90%的数值大于它。这样可以帮助我们确定各个等级所占的比重。

5. 假设检验

它是指根据实际观测到的结果，对有关事件的概率或随机变量的分布及数字特征作出估计或推测。

(1) 关于一个正态总体均值 u_o 的假设检验

根据抽样研究，判断所研究的总体与原有总体的均数是否相等，它常用来判断某一（或某一组）运动员的运动成绩、身体素质等因素是否高于或等于同类人的平均水平，对某一（或某一组）运动员的某指标数据的估计均值进行检验。

(2) 关于两个正态总体均值的假设检验（$\mu_1=\mu_2$ 检验）

当总体均值不易确定，可通过检验两个样本均值之间差异是否显著，从而判断两个样本是否来自同一总体；或假设两个样本来自同一总体，判断两个样本所代表的总体均值是否有显著差异。它常用来判断两个（组）的某测评指标均值之间的差异，并检验其分别代表的总体均值是否有显著性差异；两个（组）运动员的运动水平（或子因素）的比较；同一批被选对象在试训期前后的运动技术、身体素质和生理指标等的比较；不同选材指标或标准对选材效果的影响等。

(3) 符号检验

当不知道总体是否服从正态分布时，可采用符号检验来处理该总体特征数间的差异，其最大的优点是直观、简单，对总体分布无苛求，只是数据要求按序成对出现，它的应用基本与 $\mu_1=\mu_2$ 检验相同。

(4) 秩和检验

有时两个随机变样的数据非成对按序出现，则不能用符号检验，可用秩和检验，其应用范围基本与符号检验相同。

6. 方差分析

方差分析是显著性检验的引申，可用来判断多个样本所来自总体的均数之间有无显著性差异。它可用来分析若干个（组）运动员的运动水平的比较等等。

三、各层次选材模型的建立

选材模型（又称为选材综合评定指标体系）是指对入选队员应达到的要求、标准的系统描述。在确定明确的选材的目标以后，应建立起该级或各级优秀运动员模型，为运动选材提供参照依据。

建立选材模型能为选材工作的组织实施提供重要的参考依据，或直接成为选材的有效工具，可极大地推动科学选材和科学训练水平的提高。制定各层次选材标准或选材综合评定体系，目的在于使选材工作更适应层次性选材特征要求，选出符合该级别入选标准的人才苗子，并创造有利条件，经过多年的系统训练，对照高层标准不断进行检验、反馈和针对性训练，加强各选材标准与多年训练目标的远程联系，以便达到更高级别的选材标准，逐步逼近优秀运动员的模式特征，完成多年训练目标。建立选材模型的过程及注意事项如下：

1. 注意研究优秀运动员的模型特征

“优秀运动员的模型特征”是指高水平的优秀运动员在最高竞技状态时，各主要竞技能力因素状态模型的客观描述。该“模型特征”是相对的、动态的和发展的。优秀运动员竞技能力的模型特征对选材工作具有重要的导向作用。运动选材必须与多年训练的目标紧密联系，就必须认真研究当前或各级选材标准与多年训练目标之间是否有实质性联系，并有效掌握和控制其间的转移过程。优秀运动员竞技能力模型特征，成为儿童少年选材的重要依据，并成为各层次选材测评和选材预测的共同导向目标。

2. 确定影响专项成绩诸因素的指标体系及权重比率

首先应确定影响本专项竞技能力的各种因素，再确定主要因素，即确定运动员竞技能力的结构体系，并据此筛选确定具体的、有效的测试指标，构成选材指标体系。在建立选材指标体系时应注意：

(1) 原则上运动选材指标体系应与运动员竞技能力的结构体系相一致，但在具体测评指标上两者还有差异，尤其在初级选材时的指标体系更注重可预测的先天性竞技能力指标，而不十分注重后天性竞技能力测评指标。选材层次越高，两指标体系之间的一致性就越高。

(2) 应处理好全面性与侧重性的关系。不能片面强调竞技能力的主导因素而忽视其他因素，更不能片面强调全面性而不突出主导因素；不能局限于运用易于定量测试的指标，忽视或有意避开难于定量测试的技术、战术、心理、智能等指标。既要从竞技能力的各个因素全面地考察运动员，又要突出主导因素的测评，尤其是那些对成功具有决定意义的某个或某些指标（资格指标）更要重视。这类指标对选材结果具有“一票否决权”，资格指标达不到要求，就意味着运动员完全没有可能在这个项目达到很高的水平。这样才能对备选者的竞技能力现状作出科学的诊断，并能对其今后发展进行准确的预测。

(3) 应注意不同项目选材指标体系有各自项目的侧重点（即专项特点）。

(4) 在确定选材指标体系时应注意其系统性和层次性，既符合系统整体的全面性要求，避免系统性的缺失；又符合结构层次的逻辑要求，避免指标层次的混乱。

王路德等人提出：要把选材模型的指标制定得科学合理是困难的，其中最重要最难办的问题是给每一个指标确定不同的“权”——即每一个指标在总体中所占的比重。有的指标比较重要，“权”应该大一些，有的指标次要一些，“权”就应该小一些。确定“权”可以应用体育统计中的判别分析方法，它包括两类线性判别和多级判别。确定“权”也可以应用“专家评定法”，它是指根据高水平教练平时积累的经验，进行定量或模糊综合评判。如认为选材时运动能力比形态、机能更重要，可把运动能力（素质）定为 50%，而形态、机能合为 50%（即 50 分），总分 100 分。由于素质和形态机能两大类内部还有若干小指标，不能细分其权重时也可将它们看成“等权”。若素质类共有七个小指标，则每个小指标的最高评分应为 50÷7=7.14（分）；能为各小指标区分出权重会更合理。可将“上”“中”“下”的“权”定为 3:2:1，则“中”得 4.76 分，“下”得 2.38 分，将某运动员所得的七项素质指标的分数相加就是他的素质得分。用类似方法可求出其他大类的得分，最后确定优、良、中、差的评分区间。

模糊综合评判所用指标的取值可以是“模糊”的没有明确外延的概念，如大、小、好、坏等，用来确定各因素的“权重”，做出模糊控制模型以供参考。如田麦久教授提出的“不同项群运动员竞技能力各决定因素作用的模糊等级判别”（表 1–3）。

表 1–3 不同项群运动员竞技能力各决定因素作用的模糊等级判别

项群 / 级别 / 因素	体能主导类				技能主导类			
	速度性	快速力量类	耐力类	表现难美性	表现准确性	隔网对抗性	同场对抗性	格斗对抗性
形态	**	***	**	***	**	**	**	***
机能	***	***	***	**	**	**	**	**
素质	***	***	***	**	**	***	***	***
协调	**	**	*	***	**	***	***	***
技术	**	**	**	***	***	***	***	***
战术	**	*	**	*	*	***	***	***
心理	**	**	**	**	***	***	***	***
知识	*	*	*	*	**	**	**	**

*** 决定性作用 ** 重要作用 * 基础作用 （依田麦久 1994）

3. 正确把握各因素之间的有机联系，建立动态的该级别或各级别选材模型

依据多年选材或训练测验所获得的数据资料，通过数理统计分析、筛选指标、确定指标的权重、确定标准后，将各个具体选材指标和标准汇成一体，形成综合评定体系，建立动态的该级别或各级别选材模型。

由于运动选材的层次性特征，决定了运动员选材工作必须在多年训练过程中连续地分层次地组织实施，因此必须建立各层次的选材模型（目前国内常制定初级、中级选材模型），在选材、育才的全过程中对照相应模型进行多次的诊断和筛选，才能更准确地判断运动员竞技能力或潜力大小，选出能成为优秀运动员的后备人才。

第十节 运动选材预测

所谓预测，就是对研究对象未来状态的推测。就是根据事物过去发展变动的客观过程和某些规律性，参照当前出现或正在出现的各种可能性，运用现代管理、数学和统计学的方法，对事物未来可能出现的趋势和可能达到的水平所作的一种科学推测。

运动选材预测就是根据运动员成长过程的客观规律、备选运动员过去和现实状况，利用科学的方法直接或间接地测评备选者的竞技能力，并分析其继续发展的各种因素，预测其竞技能力潜力和未来发展趋势的全过程。

一、运动选材预测的基本类型

预测活动的形式多种多样，依据不同分类标准可将运动选材预测区分为以下类型。

1. 以预测的定量化程度区分

（1）定性预测 是指建立在逻辑思维、逻辑分析、经验判断以及逻辑推理基础上的预测，多用评价文字和语言来说明。

(2) 定量预测　是在定性分析的基础上，运用数学方法构造数学模型进行的预测。

(3) 综合预测　是指以上两种方法的组合运用。

2. 以科学化程度区分

(1) 科学预测　考虑各方面的因素，选择可靠的指标，并在制定一些适宜的定量化标准的基础上，准确地对系统今后发展状况作出符合客观实际和精确合理的预测。

(2) 经验预测　根据直接或间接的经验，粗略地对系统今后发展的状况作出预测。

3. 以方法途径区分

(1) 直观预测　指建立在人通过思维认识事物发展规律的基础上，依靠人的经验知识和综合分析能力而进行的预测。

(2) 探索预测　指对未来环境下不作具体规定，假定未来自然按照过去或现在的趋势发展，从而在现有知识的基础上，探索未来发展可能性所进行的预测。从方向看是从现在指向未来，即现在→未来。

(3) 规范预测　指根据社会的需要和预想的目标，作为限制条件，来估计实现目标的时间、途径和创造可能的条件的预测。从方向上看是从未来指向现在，即未来→现在。

(4) 反馈预测　指将探索预测和规范预测结合起来，相互补充并使它们处在一个不断反馈统一系统之中进行的科学预测。从方向上看是双向的，即现在⟺未来。

4. 以运动选材预测周期时间长短区分

(1) 短期预测　对事物即将发生的状况所进行的预测。

(2) 中期预测　对 1~5 年的事物发展状况所进行的预测。

(3) 长期预测　对 5~10 年的事物发展状况所进行的预测。

预测的周期越长，预测结果和实际情况的出入也越大，预测结果的参考价值和可靠性也越差。

5. 以预测对象数量区分

(1) 单一预测　只对单一事物今后发展变动的趋势和可能达到的水平所作的预测。

(2) 复合预测　通过对几个互有联系的不同事物今后发展变动的趋势和可能达到的水平，从而对某事物或整体的预测。

6. 以时间序列的发展状态区分

(1) 动态预测　在预测过程中，利用前后若干时期的时间序列资料进行的预测。

(2) 静态预测　利用同一个时期现象之间的相关关系资料进行的预测。

二、运动选材预测的步骤

1. 根据预测的任务确定预测的目标

在运动选材领域内，确定预测什么？目的是什么？对预测期限和预测结果有什么具体的要求？

2. 收集和分析有关资料和情报

资料和情报是预测的基础，从中可以分析得到反映预测对象特性和变动倾向的信息。收集和整理资料主要解决和研究过去发展变动的客观现象和规律。预测质量好坏，在很大程度上取决于对事物过去了解的程度如何。同时，在进行选材预测时，必须根据预测课题的要求，尽可能详尽地收集有关预测对象及其环境条件的各种信息资料。对原始资料必须经过加工整理，以便去伪存真、去粗取精。对资料和情报的一般要求是要准确、及时、完整和精简实用。

3. 选择预测方法并进行预测

根据预测课题的要求、预测对象的性质和范围、预测时段的长短、资料信息的详略、预测者业务素质和专长，以及预测研究的经费、技术条件等方面情况，选择出合适的预测方法。预测方法是否运用得当，将直接影响预测的精确度和可靠性。可在选材预测的不同阶段使用不同的预测方法，也可以在选材预测的同一阶段对同样问题采用几种不同的预测方法，以求相互验证。

运用预测方法的核心，是建立描述研究对象特征和变化规律的模型。定性预测的模型是指逻辑推理的程式，定量预测的模型通常是以数学关系式表示的数学模型。根据预测模型，输入有关资料、数据进行计算和处理，就可得到预测结果。

预测不仅是一门科学，还是一种艺术。良好的判断能力，不是一种定义明确、可传授的技能，而是个人才能、经验与训练的复合体。要做好确定预测值的综合判断，除了善于学习、合理运用方法外，还要积极参加选材预测实践，在熟悉情况和融会贯通方面下工夫。

4. 分析评价、修定预测结果

分析评价主要是对预测结果的准确性和可靠性进行论证，并在此基础上对预测结果进行修定。预测结果受到资料的数量质量、预测人员的分析判断能力、预测方法本身的局限性、预测对象的外部因素在预测期限内也可能出现新变化等方面的影响，未必能准确地估计预测对象的未来状态。因而要分析各种影响预测精度的因素，研究影响程度和范围，估计预测误差大小，在此基础上利用实践经验、预测值和实际情况之间的差距对原预测值进行修正，力求在经济、及时、实用的条件下取得较为可靠的预测结果。

5. 验证预测结果

验证是对选材预测的工作过程和预测结果进行检验、分析和评价。虽然在前一阶段已经对结果进行过多次检验和修定，但仍应对提交的预测报告结果组织验收和验证，作出鉴定性的评价。可以通过用其他预测方法和模型预测同一问题，对预测结果进行对比分析；也可以征询专家意见，对预测结果和预测模型进行分析和评价。

三、运动选材预测的要素

运动选材预测包含预测的五大要素：预测对象、预测目的、预测依据、预测方法、预测结果及验证。

（一）运动选材预测的对象

运动选材预测的对象是备选运动员或影响备选运动员竞技能力发展的某因素，且该运动员及其某因素的发展潜力或趋势是随机事件，而不是肯定发生的必然事件。为了确定预测对象，首先要了解决定运动成绩的个人因素，这些因素大体可分为三类：①可控因素：即可变因素，如许多环境因素、知识、技战术、个性特征等；②不可控或很难控制的因素，如遗传效应等；③相对稳定的因素：如身高、生长发育、某些心理因素等。选材预测的首要对象，就是对那些先天因素（即不可控或很难控制因素）进行测试和预测，进而对相对稳定的因素进行预测；而那些可变因素，一般较难预测。

（二）运动选材预测的目的

预测的目的就是要预测事物发展变动和今后可能出现的趋势、可能达到的水平。选材预测的目的是预测备选运动员竞技能力整体或其中某因素的发展潜力、发育潜力和未来趋势，为有关训练层次决定是否入选和继续训练提供科学依据。备选运动员年龄较小，其当前因素条件是选材的基础，但仅仅了解这些还远远不够，还必须抓住选材的关键——预测，运动选材过程就是以选材原理为依据、以先天因素为基础、以现状测评为手段、以选材预测为核心、以决定取舍为结果而展开的工作过程。前苏联扎西奥尔斯基断言：“没有预测，就没有选材。”选材预测的准确性高低对选材能否成功影响极大。

（三）运动选材预测的依据和原理

科学的运动选材预测理论体系是建立在辩证唯物主义哲学基础之上的，根据辩证唯物主义所提供的世界观和方法论，在具体进行运动选材预测时应遵循以下原理：

1. 可能性原理

辩证唯物主义认为物质是世界的本原，是第一性的。物质运动是有规律的，事物的未来是客观存在的事物按照固有的规律运动、发展的必然结果，客观世界包括客观存在的规律性是可以认识的，人们可以凭借自己的感官和思维在实践中逐渐认识事物运动和发展的规律，并依此预测事物发展的未来趋势。事物的发展变动具有多种多样的可能性，预测时应按照多种可能性分别进行预测，明确事物过去发展的客观过程和某些规律性、事物当前已经出现或正在出现的各种可能性是预测的依据。

由此可知，人们是可以通过一系列的预测研究活动，了解和把握运动员成长规律、少年儿童竞技能力现状及其演变发展规律，进而预测其未来竞技能力的。

2. 连续性原理

事物的发展变动表现出延续性，前后是连续的、衔接的，不是割裂的。这种延续性程度的大小，取决于事物本身的状态和外界因素制约的程度。可以利用这种连续性通过总结过去而预测未来。连续性原理是趋势外推预测方法的理论依据。

3. 相似性原理

许多特性相近的客观事物，它们的变化有相似之处。通过寻找并分析事物相似的规律，根据已知的某事物的变化特征，推断具有近似特性的预测对象的未来状态。此外，事物本身未来的发展变动和过去发展变动之间的相似性，也是预测应用的根本原理。

4. 相关性原理

任何事物的变化都不是孤立的，而是在与其他事物的相互影响下发生的。事物之间的相互影响常常表现为因果关系。分析研究对象与相关事物的依存关系和影响程度，是揭示它的变化特征和规律的有效途径，并可用以预测其未来状态。

也可以将预测对象看成是一个完整的系统，系统内有各个子系统（或因素），彼此相互影响、相互作用。利用这种相关事物或相关因素之间的相关关系进行预测，能提高预测的准确性和全面性。

掌握预测的基本原理，可以建立正确的思维程序，开阔思路，合理选择和灵活运用预测方法。但要注意世界上没有一成不变的事物，预测对象的发展不可能是过去状态的重复和简单延续，可能不等于必然、连续不等于重现、相似不等于相同，因此在预测过程中，应对客观事物进行具体全面的分析，以求提高预测的准确性。

运动选材预测应符合以下预测原则：

(1) 预测项目越大越正确。根据统计学的抽样理论，抽样量越大，结论越具有代表性。

(2) 预测的期限越短越正确。

(3) 预测时必须估计到可能会出现的误差和干扰。

(4) 选择与实际相符合，最简便正确的预测方法。

(四) 运动选材预测的应用

运用预测科学理论和方法对运动潜能和成绩进行科学预测，自20世纪70年代以后发展很快。目前，一些国家已能根据运动员的各项身体素质、专项成绩和有关训练负荷指标和数据，编制专门预测运动成绩的计算机程序，用于预测运动员何时出现什么成绩。根据目前研究，对决定运动成绩主要因素的预测应用有：

1. 体型预测

身高、体围、体宽、身体充实度等的预测。如身高可采用从父母身高推算、根据儿少当年身高预测、在判断儿少发育程度的基础上预测、用肢体某部（如手、上下肢、足）的发育长度预测等等。

2. 身体素质预测

如前苏联塔巴契尼克等人认为速度能力是天生的素质，很难培养和改变，可利用最大频率的快速跑中单脚蹬地时间进行预测。如古巴优秀短跑运动员、奥运会获奖者菲格洛拉的单脚蹬地时间为0.08秒，而普通人为0.14~0.15秒。耐力素质与植物性速率指标相关。由于植物性速率指标不随年龄的增长出现明显变化，具有相对稳定性，故预测价值较大。据尼丘基教授（前苏联）研究：神经肌肉器官在负荷后恢复时间的长短是预测耐力的重要指标之一。

美国达登研究所用肌肉的长度预测肌肉力量，虽然肌肉长度与肌肉力量无直接关系，但它与肌肉生理横断面的发展潜力有正比关系，而肌肉生理横断面却与力量有直接关系。肌肉长度又与肢体长度有关，因此是可以预测的。

有人指出：节奏感也具有明显的相对稳定性，也可以此作为跨栏跑、艺术体操队员选材的预测依据。

身体素质的选材测试与预测详见第五章“运动素质选材”。

3. 心理、个性与智力的预测

这几个方面极易受后天的影响，比较难于预测。但是心理、个性和智力的形成都是有一定的物质基础的，是在一定的生物遗传的基础上发展起来的。遗传素质给心理发展设置了某种内部限制，使人不可能任意向某个方向突出地发展其心理品质，同时又给心理发展带来某种内部倾向性，使每个人的发展具有和遗传素质相适应的心理品质。心理的实质是人脑对客观实在的反映，是有规律可循的。对人心理的物质本体及活动规律的揭示，为运动员心理能力的预测提供了可能的条件。

国际运动心理学主席瓦内克教授认为："从心理角度选材时，要特别考虑心理稳定性问题，对沉着冷静、意志顽强、敢打敢拼等心理品质的预测是非常重要的。"

4. 生理机能和生化代谢特征的预测

这些方面虽与后天环境有关，但先天性遗传因素对它们的现状和发展起着重要的物质基础作用。研究它们的可控因素和相对稳定的因素，也可预测其未来状况。

乌尔希利希（捷克）认为："心肺功能各项指标从童年到成年均有较大的发展稳定性。"李绍拉斯（加拿大）研究证明：人体最大摄氧能力的遗传系数高达 0.93；最大脉搏频率达 0.86。肌纤维类型比例的遗传度在 0.86 以上。还有神经反应的速度、乳糖酶活性的高低、个体对葡萄糖的吸收能力以及血型等，其遗传度都相当高（见"遗传选材"）。因此，在选材中对这些指标进行预测是可行和有效的。

（五）运动选材预测的方法

运动选材的预测理论和方法均来自于现行预测学。预测方法主要分为主观判断预测方法和数学模型预测方法，后者按其性质又可分为时间序列方法和因果关系法。

时间序列方法是将过去的历史数据经过处理外推到未来。它主要是基于这样的假设：即事物的发展存在着一种惯性，并预见到在行将预测的期限内这种惯性将依然存在，而且这种惯性在很大程度上是独立于外部因素而不受干扰的。

因果关系法，有时也称回归方法。它是试图找出两个或更多因素之间内在因果关系和影响程度。其核心内容是要了解各种因素之间的关系，所研究的变量与其他变量是怎样相互作用和发生关系的。因果关系法是目前运动选材学常用的预测方法，具体分两步来进行。第一步是依据随机抽样和配对检验的基本原则，对某一运动项目的运动员及普通对照组的形态机能、运动素质、心理特征、智力水平等方面的指标进行调查研究。然后采用 t 检验、方差分析、相关分析、多元线性回归和多元逐步回归等方法，得出运动员的该指标的倾向性和特征，指标间的交互作用及其与普通对照组的统计学差异，以发现该指标与运动员的运动能力、成绩、潜力等因变量的相关规律，并在此基础上寻找出该运动项目优秀运动员在形态、机能、素质、智力等方面所具备的指标特征、参数，最终获取该项目优秀运动员的模型及制定出相应的选材参考指标和评价标准。第二步是将备选对象的形态、机能、素质、智力等方面的指标、参数与第一步已制定好的某一项目运动员选材标准相对照，来判断、预测拟选对象是否适合该运动项目，是否具备良好的运动素质和潜力。

这两类方法都要建立相应的数学模型、应用历史数据、并使之定量化。

下面介绍几种常用的预测方法：

1. 趋势外推预测法

这是根据历史发展趋势来推测未来发展状况的预测方法，属于数学模型预测方法，运用很广，其主要有以下几种：

（1）平均数预测法

平均数包含算术平均数、加权平均数、几何平均数、调和平均数、移动平均数、指数平滑平均数。其中算术平均数是将总体资料的所有测量值之和除以总体中所有个体的个数所得的商。以这种所得的商来预测未来的方法，称为平均数预测法。

平均数预测法虽然计算简单，但运用恰当，仍不失为有效的预测方法。

(2) 直线外推法

这是一种把复杂的非线形问题近似地看作是线形问题而进行的预测。其准确性虽不十分高，但却是一种较简单适用的方法。它根据历史资料绘制出一条近似的直线，并延长这直线。所绘制的这条直线必须使该直线上的各个点到对应的散布的各点轴距离最短，然后通过一定的计算即可得到今后某个时间阶段的预测数据，该直线称为“最优直线”。如对短、中、长期运动成绩的预测即可用此方法。具体计算方法如下：

假设这条直线为 q_1，且 $q_l=a+b_t$，其中 a 和 b 可以通过以下公式计算：

$$a=\frac{\Sigma t_i^2\Sigma q_i-\Sigma t_i\Sigma q_it_i}{n\Sigma t_i^2-(\Sigma t_i)^2}\qquad b=\frac{n\Sigma t_iq_i-\Sigma t_i\Sigma q_it_i}{n\Sigma t_i^2-(\Sigma t_i)^2}$$

式中：a——直线的起点（直线与纵坐标的交点）。

b——直线的斜率。

q——需求量（如未来的成绩）。

q_i——第 i 个时期的实际需求量（如历史的实际成绩）。

t——时间（年、月、日等）。

t_i——时间的顺次（年次、月次、日次）。

Σ——总和。

只要将 a 和 b 计算出来后代入公式 $q=a+b_i$；即可计算该时期的预测数据。

(3) 曲线外推法

它是为解决直线外推法不太准确的缺点而采用的方法。它用按指数增长规律设计指数模型的公式求预测值。即：$q=ab_i$

为了应用最小二乘法，将 $q=ab_i$ 公式进行对数变换得以下公式：$lgq=lga+lgb$

对比 $q=ab_i$ 与 $q=lgq$ 得 $a=lgA$，$b=tlgB$

为了计算方便，把资料时间段数 n 取奇数，时间周期 t 按次序编号，中间一个是 0，其他各 t 的选择是 $\Sigma t=0$。当 $\Sigma t=0$ 时，则 $a=\frac{\Sigma lg^q}{n}$，$b=\frac{\Sigma tlg^q}{\Sigma t^2}$

预测时，可按照前面公式和各具体数据进行计算，然后将计算结果进行变换，即可求得预测值。

2. 历史类比法

历史类比预测法，是根据历史情报来推测同样条件下未来发展情况的预测法。它根据两个（或两类）对象之间，将某些方法相似或相同的特征，预测它们在其他方面也可能相似或相同的一种逻辑推理方法（属于一种定性预测法）。

如根据罗马尼亚女子体操运动员科马内奇从 4 岁开始接受训练，14 岁就获得女子世界冠军的情况，如果现在也选到一个初期条件与科马内奇相似的“苗子”，可以预测她在 14 岁也可能成材。

3. 模型预测法

模型预测法是指使用模型去模拟一种现象，并用改变参数的方法去研究某一事项未来发展的状况。

例如：通过研究，人们建立了一个青春期的不同生物年龄分型（早熟、正常、晚熟型）身高增长的数字模型（表 1–4）和相应的预测未来身高的公式模型，并以这些模型为依据，预测不同对象的未来身高。

表 1–4 各分型身高增长范围平均值（厘米）

分　型	Ⅰ型（早熟型）	Ⅱ（正常型）	Ⅲ（晚熟型）
身高增长范围平均值	14.99±2.2	22.33±1.85	27.33±2.5

（据孙登潮《体育科技资料》1980/9）

未来身高=青春期开始时的身高+所属分型的身高增长范围

建立数字模型时较常用的方法是回归法。它是通过建立一元、二元或多元线形回归方程式，以及非线形回归方程来进行预测。

一元回归方程的基本公式为：$y=a+bx$ 其中 $a=\bar{y}-\bar{b}$ $b=\dfrac{\sum xy-n\bar{x}\bar{y}}{\sum x^2-\bar{x}^2}$

式中：x、y ——观察值（x 为自变量、y 为因变量）；

$\bar{x}$——x 的平均数（$\bar{x}=\dfrac{1}{n}\sum_{i=1}^{n}x_i$） $\bar{y}$——y 的平均数（$\bar{y}=\dfrac{1}{n}\sum_{i=1}^{n}y_i$）

n——观察次数或样本数据的点数 a、b——回归系数

多元线形回归方程的基本公式为：

$y=a+b_1x_1+b_2x_2+b_3x_3\cdots\cdots+b_nx_n$

如前苏联 A.A.什波卡斯和 B.K.萨卡列斯建立的青少年女子跳远运动员开始训练后两年的运动成绩预测公式：

Y（成绩）=9.0418+（–0.0235×踏板支撑时间）+（–0.149×30 米单腿跳步跑成绩）+0.015×当年身高+（–0.0358×生物年龄与实际年龄的差值）

胡耿丹提出：现行运动选材数学模型预测法虽然有一定效果，但存在一些致命的弱点，即现实中人体运动潜能的大小和激发程度带有不确定性和不稳定性，一旦这种模型或预测中的关系发生变化，则预测的精度将会下降。此外，高层领导的目标和行动又影响和决定着运动员未来事件的进程，继而影响着不同预测方法的精度和可应用性。

因果关系法是一种典型的简单性、确定性预测方法。这种预测方法存在如下三方面的问题：其一，该预测所采用的统计方法是“溯因的统计推断”，即以部分优秀运动员为样本，统计推断人类各种体征及其他属性与各项体育运动能力（或成绩）之间的因素关系，这种做法在方法论上有较大的局限性。其二，多数选材专家所选用的研究对象为成人或优秀运动员，与早期的实际选材相脱节。而早期选材时不能按照成人的标准要求被选者。此外，专家们的研究结果本身在某些指标上表现不尽相同，甚至相离、相反，加上研究样本量较小、抽样随机性差等因素，致使最终获取的选材参考指标测量误差较大，评价标准本身的信度、效度较低。其三，从非线性科学的角度来看，这种用“固定”不变的选材标准来预测将来（或推测过去）的确定性预测方法仍具有其自身难以克服的局限性。这是由于运动选材的研究对象——人体是开放的复杂系统，决定了运动选材研究对象和方法的复杂性。影响一个人是否能成为一名优秀运动员的因素很多，远非仅由若干指标、模型和参数即可简单的决定，何况许多指标、模型和参数本身的可靠性尚未有定论。而且，一个人的指标和参数与另一个人的相比较是十分困难的，任何细微的差异都隐含着“初始条件”影响和“非线性”的作用，这些都可能最终导致预测结果与实际大相径庭。这种预测的可行性和可靠性难以获得确认。

优秀运动员是培养、竞争加偶然性因素的产物。现行的运动选材的预测思想尚停留在简单性、可逆性、确定性基础之上，是一种忽视人体复杂性，将本质上是非线性的事物简化为线性来处理的预测理论和方法，随着当代科学观和思想方法的变革及人体复杂性研究的深入，其局限性已日趋显著。科学预测的进展与突破是建立在科学技术发展基础之上的，只有依据当代科学观从简单性到复杂性，从可逆性到不可逆性，从决定性到随机性的转变，只有以决策学、系统论、控制论、信息论和协同论、灰色系统理论，以及生物工程、计算机等综合科学技术为基础，将测得数据进行科学分析的结果与教练员选材经验结合起来，才能提高科学预测的准确性，才能为制定正确决策和规划提供科学依据，才能使科学预测的准确性获得进展与突破。

4. 特尔斐法

特尔斐法（Delphi Method）又称专家调查法，是一种主观判断预测方法。特尔斐是古希腊的一座城市，因阿波罗神殿而出名，相传阿波罗太阳神有很高的预测未来的能力，因此，特尔斐便成为预测未来的神谕之地，故将此法命名为特尔斐法。其应用程序概述如下：

第一步是挑选专家，具体人数视预测课题的大小而定，一般课题二十人左右。在进行函询的整个过程中，自始至终不让专家彼此发生联系，直接由预测单位函询或派专人与专家联系。

专家选定之后，即可开始第一轮函询调查。一方面向专家寄去预测目标的背景材料，另一方面提出所需预测的具体项目。首轮调查，任凭专家回答，完全没有框框。专家可以各种形式回答有关问题，也可向预测单位索取更详细的统计材料。预测单位对专家的各种回答进行综合整理，把相同的事件、结论统一起来，剔除次要的、分散的事件，用准确的术语，进行统一的描述。然后反馈给各位专家。进行第二轮的函询。

第二轮的函询，要求他们对所预测目标各种有关事件发生的时间、空间及规模大小等提出具体的预测，并说明理由。预测单位对专家的意见进行处理，统计出每一事件可能发生的中位数，再次反馈给有关专家。

第三轮是各位专家再次得到函询综合统计报告后，对预测单位提出的综合意见和论据进行评价，重新修正原先各自的预测值，对预测目标重新进行预测。

上述步骤，一般经过四轮，预测的主持者要求各位专家根据提供的全部预测资料，提出最后的预测意见，若这些意见收敛或者基本一致，即可依此为根据进行预测。

特尔斐法是为决策者进行科学决策而进行预测的一种行之有效的方法，符合专家与群众相结合的精神，它是在专家会议的基础上发展起来的一种预测方法。其主要优点是简明直观，预测结果可供计划人员参考，受到计划人员的欢迎。避免了专家会议的许多弊病。如有的人崇拜权威，跟着权威一边倒，不愿发表与权威不同的意见，有的人听不进不同意见，而有的人又随大流，不愿公开发表自己的见解。除此以外，特尔斐法是一种有组织的咨询，在资料不全或不多的情况下均可使用。

特尔斐法虽有明显的优点，但是缺点仍未能完全避免。如专家的选择就没有明确的标准，预测结果的可靠性尚缺乏严格的科学分析，最后趋于一致的意见，尚带有随大流的后遗症。

特尔斐法与我国传统使用的调查分析法是有区别的。特尔斐法有三个明显的特性，在使用时必须坚持。第一个是匿名性，对被选择的专家要求保密，不让他们彼此通气，使他们不受权威、资历等方面的影响。第二个是反馈性，一般的征询调查要三至四轮。第三个是收敛性，经过数轮征询后，专家们的意见相对收敛，趋向一致，一旦有个别专家与众人观点不同，则要求他详细说明理由。我国传统使用的调查分析法，既没有反馈性、匿名性的要求，更没有收敛性的要求，这是值得注意的。

（五）运动选材预测的结果及验证

预测是对事物未来发展的可能性进行的推测，其结果肯定会有不同程度的误差。为了不断提高选材预测结果的准确性，发挥预测结果在实际工作中的作用，既可以利用预测结果对当前的决策进行调整，还可以经过一定时期的实践反馈，根据预测值和实际值之间的差距，对预测方法和预测结果进行验证和调整，还可以利用近期实践结果的反馈调整远期预测值。如果实践证明某预测结果的误差超过允许的范围、时间上不及时、消耗过大，就要在可能的条件下进行调整，力求在经济、及时、可行的条件下取得较为可靠的预测结果。

实践是检验真理的唯一标准。运动选材预测的结果是否与运动员发展的实际结果相符合，最终需要在实际结果出现后才能作出完全客观的评价，这对于总结预测经验、改进预测方法、提高预测精度具有重要意义。但此时的评价已经失去了预测的意义，已不可能依据这类评价去制定和选择相应的对策，改变和控制其发生和发展的过程。所以重要的是要在实际结果出现之前对预测的结果进行评价。

实践证明，预测结果的准确性与预测活动的科学性有着密切的联系。预测活动的科学性越高，预测结果的准确性也越高。通过对预测活动中各个环节的科学性进行检查、评定，可以对预测结果的准确性做出相应的估计。如选材预测所依据的信息源是否正确、全面、及时，是否考虑到可能出现的对运动员发展产生影响的因素或新动向，选材预测方法的选择是否适当，预测模型是否合理等等。

还可以通过运用历史数据分析预测结果的误差。即把预测的起始时间适当提前，把历史数据套用某预测理论或预测方法，用已经发生的事件结果验证预测理论或预测方法的准确性，从而分析出预测的误差。

选材预测结果评价的主要方法有专家评价法、查问模型评价法（如对选材预测课题、影响因素、预测过程、预测结果的查问）和预测误差分析法等。

本章思考题

1. 运动选材学科性质是什么？
2. 运动选材学研究内容是什么？
3. 了解运动选材学科形成与发展过程。
4. 分散选材体制与集中选材体制有什么不同点？
5. 了解我国运动选材及学科发展概况。
6. 了解目前运动选材学研究的重点与难点。
7. 何谓“运动选材”？
8. 何谓“选材定向”“选材层次”“选材模式”“(优秀运动员的) 模式特征”？
9. 初级选材与中、高级选材的异同点主要是什么？
10. 运动选材的重要意义是什么？

11. 对运动选材的检验一般包括哪些内容?
12. 联系自己专项，谈如何贯彻“多因素综合分析选材原则”。
13. 简述用追溯法进行运动员选材的基本原理。
14. 何谓“经验选材法”“模式选材法”“追溯选材法”?
15. 为什么说预测是运动选材的关键?
16. 选材预测的主要对象是什么?
17. 短期选材计划应包括哪些主要内容?
18. 运动选材的基本过程是什么?
19. 影响运动选材效果的因素主要有哪些?
20. 对运动选材资料的处理主要是用于解决什么问题?
21. 简述选材中如何确定测试指标和标准。
22. 如何使运动选材与运动队的更新节律相适应?

本章主要参考文献

1. 国家体委运动员科学选材研究组. 运动员科学选材. 北京：人民体育出版社，1992
2. 武汉体院编写组. 运动选材学. 鄂图内 1990 年 12 号，1990
3. 刘献武，等. 运动选材学. 北京：人民体育出版社，1991
4. 钟添发，田麦久，王路德，等. 运动员竞技能力模型与选材标准. 北京：人民体育出版社，1994
5. 王金灿，等. 运动选材原理与方法. 北京：人民体育出版社，2005
6. 王路德. 体育统计法. 湖北省体科所，1983
7. 施丽影. 体育统计学. 武汉：湖北教育出版社，1985
8. 郑人权. 预测学原理. 北京：中国统计出版社，1986
9. 徐本力. 体育控制论. 成都：四川教育出版社，1988
10. 俞诚士编. 预测在体育领域中的应用. 北京：人民体育出版社，1985
11. 王路德，等. 制定运动员选材标准时的几种数据处理方法. 湖北体育科技.1988.1
12. 颜绍泸，周西宽著. 体育运动史. 北京：人民体育出版社，1990
13. 毕世明主编. 中国古代体育史. 北京：北京体育学院出版社，1990
14. 体育学院通用教材. 竞技运动史. 北京：人民体育出版社，1995
15. 王金灿. “运动选材学”知识结构体系探索. 体育成人教育学刊，2003/4
16. 王金灿. 当前运动选材研究十大热点问题. 武汉体育学院学报，2004/4
17. 隗金水. 运动员选材的选育结合理论与实证研究. 北京：北京体育大学出版社，2006
18. 王金灿. 运动选材溯源及其发展阶段. 湖北体育科技. 2006.5
19. 邢文华，等. 奥运优秀运动员科学选材的研究. 北京：北京体育大学出版社，2008

第二章 遗传选材

[**教学要点**] 理解运动能力遗传的物质基础；掌握遗传力选材法、谱系选材法、遗传病患者检出法、皮纹选材法，了解性染色体选材法和血型选材法等。

遗传是指子代和亲代在特征性状上相似的现象，是生物体在世代间的延续。变异是指子代和亲代在特征性状上的差异现象。这种遗传与变异现象在生物界普遍存在，是生命活动的基本特征之一。没有变异，生物界就失去了进化的可能，遗传只能是简单的重复。没有遗传，变异不能积累，生物也不能进化。遗传学就是研究遗传与变异基本规律的科学，它是古老而尖端的科学，其分支已扩展到各个科学领域，同样也渗透到运动员科学选材中，因为组成人体运动能力的性状与其他性状一样，大都受到遗传因素的重要影响。从遗传规律出发，根据儿少的先天条件进行科学选材是必要且可行的，这已经引起国内外广泛的重视并进行了有益的初步探索。

研究遗传与选材的关系及其规律主要有以下意义：

1. 通过家系调查可有助于对运动员的先天因素、成长环境等方面的了解，也可以对运动员的竞技能力的组成因素、尤其对某些遗传度较大的性状的检测和预测。

2. 通过对遗传病的研究，可对该类疾病的分类、原因、发病率以及检查提供理论依据，对于遗传病患者的及早发现，避免运动选材的失误，提高成材率和运动成绩等方面给予有力的保证。

3. 优生学是人类遗传学特别是运动员选材关注的一个重要课题。人口质量的提高是大量涌现优秀运动员的前提和基础。

4. 运用遗传学的知识可对运动员的性别进行准确的检测与鉴别。

5. 遗传与选材的研究为基因（遗传）工程的开发和运用提供了可能。

第一节 运动能力的遗传

运动能力的遗传表现是显著的，尤其是身体形态（体型、体质成分）、生理机能、身体素质和行为等方面更为显著。正如前联邦德国著名运动医学专家霍尔曼教授所指出的：“人体机能至少有 60%取决于遗传，只有 40%受训练等外界影响的制约。”对运动能力遗传的研究将有助于科学选材的理论和方法的发展。

一、运动能力遗传的物质基础

人体是由细胞和细胞间质组成的，细胞内含有从父母遗传下来的全套遗传物质。细胞由细胞膜、细胞质和细胞核三部分组成。细胞核内有染色体等物质，染色体的主要成分是脱氧核糖核酸（简称 DNA）、蛋白质、少量的核糖核酸（简称 RNA）和非组蛋白等。人类体细胞中有 46 条染色体，其中 1~22 对称为常染色体，第 23 对染色体称为性染色体，且男女有别，女性为两条相似的染色体，称为 X 染色体；男性有一条 X 染色体，另一条为较小的 Y 染色体。在 46 条染色体上共有结构基因约 5 万个。这众多基因控制各种酶、蛋白质的合成，通过生理生化过程，表现出某一性状（如某种生化特征、某种解剖结构、某种组织和器官功能等）。因此，亲代基因上的遗传信息可传给子代。

人体的遗传物质是脱氧核糖核酸（DNA），主要存在于细胞核的染色体内。

DNA 是一个由两条单链组成的大分子双螺旋长链结构，由成千上万个脱氧核糖核苷酸聚合而成。每个脱氧核糖核苷酸都是由一个脱氧核糖分子、一个磷酸分子和一个含氮碱基组成。不同的脱氧核苷酸中磷酸分子和脱氧核糖分子是相同的，碱基类型是区分脱氧核苷酸的标准。碱基位于双螺旋结构内侧，磷酸和脱氧核糖形成的骨架位于内侧。

DNA 分子内的碱基有四种：腺嘌呤（A），鸟嘌呤（G），胞嘧啶（C），胸腺嘧啶（T）。两条链通过碱基配对结合在一起，腺嘌呤（A）与另一条链的胸腺嘧啶（T）配对，鸟嘌呤（G）与另一条链的胞嘧啶（C），以 A–T，G–C 的配对原则形成互补关系。因此，我们知道一条链的碱基序列，就能推算出另一条链的碱基序列。例如，如果一条链是 AGTGCAG，另一条链的序列一定是 TCACGTC，这些碱基排列顺序完全是随机的，这四种碱基按全排列的方式排列，应该有 4^n（n 为碱基数，即核苷酸的个数）种排列顺序。一个 DNA 分子中所含碱基常常不下几十万或几百万对，4 种碱基以无穷尽的方式排列，决定了 DNA 分子的无限多样性。在这复杂多样的分子中蕴藏着生物界无数的遗传信息。

遗传信息亲代到子代的传递是一个复杂且精确的过程，首先 DNA 分子进行自我复制，经过细胞分裂，将遗传信息传于子代细胞。在 DNA 自我复制的过程中，在解旋酶的作用下，使双螺旋结构分开，然后分别以两条链为模板，合成两条新的 DNA 单链。DNA 复制是半保留复制，子代分子中的碱基排列顺序与亲代是一样的。机体性状由蛋白质表达，遗传物质通过转录翻译，形成结构功能各异的蛋白质。特定蛋白质由染色体长链上特定区域的核苷酸序列合成。这些具有特殊遗传效应的核苷酸序列被称为基因。控制着性状的各类基因在染色体上所占的位置叫基因定位。

目前已确定出 1200 多种定位基因，如 9 号染色体长臂末端有控制 ABO 血型遗传的基因，在 11 号、12 号染色体上有乳酸脱氢酶基因，可能与分解乳酸、消除疲劳有关。

基因携带遗传信息从亲代传给子代。它们遗传的方式主要有单基因遗传和多基因遗传。人类的某一遗传性状若是受一对等位基因控制，这种遗传方式称为单基因遗传。若控制性状的基因不止一对，而是两对或两对以上，且单独作用较小，由于较多的基因作用可形成积累效应，即每一表型差异的遗传性状是由许多基因共同作用的结果，这种遗传方式叫多基因遗传。

遗传性状分为连续的和不连续的性状。表现不连续的性状称为质量性状，表现连续的性状称为数量性状。在单基因遗传中，性状的变异是不连续的，属质量性状，如兔唇、先天性耳聋等，正常人绝不会出现半兔唇或半聋半哑中间类型的个体。

而人的身高、体型、体重、肤色、血压、智力以及寿命等，均属数量性状遗传。如身高，其高和矮是相对的，而且人数越多，其高和矮是逐渐过渡的，中间型很多，证明其性状的变异是连续的，属多基因的数量性状遗传范畴。

二、运动能力遗传规律

在人类遗传基本规律和遗传方式的基础上，运动能力的遗传表现出下述规律性：

（一）连续性规律

它的理论基础是多基因数量性状遗传的连续性原理。人体运动能力中的绝大多数性状是用量来表示其长短、大小和强弱等区别，因此它们隶属于多基因遗传。依据这一遗传特点，同一性状在子代的不同个体中表现出一定数量上的差别，在群体中呈现单峰的“常态分布曲线”。

研究证明在运动能力的遗传中，只要具有卓越运动才能的亲代不是极端的个体，其子代中不但有 50%以上的人具有优越的运动才能，而且还可能出现超越亲代的个体，亲缘关系越远，这种可能性越大（依前民主德国格利姆）。前苏联丘尼克教授对冠军家族的研究结果也从家族方面证明这一点，即运动能力的遗传在亲代之间是连续的。

（二）相关规律

它的理论基础是依据基因的多效性和基因遗传的连续性，一个基因可有多种效应，多个基因也可能有同一效应。控制体型各因素（体长、体围、体宽和身体充实度）、心肺功能各因素、内脏器官各因素和神经肌肉各因素等的基因和性状是纵横相关的，如心脏发育较慢，内脏器官机能水平就会相对较低，反应速度慢，动作迟钝等。因此可以认为组成运动能力的各种特定性状及其因素间存在紧密相关关系（促进或抑制），必须全面观察和分析。

（三）阶段规律

它的理论基础是根据遗传性状发展变化的时间规律。受染色体和基因控制的遗传性状是天生的，但绝不是一出生就立即表现出来。其基本原因是：

1. 人类的遗传有显性和隐性之分，常出现隔代遗传的现象。

2. 即便是显性遗传，往往也要到一定年龄阶段才会表现出它的遗传优势。

3. 个体发育的特点，即开始发育年龄和持续时间有不同。在运动能力的研究时，发现在人体生长发育过程中，遗传因素和环境因素所起作用的大小也是随年龄的增大而发生变化。对双生子的研究证明，在生长速度最快的时期（出生后的第 1~2 年和性成熟期），机体对外界环境因素的影响比较敏感，因此，组成运动能力的各因素都有各自的“敏感发展期”或“最佳发展期”。

连续性、相关性和阶段性三个规律是相互联系、相互促进和相互制约的，不但是研究运动才能遗传的理论依据，同时也是遗传选材法的主要依据。

第二节　运动能力的变异

运动能力的遗传是普遍存在的，同样运动能力的变异也是客观存在的。

遗传和变异是一对矛盾的统一体，遗传是相对稳定的，而变异是绝对的、发展的。由于遗传，生物保证了子代亲代的相似，维持了物种的稳定；由于变异，出现了新的类型，生物才能不断进化发展。

人类性状的变异是多种多样的，概括起来可以分为“可遗传的变异”和“不可遗传的变异”两大类。可遗传的变异是指变异发生后能够遗传下去，引起这类变异的主要原因是由于遗传物质的改变。如某人体内发生了血友病突变基因，这个基因通过他的子女身上表现，并且继续在这个家族的后代中出现。而不可遗传的变异，主要是由环境影响产生的。这些性状的改变，一般只表现于当代而不遗传下去，因为它没有引起人体遗传物质的改变，如因枪伤而成跛子是不会遗传给后代的。

但必须注意这两种变异的划分是相对的。在一定环境条件下，通过长期定向影响，由于量变的积累可以引起质变，不可遗传的变异就有可能转为可遗传的变异。

从遗传角度讲，引起运动能力变异的原因主要有：

1. 基因突变（又称点突变）

基因突变指个别基因在结构上发生碱基对组成或排列顺序的改变，是新基因产生的方式。在人类体细胞的 46 条染色体中，约有 5 万个结构基因，每个基因上包含有 500~6000 个核苷酸对，所以一个染色体上集合了成千上万的基因，其中任何一个核苷酸的突变都能导致不同的多肽链的产生，称为突变子，其引起的基因功能改变，就叫基因突变。如果基因发生突变，必然会影响其所控制性状的表达，引起运动能力的变异。

2. 重组变异（又称混合变异）

重组变异是指由于遗传物质的重新组合引起子代个体性状的变异。基因内的核苷酸对，若发生交换和重组，称为重组子，其引起的基因功能改变，就叫重组突变。其结果必然大大增加了人可能形成的在遗传上不同种类的配子的数目。

决定子代个体性状的 23 对染色体，其一半来源于母方的卵子，一半来源于父方的精子。染色体虽只有 23 对，但互相连锁排列其上的基因却有近百万个。因此，父母均可产生无数种型不同的精子或卵子，所以受精后的杂合体必然产生变异，其结果子代的性状（包括运动能力）既似父、又像母、又不完全似父母。由于重组变异，产生新的性状不仅是低劣变异者出现的根源，也是产生运动天才之摇篮。

目前许多人类遗传学和运动才能遗传学学者认为，遗传只能为运动能力的形成和发展提供物质基础。而环境和科学训练对人体的运动能力有着极大的开发和促进作用。很多专家认为：天才的苗子+科学训练和优化训练环境→世界冠军。由此可见环境因素的巨大作用。环境是变异的基本条件，遗传物质及其发展潜能为变异提供了可能，否则变异或运动能力的变异是不会发生的。

在研究运动能力变异与环境的关系时，人们也发现不同的性别对环境引起的变异敏感性不同，即有性别差异。如女性的视觉反应时和髌骨反射的变异系数往往高于男性，因此，女性的这些变异更易受环境的影响。在研究柔韧性与环境的关系时，则得出相反的结果：决定髋关节、脊柱和肩关节活动灵活性的环境因素，女性是29%、12.5%和3.4%，而男性则分别是34.3%、18.6%，说明环境因素对柔韧性的变异的影响是男子大于女子。

此外，不同的年龄和年龄阶段对环境因素引起的变异之敏感性也不相同，这是运动员选材和运动训练的一条根本依据。

根据人类遗传学可知，变异有利有弊，它必然影响组成人体运动能力各性状的形成和发展。这就要求正确地区分变异个体，及时排除低劣变异者，选拔和培训优秀变异者。

第三节　遗传力选材法

遗传力选材法是通过对组成运动能力的性状遗传力的研究，结合对备选者直系或旁系亲属有关性状的了解，评定运动员某方面运动能力的方法。

一、理论依据

由于组成运动能力的大多数性状是以多基因遗传方式进行遗传的，故可根据其多基因性状遗传外显度的大小、对直系亲属或旁系亲属有关性状的观察和检测来评定备选者在某方面的运动能力潜力。

1. 多基因遗传的特点

其特点之一是在一个随机婚配的群体中，变异范围很广泛，但除了同一极端型的两个体婚配其子代大都为该极端型外，其余大多数为中间型，只有少数接近极端变异，其频数分布呈常态曲线分布。

2. 遗传度（遗传力）的估算

（1）方差分析法

遗传变异是总的表型变异的一部分，其余部分是环境变异，环境变异是由环境对基因型的作用造成的。方差可用来测定变异的程度，表型变异可用表型方差（VP）来表示，遗传变异可用遗传方差（VG）来表示，环境变异用环境方差（VE）来表示，则：

$$VP=VG+VE$$

所谓遗传力（以H表示）就是遗传方差在总的表型方差中所占的比例：

$$H=\frac{VG}{VP}\times 100\%=\frac{VG}{VG+VP}\times 100\%$$

如果环境方差小，遗传力高，说明该性状遗传给子代的能力较强，反之较弱。故遗传力的大小，可以衡量亲代与子代的遗传程度。

（2）双生子法

把单卵双生放在不同的环境中生长发育，可以了解不同环境对双生子的影响程度；把双卵双生放在相对同一的环境中生长，可以研究不同的基因组成的外部表现效果。通过比较单卵和双卵双生子某一性状发生的一致性，就可以估计出该性状发生中遗传因素所起的作用，称为一致率，用%来表示，即：

$$\text{单卵双生某一性状的一致率（\%）}=\frac{\text{出现同一性状的单卵双生对数}}{\text{总单卵双生对数}}\times 100\%$$

$$双卵双生某一性状的一致率（\%）=\frac{出现同一性状的双卵双生对数}{总双卵双生对数}\times 100\%$$

再通过 Holzinger 公式可计算可出该性状的遗传度（H），即：

$$遗传度（H）=\frac{（单卵双生该性状的一致率）-（双卵双生该性状的一致率）}{1-（双卵双生该性状的一致率）}$$

还可以用相关系数法，即：

$$遗传度（H）=\frac{（单卵双生对间相关系数）-（双卵双生对间相关系数）}{1-（双卵双生对间相关系数）}\times 100\%$$

二、组成人体运动能力主要性状的遗传力

（一）体型特征的遗传力

体型是指人体形态的体表特征，与人从事竞技运动的能力有直接关系，甚至在有些运动项目中有重要的关系。体型的形成受许多因素影响，其中遗传因素是主要的。

与运动能力关系密切的体表性状包括：体长、体围、体宽和身体充实度等。尽管遗传因素对体型发展的总趋向和最大限度有着决定性的作用，但对组成体型各因素的影响又是不同的（表 2–1）。

表 2–1　体型主要指标的遗传力

指标	遗传力	指标	遗传力	指标	遗传力	指标	遗传力
身高	男 85、女 92	头宽	男 95、女 76	腿围	男 60、女 65	心脏形状	82
坐高	85	肩宽	男 77、女 70	头围	男 90、女 72	肺面积	52
臂长	男 80、女 87	腰宽	男 79、女 63	胸围	男 54、女 55	胸廓形状	90
腿长	男 77、女 92	盆宽	男 75、女 85	臂围	男 65、女 60	膈肌形状	83
足长	82	体重	男 63、女 42	去脂体重	男 87、女 78		

（二）生理机能状态的遗传力

一个人生理机能水平的高低及其特征在其形成过程中受多种因素的影响，其中遗传因素是最基本的。父母为子女身体各器官生理机能的发展提供了基本物质构成。与运动能力关系密切的生理机能的遗传力如表 2–2。

表 2–2　几个生理指标的遗传力

指标	遗传力	指标	遗传力	指标	遗传力	指标	遗传力
最大心率	86	最大吸氧量	93	肺通气量	73	中枢神经活动强度、灵活性	90
安静心率	33	月经初潮年龄	99	血压	42		
无氧阈	50	血型	100				

（三）生化代谢特征的遗传力

人体在生化方面的基本物质及其化学结构是相同的，但不同人又具有不同的生化个性及其生化代谢特征。各种不同的生化代谢特征必然在生理机能、身体素质和行为等方面反映出来，从而影响人体的运动能力。一个人生化代谢水平的高低及其特征在其形成过程中受各种因素的影响，其中遗传是根本的影响因素。几个与运动能力关系密切的生化指标的遗传力如表 2–3。

表 2–3　几个生化指标的遗传力

指标	遗传力	指标	遗传力	指标	遗传力	指标	遗传力
CP、ATP	78	肌红蛋白	73	红白肌纤维比例	80	血清睾酮	男 78 女 91
线粒体	81	血乳酸浓度	70	血红蛋白	90		
磷酸肌酸	78	乳酸脱氢酶	72				

（四）运动素质的遗传力

运动素质的强弱受多方面因素的影响，其中遗传因素不可忽视。主要运动素质的遗传力如表 2–4。

表 2–4　几个运动素质的遗传力

指标	遗传力	指标	遗传力	指标	遗传力	指标	遗传力
反应速度	75	反应时	86	无氧耐力	85	立定跳远	11
动作速度	50	绝对肌力	35	有氧耐力	70	50 米快跑	78
位移速度	30	相对肌力	64	柔韧性	70	背肌力	49

（五）心理能力与个性特征的遗传力

心理能力与个性特征受多方面因素的影响，其物质基础是人脑，尤其是与大脑的结构和生化代谢特征有关。有研究证明大脑机能障碍可能是遗传的，其特征为感官发育或机能受阻（如诵读困难症等）。根据对双生儿的研究可见心理能力与个性特征的遗传力如表 2–5。

表 2–5　心理能力与个性特征的遗传力

指标	遗传力	指标	遗传力	指标	遗传力	指标	遗传力
基本情绪	75	心理状态	60	好奇心	87	判断的果断性	96
柔顺性	91	意志韧性	77	智力	70	对反对的抵抗	95
活力	79	记忆力	62	冲动协调	86	意志坚韧性	83
思考能力	72	运动冲动	90			对矛盾的反应	80

第四节 谱系选材法

谱系选材法是通过对备选者家族情况的调查，对影响运动员运动能力的某个或某些因素（性状）的遗传规律、遗传方式和遗传情况进行了解，从而对运动员的现状和未来趋势进行测评以决定取舍的方法。

一、理论依据

谱系选材法是根据多基因遗传的连续性原理提出来的，它是通过对备选者家族的调查，确定人体某一性状的遗传因素与环境因素的实际作用，确定所研究的特定性状在这个家族中是否有遗传现象、可能的遗传规律和遗传方式，确定这一特定性状在备选者发育过程中出现概率和可能达到的最高水平，从而对运动员情况进行分析并决定取舍。

二、谱系调查

谱系选材法的关键是搞好谱系调查。谱系是指由婚姻关系联系起来，由亲代和子代许多人构成的血缘系统，或称为家（族）系。

谱系调查是指当确定研究某人某个特定性状时，就去调查这个人家庭中若干代直系和旁系亲属与这个性状的关系，并把调查的材料按国际通用格式和符号绘制成“谱系图”，再对它进行分析研究。绘制谱系图常用的符号如图 2–1。

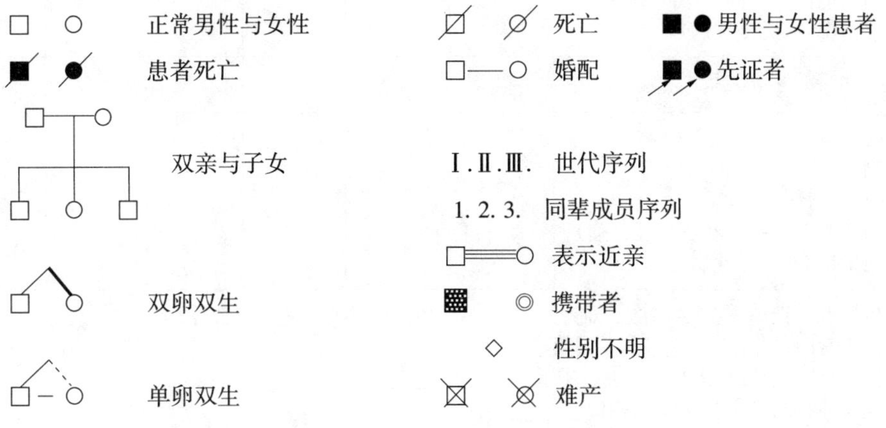

图 2–1 绘制人类谱系图的常用符号

进行谱系调查时至少要调查本人这一代的兄弟姐妹、父母和祖辈三代人，能向上延续调查更好，父母系亲属均应调查。以下是谱系图一例（图 2–2），分析时应结合其他方法综合分析。

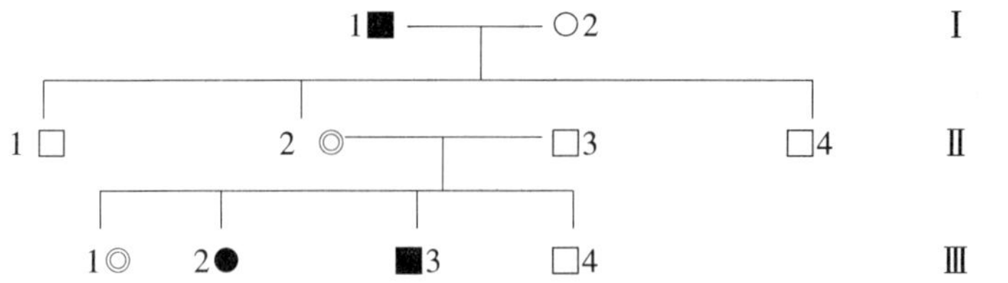

图 2–2　色盲谱系图

三、家系特征情况调查表

对家系某些特征情况，还可以通过调查表的形式进行了解，如表 2–6。

表 2–6　运动员家系特征情况调查表

姓　　名________　性　别_____　专　项_________　单　位___________　编　号______
出生年月________　从事业余训练开始时间______　从事专业训练开始时间_______

	与运动员的家庭关系	父亲	母亲	爷爷	奶奶	外公	外婆
家庭长辈情况	身高（厘米） 体重（公斤） 职业 文化程度 体型（胖、稍胖、壮、瘦壮、瘦） 兴趣爱好（限填体育和文艺） 性格（内向、外向、中间型） 健康情况(有无慢性病)						
兄弟姐妹情况	与运动员的家庭关系						
	年龄（岁） 身高（厘米） 体重（公斤） 体型（胖、稍胖、壮、瘦壮、瘦） 健康情况(有无慢性病)						
运动员情况	出生情况（选填:早产、顺产、难产）_____，出生时体重_____（公斤） 母亲生育时的年龄______岁，属第____胎。 生活条件（选填:上、中上、中、中下、下等）_____ 外表及体型与哪个长辈情况相似_______ 健康情况（有无慢性病及伤）_____________________________ 年龄_____（岁），身高_____（厘米），体重______（公斤）						
说明	1. 选填项目只选某一情况,有些栏目不清楚可不填。 2. 年龄、身高、体重、体型必填，最好用准确数字或说明。 3. 请家长或队员如实填写，协同搞好选材工作。谢谢!						

填写人_________　　　　年　　月　　日

第五节　遗传病患者检出法

遗传病患者检出法是指通过对运动员是否有影响运动能力的遗传病的检查，从而决定取舍的方法。

遗传病是指生殖细胞的遗传物质发生突变（或畸变）所引起的疾病，通常具有垂直传递和终生性的特性。由于当前传染病得到或基本得到控制后，遗传病的相对发病率正在增长，总的估计是：活婴中遗传病总发病率为4%~6%，现已确定的遗传病有三千多种，约3%的儿童有智力发育不全，其中4/5为遗传病引起。这些都对人类健康和运动能力造成很大的威胁，所以在运动员选材中，一定要注意对遗传病患者的检出，以免误选。

一、遗传病的分类

其分类如图2–3所示：

- 遗传病
  - 基因病
    - 单基因病
      - 常染色体显性遗传病
        - 完全显性
        - 不完全显性
        - 不规则显性
      - 常染色体隐性遗传病
      - 伴性遗传病
        - X伴性显性遗传病
        - X伴性隐性遗传病
        - Y伴性遗传病
        - 限性遗传病
        - 从性遗传病
    - 多基因病
  - 染色体病
    - 染色体数量异常病
    - 染色体结构异常病

图2–3　遗传病的分类

二、遗传病的诊断

遗传病往往有家族连续发生现象，因此要重视家族史、婚姻史和生育史，作尽可能全面的系谱分析，有条件时应进行生理生化检查，还应着重对染色体及基因产物——酶和蛋白质的分析。

（一）病史的采集

1. 家族史：应细心了解该家族（包括父系、母系家族）的遗传病情况。

2. 婚姻史：了解结婚的年龄，配偶的健康状况，是否近亲结婚。

3. 生育史：除了解生育年龄、生育子女数目、子女健康状况外，更要注意流产史、死产史和新生儿的死亡情况，这些很可能是死于遗传性疾病。还要了解分娩过程，是否有产伤或缺氧窒息娩出情况等。

4. 疾病史：备选运动员常发病症和伤痛情况。

（二）病状与体征

除少数遗传病是在成年后才被发现外，绝大多数的临床表现与患儿的生长发育紧密联系。在体格检查时，常会发现各系统器官在发育上有不同程度上的缺陷。

1. 全身一般情况：发育迟缓、低体重、智力低下、啼哭声异常等。

2. 头部：头小、头尖、脑积水、方颅、前囟门未闭、枕骨扁平、满月脸、脸中部发育不全、发际过低。

3. 眼：眼睑裂外斜、斜视、上睑下垂、内目赘皮、眼球震颤、兰巩膜、巩膜刷状斑点、角膜浑浊、白内障、视网膜母细胞病。

4. 耳：小耳、巨耳、低位耳、角状耳、鼓耳翼、耳轮翻转、耳边畸形。

5. 鼻：低鼻梁、鼻孔前倾、鼻跟宽大。

6. 口与颌：巨舌、舌裂突出、腭发育不全、高腭立、唇裂、腭裂、下翻嘴、鲤鱼嘴、下颌突出、小口畸形。

7. 颈部：宽颈、蹼颈、缩颈、皮褶过多。

8. 胸部：短胸骨、鸡胸、漏斗胸、横膈突出、脊膜脊髓膨出。

9. 腹部：腹直肌分离、脐疝、腹股沟疝、内脏侧位、天脾、副脾、十二指肠闭锁。

10. 四肢：短指、多指、指甲发育不全、指弯曲、指重叠、拇指发育不全、多趾、拇趾背屈、拇趾与第二趾间距过大、平趾足、摇椅底样足底、肘外翻、肘内翻、髋脱臼、通贯手。

11. 生殖器：生殖器发育不全、隐睾、尿道上裂。

遗传病的体表特征多表现为：智力迟钝、发育延迟、体重轻、小头、斜眼、睑裂、小眼、斜视、宽鼻梁、上唇裂、腭裂、小颌、低位耳、短颈、鞍型指、弯指、先天性心脏病、隐睾、通贯手。

（三）一些常见多基因疾病的群体发病率和遗传力

一些常见多基因疾病的群体发病率和遗传力如表 2–7 所示，可供选材时参考。

表 2–7　常见多基因疾病的群体发病率和遗传力

病名	群体发病率%	患者一级亲属发病率%	遗传力%
唇裂和（或）腭裂	0.17	4.0	76
先天性髋关节脱臼	0.1~0.2	4.0	70
先天性幽门狭窄	0.3	先证者男 2 女 10	75
先天性畸形足	0.1	3.0	68
脊柱裂	0.3	4.0	60
各种先天性心脏病	0.5	2.8	35

续表

病名	群体发病率%	患者一级亲属发病率%	遗传力%
精神分裂症	1.0	10.0	80
青少年型糖尿病	0.2	2~5	75
高血压病	4~8	20~30	62
冠状动脉病	2.5	7.0	65
消化性溃疡	4.0	8.0	37

（四）染色体和性染色质检查

1. 染色体检查

当人体细胞处于有丝分裂时，细胞核内的染色质细丝经过反复螺旋，形成大小不等46条短而粗的棒状结构，经染色处理，容易被碱性染料着色，故称染色体。

一般观察30~50个细胞，其中有3~5个形态结构完全相同的变异核型，就可初步诊断。但要结合临床表现进行全面分析，才能得出正确的诊断。

2. 性染色质检查

人体细胞在不分裂的时期（或称间期），细胞核经染色处理，在普通显微镜下可表现出被碱性染料染成深、浅、疏、密不同的结构，称为染色质。

（1）X染色质检查方法

X染色质又称巴氏小体，在正常女性间期细胞核内，染色质浓密成块，经染色可见在细胞核附近有致密的、直径为1~2微米的圆形团块，即巴尔小体。莱昂认为一个正常女子有两条X染色体，其中一条是失活染色体，此失活染色体呈高度凝缩状附着于核膜，形成巴尔小体，因此巴尔小体的数目一般总是比细胞中的X染色体数目少一个。因男子核型一般为XY，只有一个X染色体，故没有巴尔小体。

① 可采用口颊、阴道、羊水等脱落细胞制成涂片。

② 将涂片置于95%酒精中固定30分钟至1小时。

③ 选择适当染料染色：如1%结晶紫水溶液，或4%硫堇酒精（50%）溶液；或2%地衣红醋酸（10%）溶液；或10:1的缓冲溶液；或姬姆萨原染液。

④ 用显微镜油镜头观察，随机计数100个细胞中X染色质（巴氏小体）的出现率，出现率在40%以上者，可确定为女性；出现率在10%以下，可定为男性。

若一位女患者细胞核中只有一条X染色体（45，X0），即细胞中X染色质缺失。采用此法，不但可以确定性别，还可以判断X染色体数目异常的患者。

（2）Y染色质检查方法

在正常男性细胞核内（包括精子的头部），用荧光染料染色，在荧光显微镜下可见一个直径约为1微米的特别光亮的荧光点，即Y染色质。

① 取上皮细胞、血液淋巴细胞或精子制成涂片。

② 将涂片用甲醇固定5~10分钟。

③ 用0.5%阿的平染液浸染10分钟。或用0.2%pH6.0的缓冲溶液配制的氮芥喹吖啯染料染色5分钟。

④ 在荧光显微镜下观察100个细胞中具有Y染色质亮点的出现率。男性细胞可出

现 25%~60%（由于技术所致，理论上应 100%），而女性在 5%以下。此法可帮助确定男性性别和 Y 染色体数目异常的患者。

选材时尤其要注意（47，XYY）综合征患者的检出，其在男性群体中的发生率为 1/1000。常见特征：高身材常出现在儿童期中期，大牙齿，前臂的协带角小于一般男性，第五指弯曲，青春期发育延迟，呈女性型乳房，青春期痤疮，静脉曲张，精液减少（精子缺乏），生育力低，协调差，颤音，行为异常，易冲动和好斗，犯罪率高，轻度智力低下或低于家族成员中的智力。

（五）皮纹学诊断法（参看“皮纹选材法”）

（六）怀孕和生育过程的调查

通过对怀孕和生育过程的调查，可对遗传病和先天性疾病进行区别和进一步诊断。

先天性疾病并不都是遗传病。如母亲怀孕时服用过量的维生素 A、四环族抗菌素、安定剂、抗呕吐剂、可的松、抗癌药物、抗癫痫药物、性激素、噪音和其他因素的影响可能直接或间接地危害胎儿。

如母亲的年龄和生育胎次都是影响患脊柱裂的因素。在一个家庭中的第一胎和第四胎以后的孩子患病危险大，20 岁以下和 35 岁以上的母亲生育有缺陷孩子的危险性比正处于适宜育龄中的母亲大。

（七）其他疾病检查

这类检查有的属于遗传病检查，有的属一般疾病检查。如在选择高大运动员时，应注意脑下垂体前叶机能亢进引起的巨人症和指端肥大症，还要注意因性腺功能减退使骨骺封合迟缓、骨骺过度生长所造成的巨大体型患者。在选择耐力性运动员时，一定要特别注意是否有先天性疾病，对一些运动器官的先天性畸形要仔细检查，如脊柱隐裂、骶椎腰化、椎弓根不连接、盘状半月板等，对有出血倾向如血友病、血小板减少症和对癫痫病、肝脾肿大、隐睾症、疝气等也要特别注意检出。

第六节 PTC 尝味能力选材法

PTC 是一种极苦的化学药品苯硫脲的简称，呈白色结晶状，具有苦涩味。有的人能尝出其苦味，称为 PTC 尝味者；有的人不能尝出其苦味，称为 PTC 味盲。这种味觉是由一对基因控制的，为单基因遗传性状，具有遗传性，终生不变。

PTC 尝味能力与人体形态的关系：

味盲者男性身高相对较高、体重较重、体脂肪较多、下肢及小腿较长。而女性尝味者中的杂合体基因型者会出现上述体型特征。

PTC 尝味能力与身体素质的关系：

PTC 尝味能力与力量、柔韧性素质有关，尝味者的力量、柔韧性素质优于味盲者。

第七节 皮纹选材法

皮纹选材法就是通过对皮肤纹式的研究，探讨其与竞技能力各性状之间的关系，并运用这些特征和规律对备选对象的状况进行辅助测评，从而准确地选拔优秀运动员苗子的方法。

早在两千年以前，人们就知道用指纹来鉴别人，作为订立契约的凭证。后来，尤其是在上个世纪50年代以来，由于遗传学的迅速发展，对皮纹学的研究发展也很快，并逐渐展开了在体育科学领域里的皮纹研究和应用。70年代以来，前苏联体育界已开始研究用指纹来预测柔韧性，并把它作为挑选未来“奥林匹克选手”的未来学方法之一，在体操和举重项目中被广泛应用。目前，世界许多国家都在研究如何根据皮纹特点进行运动选材，努力探索天才运动员的皮肤纹式特点。在国内，《运动员皮纹选材的研究》是国家体委的委管研究课题，1984年以来，河南体科所以及广东、成都、山西等地的体育科研工作者都对此进行了大量研究工作，发表了一系列的研究成果。

一、皮纹的基础知识

皮纹是皮肤表层出现的纹线图形。

在胚胎发育过程中，皮肤的真皮乳头受人体内生化过程的物质变化向表层突起，而且排列成一条条具有一定走向的隆起的条纹（形成脊线），脊线之间的凹陷条纹形成沟纹，由于脊线走向和分布不同，构成了各种特殊的纹线图形。

皮肤脊纹的排列方式是遗传的结果。皮纹在胎儿发育的第十三周就开始出现，到第十九周发育完成，指褶和掌褶也大约在胚胎发育第七周至第十四周形成，完成后就终身不变。

皮纹具有特异性、稳定性和遗传性的特点。

1. 特异性　由于皮纹脊线的走向和分布的不同，构成人体皮纹的个性特征。同一世纪内不可能有两个绝对相同指纹的人出现，仅指纹就有如此差异，全身皮纹的特异性更加明显。

2. 稳定性　人在未成年以前，随年龄的增长，纹线会变粗，皮纹的面积会增大，成年后基本稳定。但其皮纹的类型结构、细节特征的总体分布和脊线的数目等方面基本上是终身不变的。即使表皮大面积剥脱，其恢复后仍保持与原来完全相同的纹式特征。

3. 遗传性　皮纹是由遗传决定的，它在形态、皮纹的数量和疾病在皮纹的变态反映等方面受显性、隐性等基因和多基因的遗传控制，伴有基因完全或不完全的外显率及不同表现度。

遗传力较高的有指纹形式、脊数、总指脊数和a–b脊数（约100%）；遗传力较低的有掌纹、大小鱼际区箕形纹、第三指间区箕形纹和t三叉点等（约50%）。

二、选材时常用的皮纹分析部位

选材时常用的皮纹分析部位有指纹、掌纹和足底纹。

1. 指纹

指纹可分为弓形纹、箕形纹和斗形纹三大类（图 2–4）。

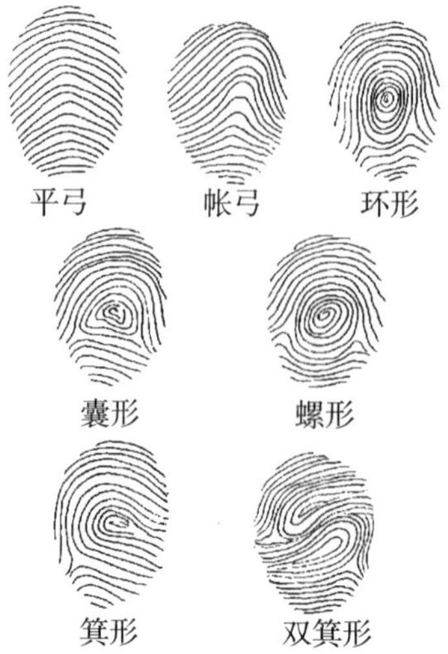

图 2–4　常见指纹图形

（1）弓形纹　皮纹脊线从一侧滑向另一侧形成弓形，无三叉点，指脊数为 0，根据其弯曲程度，又分为平弓和帐弓。

（2）箕形纹　纹线发自一侧，斜向弯曲形成一半圆后再转回本侧。箕形纹的一侧有一个呈三向分布的纹线，称为三叉点。按箕形纹的开口的方向又可分为尺箕和反箕。开口对着本手小指的称为尺箕(正箕)；开口对着本手拇指的称为反箕（挠箕）。

（3）斗形纹　纹线的中心线呈环形、螺形、囊形和双箕形等，两侧各有一个三叉点。细致分辨时，斗形纹又可区分为环形、囊形、螺形和双箕形等。

①环形　中心花纹呈同心圆。

②囊形　中心花纹呈树叶状。

③螺形　中心花纹呈螺旋状。

④双箕形　中心花纹由正反两个箕形纹套合在一起。

除以上三类指纹外，尚有极少数人手指或部分手指没有指纹。

总指脊数（又称指纹积数）是指纹分析时常用的参数，是指把十个指的脊纹线数加起来的总和。每指脊纹线的计算方法是：从三叉点中心到箕形或斗形的中心点画一直线，对直线所穿过的纹线进行计算。箕形纹有一个纹线数，斗形纹有两个纹线数，只取较大的一个记数（图 2–5）。

弓形纹没有三叉点，所以纹线数为零。

图 2–5 脊纹线记数图示

2. 掌纹

掌纹中的主要观察部位有：掌部三区、指三叉、a–b 脊线数、t 三叉和掌褶（图 2–6）。

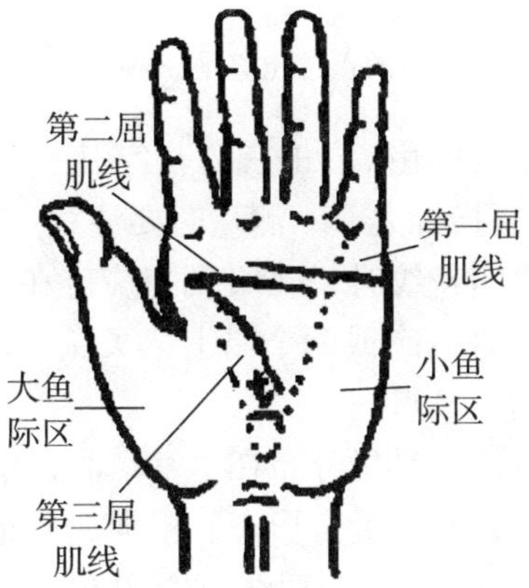

图 2–6　掌纹示意图

（1）掌部三区　即大、小鱼际区和指间区。大鱼际区皮纹脊线应顺着大鱼际方向、与第三屈肌线基本呈平行状。但有变异皮纹时，可出现非真实花纹，表现为弓形和退化纹；也可出现真实花纹，表现为各种箕形和斗形。

小鱼际区的皮纹脊线也应顺着小鱼际方向，与第二屈肌线基本呈平行状。但有变异皮纹时，也可出现非真实花纹，表现外侧部为弓形纹；也可出现真实花纹，表现为箕形、斗形或斗箕复合形。

指间区：每只手的五个手指间（掌侧）共有四个指间区，从大拇指向小指方向排列，分别为Ⅰ、Ⅱ、Ⅲ、Ⅳ指间区（图 2–7）。

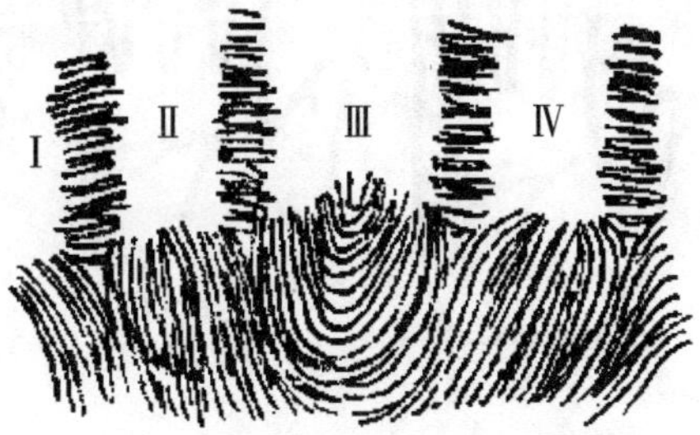

图 2–7　指间花纹示意图

各指间区一般不应有花纹，但有的可出现真实花纹，表现为箕型（见图 2–7 中Ⅲ区）。在普通人中，Ⅳ指间区的花纹出现率较多，约占 73.46%。

（2）指三叉　除大拇指外，各指根部均可见到三条走向不同的纹线汇成一个三叉，即。分别用 a、b、c、d 来表示食、中、环（无名指）、小指根部的三叉。

（3）a–b 脊线数　在 a 和 b 的三叉点之间，连一直线，直线穿过的脊线称为 a–b 脊数。

(4) t 三叉（又称轴三叉） 在手掌的基底部，近腕屈沟处的大小鱼际交界处，也可见到三条走向不同的纹线汇成一个三叉，即 t 三叉。量 t 三叉的方法有两种：

①Walker 氏法——t 位（t 距比） t 点至远侧腕横纹纹出的距离（t 高）与中指根至远侧腕横纹处的距离（掌高）之比。

$$t位=\frac{t高}{掌高}\times 100\%$$ （t 位的正常比值是 0%~14.5%）

②Penrose 氏法——atd 角 即由 a、d 三叉点各引一直线至 t 三叉点，相交成的夹角。atd 角是皮纹学观察的重要指标之一。测量时要注意：

当Ⅱ指间或Ⅲ指间出现真实花纹时，a、d 两点应定在箕形纹靠手掌外侧的三叉点。

当小鱼际出现箕型，会出现两个或两个以上三叉点，这时 t 点应定在最接近腕基底部的那个三叉点（即最下面的三叉点）。

(5) 掌褶（又称掌屈肌线） 是指分布在手掌掌面较粗大明显的沟纹。由于手掌面积大，屈肌线的形成比较复杂，其数量、形态、粗细、分布和类型在每个人手上均有不同的表现。80%以上的人有三条主要掌屈肌线（图 2-6）。

第一屈肌线，又称远端（或远心）横褶纹，起于小指根下外侧缘，终端到达食指和中指下方，短的只达中指根下。

第二屈肌线，又称近端（或近心）横褶纹，起于食指根下方内侧边缘，终于掌外侧部下或中 1/3 区域，短的终于掌心。

第三屈肌线，又称大鱼际横屈纹，起于拇、食指向外侧缘，终于 t 三叉内外，短的只达掌心。

正常人是掌纹呈爪字形或川字形，少数人呈过渡Ⅰ型、过渡Ⅱ型、中贯型和通贯型（图 2-8）。

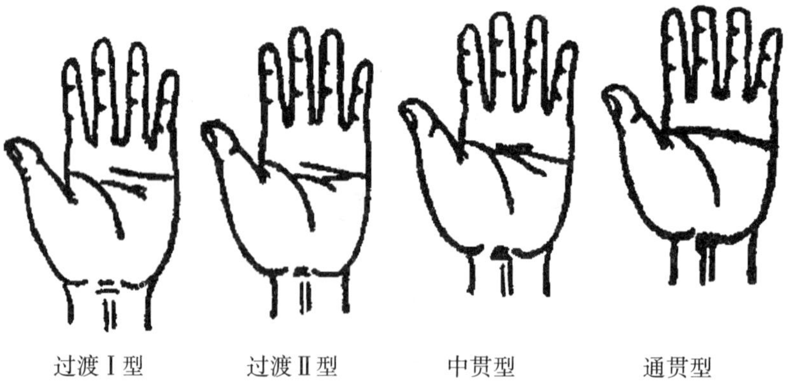

图 2-8 掌纹示意图

有些中贯型会在贯通全掌的屈肌线上方，出现短的弧形屈肌肉线（又称新月纹），仍属过渡类型，不能列入通贯型。

3. 足底纹

主要指足趾上的趾纹和足掌前部、拇指后区（即临近大拇指的肉垫部）的足底纹。

趾纹与手指上的肤纹花样基本相同，基本的纹式是弓形、箕形和斗形，但变异大。

足底纹主要有各种斗形、胫侧箕和腓侧箕及弓形（含胫侧弓、腓侧弓、天幕状弓、S 状腓侧弓等），如图 2–9 所示。

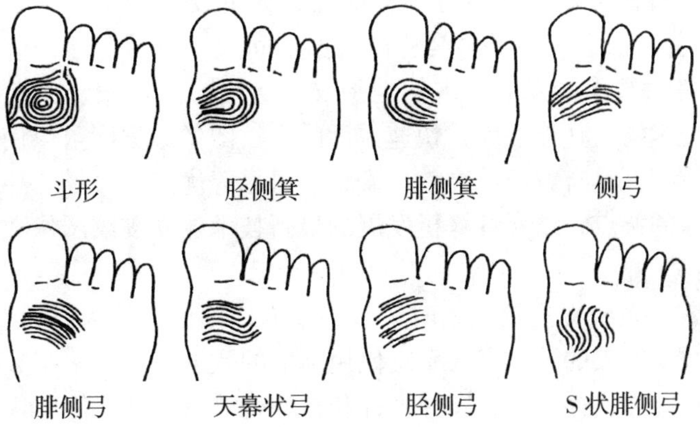

图 2–9　足底纹图形示意图

三、皮纹采样方法

（一）手工皮纹采样方法

手工皮纹采样方法简单，无创伤性。基本要求是清晰、完整。

1. 设备

略加稀释的油墨，纱布包扎的棉花球，8 开白纸等。

2. 步骤

用纱布棉球将油墨均匀拍在受测者的手指、手掌或足底，然后捺印在纸上。印掌纹时，手臂贴在纸边缘，手腕先上翘，手掌和手指保持自然形态（不要故意并拢或张开），然后从手腕、掌根逐渐印至指根和指端。测试人可用手在受试者的腕关节、掌心和指根处重压几下，以帮助显纹。印指纹时，测试人应帮助受试者依次将各指从一侧滚至另一侧（不可重复滚动），然后直接提起。必要时，可在纸的空白处再捺印两手的指纹，最好按指的顺序排列。印足底纹时，应从足根部向拇指方向滚动印纹，缓缓提起足。印纹后用尺、量角器、放大镜等进行观察。

3. 印色范围

掌纹：上至四个手指的掌指屈褶，下过远侧腕横纹，左右至大小鱼际的外侧。

指纹：上至指端，下过第一指节，左右至指甲两侧。

足底纹：前至拇指端，后至拇指后区球状肉垫后缘，左右从大拇指内侧缘到小拇指外侧缘。

4. 印纹注意事项

(1) 沾油墨要均匀，不可过浓或过淡。

(2) 印纹要全，注意四个指三叉、掌指屈褶、腕横纹、手指的内外侧、掌屈肌线和 t 三叉点均要显出。若实在无法印出时，则以纹路走向，在皮纹样本上标出相应的位置。

（3）防止印时移动和重印。

（二）电脑皮纹采样方法

以前皮纹学研究的方法和手段有很多缺点，如手纹、足纹图像用人工方法保存在纸、胶片上， 随着图像数量的增多会造成占据空间大、不易管理、信息不能实时交流等缺点。随着计算机技术的发展，人们把手纹、足纹图像输入计算机中以文件形式存放，利用计算机技术构建功能强大、快速灵活的皮纹图像数据库可以使皮纹研究工作大为轻松而且更有效率，具有方便、高效、安全、可靠等优点。

根据皮纹图像的特点，结合计算机发展的最新技术建立皮纹图像数据库系统，其工作原理和程序是：

（1）资料录入　系统在皮纹录入时记录的个人详细信息，为以后查询、统计使用。身份证编号作为数据库表的关键字。系统使用标准的数据接口，采用数码相机和扫描仪等皮纹采集仪以数字方式存储皮纹图像，并和被调查对象的其他信息联系在一起。

（2）图像格式转换　考虑到图像处理软件的兼容配合，需要将皮纹其他格式图像转换为位图。

（3）图像处理　大致分为皮纹图像预处理、特征提取、纹型分类、比对和皮纹图像压缩五部分。

图像的预处理可以分为图像分割、增强、细化和细化后处理四个部分。目的是将皮纹图像进行分割，将没有皮纹的背景部分消除，并消除皮纹图像形变，恢复清晰完整的皮纹脊线结构。图像增强效果的好坏直接影响着以后的细化及特征提取过程。

指纹图像细节特征提取，包括指纹图像与背景分离、指纹图像增强和二值化、细线化、提取指纹细节特征点；根据皮肤纹理的深浅、节点数及纹理粗细等主要特征，采用数学形态学分析法实现了皮肤的特征提取。针对基于结构特征的分段式点匹配算法结合特征点所在纹线信息对皮纹特征进行识别分析。

（4）图像组管理　图像管理包括对影响数据库的整理、组织、显示、检索。

（5）图像检索　提供单一条件查询、复合条件查询，基于内容的多种路径查询。

（6）图像打印　把需要的图像与个人信息打印输出。

四、皮纹分析在运动选材中的应用

其应用目前主要有两方面：

第一，总结优秀运动员的皮纹特征和规律，建立相对稳定的皮纹选材模式，并以此作为测评和预测运动员的体质强弱、运动能力高低以及进行科学选材的皮纹学体系。

第二，辅助鉴别先天性遗传疾病，以便选材时检出该类患者。

1. 优秀运动员的皮纹学特征

（1）atd 角小，t 距比小

由于各种先天性大脑发育不全的遗传性病人都有 t 位高、atd 角明显增大的特征，因此，atd 角和 t 距比被认为在一定程度上有助于判断人的机敏程度。邵紫菀 1989 年提出：“皮纹研究的结果……各个项目优秀运动员（atd 角）的均值，都要比以大、中专学生人群为代表的普通人群的均值明显小，男子在 37°~39°，女子在 39°~40°。”

正常人的 atd 角约为 41°，而一些先天性疾病患者的都在 56°以上。正常人的 t 距比为 0%~14.5%，而先天性愚型儿的 t 三叉点常向掌心移位，使 atd 角度和 t 距比增大（表 2-8）。

表 2-8　不同人群体中 atd 角对比

不同群体	atd 角（度）	出处
正常五岁以下儿童	48	依 penrose1968
杜纳氏综合症	66	同上
唐恩氏综合症	81	同上
先天性愚型	75.9	依陈　染 1988
	56~60 以上	依张少英 1985
三体 D1 综合症	108	依 penrose1968
普通人群	41~42	依郭汉壁等
优秀运动员	37~40	依邵紫菀等 1988

在优秀运动员群体中，atd 角的大小还有以下特点：

①技能类对抗性项目运动员 atd 角均值最小。

②田径项目中，技能要求较高的项目（如跳、跨、全能）atd 角较小。

③田径跑类项目中，长距离跑运动员的 atd 角均值较小。

④体操全能运动员比单项优秀运动员的 atd 角均值小。

“综上所述，atd 角在项目之间所表现的差异趋势可归纳为：临场应变能力要求高的、战术意识强的比以固定程式参加比赛的小；协调性要求高的比以力量素质为主的项目小；全能比单项小的特点。”（引自邵紫菀等《皮纹与选材》1989）

（2）指纹结构复杂

指纹形态由简单到复杂的顺序依次为：平弓→帐弓→箕形→囊形斗→环行斗→螺形斗→双箕斗。Bonnevie 女士于 1924、1929 和 1931 年多次发表论文指出：决定指纹隆线数和形态的首要原因是指头神经分布的情况。神经分布良好，细胞增殖旺盛，指纹形态就复杂，从而决定着指纹隆线的多寡。

优秀运动员指纹复杂表现在以下方面。

①双箕斗多　在普通人群中，双箕斗指数出现率约为 4%~5%，人数出现率约在 30%。而在优秀运动员中，其双箕斗指数出现率约为 10%，人数出现率高达 45%~60%，其中体操和田径运动员更突出。

②弓形纹少　弓形纹在我国正常人群的出现率约为 2.24%.（依王遇康 1986）。但在一些遗传性疾病患者的手上，弓形纹明显增多，有的可出现 6~7 个，甚至 10 个全是弓形。

关于正常人手指纹形数量比例各家说法不一，如表 2-9 所示。

无论在弓形纹的指数出现率，或是在人数出现率上，优秀运动员均较少（表 2-10）。

表 2-9　正常人手指纹形数量比较（%）

序号	性别	斗形纹	箕形纹	弓形纹	出处
1	男 女	56.75 50.28	41.74 47.65	1.51 2.07	兰州医学院 630 例，1978，李崇高等《简明临床遗传病手册》362 页
2	男 女	29.6 24.6	65.1 67.7	5.5 7.8	美国明尼苏达 400 例，1974，《简明临床遗传病手册》李崇高等 362 页
3	男 女			1.7 2.4	张海国等 《皮纹与选材》邵紫菀等 66 页，1989
4		59.80	33.16	7.02	罗兴华、赖荣兴等，《运动员选材原理与方法》140 页，1989
5		46.67	51.09	2.24	王遇康《皮纹与染色体疾病图谱》30 页，1986
6		46.8	51.2	2.0	刘洪珍、徐来祥主编《遗传、婚姻、优生、优育指南》79 页，1993
7		26.1	68.9	5	出处同 6，83 页

表 2-10　运动员弓形纹出现率

项目	性别 / %	男			女		
		人数	人数%	指数%	人数	人数%	指数%
优秀	田径	135	10.4	1.3	259	10.4	2.0
	体操	60	5.0	0.5	82	12.2	2.8
	游泳	43	11.6	3.0	79	11.4	2.5
	排球	102	12.7	2.2	71	8.5	0.8
后备	田径	161	14.3	2.7	250	15.6	3.5
	游泳	126	9.5	1.2	133	13.5	3.1
一般	体操	128	21.1	4.7	72	22.3	3.3

（据邵紫菀等 1989）

（3）掌褶正常

优秀运动员的掌褶正常表现在：

①掌屈肌线短的较少。每条屈肌线都有一定的起止点，在普通人群中，第一屈肌线短的约占 6%，第二屈肌线短的约占 3%，而在优秀运动员中，第一屈肌线短的基本为 0，第二屈肌线短的约占 1%。

②通贯手不多。通贯手（特别是双手通贯）是一些染色体畸变和恶性肿瘤等遗传病常见的皮纹性状。在普通人群中，双手通贯占 1.5%~2.2%，单手通贯占 3%~4%。而在优秀运动员人群中，双手通贯极少，据邵紫菀等 1989 年结论，田径、体操、游泳、排

球4个项目831名优秀运动员中仅3人，占0.4%；单手通贯在田径、女排中均在1%以下，其他除男子游泳外，也一般只占2%以下。

(4) 大鱼际真实花纹明显少

大鱼际真实花纹是一种较典型的变异花纹，呼吸系统的遗传病患者出现真实花纹较多。在普通人群中出现率约为男13.2%，女7.5%（依李崇高等）。在优秀运动员人群中(除男子田径外)，男子约在3%，女子约2%，而双手大鱼际都呈真实花纹的极少。

另外，据赖荣兴等1988年研究证明，良好柔韧素质者有以下主要手纹特征：

①食指斗纹、中指挠箕、环指（第四指）尺箕出现率高，并且10指中斗形纹多于8个（含8个）。

②总指脊数在183条以上或100条以下，10指总数为12个以上指三叉者占多数，a-b脊线有较多趋势，且atd角较小。

③左右手的Th/I1区（即大鱼际区）和左手的Hy区（即小鱼际区）真实花纹出现率高。

④左右手的叉贯型和左手的桥贯型掌褶出现率高。

赖荣兴等（1989年）对我国优秀举重运动员皮纹特征研究后提出：举重运动员尺箕出现率低，斗纹出现率高，大于8个的斗形纹个数也比普通人多；未见有弓形纹大于7个的个体。指纹总数和TRC（总指纹的脊数）与取得的名次同步。其次I3、I4区真实花纹出现率较高；而Th/I1、Hy区真实花纹出现率则低于一般人。此皮纹特征可供举重运动员选材时参考，是否可作为力量素质中爆发力的浅表形态特征，尚待进一步探讨。

又如沈邦华等1998年提出：适宜竞技运动的神经类型（如灵活型、稳定型）者，其手掌的atd角小，而差的神经类型（如抑制型）者则相反；心脏功能高者，环形指纹多，囊形指纹少，心功能低者则相反；上肢力量大者环形指纹少而囊形指纹多。

刘洪珍等1999年提出：经过对皮纹的多项指标与智商的相关分析，发现atd角、通贯手、双箕斗、挠箕、第三和第四指间花纹与智力关系较为密切。

2. 辅助鉴别遗传病患者

选材时应避免将遗传病患者选入。由于许多遗传病都伴有异常的皮纹学特征，所以依此辅助鉴别遗传病患者是十分简单的方法。选材时对以下皮纹特征要特别警惕。

(1) 总指脊数过高或过低（普通人群均值男145条、女127条左右）。

(2) t三叉位高（普通人群t距比为15%左右）。

(3) atd角度大（普通人群男为41.9°±4.11°，女为42.8°±4.49°）。

(4) 弓形指纹多（普通人群为4.8%）。

(5) 第四、五指挠箕多（普通人群为0%~1%）。

(6) 斗形纹8个以上（普通人群为26.2%）。

(7) 大小鱼际真实花纹出现率高（普通人群为男13.2%，女7.5%）。

(8) 通贯多（尤其双手通贯多，普通人群双手通贯占1.5%~2.2%，单手通贯占3%~4%）。

(9) 足底纹有s形腓侧弓。

若发现有4~5处以上变异皮纹和遗传病症状者，应进一步做生化检测、核型分析和其他测试，以防误选。

3. 皮纹综合评价和评分

评价皮纹，不能仅看单项指标的好坏，应重视对多项指标的全面综合评价。下面介绍一例皮纹综合评价标准（表 2–11 和表 2–12），供选材时参考。

表 2–11　运动员皮纹登记表

单位　　　　　　　　　　　项目　　　　　　　　　测试时间　　　年　　　月　　　日

<table>
<tr><td>姓名</td><td colspan="2">atd 角（度）</td><td colspan="2">双箕斗</td><td colspan="2">屈肌线</td><td colspan="2">大鱼际</td><td colspan="2">弓形纹</td><td colspan="2">通贯</td><td colspan="2">小鱼际</td><td colspan="2">指三叉</td><td>综合评价</td></tr>
<tr><td></td><td>左</td><td>右</td><td>左</td><td>右</td><td>左</td><td>右</td><td>左</td><td>右</td><td>左</td><td>右</td><td>左</td><td>右</td><td>左</td><td>右</td><td>左</td><td>右</td><td></td></tr>
<tr><td></td><td></td><td></td><td></td><td></td><td></td><td></td><td></td><td></td><td></td><td></td><td></td><td></td><td></td><td></td><td></td><td></td><td></td></tr>
</table>

（依邵紫菀等 1988）

表 2–12　运动员皮纹综合评分标准（100 分制）

<table>
<tr><td>号</td><td>指标</td><td>分值</td><td colspan="12">评 分 标 准</td></tr>
<tr><td rowspan="3">1</td><td rowspan="3">atd 角
（度）</td><td rowspan="3">20 分</td><td>左右各</td><td>10</td><td>9</td><td>8</td><td>7</td><td>6</td><td>5</td><td>4</td><td>3</td><td>2</td><td>1</td><td>0 分</td></tr>
<tr><td>男</td><td>33
以下</td><td>34
35</td><td>36
37</td><td>38</td><td>39</td><td>40</td><td>41</td><td>42</td><td>43</td><td>44
45</td><td>46
以上</td></tr>
<tr><td>女</td><td>35
以下</td><td>36
37</td><td>38</td><td>39</td><td>40</td><td>41</td><td>42</td><td>43
44</td><td>45
46</td><td>47
48</td><td>49
以上</td></tr>
<tr><td rowspan="2">2</td><td rowspan="2">双箕斗
（个）</td><td rowspan="2">20 分</td><td colspan="3">20 分</td><td colspan="3">15 分</td><td colspan="3">10 分</td><td colspan="3">0 分</td></tr>
<tr><td colspan="3">3 个以上</td><td colspan="3">2 个</td><td colspan="3">1 个</td><td colspan="3">无</td></tr>
<tr><td rowspan="2">3</td><td rowspan="2">弓形纹</td><td rowspan="2">10 分</td><td colspan="3">10 分</td><td colspan="3">6 分</td><td colspan="3">3 分</td><td colspan="3">0 分</td></tr>
<tr><td colspan="3">无</td><td colspan="3">1~2 个</td><td colspan="3">3~4 个</td><td colspan="3">5 个以上</td></tr>
<tr><td rowspan="2">4</td><td rowspan="2">屈肌线</td><td rowspan="2">20 分</td><td colspan="2">20 分</td><td colspan="2">12 分</td><td colspan="2">8 分</td><td colspan="2">4 分</td><td colspan="2">0 分</td><td colspan="2"></td></tr>
<tr><td colspan="2">不短</td><td colspan="2">短一条</td><td colspan="2">短两条</td><td colspan="2">短三条</td><td colspan="2">短四条</td><td colspan="2"></td></tr>
<tr><td rowspan="2">5</td><td rowspan="2">大鱼际</td><td rowspan="2">10 分</td><td colspan="2">10 分</td><td colspan="2">8 分</td><td colspan="2">6 分</td><td colspan="2">4 分</td><td colspan="2">2 分</td><td colspan="2">0 分</td></tr>
<tr><td colspan="2">无变异</td><td colspan="2">1 非真实</td><td colspan="2">双非真实</td><td colspan="2">1 真实</td><td colspan="2">1 真 1 非</td><td colspan="2">双真实</td></tr>
<tr><td>6</td><td>通贯</td><td>10 分</td><td colspan="4">10 分</td><td colspan="4">5 分</td><td colspan="4">0 分</td></tr>
<tr><td></td><td></td><td></td><td colspan="4">无</td><td colspan="4">单手</td><td colspan="4">双手</td></tr>
<tr><td rowspan="2">7</td><td rowspan="2">小鱼际</td><td rowspan="2">5 分</td><td colspan="2">5 分</td><td colspan="2">4 分</td><td colspan="2">3 分</td><td colspan="2">2 分</td><td colspan="2">1 分</td><td colspan="2">0 分</td></tr>
<tr><td colspan="2">无变异</td><td colspan="2">1 非真实</td><td colspan="2">双非真实</td><td colspan="2">1 真实</td><td colspan="2">1 真 1 非</td><td colspan="2">双真实</td></tr>
<tr><td rowspan="2">8</td><td rowspan="2">指三叉</td><td rowspan="2">5 分</td><td colspan="2">5 分</td><td colspan="2">4 分</td><td colspan="2">3 分</td><td colspan="2">2 分</td><td colspan="2">1 分</td><td colspan="2">0 分</td></tr>
<tr><td colspan="2">不缺</td><td colspan="2">缺 1c</td><td colspan="2">缺双 c</td><td colspan="2">缺 1 其他</td><td colspan="2">缺 1c 和其他</td><td colspan="2">缺双其他</td></tr>
</table>

(依邵紫菀等 1988)

注：①出现四五指挠箕，则另减 10 分。②80 分以上为优秀；79~61 为良好；60 分及格。

在选材时，可依上述研究结果为模式，对备选人进行评价。初选时，皮纹综合评分应达 60 分及格标准，这样既可达到初选的人数，保留个别有特长素质的苗子继续观察，又可筛去一些在体质和机敏程度上均不适合搞竞技体育的儿童。而在复选和决选时，可根据不同训练的预期目的，适当提高皮纹综合评价的合格标准，重视优秀皮纹特征者的入选。还应结合专项性特点，考虑皮纹单项指标在本项目中的权重。如对临场应变能力和战术意识要求高的、技术较复杂较全面的项目，其 atd 角应比力量性项目小些；在耐力性项目中大鱼际不仅双侧、而且单侧也不应出现真实花纹。

还应注意皮纹特点的优劣互补，如个别优秀运动员 atd 角偏大，但却有双箕斗弥补，对这些“特殊苗子”更应着重全面综合地分析评价，采用先留、后看、再定的步骤，以免将特长突出的运动苗子筛掉。

第八节　性染色体选材法

性染色体选材法是应用现代染色体检测技术，分析性染色体的数量、性质、形态特征和基因定位，研究其与人体运动能力的关系和进行性别鉴定，从而进行科学选材的方法。

一、利用性染色体鉴定性别

性别鉴定、并依据性别的不同对备选运动员实施不同的选材标准，是运动选材的首要工作。可依运动员的外在特征、第一性征、第二性征等方面进行判断，有疑问时再检测性染色体，对其性别进行进一步的鉴定。

正常情况下 XX 为女性、XY 为男性，但偶尔也会发生“性状的突变”，使染色体数目异常或结构畸变，导致性别的异常，从而发育成两性畸形。两性畸形又分为真两性畸形和假两性畸形。

1. 真两性畸形

真两性畸形指某一个体既存在卵巢、又存在睾丸（或存在卵巢睾，即卵巢和睾丸结合在一个性状组织中），许多染色体组型为嵌合型，如 XX/XY、XX/XXY 等等。例如 46、X-46、XY 嵌合型个体，一侧为睾丸，另一侧为卵巢，输精管和输卵管均发育良好，外阴可为女性，而阴蒂肥大、大阴唇皮下有睾丸状物；也可为男性外阴，而有尿道下裂，或男女性器皆有。真两性人可分为男真两性人和女真两性人。

①男真两性人　男真两性人的外观通常为男性，但其外生殖器却有两套，既有男性特征，也有女性特征。而其性状一般一侧长着睾丸，另一侧长着卵巢，第二性征也多为男性。

②女真两性人　女真两性人的外观通常为女性，但其外生殖器却有两套，既有男性特征，也有女性特征。其性状一般一侧长着睾丸，另一侧长着卵巢，第二性征也多为女性。

2. 假两性畸形

又可分为男性假两性畸形和女性假两性畸形。

①男性假两性畸形。如睾丸女性化综合症，患者核型为 46、XY（为正常男性核型），乳房发育、外阴呈女性，其他副性征也趋于女性，阴蒂肥大，阴道短浅，末端盲

闭，无子宫和附件，睾丸发育不良，有附睾和输精管，睾丸常位于腹腔腹股沟，或落入大阴唇皮下，本症为X连锁隐性遗传。男假两性人可参加男子体育竞赛，但由于其体质弱，运动素质差，不适于选材培养。

②女假两性人。患者核型为46、XX（为正常女性核型），患者有卵巢，有发育不良的输卵管及子宫，但外貌男性化，阴蒂过度发育呈男性阴茎状。女假两性人可以参加女子体育项目的比赛，其体质相对较好，可进行选材培养。

用性染色体鉴定性别常用以下两种方法：

A. 巴尔小体（性染色质）鉴别法。其鉴别方法参见本章第五节之二。

B. Y染色质鉴别法。其鉴别方法参见本章第五节之二。

二、利用性染色体检测预测身高

男性Y染色体和女性X染色体的长臂（q）和短臂（p）对人体的生长发育有着十分密切的关系。国外有人提出：Y染色体长臂的异染色区（Yq12）【注：染色体经染色着色较深，该处就叫异染色区；否则称常染色区。】和女性的X染色体的Xp与Xq和身高增高速度及其最后高度有关。我国甘肃体科所在兰州医学院的支持下，运用染色体的医学研究方法和生物统计等方法，对中国高身材男（Yq长度）、女（Xq、Xp全长）、C值（着丝点指数Xp/X）、B值（臂率Xq/Xp）等生物指标进行了研究，取得了染色体测试指标与身高的相关系数。该研究结果引出下列认识性结论：

1. 性染色体的大小和局部特征是有个体差异的。

2. 男性Y染色体的大小在个体发育中是不变的。男性的Yq长度与年龄不相关，成年时的身高主要取决于先天的Yq长度，因此可依男孩的Yq长度预测其成年身高。其身高预测方程式为：

$r=0.866526+0.576054\,(Yq)$

3. 女性的染色体的Xp的长度在人体生长发育的过程中始终不变。但女性Xq内存在促进生长的结构基因，而Xp内存在抑制基因，调控身高的增长。在实验观察研究中，除X染色体全长与身高无关外，其他的四项指标：Xp/3（第三号染色体短臂）、Xq/3（第三号染色体长臂）、C值和B值（指染色体自身比值）都与身高相关。其身高预测方程式为：

C：　$Y=3.5054834-0.04518x$

B：　$Y=0.651\div0.69064x$

Xp/3：　$Y=3.078155-0.045078x$

Xq/3：　$Y=0.40684\div0.00864x$

实验室检测染色体的过程大体是：取静脉血（也可取耳血或指血）1ml放入培养瓶内，在恒温箱内培养2小时，使血液中的细胞分裂，经处理后放入离心机内，再经处理离心留下的白细胞，然后制片，对性染色体进行镜检、测量、照相和统计处理等过程（详见《中国高身材男女运动员性染色体长度与身高的关系》《优秀青少年运动员科学选材论文汇编》国家体委科教司）。

第九节　血型选材法

在红细胞血型鉴定中，含有某种抗原的细胞与其相应抗体的血清混合时，就会出现红细胞的凝集，这种红细胞抗原叫凝集原，与其相应的抗体叫凝集素。根据人类细胞凝集元或凝集素的特征，已发现了遗传上互相不干涉的20个血型系统（如ABO、MN、SS、F、RH等），160余种血型。这里重点介绍ABO血型选材方法。

一、血型遗传简述

血型完全是由遗传因素控制，父母的血型决定子女的血型。按国际命名法，凡红细胞上含有A凝集原者为A型，含B凝集元者为B型，A和B共存者为AB型。目前认为ABO血型的遗传受一组复合等位基因控制，位于第9号染色体长臂三区血带上，这个位点群体中有 I_A 、I_B 、i 三种基因，但就某个个体，只有其中两个（表2-13）。

表2-13　血型表

红细胞膜抗原	血清中抗体	基因型	表现型
A	B	IA IA、IA	A
B	A	IB IB、IB	B
AB	无	IA　IB	AB
无	AB	i i	O

已知父母的血型，就可推断子女可能的血型和不可能出现的血型（表2-14）。

表2-14　子女与父母的血型关系

双亲血型	子女可能有的血型	子女不可能有的血型
A+A	A、O	B、AB
A+O	A、O	B、AB
A+B	A、B、AB、O	无
A+AB	A、B、AB	O
B+B	B、O	A、AB
B+AB	A、B、AB	O
AB+O	A、B	AB、O
AB+AB	A、B、AB	O
O+O	O	A、B、AB
B+O	B、O	A、AB

二、血型与运动能力

目前，国内外有不少学者对血型与运动能力的关系进行研究，目的是为运动员的选材、育材提供理论依据和方法，但看法有所不同。

1. 血型分布

血型分布有着明显的国家、地区、民族、性别和运动能力的差异。据中国科学院遗传研究所调查，我国汉族 ABO 血型的分布情况是：

华北、东北地区：B>O>A

华中、华东地区：O>A>B

西北、西藏地区：O>B>A

云南省地区：A>O>B

广东、广西地区：O>B>A

全国汉族：O>A=B

据何其安、刘章平 1980 年研究提出我国不同地区血型分布情况（表 2–15）。

表 2–15 中国人血型资料统计表

省区名称	调查人数	百分比			
		O	A	B	AB
辽宁、吉林、黑龙江、山东、山西、河南、河北、甘肃	74286	31.3	26.3	33.1	9.3
陕西、内蒙古、青海、湖南、湖北、四川	21903	33.8	34.5	23.2	8.5
江苏、浙江、安徽、江西、福建	40258	34.1	30.3	26.8	8.7
广东、贵州	12545	38.2	25.9	27.2	8.6
合计	148992	33.01	28.55	29.46	8.9

他们还提出四川 597 名不同项目运动员血型分布情况（表 2–16、17、18）。

表 2–16 597 名不同项目运动员血型分布

运动项目	调查人数	百分比			
		O	A	B	AB
田径	145	34.48	27.58	29.66	8.28
排球	104	32.69	32.69	23.08	11.54
篮球	69	39.13	34.78	18.84	7.25
足球	39	48.72	33.33	17.95	0.00
乒、网、羽毛球	87	33.33	24.14	28.72	13.79
体操、技巧、武术	63	25.39	44.45	22.22	7.94
水上	49	42.86	28.57	24.49	4.08
棒、垒球	31	35.48	35.48	25.81	3.23
举重	10	60.00	30.0	0.00	10.00
合计	579	35.68	31.49	24.46	8.73

表 2-17　不同血型运动员中优秀运动员出现百分率

血型	调查人数	优秀运动员人数	优秀运动员出现百分比（%）	运动健将人数	运动健将出现百分比（%）
O	213	57	26.96	14	6.57
A	188	45	23.94	18	8.51
B	146	28	19.18	13	8.90
AB	50	13	26.00	3	6.00

表 2-18　一般人与运动员血型分布率

血型	一般人（%）			运动员（%）			
	中国	日本	美(黑人)	中国(男)	中国(女)	日本(男)	日本(女)
A	28	38.1	19.7	25	21	18.3	18.5
B	32	21.8	21	23	21	30.3	25.9
AB	10	9.4	10	14	14	11.9	11.1
O	30	30.7	49.3	38	36	39.4	44.4

2. 血型与体质的关系

日本能允正比古调查收集了 206 名日本一流田径运动员的血型，其中包括不少田坛名将（表 2-19）。从表中可以看出，不同的运动项目 ABO 血型的分布率是不同的。

表 2-19　日本优秀田径运动员血型分布表

项目	人数	O	A	B	AB
短距离	35	28.6（10 人）	37.1（13）	20.0（7）	14.3（5）
中距离	25	32.6（8 人）	24.0（6）	36.0（9）	35.0（2）
长距离	35	20.0（7 人）	42.9（15）	25.7（9）	11.4（4）
障碍跑	19	31.6（6 人）	36.8（7）	15.8（3）	15.8（3）
跳跃	56	46.4（26 人）	10.7（6）	32.1（18）	10.7（6）
投掷	36	16.7（6 人）	27.8（10）	50.0（18）	5.5（2）
总计	206	30.6（63 人）	27.7（57）	31.1（64）	10.7（22）
国人比例		30.7	38.1	21.8	9.4

能允正比古根据自己的调查和有关调查报告，提出 ABO 血型与体质有下列关系：

O 型的人体质的特征是弹跳力强，在表中可见跳跃运动员是 O 型占优势（46.4%），尤其是三级跳远运动员更为显著（56.5%）。黑人弹跳力都比较好，这与他们 O 型在人群的比例高（49.3%）有关。

A 型的人体质特征是灵巧性大，尤其是腹部柔韧性更好，这在跨栏、体操、柔道等项目上都有明显的表现。

B 型的人体质特征是行动敏捷，尤其在排球、篮球中 B 型的人较多。性情豪放，好胜心强，适宜单项运动。优秀投掷手中 50%是 B 型。

AB 型的人体质特征是反应快、爆发力强，但由于这种血型的人在运动心理能力方面有较多不适宜之处，且在人群中分布率低，故在运动员血型分布中占百分比低。

血型与运动素质和心理素质的关系具有相对的倾向，如表 2-20 所示。

表 2-20 血型与身体素质和心理素质的关系

血型	运动素质	心理素质
A	灵巧性大，柔韧性好	吃苦耐劳，坚持性强，但易被环境干扰，心细
B	行为敏捷，灵活	性情奔放，好胜心强，胆大，乐观，不易受外界环境影响，但有时盲目，随便与任性
AB	反应快，爆发力强，速度力量好	沉着冷静，善于思考，具有 A、B 血型双重素质，有时易动感情，急躁，坚持性差
O	弹跳力好 速度、爆发力好	敢于拼搏，但坚持性差

3. 血型与心理能力的关系

血型与人的心理能力、尤其与个性的心理特征有着更明显的关系，其具体表现是：

O 型的运动员个性心理特征是敢于拼搏，他们有着很强的目的性，目标越明确越能发挥 O 型运动员的运动能力。在集体球类运动项目训练和比赛中，往往是球场的组织者，但在长距离如马拉松等项目中，他们的坚持性就差，有连胜连败的倾向。

A 型的人个性心理特征是能吃苦耐劳，坚持性强。这类血型的运动员最大特点是能忍受单调重复的工作（如中长跑运动等）和肉体痛苦，他们最适宜长跑运动和耐久性运动项目。还具有胜不骄、败不馁、顽强奋战的进取心，在集体项目中能稳住阵脚、打持久战。但 A 型的运动员易受外界环境干扰。

B 型的人个性心理特征是性情豪放，好胜心强。这种好胜心在各项运动中都表现突出，适合于搞单项运动（如投掷 B 型的运动员占 50%）。B 型的运动员胆子大，敢于做高难度的动作，适宜从事体操、技巧跳水等项目。在体操运动中 B 型的运动员略占优势。与 A 型的运动员比较，B 型的运动员不易受外部环境的影响。其不足之处是大胆的行动中隐藏着盲目、随便与任性现象，会给竞技状态的改善和管理带来麻烦。

AB 型的人个性心理特征明显地具有 A 型、B 型双重心理特征。在训练比赛中沉着冷静、善于思考和不易动感情是 A 型气质的表现。但在熟人中，他们则往往表现出 B 型的心理特征，易动感情、任性、急躁。从运动表现来看，AB 型运动员则往往表现出 A 型心理素质。他们反应很快，头脑灵活机智，较适合于排球、乒乓球等运动，优秀乒乓球运动员中 AB 型者占多数，爆发力也较好。但 AB 型者坚持性差，长时间工作会厌烦。

栾伟、包克新 1987 年通过对中国男女排、中国青年女排及 18 省市的 129 名优秀排球运动员血型调查，得出如下结论：

①A、B、AB、O 型的运动员均适合从事排球运动。

②O 型的运动员专项适应能力强，可全面发展，更适合当主攻手和接应二传手。

③AB 型的运动员最适合担当副攻手，其次是 A 型。

④B 型的运动员最适合担当“五一”配备阵容中的主二传手，A 型者有成为全面型二传手的潜力。

⑤O 型的运动员作为主二传手培养时，应慎重考虑。

4. 血型与疾病的关系

对于 ABO 血型与疾病之间的关系的研究，大概确定的是 O 型和十二指肠之间的关系。恶性贫血和胃癌在 A 型的人中稍多见，而胃溃疡在 O 型的人中略多见。血型 A 与一种罕见的先天缺陷（指甲髌骨综合症）有关联，其特征是没有指甲或指甲畸形、没有膝盖骨或膝盖骨有缺陷。母亲和婴儿之间在 ABO 血型方面的不相容性，在出生后只是偶然地会引起贫血或黄疸。

有人研究提出血型为 A、B 或 AB 的妇女口服避孕药后，其患凝血并发病的比率比血型为 O 的妇女高。

三、血型检测方法

1. 有 ABO 标准血清的平板法

操作方法：

①取平板一块（可采用玻璃片、白瓷砖等）划分两半，分别标明 A、B 字样。

②按标记加下列物品（表 2–21）。

表 2–21 检查 ABO 血型平板法操作程序

反应物	A 侧	B 侧
A 型标准血清	一滴	
B 型标准血清		一滴
被检标本全血或 5%红细胞悬液	少许或一滴	少许或一滴

③用牙签或玻璃棒混匀，手持平板转动几次，然后置室温下，15 分钟后观察结果。

④根据反应结果判定血型：两侧均不凝集者为 O 型；A 侧不凝集、B 侧凝集者为 A 型；A 侧凝集、B 侧不凝集者为 B 型；两侧均凝集者为 AB 型。

2. 无 ABO 标准血清的平板法

先从一已知 A 型或 B 型的人采血并分离出血清，取其红细胞配制成 2%红细胞盐水悬液。将已知 A 型血清与红细胞悬液各一滴分别放在玻璃片的两端，然后将一滴被检者 2%红细胞悬液加至 A 型血清中，并将被检者血清一滴加在 A 型红细胞悬液中，用牙签或玻璃棒混合，5 分钟后判定凝集结果。根据表 2–22 反应结果判定血型。

表 2–22 用 A 型人血液判定被检血型

已知 A 型血清 + 受检者红细胞	已知 A 型红细胞 + 受检者血清	受检者血型
不凝集	凝集	O
不凝集	不凝集	A
凝集	凝集	B
凝集	不凝集	AB

本章思考题

1. 研究遗传与选材的关系及其规律有什么意义?
2. 简述运动能力遗传规律。
3. 什么是遗传力? 遗传力是如何估算的?
4. 简述谱系选材法的原理与应用。
5. 了解遗传病患者检出法。
6. 优秀运动员的皮纹学特征一般有哪些?
7. 简述性染色体在运动选材中的应用。

本章主要参考文献

1. 刘洪珍，等. 主编.遗传、婚姻、优生、优育指南. 北京: 中国广播电视出版社，1993
2. 李崇高，等. 主编.简明临床遗传病手册. 北京:中国医药科技出版社，1991
3. 罗兴华，赖荣兴，等. 运动员选材原理与实用方法. 广州: 广州体院函授部，1989
4. 邵紫菀，刘建生，等. 皮纹与选材. 北京:人民体育出版社，1989
5. 武汉体院编写组. 运动选材学. 武汉体育学院，1990
6. 刘献武主编. 运动选材学. 北京:人民体育出版社，1991
7. 王遇康，等. 编. 皮纹与染色体疾病图谱. 成都:成都科技大学出版社，1986
8. 刘献武，等. 编著. 运动才能遗传学概论. 广州:广东高等教育出版社，1987
9. 田野主编. 运动生理学高级教程. 北京:高等教育出版社，2003

第三章　年龄选材

[教学要点] 了解人体生长发育的年龄特征，理解不同专项（群）初级选材适宜年龄，掌握儿童少年生长发育程度及其鉴别方法等内容。

年龄是运动选材必须考虑的重要内容。本章主要探讨人体生长发育的年龄特征、各运动项群（目）选材的适宜年龄、儿少发育程度的鉴别，以期全面阐述年龄与选材的关系。

第一节　人体生长发育的年龄特征

生长一般是指细胞的增多、增大和细胞间质的增加，主要反映组织器官及各个部位体积的增长与重量的增加。发育一般是指人体成熟之前，各组织器官结构与形态、各系统功能的分化与完善所发生的变化。实质上，生长和发育是人的个体在成长过程中，紧密相连的由量变到质变的复杂渐变的发展过程。

一、生长发育的基本规律

就个体而言，每个人生长发育的进程，以及最后发育的水平，都有其自身发展的特异性；就整体而言，人体生长发育仍有可遵循的普遍基本规律，这些规律可概括如下：

1. 生长发育过程的连续性和阶段性

人体的生长发育过程是一个连续渐变的过程，但是在多年的进程中，人体生理、心理、运动能力的发展并非以同步的推进形式进行，而是自然地表现出不同年龄时期的阶段性特征。依此阶段性特征，人们普遍将人体生长发育分为六个时期。

胎儿期：出生前；婴儿期：出生后到 1 周岁；幼儿期：2~3 岁；学龄前儿童：4~6 岁；学龄儿童：7~12 岁；少年期：13~17 岁；青年期：18~25 岁。

2. 生长发育的波浪性和差异性

在人体生长发育的各个时期中，其生长发育的速度不是匀速的，而是快慢相间地呈波浪曲线的规律发展，且各器官、系统、组织又有其自身的规律性。人体生长发育存在两个快速发育期和随之而来的相对慢速期。在婴儿期出现第一次生长发育高峰，出生后第一年的身高增长约为出生时身高的 50%，体重约为出生时的两倍。出生后第二年速度减慢，身高和体重增长为第一年增长数的 1/2。此后，增长速度急剧下降，保持一个相对平稳的增长速度，身高每年增长 4~5 厘米，体重增长 1.5~2 千克。在青春期出现第二次发育高峰，身高年增长 7~8 厘米，最快可达 12~14 厘米；体重年增长 5~6 千克，多者可达 8~10 千克。以后增长速度又开始减慢，直到发育成熟，当骨骼钙化完成后，身高增长基本停止。

其差异表现在不同人的发育程度可能是不同的。日历年龄、生物年龄和心理年龄之间会存在不同的差异（见“生长发育程度的鉴别”）。

3. 人体生长发育的统一性和非等比性

人体作为一个完整的有机体，各器官系统的生长发育都有着相互影响、相互协调的关系，这样才会形成一个健全的有机体。但在同一时期以及在整个发育过程中，各部分并不是按等比例生长发育的，主要表现在人体各部分生长发育速度的比值不等，其规律和特点如下：

（1）先头律　在第一次突增期，大脑最先发育，胎儿从有一个特大的头颅（占身高的 1/2）、较长的躯干及短小的四肢，逐渐发育到儿童期身体各部比例比较匀称。

（2）向心律　在第二次突增期，下肢首先迅速发育，再躯干发育（俗话称“先长腿、后长腰”）。这种非等比性的生长发育规律导致由圆形的受精卵开始分化发育成为胎儿，再经生长发育成为长、宽、厚等形态各异的人体各部分，最终形成成人的体型。

儿童少年在骨骼肌肉、神经、内分泌、心血管等系统的发展变化并非是同步的。如神经系统就比生殖系统发育要早（生殖系统在进入青春发育期才开始快速发育，到 18 岁左右成熟）；大块肌肉比小块肌肉发育要早；躯干肌比四肢肌发育快；屈肌比伸肌发育快；上肢肌比下肢肌发育快。

二、青春发育期的基本特点

青春期发育期是指青春发育征象开始至生殖器官发育成熟的一段快速增长的时期，亦称第二突增期，这是人体生长发育过程中的重要时期。由于大多数运动项目的选材期处于青春发育期内，所以应掌握此时期的基本发育特点。

青春发育期从广义上来说分为三个阶段。

①前期：以身体形态发育的突增现象为主（也称生长加速期），女孩为骨龄 10 岁、男孩为 12 岁开始，乡村男女孩比城市男女孩晚一年左右，持续两年左右。

②中期：以第二性征发育为主（又称为性成熟期），此阶段的形态发育速度减慢，女孩 13~16 岁，男孩 14~17 岁。

③后期：身体发育达到完全成熟阶段，女子 17~22 岁、男子 18~23 岁。

青春发育期前，男女孩在身高、体重及体型等方面没有显著差别。进入青春发育期后，各身体器官系统迅速发育，尤以生殖器官为明显，出现第二性征。

三、身体形态的年龄特征

身高发展有两次突增的高峰，一次在胎儿期到出生后 1 岁左右，另一次在青春期，最后完成一般在 20~23 岁。

人体的身高在很大程度下取决于下肢长，下肢长比人体身高更早停止变化，男少年在14~17岁之间，女少年在13~16岁之间就基本成形，这种变化的停止又与性成熟有密切的关系，因此测量青少年下肢长，并计算下肢长与身高的百分比，是预测今后体型身高的重要指标。

城市的男性（身高–坐高）/身高×100指数在7~18岁时随年龄增加而增大，13岁以后却随年龄的增加而减小。而骨骼系统的生长发育，在9~11岁时手指指骨骨化完成，而腕与掌骨骨化的完成则要到12~13岁。

“指距–身高”指数来反映指距的长短，指数越大，说明上肢就越长。指距的增长变化与身高变化的规律相似，增长最快的阶段，男少年在12~15岁间，女少年在9~15岁间。我国人（指距–身高）指数的平均值大大低于欧、美的白人和黑人。白种人在出生一岁半时，指距即超过了身高。上海男性（指距–身高）指数平均值，要到12岁时才能超过身高，17岁时平均超过身高2.78厘米。女性（指距–身高）指数平均值在各年龄组均呈负数，指距均短于身高。

体重男少年7~10岁每年增长1~3公斤（平均每年增长2.3公斤左右），11~14岁体重增长加速，每年增长3~6公斤（平均每年增长4.63公斤左右），15岁后增长速度减慢，最大增长值是13岁（5.5公斤左右）。

女少年7~17岁体重亦是随年龄而增长。7~9岁体重每年增加1~3公斤（平均每年增长2.4公斤左右），10~12岁每年增长3~5公斤（平均每年增长3.97公斤左右）。13岁后保持1~2年较大的增长速度，然后明显地变慢。最大增长是在11岁（4.4公斤）。

四、身体机能的年龄特征

脉搏、血压、肺活量和物质代谢是反映身体机能发育程度的重要指标，在生长发育阶段，人体机能具有如下一些明显的年龄特征。

1. 青少年脉搏频率是随年龄的增长而逐渐减慢，到18、19岁时趋于稳定。

2. 收缩压随年龄的增长而增加，男子自13岁起增加迅速，16岁以后速度减慢，18、19岁趋于稳定。女子增长较均匀，至16、17岁时出现下降趋势，18、19岁后趋于稳定。

3. 舒张压也随年龄而增加，但变化较小。女子15岁后，男子18、19岁时稳定。

4. 肺活量也随年龄而增长。男子自12、13岁起增长加快，19、20岁趋于稳定。

5. 物质代谢是生命活动的基础，在不同年龄阶段，物质代谢具有不同的特点。在儿童少年时期，生长代谢（即通过代谢保证组织细胞内的蛋白质经常自我更新和合成）较为旺盛，以后随年龄的增长，机能代谢（通过代谢保证有机体内各种专门机能如消化、肌肉收缩的实现）越来越占优势，并同生长代谢保持平衡，到老年期两种代谢过程都下降。

6. 血液　儿童血量占体重的百分比略高于成人（成人血量为体重的7%~8%）。红细胞与血红蛋白含量与成年人相似。淋巴细胞占的百分比相对地比成年人高。

7. 心输出量　儿童每搏和每分输出量比成人少，但相对值（每公斤体重的心输出量）大，且年龄越小，相对值越大。

8. 运动时心血管的机能反应。儿童时期，交感神经调节占优势，心肌发育不十分完善，运动时主要靠加快心率来增加心输出量以适应需要。运动时心率加快，而血压变化并不显著（表 3–1）。

表 3–1　不同年龄运动时心率的变化

	年龄（岁）				年龄（岁）			
	6	10	14	18	成人	13	14~15	16~18
以每小时 5.6 公里（100 米／分）速度步行时的心率（次／分）	170	164	160	150	134~146	/	/	/
最大摄氧量时的心率(次／分)	/	/	/	/	/	205	200	189

据体育院校通用教材《运动生理学》2002 年 378 页资料绘制

9. 青春性高血压　儿童少年从青春发育期开始到性成熟期，由于性腺和甲状腺等分泌旺盛，引起血压升高。青春性高血压始发年龄男女均为 11、12 岁，随年龄增长而增高，高峰年龄为 15、16 岁，以后逐渐下降。高血压率男生高于女生、乡村高于城市。青春性高血压的特点表现为收缩压增高，一般不超过 150 毫米水银柱，而且有起伏的变化，舒张压在正常范围。

10. 摄氧量　在 10、11 岁和 13、14 岁时摄氧量增长最明显，16、17 岁较缓慢。少儿最大摄氧量与负氧债的能力都较低，女孩又比男孩低，无氧代谢和有氧代谢的能力都比成人低。

11. 肺通气量　儿少肺通气量小，而按每公斤体重的相对值却较大，运动时主要靠加快呼吸频率来加大肺通气量，而呼吸深度增加得很少。

12. 神经系统

①神经系统发育最早最快，脑重量出生时约 350 克，1 岁时约 700 克，6~7 岁时约 1200 克，9 岁时约 1350 克，12 岁时约 1400 克，20 岁时约 1427 克；神经元的数目在 1 岁后可达 120 亿~140 亿个，以后不再增加，此时脑器官和神经元的联系仍不断发展。由此可见，幼儿期脑增长很快，儿童少年时期相对较慢，但已接近成人水平。

运动分析器的皮质中枢部位发育成熟的时间显著地比肌肉感觉的外围器官（本体感受器）晚，到 12、13 岁才能成熟。

②儿童少年的神经活动过程不够稳定，抑制过程比较弱、兴奋过程占优势，兴奋和抑制过程在皮质很易扩散，神经活动的强度和集中都较弱。因此，多表现为活泼好动，注意力不集中，做动作时不协调、不准确、易出现多余动作，往往出现全身运动。建立条件反射快、消退快、重新恢复也快。另外，年龄越小，皮质抑制过程越弱、越不完善，分化能力也就差。8 岁以前精确分化能力很差，错误动作多。8 岁以后皮质细胞的分化与成人无大区别，13、14 岁时皮质抑制调节机能达到一定的强度，分析综合能力明显提高，能较快地建立各种条件反射，但由于分化能力尚不完善，又受到小肌群发育较迟的影响，所以掌握精细动作困难。14~16 岁时期，反应潜伏期缩短，分化能力提高，女少儿分化抑制发展较早，能够掌握复杂的高难动作。

③两个信号系统的活动不够协调，儿童时期第一信号系统活动占主导地位，主要靠具体实物，直观形象建立条件反射，模仿性强。在少年时期，第二信号系统进一步发展，抽象思维能力不断提高。7 岁以上的儿童，就能较好地掌握语言，到 16~18 岁时，第二信号系统发展到相当程度。

④大脑皮质的神经细胞工作能力低，易疲劳，工作持续时间短，但灵活性高，脑疲劳恢复较快。

⑤青春发育期神经系统的稳定性下降，少女更明显。

五、运动素质的年龄特征

运动素质是人体在活动中所表现的基本能力，其可分为基本运动素质和复合运动素质。基本运动素质主要包括力量、速度、柔韧和耐力等。

运动素质随年龄的变化而变化，儿童少年的运动素质随着各器官系统机能的不断完善而发展，同时又因人体各器官系统发展的程度不同而有所不同，即随年龄、性别和发育阶段的不同而存在着差异，并存在明显的波浪性和阶段性特点。

7~25 岁各项身体素质随年龄增长而增长，其中在青春发育期（男 15 岁，女 12 岁左右）增长的速度快、幅度大；女子从 15 岁开始起，随着年龄增长而各项素质有下降趋势，18~22 岁又稍有回升，22 岁后又下降，而男子在 25 岁以前基本呈上升趋势。

各种素质的自然增长都有增长阶段和稳定阶段，其中增长阶段包括快速增长阶段和缓慢增长阶段。其顺序一般是快速增长阶段—缓慢增长阶段—稳定阶段（表 3–2）。

表 3–2　城市男女不同年龄阶段的各项素质发展情况表

指标	阶段 / 增长情况	男子			女子			
		快速增长阶段	缓慢增长阶段	稳定阶段	快速增长阶段	停滞或下降阶段	缓慢增长阶段	稳定阶段
仰卧起坐	年龄段(岁)	7~13	14~18		7~11	12~16		
	增长量(次)占总增长量%	11.8	2.6	19 岁	6.3	下降 4		
		82	18	以后	100			
	年均增长(次)	1.7	0.4		1.3			
60 米跑	年龄段（岁）	7~14	15~18		7~12	13~16	17~20	
	增长量（秒）	3.4	0.6	19 岁	2.3	下降 0.2	0.2	21 岁
	占总增量%	85	15	以后	96		4	以后
	年均增长(秒)	0.4	0.12		0.4		0.05	
屈臂悬垂	年龄段（岁）	7~16	17~21		7~10		18~21	
	增长量（秒）	36.2	3.5	22 岁	2.9	11~17	3.6	21 岁
	占总增长量%	91	9	以后	44.6	下降 3 秒	55.4	以后
	年均增长(秒)	3.6	0.6		0.7		0.9	
立定跳远	年龄段（岁）	7~15	16~21		7~13		17~18	
	增长量(厘米)	84	18.3	22 岁	44.1	14~16	3.5	19 岁
	占总增量%	82	18	以后	92	下降 0.2	8	以后
	年均增长(厘米)	9.3	2.6		6.37		0.9	
400 米跑	年龄段（岁）	7~14	15~20		7~11		17~20	
	增长量（秒）	29.9	4.8	21 岁	18.4	12~16	3.8	21 岁
	占总增长量%	86	14	以后	99	下降 3.6		以后
	年均增长（秒）	3.7	6.7		3.7		0.95	

摘自体院通用教材《运动生理学》1990 年版 274 页

由上述资料中可看出，运动素质由增长阶段过渡到稳定阶段的先后顺序是：速度素质最先、耐力素质次之、力量素质最晚，男女均按此顺序。在不同的年龄阶段中，各项素质增长的速度不同，把运动素质增长速度快的年龄阶段叫运动素质发展的敏感期（表 3–3）。

表 3–3　素质发展的敏感期

素质	敏感期（岁）	素质	敏感期（岁）	素质	敏感期（岁）
平衡能力	6~8	灵敏性	10~12	速度	7~14
柔韧性	6~12	节奏性	10~12	力量	13~17
反应速度	7~12	协调性	10~14	耐力	16~18
模仿能力	7~12				

1. 力量素质的年龄变化

在少儿时期，力量随着年龄的增长而自然增长，但其中绝对力量（不考虑体重因素）逐渐增长，而相对力量（绝对力量/体重）增长不多，甚至呈下降趋势。

北京体育大学生理教研室调查儿童少年各年龄的力量素质的变化，提出在 10~13 岁时期弹跳力明显增长，握力在 14~16 岁时增长较大。

2. 速度素质的年龄变化

儿童少年的速度素质随年龄而自然增长。其发展较其他素质为早，其增快的年龄和最高成绩的年龄阶段也较其他素质早。我国青少儿速度素质发展最快阶段的年龄男孩为 7~14 岁，女孩为 7~12 岁。男子速度素质的成绩达到最高峰并相对稳定的年龄为 19 岁，女子则为 20 岁左右。其中 400 米速度增快阶段，男孩为 7~14 岁、女孩为 7~11 岁；成绩达到高峰年龄阶段，男子为 19 岁，女子为 20 岁；稳定阶段男女都在 21 岁以后。

3. 耐力素质的年龄变化

通常认为儿童少年处于生长发育阶段，氧化过程比成人旺盛，耗氧多，但血红蛋白和肌红蛋白的含氧量却比成人少，心肺机能较弱，无氧代谢能力差，负氧债的能力较小。如在进行 3 分钟大强度运动时，9 岁儿童的工作能力只有 18~30 岁人的 40%，12 岁是 65%，15 岁是 92%，证明耐力素质出现最高成绩的年龄较晚。

4. 灵敏素质的年龄变化

灵敏素质是一种综合素质，它与人对空间定位和时间感觉的能力有关，也与速度和力量素质有关。在 13、14 岁前，通过训练来发展灵敏素质可取得较大的效果。

5. 柔韧素质的年龄变化

儿童骨和肌肉弹性好，关节韧带的伸展度较大。其伸展性随年龄的增长而下降（表 3–4）。

表 3–4　各年龄组运动员关节伸展性比较　　**单位：厘米**

	男			女		
年龄	转肩	做“桥”	前后劈叉	转肩	做“桥”	前后劈叉
6~7	56.7	64.1	27.1	50.2	61.66	26.13
8~9	59.5	63.4	26.6	49.2	51.4	26.1
10~13	58.87	4.67	12.3	48.19	10.9	7.85
14~16	71.75	7.10	22.7	57.0	5.1	10.83

引自《运动生理学》教材 1990 年版 278 页

第二节 选材年龄

选材的适宜年龄与竞技运动训练关系极大，它关系到选材、育材、成材及其质量效果。这里必须要考虑以下三方面内容：成材的年龄范围、育材的必要年限、专项的特殊要求和竞技能力发展的规律。

一、成材的年龄范围

分析达到当代世界最高成绩的年龄界限，是选材和早期专项化训练开始年龄的一个主要依据。某一项目世界最高成绩的年龄区间，就是目前有机体适合于此项目的各种形态机能最旺盛的年龄段。

苏联国家体科所通过对1896~1972年17次奥运会57747名参加者的年龄分析，25~30岁以上（主要在35岁以下）的运动员占55%，20~25岁的占33%，20岁以下的仅占12%。通过对1968~1972年冬季奥运会运动员的年龄分析，发现25~30岁的冠军占59%；20~25岁的冠军占29%，20岁以下的冠军仅占12%。

通过对近百年奥运会参加者的年龄分析，虽然运动员成绩有较大增长，但达到最高成绩的年龄是相当稳定的。其中第24届、29届奥运会的几个年龄情况如表3-5、6。

表3-5　1988年（奥林匹克年）创造世界前10个最好成绩的运动员年龄（岁）

竞技项目		女						男					
		第1名			第10名			第1名			第10名		
		最小	平均	最大	最小	平均	最大	最小	平均	最大	最小	平均	最大
游泳	13个奥运会项目	14	19.4	24	14	19.5	27	19	22.5	28	17	21.8	28
举重	75公斤级以下							20	22.4	27	17	23.3	31
	75公斤级以上							25	27.4	32	19	24.1	32
田径	跳高、跳远	23	24.5	26	18	25	30	21	24	27	20	24.7	32
	铁饼、铅球	25	25.5	26	29	26.2	34	26	27	28	22	29.1	38
	短跑(100、200米)	29	29	29	23	26.5	31	21	24.8	27	21	24.8	29
	中跑（800、1500米）	25	30	35	22	26.9	35	28	28	28	22	26.5	32
	长跑(5、10公里、马拉松)	24	26.6	28	21	28.9	38	21	23.7	26	21	27.5	33

引自马特维也夫《竞技运动理论》1997

表 3-6 第 29 届奥运会（北京 2008）部分项目第一名、前三名的年龄范围和平均年龄（岁）

项目	名次	女		男		项目	名次	女		男	
		范围	平均	范围	平均			范围	平均	范围	平均
体操	第一	16~19	17.6	20~31	24.7	跳水	第一	16~27	21	17~29	22.2
	前三	16~33	18.8	18~31	23.5		前三	16~31	23.3	17~34	22.3
游泳	第一	19~26	21.9	19~26	23.5	跆拳道	第一	21~23	21.8	20~32	25.8
	前三	18~41	22.7	21~33	25.6		前三	18~29	23.2	20~32	25.4
举重	第一	23~29	24.9	18~26	21.9	拳击	第一			20~33	25.5
	前三	20~29	23.4	18~34	24.2		前三			20~33	25
柔道	第一	25~33	27.3	20~30	25.6	击剑	第一	23~34	27.7	23~25	24
	前三	19~34	25.5	19~34	25.8		前三	18~39	27.3	23~33	27.3
田径	第一	19~38	27	22~32	25.4	羽毛球	第一	22~33	26.3	20~25	23.5
	前三	19~38	26.8	19~36	25.7		前三	22~33	25.9	20~31	24.6
乒乓球	第一	26~30	25.8	25~30	27.7	摔跤	第一	20~28	24.5	20~33	25.8
	前三	20~31	26.6	20~31	26.9		前三	19~31	24.8	20~36	26.2
帆船	第一	22~31	26.3	24~34	30.3	网球	第一	27~28	27.3	22~27	24
	前三	21~38	26.8	22~47	30.7		前三	22~35	26.4	21~34	27.6
自行车	第一	21~37	27.9	21~43	30.4	沙滩排球	第一	30~31	30.5	28~35	31.5
	前三	21~37	27.4	20~43	28.2		前三	19~31	25.8	28~35	32.5
划船	第一	26~39	32.1	21~35	27.8	射击	第一	24~38	29	19~35	28.6
	前三	23~44	30.1	21~43	27.8		前三	22~39	29.5	19~46	32.4

（依王金灿、杨谦 2008 年整理）

马特维也夫 1997 年还总结了部分项目中获得最高成绩的年龄（表 3-7）。

表 3-7　部分项目中获得最高成绩的年龄（岁）

竞技项目	女	男	竞技项目	女	男
游泳	16~19	18~22	雪上速滑	21~25	23~30
花样游泳	16~24	——	中跑	22~25	25~27
高山滑雪	18~25	19~25	划船	22~26	23~27
体操	18~22	22~27	田径全能	23~25	25~26
拳击	——	21~25	足球	——	23~26
跳高、跳远	19~22	22~24	击剑	24~28	25~30
篮球	19~25	23~26	三级跳和撑竿跳	——	24~28
冰上速滑	19~24	20~25	摔跤	——	24~28
田径短跑	20~22	22~24	举重	——	25~30
跳水	20~25	22~26	链球	——	26~30
投掷(标枪、铁饼)	21~24	24~27	长跑	——	26~30
			马拉松、竞走	——	27~30

引自马特维也夫《竞技运动理论》1997

在近30年内，由于训练科学的发展，在游泳、体操、击剑、花样滑冰等项目中出现了一批年轻的优秀运动员，存在一种所谓出成绩年龄“年轻化”的趋向。但这只是少数项目，而且并非越年轻越好，“年轻化”趋向并不是所有项目的特征。

有必要将运动项目区分为“成人”运动项目和“少年”运动项目。所谓“成人”运动项目是指成年人占据优势地位的项目，如举重、投掷、长距离跑等；而“少年”运动项目是指那些运动员可以在比较小的年龄阶段就可以取得优异成绩的运动项目，如女子体操、艺术体操、乒乓球等项目。

在某些运动项目中，还存在着青年和成年运动员都可取得世界高水平成绩的现象。例如在举重运动项目中，世界冠军的年龄范围在20~40岁的跨度内。另外，对某项目的某些运动员来说，优异成绩的年龄可以保持相当长的时间。如前苏联三级跳远运动员萨涅耶夫，在23岁时获得第19届奥运会金牌，在31岁时又第三次获得奥运会冠军，在35岁第四次参加奥运会时仍获银牌（12年内保持世界水平）。由此可见，优秀运动员在获取优异成绩的年龄区间是因项目不同而有所差别。

根据前苏联学者的资料，在大多数的运动项目中，高水平的成绩大都在运动员处于相当成熟的年龄时所取得的（表3–8）。

表3–8 （前苏联）各运动项目达到运动健将和国际健将的年龄（岁）

项目	运动健将		国际运动健将		项目	运动健将		国际运动健将	
	女	男	女	男		女	男	女	男
游泳	15.1	16.8	17.6	18.0	花样滑冰	16.2	17.2		
体操	16.4	20.1	18.5	23.7	艺术体操	17.2			
跳水	17.3	18.3	17.4	20.5	技巧	17.9	20		
网球	18.4	19.3			射击	19.0	20.7	20.2	20.7
自行车公路		19.4		22.7	速滑（全能）	19.4	21		
自行车赛场		19.4		21.5	击剑	20.2	19.7	23	24.4
排球	20.3	21.2	25.6	25.4	篮球	20.4	20.7	22.6	24
皮艇	20.4	20.3	22.3	23.1	田径	20.7	22.4	24.1	26.0
自由式摔跤		20.6		24.4	现代五项		20.3		23.6
水球		21.0		22.4	拳击		21.3		21.4
举重		21.9		26.3	手球	21.2	22.4	23.8	23.6
速度滑雪	22.4	23.6			射箭	22.5	26.5	24.4	27.2
赛艇		22.4		23.6					
冰球		24.2							

依前苏联沃尔科夫等

二、育材的必要年限

要达到一定运动水平，运动员必须要有相应的运动训练年限和比赛的经历。因此运动员系统参加训练的年限，也就成为选材和决定开始专项训练年龄的因素。

据前苏联学者的研究资料，游泳、体操和举重等男子项目，达到运动健将成绩的训练年限分别平均为5.3年、7.7年、6.9年（依B.M.沃尔科夫，A.B.罗蒙索夫）。由于新技术、新设备的运用和训练方法的改进，近些年来，虽然运动成绩在不断提高，总的来看所需训练年限有减少的趋向，但也不能短于必要的训练年限。研究材料提出：达到不同等级运动成绩的时间也是相对稳定的，从一个等级到上一等级，平均要1~2.5年。但不同等级的时间跨度不一样，低等级所花的时间少，高等级花的时间多。当运动员达到健将级标准后，要向世界最高成绩接近和创造世界纪录，一般认为最有天赋的运动员还要5~10年以上的时间（表3–9）。

表3–9 田径成绩的三个年龄范围（岁）

	初见优异成绩		达到适宜运动能力		达到最高成绩	
田径项目	男	女	男	女	男	女
100~200米	19~21	17~19	22~24	20~22	25~26	23~25
400米	22~23	20~21	24~26	22~24	27~28	25~26
800米	23~24	20~21	25~26	22~25	27~28	26~27
1500米	23~24	——	25~27	——	28~29	——
10000米	24~25	——	26~28	——	29~30	——
马拉松跑	25~26	——	27~30	——	31~35	——
110米栏	22~23	——	24~26	——	27~28	——
400米栏	22~23	——	24~26	——	27~28	——
3000米障碍跑	24~25	——	26~28	——	29~30	——
20公里竞走	25~26	——	27~29	——	30~32	——
50公里竞走	26~27	——	28~30	——	31~35	——
跳高	20~21	17~18	22~24	19~21	25~26	23~24
跳远	21~22	17~19	23~25	20~22	26~27	23~25
三级跳远	22~23	——	24~27	——	28~29	——
撑竿跳高	23~24	——	25~28	——	29~30	——
铅球	22~23	18~20	24~25	21~23	26~27	24~25
铁饼	23~24	18~21	25~26	22~24	27~28	25~26

续表

田径项目	初见优异成绩		达到适宜运动能力		达到最高成绩	
	男	女	男	女	男	女
标枪	24~25	20~22	26~27	23~24	28~29	25~26
链球	24~25	——	26~30	——	31~32	——
十项全能	23~24	——	25~26	——	27~28	——
五项全能	——	21~23	——	23~25	——	26~28

依米舍夫、凯特马佐娃、欣立克、奥佐林资料

在分析育材年限中，还要考虑运动成绩增长的速度和没有开始专项训练前的训练情况。在运动成绩提高的全过程中，开始阶段增长较快，而在达到一定高水平后，增长速度就逐渐慢下来（表 3–10），前苏联马特维也夫也提出类似结论（表 3–11）。

表 3–10 在深入专项化的不同的年限中运动成绩增长的变化

项目	开始第一年全年增长值	深入专项化的年限（年）						
		2	3	4	5	6	7	8
跳高	11.7 厘米	1	0.90	0.70	0.50	0.41	0.41	0.17
铅球	1.68 米	1	0.70	0.60	0.40	0.30	–0.02	0.25
800 米	6.1 秒	1	0.47	0.34	0.31	0.01	0.02	0.11
1500 米	10.9 秒	1	0.60	0.38	0.07	0.21	0.19	–0.04
100 米自由泳	9 秒	1	0.61	0.31	0.09	0.16	0	0.03
200 米蛙泳	9.7 秒	1	0.45	0.43	0.28	0.28	0.13	0.26

表 3–11 深入专项化训练年限运动成绩增长参数的资料

竞技项目类型	深入专项化各年度及成绩增长相对值区间（对第一年的百分比）							
	1	2	3	4	5	6	7	8
速度力量性项目	1	0.9~0.8	0.7~0.6	0.5~0.4	0.4~0.3	0.3~0.1	0.2~0.1	0.1~0.05
次最大和大强度的周期性项目	1	0.6~0.5	0.5~0.3	0.4~0.2	0.3~0.1	0.3~0.1	0.2~0.05	0.1~0.0

引自马特维也夫《竞技运动理论》1997

运动成绩增长的速度和达到最高成绩水平的时间与开始专项训练前的训练情况是有密切关系的。如果开始专项训练前，儿少运动员参与过多种项目和形式的训练，一旦确定专项后，他们就可能在较短的时间内取得高水平的专项成绩，即具备了良好的全面身体训练水平的少年、儿童运动员，即使开始专项运动训练的时间较晚，也可以较快地达到高水平的运动成绩。

从运动员的性别差异来看，经对从选材、开始专项训练到运动健将所需训练时间进行的统计，发现女子在各个运动项目上都要少于男子（表 3–12、13），因而在确定育材年限和选材年龄时，性别差异也应该考虑。

表 3–12　开始专项训练到运动健将的训练年限

运动项目	男	女	运动项目	男	女	运动项目	男	女	运动项目	男	女
游泳	5.3	4.4	赛艇	5.2	5.2	田径	5.8	5.5	拳击	5.8	
公路自行车	5.7	4.2	赛场自行车	6.0	4.9	古典摔跤	5.7		速滑全能	6.8	5.5
现代五项	6.8		举重	6.9		技巧	7.2	6.4	速度滑雪	7.7	7.6
足球	7.6		体操	7.7	6.8	水球	7.5				

依沃尔科夫等 1982

表 3–13　我国各项群奥运会选手各阶段训练的平均年龄（年限）

项群性	开始课余训练(岁)		开始地方队训练(岁)		开始国家队训练(岁)		成为奥运选手(岁)		奥运成才期(年)		退役(岁)		全过程年限(年)	
	男	女	男	女	男	女	男	女	男	女	男	女	男	女
速度	11.5	11.3	15.5	14.9	18.4	18.4	21.7	20.9	10.2	9.6	25.1	24.7	13.6	13.4
力量	14.1	13.0	16.9	15.9	19.9	20.5	23.9	24.1	9.8	10.1	26.6	26.9	12.5	13.9
耐力	15.9	14.1	17.7	16.2	21.8	19.0	24.1	21.7	8.3	7.6	27.2	25.5	11.3	11.4
表现准确	15.7	15.1	17.6	16.9	21.0	19.7	24.3	23.1	8.6	8.0	30.5	29.6	14.8	14.5
表现难美	8.7	7.9	11.6	10.6	17.7	14.9	21.5	18.1	12.8	10.2	25.2	20.3	16.5	12.4
隔网对抗	12.2	11.9	15.2	15.0	19.8	19.0	23.5	23.1	11.3	11.2	26.7	26.2	14.5	14.3
同场对抗	13.1	12.8	16.4	15.5	21.7	19.8	25.3	22.9	12.2	10.1	27.7	26.1	14.6	13.3
格斗对抗	15.4	14.4	17.7	17.0	20.8	19.5	23.3	23.6	7.9	9.2	27.8	29.1	12.4	14.7

依田麦久 1998

三、选材的适宜年龄

这里主要讨论初级选材的适宜年龄，且采用生物年龄更加合理。

确定初级选材适宜年龄的方法，一般是把初达最高成绩的年龄，减去所需要的训练年限，其差即为该项目初级选材的年龄。该年龄常指适宜的年龄区间。

"初级选材年龄宽容度"指在初级选材时允许的选材最大年龄与最小年龄之间的差异程度。表 3–14 列举的主要运动项目的初级选材年龄范围和年龄宽容度可作为研究运动员选材适宜年龄时的参考。

表 3–14　主要运动项目初选年龄和选材年龄宽容度

项目序号	运动项目	初选适宜年龄范围（括号内为选材年龄宽容度）男	女
1	游泳（中长）	6~7（5~8）	5~7（5~8）
2	竞技体操	7~8（6~9）	6~7（5~8）
3	花样滑冰		
4	游泳（短）	7~8（6~10）	6~7（5~9）
5	艺术体操	*	
6	跳水	7~8（6~10）	
7	技巧运动		
8	乒乓球		
9	羽毛球	7~9（6~10）	6~8（5~9）
10	武术		
11	网球	7~9（6~11）	6~8（6~10）
12	短跑	8~10（7~12）	7~9（6~11）
13	跳高		
14	跳远		
15	速度滑冰		
16	速度滑雪		
17	击剑	9~12（8~13）	8~11（7~12）
18	足球	10~13（9~14）	9~12（8~13）
19	篮球		
20	排球		
21	蹼泳	11~14（10~15）	11~13（10~14）
22	水球		*
23	冰球		*
24	棒、垒球		11~13（10~14）
25	手球		
26	射击		
27	射箭		
28	跨栏	12~15（11~16）	11~14（10~15）
29	自由式摔跤		
30	古典式摔跤		*
31	铅球		
32	中长跑		
33	举重		
34	铁饼		
35	撑竿跳高		
36	皮艇	12~16（11~17）	12~15（11~16）
37	划艇		
38	赛艇		
39	帆船		

续表

项目序号	运动项目	初选适宜年龄范围（括号内为选材年龄宽容度）男	女
40	帆板		
41	拳击		*
42	十项/五项全能		12~15 （11~16）
43	标枪		
44	链球		*
45	竞走		12~15 （11~16）
46	自行车		
47	长跑		

注：1. 年龄应以骨龄为准；2. "*" 为该栏未统计；3. 空白处数据与该栏上位数据相同。

王金灿（1996）提出有关初级选材年龄宽容度基本结论是：

1. 女子选材年龄宽容度和选材适宜年龄比男性小。

2. 决定该项目的运动素质发展敏感期越晚，则该项目的选材年龄宽容度和选材适宜年龄越大。

3. 从事某项目专项训练前已有与之相关的运动训练经历者，其选材年龄宽容度和选材适宜年龄可适当增大。

4. 选材适宜年龄或初达优异成绩的年龄较大、且育材年限较短的运动项目，选材年龄宽容度和选材年龄亦大；同理，出现最高成绩的年龄越小，其初级选材年龄相对越小，且"年龄宽容度"（即最大年龄与最小年龄之差）越小。

在确定初级选材的适宜年龄时，要考虑各不同运动项目本身的特点。从项群角度上看，各竞技运动项群初级选材年龄由小到大的顺序应是：

（1）技能类难、美性运动项目（如体操、艺术体操、跳水、技巧、花样滑冰或游泳等）

（2）技能类隔网对抗项目（如乒乓球、羽毛球、网球等）

（3）体能类短冲项目（如短跑、短道速滑等）

（4）体能类跳跃项目（如跳高、跳远等）

（5）技能类同场对抗项目（如足球、篮球、排球、冰球等）

（6）技能类准确性项目（如射击、射箭等）

（7）技能类格斗对抗项目（如摔跤、拳击、散打、跆拳道等）

（8）体能类力量性项目（如举重、投掷、划船等）

（9）体能类耐力性项目（如中长跑、超长跑、长游、长滑、竞走、自行车等）

表 3-15 是世界水平运动员多年训练的年龄特征。

表 3-15 世界水平运动员多年训练的年龄特征

组别	"成人"运动项目		"少年"运动项目	
	男	女	男	女
可达世界水平年龄(岁)	21±1	19±1	17±1	17±1
必要的训练年限(年) 开始训练的年龄(岁)	8~10 10~12		6~10 6~8	

依田麦久 1983

第三节　儿童少年生长发育程度及其鉴别方法概述

年龄是运动选材中的重要因素，其中的生长发育程度判断更为关键。生长发育程度评定在运动选材中的作用和应用是：正确评价当前儿少的生长发育状况；准确预测儿少的生长发育趋势；研究不同生长发育分型对选项、成才的影响，这些方面对选材和训练的成功都起着至关重要的作用。

一、儿少发育分型及其确定

发育分型是指按发育程度的不同而区分的类别。发育分型的确定常有两种方法：

（一）将日历年龄与骨龄比较

根据日历年龄与骨龄之差，可区分为三种发育分型：
早熟型：日历年龄小于骨龄（生物年龄）一年以上者；
晚熟型：日历年龄大于骨龄一年以上者；
正常型：日历年龄与骨龄同年者。

（二）根据青春期发育状况区分

根据青春期发育开始时间早晚和青春期发育高潮持续时间长短又可分为以下九种发育分型（见表 3–16）：

表 3–16　青春期生长发育的类型

青春期起始时间	青春期生长发育高潮持续时间		
	缩短	正常	延长
提早	早发缩短型	早发正常型	早发延长型
正常	正常缩短型	完全正常型	正常延长型
推迟	晚发缩短型	晚发正常型	晚发延长型

1. 青春期起始时间的确定方法

青春发育期是生长发育的第二次高潮，是少年向成年转变的关键时期。一般男少年在骨龄 13 岁、女少年在骨龄 11 岁时进入青春发育期。青春发育期开始的特征（标志）是出现拇指种籽骨骨化中心，乳房开始发育，第一次出现乳节（虽然男少年只是一过性乳节，时间很短，有时仅单侧出现，但其出现率仍在 70%~80%以上）。所以在判断是否进入青春发育期除了骨龄观察外，还要对第一、二性征进行观察，当这些特征（标志）出现时即是进入青春期的信号。当这些特征（标志）比一般时间提早或推迟出现达一年或一年以上时间，即认为其青春期开始时间提早或推迟，也可认为其属于早熟型或晚熟型（见表 3-17）。

表 3-17　青春期起始特征出现时期与发育类型的关系

男子日历年龄	发育类型	女子日历年龄
≤11~12 岁	提早开始发育（早熟）	≤9~10 岁
13~14 岁	正常开始发育（正常）	11~12 岁
≥15~16 岁	推迟开始发育（晚熟）	≥13~14 岁

2. 青春期发育高潮持续时间的确定方法

从进入青春发育期高潮到发育趋于稳定，一般历时四年左右。因个体差异，有少数人可能会更长或更短些。由于青春期发育高潮的持续时间长短与骨骼成熟的早晚有关，这种差异可能是遗传特征的表现，也可能同时受环境（特别是营养）因素的影响。在此期间，人体身高突增，体重明显增加，形态趋于成人，内脏器官趋于健全，生殖器官趋于接近成熟并出现第二性征。青春发育高潮期持续时间长短的确定方法一般有以下几种：

（1）用骨龄或推导骨龄的方法来鉴别

在青春期特征出现后，若骨发育在 2 个或更少的生活年中跨过 3 个骨龄年者，属发育高潮期缩短者；若骨发育在 3 个生活年中跨过 3 个骨龄年者，属发育高潮期正常者；若在 4 个生活年中跨过 3 个骨龄年者，属发育高潮期延长者。

（2）用进入青春期后每年身高的增长率来鉴别

如果将进入青春期第一年的身高增长值为 100%，可连续观察第二年、第三年身高增长变化的百分比来鉴别：

若第二年的身高增长值占第一年的 25%，证明发育高潮期将缩短；

若第二年为第一年的 70%以上，第三年仍能增长第一年的 28%，证明发育高潮期正常；

若第二年为 90%以上，第三年仍能增长第一年的 70%，证明发育高潮期延长。

（3）用第二性征推导发育程度

在不能拍片确定骨龄的情况下，可用第二性征与骨龄、发育程度的对照来推导：

若进入青春期后第二年已表现出骨龄标准第四年发育程度的标志，属发育高潮期缩短者；

若进入青春期后发育程度的各标志按正常顺序出现，属发育高潮期持续时间正常者；

若进入青春期后，其发育程度的标志推迟一年或更长时间再出现，则属发育高潮期持续时间延长者。

（4）观察在发育转折点时骨发育与身高增长的变化来鉴别

我国儿少在进入青春发育期后加速成熟明显比欧美少年快，发育高潮持续时间比欧美少年短，相对提早成熟。特别是在女少年进入青春发育高潮期的第二年、男少年进入青春发育期的第三年，我国青少年骨发育加速成熟非常明显，是发育的转折点。若在这个阶段，骨发育能达到骨龄正常标准、身高增长仍在 5 厘米以上者，可判定为发育高潮期延长的类型。

二、发育分型与运动能力的关系

少年运动员是指参加某一体育组织、进行有规律的运动训练、并按规定有组织的参加竞赛的未成年运动员。而选材的主要参考因素是其身体形态、技术水平、运动能力和生理机能水平，而骨成熟度与这些因素有密切的相关关系。在生长发育过程中，儿童的发育成熟度不同，个体间的身体形态、运动素质及运动能力有很大的差异，这就决定了骨成熟度在少年运动员选材综合评价中的重要性。

骨成熟度评价的用途之一是由儿少的身高预测成人的身高，有助于了解其身高增长的潜力，对选拔运动员有重要的参考价值。骨龄和身体形态指标的相关系数非常相似。在 14 岁之前，骨龄和身高、体重有最高的相关系数。在 6 岁以后，早熟儿童比一般、晚熟儿童身高较高、体重较大，在各年龄上所达到的成年身高百分数也大。当早熟少年身高停止生长时，而其他两类型少年儿童还会较长时间的继续生长，男子在 17~18 岁之间晚熟儿童身高增长值是早熟者的数倍以上；早熟的男女孩倾向于有相对较宽的髋和相对较窄的肩，而晚熟的儿童腿长与身高的比值较大，说明了不同成熟类型儿童之间的体格及身体形态的差异。

早熟儿童有较多的肌肉、脂肪和骨组织主要是由于有较大的身材所致。

在儿童期，所有运动能力和骨龄之间的关系均为正相关。因此，成熟度提前的儿童比延迟者更有力量和有更高的运动能力。在青春期，男孩骨龄与力量和运动能力显著正相关，而女孩的运动能力和骨龄的关系并不密切，在某些测试项目（如 50 米跑、立定跳远）反而为负相关，说明成熟度延迟的女孩完成这些测试的成绩较好。在 11~17 岁加利福尼亚儿童中（Jones，1949）男孩早熟者的握力和推力（绝对力量）一直显著高于其他两组儿童。早熟女孩在青春期初期力量稍大些，而在 13 岁以后，反而较差，13~14 岁后，三种发育类型的力量无明显差异。三种发育类型的相对力量差异较小，而早熟型女孩相对体重的力量都小于其他两组。

在比利时儿童的混合纵断研究中，测试项目包括臂拉力、纵跳、举腿、屈臂悬垂、50 米跑。经协方差分析控制身高、体重影响后，在大部分年龄上早熟男孩的运动能力好于一般和晚熟儿童，在 14~15 岁间，前四项的成绩差异最大。而且在 18 岁时，晚熟者的臂拉力、纵跳、屈臂悬垂的测试成绩仍未赶上早熟和一般成熟类组。在 30 岁时，原早熟者叩击速度和跑速仍然好于一般组和晚熟组，但纵跳和屈臂悬垂成绩却相反，晚熟组超过了一般组和早熟组。说明不同成熟类型儿童的运动能力在 18 岁以后仍在变化。在青春期有良好运动能力的晚熟者，在成年期可达到最好的运动成绩，而在青春期运动能力较差的早熟者，在成年期的运动成绩也最差。总之，青春期不同成熟度与运动成绩的关系是明显的。

Bouchard（1978）指出：男孩在青春期中骨成熟度和极限下工作能力之间有密切的相关关系，在很大程度上是成熟度对身体形态影响的结果。Hollman（1970）认为：骨龄和最大吸氧量也密切相关。在 17 岁以前的各年龄中，早熟者比晚熟者有较大的最大吸氧量。在青春期后期，不同成熟度组间的差异减小。但是，不同成熟类型组间的相对最大吸氧量（毫升/公斤/分）却出现相反的变化，除男孩 12~13 岁外，男女晚熟组都大于早熟组。

虽然体育活动能够增强骨组织的矿化，但并未发现对骨发育成熟度有加速或减速的影响。但 Malina（1983）曾指出：高强度的运动训练是初潮年龄延迟的影响因素。

不同运动项目的少年运动员具有不同的生长发育特征。经验证明，在田径、游泳、举重、自行车、划船、足球等项目中少年男运动员总的倾向为骨龄提前。因为这些项目中，力量和爆发力是重要的素质基础，所以与骨发育提前有关的身高和肌肉数量是对这些素质的有力支持。但男少年长跑运动员一般表现为骨发育一般和延迟。花样滑冰和体操男少年倾向于骨发育延迟。

女少年游泳、篮球、手球项目运动员的骨发育程度倾向于一般或稍提前，田径、划船、排球项目的运动员骨发育倾向于延迟，而体操、花样滑冰、长跑项目的运动员的骨发育更延迟，初潮年龄最晚，表现出小的、更苗条的体格。

据上海体科所研究证明，九种不同的发育分型在上海少体校中分布的百分比、输送与最后成为优秀运动员的百分比有明显差异（如表 3–18）。

表 3–18　上海少体校男少年发育分型分布与输送百分率

	发育期长短	人数分布（%）	输送（%）	全国最优
提早开始发育	缩短	3.1		
	正常	1.0		
	延长	4.1	7.4	11.1
正常时间开始发育	延长	31.6	14.8	11.1
	缩短	26.6	18.5	11.1
	正常	28.6	51.9	66.7
推迟开始发育	缩短	3.1	3.7	
	正常	2.0	3.7	
	延长			

（依曾凡辉等）

提早发育的缩短型和正常型，由于开始发育年龄早，发育期短，提高与改造幅度小，只能是儿童组的强者，最终很难成为运动优秀人才；而提早发育的延长型，在同年龄组中常先表现出较好的运动能力，加上发育期的延长，可以最后成才，但常表现为后劲不足。

推迟发育的三种类型，由于在同年龄组中未能及时地表现自己的运动能力，起点较低，常不被教练看中，故在运动员总人数中比例较低，且由于推迟发育造成肌肉软弱，缺乏爆发力，导致输送率和最优率较低。

正常开始发育的儿童少年，在少体校中人数最多。其中发育高潮期缩短型，由于提早成熟，运动能力较早表现，而成为少年组的强者，尤其在对身高没有特殊要求和力量性项目中更加明显。但输送率和最优率最高的是在正常年龄开始发育的延长型，他们的运动能力在青春期后段更能充分表现。

青春发育期开始早晚对成才的影响固然重要，但更重要的是青春发育期持续时间的长短。快速发育阶段的延长，实际上是先天的自然发育优势，运动能力的自然增长更大，使得运动训练对这种自然快速发育的刺激、诱发和促进的时间加长，更有助于正处于敏感期的运动素质和其他潜在能力得以突飞猛进的发展，这是发育高潮期持续时间长的运动员成才率高的原因。

运动员未来的运动能力并不能仅仅由成熟度来预测，成熟度是通过对身体形态、体格、功能能力的影响而对运动能力发生作用。

早、晚熟运动员运动能力的变化是少年运动员队伍流动的重要原因。部分早熟者退出、部分晚熟者被发现而加入，所以应注意发现那些发育较晚、运动能力较高的少年运动员。尤其要重视男子 16~18 岁、女子 14~15 岁时的运动能力、成熟度等的综合评价，这是判断少年运动员能否成为优秀运动员的关键年龄段。

张绍岩等曾指出："由于不同发育阶段生长发育速度的变化，在某一发育阶段的早熟或晚熟者，在另一阶段有可能成为发育晚熟或早熟者"。沈海琴等人研究也发现，有些在儿童时期属于早发育类型，到了少年时期却表现出正常或晚发育特点，说明人的成熟状况有很大的"突变"可能，具有很大的个人特点，不能仅仅根据某一年龄的测试就将运动员始终归属于某一发育类型。因此，选材时应注意多阶段的多次测评，特别要注意青春期后期发育成熟度的评价。

三、骨龄及其判定方法

骨龄泛指儿童少年在连续生活年龄上骨骼的发育程度（或成熟程度），也指骨骼发育的年龄，是用以鉴别人体生长发育成熟度的可靠指标。

（一）骨龄测评的原理

人类各骨的骨化均由骨化中心的出现开始，此后骨化中心的骨化区域不断扩大成型，经过一系列规律性的形态变化逐渐成熟达到成人的骨骼形态。因此可根据 X 光片上骨骼的不同的映像特征来判断骨骼的发育程度，确定骨龄。

判断骨骼发育程度有三个依据：一是骨化中心出现的数目及大小；二是骨化中心的骨化区域和骨骺的形态变化（这比大小变化更重要，因为骨化中心的大小主要取决于个体的大小，并不真正反映骨骼的成熟）；三是骨骺与骨干的愈合。

骨龄与其他许多生理指标相比，具有两个明显特点：第一是不同地区、不同种族的儿童少年，其骨骼生长发育遵循相同的规律，只是速度略有不同，具有良好的客观性和可比性。第二是骨龄比年龄（生活年龄）能更精确地反映儿童少年生长发育的实际水平。决定儿童的生长发育类型，对成年身高、月经初潮（女）发生、体型和运动素质等有重要影响。

（二）拍片部位

肩、肘、踝、手腕及骨盆等部位均可用于确定骨龄，如 Roche (1975) 曾认为：在评价即将成熟的骨骼的骨龄（尤其需要用骨龄预测成年身高时），拍照和分析膝关节 X 光片更好，它与身高的关系比手腕部更密切，且成熟的间隔时间更长（一般愈合年龄比手腕部晚一年左右），其骨化过程受疾病和环境的影响更小。但普遍认为手腕是最理想的部位，这里包含有多种类型的众多骨化中心，有长骨（如尺、挠骨远端，各排掌骨、指骨）、短骨（如 8 块腕骨）和圆骨（如籽骨），集中反映了全身骨骼生长和成熟情况，而且易于摄片，节省人力物力，X 线损害较小，目前已有明确、可靠的标准图谱和评判方法，所以国内外大都以手腕骨状况评定发育成熟度。

（三）骨龄评价的主要方法

骨龄评价有计数法、图谱法、评分法三种类型，还有将这三种方法部分综合的一些其它方法。

1. 计数法

骨龄计数法是计算骨化中心出现和骨骺融合的数目并与相应的标准比较得出骨龄的评定方法。在二十世纪 50 年代前，常用统计足够数量儿童手腕部每一骨化中心出现年龄和骺干愈合年龄，得出其年龄范围，并以此对成熟度进行大致估算，该方法简单、方便，但太粗略，无法得出具体的骨龄数值，使用范围仅限于学龄前和青春期后期，所以这种方法现在已很少使用。

2. 标准图谱法

标准图谱法的原理是根据人体骨骼生长发育的规律性，按男女性别，从新生儿到成年各阶段的骨骼变化拍成 X 光片，挑出最有代表性的作为标准 X 光片图谱。在评价骨龄时，先拍摄受试者的 X 光片，然后对照标准图谱，看其骨的发育与哪幅图相符，依此判断其骨龄。

传统的拍摄部位是手–腕部，拍摄弱手全手骨的正位片。

3. 计分评定法

计分评定法是在不同年龄组的大量手腕骨骼 X 光片中，经过统计学处理，依其骨骼发育的不同程度，分出等级，再根据其等级得分累加，其总分与骨龄积分表相对照，查找相应的骨龄。它是目前评定骨龄的基本方法之一，其代表是著名的 TW 记分法，在国际上被广泛直接采用或经本地标准化后转用。其优点是比图谱法的年龄间隔缩小，精确度较高。

4. 其他方法

如观察手腕部某些骨化中心的出现及干骺愈合的年龄，结合其他发育（如第二性征）现象，以衡量个体的成熟程度，或依此推导骨龄。计算机处理骨发育信息方法也逐渐成熟。

以上方法虽然得到国际上的公认并被广泛应用，但各有优缺点，图谱法简便、易学、直观，计分法准确性高，计算机的应用和普及也可使计分法繁琐的计算变得简洁快速。但有些方法主观成分较大，有些存在一定的系统误差或随机误差，X 片评价的难易程度也影响骨龄评价的准确性，骨发育等级标准的文字描述或理解的偏差也会影响评定结果。由于遗传和环境的影响，各种族各人群的发育速度是有差异的，采用国际骨龄标准只适于进行各种族之间的比较，真正要了解本国本地区儿童的骨骼发育状况，就必须建立自己的骨龄评定标准。

（四）骨龄研究的主要历史阶段

1. 计量骨化中心的研究阶段

国外大约在 19 世纪末，Boas 首次提出生长速度的概念。1905 年 X 线被发现后，很快被用于骨发育的研究，这些研究得出了按骨化中心出现和骨骺融合的数目判定骨龄的

方法 (计数法)，代表成果如1938年公布的Vogt和Vickers氏法。国内梁铎（1937）、刘惠芳 (1959年)、顾光宇 (1962)、张乃恕 (1963)、李果珍百分记数法（1978年）等先后报道了我国小儿的骨化中心的出现和骨骺融合的年龄，并提出了我国小儿骨龄计数法的标准。

2. 骨龄图谱的研究阶段

其中由Todd（1937）首创，并经Greulich和Pyle多次修改而成的手腕部骨骼系列性X光图谱（简称G–P图谱），1950年初版，1959年修订。G–P图谱不仅组成了60张(男31张、年龄范围0~19岁；女29张、年龄范围0~18岁）骨龄标准片和每一张标准片各骨发育状况的文字说明与骨龄，更重要的是根据多年纵断材料提出了手腕各骨发育成熟度的X光片特征。该方法简单明确，在国际上被广泛使用，沿用至今。其缺点是因民族不同而差异较大，对发育不均衡的儿童不宜使用。我国刘宝林 (1983)、徐济达 (1985) 等也提出过手腕部骨龄图谱。

3. 骨发育评分的研究阶段

1962年Tanner和Whitehouse在Acheson方法的启发下，提出了一套较完整的TW_1骨龄评分方法。1975年TW_1法修改为TW_2法。为了适应北美、欧洲儿童的生长发育状况，1997年Tanner等开始修订TW方法的评价标准，2001年将TW_2法修改为TW_3法，亦称RUS评估法。该法采用了手腕部及手掌13块管状骨进行研究，是目前国际上最新的一种评判标准。

1989年由国家体委组织制定了《中国人手腕骨骨龄评价方法与标准》(CHN法)。男子27张标准片，年龄范围0~18.4岁，女子27张标准片，年龄范围0~17.3岁。

经国家体育总局批准，《中国青少年儿童手腕骨成熟度及评价方法》为行业标准，于2006年7月1日起开始实施。

虽然骨骼的发育现象和骨骼X光片的映像是客观存在的，但目前的评定方法（无论是图谱法或计分法），均使用定性文字或图谱描述，如果对标准的理解不同，或主观判断的错觉，均会造成较大的判断误差。因此，采用以上方法测评骨龄应做到以下五点：

①确立一套标准化的骨骼X光片；

②保证被观察个体的X光片的质量；

③严格训练观察者；

④读片采用双盲法；

⑤首先要检验其准确性。

4. 骨发育的计算机信息处理和图像识别的阶段

鉴于图谱法和评分法评定复杂性大、客观性差、久不读片易生疏等情况，计算机应用于骨龄评价将是大势所趋。自上世纪70年代起，人们开始探讨用计算机代替人工读片和分析，已经在信息处理上取得了一些成果，如RWT软件包、TW_2法软件包等，但仍须输入各骨的等级或得分，效果不甚理想。

随着骨骼X线图像数字化处理技术和计算机硬件设备的发展，骨龄自动评估系统的研究在近年来有了迅猛地发展，尤其是近几年的欧美国家和地区开发出了大量的计算机辅助评估系统。它是一种基于数字化信息技术和分类的统计方法，利用计算机数字影像技术和模式识别技术相结合，通过对图像分析、处理，实现图像自动识别并运算得出骨龄，从而替代人工的评定方法。

如 Hans 等成功试用超声测试骨龄、中国东软科技公司研制成功 X 线放射数字成像技术、蔡睿等“计算机骨龄评定信息系统的研究”、罗家燕等《手腕骨骨龄测量的计算机系统》、宋安平等“骨龄测评系统的设计与实现”、李忠海等“骨龄特征自动识别算法及系统设计”、吕尤焱等“骨密度、骨龄测定仪研制与临床”等，1995 年黄幼才等建立骨龄评定的统计模型，其中用手骨的几何信息代替了手腕骨发育的物理信息。同年，张大方等探讨了基于模糊聚类分析法及句法结构识别法的骨龄自动识别系统。1998 年第四军医大学及 1999 年上海第二医科大学分别独立研制出自己的计算机辅助评价系统，提供了自动查表和计算的功能。1999 年上海第二医科大学瑞金医院放射科把中国人手腕骨发育标准 CHN 骨龄评估法计算机化，发现不论是分级一致性，还是评估骨发育分级所需时间，计算机化法明显优于人工评估法。2000 年第四军医大学通过与知识库中的信息比较相似度得出骨块的发育等级，采用 CHN 法计算得分，最终得到骨龄值。2001 年，台湾国立清华大学开发出了自动评价系统，适合于 7 岁以下的儿童。2003 年，北京工业大学胡永利通过考察一系列形状几何信息并结合灰度值信息，将 CHN 标准中有关的文字描述转化为数字特征，采用多层次、分步骤的方法用于骨龄自动评价。

当前的骨龄自动评价系统面临的两个最大挑战：一是以往直观观测的图像，如何准确地用计算机语言来表达；二是将等级描述翻译成计算机化的等级表达之后，如何精确地进行骨块提取。

目前，国内手腕骨 X 线数字化成像技术基本成熟，在实验室及放射科的实际运用均取得满意效果；手腕骨 X 线影像资料的非胶片化时代已经到来。骨龄研究经过了计量骨化中心、骨龄图谱、骨发育评分和骨发育计算机信息处理四个阶段，今后评定方法必然借助计算机、网络等现代工具，建立计算机骨龄辅助或自动评判系统，实现骨龄取样的非 X 线化，适应运动员选材的需要，提高骨龄评判的精确度和客观性。

第四节　《中国青少年儿童手腕骨成熟度及评价方法》行业标准

2002 年，由河北省体育科学研究所申请立项并修订骨龄标准，于 2005 年完成了阶段成果《中国人手腕骨发育标准–中华 05》，经国家体育总局批准，《中国青少年儿童手腕骨成熟度及评价方法》为行业标准（TY / T 3001–2006），于 2006 年 7 月 1 日起开始实施，并以此代替 CHN 法。它是以我国当代社会经济发展中上水平、全国南北方有代表性城市中年龄介于 0~20 岁男女共 17401 名健康儿童为样本，所选骨增加了评判等级，在每个年龄组发育成熟度得分基础上由小到大排序绘制出 13 块手骨和桡、尺骨的百分位数评价图，得出手腕骨发育成熟度得分与骨龄对照表，制订了适用于我国当代青少年儿童的骨龄评价标准，具有一定的前瞻性；通过拍摄左手腕骨 X 线片，同时测量身高、体重，采用国际普遍应用的 TW_3 计分法修订的骨龄评价标准，并利用 Tanner 等的方法拟合骨成熟度得分曲线，制定了骨发育生长评价图表，制订了三种方法的骨龄标准（TW_3–C RUS、TW_3–C Carpal 和 RUS–CHN 法骨龄标准），其中 RUS–CHN 法适用于体育领域。不仅符合制订生长发育标准的科学发展趋势，而且所制订的标准更为准确可靠。

本标准适用于中国城市汉族青少年儿童、中国乡村及其他民族的青少年儿童亦可参照使用。

一、基本名词概念和术语

（一）方位术语

1. **掌侧**　距手掌面近的部分。
2. **背面**　距手背面近的部分。
3. **近侧**　距肢体根近的部分。
4. **远侧**　距肢体根远的部分。
5. **内侧**　距身体正中矢状面近的部分。
6. **外侧**　距身体正中矢状面远的部分。
7. **尺侧**　朝向尺骨方向的部分。
8. **挠侧**　朝向桡骨方向的部分。

（二）名词概念

1. **骨**　骨主要由骨膜、骨质和骨髓三部分组成。骨分为长骨、短骨、扁骨和不规则骨四种类型，此外还有籽骨。长骨中部称干（或体），两端称骺（或端）。

2. **手腕骨**　泛指构成手的诸关节和桡尺远端关节的骨。

3. **软骨**　软骨由软骨组织和软骨膜（关节软骨的表面除外）组成。根据软骨细胞间质中的不同纤维成份，可将软骨分为透明软骨、弹性软骨和纤维软骨三种。

4. **钙化点**　软骨或膜化骨时，基质钙化开始的部位。X 线像没有骨性结构的致密点。

5. **骨化中心**　软骨或膜化骨时，从钙化点开始骨化的部位。X 线像为具有骨结构的骨化中心或骨化区域。

6. **干骺端**　长骨骨化首先从骨干开始，骨干向骺的移行端。

7. **骨骺**　儿童少年长骨尚未完成发育的骺端，简称骺。新生儿长骨的两端为软骨，随着生长发育骺软骨内出现次级骨干中心，由于骨干中心的骨干区域扩展和骺软骨的增殖，使骨骺端不断增长和扩大，但化骨核周围的软骨仍为骺软骨，X 线像不显像。

8. **骺软骨板**　为生长发育阶段的长骨骺内的次级骨干中心区域与干骺端之间的板状透明软骨。通过软骨细胞的分裂增殖和软骨骨化，使长骨不断加长，生长发育完全成熟后，骺板骨化，骨骺与骨干接合。

9. **缘**　与 X 线束平行的骨的表面所形成的线条状 X 线像。

10. **关节面**　组成关节的骨的相对面，一般以与它相关节的骨名称命名。

11. **变平**　骨开始出现关节面，X 线像表现为圆弧状的缘上出现直线端。

12. **凸**　组成关节的骨，在发育过程中，骨的关节面开始按相对骨的关节面成型，X 线像表现为圆弧状或直线状的缘向外突出。

13. **凹**　组成关节的骨，在发育过程中，骨的关节面开始按相对骨的关节面成型，X 线像表现为圆弧状或直线状的缘向内凹陷。

14. **致密**　骨的不同表面影像重叠或骨密度增加，所形成的浅而明亮的 X 线像。

15. **覆盖**　骺的骨干中心区域的近侧缘或远侧缘，延相邻干骺端延伸而包绕干骺端的顶部周缘。

16. **结合** 骺软骨板增生减弱以至停止生长，导致骺软骨板消失，骨干与骨骺连接成一体，X 线像表现为原骺软骨板的黑色暗带消失。

17. **骨发育等级** 根据骨骼在生长发育过程中形态和密度变化特征的 X 线像，将骨干骨化过程划分为若干个发育阶段。

18. **骨骼年龄** 骨骼年龄简称骨龄，是儿童少年骨骼发育的度量单位。

19. **标准骨龄** 它代表了在连续生活年龄上健康儿童组的骨骼发育程度，也指不同阶段（组）健康儿童少年具有代表性的骨骼发育年龄。其数值为标准化系列中各年龄组的生活年龄。将个体的骨发育程度和骨龄标准相比较得出骨龄。

20. **骨龄标准** 是指判断儿童少年骨骼发育程度的标准。

二、手腕骨 X 线片拍摄方法

采用 30 mA、60kVX 线拍被测人员左手手片。手伸直，左手掌面向下和暗盒紧贴，包括桡尺骨远侧端骨干 2~3cm。中指与前臂纵轴成直线。五指稍分开，拇指和食指约成 30 度角。手心向下正对暗盒中心。X 线机球管胶片距 80~90cm。球管中心线正对第三掌骨头。感光时间：0.2~0.4 秒钟。

三、手腕骨发育成熟度评价方法

1. 读 X 线片位置与读片顺序

【读片位置】手腕骨 X 线片的位置应为手指朝上，拇指朝右。

【读片顺序】严格按照新标准 13 块手部骨（不含腕骨）顺序进行，以免出错。

正确的读片顺序：桡骨骺，尺骨骺，第一掌骨骺，第三、第五掌骨骺，第一指近节指骨骺，第三、第五指近节指骨骺，第三、第五指中指骨骺，第一指远节指骨骺，第三、第五指远节指骨骺（见图 3–1）。

2. 骨发育等级

13 块骨区分等级和赋予相应的等级分。桡骨骺 14 个等级，尺骨骺 12 个等级，第一掌骨 11 个等级，第三、第五掌骨 10 个等级，第一指近节指骨 12 个等级，第三、第五指近节指骨 12 个等级，第三、第五指中指骨 12 个等级，第一指远节指骨 11 个等级，第三、第五指远节指骨 11 个等级。在观察和读片时，要严格仔细地对照并纪录等级，以便按等级分查表。8 块腕骨被剔除，不需要检查。

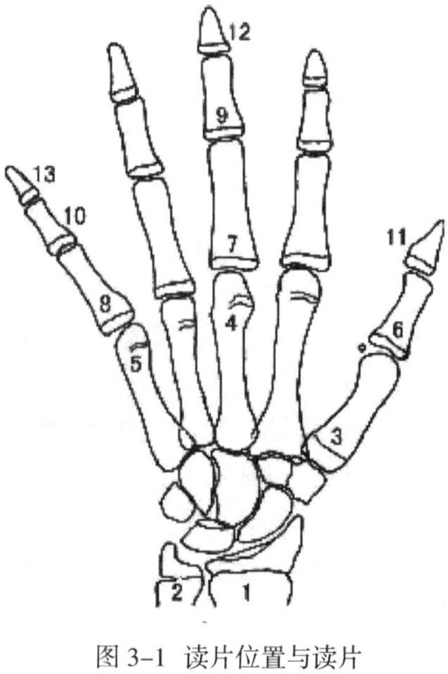

图 3–1 读片位置与读片

3. 评价方法

仔细观察 X 线片各骨的形态特征，根据读片顺序和手腕各骨发育等级记录 X 线片上符合的发育等级得分。当某个骨龄值与表中值不相同时，读取表中与之最相近的低分值所对应的某块骨的骨龄值。将各骨得分相加，计算出个体儿童发育顺序成熟度得分。并根据个体儿童的生活年龄和手腕骨发育成熟度得分在百分位数曲线上读出骨龄值，来评价该儿童的发育状况在其年龄组中所处的位置。男女儿童分别对照相应的“手腕骨成熟度百分位数法评价图”评价骨龄的最终结果。

4. 读片准确性检验方法

在学习读片期间，尽量随机化顺序读片，儿童年龄范围广，还应包括欲应用的年龄段。为了提高读片的准确性，重复读片的时间间隔至少为 15 天，然后比较两次读片结果。以所有手腕骨发育等级的重复读数相同的例数占总读数例数的百分数作为读片重复性的指标，重复读数不同的，应仅出现在相邻的骨发育等级上。通过重复读片，找出重复性较差的等级，再次学习手腕骨发育等级的要求，并与有读片经验者交流讨论，以提高读片的准确性。

应定期进行评价者本人和不同评价者之间的读片可靠性检验，控制骨龄评价的质量。

5. 骨龄读数 95%的置信区间

用骨龄读数 95%的置信区间来估价使用者骨龄评价的可靠性，计算公式如下：

$$\theta = t_{0.05} \times \sqrt{\sum d^2/2n}$$

式中：θ--------骨龄读数 95%的置信区间，单位（岁）；

$t_{0.05}$------置信水平为 0.05 时的 t 值；

d----------同一 X 线片骨龄重复读数的差值，单位（岁）；

n----------重复阅读 X 线片的数量。

四、手腕骨发育标准和骨龄片的观察与诊断

（一）桡骨

桡骨骺共分 14 个等级，如下图：

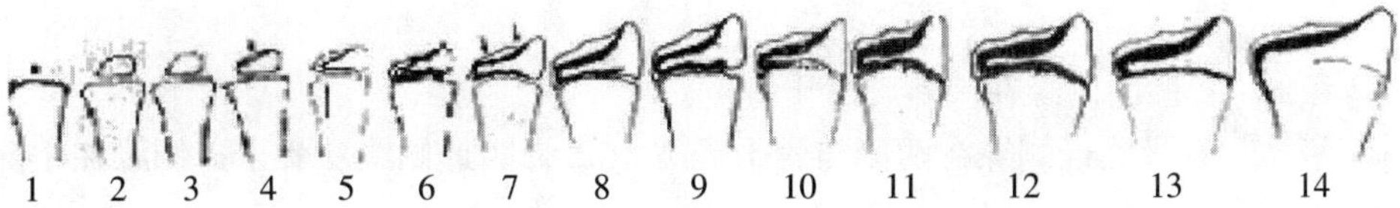

【等级 1】骨化中心仅可见一个钙化点，极少为多个，边缘不清晰。

【等级 2】骨化中心清晰可见，为圆盘形，有平滑连续的缘。

【等级 3】①骨骺最大直径为骨干宽的一半或一半以上。②骨骺外侧端增大，这一部分较厚、圆滑；内侧端为锥形。③骨骺近侧面的 1/3 变平，稍致密，骨骺和骨干之间的间隙边窄，约 1 毫米。

【等级 4】骨骺远侧缘内出现致密白线，为掌侧缘，在其远侧为背侧缘。

【等级 5】 ①骨骺近侧缘可区分为掌侧面和背侧面；掌侧面为该缘上不规则的致密白。②骨骺内侧端向内侧和近侧生长，大部分近侧缘的形状和骨干相一致。

【等级 6】骨骺内侧端与骨干等宽。

【等级 7】①骨骺背侧面出现月骨和舟骨关节面，以一个小驼峰相连接。②骨骺内侧缘出现与尺骨骺相关节的掌侧面和背侧面，此两面向内侧突出。③骨骺近侧缘稍凹。

【等级 8】骨骺在一侧（通常在内侧）覆盖骨干。

【等级 9】骨骺在两侧覆盖骨干。

【等级 10】骨骺和骨干开始融合。

【等级 11】骨骺和骨干融合 1/4。

【等级 12】骨骺和骨干融合 1/2。

【等级 13】骨骺和骨干融合 3/4。

【等级 14】骨骺和骨干完全融合（大部分融合线消失，但仍可见部分残余的致密线）。

（二）尺骨

尺骨骺共分 12 个等级，如下图：

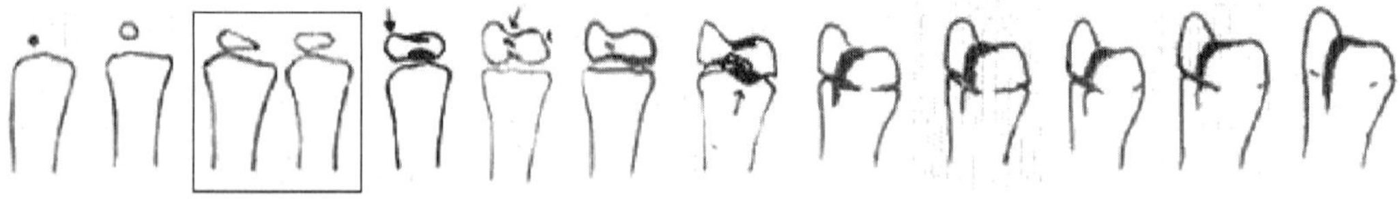

1　2　3　4　5　6　7　8　9　10　11　12

【等级 1】骨化中心仅可见一个钙化点，极少为多个，边缘不清晰。

【等级 2】骨化中心清晰可见，有平滑连续的缘。

【等级 3】①骨骺最大直径为骨干宽的一半或一半以上。②骨骺横向的内、外侧直径比纵向的远、近侧直径大的多。③骨骺近、远侧缘变平，但不一定平行；骨骺通常为楔形，尖端指向外侧。

【等级 4】骨骺茎突可见小而清晰的凸起。

【等级 5】①骨骺尺骨头清晰可辩，密度大于茎突（内侧关节面通常为致密的白线，而将尺骨头和茎突相连接处的近侧或远侧缘通常出现凹陷）。②骨骺与桡骨相邻的缘变平。

【等级 6】骨骺内侧缘在一侧与骨干等宽。

【等级 7】①骨骺近侧缘在两侧与骨干等宽。②骨骺近侧缘和骨干远侧缘在中间 1/3 处重叠。

【等级 8】骨骺和骨干开始融合。

【等级 9】骨骺和骨干融合 1/4。

【等级 10】骨骺和骨干融合 1/2。

【等级 11】骨骺和骨干融合 3/4。

【等级 12】骨骺和骨干完全融合（大部分融合线消失，但仍可见部分残余的致密线）。

（三）第一掌骨

第一掌骨共分 11 个等级，如下图：

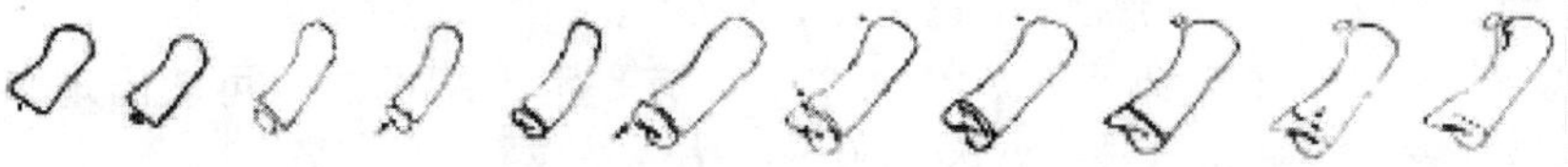
1 2 3 4 5 6 7 8 9 10 11

【等级 1】骨化中心仅可见一个钙化点，极少为多个，边缘不清晰。

【等级 2】骨化中心清晰可见，形状为椭圆形，有平滑连续的缘。

【等级 3】骨骺最大直径为骨干宽的一半或一半以上。

【等级 4】①骨骺与骨干等宽。②骨骺近侧缘凹（开始出现掌侧面和背侧面）。

【等级 5】骨骺近侧面可区分为掌侧面和背侧面，并可见背侧面的全部长度；其鞍状关节面与大多角骨的相邻缘一致。

【等级 6】骨骺内侧缘变平。

【等级 7】骨骺在一侧覆盖骨干（由于拇指的转动，内侧的覆盖通常比外侧更清晰）。

【等级 8】骨骺在两侧覆盖骨干

【等级 9】骨骺和骨干开始融合。

【等级 10】骨骺和骨干融合过半。

【等级 11】骨骺和骨干完全融合（大部分融合线消失，但仍可见部分残余的致密线）。

（四）第三、第五掌骨

第三、第五掌骨共分 10 个等级，如下图：

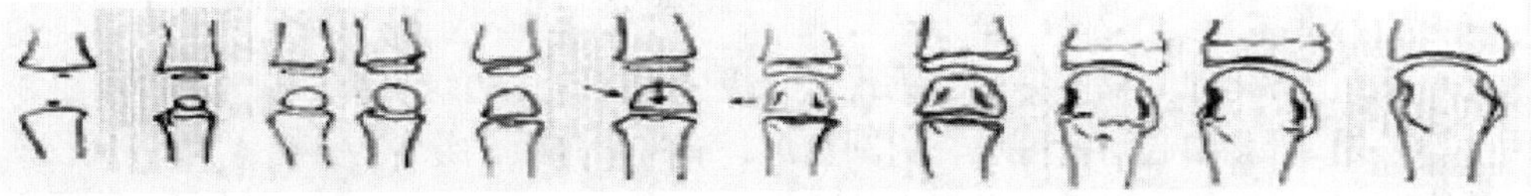
1 2 3 4 5 6 7 8 9 10

【等级 1】骨化中心仅可见一个钙化点，极少为多个，边缘不清晰。

【等级 2】骨化中心清晰可见，为圆形，有平滑连续的缘。

【等级 3】骨骺横径为骨干宽的一半或一半以上。

【等级 4】骨骺外、内侧缘清晰可见，在相互连接处成角；骨骺由椭圆形成半圆形变为铲形或手指甲形。

【等级 5】骨骺外侧端与骨干等宽。

【等级 6】骨骺可区分为掌侧面和背侧面，掌侧缘可见为纵向的致密白线。

【等级 7】骨骺等于或宽于骨干。

【等级 8】骨骺和骨干开始融合（生长板软骨的暗带不足骨宽度的 3/4）。

【等级 9】骨骺和骨干融合过半。

【等级 10】骨骺和骨干完全融合（大部分融合线消失，但仍可见部分残余的致密线）。

（五）第一指近节指骨

第一指近节指骨共分 12 个等级，如下图：

1 2 3 4 5 6 7 8 9 10 11 12

【等级 1】骨化中心仅可见一个钙化点，极少为多个，边缘不清晰。
【等级 2】骨化中心清晰可见，为圆盘形，有平滑连续的缘（可能出现多个骨化中心，但即使其直径之和超过骨干宽的一半，也为该等级）。
【等级 3】骨骺最大直径为骨干宽的一半或一半以上。
【等级 4】①骨骺近侧缘凹，通常致密。②骨骺内侧端宽于外侧端，成楔形。
【等级 5】骨骺外侧端与骨干等宽。
【等级 6】骨骺宽于骨干（通常在内侧）。
【等级 7】骨骺内侧端成方形（与骨干的形状密切相符）。
【等级 8】骨骺在一侧覆盖骨干（内侧端比外侧端更清晰）。
【等级 9】骨骺在两侧覆盖骨干。
【等级 10】骨骺和骨干开始融合。
【等级 11】骨骺和骨干融合过半。
【等级 12】骨骺和骨干完全融合（大部分融合线消失，但仍可见部分残余的致密线）。

（六）第三、第五指近节指骨

第三、第五指近节指骨共分 12 个等级，如下图：

1 2 3 4 5 6 7 8 9 10 11 12

【等级 1】骨化中心仅可见一个钙化点，极少为多个，边缘不清晰。
【等级 2】骨化中心清晰可见，为圆盘形，有平滑连续的缘。
【等级 3】骨骺最大直径为骨干宽的一半或一半以上。
【等级 4】骨骺近侧缘凹，明显致密。
【等级 5】骨骺在一侧与骨干等宽。
【等级 6】骨骺和骨干等宽。
【等级 7】骨骺内侧端呈方形（虽然尚未覆盖骨干，但在形状上密切相符）。
【等级 8】骨骺在一侧覆盖骨干。
【等级 9】骨骺在两侧覆盖骨干。
【等级 10】骨骺和骨干开始融合。
【等级 11】骨骺和骨干融合过半。
【等级 12】骨骺和骨干完全融合（大部分融合线消失，但仍可见部分残余的致密线）。

（七）第三、第五指中指骨

第三、第五指中指骨共分 12 个等级，如下图：

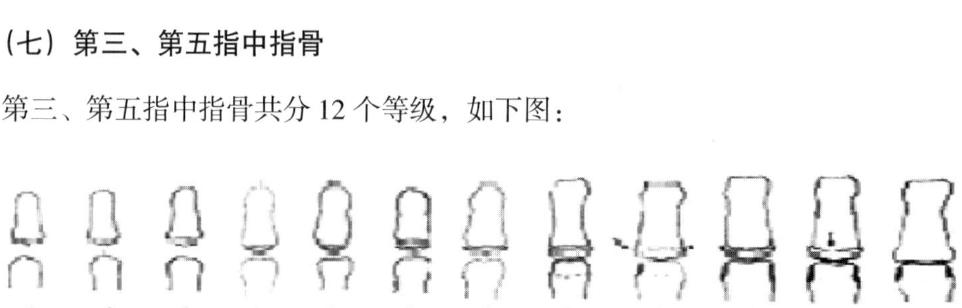

1 2 3 4 5 6 7 8 9 10 11 12

【等级 1】骨化中心仅可见一个钙化点，极少为多个，边缘不清晰。

【等级 2】骨化中心清晰可见，为圆盘形，有平滑连续的缘。

【等级 3】骨骺最大直径为骨干宽的一半或一半以上。

【等级 4】骨骺近侧缘的中间部分变厚，朝向相邻指骨的末端生长，并按其滑车关节面形成（致密线为骨骺的背侧面；在它的一侧或两侧，掌侧面向近侧凸出，或掌侧面和背侧面的近侧缘重叠）。

【等级 5】骨骺在外侧与骨干等宽。

【等级 6】骨骺在两侧与骨干等宽。

【等级 7】骨骺外侧端呈方形。

【等级 8】骨骺在一侧覆盖骨干（通常在外侧）。

【等级 9】骨骺在两侧覆盖骨干。

【等级 10】骨骺和骨干开始融合。

【等级 11】骨骺和骨干融合过半。

【等级 12】骨骺和骨干完全融合（大部分融合线消失，但仍可见部分残余的致密线）。

（八）第一指远节指骨

第一指远节指骨共分 11 个等级，如下图：

1　2　3　4　5　6　7　8　9　10　11

【等级 1】骨化中心仅可见一个钙化点，极少为多个，边缘不清晰。

【等级 2】骨化中心清晰可见，为圆盘形，有平滑连续的缘。

【等级 3】骨骺最大直径为骨干宽的一半或一半以上。

【等级 4】①骨骺与骨干等宽。②骨骺远侧缘变平，近侧缘成角（类似于中节、远节指骨骺在该等级上沿中心轴向下生长而出现的近侧缘形状变化。由于拇指的转动，这种变化通常发生在近侧缘的内侧）。

【等级 5】①骨骺的近-外侧缘凹，按近节指骨头的形状成形（由于拇指内旋程度不同，关节面也可见为近-外侧缘内的致密凹陷）。②骨骺远侧缘上可见内、外侧面，远节指骨底与内、外侧面之间的鞍形相一致。③ 骨骺宽于骨干。

【等级 6】骨骺外侧端呈方形。

【等级 7】骨骺在一侧覆盖骨干（由于拇指的内旋，内侧端更清晰）。

【等级 8】骨骺在两侧覆盖骨干。

【等级 9】骨骺和骨干开始融合。

【等级 10】骨骺和骨干融合过半。

【等级 11】骨骺和骨干完全融合（大部分融合线消失，但仍可见部分残余的致密线）。

（九）第三、第五指远节指骨

第三、第五指远节指骨共分 11 个等级，如下图：

【等级 1】骨化中心仅可见一个钙化点，极少为多个，边缘不清晰。
【等级 2】骨化中心清晰可见，为圆盘形，有平滑连续的缘。
【等级 3】骨骺最大直径为骨干宽的一半或一半以上。
【等级 4】①骨骺与骨干等宽。②骨骺近侧缘向中节指骨末端生长，但尚不能区分出掌侧面和背侧面。
【等级 5】骨骺的近侧缘可区分为掌侧面和背侧面，并都按中节指骨的滑车关节面成形。背侧面致密白线近侧的凸出部分为掌侧面。
【等级 6】骨骺外侧端呈方形。
【等级 7】骨骺在一侧覆盖骨干。
【等级 8】骨骺在两侧覆盖骨干。
【等级 9】骨骺和骨干开始融合。
【等级 10】骨骺和骨干融合过半。
【等级 11】骨骺和骨干完全融合（大部分融合线消失，但仍可见部分残余的致密线）。

五、手腕骨发育标准的积分表和评价表

（一）手腕骨发育等级得分表（如表 3-19、表 3-20）

表 3-19　手腕骨发育等级得分表（男）

骨	等级													
	1	2	3	4	5	6	7	8	9	10	11	12	13	14
桡骨	8	11	15	18	31	46	76	118	135	171	188	197	201	209
尺骨	25	30	35	43	61	80	116	157	168	180	187	194	--	--
掌骨Ⅰ	4	5	8	16	22	26	34	39	45	52	65	--	--	--
掌骨Ⅲ	3	4	5	8	13	19	30	38	44	51	--	--	--	--
掌骨Ⅴ	3	4	6	9	14	19	31	41	46	50	--	--	--	--
近节指骨Ⅰ	4	5	7	11	17	23	29	36	44	52	59	66	--	--
近节指骨Ⅲ	3	4	5	8	14	19	23	28	34	40	45	50	--	--
近节指骨Ⅴ	3	4	6	10	16	19	24	28	33	40	44	50	--	--
中节指骨Ⅲ	3	4	5	9	14	18	23	28	35	42	45	50	--	--
中节指骨Ⅴ	3	4	6	11	17	21	26	31	36	40	43	49	--	--
远节指骨Ⅰ	4	5	6	9	19	28	36	43	46	51	67	--	--	--
远节指骨Ⅲ	3	4	5	9	15	23	29	33	37	40	49	--	--	--
远节指骨Ⅴ	3	4	6	11	17	23	29	32	36	40	49	--	--	--

表 3-20　手腕骨发育等级得分表（女）

骨	等级													
	1	2	3	4	5	6	7	8	9	10	11	12	13	14
桡骨	10	15	22	25	40	59	91	125	138	178	192	199	203	--
尺骨	27	31	36	50	73	95	120	157	168	176	182	189	--	--
掌骨Ⅰ	5	7	10	16	23	28	34	41	47	53	66	--	--	--
掌骨Ⅲ	3	5	6	9	14	21	32	40	47	51	--	--	--	--
掌骨Ⅴ	4	5	7	10	15	22	33	43	47	51	--	--	--	--
近节指骨Ⅰ	6	7	8	11	17	26	32	38	45	53	60	67	--	--
近节指骨Ⅲ	3	5	7	9	15	20	25	29	35	41	46	51	--	--
近节指骨Ⅴ	4	5	7	11	18	21	25	29	34	40	45	50	--	--
中节指骨Ⅲ	4	5	7	10	16	21	25	29	35	43	46	51	--	--
中节指骨Ⅴ	3	5	7	12	19	23	27	32	35	39	43	49	--	--
远节指骨Ⅰ	5	6	8	10	20	31	38	44	45	52	67	--	--	--
远节指骨Ⅲ	3	5	7	10	16	24	30	33	36	39	49	--	--	--
远节指骨Ⅴ	5	6	7	11	18	25	29	33	35	39	49	--	--	--

（二）手腕骨发育等级得分评价图（如图 3-2、图 3-3）

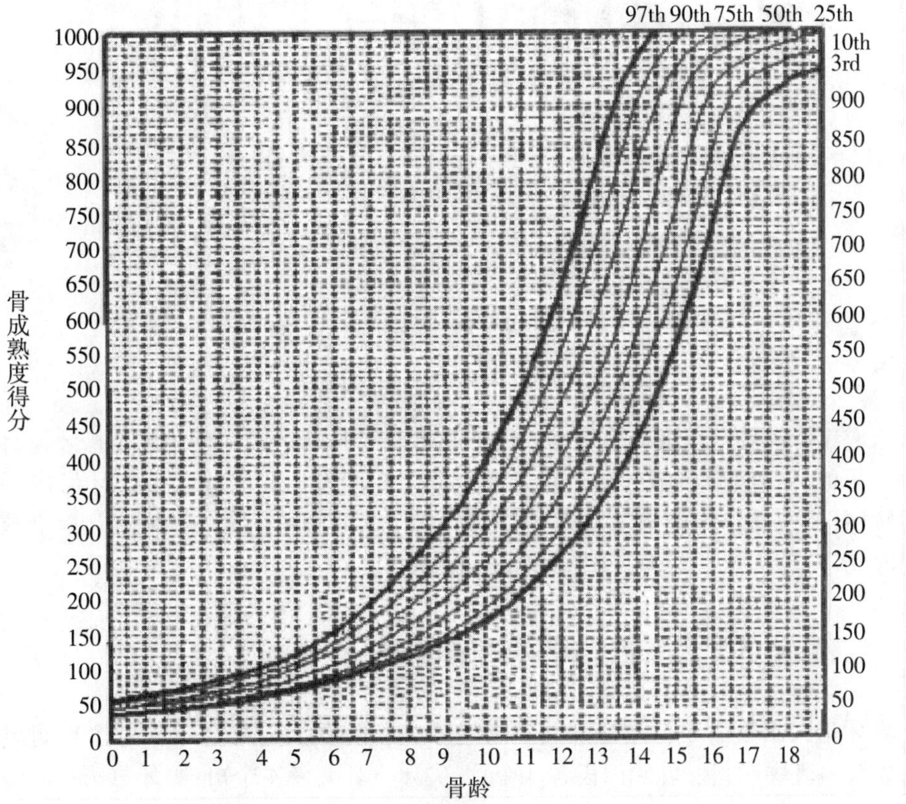

图 3-2　骨龄成熟度评价图（男）

评判结论，根据少儿的骨龄与生活年龄的差值，将儿童少年分成：早熟（差值≥1岁）；正常（差值<±1 岁）；晚熟（差值≤-1 岁）三种类型。

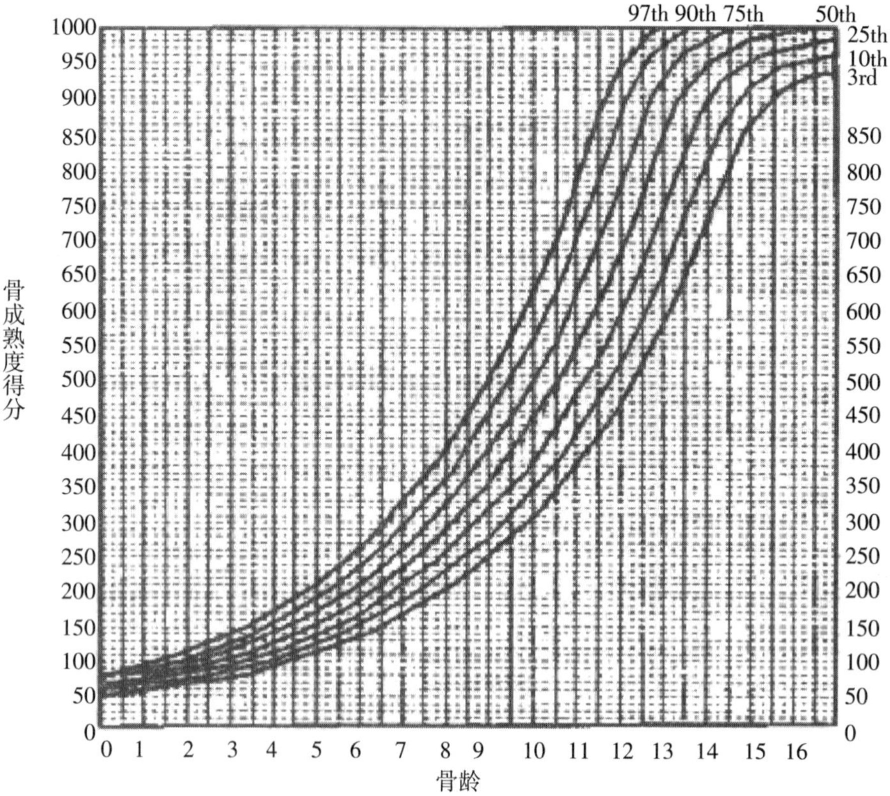

图 3-3 骨龄成熟度评价图（女）

第五节 齿龄及其判定方法

未成年者的发育程度，可根据牙齿的萌出时间来判别，牙齿萌出是指牙齿自齿冠出龈至上下颌牙齿咬合接触的全过程。牙齿萌出时间以出龈时间为准，牙齿按一定的时间、顺序，左右成对地萌出，一般下颌牙齿萌出时间稍早于上颌的同名齿。女孩牙齿的萌出时间早于男孩。牙齿可分为乳牙和恒牙两种。

一、乳牙各牙齿名称、排列和萌出时间

乳牙指人出生后 5~7 个月开始萌出的牙，到两岁半左右全部（20 个）萌出，分别称为切牙（乳中门齿、乳侧门齿各 4 个），尖牙（乳犬齿 4 个），磨牙（第一乳臼齿、第二乳臼齿各 4 个），排列顺序为：

		磨牙		尖牙	切牙		切牙		尖牙	磨牙	
乳牙	上颌	Ⅴ	Ⅳ	Ⅲ	Ⅱ	Ⅰ	Ⅰ	Ⅱ	Ⅲ	Ⅳ	Ⅴ
乳牙	下颌	Ⅴ	Ⅳ	Ⅲ	Ⅱ	Ⅰ	Ⅰ	Ⅱ	Ⅲ	Ⅳ	Ⅴ
		第二乳臼	第一乳臼	乳犬齿	乳侧门齿	乳中门齿					

二、恒牙各齿名称、排列及萌出时间

恒牙共 32 个，我国儿童一般在 6 岁以前，在恒牙生长发育的压力下，乳牙根部逐步被吸收以至松动脱落，而恒牙则继续萌出，这种换牙现象一般至 14 岁结束。第三臼齿则要在成年期前后萌出。恒牙萌出的时间，女性先于男性。恒牙萌出时间见表 3–21，其各齿名称及排列顺序如下：

	后磨牙			前磨牙		尖牙	切牙		切牙		尖牙	前磨牙		后磨牙			
恒牙	8	7	6	5	4	3	2	1	1	2	3	4	5	6	7	8	上颌
恒牙	8	7	6	5	4	3	2	1	1	2	3	4	5	6	7	8	下颌
	第三臼齿	第二臼齿	第一臼齿	第二前臼齿	第一前臼齿	犬齿	侧门齿	中门齿									

表 3–21　我国儿童少年乳、恒牙的萌出时间

乳牙		萌出时间		恒牙	萌出时间	
		（据北京医院）	（据四川医院）		男(岁)	女(岁)
上颌	乳中门齿	7.5（6~9）月	10.8 月	中门齿	6.5~8	6~9
	乳侧门齿	9（6.5~10）月	12.5 月	侧门齿	7.5~10	7~10
	乳犬齿	18（16~20）月	19.7 月	犬齿	10~13	9.5~12
	第一乳臼齿	14（12~18）月	17.6 月	第一前臼齿	9~12	9~12
	第二乳臼齿	24（20~30）月	27.1 月	第二前臼齿	10~13	9.5~12
				第一臼齿	6~7.5	5.5~7.5
				第二臼齿	11.5~4	11~14

（续表）

乳牙		萌出时间		恒牙	萌出时间	
		（据北京医院）	（据四川医院）		男(岁)	女(岁)
下颌	乳中门齿	6（5~8）月	8.6 月	中门齿	6~7.5	5~8.5
	乳侧门齿	7（6~9）月	13.5 月	侧门齿	6.5~8.5	5.5~9
	乳犬齿	16（14~18）月	20.2 月	犬齿	9.5~12	8.5~11.5
	第一乳臼齿	12（10~14）月	17.6 月	第一前臼齿	9.5~12.5	9~12
	第二乳臼齿	20（18~20）月	27.0 月	第二前臼齿	10~13	9.5~13
				第一臼齿	6~7	5~7
				第二臼齿	11~13.5	10.5~13

依邵象清《人体测量手册》1985 年

第六节　用睾丸和第二性征判定发育程度

青春发育期性腺活动力加强，促进性器官发育成熟，性激素分泌增加，第二性征比前段时间明显，如男性肩变宽、喉结增长突出、音调变低变粗、皮下脂肪减少，并有阴毛、腋毛及胡须的生长等；女性音调较高、乳房逐渐膨大隆起、乳头突出、皮下脂肪丰满，出现月经、阴毛生长等现象。由于骨龄评定需要许多条件，而第二性征评定法具有简便易行、可以修正骨龄评定误差等特点，许多地区（包括条件好的地区），常用第二性征来评定发育程度，也可用第二性征推导骨龄。目前在实践中常用的指标有：睾丸发育程度、月经初潮发生时间、乳房发育程度、阴毛发育程度等指标（如表 3–22）。

表 3–22　用第二性征推导骨龄对照表

骨龄	阴毛		乳房		(男)睾丸	(女)月经初潮	(男)其他
	男	女	男	女			
9	0°	0°		0~1°	1°		
10	0°	0°		11~12°	2°		
11	0°	0°		12~21°	1~2°		阴茎开始增大
12	0°	0~1°		21~22°	2~3°		喉结增大
13	0~1°	2~3°	一过性乳节	22°	3°	月经初潮	
14	1~2°	3°		22°	3~4°		声音变粗
15	2°	3°		22°	4°		阴囊色素增加遗精
16	2~3°			22°	4~5°		
17	3°			22°	4~5°		长骨停止生长

依曾凡辉等资料汇编

一、男少年睾丸测量及其评价标准

1. 测量方法

测量时，受测者仰卧，测量者用直角测径规测其大的睾丸（或右侧睾丸）长径。

2. 睾丸分度及标准

1°：长径为 1.5cm 水平；　　1°~2°：长径为 1.5–2.0cm 水平之间（不含 2.0cm 者）；
2°：长径为 2.0cm 水平；　　2°~3°：长径为 2.5cm 水平；
3°：长径为 3.0cm 水平；　　3°~4°：长径为 3.5cm 水平；
4°：长径为 4.0cm 水平；　　4°~5°：长径为 4.0cm 以上水平。

二、女少年乳房分度及标准

0°：未发育、乳部平坦；
1°：乳头、乳晕呈芽包突起，尚无硬块；
2°：有硬块出现，有触痛，其它与 1°同；
3°：乳头、乳晕呈芽包突起，硬块大于乳晕，乳线稍隆起；
4°：乳线鼓起较大，硬块不易摸到，其它同 3°；
5°：乳头突起，乳线消失，乳线鼓起显著，呈成熟状乳房（见图 3–4）。

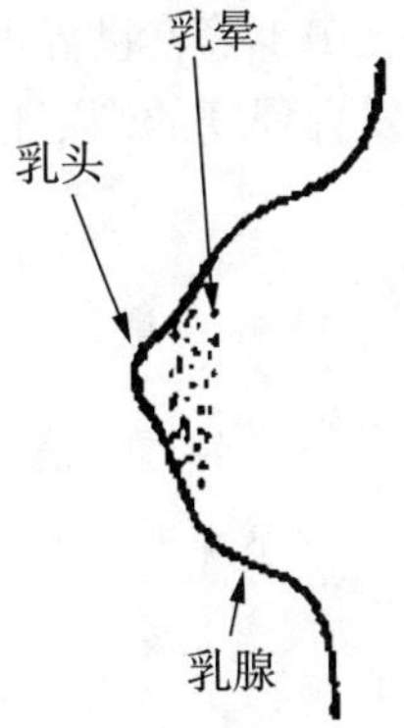

图 3–3　乳房部位名称图

三、儿少阴毛发育分度及标准

0°：无毛；
1°：开始出现，在阴茎（或大阴唇）部，毛稀而短；
2°：长到耻骨联合处，稍密且长，部位比较集中；
3°：分布范围广，毛密且长，呈倒三角形，并向耻骨联合上缘延伸。

四、用某些第一、二性征的发育程度推算骨龄

沙脱华兹和玛利系研究证明：生殖系统的成熟程度和骨龄呈显著正相关。

上海体科所曾凡辉等提出，可用以下指标的发育程度推算骨龄：

1. 用男少年睾丸发育推算骨龄

用直线回归方法，分析睾丸分度与骨龄的关系，相关系数为 r=0.828，相关密切，其回归方程为：Y=6.587+2.319X （式中 X 为睾丸发育度，按度给分：1°为 1.5 分，2°为 2 分，3°为 3 分，4°为 4 分，4°~5°为 4.5 分，1°~2°应在 1°得分的基础上加 0.25 分，其余2°~3°和 3°~4°则在下限得分的基础上加 0.5 分。）这样只要测量睾丸的长径，确定其发育度 X，将 X 转换为分数代入式中，便可算出该个体的骨龄。

2. 用阴毛发育度推算骨龄

男：Y=11.614+1.28X　r=0.703　　女：Y=10.16+0.97X　r=0.781

式中 X 为阴毛发育度，按度给分：0°为 1 分，1°为 2 分，2°为 3 分，3°为 4 分；如有介于每两度之间者，则在下限得分的基础上加 0.5 分。这样只要观察得知该个体阴毛发育度 X，将 X 转换为分数代入式中，便可算出该个体的骨龄。

3. 用女少年乳房发育度推算骨龄

其回归方程为： Y=8.21+1.22X　　r=0.805 （公式中 X 为乳房发育度，按度给分，每一分度为 1 分，最多得 5 分。）这样只要观察得知该个体乳房发育度 X，将 X 转换为分数代入式中，便可算出该个体的骨龄。

有必要指出，由于女运动员的选材要求更趋向男性化，其生理、形态指标的要求亦趋向男性化，即汗毛重、毛发多而密、乳房小等，世界上许多优秀女子运动员的乳房发育指标值都是较低的，因此用乳房作为发育程度的判定指标是可行的，但作为选材的形态指标时，应慎重区别对待。

本章思考题

1. 何谓“发育分型”“骨骺”“骨龄”“青春发育期”“第二性征”“早熟型”？
2. 运动素质发展敏感期与运动选材的关系主要是什么？
3. 如何确定儿少运动员的发育分型？
4. 什么叫选材年龄宽容度？其特点和规律是什么？
5. 联系本专项谈目前初级选材的适宜年龄是多少？为什么？
6. 简述如何判断青春发育期到来时间和发育高潮期持续时间的长短。
7. 用图谱法判断骨龄的基本原理和方法是什么？
8. 用计分法判断骨龄的基本原理和方法是什么？

本章主要参考文献

1. 曾凡辉.“运动员发育程度的鉴别”国家体委科教司. 运动员科学选材讲义，1984.
2. 邵象清. 人体测量手册. 上海辞书出版社，1985.
3. 武汉体院编写组. 运动选材学. 武汉体院，1990.

4. 刘献武，等. 运动选材学. 北京：人民体育出版社，1991.
5. 李诚志，等. 教练员训练指南. 北京：人民体育出版社，1992.
6. 曾凡辉、王路德、邢文华等.《运动员科学选材》. 北京：人民体育出版社，1992.
7. 沈海琴，徐刚. 骨龄学. 北京：北京体育大学，1994.
8. 张绍岩，等. 中国人骨成熟度评价标准及应用. 北京：人民体育出版社，1995.
9. 王金灿."初级选材年龄宽容度及其项群特点". 武汉体院学报，1996. (三)
10. 体育学院通用教材. 运动生理学. 北京：人民体育出版社，1996.
11. 马特维也夫. 竞技运动理论. 姚颂平译. 上海：华东理工大学出版社，1997.
12. 王金灿，等. 运动选材原理与方法. 北京：人民体育出版社，2005.
13. 国家体育总局. TY/T001–2005. 中国青少年儿童手腕骨成熟度及评价方法 / 批文.
14. 余竹生，等. 运动员科学选材. 上海：上海中医药大学出版社，2006.

第四章 体型选材

[**教学要点**] 理解影响体型的主要因素，掌握本专项（群）的体型特点和体型测量方法，了解体型预测方法、体型分类及其评价法。

体型指人体的外部形态特征，分为广义的与狭义的两种，狭义的体型仅指躯体的表在特征；广义的体型包括结构特点、体格特征及躯体表在特征的整体指标、比例等。竞技运动理论与实践研究表明，体型与运动成绩具有密切的内在联系，是运动选材的一个重要内容。如果运动员的某体型特征不适合某运动项目的要求，就需要其他体型因素或其他竞技能力因素予以代偿，这必将消耗更多的体能，甚至影响整体竞技水平的发展。体型选材研究，就是探讨各运动项目（群）的体型特点、分析影响体型的主要因素和生长发育过程中体型变化规律、预测其体型发展的趋势与可能达到的水平，并通过体型选材指标测量细则与评价，为不同专项选拔最佳体型的优秀苗子。

第一节 影响体型的因素

遗传因素

人的体型受遗传因素的影响很大，主要体型指标都受多基因遗传的影响，有较大的遗传力。部分体表性状的遗传力见“遗传与选材”一章。

遗传对体型的影响决定了我们在选材过程中应区分不同的体表性状的遗传力（度），以进行科学的预测。同时也须看到，由于遗传变异的作用和后天环境各种因素的影响，子女不可能完全和父母相同，在子女身上出现的新的性状也应在选材预测中予以考虑。

环境因素

环境因素包括生活条件、营养饮食习惯、地理因素等生态条件，它们对体型都有影响。如我国北方人身材高大壮实，与北方凉爽寒冷的气候、蛋白质较高的饮食因素有关；南方人偏矮、瘦，与亚热带气候及主食大米等生态条件有关。世界上不同的人类种族由于地理、气候、生活条件及习惯的不同而造成体型的差异。BapsKor（1968）研究证明：澳大利亚土人和许多非洲黑人的躯干相对短、坐高身高指数分别为45%和50%，而中国人、爱斯基摩人、美国印地安人该指数为53%~54%。TaHHep（1955）指出：与欧洲人相比，黑人相对腿长。Tnner（1964）指出：在与其他种族身高相同的条件下，黑人不仅腿长而且体重指数较小，骨盆和肩窄，小腿细，皮下脂肪层较薄。

体育运动和劳动习惯

适当的体育运动和劳动有利于生长激素的分泌，促进身体的发育生长，是影响体型的因素之一。根据多年的观察，少年运动员的身高、体重高于一般少年。劳动、运动训练和日常生活中的动作对人体形态、特别是肢体长度与围度起一定的促进作用，如乒乓球、羽毛球、网球运动员持拍手的上肢长度和围度与非持拍手有很大的差异。

激素调节

前苏联T.c.Тумнза 等认为：运动员的体型决定于激素调节的类型：①激素对蛋白质、脂肪和碳水化合物代谢的生理作用；②骨、肌肉、脂肪组织的数量决定于各种激素产生的数量之比；③固醇类与体态特征和结构类型的相互关系。据此可以认为，运动员的体型取决于激素的调节。

骨组织的生长、发育和更新过程受各种激素的制约，甲状腺素、甲状旁腺素、肾上腺皮质激素促进吸收过程；甲状腺降钙素和性激素则削弱骨的吸收并刺激骨的生长过程，从事运动的人钙代谢总量剧增，骨生长速度比不从事运动者提高 46%，机体的雄性激素饱和度水平提高，伴随着骨生成加强和骨组织的绝对重量增大。

日本石河利宽教授认为：脑下垂体所分泌的生长激素可能与身高的增长有关。据一些国家研究报道都证实激素对人体体型有很大的影响。侏儒症患者脑垂体分泌的生长激素明显不足，性发育不全的女性身高都在 1.4 米以下。

微量元素

研究发现，若身体缺钙，骨骼会停止生长，且易患软化病，缺锌的儿童身高与体重都低于同龄儿童。

人体生长发育不同阶段对体型的影响

在不同的年龄阶段，人体各部分生长发育水平是不同的，如“坐高/身高×100”这一指数随年龄增长而有规律变化。7 岁以后，肢体各部分的发育遵从“向心律”，即按足—小腿—下肢—手—上肢—躯干的先后顺序，由肢体的远端开始发育，造成该指数在男 7~13 岁、女 7~12 岁随着年龄的增长指数值减小，在男 13 岁、女 12 岁时达最小值，以后随年龄而增大，直至定型。

第二节　各主要项目（群）的体型特点

由于运动员的体型特征与专项有着必然的内在联系，故专项不同对运动员体型的基本要求也不同。根据专项体型选材特点，将竞技运动项目作如下分类（表 4–1）：

表 4–1　竞技体育项目的项群分类

	大类	亚类（组）	项目
体能类	竞速类	跑走滑组	短、中、长、超长跑（竞走、滑冰、滑雪等）
		游泳组	各种距离、姿势的游泳
		划船组	赛艇、皮划艇、帆船等
		自行车组	公路、赛场、山地自行车
	跳跃类	高度组	跳高、撑竿跳高
		远度组	跳远、三级跳远、高台跳雪等
	举投类	举重组	各级别、姿势的举重
		掷远组	标枪、铁饼、铅球、链球
技能类	表现类	准确组	射击、射箭、弓弩
		难美组	跳水、体操、花样游泳、花样滑冰、武术、技巧
	对抗类	同场球类对抗组	篮、足、手、水、曲棍、冰、棒、垒球
		同场格斗对抗组	击剑、柔道、摔跤、拳击、散打、跆拳道
		隔网对抗组	排、乒乓、羽毛、网球

一、体能竞速类项群

1. 跑走滑组

该项群运动员体型的共同特点是：身高、体重中等或中上等，下肢长/身高、大腿围/身高指数较大；踝围/身高指数较小。其体型在不同的项目中有不同的特点：

(1) 跑：跑类运动员的身高比跳高、投掷运动员都低。各类跑项对比身高的排序是：中、短、长。从坐高/身高、下肢长/身高指数看，短跑运动员躯干较长、下肢较短，中跑运动员属中等，长跑运动员躯干短、下肢长。

短跑运动员大腿粗壮；长跑运动员身长体轻，骨盆稍窄，踝关节围度较小，脚掌修薄，足弓高，跟腱清晰。

跨栏运动员身材高（多在180~190cm），胸围较小，骨盆窄。

(2) 竞走：其体型类似长跑运动员，但胸围较大，体重介于长跑和中跑运动员之间。

(3) 滑冰、滑雪：滑雪运动员身材匀称，上下肢及躯干围度大；滑冰运动员身高腿长，下肢围度大。

2. 游泳组

游泳运动员体型特点为：身高、体重属中等偏上，躯长、腿短、臂长、坐高/身高较大，肩宽，胸厚、臀薄、表现出流线型体型，臂粗、腿较细、手大、上臂围指数较大。

3. 划船组

身高体壮，臂长手大，体宽躯长，肢体和躯干围度大。

4.自行车组

身高中等或中上等，躯干较长，腿稍短，下肢粗壮，足宽、手宽，髋围大。

二、体能跳跃类项群

1. 高度组

跳高运动员身材细高，躯干短，下肢长。

撑竿跳高运动员身高中等或中上等，上肢较长，臂围及胸围较大，腰围、小腿围、踝围、骨盆宽与身高的比值均较小，但都略大于跳高运动员。

2. 远度组

跳远、三级跳远运动员的体型介于短跑和跳高运动员之间，更类同于短跑运动员。

三、体能举投类项群

1. 举重组

个矮体重，躯长腿短，手脚宽大，身体粗壮，肩阔腰圆。

2. 掷远组

身材高，体重和相对体重大，身体各环节围度、上肢长、坐高、体重、骨盆、臀厚等与身高的比值，在所有体育项目中是较大或最大的。标枪运动员比铅球、铁饼、链球运动员的身高、体重均较小。

四、技能表现类项群

1. 准确组

射击项目对体型无苛求，射箭运动员要求上体强壮，胸阔肩宽。

2. 难美组

(1) 竞技体操：体重轻、个子小、肩宽、胸厚、腰细、臀薄；吊环运动员上肢短粗，跳马运动员下肢粗短。

(2) 艺术体操、花样滑冰、花样游泳：其体型与竞技体操相比，身材较高，肢体围度较小，躯干稍短，上下肢略长，手臂和腿较直，臀部窄小且向上收，具有中等以上的外貌。

(3) 武术：身材匀称、体轻、躯干长、下肢短、大腿粗。

(4) 跳水、蹦床：体型与竞技体操运动员接近，稍有区别的是下肢较粗壮、肩稍窄、上肢较细。

五、技能对抗类项群

（一）同场对抗类

1. 同场球类对抗组

篮球、手球、水球：身高体长、躯短肢长，围宽厚度不大，皮下脂肪少，手大脚大，跟腱清晰，足弓明显。在这几个项目中，篮球运动员更显粗壮。

足球、冰球、曲棍球、垒棒球：身高体重中上，较匀称，下肢粗，臀厚，大腿围、小腿围、踝围指数均较大；守门员身高手大、躯短腿长。

2. 同场格斗对抗组

身体健壮匀称，身材较高，四肢围度大，颈部肌肉发达，指距长于身高。

摔跤和柔道运动员躯干长，骨盆宽，大腿围度粗，肩较宽，上臂围度较大。

击剑运动员身材修长，腰部扁宽，臀小胸阔，腿臂围大。

拳击、散打运动员身材高大，肌肉发达，体重适宜，脂肪少，腿围、臀围、胸围、颈围都较大。

（二）隔网对抗类

该项群对身高的要求随球网的高度增加和活动范围的加大而增高，但总体属于中等或中等偏上身高。体型匀称，四肢、小腿、跟腱较长，腰短踝细，足弓高，骨盆小，臀部肌肉向上紧缩。

第三节　体型测量方法

本节只介绍躯体表在特征（外部形态）的测量方法。

一、体型测量常用器具

体重计 是测量体重的器具，常用的为杠杆秤和轻便型人体秤。仪器的误差不可超过 0.1%，每次测量前应校准体重计的灵敏度和准确度。

直角规（图 4–1） 主要测量长度，是人体测量仪器中使用最多的一种。由固定直脚、活动直脚、主尺和尺框等组成。

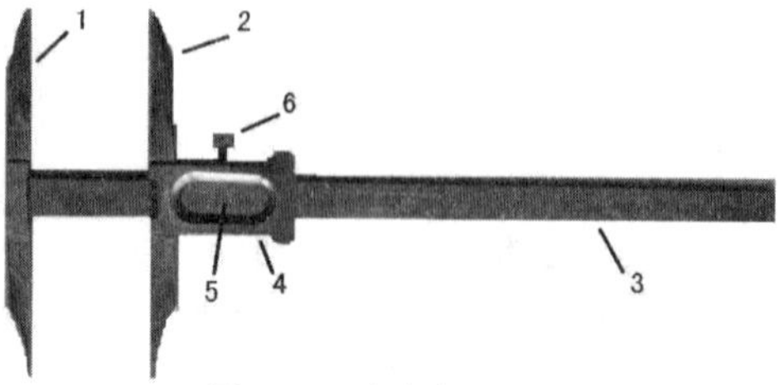

图 4–1 直脚规

1. 固定脚 2. 活动脚 3. 主尺 4. 尺框 5. 游标 6. 紧固螺钉

弯脚规（图 4–2） 用于测量两点间的直线距离（宽度或长度）。

弯脚规的正确执握姿势（图 4–3）：

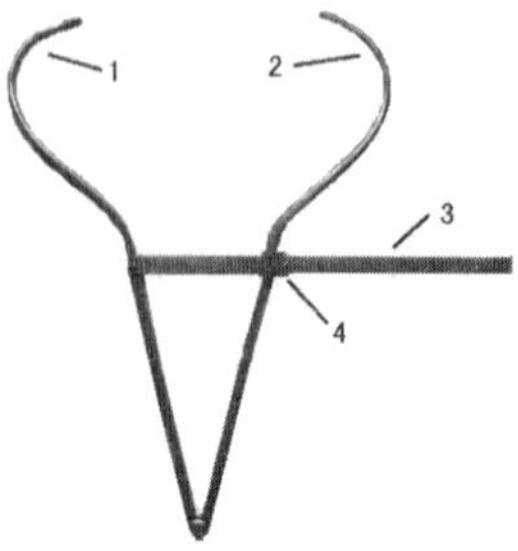

图 4–2 弯脚规

1. 左弯脚 2.右弯脚 3.主尺 4.尺框

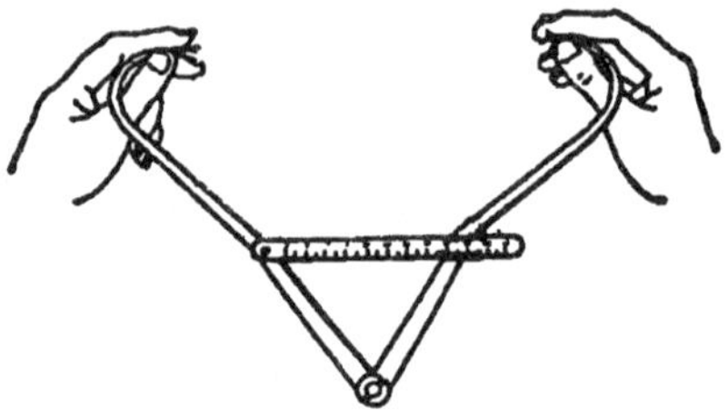

图 4–3 正确执握弯脚规的姿势

一侧的拇指与食指夹住同侧的弯脚，拇指的远侧指节在弯脚端的上方，而拇指的近侧指节和第一掌骨则扣搭在弯脚的下方。

身高计 由主尺杆、底座、活动卡等组成。

卷尺 由玻璃纤维、布或薄钢皮制成，尺面上标印毫米等刻线。用于测量长度或围度。

坐高椅 用于测量坐高等。由水平椅面、椅脚、椅背（或将椅面紧靠墙或其他直立物体）等组成。椅背（或墙面）应安装直尺。为了适应不同身高的人测量，椅脚应设计成能自由调节高低且与椅座面保持垂直的结构。

钢板尺 由薄钢片制作并刻有刻度的直尺，用于长度和宽度的测量。有 30cm、50cm、100cm 等不同长短尺寸。

关节活动度测规（图 4–4）　又称关节测角器，是测量关节活动度的专用器具。活动臂尖端指向的刻度，即为关节活动度。

有滑动触角的钢板直尺　用于测量非平面物两点间的长度或宽度。在钢板直尺的一端有固定触角，另有一活动触角套在直尺上。还有只带一个活动触角的短钢板直尺。

皮下脂肪测量计（图 4–5）　又称皮褶厚度测量计。

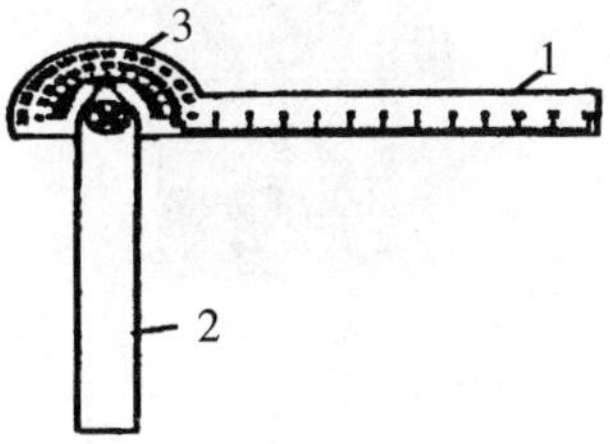

图 4–4 关节活动度测规

1. 固定臂　2.活动臂　3.角度刻度盘

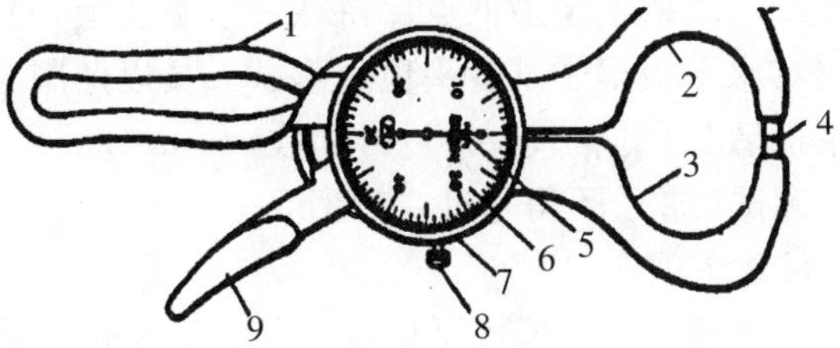

图 4–5　皮褶厚度计

1. 把柄　2.上测臂　3.下测臂　4.接点　5.指针　6.圆盘刻度表　7.调整零位圈　8.压力调节旋钮　9.活动柄

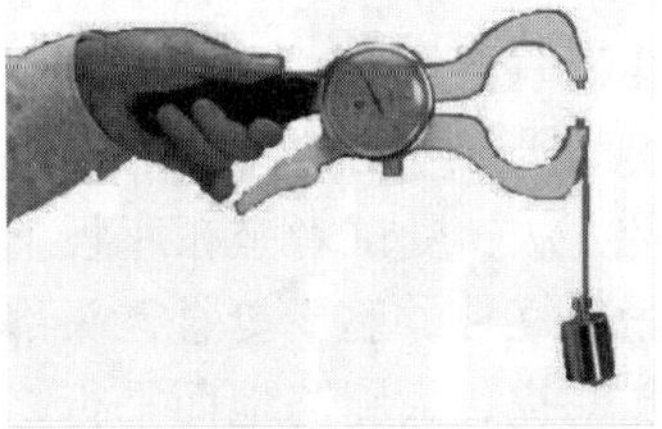

图 4–6　皮褶厚度计压力的校正

仪器调试。测量前，应先调整仪器与校正压力。将圆盘内的指针调整到圆盘刻度表上的零位。再将皮褶厚度计两个接点间的压力调节至国际规定的 10 克／毫米平方的范围内。校正方法如图 4–6 所示。左手持皮褶厚度计使呈水平位置，在皮褶厚度计的下测臂顶端小孔中挂上重 200 克的砝码，使下测臂基部与顶端的接点处于同一直线上。观察圆盘内指针的偏离情况，若指针处在 15~25 毫米范围内，表明两接点间的压力符合 10 克/毫米平方的要求。若指针超过 25 毫米，表明接点压力不足，须转动压力调节旋钮增加压力至 15~25 毫米。反之，若指针不到 15 毫米，表明压力过高，须转动压力调节旋钮校正指针至规定的范围内。指针允许有±5 毫米的误差。

二、体型常用指标的测量细则

1. 体重

使用仪器：杠杆秤。

测量方法：受测者站在秤台中央，测试人员移动游码至刻度尺平衡后读数。

测试误差：不得超过 0.1 公斤。

注意事项

①工作前校准灵敏度及准确度，误差应小于 50 克。体重计放在平坦地上。

②受试男生只能穿短裤，女生穿短裤背心。

③在测试一定数量（约 25 人）的受试者后，应校对仪器一次（调整至零点）。

2. 身高（图 4–7）

使用仪器：身高坐高计。

测量方法：受试者赤脚，以立正姿势站于底板上，足跟、骶骨部和两肩胛与立柱相接触，身体自然挺直，头部正直，两眼平视。测试人员站在受测者左侧，将受试者头部进行调整，使其耳屏上缘与眼框下缘最低点保持在一水平线上，然后轻移水平板至受试者头顶。测试人员以两眼与水平板呈水平位的情况下进行读数。

测试误差：不得超过 0.5 厘米。

注意事项

①仪器应置于地面平坦靠墙处，立柱应与地面垂直，其刻度尺面向光源。

②工作前应用标准钢尺进行校对，误差应小于 0.2 厘米。

③要严格掌握在标准姿势下测量，水平板与头顶接触时，松紧要适度（头发蓬松者要压实，头顶有发结、小辫者要解开）。

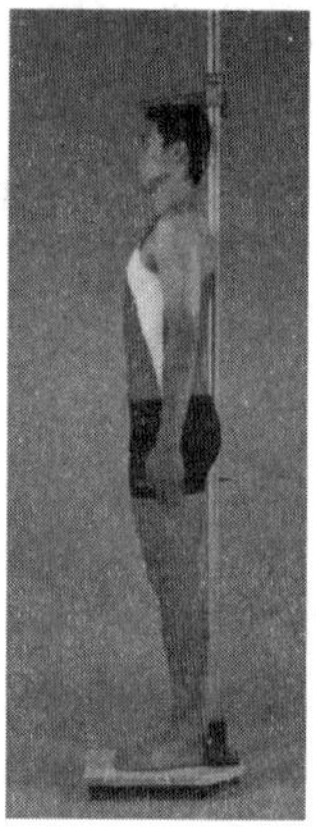

图 4–7

3. 坐高（图 4–8）

使用仪器：同上。

测量方法：受试者坐在座板上，骶骨部和两肩胛间紧靠立柱，躯干挺直，头部正直，两眼平视，两腿并拢，大腿与地面平行，双足踏在地面或垫板上，最好与小腿呈直角。上肢自然下垂，不得支撑坐板，直尺垂直立于其身后，测量凳面到头顶的垂直距离，对测试人员的要求同身高。

测试误差：不得超过 0.5 厘米。

注意事项

①测试时应让受试者先弯腰，使骶骨紧靠支柱然后坐直，要特别注意骶骨的位置。

②其他注意事项同测身高。

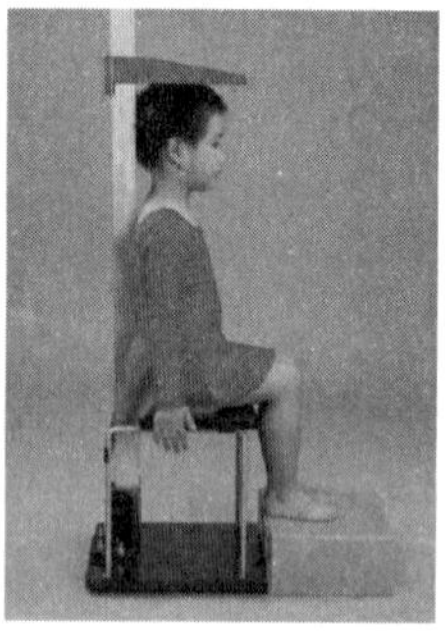

图 4–8

4. 上肢长（图 4–9）

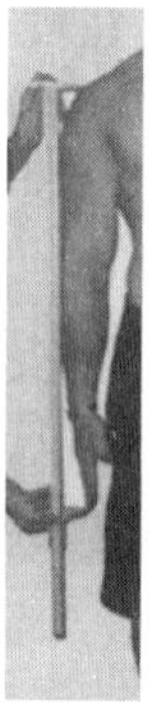

图 4–9

使用仪器：带滑动触角的钢板直尺。

测量方法：受测者两脚分开同肩宽，自然站立，上肢自然下垂，手并拢伸直，手掌、前臂、上臂成一直线（手指不能翘起），测试人员站在受测者左侧后面，用测量尺固定端对准肩峰外侧端，测量自肩峰外侧下缘至中指端的垂直距离。

测试误差：不得超过 0.5 厘米。

注意事项：受测者不得耸肩缩颈，两肩应保持在同一水平线上，指甲不得超过指端点。

5. 手长（图 4–10）

使用仪器：带滑板的钢板尺。

测量方法：受测者直立，左手前伸，五指并拢，掌心向上，测试人员站在受测者左侧前方，测量桡尺骨远端横纹至中指尖的距离。

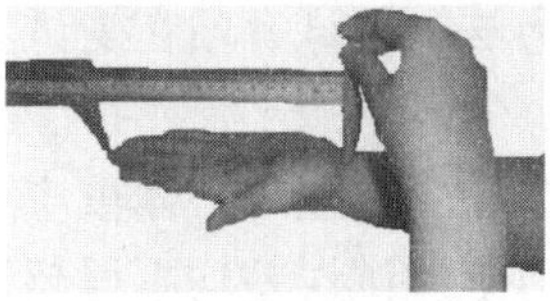

图 4–10

测试误差：不得超过 0.2 厘米。

注意事项

①手要自然伸直，手指不能翘起，指甲不得超过指端尖。

②桡尺骨远端腕横纹的确定，可在测定时用一手的拇、食指夹住桡、尺骨茎突远端关节缝处，取其相应的那条皮肤皱纹。一般为腕掌部之间的一条横皱纹。

6. 手宽（图 4–11）

使用仪器：同上。

测量方法：受测者直立，左手前伸，手心向上，测试人员站在受测者左侧前方，测量第二掌骨头和第五掌骨头间宽度。

测试误差：不得超过 0.2 厘米。

注意事项

①手要充分伸直，卡尺夹得松紧合适，只需轻贴皮肤即可，不要有紧夹或压迫感。

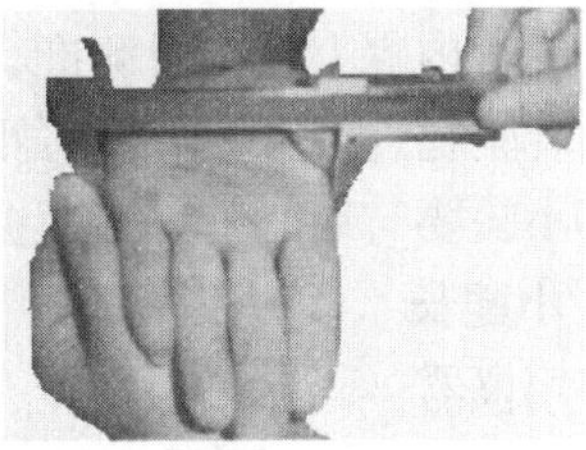

图 4–11

②从掌面观察，掌骨小头并不在每个掌指横纹处，而在其近侧。将四指并拢，微屈或半屈掌指关节，从手的两侧观察掌骨小头，即可看清其确切位置。

但测量时，必须四指并拢伸至最大限度。

7. 下肢长（图 4–12）

使用仪器：带滑动触角的钢板直尺。

测量方法：受试者两脚分开与髋同宽，自然站立在凳面上，腿伸直，测试人员站于受测者右侧，用钢板尺垂直于凳面，按下面四种方法进行测量：

（1）下肢长 H

测量方法：测量腋中线髂嵴上缘交点至凳面的距离。

注意事项：腰部肌肉放松，髂嵴上缘定点要正确。

（2）下肢长 B

测量方法：量右下肢股骨大转子上缘至凳面的垂直距离。

注意事项：下肢肌肉要放松，大转子要摸得准，定好点后不要移动。

（3）下肢长 A

测量方法：测量右下肢髂前上棘至凳面的垂直距离。

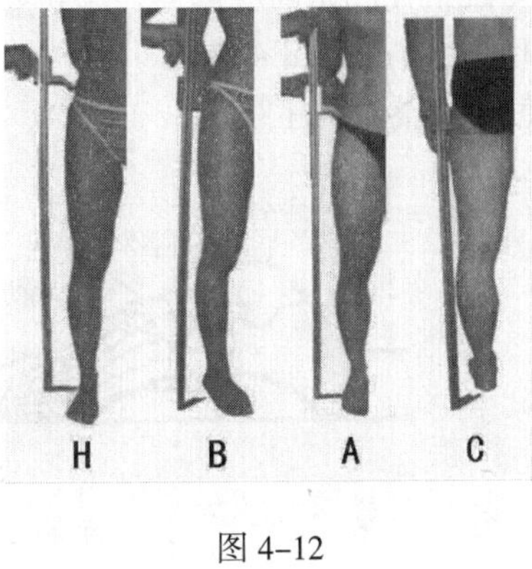

图 4–12

注意事项：凳面要平，站立时下肢肌肉要放松，体重应平均落在两脚上。

（4）下肢长 C

测试方法：测试者站在受试者背面，测量尺垂直于凳面，测量臀纹至凳面的垂直距离。

注意事项：站立时，体重应平均地落在两腿上，看清臀纹线，测量尺要垂直。

注：以上测试误差均不得超过 0.5 厘米。

8. 小腿加足高（图 4–13）

使用仪器：钢板直尺。

测量方法：受试者站立，左腿抬起，屈膝将脚踩于凳上，全脚掌贴在凳面，小腿与凳面垂直。钢板卡尺垂直在测量腿内侧凳面上，测试人蹲在测量腿的右侧，测量左胫骨内踝上缘（即膝关节内侧关节缝）至凳面的垂直距离。

测试误差：不得超过 0.5 厘米。

注意事项

①胫骨内踝上缘点要测准，测试者要用右手拇指内侧，自受测者腓腱内沿膝关节缝向侧触摸，即可摸准该点。

②小腿要与地面垂直，钢板尺要与胫骨平行。

图 4–13

9. 小腿长

使用仪器：同上。

测量方法：受试者和测试者的姿势位置同上。测量胫骨内踝至胫骨踝尖的垂直距离。

测试误差：不得超过 0.5 厘米。

10. 足长（图 4–14）

使用仪器：足长足宽测量器。

测量方法：受试者与测试者姿势位置同上。测量尺与足纵轴平行，足跟后缘贴于挡板，移动滑板至最长趾端，测足后跟后缘至最长趾端的最长距离（图 4–14）。

测试误差：不得超过 0.2 厘米。

注意事项：

1. 钢尺要严格与足纵轴平行。
2. 足跟后缘皮肤接触挡板即可。
3. 趾甲在测试前应修剪，不得超过趾尖。

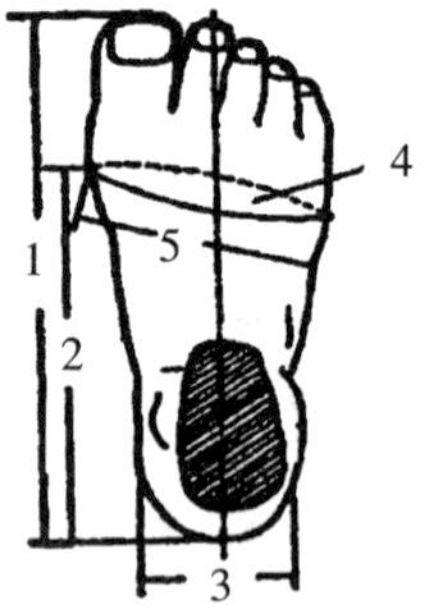

图 4–14

1. 足长 2. 足跟–胫侧跖骨点距 3. 足跟宽 4. 跖围 5. 足宽

11. 足背高（图 4–15）

使用仪器：同上。

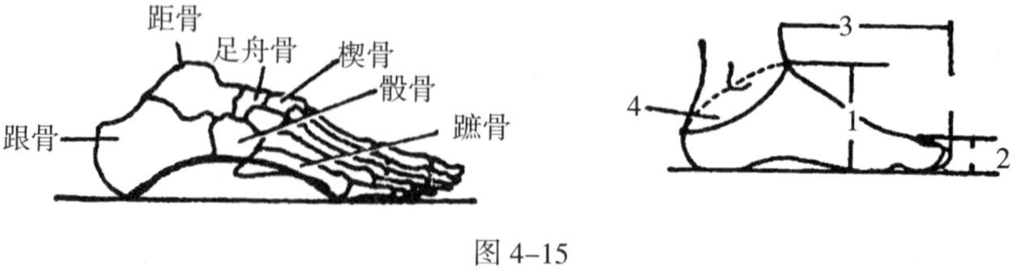

图 4–15

1. 足背高 2. 足趾高 3. 足背长 4. 足跟围

测量方法：受试者姿势同上，移动滑板置于舟骨的最高点，量其最大垂直距离。

测试误差：不得超过 0.2 厘米（参见图 4–8）。

注意事项：

①足自然踩在凳面，要防止钩脚趾。

②滑板松紧要合适，接触皮肤即可。

12. 足宽

使用仪器：同上。

测量方法：受试者姿势同上，测试者面对受试者，用卡尺轻夹第一与第五柘骨小头，测两点之间的最宽距离（参见图 4–14）。

测试误差：不得超过 0.2 厘米。

注意事项：受试者如有足外翻畸形，应予注明，其他注意事项同手宽。

13. 跟腱长（图 4–16）

使用仪器：钢板直尺。

测量方法：受试者面向墙，两脚并拢，扶墙提踵使小腿三头肌充分收缩，测试人于腓肠肌内侧腹下缘画一测量标志，然后令受试者还原成站立姿势，量内侧肌腹下缘到地面的垂直距离。

测试误差：不得超过 0.5 厘米。

注意事项

①小腿三头肌必须充分收缩，使腓肠肌外形充分显露。

②画标志时不得移动皮肤。

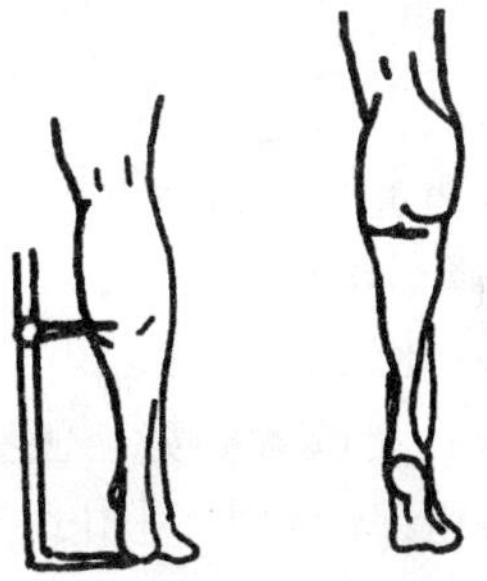

图 4–16

14. 指距（图 4–17）

（又称臂展长、肩臂长、指间距）

使用仪器：2 米以上的钢尺或皮尺。

测量方法：将测量尺固定在平台上，受试者两脚分开，两臂左右侧平举，上体伏在测量尺上，一手中指固定标尺零位，上肢尽量向另一侧伸直，两手臂成一直线。测试人员面对受测者，测量两中指尖之间的距离。

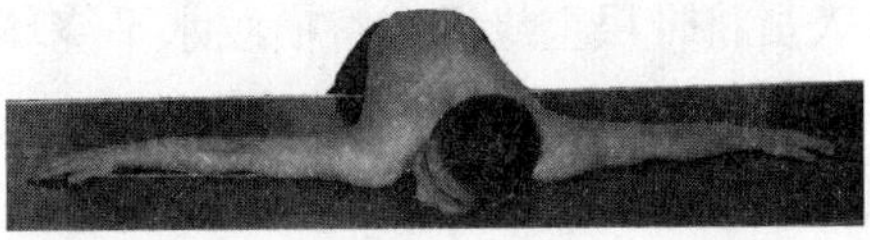

图 4–17

测量误差：不得超过 0.5 厘米。

15. 平静呼吸时胸围（图 4–18）

使用仪器：塑料带尺。

测量方法：受试者自然站立，两脚分开与髋同宽，双肩放松，上肢自然下垂。测试人员面对受测者，将带尺上缘经背部肩胛骨下角下缘至胸前，男性和未发育女性带尺下缘置于乳头上缘，已发育女性置乳头上方第四胸肋骨关节处，测平静状态下的胸围。

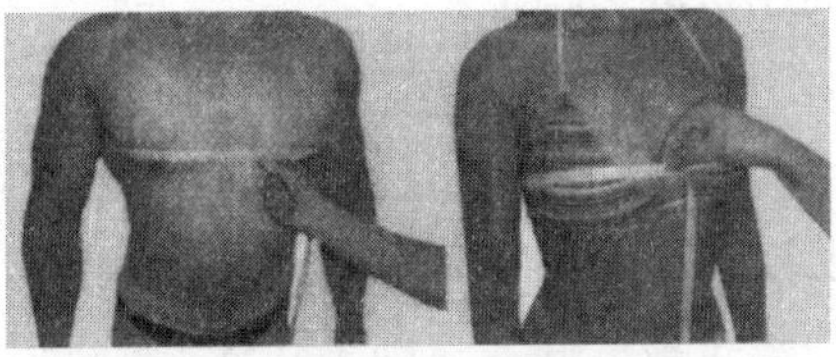

图 4–18

测试误差：不得超过 1 厘米。

注意事项：

①位置要正确，带尺无折卷。

②受试者不能低头、含胸，也不要提胸和深呼吸。

③带尺松紧要适度，贴于皮肤即可。

16. 上臂紧张围和放松围（图 4–19）

使用仪器：同上。

测量方法：受试者站立姿势同上，左臂斜平举（约 45°），掌心向上握拳并用力屈肘，测试人员面对受试者，将带尺绕肱二头肌最粗处量上臂紧张围。带尺位置不动，受试者上臂不动，将前臂缓慢伸直并松拳，测上臂放松围。

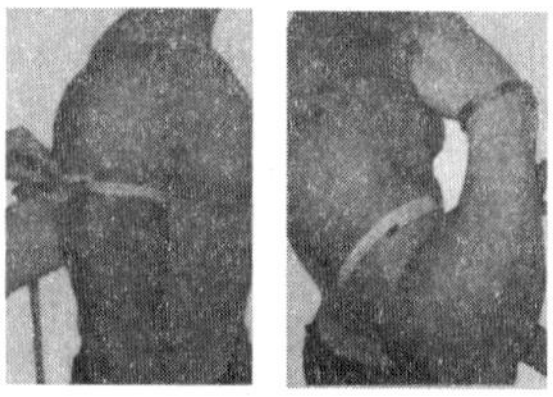

图 4–19

测试误差：不得超过 0.5 厘米。

注意事项：

①带尺松紧度要适度。

②量紧张围时，肌肉一定要充分收缩，可摸肌肉硬度来判断。

③在变换测量时，切忌带尺移动。

17. 前臂围（图 4–20）

使用仪器：同上。

测量方法：受试者姿势与测上肢长相同，测量肘下前臂部最粗部位的水平围度。

图 4–20

测试误差：不得超过 0.5 厘米。

18. 大腿围（图 4–21）

使用仪器：同上。

测量方法：受试者自然站立，两脚分开同肩宽，测试人员将带尺上缘沿右臀横纹水平绕环量其围度。

测量误差：不得超过 0.5 厘米。

注意事项

①站立时，体重应平均落在两脚上。

②测试时，臀横纹应充分显露。

③注意带尺水平位绕环。

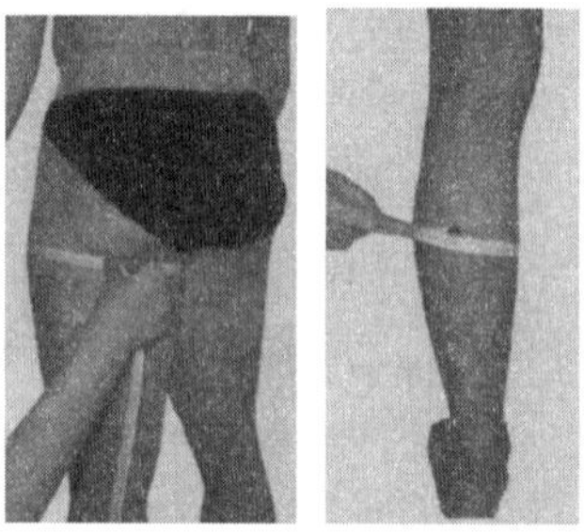

图 4–21

19. 小腿围（图 4–21）

使用仪器：同上。

测量方法：受测者姿势同上，测试人员将带尺以水平位沿小腿腓肠肌最粗处量围度。

测试误差：不得超过 0.5 厘米。

注意事项：同大腿围 1 和 3。

20. 踝围（图 4–22）

使用仪器：同上。

图 4–22

测量方法：受试者姿势同上，测试人员用带尺在右小腿踝关节上方，以水平位置量其最细处的围度。

测试误差：不得超过 0.5 厘米。

注意事项：同上。

21. 趾关节弯曲度（图 4–23）

使用仪器：趾关节弯曲量角器。

测量方法：受测者站立，然后将一脚全脚掌踩于量角器平面上，趾关节处于量角器活动线上。受测者用手拉起量角器前板，使趾关节尽量弯曲，测试人员站于其左侧读数。

测试误差：不得超过 2 度。

注意事项：受测者用力拉起量角板时，另一手可抵住足跟，使足不能后移。

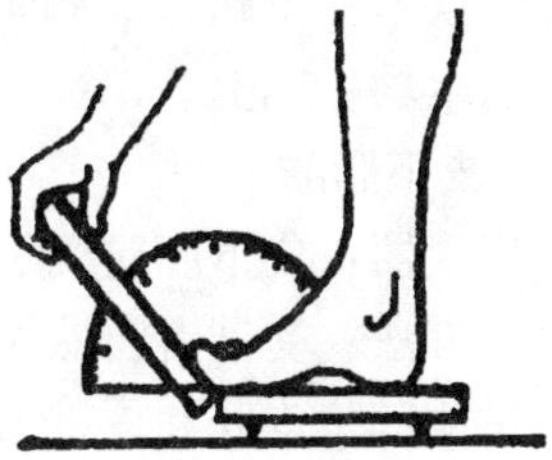

图 4–23

22. 肩宽（图 4–24）

使用仪器：测径尺。

测量方法：受试者两脚分开与髋同宽，自然站立，两肩放松，测试人员站在其背后，用食指沿肩胛骨向外摸到肩峰外侧缘中点，用测径尺量两肩峰间距离。

测试误差：不得超过 0.5 厘米。

注意事项

①受试者不能低头、含胸、耸肩、挺胸、内收肩胛骨，两肩要同高。

②测量人员应以两食指抵住肩峰外缘中点稍前方，作为固定点，测径尺应保持水平测量。

③仪器使用前应检查置于零点（即两弯规角相对接时，刻度针对着零），并用标准尺进行校正，误差应小于 0.2 厘米。

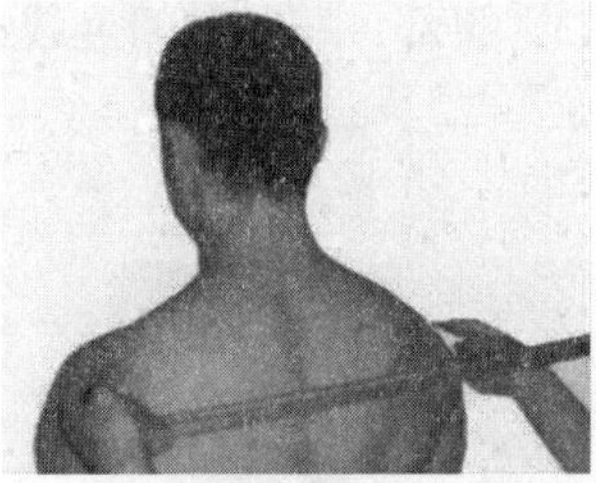

图 4–24

23. 髂宽（骨盆宽）（图 4–25）

使用仪器：同上。

测量方法：受测者和测试者位置同上。测量人员用两食指摸及髂脊外缘，用测径尺量两髂脊外缘间的最宽距离。

测试误差：不得超过 0.5 厘米。

注意事项：

1. 体重应平均落在两脚上，以免骨盆倾斜。

2. 测量时，测径尺应保持水平位，并沿髂脊外缘前后滑动，以确定骨盆最宽处。

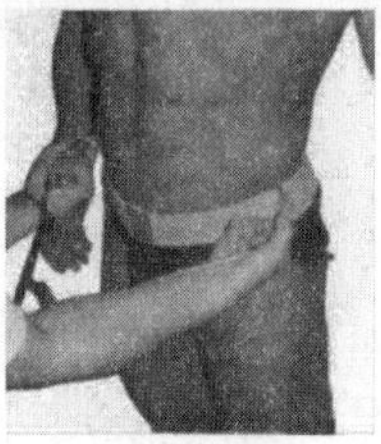

图 4–25

24. 髋宽（图 4–26）

使用仪器：同上。

测量方法：受测者和测试人员位置同上。测试人员用两指摸及两股骨大转子的最高点，

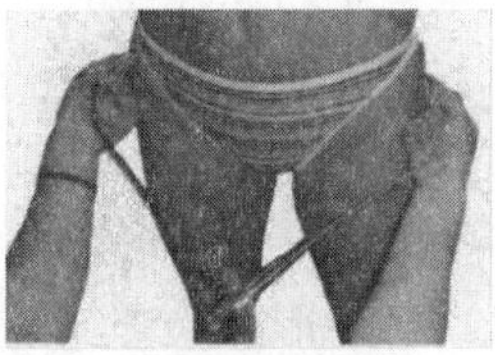

图 4–26

测它们之间最大距离。

测试误差：不得超过 0.5 厘米。

注意事项：同测髂宽 1。

25. 臀厚（图 4–27）

使用仪器：改制胸廓厚度测量计。

测量方法：受试者姿势同上，测试人员站于受试者右侧，将胸廓厚度测量计夹臀部后凸处和耻骨联合处，量其间最大距离。

测试误差：不超过 0.5 厘米。

注意事项：同上。

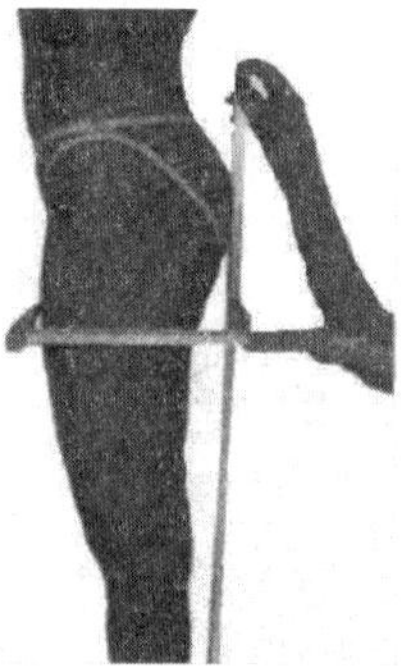

图 4–27

26. 皮下脂肪

使用仪器：皮下脂肪测量计。

测量方法：受试者自然站立，被测部位充分裸露，测试人员用左手拇指、食指和中指，将被测部位皮肤和皮下组织夹提起来，用测量计于提起点处测量其厚度。测量部位取：

（1）背部：肩胛骨下角下方 1 厘米处，皮褶走向与脊柱成 45°角（图 4–28）。

（2）上臂部：肩峰与臂后部鹰嘴连线中点，测纵向皮褶（图 4–29）。

（3）腹部：脐与髂嵴连线的中点处横捏皮褶进行测量（图 4–30）。

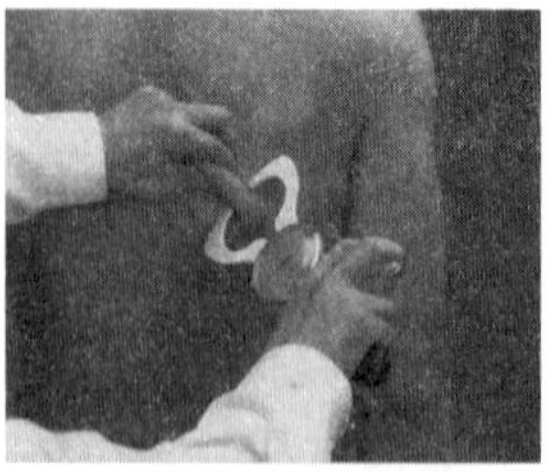

图 4–28

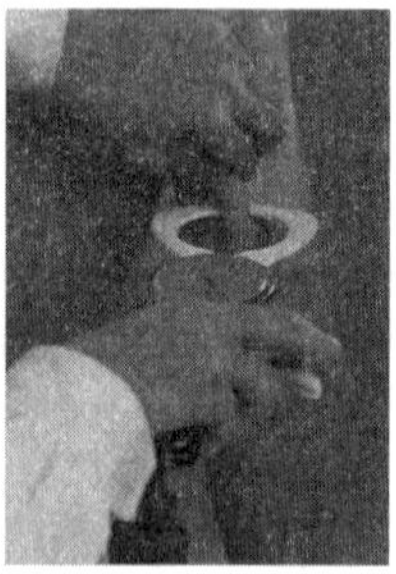

图 4–29

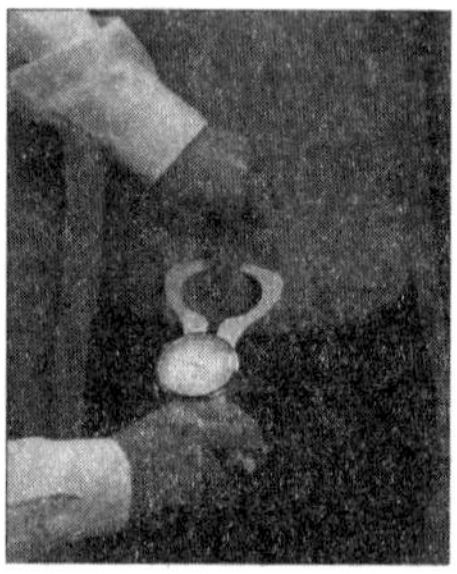

图 4–30

注意事项

①受试者自然站立，肌肉不要太紧张，体重应平均落在两腿上。

②要把皮肤与皮下组织一起提夹起来，但不能把肌肉提夹住。

③用仪器测量三次，取其中间值或两次一样的值。

27. 直立姿势检查

人体直立的标准姿势，一般指在立正时，从前后观，头、脊柱和两足跟间应在一垂直线上，两肩、两髂脊应与水平线平行；从侧面观，头顶点、耳屏前、肩峰、大转子、腓骨小头前和外踝等各点应在一直线上；脊柱呈正常生理弯曲。

这里只讨论脊柱形态和腿型的检查：

（1）脊柱形态检查

使用仪器：脊柱弯曲测量计。

测量方法：

①侧面观　正常脊柱应见三个弯曲，即颈段向前弯、胸段向后弯、腰段向前弯。颈弯和腰弯的最大垂直距离应为 3~5 厘米，胸段弯曲略小些，应呈均匀弧形（图 4–31）。驼背者胸段后弯加大似驼峰，腰段前弯小于 2~3 厘米（图 4–32）。平背或直背者胸弯和腰弯均减少，背部平直（图 4–33）。鞍背者腰弯大于 5 厘米，形似马鞍（图 4–34）。

可用脊柱测量计测量：令被试者脱去上衣，背靠测量计站立，头部保持正直，两肩胛间、骶部和足跟部紧靠立柱。测量者站在侧方，移动测量计上的小棍，使之与脊柱上的棘突接触。根据测量计立柱与脊柱间小棍的距离测出脊柱前后弯曲的程度（图 4–35）。

无脊柱测量计时可用简易方法：令被测者背靠直尺（如身高计立柱）或墙，用内径卡尺测量弯曲处间隙。

图 4–31

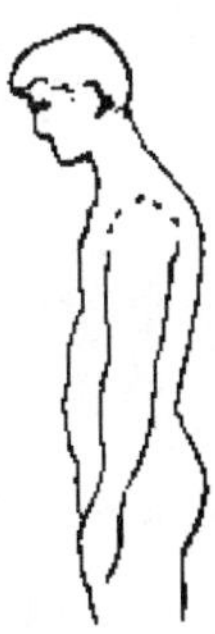

图 4–32

图 4–33

图 4–34

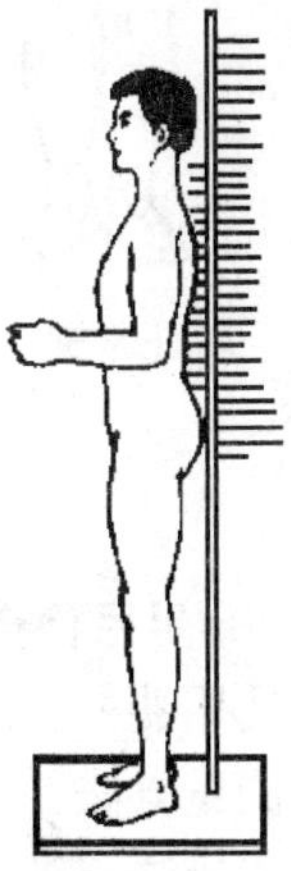

图 4–35

②后面观　各棘突应与人体中心线一致，最大偏离不得超过 0.5 厘米（图 4–38）。

可用悬锤法检查，令受试者只穿短裤，检查者以细绳系一重锤自然下垂，观察所有棘突是否与细绳方向一致。若有单纯向左或右偏移，称为“C”形弯曲（图 4–36）；若脊柱呈“S”状，称“S”形弯曲（图 4–37）。其偏离 1.1~2 厘米为 1 度侧弯，偏离 2 厘米以上为 2 度侧弯；偏离 5 厘米以上者为 3 度侧弯。最后根据侧弯是否可逆来判断侧弯的性质。令被试尽力做体前屈，若此时侧弯消失，则为习惯性侧弯；反之为固定性侧弯。习惯性侧弯常可以通过体操进行矫正。

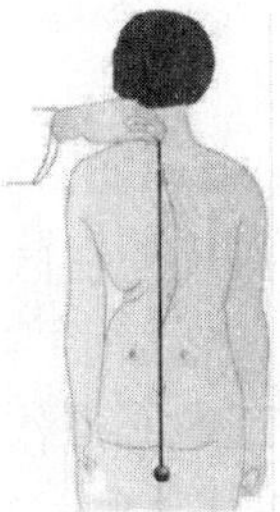

图 4–36

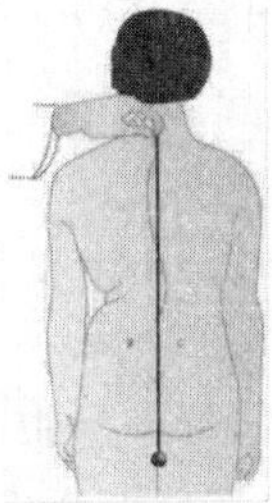

图 4–37

图 4–38

（2）腿型检查

腿的形状有正常腿、“O”形腿、“X”形腿、“D”形腿和“K”形腿五种。若两足并拢自然站立时，两膝能靠拢，或虽有间隙但在 1.5 厘米以下者为正常腿形；若两膝间隙超过 1.5 厘米以上者为“O”形腿；若两膝靠在一起时，两足分开超过 1.5 厘米以上者为“X”形腿；若一侧腿正常，另一侧腿踝能并拢，两膝距超过 1.5 厘米以上者为“D”形腿；若另一侧膝能并拢，但两踝关节间距超过 1.5 厘米者，为“K”形腿（图 4–39）。

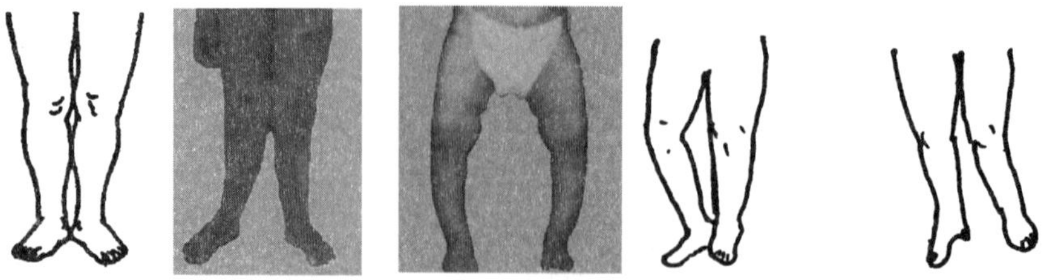

正常腿　“X”形腿　“O”形腿　“D”形腿　“K”形腿

图 4–39

28. 足弓检查

使用器材：尺、白粉。

测量方法：

印迹法　被试者赤裸双足，踩粘白粉后再踩在地板或黑板上，评定有两种方法：

● 比例法：在足印迹内侧，自足跟内缘至拇趾关节内缘引一条切线，用尺测量印迹空白区的最宽距离和实心区的最窄距离之比（图 4–40）。

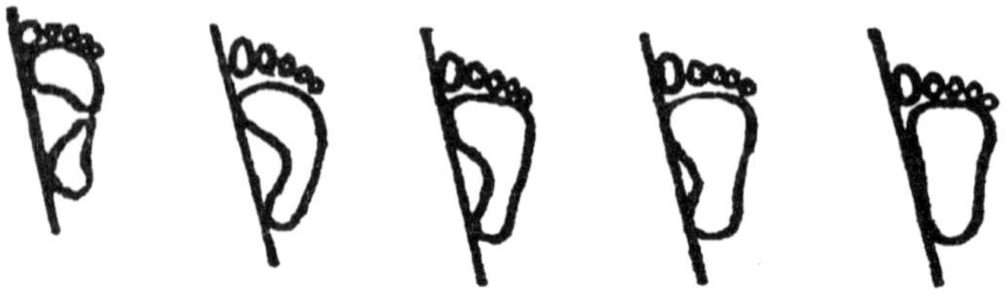

高足弓　正常　轻度　中度　重度

图 4–40　比例法测足弓

正常足为 2:1，轻度扁平为 1:1，中度扁平为 1:2，重度扁平则无空白区。

高足弓者足前掌与后跟印迹不连。

● 画线法：在足印迹内侧作第一线，自足跟中心点至第三趾中心点作第二线，一、二线相交成角，作角平分线为第三线。正常足的足弓内缘在第二线外侧，轻度扁平足的足弓内缘在第三线外侧，中度扁平足的足弓内缘在第一线外侧；重度扁平足者，其足的内缘在第一线内侧（图 4–41）。

在评价足弓形态时，特别要注意那些足底肌发达者，不能将他们归入不适于运动的扁平足之列，以免漏选人才，这时可触摸探究其足弓形态，并用测弹跳力或跑、跳耐久力来鉴别。

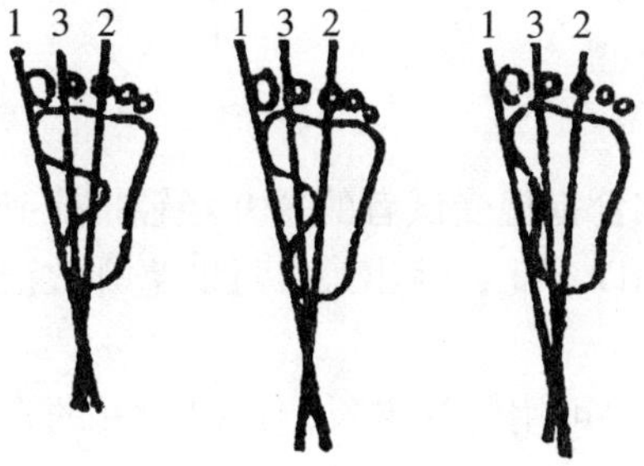

图 4–41　用画线法测量足弓图示

29. 头最大长

使用仪器：弯脚规。

测试方法：测量者立于被测量者的左侧，将弯脚规固定脚的一端置于眉间点，活动脚置于枕部，然后在正中矢状面上下移动，测眉间点与头后点之间的直线距离（图 4–42）。

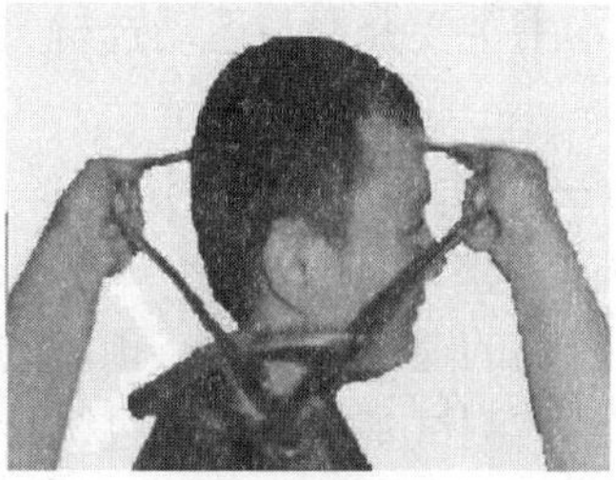

图 4–42

测试误差：不得大于 0.5 厘米。

30. 头最大宽

测试仪器：弯脚规。

测试方法：测量者立于被测者的后方，将弯脚规的两脚轻轻接触于头侧壁，然后上下前后移动弯脚规，测头左右侧间的直线距离（图 4–43）。

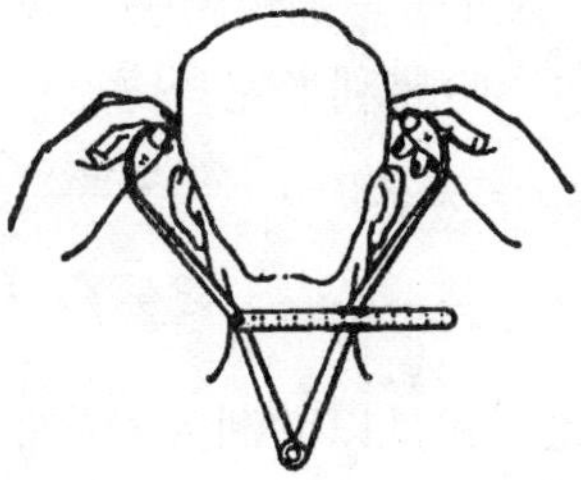

图 4–43

注意事项：左右两测点应在同一水平面和同一冠状面上。

测试误差：不得大于 0.5 厘米。

头指数（头长宽指数）的计算公式：

$$头长宽指数（或头指数）= \frac{头最大宽}{头最大长} \times 100$$

依此指数对头型分类及评定：

特长头型：70.9 以下　圆头型：81.0~85.4　长头型：71.0~75.9

特圆头型：85.5~90.0　中头型：76.0~80.9　超圆头型：91.0 以上

31. 拇指长

使用仪器：游标卡尺。

测试方法：受试者左手前伸，掌心向上，四指并拢，拇指分开伸直。测量拇指尖至掌处横纹的距离，以厘米为单位，精确到一位小数（图 4–44）。

图 4–44

测试误差：不得超过 0.1 厘米。

32. 睾丸体积

使用仪器：睾丸标准计量计。

测量方法：测试人员用拇指和食指把受试者的睾丸轻轻挤压到阴囊边缘上，通过扪诊和视诊与睾丸标准计量器逐一加以对比，找出最接近的毫升数记录之。

测试误差：不得超过 1 毫升。

（注：在无睾丸标准计量计时，可用游标卡尺测量出睾丸的直径，估算出睾丸的体积。）

第四节 体型预测方法

本书主要介绍与运动选材关系密切的身高和体宽预测方法。

一、身高预测方法

身高的遗传力较大，预测的可靠性也较大。目前国内外对身高的预测方法很多，多是在群体测试基础上，通过统计学方法计算出来的预测公式，但落实在不同种族、地区和个体身上会有不同程度的差异。故身高预测应根据实际情况，在综合测试和对所得数据全面推算和分析的基础上，找出其平均数或最佳预测方法。目前常用的身高预测方法主要有以下几种：

1.依父母身高预测子女未来成人身高

（1）哈弗利米克（捷克）根据遗传学相关理论提出：

$$\text{儿子未来身高}=\frac{(\text{父身高}+\text{母身高})\times 1.08}{2}$$

$$\text{女儿未来身高}=\frac{\text{父身高}\times 0.923+\text{母身高}}{2}$$

此公式是以欧洲人身高推算概括的，肖焕庚等认为，该公式在国内外均有一定影响，我国某些运动队曾用于选材，效果良好。

刘献武（1983）据我国有关资料统计、推导我国人子女与父母身高之关系的公式为：

$$\text{儿子未来身高}=\frac{(\text{父身高}+\text{母身高})\times(1.11\sim 1.12)}{2}$$

$$\text{女儿未来身高}=\frac{\text{父身高}\times(0.948\sim 0.98)+\text{母身高}}{2}$$

该公式与我国中部地区汉族身高预测结果比较接近。

(2) 王新（1986）建议 7~17 岁淮北地区青少年男子身高预测可采用以下公式进行推算：

$$男子未来身高=\frac{父身高+母身高}{2}\times 1.056+2.3厘米$$

(3) 根据子女与父母的指纹和足跟纹预测

若儿子的指纹和足跟纹与母亲的相似，则儿子未来身高与母亲身高大致相同（±5 厘米），否则与父亲身高接近（依俞诚士 1985）。

(4) 王路德等通过对湖北省 1821 名男女青年及父母身高统计，提出身高预测公式（摘引自《湖北体育科技》1984 年第 2 期）。此方法多在湖北省使用，其他省市可参考。

儿子未来身高=56.699+0.419×父高+0.265×母高

女儿未来身高=40.089+0.306×父高+0.431×母高

(5) 张秋平

提出上海 10~12 岁儿童预测 17 岁身高的多元回归方程为：

男子未来身高=70.26+0.33×10 岁时身高+0.34×母亲身高±0.15

女子未来身高=33.58+0.34×10 岁时身高+0.5×母亲身高±0.12

女子未来身高=31.15+0.37×11 岁时身高+0.47×母亲身高±0.12

（摘引自《上海体院学报》1984 年第 4 期）

2.依儿少当年身高预测未来成人身高

(1) 身高相关系数图法

图 4–45 是从幼儿起每年身高和 17 岁时身高相关系数图。图中“1”是坦纳、“2”是斯奈德、“3”是西蒙斯、“4”是沙特尔沃思（据意大利和美国北部居民）等人的统计结果图线，从中可以看出 8~12 岁及 15~16 岁时的相关系数较高。青春期（男 13~15 岁、女 11~14 岁）系数较低，预测准确性也低。

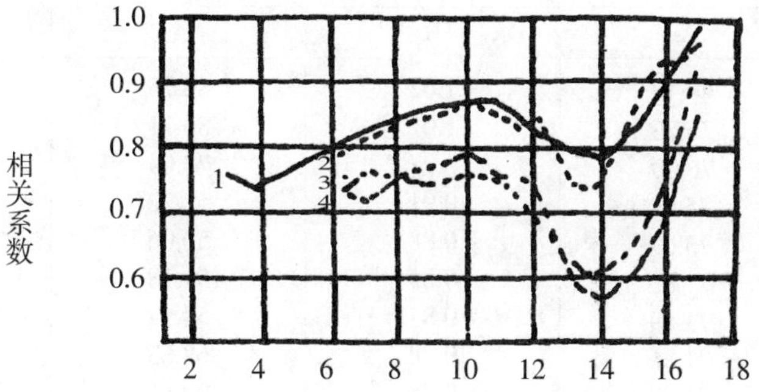

图 4–45　身高相关系数图

(2) 卡伯林氏和坦纳氏身高预测法

从 3 岁起根据当年的身高，按表 4–2 中的百分比推算出今后成年时的身高（此表是据捷克和英国居民情况统计的）。

计算公式：成年时身高=当年身高÷卡坦指数

表 4–2　卡、坦氏预测身高对照表

年龄（岁）	男子				女子			
	卡伯林氏		坦纳氏		卡伯林氏		坦纳氏	
	%	误差	%	误差	%	误差	%	误差
3	54.6	3.7	53.5	1.3	58.0	4.0	57.2	1.2
4	58.3	3.7	57.7	1.4	62.0	4.0	61.8	1.5
5	62.0	3.4	61.6	1.5	65.0	4.0	66.2	1.5
6	65.4	3.4	65.3	1.6	70.0	3.7	70.0	1.6
7	68.8	3.2	69.1	1.6	73.7	3.4	74.3	1.6
8	72.0	3.2	72.4	1.7	77.7	3.4	77.6	1.9
9	75.2	2.8	75.6	1.7	80.4	3.1	81.2	2.0
10	78.0	2.6	78.4	1.8	83.5	3.1	84.8	2.4
11	80.6	2.3	81.3	1.9	86.6	3.6	89.7	2.9
12	82.9	3.1	84.0	2.2	90.2	3.7	92.6	2.3
13	86.0	3.7	87.3	3.0	93.9	2.4	96.0	2.2
14	89.7	3.2	91.0	4.0	96.3	1.9	98.3	1.2
15	90.4	3.2	94.6	3.7	98.2	0.9	99.3	0.7
16	93.6	1.7	97.1	2.7	99.1	0.6	99.6	0.4
17	98.3	1.1	96.8	1.4	99.7	0.3	99.9	0.3
18	99.4	0.6	99.6	0.6	100	0	100	0

（3）瓦尔克尔氏一次身高预测法

从 2.5 岁起根据当年的身高和下表中的 A、B 常数代入公式推算出成年时身高（表 4–3）。

表 4–3　瓦尔克尔氏一次预测身高常数表

年龄（岁）	男		女	
	A	B	A	B
2.5	86.90	1.02	86.75	0.73
3.5	76.76	1.02	86.71	0.91
4.5	76.00	0.97	73.04	0.88
5.5	75.44	0.91	52.22	1.01
6.5	73.09	0.88	50.06	0.97
7.5	71.85	0.85	51.18	0.91
8.5	71.89	0.82	54.57	0.85
9.5	71.86	0.78	68.63	0.71
10.5	71.87	0.75	90.86	0.52
11.5	75.38	0.70	87.94	0.52
12.5	98.97	0.52	77.08	0.57
13.5	111.68	0.42	37.41	0.80
14.5	100.38	0.47	12.40	0.94
15.5	68.02	0.64	6.57	0.97
16.5	34.11	0.82	4.39	0.98
17.5	15.85	0.92	2.15	0.99
18.5	6.13	0.97	1.71	0.99
19.5	2.00	0.99	0.00	1.00
20.5	2.00	0.99	0.00	1.00

计算公式：H=A+（B×当年身高）

捷克乌布里采娃等人用此表验证误差不超过 3 厘米。我国曾凡辉等对上海 170 名男女儿童（9~10 岁）进行验证，结果显示女子偏低（不超过 1.6%），男子接近，最大误差不超过 2.6 厘米，说明在我国基本适用。

（4）瓦尔克尔氏两次预测身高法（表 4–4）

表 4–4　瓦尔克尔氏两次身高预测法常数表

年龄（岁）	男			女		
	A	B1	B2	A	B1	B2
3.5	76.60	0.99	0.40	86.71	0.81	0.00
4.5	80.60	0.90	0.40	72.97	0.87	0.15
5.5	78.40	0.86	0.40	52.73	1.00	0.10
6.5	75.40	0.84	0.35	44.23	1.03	−0.20
7.5	74.31	0.82	0.25	49.10	0.94	−0.20
8.5	72.24	0.81	−0.03	53.25	0.86	−0.05
9.5	70.85	0.80	−0.30	63.34	0.76	−0.25
10.5	68.04	0.80	−0.65	73.07	0.69	−1.05
11.5	65.47	0.81	−1.20	76.71	0.63	−0.75
12.5	63.92	0.81	−1.65	73.93	0.58	0.20
13.5	99.03	0.54	−0.95	31.16	0.81	0.95
14.5	101.71	0.44	0.50	14.16	0.92	0.50
15.5	53.40	0.70	0.75	6.32	0.97	0.25
16.5	21.92	0.88	0.60	4.39	0.98	0.00
17.5	14.67	0.92	0.40	2.15	0.99	0.00
18.5	7.80	0.96	0.25	1.71	0.99	0.00
19.5	3.70	0.98	0.15	0.00	1.00	0.00
20.5	1.80	0.99	0.10	0.00	1.00	0.00

该方法用间隔 8~15 个月两次测量当时身高，联系表 4–4 中的常数代入公式，推算出成年时身高。计算公式：未来身高=A+（B1×当年身高）+（B2×增长率）

注：增长率=C:D

C=间隔 8~15 月后复查时身高与第一次检查身高之差

D=两次检查的间隔月数

由于此方法是动态的，故预测较准确，据施赖尔等人的验证，其结果与通过骨龄预测的效果相同。

（5）凯雅燕身高预测法

意大利米兰儿科医生艾莱娜·凯雅燕根据儿少当年身高、体重和两臂张开长度预测未来身高，推导出一种预测未来身高方法：

男=103.53–（0.265×月龄）–（0.134×体重 KG）+（0.42×当时身高）+（0.334×两臂张开长度）

女=35.39-（0.109×体重）-［0.112×（两臂张开长度-身高）］+（0.843×两臂张开长度）

（6）依当年身高联系发育速度预测

各年龄段身高的发育速度是不同的，其占成年时身高百分比也不同（表 4-5）。

因此，依当年身高、联系该年龄段身高占成年身高的百分比，可推算出未来成年时身高。计算公式：未来身高或某年身高（H）

$$H=\frac{某年身高占百分比\times 当年身高}{当年身高百分比}$$

例如：某男孩 7 岁时身高为 120cm，求 18 岁时身高

$$H=\frac{99.42\%\times 120}{71.2\%}=165.7$$

表 4-5　各年龄占成人身高的百分比

年龄（岁）	7	8	9	10	11	12	13	14	15	16	17	18	19
男%	71.2	73	76	79.4	82.2	85	88.3	92.2	96.1	98.3	98.9	99.4	99.7
女%	74.7	77.6	81.2	84.1	87.6	91.8	95.9	98.2	98.8	99.4	99.47		

（7）什拉姆科娃身高预测法

捷克学者什拉姆科娃等人采用概率来预测 8~11 岁孩子的身高，比较简单，只要先量出其当时的身高，然后在表 4-6 中的垂直和水平交点中的数字即是其成年时的预测身高。

表 4-6　8~11 岁儿少身高与成年的依附关系表

当年身高	男				女			
	8 岁	9 岁	10 岁	11 岁	8 岁	9 岁	10 岁	11 岁
120	169.5	164.9	160.8		156.1	150.4	150.2	149.4
121	170.4	165.8	161.6	158.8	157.3	151.5	151.0	150.7
122	171.3	166.6	162.5	159.5	158.4	152.6	151.8	151.4
123	172.2	167.5	163.3	160.3	159.6	153.7	152.7	152.1
124	173.1	168.4	164.2	161.1	160.8	154.8	153.5	152.8
125	173.9	169.3	165.0	161.9	161.9	155.9	154.4	153.4
126	174.8	170.1	165.9	162.7	163.1	157.0	155.2	154.1
127	175.7	171.0	166.7	163.5	164.3	158.1	156.1	154.8
128	176.6	171.9	167.6	164.3	165.4	159.2	156.9	155.4
129	177.5	172.8	168.5	165.1	166.6	160.3	157.8	156.1
130	178.4	173.6	169.3	165.9	167.8	161.4	158.6	156.8
131	179.3	174.5	170.2	166.7	168.9	162.5	159.5	157.5
132	180.1	175.4	171.0	167.5	170.1	163.6	160.3	158.1

续表

当年身高	男				女			
	8 岁	9 岁	10 岁	11 岁	8 岁	9 岁	10 岁	11 岁
133	181.0	176.3	171.9	168.3	171.3	164.7	161.2	158.8
134	181.9	177.9	172.7	169.1	172.4	165.8	162.0	159.5
135	182.6	178.0	173.6	169.9	173.6	166.9	162.9	160.1
136	183.7	178.9	174.4	170.7	174.8	167.9	163.7	160.8
137	184.6	179.8	175.3	171.5	176.0	169.0	164.6	161.5
138	185.5	180.6	176.1	172.3	177.1	170.1	165.4	162.1
139	186.3	181.5	177.0	173.1	178.3	171.2	166.3	162.8
140	187.2	182.4	177.8	173.9	179.5	172.3	167.1	163.4
141	188.1	183.3	178.7	174.7	180.6	173.4	168.0	164.1
142	189.0	184.1	179.6	175.5	181.8	174.5	168.8	164.8
143	189.9	185.0	180.4	176.3	183.0	175.6	169.7	165.5
144	190.8	185.9	181.3	177.1	184.1	176.7	170.5	166.2
145	191.6	186.8	182.1	177.9	185.3	177.8	171.4	166.8
146	192.5	187.6	183.0	178.7	186.5	178.9	172.2	167.5
147	193.4	188.5	183.8	179.5	187.6	180.0	173.0	168.2
148	194.3	189.4	184.7	180.3	188.8	181.1	173.9	168.8
149	195.2	190.3	185.5	181.1	190.0	182.2	174.7	169.5
150	196.1	191.1	186.4	181.9	191.1	183.3	175.6	170.2
151		192.0	187.2	182.7		184.4	176.4	170.9
152		192.9	188.1	183.5		185.5	177.3	171.5
153		193.8	188.9	184.3		186.5	178.1	172.2
154		194.6	189.8	185.1		187.6	179.0	172.5
155		195.5	190.7	185.9		188.7	180.1	173.5
156			191.5	186.7		180.7	174.2	
157			192.4	188.5		181.5	174.9	
158			193.2	187.3		182.4	175.5	
159			194.1	189.1		183.2	176.2	

（8）王宏军回归法

河北王宏军（1986）根据（捷克）什拉姆科娃研究成果整理出我国儿少几个年龄组现在身高与未来身高的回归方程（表 4–7）。

表 4–7　各年龄组现在身高与未来身高回归方程

性别 / 年龄（岁）	男	女
8	Y=0.8849X+63.33	Y=1.16776X+15.97
9	Y=0.8749X+59.90	Y=1.09374X+19.20
10	Y=0.8539X+58.31	Y=0.8749X+47.56
11	Y=0.7996X+61.96	Y=0.6701X+68.33

(9) 用儿童身高潜在增长量预测身高

山东王显爱 1982 年提出：未来身高=当年身高+潜在增长量（表 4–8）。

表 4–8　各年龄段的身高潜在增长量（QZ）

年龄（岁）	7~8	8~9	9~10	10~11	11~12	12~13	13~14	14~15	15~16	16~17
QZ	55.14	49.14	44.14	38.89	33.64	28.1	22.4	14.47	7.99	3.83

3. 依儿少肢体发育长度来预测身高

(1) 依 13 岁足长预测（公式法）

孙登潮（1979）提出：由于脚的成熟较早，在 13 岁左右就基本稳定，以后增长速度和幅度都很小，并认为：13 岁左右的脚长=成年人脚长=成年人头长，而我国男女成年人的人体长度一般等于 7 个头或 7 个半头长，据此提出身高预测公式：

成年人身高=13 岁脚长（cm）×7±3

(2) 依足长预测身高（查表法）

由于儿童少年生长发育过程中，足长的发育和结束都领先于肢体其他部分，且与身高有一定的关系，据此可总结出我国儿少各年龄组足长与未来身高的对照表（表 4–9 和表 4–10）。

表 4–9　女生足长预测身高表

足长	7 岁	8 岁	9 岁	10 岁	11 岁	12 岁	13 岁	14 岁	15 岁
17.2	151	145	140	134					
17.6	155	149	143	137					
18.0	158	152	146	140	136				
18.4	162	156	149	143	139				
18.8	165	159	152	147	142	137			
19.2	169	162	156	150	151	139	137	136	
19.6	172	166	159	153	154	140	139	137	
20.0	176	169	162	156	155	145	143	141	140
20.4	179	171	165	159	157	148	146	144	143
20.6	181	173	167	161	158	150	147	146	144
20.8	183	176	169	162	160	151	148	147	146
21.0	184	178	170	164	161	153	150	148	147
21.2	186	179	172	165	163	154	151	150	149
21.4	188	181	174	167	164	155	153	151	150
21.6	190	183	175	168	166	157	154	153	151
21.8	191	184	177	170	167	158	155	154	153
22.0	193	186	178	171	169	160	157	156	154

续表

足长	7 岁	8 岁	9 岁	10 岁	11 岁	12 岁	13 岁	14 岁	15 岁
22.2	195	188	180	173	173	161	158	157	156
22.4		189	182	174	176	163	160	158	157
23.0		194	187	179	179	167	164	163	161
23.4			190	182	182	170	167	165	164
23.8			193	185	185	173	170	168	167
24.2				189	188	176	173	171	170
24.6				192	191	179	175	174	172
25.0				195	194	182	178	177	175
25.4						184	182	180	178
25.8						187	184	182	181
26.2						190	187	185	182
26.6						193	190	188	186
27.0							193	191	189
27.4							195	194	192

表 4–10 男生足长预测身高表

足长	7 岁	8 岁	9 岁	10 岁	11 岁	12 岁	13 岁	14 岁	15 岁	16 岁
18.0	166	161	154	148						
18.4	170	164	158	152	147					
18.8	173	168	161	155	150					
19.2	177	171	165	158	153	147				
19.6	181	175	168	162	156	150				
20.0	184	179	171	165	159	153	147			
20.4	188	182	175	168	163	156	150	145		
20.8	192	186	178	171	166	159	153	148	145	
21.2	195	189	182	175	169	162	156	151	148	146
21.6	199	193	185	178	172	165	159	154	150	149
22.0	203	196	189	181	175	169	162	156	153	152
22.4		200	192	185	179	171	165	159	156	155
22.8		204	195	188	182	174	168	162	159	157
23.2			202	191	185	177	171	165	162	160
23.6			204	194	188	181	174	168	164	163
24.0				198	191	184	176	171	167	165
24.4				201	195	187	179	173	171	169
24.8				204	198	190	182	176	173	171
25.2					201	193	185	179	175	173
25.6					204	196	188	182	178	177
26.0						199	191	185	181	180
26.4						202	194	188	184	182
26.8						205	197	190	187	185

续表

足长	7岁	8岁	9岁	10岁	11岁	12岁	13岁	14岁	15岁	16岁
27.2							200	193	189	188
27.6							203	196	192	191
28.0							206	199	195	193
28.2								200	196	195
28.6								203	199	198
29.0									202	200
29.4									205	203
29.8										205

例如：某女孩14岁时足长25cm，查表14岁和25横行的交叉点为177cm，即未来身高。

(3) 依各年龄组足长预测未来身高的回归方程法

河北王洪军（1986）提出预测未来身高的回归方程法（表4–11）。

表4–11　各年龄组足长与未来身高的回归方程

年龄（岁）＼性别	男	女
7	Y=9.1696X+1.08	Y=8.745X+0.7176
8	Y=8.9153X+0.307	Y=8.46X–0.144
9	Y=8.5779X–0.124	Y=8.11X+0.006
10	Y=8.224X+0.35	Y=7.784X+0.2
11	Y=7.9828X+0.2368	Y=7.5X+0.756
12	Y=7.642X+0.156	Y=7.26X+0.07
13	Y=7.349X+0.1	Y=7.12X+0.31
14	Y=7.107X–0.004	Y=7.06X+0.21
15	Y=6.9535X+0.2856	Y=7.007X+0.037
16	Y=6.9045X+0.07	

注：Y代表未来身高（cm），X为现在足长（cm）。

(4) 依儿少足长占成人足长百分比预测未来身高

在我国1979年对16省市25万青少年调查基础上，制定了足长与未来身高的预测对照表。潘宪民等2001年依此转换为计算公式：

$$S=\frac{L}{Z+K}$$

S：未来身高　L：当时足长　Z：成人足长指数（男14.6、女14.4）

K：该年龄足长占成人足长百分比（表 4–12）

表 4–12　该年龄足长占成人足长百分比

年龄	7	8	9	10	11	12	13	14	15	16
男	0.00741	0.00765	0.00799	0.00831	0.00861	0.00893	0.00934	0.00965	0.00985	0.00992
女	0.00789	0.00822	0.00857	0.00890	0.00920	0.00958	0.00971	0.00985	0.00992	

摘引自《浙江体育科学》2001 年第一期 42 页

4.在判断发育程度的基础上预测未来身高（依曾凡辉等 1980）

（1）从青春期开始时身高来预测

青春期开始时的身高与最终身高有很大的相关性（各型都是如此），这时的身高加上所属分型的身高增长范围平均值，即为最终身高的估计值。各分型身高增长范围平均值如下：

Ⅰ型（早熟）14.99cm±2.2；Ⅱ型（正常）22.33cm±1.85；Ⅲ型（晚熟）27.33cm±2.5

例如：一少年青春期开始时的身高为 160cm，发育程度判断是Ⅰ型，最终身高估计应是：

160+14.99±2.2=174.9±2.2（cm）

（2）回归预测法

在发育程度判断清楚的基础上，将青春发育开始时的身高代入该型的回归方程（表 4–12），即可求出未来的身高估计值。

表 4–12　不同分型的回归方程

类型	Y=a+bX	r
Ⅰ	22.885+0.9532X	0.926
Ⅱ	42.646+0.8654X	0.91
Ⅲ	35.306+0.9432X	0.95

（3）百分比预测法

在将预测对象发育程度分型后，用其当时的身高除以同一年龄同一分型的身高完成百分比（表 4–13），即为今后身高的估计值范围。

表 4–13　各型少年当年身高占成年人身高百分比及与欧美比较

年龄（岁）	少体校少年			平~纽氏			坦纳氏	卡帕林氏
	Ⅰ	Ⅱ	Ⅲ	早	正常	晚		
10	82.2	81.2	79.6	81.2	78.4	74.7	78.4	78.0
11	85.8	81.9	81.5	82.3	80.4	76.7	81.3	80.6
12	87.0	85.0	83.8	84.5	83.4	80.9	84.0	82.9
13	91.3	88.2	87.4	88.0	87.6	85.0	87.3	86.0
14	95.6	92.9	91.6		92.7	90.5	91.0	89.7
15	97.7	97.0	94.8		96.8	95.8	94.6	93.4
16	99.4	99.3	97.6		98.2	98.0	97.1	96.6
17	99.9	99.8	99.5		99.1	99.0	98.8	98.3

计算公式：未来身高＝ $\dfrac{\text{当年身高（厘米）}}{\text{所属发育分型当年所占成人身高百分比}}$

如果不能准确判断发育分型，可依Ⅰ型的要求为基准来选材会更保险。

(4) 依女孩月经初潮的年龄和身高预测未来身高

预测公式：H=30.09−1.58×A+0.983×H1±1.9

注：H 为成年时身高，A 为月经初潮时的年龄，H1 为当时的身高。

(5) 依骨龄预测身高

根据手腕骨确定骨龄，并依骨龄与年龄的关系确定早熟型（骨龄比日历年龄大一年以上）、晚熟型（骨龄比日历年龄小一年以上）和正常型（两者相差不到一年），分型不同则占最后身高的百分比也不同（表 4–14），然后代入公式进行计算：

$$未来成人身高=\frac{该骨龄时身高}{该骨龄占最后身高百分比}\pm 2.5$$

表 4–14 贝利氏、平纽氏各骨龄占最后身高百分比

骨龄（年月）	男			女		
	晚熟	正常	早熟	晚熟	正常	早熟
6.0			68.0		72.0	73.3
6.6			70.0		73.8	75.1
7.0	67.0	69.5	71.8	71.2	75.1	77.0
7.6	68.5	70.9	73.8	73.2	77.2	78.8
8.0	69.5	72.3	75.6	75.0	79.0	80.4
8.6	70.9	73.9	77.3	77.1	81.0	82.3
9.0	72.0	75.2	78.6	79.0	82.7	84.1
9.6	73.4	76.9	80.0	80.9	84.4	85.8
10.0	74.7	78.4	81.2	82.8	86.2	87.4
10.6	75.8	79.5	81.9	85.6	88.4	89.6
11.0	76.7	80.4	82.3	88.3	90.6	91.8
11.6	78.6	81.8	83.2	89.1	91.4	92.6
12.0	80.9	83.4	84.5	90.1	92.2	93.2
12.6	82.8	85.3	86.0	90.4	94.1	94.6
13.0	85.0	87.6	88.0	94.5	95.8	96.4
13.6	87.5	90.2		96.3	97.4	97.7
14.0	90.5	94.8		97.2	98.0	98.3
14.6	93.5	94.8		98.0	98.6	98.9
15.0	95.8	96.9		98.6	99.0	99.4
15.6	97.1	97.9		99.0	99.3	99.6
16.0	98.0	98.2		99.3	99.6	99.8
16.6	98.5	98.7		99.5	99.7	99.9
17.0	99.0	99.0		99.8	99.9	100
17.6		99.4		99.95	99.95	
18.0		99.6		100	100	
18.6		100				

二、体宽预测法

这里主要预测肩宽和骨盆宽，它们与很多项目的运动能力有直接关系。

1. 肩宽预测

从肩宽/身高×100 指数看，12 岁前由于人体长度指标的增长先于围度指标，男女性该指标均呈下降趋势，12 岁后随年龄增长而增长；男 20、女 18 岁以后，指数基本趋于稳定，肩宽占身高的比例达到最大。肩宽预测可依儿少当年肩宽占成人肩宽百分比代入公式进行（表 4–15）。

$$未来肩宽=\frac{当年肩宽}{当年肩宽占成人百分比}$$

表 4–15　儿少 10~19 岁当年肩宽占成人肩宽百分比

年龄（岁）/百分比（%）/性别	10	11	12	13	14	15	16	17	18	19
男	71.8	74.4	79.5	82.1	87.2	92.3	93.6	94.9	96.2	97.5
女	84.1	86.9	89.8	92.8	95.6	98.5	99.1	99.5	99.8	100

2.骨盆宽预测

骨盆宽指两髂嵴点间的直线距离。不同年龄、性别、种族和不同专项都有其特点。

从“骨盆宽/身高×100”指数看，男性 7~13 岁该指数呈下降趋势，14~18 岁逐渐增大，18 岁后稳定；女性 10~19 岁逐渐增大，19 岁后基本稳定。

骨盆宽可依儿少当年骨盆宽占成人骨盆宽百分比代入公式进行预测（表 4–16）。

$$未来骨盆宽=\frac{当年骨盆宽}{当年骨盆宽占成人百分比}$$

表 4–16　儿少 10~20 岁骨盆宽占成人百分比

年龄（岁）/百分比（%）/性别	10	11	12	13	14	15	16	17	18	19	20
男	76.4	78.9	80.0	85.1	89.0	92.7	94.5	96.1	97.6	99.4	100
女	78.8	82.6	90.5	94.4	95.7	98.4	99.2	99.6	99.8	100	

第五节　体型分类及其评价法

体型是指人体的外形特征与体格类型。骨骼发育、肌肉发达程度和脂肪积累程度是构成体型的主要基础。体型与内脏器官类型关系十分密切，且随年龄而变化，因性别而差异。常见的体型分类有以下几种。

一、（前苏联）Щеьон 体型分类及其评价法

以身体结构的三种成分为基础将体型分为三种。

1. 内胚层型　身体外形丰满，大腹，肩和大腿的脂肪层厚，包括胸部和骨盆在内，身体前后径大于横径。

2. 外胚层型　身体细高，臂、腿细长，胸部瘦窄，肌肉不发达，几乎没有脂肪层。

3. 中胚层型　身体轮廓呈直角形，大方头，骨骼肌肉和结缔组织大，前后径不太大的典型力士型。

二、（前苏联）В·В·Бунак 体型分类及其评价法

依身体比例分类法，将体型分为 9 种（表 4–17）。

表 4–17　В·В·Бунак 体型分类法

肩宽	腿长		
	短	中	长
窄	矮瘦（无力）型	亚协调型	瘦长（长条）型
中	亚矮壮型	协调型	类瘦长型
宽	矮壮（结实、强壮、矫健、压缩）型	类协调型	巨大型

三、依身体的体表特征评价法

1. 瘦长型　身材瘦长，体重较轻，骨骼细长，皮下脂肪少，肌肉不发达，颈部细长，肩窄，胸部狭长，扁平，胸围小，肋间隙大，肋弓下角小。

2. 肥胖型　身材矮胖，体重较重，骨骼粗壮，皮下脂肪组织厚，胸围大，肋弓下角大，剑突宽。

3. 中间型　介于瘦长型和矮胖型之间。

四、依体型指数评价法

1. 皮–弗（Pignet–Vervaeck）指数

$$皮-弗指数=\frac{体重（公斤）+胸围（厘米）}{身高（厘米）}\times 100$$

2. 罗氏（Rohrer）指数

$$罗氏指数=\frac{体重（公斤）}{身高^3（厘米）}\times 100$$

3. 达氏（Davenport）指数

$$达氏指数=\frac{体重（克）}{身高^2（厘米）}\times 10$$

15 岁以上的个体，均可根据上述指数来评定体型（表 4–18）。

表 4–18　体型分类表

指数	性别	瘦长型	中间型	矮胖型
皮–弗指数	男	~81.9	82.0~94.2	94.3~
	女	~81.4	81.5~94.7	94.8~
罗氏指数	男	~1.28	1.29~1.49	1.50~
	女	~1.29	1.30~1.50	1.51~
达氏指数	男、女	~20	21~25	26~

4. 身高坐高指数：指数越大，表示躯干越长

$$身高坐高指数=\frac{坐高（厘米）}{身高（厘米）}\times 100\%$$

5. R.Pearl 体型指数

$$体型指数=\frac{胸围+腹围}{身高}\times 100$$

五、依身高对应体重的评价法

可依表 4–19 中身高对应的体重来评价体型。

表 4–19　身高、体重对应的体型

身高（厘米）	瘦型（公斤）	正常型（公斤）	胖型（公斤）
157	58.1~60.8	59.5~64.0	62.7~68.1
160	59.0~61.5	60.4~64.9	63.6~69.5
163	60.0~62.5	61.3~65.8	64.5~70.8
165	60.9~62.5	62.3~67.2	65.4~72.6
168	61.7~64.5	63.1~67.9	66.3~74.5
170	62.7~65.8	64.5~69.9	67.6~76.3
173	63.5~67.2	65.8~71.3	69.0~78.1
176	64.5~68.5	67.2~72.6	70.4~79.9
178	65.4~69.9	68.6~73.4	71.7~81.7
180	66.3~71.3	69.9~74.0	73.1~83.5
183	67.6~72.6	71.3~77.7	74.5~85.4
185	69.0~74.5	72.6~78.9	76.3~87.2
188	70.4~76.3	74.5~80.8	78.1~89.4
190	71.7~78.1	75.8~82.6	79.9~91.7

依霖山 1989

第六节 身体充实度评价法

身体充实度多指身体的胖瘦、丰满或结实状况。人体可以区分为脂肪和除去脂肪以外的部分，分别称为脂肪重和去脂体重。体成分与竞技体育有密切的关系。因为去脂体重是和力量呈正相关，故以体重分级的项目对控制体重要求很高，既要保存肌肉力量又要去掉不必要的水分和脂肪。有些以力量和爆发力为主的项目，增加去脂体重就很重要；而耐力项目的运动员成绩和他们的体脂百分比呈负相关，脂肪多少在一定程度上反映了训练程度的高低。

测定身体充实度或体成分的方法很多，最重要的是水下称重法，被公认为体成分的“黄金标准法”。即任何有关体成分测定的技术或方法学上的改进或结论都必须以水下称重法的结果作为参照。但由于操作过程复杂，需要一定的设备条件，故在选材测评中常用一些简易的方法进行推测。Brogek 公式法就是其中一种。

Brogek 公式：体脂%=［(4.570/身体密度) −4.142］×100

身体密度和体脂含量密切相关。由于体脂总量的一半存在皮下，故身体密度和皮褶厚度具有相关关系。可以建立以身体密度为因变量、以皮褶厚度为自变量的回归方程来间接推算身体密度（表 4-20）。

表 4-20 由皮褶厚度推测身体密度的回归方程 （日本 铃木-长铃）

年龄（岁）	男	女
9~11	D=1.0879-0.00151X	D=1.0794-0.00142X
12~14	D=1.0868-0.00133X	D=1.0888-0.00153X
15~18	D=1.0977-0.00146X	D=1.0931-0.00160X

注：D 为身体密度，X 为肩胛角下及上臂部皮褶厚度（毫米）之和。

也可用美国的 Jackson-Pollock 的公式：

男子 $D=1.1093800-0.0008267\ (X_1)\ +0.0000016\ (X_1^2-0.0002574\ (X_3)$

女子 $D=1.0994921-0.0009929\ (X_2)\ +0.0000023\ (X_2^2-0.0001392\ (X_3)$

注：X_1=胸部皮褶厚度（毫米）+腹部皮褶厚度（毫米）+大腿皮褶厚度（毫米）

X_2=三头肌皮褶厚度（毫米）+髂嵴上部皮褶厚度（毫米）+大腿皮褶厚度（毫米）

X_3=年龄（岁）

按上述公式求出人体密度后，代入 Brogek 公式，求出体脂百分比，进而根据体重计算出体脂重和瘦体重。

由于体脂含量与种族、性别、年龄、职业等因素有关，所提出的推算公式来自对特定人群的研究结果，研究方法也不尽相同，故任何一个推算公式，只适用于相类似的人群，在选用公式时必须注意，否则推算出的结果可能误差很大。

人体的脂肪和非脂肪密度分别为 0.9007 克/毫升及 100 克/毫升，有了密度就可以从体重中推算出脂肪和非脂肪各占的比例。

也可以采用国际确认的 Brozek 等人制定的推导公式：

脂肪%=（4.57/身体密度）–4.142

脂肪量=体重×体脂%

去脂体重=体重–脂肪量

我国郑四勤研究制定了一种简易评定我国男青年身体成分的公式。

普通大学生：脂肪%=2.44523+0.99009S1+0.46426S2

体育系学生或青年体育爱好者：脂肪%=1.1683S1+0.54526S2–0.21702

注：S1 和 S2 分别表示肱三头肌和髂嵴皮褶厚度。

实验证明，此公式推算的脂肪百分比与用水下实验出来的数据无显著性差异。

我国杨天乐等用皮褶厚度法推测优秀运动员的体脂百分比，李宝文等用水下称重法推测我国中学生体脂百分比，其结果如表 4–21。

表 4–21　我国优秀运动员的身体成分（皮褶厚度法）

男			女		
项目	人数	体脂%	项目	人数	体脂%
100、200 米	26	11.13±1.16	100、200 米	24	16.67±4.53
400 米、400 米栏	25	10.76±1.35	400 米	13	15.75±2.77
800、1500 米	24	10.18±1.12	800、1500 米	20	15.20±2.40
5000 米、马拉松	34	10.30±1.13	3000 米		
跳高	18	10.96±1.03	跳高	10	17.21±2.49
跳远	21	10.90±1.31	跳远	16	17.08±5.54
标枪	11	14.13±3.95	标枪	14	10.80±3.82
铁饼、铅球	24	28.96±6.70	铁饼、铅球	22	25.61±4.61
全能	10	11.17±1.08	全能	10	15.41±3.16
游泳	37	12.06±2.10	游泳	41	18.52±3.23
排球	30	11.50±1.58	排球	53	19.68±4.21
体操	12	10.52±0.88	体操	13	11.14±2.50
大学生	40	11.76±3.38	大学生	134	23.38

（水下称重法）　　　　依杨天乐等 1982

男			女		
项目	人数	体脂%	项目	人数	体脂%
中学生	60		中学生	60	
13 岁		17.5 ± 3.7	13 岁		19.6 ± 5.3
14 岁		15.5 ± 5.2	14 岁		21.2 ± 4.7
15 岁		14.0 ± 3.3	15 岁		26.0 ± 4.4
16 岁		14.9 ± 5.8	16 岁		23.8 ± 4.8
17 岁		15.5 ± 6.9	17 岁		26.8 ± 5.9

依李宝文等 1982

1975 年孔茨尔曼（Kuntzlemon）介绍了一种体脂的简易测定法。女性测三头肌和髂上两个皮褶，男性测三头肌、髂上、二头肌和肩胛下四个皮褶。然后计算皮褶总和，查表 4–22，即可估价体脂百分比。

表 4–22　通过皮褶厚总和（毫米）估计体脂百分比

男				女			
皮褶总和	体脂百分比	皮褶总和	体脂百分比	皮褶总和	体脂百分比	皮褶总和	体脂百分比
15	5	110	29	8	13	52	29
20	9	120	30	12	14	56	30
25	11	130	31	14	15	58	31
30	13	140	32	18	16	62	32
35	15	150	33	20	17	64	33
40	17	160	34	24	18	68	34
45	18	175	35	26	19	70	35
50	20	190	36	30	20	72	36
55	21	202	37	32	21	76	37
60	22	220	38	34	22	80	38
65	23	235	39	38	23	82	39
70	24	255	40	40	24	86	40
75	25	275	41	42	25	88	41
80	26	295	42	44	26	90	42
90	27			48	27		
100	28			50	28		

由体重的测量值，可派生出许多反映身体充实度的指数，如克托莱指数、劳雷尔指数、维尔维克指数等，这里提供出这些指数在一些年龄时的均值，供选材时参考。

一、克托莱指数（$\frac{体重}{身高}\times 1000$）

它通过体重与身高的比例关系，表示每厘米身高的重量，作为相对体重来反映人体的围、宽、厚以及体组织的密度，又称为肥瘦系数。用该指数进行选材评价时，应考虑年龄、性别及种族的特点。女性突增期开始比男性早，该指数均值曲线在 7~25 岁成两次交叉，第一次在 11 岁，第二次在 15 岁，两次交叉期间，女性大于男性，其他时间男性大于女性（表 4–23）。不同专项选材时对克托莱指标有不同要求，如体操、中长跑等项目要求小些，而投掷、举重等项目要求大些。

表 4-23　7~21 岁中国儿少青克托莱指数均值

年龄（岁） \ 性别	城男		城女		乡男		乡女	
	$\bar{x}$	s	$\bar{x}$	s	$\bar{x}$	s	$\bar{x}$	s
7	175.8	14.49	171.0	15.15	172.6	12.99	167.9	13.47
8	184.9	16.22	179.6	16.44	180.8	13.82	175.9	14.31
9	195.1	18.05	190.8	18.90	189.8	15.44	184.7	15.26
10	206.4	20.41	204.4	22.23	199.1	16.56	195.8	17.82
11	217.5	22.09	219.0	25.80	208.5	17.96	207.7	21.04
12	233.1	25.90	239.6	28.88	222.3	20.54	226.1	25.86
13	253.4	31.05	261.4	31.27	237.9	25.55	247.0	29.17
14	277.2	32.53	280.5	31.82	258.7	29.40	268.4	30.35
15	298.3	31.82	295.8	31.22	282.4	31.01	289.2	30.59
16	313.8	30.26	305.7	30.73	302.5	29.40	303.3	29.92
17	324.5	28.16	311.1	30.74	313.9	27.91	313.1	29.02

二、维尔维克指数（$\frac{体重+胸围}{身高}\times 100$）

该指数反映人体长、围、宽、厚度和组织密度，与心肺和呼吸机能密切相关，是一个很好的反映人体充实度和发育程度的指数。

该指数男女自 7 岁开始，随年龄而增长，男 20 岁女 18 岁基本稳定（表 4-24）。

表 4-24　7~17 岁中国人维尔维克指数均值

年龄（岁） \ 性别	城男		城女		乡男		乡女	
	$\bar{x}$	s	$\bar{x}$	s	$\bar{x}$	s	$\bar{x}$	s
7	56.2	2.63	63.5	2.82	66.5	2.59	65.0	2.62
8	65.6	2.87	63.9	2.96	66.8	2.58	65.4	2.74
9	66.3	3.05	64.7	3.23	67.5	2.65	65.9	2.74
10	67.3	3.34	65.9	3.60	68.8	2.78	66.6	2.89
11	68.1	3.56	67.3	4.08	70.0	3.10	67.6	3.29
12	69.6	3.84	69.9	4.57	71.5	3.58	69.6	3.92
13	71.8	4.41	72.9	5.10	73.6	3.94	72.2	4.54
14	74.6	4.71	75.7	5.28	76.4	4.37	75.1	4.83
15	77.4	4.84	77.9	5.27	79.0	4.44	78.1	5.02
16	79.6	4.77	79.5	5.20			80.1	4.96

三、彼尔迪西（Pelidisi）营养（胖瘦）指数

奥地利儿科医生皮奎特（Pirquet）发现，儿童坐高（厘米）的立方是正常体重

（克）的 10 倍，于是可依坐高和体重估计小孩的营养（胖瘦）情况。

$$指数=\frac{\sqrt[3]{10\times 体重（克）}}{坐高（厘米）}\times 100\%$$

实践发现，营养良好的小孩接近 100%，胖孩可得 110%，瘦孩平均得 88%~90%。

本章思考题

1. 试述影响体型的主要因素。
2. 何谓“体型指数”“指距”?
3. 联系自己专项，谈初级选材时对体型的基本要求。
4. 了解本章介绍的各种身高预测方法。
5. 结合中国人的特点和运动专项特点，试述身高预测各方法的准确度。
6. 简述身体充实度评价法在实践中的应用。

本章主要参考文献

1. 邵象清编著. 人体测量手册. 上海：上海辞书出版社，1985
2. 全国选材课题协作组. 测试细则. 湖北体育科技，1988. 第一期
3. 曾凡辉，王路德，邢文华，等，著. 运动员科学选材. 北京：人民体育出版社，1992
4. 武汉体院编写组编著. 运动选材学. 鄂图内 1990 年 12 号
5. 柏晓玲编著. 实用运动生理实验. 北京：人民体育出版社，1989
6. 体育学院通用教材. 运动医学. 北京：人民体育出版社，1996
7. 体育学院通用教材. 运动解剖学. 北京：人民体育出版社，1996
8. 陈骏良编译. 体育测量与评价. 北京：人民体育出版社，1993
9. 余竹生，等. 运动员科学选材. 上海：上海中医药大学出版社，2006

第五章　运动素质选材

[教学要点] 理解运动素质选材的依据；掌握主要运动素质指标测试细则；了解运动素质预测的常用方法、运动素质选材测评中存在的困难和问题。

第一节　运动素质选材的依据

一、运动素质及其选材测评原理

运动素质是指在中枢神经系统的指令下，机体在运动时所表现出来的能力。通常包括力量、速度、耐力、柔韧等基本素质，还包括灵敏、协调、平衡等复合素质。

（一）力量

力量是指人体或身体某部分肌肉在工作时克服阻力的能力。力量是所有项目运动员最基本最重要的运动素质，在运动选材中占有重要的地位。力量素质受先天和后天因素的影响，正常男性在 18 岁前，力量随年龄而增长，25 岁左右达到最大力量，以后逐渐减小。女性 10 岁前力量的增长速度与男性基本相同，20 岁左右达到最大力量，以后逐年减小。体型、肌肉生理横断面积、肌肉原长度和收缩前的初长度、合理动作的肌肉收缩力学效应等因素对力量素质有较大影响。

力量包括最大力量、相对力量、速度力量和力量耐力等。

1. 最大力量指排除体重因素、身体或身体某部分肌肉工作克服最大阻力的能力。通常采用特定动作或姿势（动力性或静力性肌肉收缩）做一次最大用力的方式来测定，即采用极限负荷或接近极限负荷、按完成既定的运动幅度或肢体保持既定的时间来评定肌肉力量（但不是计量尽可能大的运动幅度或时间）。通过对最大力量的测定，可以了解目前运动员这一基本素质程度，也可以辅助判断其专项运动的能力和潜力。

2. 相对力量指运动员每公斤体重所具有的最大力量。其测定方法常采用最大力量的测试，然后将测得的值除以体重来确定。

3. 速度力量指快速克服阻力的能力。常采用测定在相对较短或最短的时间内，发挥最大作用力的能力。其突出的例子是爆发力测试。在选材中常采用运动性功率测量，即最大用力时使身体或投掷物体通过的最大距离或空间来计量（如纵跳、立定跳远、实心球掷远等）。这时的测试大多以完成规定距离时需用的时间或规定时间内通过的距离来计量。通过对速度力量的测定，可以了解运动员某种速度力量的能力，判断其速度力量的发展潜力，为运动选材提供相应依据。

4. 力量耐力指肌肉相对较长时间工作克服阻力的能力。它可以区分为动力性耐力和静力性耐力，或可以区分为相对肌肉耐力和绝对肌肉耐力。动力性耐力指肌肉重复某一动力性动作所保持较长时间工作的能力；静力性耐力指肢体维持某一姿势时肌肉在较长时间内保持紧张用力的能力。相对肌肉耐力指以自身最大力量或体重的某种比例的负荷，肌肉进行较长工作的能力；绝对肌肉耐力指不考虑自身最大力量或体重，肌肉进行较长时间工作完成相应负荷的能力。通过对力量耐力的测定，可以了解运动员某种力量耐力的能力，判断其力量耐力的发展潜力，为运动选材提供相应的依据。

动力性肌肉耐力的测试，常采用不限定时间，按规定（距离、幅度或质量）反复操作相同的动作，记录正确完成的次数。如引体向上极限次数或仰卧起坐极限次数等。

静力性肌肉耐力的测试，常采用测定受试者保持规定的姿势或动作的时间长短来计量（如在测试凳上俯卧屈臂 90°拉杠铃计保持时间）；对相对肌肉耐力可根据受试者的最大肌力或体重的某种比例、进行某种静力性动作时完成的时间或次数来计量（如采用单杠悬垂屈臂计时等）。

（二）速度

速度素质是指人体快速运动的能力，是运动素质选材中重要的测评内容。速度素质有明显的性别差异，男性一般快于女性，速度随年龄增长而增快，但在女 16、男 17 岁以后增长减慢甚至基本上停止增长。速度素质与天赋因素有关，但后天训练也能提高。

速度素质可分为反应速度、动作速度和位移速度。

1. 反应速度指人对各种信号（声、光、触等）的刺激快速应答的能力。它与中枢神经的机能状态和神经肌肉的调节机能有关。在选材测试中，很难将反应速度单独测试，它常常与动作速度或反应后的开始动作密切相连，可以把反应速度和动作速度结合成统一的“反应—动作”速度来测定，即“视动反应”或“听动反应”。如本章介绍的“反应计时尺测试”，就是将视、听（信号）后的反应和手指捏尺动作连在一起进行测试。

2. 动作速度是指人体或人体某部快速完成某一动作的能力。肌肉的收缩速度与应答反应的速度、多个单一动作间的频率、各种肌肉和不同动作之间的协调能力是影响动作速度的主要因素。动作速度除可以与反应速度结合测试外，还可以单独测试。如测试运动员在单位时间内迅速重复完成同一动作或成套动作的次数，测试运动员完成某一动作或某成套动作所花费的时间等方法。但要注意正确而熟悉的动作技术会有利于动作速度的发挥。

3. 位移速度是指在单位时间内人体快速位移的能力。根据位移形式可分为直线位移速度、曲线位移速度和往返位移速度；根据自身与位移方向的关系可分为单向位移速度和变向位移速度。目前测试位移速度大多采用测试单向直线位移速度，而将其他位移速度的测试归入灵敏素质测试中，换言之，位移速度除单向直线位移速度外，均与灵敏素质密不可分。但要注意过重的体重、过分的肥胖会影响速度。

（三）耐力

耐力素质是指人体或身体某部相对较长时间抗疲劳的能力。耐力素质受先天和后天因素的共同影响，在生长发育期随年龄增长而逐步提高，男性 20 岁、女性 18 岁左右基本达到最高水平并保持较长的时间，然后逐年下降。男性的肌肉耐力一般强于女性。心血管和呼吸系统的机能水平、大脑皮质神经过程的强度和对频繁刺激的耐受能力、正确合理熟练的技术动作、耐力的专门训练对耐力素质都有很大的影响。

耐力素质可以分为心血管耐力和肌肉耐力。心血管耐力又分为有氧耐力和无氧耐力(速度耐力)，其中无氧耐力又分为非乳酸供能无氧耐力和乳酸供能无氧耐力。

有氧耐力是指机体在氧气供应比较充分的情况下，坚持较长时间工作的能力。无氧耐力又称为速度耐力，它是指机体在氧气供应不足的情况下，能坚持较长时间工作的能力。

耐力素质的测试手段常采用动力性测试（如各种形式的长时间跑、游、划等周期性活动，或长时间做某一非周期性活动）或静力性测试手段（如测试负重或不负重时身体保持某种姿势的时间长短）。

肌肉耐力主要采用骨骼肌的较长时间的工作能力来体现，而心血管耐力常根据运动中心肺功能和运动肌群运动的共同状态来体现。

（四）柔韧

柔韧素质目前通常是指跨过关节的肌肉、肌腱、韧带等软组织的伸展能力，或指关节活动幅度的大小。实际上柔韧素质应理解为“跨过关节的肌肉、肌腱、韧带等软组织的伸展能力、弹性和坚固程度”。柔韧素质可分为一般柔韧性和专门柔韧性。常将身体各主要关节的伸展活动能力称为一般柔韧性，而将专项运动所需要的部分关节的特殊伸展柔韧素质称为专项柔韧性。柔韧性受先天和后天因素的影响。柔韧性测试是运动选材中重要的测试内容，它可以对运动员当时的柔韧性进行了解，还可以对备选者具有某种运动潜力和可训练性进行判断。

目前测试柔韧素质的方法手段通常有：用压、劈、摆、环绕等动作的伸展程度和幅度来测试肩、腿、髋、踝关节的柔韧性；常用站立体前屈、俯卧背伸、转体、绕环等动作来测试腰部的伸展柔韧性。其测试结果常可以用带尺、直尺、量角器、测角仪等器具计量。采用多动作组合的、抗阻力的动态柔韧性测评是测评柔韧性的最好方法，但这种方法在目前测评中的实际应用太少。

（五）灵敏

灵敏素质是指在各种突然变换的条件下，运动员能迅速、准确、协调地改变身体运动的能力。灵敏素质是大多数运动项目选材中测试的主要内容，对于那些要求运动员身体或身体某部经常做出各种变换运动的项目更为重要。通过对灵敏素质的测试，可以了解运动员目前灵敏素质的水平，还可以对其运动潜力或某些特定的运动能力的发展前景进行初步的预测。灵敏素质受先天和后天因素的影响，在青春发育期前一般是稳定提高，而在生长发育突增期稍有下降，以后又逐步提高直至最高水平。在青春发育期之前男女差异不明显，进入青春发育期后男性灵敏性逐渐高于女性。大脑皮质神经过程的均衡性和灵活性、对时间和空间的感觉、准确地判断能力和快速的反应速度、肌肉的力量和身体的机能状态、掌握动作技能的数量和熟练协调程度以及体型情况都会影响灵敏素质。

灵敏素质可分为一般灵敏素质和专项灵敏素质。衡量灵敏素质的标志是运动员在各种复杂条件下能够迅速、准确、协调地做出相应动作的能力。主要测试手段有让运动员在专门设计的跑、跳中迅速、准确并协调地完成各种变换动作；各种迅速调整身体方位的能力测试；对各种信号做出准确应答的“反应—动作”测试。

（六）平衡和韵律

1. 平衡素质是指人体保持某种稳定姿势的能力。它可以分为静力性平衡和动力性平衡。静力性平衡是指人体在某一特定姿势时保持稳定的能力；而动力性平衡是指人体在激烈运动中维持平衡的能力。平衡的维持取决于前庭分析器和肌肉、肌腱、关节中的动觉感受器，以及对各种刺激的综合协调能力。平衡能力受先天和后天因素的共同影响，11~16 岁平衡能力随年龄增长而提高，男女是否有差异尚待进一步确定。平衡能力是部分项目（如体操、游泳、跳水、拳击、摔跤、球类等）选材时非常必要的测试内容。

对静力性平衡能力的测试常采用静止站立或保持某种姿势（单、双脚踩物体或平地上）计量持续时间，（单、双）手倒立或头手（或身体其他部位支撑的）倒立（或保持某种姿势）的持续时间等方法。

动力性平衡能力常采用测量下支撑状态下移动脚迅速跳跃、踩不同点（或物体）时保持身体平衡的时间，或测试运动员受到某外力作用（如冲撞）时保持身体平衡的能力，或测试运动员在移动物体（匀速、变速、变向等情况）上保持身体平衡（或保持某种姿势）的能力等方法。

2. 韵律是指运动员在完成运动时表现的节奏、动作速度平稳（或快慢适宜）和流畅程度。在部分项目选材中需测试韵律，对一整套必须连续完成的技术是必要的。韵律与动觉、速度和灵敏密切相关，在一定程度上是天赋因素，但通过训练是可以提高的。

目前对韵律的测试方法较少，仅有的一些是让受试者对某种节律的动作进行复制或重复完成某整套动作所花费时间的对比，缺乏必要的专项测试和常模。

二、主要运动项目运动素质选材要点

运动素质是各项目运动能力的基础。不同的运动项目，对运动素质的要求也不同（表 5–1）。

表 5–1　主要运动项群（目）运动素质选材要点

项群（目）		运动素质选材要点
体能速度力量类	短冲类	反应快，起动速度快，加速能力强，动作频率高。跑、滑冰、自行车等对下肢力量、髋关节柔韧性要求高；短游、滑雪对臂力、腰腹力、背力、握力、腿力、平衡能力和全身柔韧性要求高，专项耐力好
	跳跃类	腿部爆发力好，腰腹力量强（撑竿跳还对肩带、上肢力量要求高），柔韧性好，短程加速能力强
	投掷类	全身力量强，动作速度快，爆发力强，协调性好，对肩带柔韧性有特殊要求，标枪要求短程加速能力强
	举重类	全身力量好，爆发力大，各关节固定、支撑能力强，强大的握力，肩关节柔韧性好

续表

项群（目）		运动素质选材要点
体能耐力类	短时	维持最高速度、动作频率的能力强，绝对力量和力量耐力好，专项柔韧性好
	中时	无氧和有氧耐力强，力量耐力好，有一定速度和绝对力量。中长跑（滑冰、自行车）要求下肢、腰腹力量大，髋、踝关节柔韧性好；中长游（划、滑雪等）要求全身力量大、柔韧性好
	长时	有氧（速度和力量）耐力能力强，专项柔韧性好
技能表现难美类	体操 技巧	全面而灵活，各种跳跃、支撑、悬垂的动（静）力性力量，动作速度快，臂、腿、腰、腹、背肌相对力量大，握力大，柔韧性好，平衡能力强
	武术	动作速度快，臂、腿、腰、腹、背肌相对力量大，握力大，柔韧性好，灵活协调性好，弹跳力好，专项耐力强
	艺体	灵活性、节奏感、协调性、柔韧性好，有一定的弹跳力
	跳水	本体感觉好，平衡能力强，弹跳力强，柔韧性好，转体翻转等整体动作速度快，腰腹力量大
技能准确类	射击 射箭	臂力、握力、腰背力大，静止站立保持性力量和耐力强，肩关节柔韧性好
技能隔网对抗类	排球 乒乓球 网球 羽毛球	反应速度快，动作速度快（判断快、起动快、移动快、摆臂快、制动快、还原快、变向快），动作爆发力大，柔韧素质好，协调灵活性强，有一定的专项耐力，身体有关部位的相对力量大。排球需要较强的专项助跑弹跳和原地弹跳力
技能同场对抗类	篮球 冰球 排球 垒球 足球 棒球 手球 水球	反应速度、动作速度、对抗中的短距离往返位移速度快，全身力量较强，弹跳力好，速度耐力和其他专项耐力强，灵敏性、柔韧性及本体感觉好
技能格斗类	击剑	反应速度快，下肢快速力量强，动作速度及短距离位移速度快，灵敏性好，各主要关节的柔韧性好
	摔跤 柔道	全身力量、快速力量好，动作速度快，以肩、腰、髋关节为主的关节柔韧性好。本体感觉优秀，动作保持力及肌肉耐力好，专项反应快
	拳击 散打 跆拳道	反应速度、动作速度快，快速击打力量大，弹跳力强，保持性站立力好，抗击打能力强，专项耐力好，相应关节的柔韧性好

三、主要运动项目运动素质选材测评指标

表 5–2 介绍的是主要运动专项的运动素质选材测评指标，其测评方法见第二节，其各年龄段指标的选材标准见附录。

表 5–2　主要运动项目（群）运动素质选材测评指标

项目（群）		运动素质选材主要指标
田径	短跑	站立式起跑 30 米和 60 米跑,立定跳远，立定三级跳远或立定十级跳远，后抛铅球，纵跳，30 米单足跑，专项成绩（100 米、200 米或 400 米），步频
	中长跑	60 米跑，十级跳远，后抛铅球，步频，专项成绩（800 米或 1500 米）
	跨栏跑	站立式起跑 30 米或 60 米跑，快速 10 秒原地高抬腿，步频，体前屈手触地，双腿前后劈叉和左右劈叉，后抛铅球，立定跳远，立定三级跳远或立定十级跳远，400 米跑，专项成绩（80 米、100 米或 110 米、400 米栏跨栏跑与平跑成绩差距）
	跳远和三级跳	60 米跑，10 米途中跑，立定跳远或立定三级跳远，后抛铅球，四步助跑五级跨步跳远，专项成绩（跳远或三级跳远）
	跳高	站立式起跑 30 米跑，助跑摸高（净跳高度），后抛铅球，四步助跑五级跨跳远专项成绩
	撑竿跳	站立式起跑 60 米跑，立定跳远，引体向上，四步助跑五级跨跳远，专项成绩
	铅球	30 米跑，立定跳远，后抛铅球，原地推铅球或掷铁饼，卧推（骨龄 16~17 岁者测），深蹲，直腿坐，上体前屈触地，专项成绩（铅球）滑步推和原地推差值
	铁饼	30 米跑，立定跳远，后抛铅球，原地推铅球或掷铁饼，卧推，深蹲，专项成绩（铁饼）旋转投和原地投差值
	标枪	30 米跑，立定跳远，掷小垒球（125 克），后抛铅球，后桥/身高×100（12~15 岁），转肩宽度，抓举（16~17 岁），双手投实心球（16~17 岁），专项成绩（标枪）助跑投与原地投差值
	链球	30 米跑，立定跳远，立定三级跳远，后抛铅球，深蹲，卧推，专项成绩（链球）
体操		30 米跑，立定跳远，引体向上，30 秒悬垂举腿，提倒立（直臂屈体慢起手倒立），后桥（女），体前屈（男），专项成绩（按体操教学训练大纲考核）
游泳		纵跳，体后屈，立位体前屈，踝关节屈伸度（屈伸），展臂上举，反臂体前屈，浮力平衡力，专项成绩：（1）四式 50 米手、腿基本动作计时游（2）四式 50 米配合计时游（3）400 米、800 米、1500 米自由泳计时游（4）100 米、200 米个人混合泳计时游（5）四式 10 米出发计时游
跳水		30 米跑，立定跳远，纵跳摸高，悬垂举腿，肩关节柔韧性，踝关节柔韧性，后桥，协调性
举重		60 米跑，立定跳远，后抛铅球，体前屈，横竖叉，握力，背力，负重深蹲，纵跳，专项成绩（举重）总成绩、后蹲

续表

项目（群）	运动素质选材主要指标
篮球	100米跑，助跑摸高，收腹举腿，十字跳，800米或1500米跑
排球	60米跑，助跑摸高，20次仰卧起坐计时，36米移动
足球	守门员：30米跑，灵敏（滑步摸地），立定跳远，引体向上（男），或屈臂悬垂（女） 锋卫线队员：30米跑，立定跳远，灵敏（3米往返），12分钟跑
乒乓球	30米跑，立定跳远，400米跑，30秒或45秒单摇或双摇跳绳，羽毛球掷远，移步换球
羽毛球	50米跑，立定跳远，800米或1500米跑，单摇或双摇跳绳，握力，羽毛球掷远，5次左右两侧跑和5次直线进退跑或10次低重心四角跑，10秒钟脚踏频率
网球	30米跑，起动计时跑，纵跳，立定跳远，4×8.23米往返跑，肩关节柔韧性
击剑	1分钟双摇跳绳，立定跳远，100米、800米或1500米跑
赛艇	俯卧拉，负重深蹲，下蹲伸臂距，800米、1500米或3000米跑，下蹲伸臂距，3分钟立卧撑，纵向踩木
皮划艇	俯卧拉，俯卧撑，引体向上，卧推，100米，下蹲伸臂距，800米或2000米跑，纵向踩木
蹼泳	1分钟快速仰卧起坐，纵跳，踝关节屈伸度
自行车	立定跳远，20级蛙跳，仰卧抱头起，踏蹬频率（原地高抬腿），引体向上（俯卧撑，屈臂悬垂），200米行进（100米跑），1000米计时（400米跑），公路30公里或20公里（1500米，800米跑）
帆船	3000米（1500米）跑，引体向上，1分钟仰卧起坐，背力指数（背力/体重×100%），平衡能力（纵向踩木）
帆板	引体向上，屈臂悬垂，卧撑屈伸腿，1500米跑，纵向踩木
射击	800米、1000米跑，俯卧撑
射箭	拉弓稳定性时间/体重，下肢静力（马步下蹲），转肩距，纵向踩木

第二节 主要运动素质指标测试细则

一、力量素质

1. 握力

测试目的：测量前臂和手指屈肌力量。

使用器具：握力计（图5-1）。

测量方法：受测者自然站立，两臂下垂，分别用左右手握，每只手连续握三次，取最大值。

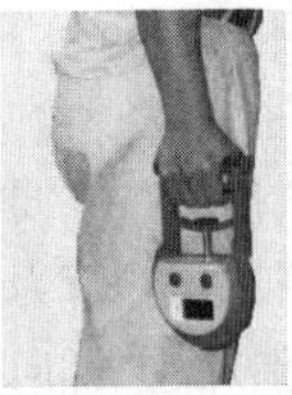

图5-1

注意事项：不得摆动握力计或借助与身体接触的助力。

2. 引体向上（图 5–2）

测试目的：测引体时肩臂的最大力量和力量耐力。

使用器具：高单杠。

测量方法：立于杠下的受试者跳上杠双手正握，两臂伸直成悬垂姿势。待身体平稳后，两臂同时用力向上引体至下颌超过横杠上缘，然后伸臂还原成悬垂姿势，即为成功一次。记录完成的次数。

图 5–2

注意事项：受试者不得借助于身体摆动、收腹屈腿等附加动作。若有身体摆动，助手可帮助稳定，但不得助力。不合乎规格要求的动作不应计数。

3. 屈臂悬垂

测试目的：测评运动员上肢力量。

场地器材：高单杠、秒表。

测验方法：受试者跳起双手反握杠（同肩宽），可在帮助下屈臂引体上拉到下颌超过单杠上缘开始计时。当头顶低于单杠上缘时停表。以秒为单位记录悬垂时间。

注意事项

①悬垂后，如身体有摆动，测试人员可帮其稳定；

②测验时，应加强保护，以免受伤。

4. 背肌力（背力指数）

测试目的：主要测量躯干伸肌的力量，也涉及下肢伸肌、手指屈肌以及上肢伸肌等的力量，故在一定程度上反映以腰背为主的全身力量。

使用器具：背力计。

测量方法：受试者站在背力计底盘上，握把高度可调节到受试者自然站立、两臂下垂时中指尖的高度。然后身体前倾 30°双手握把，手心向里，两腿伸直，用力伸腰（图 5–3），当背力计指针停摆时，指针指向的读数，即为背肌力值。测量三次，取最大值。

背力指数：背力（千克）×100/体重（千克）

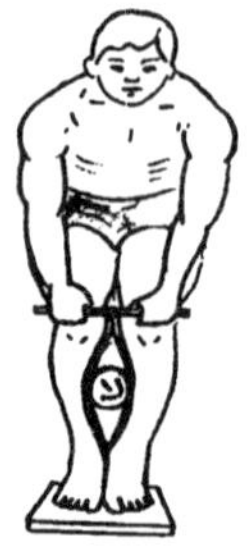
图 5–3

注意事项：仅靠上体从前倾 30°角挺直时所产生的力量拉背力计，不得借助屈臂、屈腿和身体后倒的力量。

5. 腿力

测试目的：主要测量膝关节伸肌和足屈肌力。

使用器具：背力计。

测量方法：背向手握杆站在背力计底盘上，上体正直，膝关节屈成 135°左右，两手握拉杆（拉杆略高于膝关节），握距与肩同宽，然后用力伸直两腿，指针停摆时，此数即为腿力值。测量三次，取最大值。

注意事项：应注意膝关节的角度，可用量角器或在墙上画一角度线，要求一致。受测者发力时不准上体前后仰屈和两臂弯曲。

6. 悬垂举腿

测试目的：主要测评运动员腰腹力量。

场地器材：单杠。

测验方法：在单杠上正握，直臂直腿并腿绷脚尖开始，上举双腿至脚尖触杠为一次。腿落下至悬垂再开始做第二次。记录 30 秒钟内完成次数。

注意事项

①举腿过程中不能弯腿，凡弯腿不计次数，并告诉受试者，弯腿不算，可以继续做。

②每次都要从直体悬垂或稍有背弓开始做。

7. 杠铃卧推（图 5–4）

测试目的：测定卧推动作时手臂伸肌的力量。

使用器材：标准杠铃、卧推举凳。

图 5–4

测试方法：调整好杠铃重量后，受试者仰卧在凳上，两脚着地，助手抬杠于受试者胸前的手中，双手正握杠铃杠，两手相距约同肩宽（不得超过 80 厘米），向上推杠铃至双臂伸直，保持 2 秒。然后由助手移开杠铃。再调整重量推，从低于个人最好成绩 20~25 千克开始，每次增加 5 千克，每一重量最多可试举 2 次，直至推不起为止。记录以千克为单位，取整数。

评价方法：用推举成功的重量除以受试者体重，成绩越大越好。

注意事项

①测试前，应认真检查杠铃重量以及所用铃片重量；

②受试者试举时，应有保护措施；

③受试者骨龄在 16~17 岁测此指标。

8. 杠铃俯卧拉（图 5–5）

测试目的：测定俯卧拉动作时手臂屈肌和胸、背、肩等部位的力量。

使用器材：长凳（凳高以俯卧时双手下垂可握到地面上的杠铃杆为准），杠铃一副。

图 5–5

测试方法：调整好杠铃重量后，受试者俯卧在凳上，胸部和下颌紧贴凳面，双手同时用力拉起杠铃，杠铃杆触凳板底部即可。测试时，可先以本人能拉起重量的 80%开始，每组拉一次，逐渐增加重量，直至动作变形（下颚或胸部离开凳面）或拉不起为止。记录可拉起的最大重量，以公斤为单位，精确到一位小数。

注意事项：测试前应充分做好准备活动，以防受伤。

9. 杠铃负重深蹲（图 5–6）

测试目的：主要测下肢蹬伸力量以及腰腹背部力量。

使用器械：标准杠铃（垫肩）。

图 5–6

测验方法：受试者双脚并立与肩同宽，全脚掌着地，肩负已调节好重量的标准杠铃，双手正握杠铃杆，上体保持正直。然后深蹲至大小腿夹角小于 90°，再起立至直立姿势，保持 2 秒后卸下杠铃即为成功。从低于个人最好成绩 20~25 千克开始，每次增加 5 千克，每一重量最多可试蹲 2 次，直至动作变形（先提臀，后起立）或不能起立为止。记录以千克为单位，取整数。

注意事项

①测试前应认真检查杠铃重量以及所用铃片重量；

②测试前应充分做好准备活动，以防受伤，受试者试蹲时，应有保护措施。

10. 抓举

测试目的：主要测评全身力量和动作协调性。

使用器械：杠铃。

测验方法：受试者骨龄在 16~17 岁测此指标。受试者采用箭步抓或下蹲抓技术均可，但上举时必须一次完成用力，肘关节不能有弯曲上举现象。从低于个人最好成绩 20~25 千克开始，每次增加 5 千克，每一重量最多可试举 2 次，直到最大重量为止。记录以千克为单位，取整数。

注意事项

①测试前，应认真检查杠铃重量以及所用铃片重量；

②受试者试举时，应有保护措施；

③受试者骨龄在 16~17 岁测此指标。

11. 俯卧撑（图 5–7）

测试目的：测试肩背力量。

使用器具：地板或垫子上均可。

测量方法：受试者用双手和双脚尖撑地，双手与肩同宽，两臂伸直，身体保持平直呈俯卧姿势。然后双臂弯曲，身体下落，直至胸部接近地面，再将双臂伸直，还原成原俯卧姿势，至此完成一次。记录正确完成的次数。

图 5–7

注意事项：下落和上推时，不得弓背和塌腰。

12. 1 分钟快速仰卧起坐

测试目的：测腰腹力量和速度。

使用器具：垫子、秒表。

测量方法：受试者仰卧在垫上，两腿并

拢伸直，两臂平放在大腿上，由测量者压住其双脚踝部，起坐时双肘触及两膝为成功一次。仰卧时，必须两肩胛骨触垫。测试人员发出“开始”口令的同时，开表计时，记录1分钟内正确完成动作的次数。

注意事项：不得借助肘、手撑垫或臀部起落的力量。

13. 仰卧起坐计时（排球选材用，其他项目可借鉴）

测试目的：主要测评运动员腰腹快速肌力。

场地器材：木板或木凳。

测验方法：运动员仰卧在木板或木凳上，用带子捆住膝关节部位，看手势（同时开表计时），做20次仰卧起坐，要求两腿伸直，用左手摸右脚尖，右手摸左脚尖，第20次摸到脚尖为止计算时间，每人测一次。记录以秒为单位，精确到一位小数。

注意事项：两手可以摆动，手未触及异侧脚尖或仰卧时双肩胛骨未触及木板均不计次数。

14. 收腹举腿（图 5–8）

测试目的：测试腰腹力量。

场地器材：垫子，秒表。

测试方法：受试者仰卧于垫上，两腿伸直，肩胛骨贴垫，两臂向上举至头两侧并贴垫。发令开始测试时，两臂、上体和两腿同时向上折叠，膝关节不能弯曲，双手碰到脚面为完成一次，连续进行。计30秒钟完成次数。

图 5–8

注意事项：收腹举腿时，两腿弯曲或双手未碰到脚面均不计入成绩。

15.提倒立（直臂屈体分腿慢起手倒立），体操、艺体、技巧等选材用（图 5–9）。

图 5–9

测试目的：测评提倒立和手倒立动作完成的能力和倒立稳定性，肩背力量和上肢支撑力量，也可衡量体前屈的柔韧性。

场地器材：地毯或垫子。

测验方法：在地毯或垫子上直臂屈体分腿支撑开始，提至倒立部位，并腿为一次，腿落下至开始姿势再做第二次。连续做，记录次数。手爬动或臀部坐地即停止，记录次数。

注意事项

①只有一次试做机会。

②提倒立过程中，不能屈臂屈腿，凡屈臂屈腿超过45°不记次数，并告诉受试者因弯臂或弯腿不记次数，可以继续做。

16. 垂直跳

测试目的：测下肢肌特别是膝关节伸肌和足屈肌爆发力。

方法一

使用器具：SC21型三维测力台，在台面中央固定一塑料卷尺。

测量方法：受试者站在测力台中央，通过肩和髋挂一直线垂直于地面，线端连接卷尺记录卷尺上的读数，当发出“开始”的信号后，同时开动试波器以每秒 100 的速度走纸，受试者可下蹲，摆臂向上跳起后，仍落回原处，取其卷尺上的第二个记录，第二个数减去初始数，即为实际原地纵跳的高度。受试者测两次，取其两次中成绩最好的一次，试波器纸上记录整个纵跳过程中的变化曲线。

方法二

场地器材：摸高显示器或黑板一块（如用小黑板则需一小盒白粉）、皮尺一个，量程不小于 3 米的直立标尺，或钉在墙上的带尺、或标有长度的测量用具用纸，使用前应校准。

测量方法：令受试者直立于标尺杆的一侧，手指沾好白粉，以右上肢尺侧贴近标尺尽量上举，此时双足并拢，不得提起。用中指尖在墙上或带尺上点一指印，量取右手中指指尖至足底平面的垂直距离。记录以厘米为单位，取整数。然后屈膝起跳，并尽量上举近墙的手臂，用中指尖在跳起最高点时再在墙上或带尺上点一指印，这上下两个指印间的垂直距离为纵跳高度。

注意事项：受试者双脚同时起跳，跳前不要向前垫步，要垂直上跳，落地点在起跳点的前后左右方向均不得超过 10 厘米。

17. 立定跳远

测试目的：测量下肢肌特别是膝关节伸肌和足屈肌爆发力。

场地器材：平坦地面或沙地，量尺。

测量方法：受试者两脚自然开立，站在起跳线后，屈膝摆臂尽量向前跳，双足着地，丈量起跳线至最后着地点后沿之间的垂直距离。受试者穿钉鞋，每人跳三次，记录最好一次的成绩，以厘米为单位。

注意事项：做预备动作时双脚不得离地或在地面上滑动（起跳前不得垫步）。沙坑平面不得低于起跳线。

18. 助跑摸高（净跳高度）

测试目的：测评运动员弹跳能力和下肢速度力量。

场地器材：摸高显示器或黑板一块（如用小黑板则需一小盒白粉）、皮尺一个，量程不小于 3 米的直立标尺，或钉在墙上的带尺，使用前应校准。

测验方法

①先测直立手足间距

令受试者直立于标尺杆的一侧，以优势手贴近标尺尽量上举，此时双足并拢，不得提起。量取手中指指尖至足底平面的垂直距离。记录以厘米为单位，取整数。

②助跑摸高

受试者助跑用单足起跳，以起跳脚异侧臂的手（优势手）触摸高悬的显示器或黑板（如用黑板，手需事先蘸白粉），丈量中指尖至地面的垂直距离。每人测三次，记录最好成绩。记录以厘米为单位，取整数。

③计算净跳高度

用助跑摸高高度减去手足间距，所得差值即为助跑摸高净跳高度，单位为厘米。

注意事项：受试者助跑 4~6 步，采用直线助跑或弧线助跑均可。悬挂显示器或黑板应结实可靠，悬挂地点要考虑到受试者助跑起跳落地时前冲的距离。不得将显示器或黑板直接挂在墙上，以免发生撞伤事故。

19. 原地掷垒球

测试目的：测量上肢、腰腹快速力量。

场地器材：操场，垒球。

测量方法：地面上画一投掷线，受试者站在线后，原地单手将垒球经肩上投出。丈量投掷线至垒球落地最近点距离。每人掷三次，记最佳一次成绩。

注意事项：脚不得踩线。

20. 助跑掷小垒球

测试目的：测评上肢、腰腹的快速力量，助跑投掷的动作协调性。

场地器材：掷标枪场地，长度不小于 95 米。垒球重量 125 克，直径 8~10 厘米，不可过大。

测验方法：受试者单手持球，预跑 4~6 步接投掷步后将球投出，投球技术与标枪相似。丈量方法同标枪比赛规则。记录以米为单位，精确到一位小数。

注意事项：测试前应认真检查垒球重量，垒球重不得少于 125 克，但也不应超过 140 克。

21. 原地推铅球（铅球运动员选材用，其他项目可参考）

测试目的：测评运动员原地推能力，间接评定下肢、腰腹与上肢力量，与滑步（旋转）投成绩的比较可以评定技术水平。

场地器材：男子 12~15 岁球重 4 千克，16~17 岁球重 6 千克；女子 12~15 岁球重 3 千克，16~17 岁球重 4 千克。场地为标准推铅球场地。

测验方法：受试者单手持球站在抵掷板后，与投掷臂同侧的脚在开始用力前不得离地或移动。异侧脚可抬起或移动一步，铅球出手后，受试者不得犯规。记录以米为单位，精确到一位小数。

注意事项：测试前，应认真检查铅球重量，使之符合规则要求。

22. 原地掷铁饼（铁饼运动员选材用，其他项目可参考）

测试目的：测评运动员原地投能力，间接评定下肢、腰腹与上肢力量协调能力，与滑步（旋转）投成绩的比较可以评定技术水平。

场地器材：标准掷铁饼场地，男子 12~15 岁饼重 1 千克，16~17 岁饼重 1.5 千克；女子 12~17 岁饼重 1 千克。

测验方法：受试者按田径规则要求，持铁饼站在投掷圈内。与投掷臂同侧的脚在开始用力前不得离地或移动，异侧脚可抬起或移动一步，铁饼出手后，受试者不得犯规。记录以米为单位，精确到一位小数。

注意事项：测试前，应认真检查铁饼重量，使之符合规则要求。

23. 原地投标枪（标枪运动员选材用，其他项目可参考）

测试目的：测评运动员原地投掷能力，与全程助跑投掷成绩的比较可反映助跑速度损失程度和技术效果。

场地器材：女子 600 克标枪，男子 700 克标枪。场地为标准掷标枪场地。

测验方法：受试者单手持枪站在起掷弧后，与投掷臂同侧的脚在开始用力前不得离地或转动。异侧脚可抬起或移动一步，标枪出手后，受试者不得犯规。记录以米为单位，精确到一位小数。

注意事项：测试前，应认真检查标枪重量，使之符合规则要求。

24. 后抛铅球（田径选材用，其他项目可参考）

测试目的：测评运动员全身力量发展水平和协调用力技术，也可反映爆发力水平。

场地器材：铅球投掷场地，或长、宽各 20 米的场地。铅球重量为男子 12~15 岁（4 千克）、16~17 岁（5 千克）；女子 12~15 岁（3 千克）、16~17 岁（4 千克）。

测验方法：受试者背向抛球方向站立，两脚开立与肩同宽，脚后跟与起掷线齐平，双手持球经预蹲后自下而上用力将球向后方抛出。球抛出后，受试者可向后退，不算犯规。丈量时，从起掷线量至铅球落地痕迹最近点。每人抛球三次，取得好成绩为最后成绩。记录以米为单位，精确到两位小数。

注意事项

①测试前应按规则对铅球重量进行检查，符合规定方可使用。

②铅球落地应为土地或炉渣地。

③抛球时应注意安全。

25. 2 公斤实心球后抛

测试目的：测量上肢、腰腹、背等部位的绝对力量和快速力量。

场地器材：2 公斤实心球、丈量尺。

测量方法：受试者两腿分开，背向抛球方向站立于投掷线后，双手持球从头前上方抛至后面，抛球时，用腰背及腿部力量带动手臂。丈量投掷线至球落地点最近的距离，每人抛三次记录最佳成绩。

注意事项：抛球后，脚跟不能过线。

26. （双手）2 公斤实心球前抛

测试目的：测量上肢、腰腹、背等部位作前抛时的绝对力量和快速力量。

场地器材：标准掷标枪场地、实心球。

测试方法：受试者面对投掷方向，双手持球的后侧面，将球置于头的后上方，助跑 4~6 步将球投出。量投掷线到球落地点后缘的距离。以米为单位，精确到一位小数。

注意事项

①测试前，应认真检查实心球重量，实心球重在 2000~2050 克之间方可使用。

②抛球后，脚不能踩或过线。

27. 立定三级跳远

测试目的：测量下肢、腰腹等部位的快速力量。

场地器材：平地或沙坑，皮尺、平耙各一个。

测量方法：在沙坑前画一条起跳线（距离沙坑的远度可视受试者的水平而定）。受试者在线后立定，双脚起跳，第一跳单脚落地，第二跳另一脚落地，第三跳双脚落沙坑。起跳线应设置在平地上，丈量成绩时由起跳线量起，其他同田径规则。受试者应穿钉鞋，每人跳三次，以厘米为单位，记录最佳成绩。

注意事项：做预备动作时双脚不得离地或在地面上滑动。沙坑平面不得低于起跳线。

28. 立定十级跳远

测试目的：同上。

场地器材：同上。

测量方法：同上（但共跳十跳，第十跳落沙坑）。

注意事项同上。

29. 四步助跑五级跨步跳远

测试目的：测评运动员连续跨跳能力、腿部力量和爆发力、动作协调性的能力。

场地器材：沙坑、皮尺、平耙各一个。

测验方法：受试者以起跳脚放在前面，助跑四步，然后用起跳脚完成单足跳（即为第一跳）。接着用另一脚落地，进行跨步跳，余下均为跨步跳，第五跳双脚落入沙坑。起跳线应设置在平地上，丈量方法同田径规则。受试者应穿钉鞋，每人试跳三次，取最好成绩。记录以米为单位，精确到两位小数。

注意事项：同上。

二、速度素质

1. 反应时

测量目的：测量视反应和视动反应能力。

使用仪器：SC421 三维测力台及其配套仪器示波器与应变仪，红信号灯。

测量方法：受试者站在测力台中央，膝微屈，使膝与脚尖在垂直面上，上体稍前倾，两臂自然下垂，目光注视正前方红信号灯。示波器一起动，红灯即亮，受试者见红灯亮即迅速跳起，示波器即记录了这一动作曲线。从示波器开始到做动作的时间是由眼的感觉器到中枢、由中枢到肌肉的以神经传导为主的时间，称为“神经传导时”，从动作开始到结束的时间，称为“肌肉收缩时”，两者合计称“全身反应时”。受测者测两次，取其中最好的一次。

注意事项：受试者见信号后立即蹬直膝关节跳起离地，不要有下蹲动作或收小腿离地，仅要求快速离地，不要求跳起高度。

2. 10 秒频率

测量目的：测下肢动作频率和灵敏协调性。

使用仪器：SC421 三维测力台及其配套仪器示波器与应变仪、升降凳。

测量方法：受试者站在测力台上，调节升降凳高度，使凳面与膝关节的腘窝线平齐，运动员坐在调节好的升降凳上，大腿的中部位于升降凳的前端，两腿自然下垂，脚掌触及测力台面，上体自然直立，两臂自然下垂。以上准备工作完毕，受试者可试 2~3 分钟，用两脚掌交替敲打测力台面，之后进行实际测试。当受试者听到“开始”的信号时，用最快的频率敲打测力台面，同时示波器启动，用每秒 100 的速度送纸，记录 20 秒的频率。当听到“停止”信号后，停止活动。从示波器纸上前后各舍去 1 秒，计算前后各 5 秒内的次数。

注意事项：测试时，受试者不要支撑凳子，脚面不要抬得过高，以免影响速度。

3. 蹬踏频率（自行车选材用，其他项目可参考）

测试目的：测运动员的速度素质或先天具备的速度潜力。

场地器材：赛车一辆，练习台一个，秒表一块，运动员自己选择适宜的传动比，并将赛车放置在练习台上，测试人员手扶车座下缘或固定车把。

测试方法：运动员在车上练习骑行 1~2 分钟后稍休息，然后运动员快速骑行达最快频率时测试人员喊“开始”，记录 10 秒内一侧腿蹬踏次数。

注意事项：运动员在骑行时如失去平衡，可重新试骑。由于蹬踏频率较快，最好有三个测试人员记录，最后取其平均值。也可用特制的自行车蹬踏频率计。

4. 10 秒钟脚踏频率

测试目的：测评运动员下肢动作频率、脚步快速启动移动的能力。

使用仪器：频率测试仪或秒表，升降凳或不同高度凳子若干个。

测试方法：受试者坐在凳子上，使凳面与膝关节的腘窝线平齐。两腿自然下垂，脚掌触及台板，上体挺直，两臂自然下垂。

待准备工作完毕，受试者可试 3~5 秒钟用两脚前掌交替敲打台板。当受试者听到“开始”的信号后，用最快的频率敲打台板。当 10 秒时间到，频率测试仪自动停止记录。从显示屏上抄下脚踏频率，记录次数。

若无频率测试仪时，可用秒表代替。受试者听到“开始”的信号后，两脚前掌用最快频率敲打地面，当听到“停”的信号时，停止敲打动作。测试人员在启动秒表的同时，发出“开始”信号，并计数脚踏频率，直至 10 秒时间到停表。计数的具体方法可用每脚踏 4 次计数为 1，即左、右、左、右（或相反）为 1，然后将计数结果乘 4，作为测试的最后成绩。

注意事项：测试时，受试者手不要支撑凳子，脚面不要抬得过高，以免影响速度。

5. 原地高抬腿（自行车选材用，其他项目可参考）

测试目的：测评运动员的速度素质和先天具备的速度潜力。

测试仪器：秒表。

测试方法：队员原地站立，听到“开始”口令后做原地高抬腿动作，测试人员记录 10 秒钟内高抬腿次数。

注意事项：高抬腿时，躯干应和大腿呈 90°角，支撑腿伸直。

6. 轻敲实验

测试目的：测量手腕的最高动作频率，反映神经系统的反应速度和运动器官的机能状态。

测试用具：秒表、铅笔，一张纸上画好 20 厘米 × 20 厘米大小的正方形，再画两条线把它分成均等的四个方格。

测试方法：受试者坐在桌旁，听到“预备”“起”的口令后，10 秒钟内用最快的速度在第一方格内画点。过 10 秒钟后重发口令，运动员再在第二方格继续画点，依次类推。为使所画的点不重叠，建议画点沿圆圈移动。整个测试时间为 40 秒。以每个方格内画多少点评定成绩。一般经过训练的运动员每 10 秒可画 70 点。另外可对不同方格中的点数进一步分析，若动作频率急剧下降（即从一个方格到另一个方格点数明显减少），说明稳定性不够，机能灵活性下降。若各方格的点数呈阶梯型递增，说明进入工作的过程较慢。

7. 手足反应时（图 5–10）

测试目的：测量手、足对视觉刺激的反应时。

使用器材：特别电动计时尺或一般直尺，桌子、椅子各一。

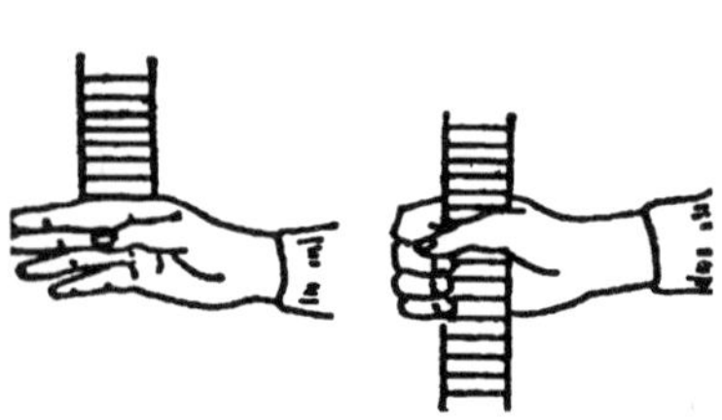

图 5–10

测试方法

①测量手的反应时，受试者坐在桌子左边（用右手）或右边（用左手），将手伸出桌面约 5 厘米，大拇指与食指分开约 2 厘米，两指的上缘与计时尺零点齐平，做好准备捏物的姿势。测试人员手持计时尺上端，置尺于受试者的大拇指与食指之间，当测试人员发出“预备”口令时，受试者凝视计时尺零点，当测尺下落时，迅速用手指捏住尺，拇指上缘所指读数，即为测量结果。

②测量脚的反应时：受试者赤足坐在桌面上，脚跟附着桌面，离墙 5 厘米，前脚掌离墙 2.5 厘米，测试人员贴计时尺于墙面，使尺的零点对准拇趾的上缘，当测试人员发出“预备”口令时，受试者凝视计时尺，尺下落时，迅速用前脚掌把尺压在墙上，大拇指上缘读数即为测量结果。每人测 5 次，取其中三次中等成绩的均值，以秒为单位记录。

注意事项

①受试者应集中注意力。

②不要让受试者摸到“预备”与尺下落间隔的时间规律。

③受试者应看尺，不应看测试人员的手，不得预捏。

④测量前应让受试者练习，熟悉方法要求。

附：自制计时尺的方法

取一把木尺，在尺面上按下列长度比例标上时间值（表 5–3）

表 5–3　自制计时尺刻度对照表

时间（秒）	间隔距离（厘米）	时间（秒）	间隔距离（厘米）	时间（秒）	间隔距离（厘米）
0.05	1.23	0.17	14.16	0.29	41.21
0.06	1.77	0.18	15.88	0.30	44.10
0.07	2.40	0.19	17.70	0.31	47.09
0.08	3.14	0.20	19.60	0.32	50.18
0.09	3.97	0.21	21.61	0.33	53.36
0.10	4.90	0.22	23.72	0.34	56.66
0.11	5.93	0.23	25.92	0.35	60.03
0.12	7.06	0.24	28.22	0.36	63.51
0.13	8.28	0.25	30.63	0.37	67.08
0.14	9.64	0.26	33.12	0.38	70.76
0.15	11.03	0.27	35.72	0.39	74.53
0.16	12.55	0.28	38.42	0.40	78.40

（引自陈骏良编译《体育测量与评价》1993）

8.30 米、50 米、60 米、100 米跑（或行进间跑）

测试目的:测量位移速度。

场地器材：使用标准 400 米田径场或不短于 100 米、有四条分道的直跑道。分道宽 1.22 米或 1.25 米。计时用电子秒表或机械秒表，使用前应校准。

测验方法：受试者穿钉鞋，每组不少于 2 人，采用站立式起跑。计时员见受试者起动即开表计时，待受试者躯干的任何部分到达终点线内沿的垂直平面时停表。其他按田径规则执行，每名受试者至少应有一人计时。记录以秒为单位，精确到一位小数。

注意事项：测试前，应用钢尺或皮尺丈量跑道距离，并按规则要求画好起跑线、终点线、分道线。秒表应事先进行检查和校对。

9. 步频

测试目的：测量运动员下肢动作速度和反映青少年运动员先天具备的速度潜力。

场地器材：使用标准 400 米田径场或不短于 100 米、有四条分道的直跑道。分道宽 1.22 米或 1.25 米。计时用电子秒表或机械秒表。使用前应校准。

测试方法：受试者从 30 米起点线后 15~20 米开始起跑，助理计时员站在 30 米起点线侧面 2~3 米处。当受试者跑至该线瞬间挥动手势，计时员开表计 30 米行进跑的时间。另一助理计时员站在 30 米的中段，计量途中跑连续两步的距离，除以 2，得出每步的平均距离，并用 30 米除每步的平均距离，得出 30 米的步数，并在测试表中记下步数和时间。计算方法为：

步频=行进 30 米的步数÷行进 30 米的时间

注意事项：测试前，应用钢尺或皮尺丈量跑道距离，并按规定要求画好起跑线、终点线、分道线，秒表应事先检查和校对。

10. 羽毛球掷远（乒乓球选材用，其他项目可借鉴）

测试目的：主要测评运动员的上肢动作速度和爆发力。

场地器材：室内场地，地面画一条起掷线。标准的羽毛球若干个，丈量尺一个。

测验方法：受试者手持羽毛球头站在起掷线后，原地经肩上将球掷出。投掷时，允许一脚离地，但不能踩上或越过起掷线。丈量起掷线至羽毛球落地点之间的垂直距离，以米为单位，精确到小数点后两位。每人掷两次，记录较好的一次成绩。

注意事项

①投掷前不准故意捏球。

②测试的室内场地应无风。

③掷球出手后，踩上或越过起掷线为犯规。

三、耐力素质

1. 屈臂悬垂耐力

测试目的：测肩臂肌肉克服自身体重时的静力耐力。

使用器材：高单杠、板凳、秒表（使用前应校正，每分钟误差不超过 0.2 秒）。

测量方法：受试者站在凳上，反握单杠，两手与肩同宽，两臂全屈，横杠位于下颌之下，然后两脚离开凳子，做静止用力的悬垂姿势。当受试者双脚离凳时，测试人员开表计时，当头顶低于横杠上缘时停表。记录以秒为单位。

注意事项：测试者应站在受测者侧面，若受试者两腿摆动可帮助稳定，但不得给与助力。当受试者两脚离凳后，应将凳子后撤并加强保护。

2. 屈膝仰卧起坐耐力

测试目的：测定腹肌耐力。

使用器材：直尺。

测试方法：受试者仰卧，屈膝，为统一屈膝角度，可令受试者膝窝夹一木尺，让其双脚前伸至木尺下落为止。然后受试者两手交握在头后，坐起后轮流使右肘触左膝盖和左肘触及右膝盖，尽量做到力竭为止。

评价方法：以完成动作的次数评价，次数越多腹肌耐力越好。

注意事项：双脚要全脚掌触地，两脚与臀部的位置要固定，动作中不得移动，双手要始终保持在头后，每次坐起前手背必须着垫，起坐后肘要触及膝盖。

3. 1 分钟卧撑屈（伸）腿

测试目的：测试上肢支撑力、腰腹肌和腿部肌肉的力量和力量耐力。

场地器材：平坦地面、秒表。

测试方法：受试者双手离脚尖 25 厘米处扶地成蹲撑，听到开始口令后，双腿向后伸直成俯撑，再还原成开始时蹲撑姿势即为完成一次动作，记录 1 分钟完成动作的次数。

注意事项：成俯撑时，两腿必须伸直，不得弓背和塌腰。从俯撑还原到蹲撑时，脚尖离手的距离不得超过 25 厘米（约一脚长）。

4. 俯卧撑耐力

测试目的：测定双肩和肩带耐力。

使用器材：平整地面或垫子。

测试方法：受试者两腿和两臂伸直，双手和双脚前脚掌撑地，两手与肩同宽，身体保持平直成俯卧撑姿势，然后屈臂使身体下降，直至胸部微触地（身体仍保持平直），再推臂向上成直臂支撑姿势，即为完成一次动作。记录准确完成动作的次数。

评价方法：计正确连续完成动作的次数，越多越好。

注意事项：受试者要连续完成动作；整个动作过程中不得弓身和塌腰，要保持身体的直线性；胸部未触及地或头部未低于肘，动作无效。测试时可高声计数，无效动作不计。

5. 800 米、1000 米、1500 米、3000 米计时跑

测试目的：测速度耐力。

场地器材：400 米跑道田径场地跑道若干条，地面平坦，地质不限，秒表若干块。秒表使用前应用标准秒表校正。1 分钟误差不得超过 0.2 秒。

测验方法：受试者至少两人一组，用站立式起跑。当听到发令枪响后或“跑”的口令后开始起跑（发令员在发出“跑”的口令的同时摆动发令旗）。计时员视枪烟或旗动开表计时，受试者胸部到达终点线的垂直面停表。记录以秒为单位，精确到小数点后一位。若小数点后面的第二位尾数不是零时，则向前进一位，如 10.11 秒应进位成 10.2 秒。

注意事项

①按规则要求发令并计时，千米以上可抢道，每组不少于两人。

②用站立式起跑，穿球鞋，不能穿钉鞋。

6. 9 或 12 分钟计距离跑

测试目的：判断心血管、呼吸系统及奔跑的耐力水平。

场地器材：田径跑道（每隔 10 米画一标志线），秒表，发令枪或口哨。

测量方法：受试者站在起跑线后，听到发令即起跑，以尽快的速度坚持跑 9 或 12

分钟，记录跑完的距离，以米为单位。

注意事项：跑前做好准备活动，跑中全力以赴。

7. 拉弓稳定时间/体重（射箭选材用）

测试目的：测试射箭运动员拉弓时专项力量耐力水平。

使用器材：弓、箭、秒表。

测试方法：受试者将弓拉开，拉靠到位，身体重心不变，用力不抖，箭头移动位置小于 11.5 厘米，测试人员启动秒表计时，当受试者不能按上述要求完成动作时，立即停表，以秒为单位记录成绩。

注意事项：弓要拉满，响片在箭头尖时要稳定。身体不能前倾或后仰。持弓臂不能仰角过高。

8. 马步蹲

测试目的：测试运动员下肢半蹲时的静力耐力。

使用器材：秒表。

测试方法：受试者两脚分开（与肩同宽）站立，屈膝下蹲，膝关节成 90°，两臂前平举，测试人员启动秒表计时。当受试者不能按上述要求完成动作时，立即停表。以秒为单位记录成绩。

注意事项：膝关节必须成 90°。

9. 20 级蛙跳（自行车选材用，其他项目可参考）

测试目的：测评运动员下肢肌群、腰背肌群的力量耐力及速度耐力。

场地器材：秒表一块。长度至少 50 米的地面，画起点和终点线各一条，两线相距 45 米（男）或 37 米（女），在两线之间每隔 2.25 米（女 1.85 米）画虚线一条，共画 19 条，以便让运动员掌握跳的节奏。

测试方法：原地起跳，按规定距离连续蛙跳 20 次计时，每人做 2 次，以最好的一次为准。

注意事项

①双脚平行（不得前后），上一级落地后，在下一级起跳前双脚不得向前移动，否则为跳一级。

②在跳的过程中不许停顿。

四、柔韧素质

1. 踝关节的柔韧性和灵活性

测试目的：测踝关节屈伸的柔韧性和灵活性。

使用器材：专用量角器或用量趾弯曲度仪代替。

测量方法

方法 A：受试者坐在一水平的长凳上，右脚前伸放在凳面上，膝关节伸直，量角器活动线压在内外踝连线上，量角器后板贴在胫骨前缘，前板贴在距骨和柘骨面上，脚尖尽量绷直，测试人员站在被测者左侧读数（图 5–11）。

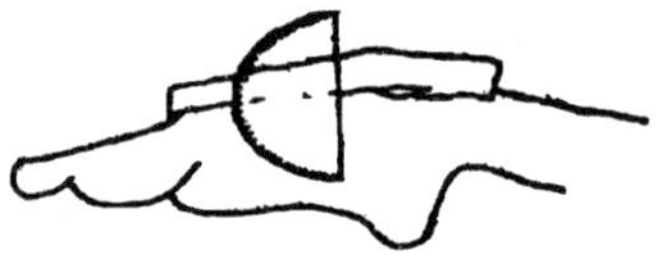

图 5–11

注意事项：测试人员不得下压量角器的前板。

方法 B：受试者仰卧，脚跟部伸越床沿，膝部伸直，关节活动度规固定臂与腓骨小头至外踝的连线平行；活动臂置于第五柘骨小头和跟部外侧缘的连线上，测量踝关节背屈和柘屈间的最大角度（图 5–12）。

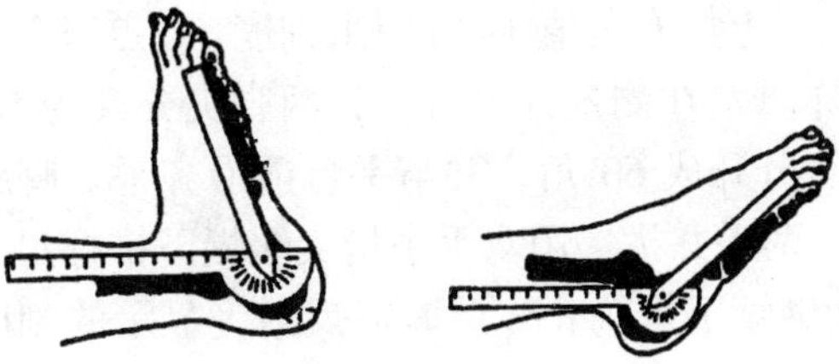

图 5–12

注意事项：测试人员不得下压活动臂。

2. 劈叉实验（图 5–13）

测试目的：测量髋关节伸展的柔韧性。

使用器材：刻度尺或桡度仪。

测量方法：受试者两腿前后或左右缓慢分开至两脚间的最大距离，尽量使分叉处靠近地面。测量分叉处离地面的垂直距离或两脚跟之间的水平距离。测量三次，以厘米为单位，记录最好成绩。

图 5–13

评价时也可转换成指数进行评价。即：

纵劈叉指数=足跟间距/（下肢长×2）

横劈叉指数=足跟间距/［髋横径+（下肢长×2）］

3. 立位体前屈

测试目的：测髋关节和腰椎的灵活性以及肌肉韧带的伸展性。

使用器材

①体前屈测量计。测量前应用直尺进行校正，即将直尺侧放在平台上，使游标的上面与平台呈水平，并将游标刻度（从反射镜面看）调到零位。

②或将标有刻度长约 60 厘米的直尺垂直固定在测量凳或平台的一侧，直尺的 0 点与凳面或平台平行，0 点以上标有负值 1~20 厘米刻度，0 点以下以正值 1~30 厘米刻度。

测量方法：受试者赤脚站在测量计平台上，两脚尖分开约 5~10 厘米，两腿并拢伸直，足尖置于平台的前缘分开成 60°角，并与平台前沿齐平。脚跟并拢，然后上体尽量前屈，两臂及手指伸直，两手并拢。用双手中指尖缓慢下推标尺上的游标（不得有突然下振的动作），直到不能继续下推为止。此时以反射镜显示的刻度读数记录之（正数从外往里看，负数从里往外看），或游标所指刻度即为体前屈数，以厘米为单位，取小数点后一位，每人测三次，取最大值记录（图 5–14）。

注意事项

①测量前，受试者应在平地充分做好准备活动，以防拉伤。

②测试时，如发现受试者两手中指尖下推不平齐，两腿弯曲或两臂突然下振，应令其重测。

③测试人员站在受试者右侧，用右手轻扶受试者右肩，以防其失去平衡，向前倾倒。

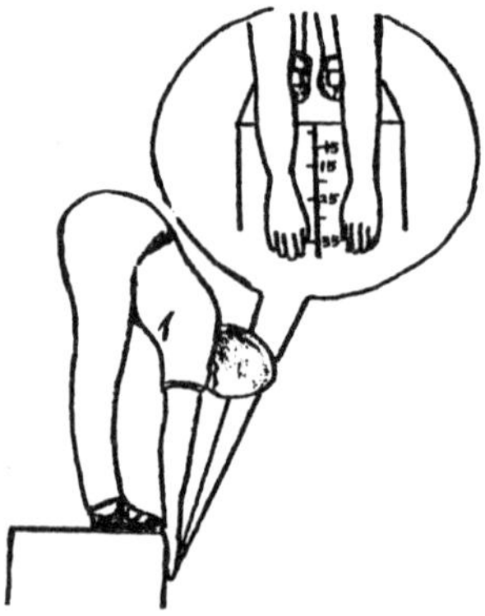

图 5–14

4. “造桥”测验（后桥）

测试目的：测肩、胸、腰、髋部的柔韧性。

使用器材：可伸缩的直尺或卷尺。

测量方法：受试者先呈站立位，测量脐至垫面的垂直距离（脐高），然后仰卧垫上，屈双腿，用力推成弓形，双手双脚撑地（分开同肩宽），尽量使手脚的距离靠近，并使脊柱向上顶起至最大限度。测试人员站在受试者一侧，置钢尺的零点于垫面，测量背弓最高点与垫面的垂直距离（桥高）。以厘米为单位，记录两次中最好一次的成绩（图 5–15）。

图 5–15

评价时可用“脐高—桥高”，数值越小，柔韧性越好。也可用“桥高/脐高”指数进行评价，指数值越接近“1”则柔韧性越好。

注意事项

①测试前应做好准备活动，测试时应缓慢成桥。

②测量时手掌、脚跟不得离地。

③垫子应平整，丈量时尺子应保持垂直。

④测试时应有专人保护受试者。

5. 后桥/身高×100

测试目的：测评运动员肩、胸、腰、髋部位的柔韧性。

使用器材：可伸缩的直尺或卷尺。

测验方法

①测量身高。

②受试者在平地（或木板）上先取仰卧姿势，然后双手用力将身体推起，使身体呈反弓形，尽量使双手移向双脚方向，当不能移动时，测量手脚之间的距离。

③将身高和后桥（手脚间距）数据代入公式，求出该指数。

注意事项

①测量时手掌、脚跟不得离地。

②测量手与脚近侧间的最短距离，丈量时尺子应保持平直。

③测量时应有专人保护受试者。

6. 旋肩测验（转肩距）

测试目的：测肩关节的柔韧性。

使用器具：皮尺或 2 米左右带有刻度的小木棍。

测量方法：受试者直立，两脚分开与肩同宽，两臂伸直，双手胸前握皮尺或小木棍，一手虎口固定于皮尺（或小木棍）的 0 点位置，另一手（活动手）取适当距离握住尺（或小木棍），然后两臂伸直，由胸前向上、向后旋转过头至背后（如遇困难，活动手可向外滑动，加大两手距离），再直臂向上、向前旋转至开始位置。完成后，缩短两手间距，重复以上动作，直到不能完成为止。以厘米为单位，记录两虎口间的距离。以厘米为单位，记录两次中最好一次的成绩。

注意事项：测试前，应做好肩部准备活动。测试中两臂不得弯曲。

7. 屈踝测试

测试目的：测量踝屈和腓肠肌、跟腱的伸展能力。

场地器材：平整的墙壁，直尺或皮尺。

测量方法：受试者面向墙壁站立，脚跟着地，身体前倾，下颌、前胸、双手掌贴墙面。逐渐加大脚与墙壁的距离，但两膝必须伸直，脚跟不得离地。下颌至地面的垂直高度减去脚尖至墙壁的水平距离，即为测试成绩，测量两次，记录最好一次的成绩。数值越小，说明踝关节背屈与跟腱的伸展的能力越好。

注意事项：测试前应做好充分准备活动，测量时两脚跟不得离地。

8. 俯卧背伸（体后屈）

测试目的：测脊柱的伸展性。

使用仪器：带滑动游标的测量尺。

测试方法：受试者俯卧于平板上，两臂伸直于体后，两手成十指交叉。测试人员一人双手按住受试者大腿上部，令受试者头和上体尽量向后上方缓缓仰起（图 5–16）。测试人员测量受试者下颌缘至板面的垂直距离，测试误差不得超过 0.5 厘米。记录以厘米为单位，精确到一位小数。

注意事项

①测试前，应充分做好准备活动以防受伤。

②测量时要保持测量尺的垂直。

③仰起后，要保持后仰姿势至测量完毕。

图 5-16

9. 坐—摸测验

测试目的：主要测量髋、背弯曲的能力。

使用器材：直尺两个。

测试方法：受试者直腿（腿并拢）坐在地上，把双脚跟触地的最远端处对准地面上画好的横线后，另一同伴按压其膝关节处使腿固定。然后受试者慢慢将双手在脚两侧尽量前伸，触地，测试人员用直尺量横线到手指尖触地点的垂直距离。以厘米为单位，每人测两次，取最好一次的成绩（图 5–17）。

注意事项：受试者手前伸时不得采用突然前振的方式，要慢慢前伸，等其稳定后才丈量。若两手成绩不同，可将两者相加除以 2。

图 5–17

10.下蹲伸臂距

测试目的：主要测量髋、背弯曲的能力。

使用器材：在高度不小于 60 厘米的小凳（或小桌）的一侧，垂直于地面钉一根钢尺。

测试方法：受试者蹲在木凳上，两脚分开，与肩同宽，脚尖不得超出木凳边缘，两臂在两腿之间尽量向下伸，记录手指尖下伸的最大距离。以厘米为单位，精确到一位小数。

注意事项：测试时，脚跟不得离开凳面。

11. 肩—腕上抬测验

测试目的：测量肩、手腕的伸展性。

使用器材：棍棒一根，直尺。

测量方法：先量受试者的臂长（手臂自然下垂时肩峰到中指尖的距离）。然后受试者俯卧于地上，两臂伸直，两手分开与肩同宽，手握棍。然后缓慢将棍尽量上抬，但下颌必须着地，肘伸直。当受试者上抬棍至极限位置时，测试人员用尺量地面到棍下缘的垂直距离。

评价方法：用臂长减去三次测试中最佳成绩的抬棍高度。臂上抬高度越接近臂长，成绩越好。

注意事项：受试者手上抬时不得采用突然上振的方式，要慢慢上抬，等其稳定且棍平后才丈量。

五、灵敏与协调素质

1. 反复横跨

测试目的：测全身灵敏性和协调性。

场地器材：反复横跨器。无此仪器时可在平地上画一条中线，中线两侧画两条平行线（图 5–18），此平行线距中线的距离为 100 厘米（7~11 岁）或 120 厘米（12 岁以上），秒表一块。

测量方法：受试者两脚跨中线站立，膝微屈，听到“开始”口令后，向右横跨右侧线，然后向左跨中线；再向左侧跨左侧线，再向右横跨中线，如此循环往复。记录 20 秒横跨过线的次数，每跨过一条线得 1 分，一次往返横跨得 4 分。横跨不过线不得分。测两次，记其中最好成绩。

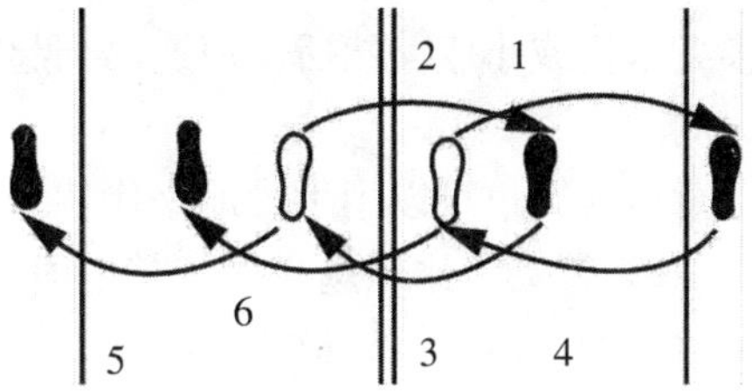

图 5–18

注意事项：测试人员应注意受测者每次横跨是否过线。

2. 十字跳测验

测试目的：测变换方向跳和灵活控制身体的能力。

场地器材：秒表，在平地上画两条相互垂直的交叉线，并标明 $\frac{4|2}{1|3}$ 区。

测量方法：受试者听到口令后，由交叉点以双脚跳入 1 区，并连续跳入 2、3、4 区，再跳回 1 区，连续跳 10 秒钟，记录次数，每次得 1 分。每错跳一次（例如错跳、踩线、双脚不同时起跳或落地）扣 0.5 分，受试者因意外事故中断动作或特殊原因影响成绩时，允许重测一次。

注意事项：测试前应让受试者练习两次，测试时，必须按规定顺序和要求跳。

3. 3 米往返跑（足球运动员选材用，其他项目可借鉴）

测试目的：测评运动员短距离快速起动、急停、变向跑的能力和灵敏素质。

场地器材：在水泥或沥青地面上画两条相距 3 米的白线，中间 1.5 米处画一条细中线，秒表。

测验方法：每次 2~4 人（监测人相同），预备时，受试者站在两边线之间，后脚踩一边线。听口令后，尽快在两线之间往返跑。每次须一只脚踩到边线，计 30 秒踩到边线的次数。测两次，取高的一次记录成绩。

注意事项

①测验时，要求受试者穿胶鞋。

②每次往返，必须踩到边线。

③记录时，可精确到 0.5 次。

4. 滑步摸地（足球选材用，其他项目可借鉴）

测试目的：测评运动员灵敏及协调能力。

场地器材：同上。

测验方法：测试人数及准备同上。听口令后，用交叉滑步快速在两线间往返跑（始终面向一方），每次用一只手摸到边线，计 30 秒摸到边线的次数。测两次，取高的一次记录成绩。

注意事项：同上。

5. 5 米往返跑

测试目的：测量变向跑的灵活性。

使用器材：秒表，小木块或塑料小瓶两个。

测试方法：在平整场地上画两条相距 5 米平行线（线长 2 米），沿两线外缘分别放置一个木块或小瓶。受试者站在起跑线后，听到“跑”的口令后，快速跑至第二条线处，摸到木块或小瓶，然后快速返回到起跑线处摸木块或小瓶。如此往返 5 次，记录完成的时间。

注意事项：也可以用手触地来代替木块或小瓶。注意触地或木块等物的位置。

6. 36 米移动（排球选材用，其他项目可借鉴）

测试目的：测评运动员快速移动、灵敏和协调能力。

场地器材：排球场地（图 5-19）。

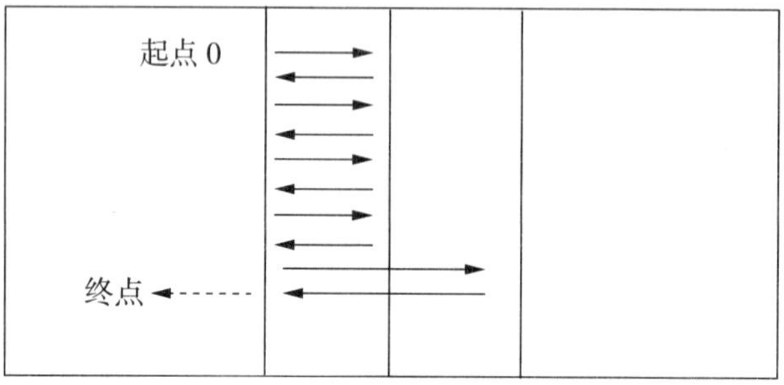

图 5-19

测验方法：受试者两人一组，站在一方进攻线后，看手势起动，同时计时员开表计时。运动员从进攻线到排球场中线，前进后退两个来回。前进时，必须用双手摸到中线，后退到进攻线时，必须双脚均退过进攻线。着地后（不需手触线），再接着改为侧身滑步或交叉步移动（不许转身）至中线两个来回，用单手摸线，然后做钻网跑，单手摸对方进攻线，折回终点时单手摸出发线，停表计算时间。记录以秒为单位，精确到一位小数。

注意事项

①违反上述规定或触网均为犯规。

②受试者因故中断允许重测一次。

7. 1 分钟跳绳

测试目的：主要测试运动员的协调性、动作速度，也反映一定的耐力。

场地器材：测试场地应平坦无沙土。有手把的跳绳若干根，秒表。

测试方法：受试者双手握绳做好准备，测试人员发出“预备——跳”的口令同时开表，受试者听到“跳”的口令时，立即起跳，双手摇绳一周、双脚跳起一次为单摇成功一次（双手摇绳两周，双脚跳起一次为双摇成功一次），计 1 分钟内跳成功的次数。测试中如遇跳绳绊脚，可接着跳。每人测两次，记录最佳成绩。

注意事项：单摇跳绳允许单脚跳或两脚交替跳。

8. 45 秒跳绳（8~10 岁单摇跳，11~12 岁双摇跳，乒乓球选材用，其他项目可借鉴）

测试目的：测评运动员的动作速度及协调性，也反映耐力能力。

场地器材：测试地面应平坦无沙土，有手把的塑料跳绳若干根，秒表一块。

测验方法：受试者双手握跳绳做好准备。测试人员发出“预备——跳”的口令同时开表，受试者听到“跳”的口令时，立即起跳双手摇绳一周，双脚跳起一次为单摇一次（双手摇绳两周，双脚跳起一次为双摇一次）。计 45 秒内跳成功的次数。测试中如遇跳绳绊脚，可接着跳。每人可测两次。记录较好的一次成绩。

注意事项

①单摇跳绳允许单脚跳或两脚交替跳。

②如两人或两人以上同时测验，每一名受试者必须有一名测试人员计跳成功的次数，其中一人兼发令和计时。

9. 1 分钟单摇或双摇跳绳（羽毛球选材用，测验方法同乒乓球，但时间不同）

10. 移步换球（乒乓球选材用，其他项目可借鉴）

测试目的：测评运动员的灵敏性和协调性。

场地器材：在相距 3 米的两端各放一个球筐，球筐放置的高度与各年龄组使用的乒乓球台高度相同。球筐应扁平，筐边高度不超过 5 厘米。左侧球筐内，放入 15 个乒乓球。备用乒乓球若干个。秒表一块。

测验方法：受试者站在左侧球筐边上，当测试人员开秒表并发令后，立即用右手在筐内取出一个球，迅速向右移动（步法不限），途中应将球换到左手中，然后放入右侧筐内。再移步到左侧筐取球，直至 15 个球全部放入右侧筐内时停表。每人可测两次。以秒为单位，精确到小数点后两位，记录较好的一次成绩。

注意事项

①移步途中，球必须换手。

②途中如遇球脱手落地，不必去拾，但必须象征性地用左手摸右侧筐底面，由测试人员立即向右侧筐内补放一球。

11. 5 次左右两侧跑和 5 次直线进退跑或 10 次低重心四角跑（羽毛球选材用，其他项目可借鉴）

测试目的：测评运动员基本步法的综合灵活运用，也可用来测评灵敏素质。

使用仪器：秒表，使用前必须进行校对。

测试方法

（1）5 次左右两侧跑。受试者站在中线外，听到口令（同时开表）后，采用向右侧移动的步法至单打边线处，用握拍手触及单打边线后退回中线处，面向球网。再采用向左侧移动的步法至另一侧的单打边线处，用握拍手触及单打边线后退回中线处，面向球网，再进行下一轮的左右移动跑。当握拍手两次触及单打边线，为完成一次左右两侧移动跑。如此反复进行 5 次，当完成第 5 次时停表，计算时间。

（2）5 次直线进退跑，受试者站在双打发球线后，听到口令（同时开表）后，采用上网步法上网。当前脚踏到或超过前发球线后，再采用后退步法直线后退至双打后发球线以外。当两脚踏到或超过双打后发球线时，为完成一次进退移动跑。如此反复进行 5 次，当完成第 5 次时停表，计算时间。

（3）10 次低重心四角跑。以球场为中线，在离前发球线 2.5 米处一点为圆心，画一半径为 40 厘米的圆圈。受试者站在圆圈内，听到口令（同时开表）后，采用上网步法向右前方移动，用握拍手触及单打边线与前发球线的交点，然后回动至圆圈内，面向球网；再采用上网步法向左前方移动，用握拍手触及左侧单打边线与前发球线的交点，然后回动至圆圈内，面对球网；再采用后场反手击球的移动步法向左后侧移动，用握拍手触及单打边线与双打后发球线的交点，然后回动至圆圈内，面对球网；再采用正手后退移动步法向右后侧移动，用握拍手触及单打边线与双打后发球线的交点，然后回动至圆圈，面对球网。以后按此顺序重复进行。回动时，当两脚踏到或进入圆圈时，为完成一次移动跑，共进行 10 次，当完成第 10 次时停表，计算时间。

注意事项：要求必须采用专项的移动步法进行跑动，而每次跑动时，手和脚必须触及所规定的线上或线后方为有效；记录以秒为单位，精确到一位小数。

12. 立卧撑（图 5-20）

测试目的：测评迅速、准确、协调地变换身体姿势的能力。

场地器材：室内地板或室外平坦地面，秒表。

测量方法：受试者取立正姿势，听到开始口令后，双手在脚尖前扶地成蹲撑，双腿向后伸直成俯撑，再收腿成蹲撑，然后还原成立正姿势，即为完成一次动作。连续做 10 秒钟，记录合格动作次数。也可将一个完整动作分解为蹲撑、俯撑、还原成蹲撑、还原成立正姿势 4 个动作，各计 1 分共 4 分。

图 5-20

注意事项：成俯撑时，背、腿必须伸直，不得弓背和屈腿；开始和结束姿势必须立正；动作不合格，不予计数。

13. 十字辨向折回跑

测试目的：测评判断、快速启动、控制身体的协调能力和灵敏性。

场地器材：在平地上画两条 4 米长的对等交叉垂直线，口哨一个，秒表一块。

测试方法：受试者站在两直线的交叉点，听到方向指令，快速起动至线端并立即折回，以脚踩交叉点为完成 1 次，再立即换另一垂线折回跑。连续做 4 次，用秒表记录每次跑的时间，4 次累加即为测试成绩。每人测验两次，以较好一次的成绩为准。

注意事项：受试者必须按指令的方向移动，不得抢跑。每次跑动必须跑至线端或踏在两直线交叉点上。

六、平衡能力

1. 荡绳举腿

测试目的：主要测腰腹、手臂肌力及摆动中的平衡能力。

测量方法：用 4 米的荡绳，上端结在架上或树上，受测者握荡绳下端（握点稍高于头），然后屈双臂引体使双脚离地，测试人员推其摆动成 30°角，然后放松任其摆动，测试者在摆动中做团身、收腹、举腿动作，双脚高于头部算成功一次，然后使身体还原垂直状（髋、足与荡绳成一直线），再做下一次举腿动作。计 30 秒钟内正确完成的次数。

注意事项：荡绳装置要稳固安全，测试人员在旁边注意保护。

2. 小荡板平衡测试

测试目的：主要测平衡能力。

使用器具：两根荡绳，其上端系在架上或树上，下端分别系在长 150cm、宽 30cm 的小荡板两端（板面两绳间距为 1.3 米），板静止时与地面平行。绳有效长度为 4 米。秒表。

测量方法：测试时，受测者两手握荡绳，两脚分开与肩同宽站在荡板上（脚尖朝前），然后测试人员推其摆动成 30°角，然后放松任其摆动，受试者在第一个往返摆动后应两手松开荡绳，测试人员在其双手松开荡绳时开表计时，一直到受试者掉下（或人未掉下而荡绳停摆）时停表。计其保持平衡时间，人未掉下而荡绳停摆则计“#”号。测两次，计最好一次的成绩。

注意事项：荡板装置要稳固安全，测试人员在旁边注意保护。受测人双手松开荡绳时即开表计时，当受测者任一手再抓绳试图保持平衡时应及时停表。

3. 大荡板位移平衡测试

测试目的：主要测平衡及协调能力。

使用器具：两根荡绳，其上端系在架上或树上，下端分别系在长 2 米、宽 0.5 米的荡板两端（板面两绳间距为 1.7 米），板静止时与地面平行。绳有效长度为 4 米。

测量方法：受测者两手握一侧荡绳，两脚并拢站在荡板上（脚尖朝前），然后测试人员推其摆动成 30°角，然后放松任其摆动，受试者在第一个往返摆动后应两手松开荡绳，转身走向另一端用手触及荡绳（但不得抓、握荡绳），算成功一次，再转身用同一只手触及另一侧荡绳，如此反复，一直到受试者掉下（或人未掉下而荡绳停摆）。测试人员计其成功次数，人未掉下而荡绳停摆则计“#”号。记录两次中最好一次的成绩。

注意事项：荡板装置要稳固安全，测试人员在旁边注意保护。受测人双手松开荡绳后才计次数，当受测者掉下或任一手再抓绳试图保持平衡时应为失误。

4. 纵向踩木平衡

测试目的：测平衡能力。

使用器具：长 30cm，宽、高各为 3cm 的木条一根，秒表。

测量方法：受试者赤脚，两臂平举，单脚站在木条上，另一脚点地，蒙眼。听到开始口令后，点地脚离地，测试人员开表计时，当受试者身体任一部位触地时立即停表。以秒为单位记录成绩，精确到一位小数。左右脚各测两次，记录最好一次的成绩。

注意事项：选择平坦的地面测试，注意保护。帆船选材测试时可不蒙眼。

5. 下肢及躯干肌静力稳定性平衡测试

测试目的：测定下肢单、双脚支撑时的静力平衡能力。

测试器材：秒表。

测试方法：采用四种逐渐减少支撑面的站立姿势来检查运动员在静力姿势中保持平衡的能力。四种姿势如图 5-21 所示。

姿势一：两臂前平举，两脚并拢站立。

姿势二：两臂前平举，一脚在前，一脚在后，后脚的大脚趾触前脚跟，两脚站在一直线上。

姿势三：两臂前平举，单腿站立，另一腿提起屈膝，足跟触及支撑腿膝盖。

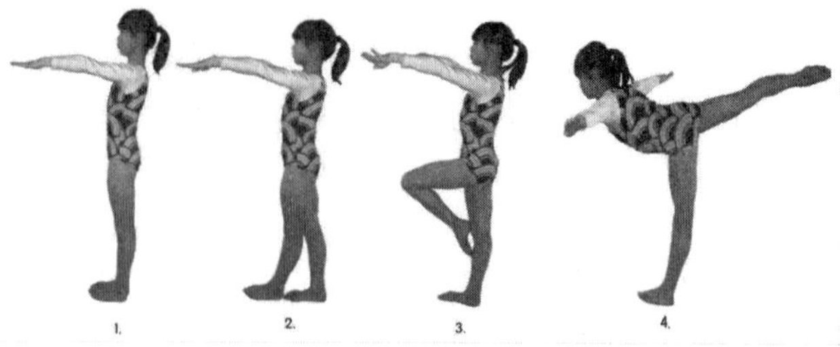

图 5-21

姿势四：又称燕式平衡。要求两臂侧平举。测试人员在受试者上举腿与上体呈水平位时开表计时，当支撑脚移动或抬起的脚落地时停表。每人测三次，计最佳成绩。

注意事项：用秒表记录各种姿势的站立时间。注意完成动作的正确性。

评定方法：四种姿势，可用三级评定方法进行评定。如果受试者每一种姿势能保持 15 秒钟平衡，身体不歪斜，两臂或眼皮不震颤（震动），该项静力平衡能力可评为良好；如出现震颤则评为及格；如果平衡保持不到 15 秒钟，则评为不及格。

此种测定更适合于体操、花样滑冰、技巧和射击等项目的选材评定。

6. 浮力平衡力（游泳选材用，其他项目可借鉴）

方法一：有自制浮标的测试方法。

测试目的：测量在水中的浮力及平衡协调能力。

使用器材：自制浮标，长 5cm、宽 3cm、高 1cm 的泡沫板，用一根长 40cm 的线拴着，末端做一个橡胶套。

测量方法：受试者在陆地上用橡胶套套在右脚的踝关节处，下水后，深吸气两臂上举俯卧水中，另一个人用手托着使之稳定，当测试口令下达时松开，同时启动秒表，当浮标下沉时停表。记录秒数。

注意事项：受试者深吸气后，憋气，全身尽量伸直，平卧在水面上，不能屈体或团身，测试人员注意观察，抓紧时机开表。

方法二：无自制浮标的测试方法。

两臂侧平举，两腿伸直，可水平俯卧水面者，评为一级浮力；

两臂前伸，两腿伸直，可水平俯卧水面者，评为二级浮力；

两臂前伸，两腿伸直，能静止浮在水面，但腿稍有下沉倾斜者，评为三级。

七、韵律

1. 节律测验

测试目的：测量重复预定节律的能力。

使用器材：节拍器、计时表。

测试方法：节拍器以每分钟 60 拍、120 拍和 180 拍来配音，使每 10 秒的节律分别是 10、20、30 个节拍。测试时先让受试者听一次某种节律的节拍声（20~30 秒钟），然后令受试者在无节拍器伴音下，按相同节律做原地跨步。测试人员记录 10 秒钟的跨步数。

评价方法：三种节律的 10 秒钟步数与规定的节拍次数的总误差次数为测试成绩，误差数越少成绩越好（表 5–4）。

注意事项：测试人员要准确记录跨步次数。

表 5–4　节律测验的常模

总离差次数	水平	总离差次数	水平	总离差次数	水平
0~2	优	5~7	中	10 次以上	差
3~4	良	8~9	下		

2. 重复成套动作的节律测试

测试目的：测定重复预定成组动作节律的能力。

测试器具：秒表。

测试方法：先让运动员做一套已经掌握的成套动作（如武术的一套动作、体操一套动作等），记录其完成该组动作所用的时间。再请运动员用同样的节律（速度）重复做该组动作，对比两次完成的时间差异。以秒为单位。

注意事项

①两组动作组合应相同。

②测试人员应提示“预备”“开始”并开表，在同样的结束动作时停表。

第三节　运动素质预测

运动素质的预测在运动选材中比较重要，但由于运动素质发展过程中受影响因素很多，导致运动素质的预测难度较大。决定运动素质的因素大体可分为三类：①可控因素，即可变因素，如运动训练、生活劳动习惯和许多环境因素等对运动素质的影响；②不可控或很难控制的因素，如性别、运动素质的遗传等;③相对稳定的因素，如运动素质自然生长发育、体型、肌肉的形态、组织结构、中枢神经系统的调节机能、营养系统的功能能力、某些心理因素等。选材预测的首要任务，就是对那些先天因素（即不可控或很难控制因素）进行测试和预测，进而对相对稳定的因素进行预测。

关于运动素质的遗传预测方法请参阅“遗传选材方法”，本节主要讨论根据性别、年龄（自然生长发育）进行的运动素质预测方法，提供粗略的预测结果，进而根据其他因素的影响进行修订。

一、力量素质的预测

从我国城市青少儿立定跳远成绩的发展均值可见，男孩在 17 岁以前随年龄增长而逐渐增加，17 岁以后开始缓慢增长，22~23 岁达到高峰；而女孩在 13 岁以后开始缓慢并有下降趋势，16 岁又有回升，18~22 岁达到高峰（图 5-22）。

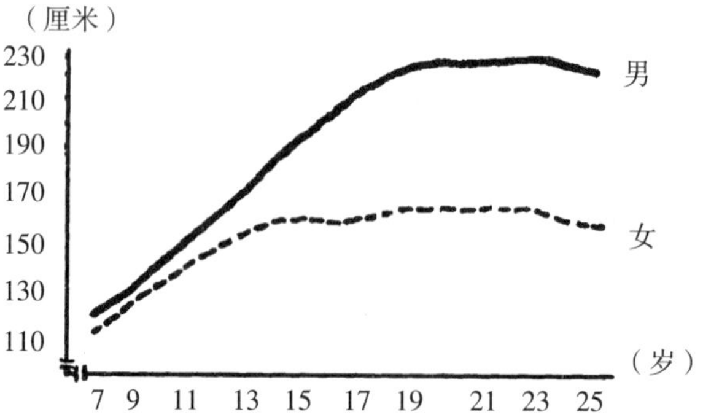

图 5-22　我国城市青少儿立定跳远成绩发展均值曲线
（依运动医学 1999 年版 P55）

男女孩在 18 岁之前绝对力量和相对力量都在增长，但有差异，13 岁以后男孩比女孩增长速度快（图 5-23）。

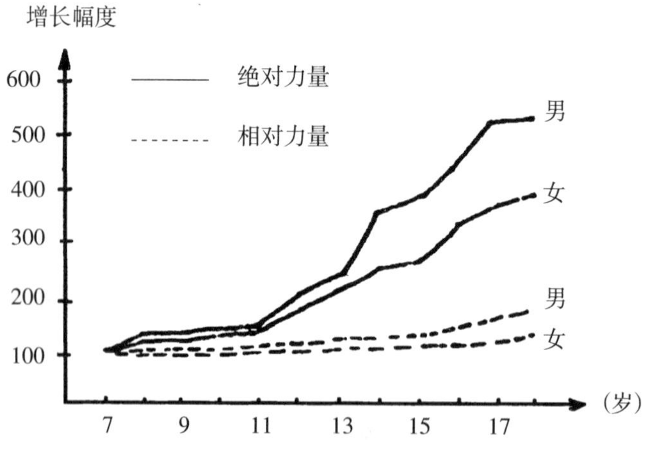

图 5-23　青少儿绝对力量、相对力量的发展趋势
（依前苏联《体育理论与方法》）

青少儿速度力量（以纵跳为例）的发展，7~13 岁发展很快，13 岁以后男女之间有了一定的区别，女孩增长速度减慢，16~17 岁时更加明显，而男孩此时仍能保持上升的趋势（图 5-24）。

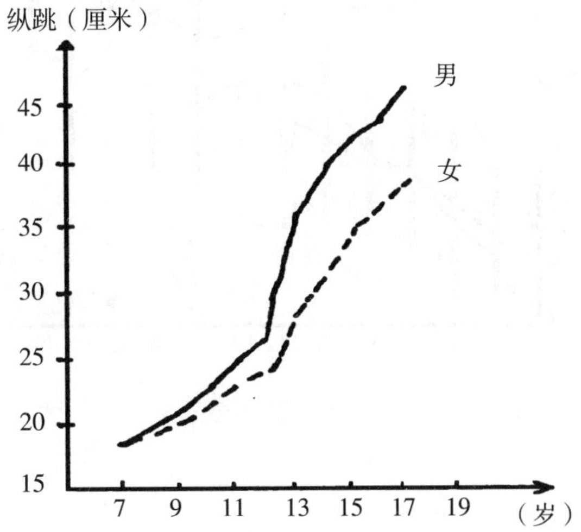

图 5-24　7~17 岁男女速度力量的发展
（依前联邦德国 葛欧瑟）

罗斯金（Ruskin）通过对以色列 2518 名 6~18 岁学生的测试，提出其屈臂悬垂、引体向上、仰卧起坐、握力的成绩与年龄的关系（图 5-25~图 28）。

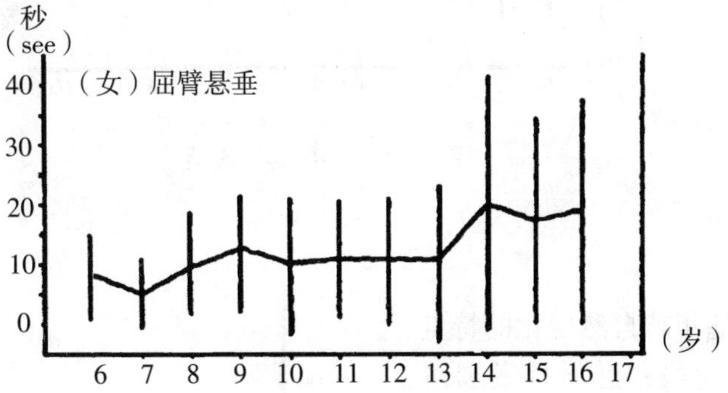

图 5-25　女屈臂悬垂成绩

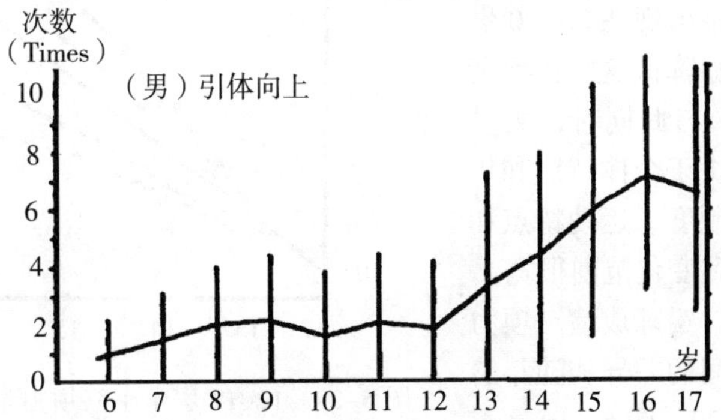

图 5-26　男引体向上成绩

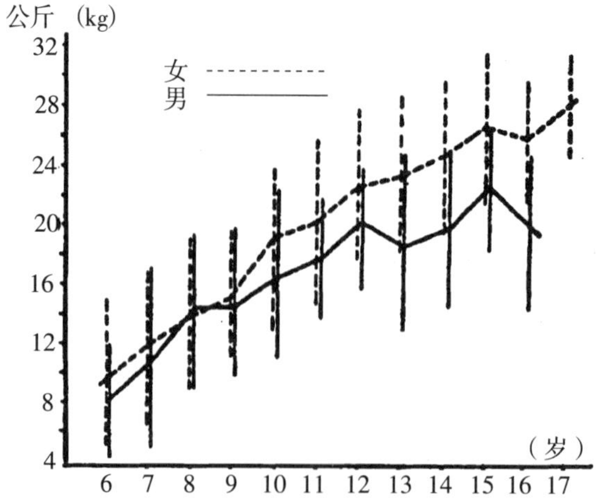

图 5-27 握力成绩

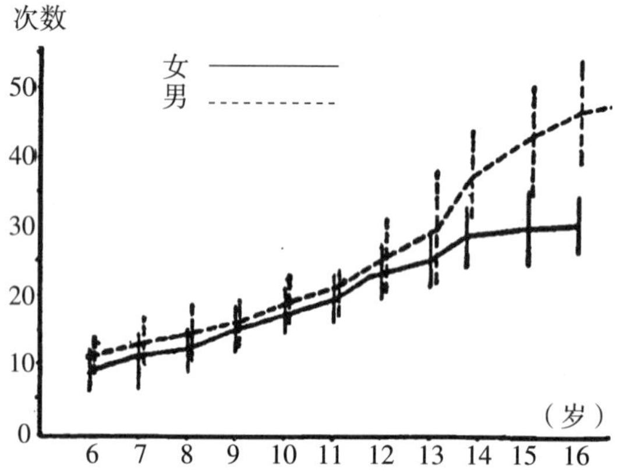

图 5-28 仰卧起坐成绩

力量能力随年龄自然变化的特点包括三个多年阶段：递增性发展阶段、相对稳定阶段和退化阶段。力量的绝对最大指标经常出现在 25~30 岁的人群之中，而明显降低这些指标则出现在 40 岁以后。与此同时，力量能力的发展不仅取决于个体特点和年龄特点，还与生活制度、运动特点和其他因素有关，导致变化范围很宽。

从背力、握力、铅球成绩三项力量指标看，男女之间的差异和随年龄变化的趋势（图 5-29、图 5-30）。

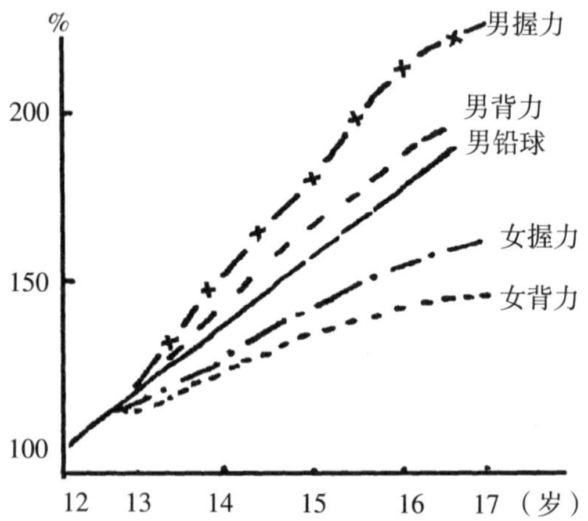

图 5-29 12~17 岁学生三项力量指标年龄变化趋势
（1800> N > 900）

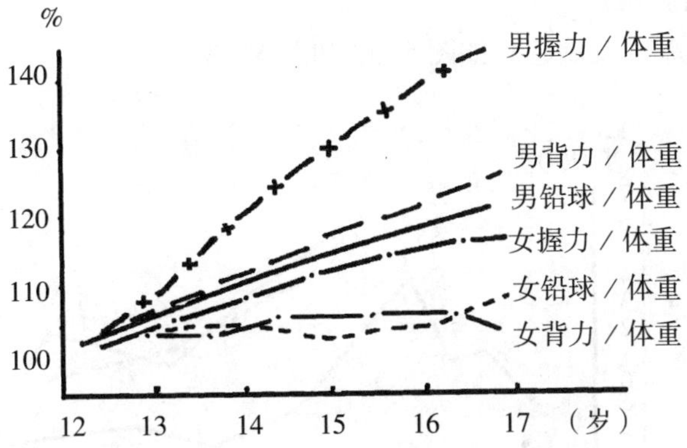

图 5-30 12~17 岁学生相对力量变化趋势
（N=900）

美国达登研究所用肌肉的长度预测肌肉力量，虽然肌肉长度与肌肉力量无直接关系，但它与肌肉生理横断面的发展潜力有正比关系，而肌肉生理横断面却与力量有直接关系。肌肉长度又与肢体长度有关，因此是可以预测的。

二、速度素质的预测

前苏联塔巴契尼克等人认为，速度能力是天生的素质，是很难培养和改变的，可利用最大频率的快速跑中单脚蹬地时间进行预测。如古巴优秀短跑运动员、奥运会上获奖者斐格洛拉的单脚蹬地时间为 0.08 秒，前苏联短跑等级运动员为 0.11~0.13 秒，普通人为 0.14~0.15 秒。

1. 反应速度

少儿是反应速度自然增长的关键时期，研究表明 2~3 岁是 0.50~0.90 秒，5~7 岁为 0.30~0.40 秒，6~12 岁反应速度提高最快，12 岁时接近成年人，以后稍有下降，17 岁又提高，到 20 岁可达最高水平（图 5-31）。

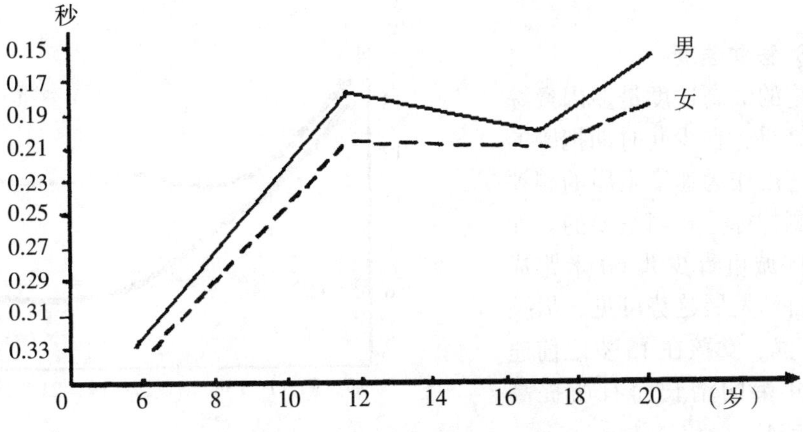

图 5-31 反应速度在不同年龄阶段中的发展过程
（依前联邦德国葛欧瑟）

2. 动作速度（频率）

步频和动作频率的发展趋势如图 5–32 和图 5–33。

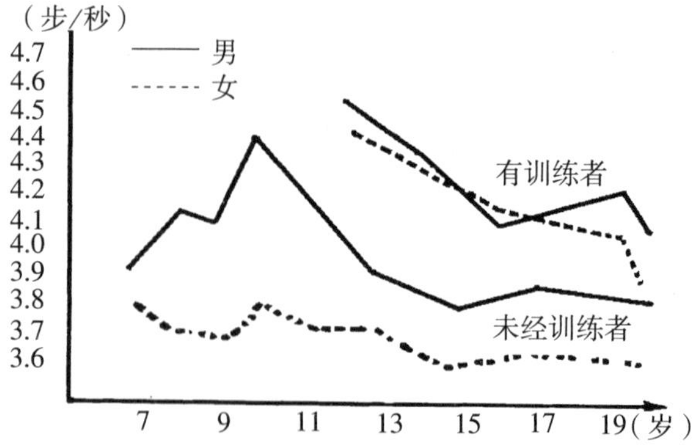

图 5–32　儿少步频（速度）能力的发展

（依前联邦德国　葛欧瑟）

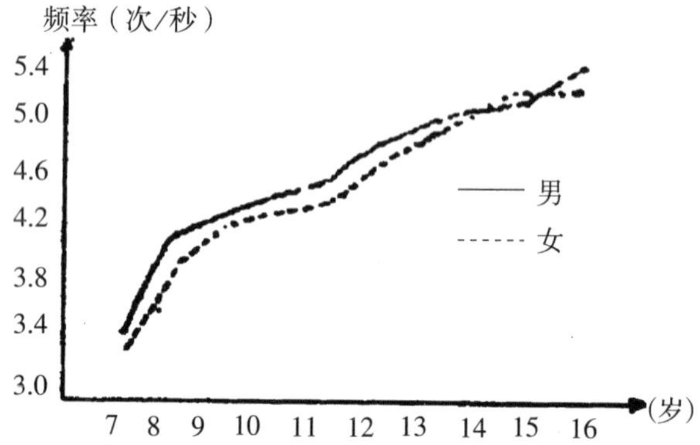

图 5–33　7~16 岁最大频率的发展

（依前联邦德国　PARFFL）

3. 移动速度

跑的最高速度是多因素综合的结果，在少儿时期把跑的最高速度作为速度素质的测评和预测指标是相当重要的。如从我国城市青少儿 60 米跑成绩的自然发展趋势可见，男孩在 19 岁、女孩在 13 岁之前速度随年龄的增长而有所提高（图 5–34）。

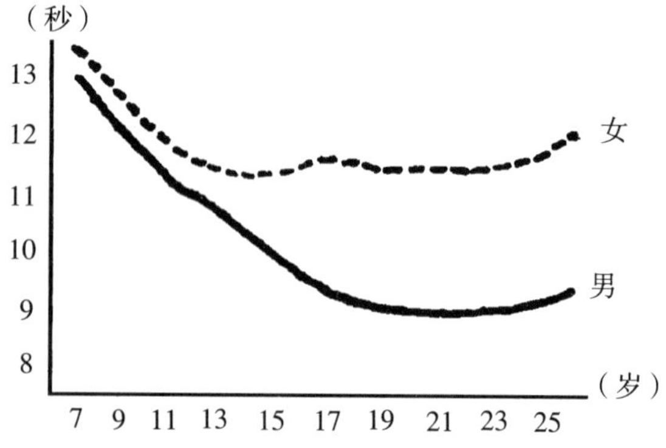

图 5–34 我国城市青少儿 60 米成绩均值曲线

从我国青少儿 400 米跑成

绩均值看速度耐力的发展特点（图 5–35），可见总趋势是随年龄增长而逐渐提高，20 岁达到高峰（但男女有些差异）。

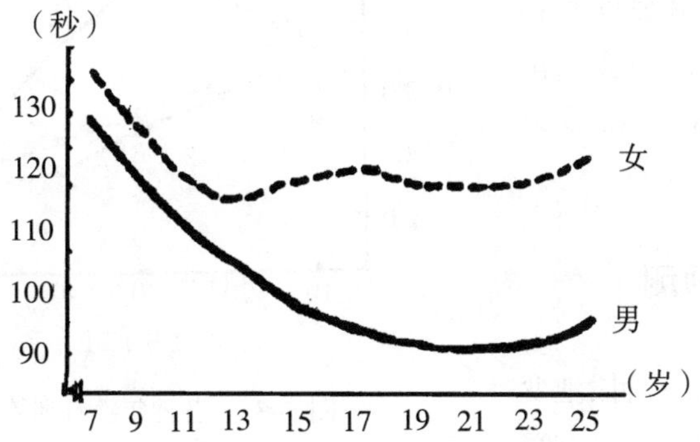

图 5–35 我国城市青少儿 400 米成绩均值曲线

三、耐力素质的预测

耐力发展的年龄动态在不同个人中变化很大。从资料中可以看到，决定耐力的机体功能以较快速度提高出现在人体成熟之前的阶段中。在少年期结束之前就决定了相对最大摄氧量的最大值和有氧代谢活性指标的最大值，说明在这一年龄中对决定有氧耐力的功能前提中至少一部分已经成熟。耐力素质与植物性速率指标相关。由于植物性速率指标不随年龄的增长出现明显变化，具有相对稳定性，预测价值较大。

保加利亚伊雷夫（Iliev）对 760 个 9~16 岁的受试者（均经过 1~5 年的专门运动训练）进行了呼吸功能测试，其最大摄氧量如图 5–36。他还将运动员学生和非运动员学生的最大摄氧量进行了比较（图 5–37）。

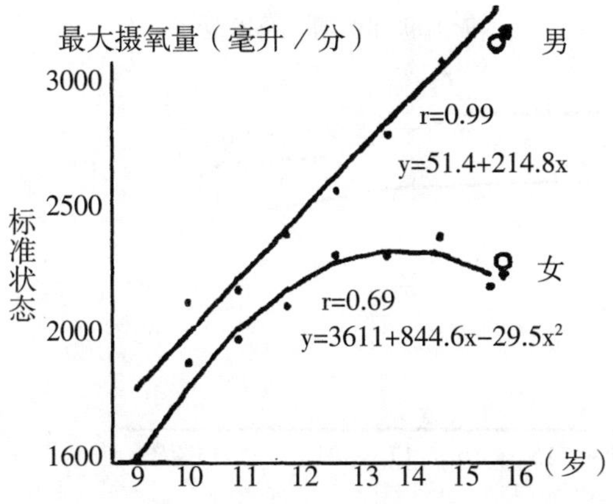

图 5–36　按年龄分组的运动员学生的最大摄氧量

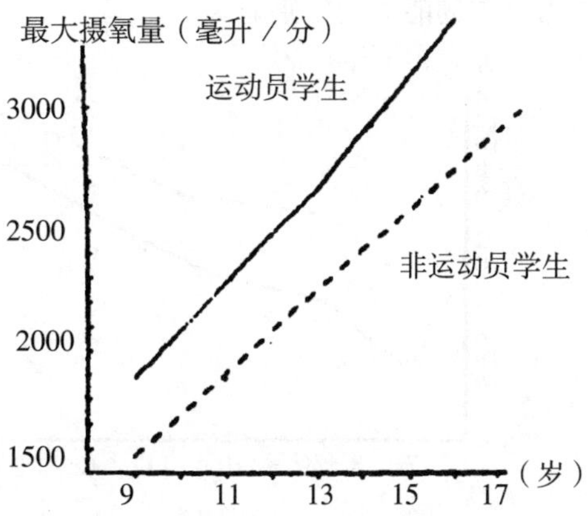

图 5–37　运动员学生和非运动员学生最大摄氧量

最大摄氧量的最大绝对值、氧债极限值和其他一系列决定各种类型耐力功能的指标最大值出现在成熟年龄的人中。在要求极限性表现耐力的运动项目中最高运动成绩出现在25~30岁（图5-38）。40岁以后逐渐退化。

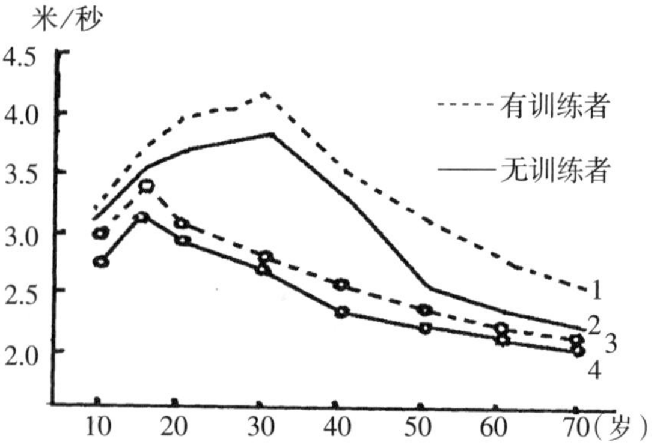

1、2为男子组　3、4为女子组

图5-38　各种年龄有训练和无训练者长时间跑中的成绩动态
（在年龄所许可的最大距离上的平均速度）
（根据戈因杰尔和克留格尔的资料）

四、灵敏素质的预测

灵敏素质随年龄增长分阶段地变化，青春期前男女孩相差不大，青春期后男孩明显比女孩好（图5-39）。

有人指出：节奏感也具有明显的相对稳定性，也可以此作为跨栏跑、艺术体操队员选材的预测依据。

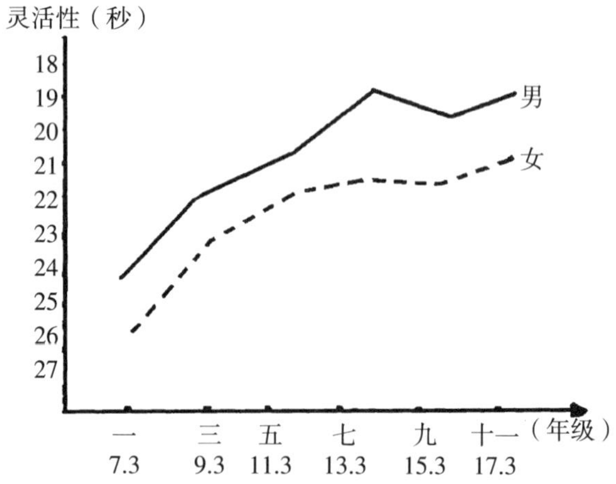

图5-39　一般灵活性在不同年龄段的发展过程
（依前联邦德国　葛欧瑟）

五、柔韧素质的预测

由身体大环节（例如上体前屈）柔韧性指标最大的增长阶段通常出现在13、14岁以前（根据谢尔缅也夫的资料），然后稳定（图5-40）。如果没有专门的柔韧性练习，则主要柔韧能力在青年年龄中已开始较大地下降。关节的某些形态因素在10岁前就开始限制在小关节完成动作的柔韧能力，柔韧能力与年龄有关。

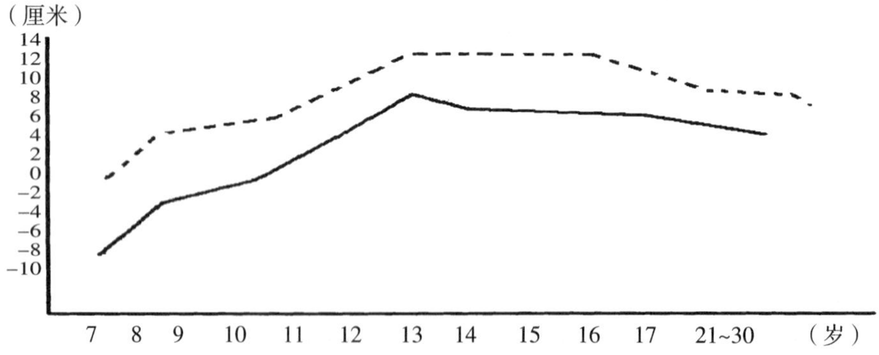

图5-40　不同年龄人们上体前屈的主动柔韧性（实线）和被动柔韧性（虚线）指标
纵坐标上带"+"号的数字表示在测量器上超过足水平面以后的前屈深度；
带"–"号的数字指出了前屈深度未达到支撑平面水平的程度。

根据表 5-5 中的百分比数，可对运动员未来某年龄段的素质成绩做出预测，其公式为：Y=X/Q

$$\text{未来某年龄的素质成绩}=\frac{\text{目前该素质成绩}}{\text{目前年龄素质成绩占最高成绩百分比}}$$

表 5-5 7~21 岁几种运动素质达到最高成绩的百分比

		7	8	9	10	11	12	13	14	15	16	17	18	19	20	21
1 分钟仰卧起坐	男	63	67	72	77	80	84	89	93	95	95	98	99	100		
	女	79	85	90	95	98	100									
60 米跑	男	69	72	76	79	82	84	86	90	94	96	98	99	100		
	女	82	86	90	94	97	97	99	99	98	97	97	99	99	100	
屈臂悬垂	男	31	35	43	50	55	58	62	72	81	87	94	97	99	99	99
	女	68	75	79	83	85	81	75	74	70	73	82	90	94	100	
立定跳远	男	54	58	62	66	70	73	78	82	88	92	95	98	99	100	
400 米跑	男	72	75	79	82	85	87	89	92	95	96	98	99	100		
	女	86	89	93	96	99	100	99	98	91	97	98	99	99	100	

摘自《体育科学》1982 年 1 期

第四节 运动素质选材测评中存在的困难和问题

在运动素质选材测评中，由于指标多、方法多、专项需求不同或因对概念和认识的混乱，造成一些在方法的选择、测评及应用中的困难和问题。

一、力量素质选材测评

1. 很多能精确测量肌肉力量的测试，由于其测试器具价格昂贵，造成在选材（尤其在基层选材）中难以应用，不得不使用一些简易适用的测量器具和方法，其方法的可靠性受到质疑。

2. 概念上混乱造成测试方法的混乱。如用引体向上和双臂屈伸的极限次数主要反映肌肉力量耐力，而不能用来说明肌肉绝对力量，更不能用来反映肌肉收缩速度，但目前许多项目尚用来测评运动员的肌肉力量。此类例子还有许多，值得重视。

3. 测试中不注意身体姿势的正确限定，常常导致测试结果的不准确。

4. 虽然腹部肌肉力量在运动中的作用是非常明显的，但目前对腹肌力的测试方法却相当少。大多数采用悬垂举腿和仰卧起坐这些单一的方法。

5. 静力测试中，由于受试者肢体长度和肢体围度的不同，要为受试者规定相同的姿势和肢体角度是困难的。

6. 由于静力性力量和动力性力量之间的相关程度不高，故以静力性力量来预测任何动力性力量或动力性运动能力是不妥的。同理，以静力训练所获得的力量，用同样的静力姿势来测试，则其力值较高；而采用动力性力量测试，其效果则差。

7. 力量也具有特异性，某一动作所获得的力量对相似的技术动作才能有效的发挥，对其他动作只可能起间接的作用。所以试图用某种测试获得的力值，说明原本由其他肌肉力量支配的动作或技能是无意义的。据此延伸，目前许多项目选材力量测试中的动作常常与专项技术动作有明显的差异，这种选材测试方法的可信程度就受到质疑。

8. 有人提出，有无精神激励或激励的不同程度对力量的测定结果有明显的影响。如果这个结论成立，则选材测试力量时，就要求有同样的提示语和测试环境。这在目前的测试中均无顾及。

9. “力量素质通过训练是可以提高的”，这是众所公认的。问题是如何确定其力量素质的先天（或随着生长发育自然增长的）力量基础和后天可能提高的最大幅度，或者如何以目前的力量去预测未来的力量程度？没有这种估算，选材时制定的力量性要求将是盲目和无效的。仅仅是对目前力量的测定，就会因测试前的准备练习、测试前已经受到的训练程度等方面的影响而不同。如何将后天力量训练获得性或环境影响的因素排除，或者使备选者在同一条件的前提下进行公平的对比，这将是选材者不得不时常面临且难以解决的问题。

二、速度素质选材测评

1. 由于反应速度受先天因素影响很大，对于运动员今后的速度素质发展作用大、预测准确性高，所以备受重视。但目前对反应速度的测试方法精度不高，缺乏精确的测试仪器，大多采用心理能力的有关测试方法，与专项技术动作距离较远。例如不能仅采用听音或看信号灯按键的反应速度来评价乒乓球运动员的反应速度。

2. 对动作速度的测试，常缺乏专项技术动作速度的精确测试方法，而常用一般的动作速度测试来替代，诸如用笔在小方框中快速点点的测试方法，能否替代对专项技术的动作速度测试的有效性值得质疑。

3. 同理，用一般位移速度测评专项位移速度的有效性也存有质疑，例如不能仅采用60米或100米跑的速度来判断网球运动员的位移速度，换言之，100米跑速快的人在网球运动中的位移速度并不一定快。

4. 速度素质经后天训练是可以提高的，这个道理是众所公认的。例如目前重视了在初级选材中测试30米、60米或100米跑时采用站立式起跑而不用蹲踞式起跑姿势，明确了蹲踞式起跑是技术性很强的动作，未经后天的训练很难掌握。而初级选材时应重点测评运动员固有能力或先天的运动本能，故不宜采用技术性强的动作。但目前选材测试中还有大量的含有相当技术因素的动作，非经一定的训练难以掌握。我们难以确定备选者是否经过同等的训练，其起点是否一致。用同样的测试指标和测试要求来评定训练程度并不相同的少年儿童（尽管其年龄相同）似乎有欠公平。

5. 精力充沛和思想集中是影响速度的重要因素。我们很难确定备测运动员当时是否“精力充沛”，很难保证所有备选运动员在测试当时都“思想集中”，这需要在测试前进行大量的调查和对测试环境进行严格的控制，但在目前的选材测试中常常没有做到。

三、耐力素质选材测评

1. 卡尔森（Carlson）等人发现，体轻的受试者比体重的受试者更能持久地作轻负荷练习；而当改用较重负荷时，两组受试者之间未见显著差异。还有人提出，体重对从事引体向上、蹲跳等耐力测试结果有影响。若此结论成立，则进行耐力测试时，不但要考虑测试负荷的轻重，还要考虑测试者的体重，这在目前的所有耐力测试中尚未施行。

2. 肌肉耐力常会与循环呼吸系统的耐力测试相混淆，其实这两种测试的差异相当明显。肌肉耐力主要测评肌肉在较长时间内维持一定程度张力的耐久性，而循环呼吸系统耐力测试主要由心肺功能来体现。

3. 当进行肌肉耐力测试的计数时，必须严格要求按照动作的规格完成，对于未按照动作规格的不能累加进总次数，否则会对测试的结果产生很大影响。但选材测评中对动作是否合乎规格的判断常由测试工作人员来承担，其主观认识水平、工作态度将对测试结果起明显作用。

4. 由于精神因素（如意志品质和测试动因等）和激励因素对耐力测试结果的影响很大，故测试工作人员的提示语和鼓动诱导应统一和标准化，力求所有受试者在相同的条件下进行测试。但在目前选材的耐力测试中对此尚未引起足够重视。

5. 在选材测试耐力素质时，由于静力性耐力测试简单易行，就常用静力性耐力测试来试图反映专项动力性动作的耐力，相反的例子也很常见。这违反了“动力性专项耐力应由动力性耐力测试方法来评定，反之亦反”的原理。

6. 卡波维奇（Karpovich）发现，悬垂举腿与仰卧起坐之间相关度很低。如果此结论成立，则在测评腹肌力量和耐力时两方法不能互为替换使用，诸如此类的例子在选材测评中可能还有很多，尚未引起重视。

四、柔韧素质选材测评

1. 目前大多数书籍中对柔韧素质的概念为“指跨过关节的肌肉、肌腱、韧带等软组织的伸展能力，即指关节活动幅度的大小”。它偏重于柔软和伸展，而对“韧”绝少顾及，这种片面导致错误认识和测试偏差。如有人认为“年龄越小则柔韧性越好”，或认为“女孩的柔韧性高于男孩”。

王金灿（2002 年）提出：“柔韧性≠柔软性”。年龄小者柔软性好，但“韧性”明显不足；一般情况下，女孩的柔软性高于男孩，但其“韧”性却不尽然。绝大多数运动项目的运动员需要的是柔韧性，而不是柔软性。对柔韧素质的概念应改为“跨过关节的肌肉、肌腱、韧带等软组织的伸展能力、弹性回缩力和坚固程度”。而目前大多数柔韧性测试，仅侧重于柔软性和关节伸展性的测试，却未顾及“韧”性的测评，尚未找出有效的测评“韧”性的方法。抗阻力的动态柔韧性测量是测评柔“韧”性的最好方法，但这种方法在目前选材中的实际应用太少太少，其阻力和动幅应多大才适合专项选材的需要又不至于超出其年龄、性别、能力范围和避免受伤等问题尚缺乏必要的研究。

2. 柔韧性具有高度的特异性，即在某部位有良好的柔韧性，而在其他部位未必如此；某一种柔韧性测评方法，对一部分儿童少年是理想的方法，而对另一部分儿童少年却是不适宜的。在选材中如何发现儿童少年某部位特有的柔韧性，决不是一次测评所能解决的。应尽量寻求与专项动作相一致或基本一致的柔韧测评部位和方法，这是选材的基本要求，但目前的柔韧素质测评中常没有认真处理，这些方法的有效性就值得怀疑。

3. “关节的伸展程度是否和相邻环节的长度有必然的联系”，这还需要进一步的验证。假定结论成立，则要求柔韧性测试中还要对相邻环节的长度逐一丈量，才能确定其关节的柔韧性程度，这在目前绝大多数测评中均未施行。

4. 有些测评方法，如后桥，纵、横劈叉和转肩距等，对年龄较小或柔韧性差者，正确操作有困难，费时且易拉伤。如果不正确示范、图解说明、测前练习及测试中注意保护，则测试效果必然不好。

5. 柔韧性通过训练可以提高这是众所公认的。问题是如何确定其柔韧性的初始成绩和可能提高的最大幅度，或者如何以目前的柔韧成绩去预测未来的柔韧性程度。没有这种估算，选材时制定的柔韧性要求将是盲目和无效的。

仅仅是对初始成绩的测定，就会因温度（含气温、热浴或冷敷等）、测试前的预先拉伸、测试前已经受到的训练程度等方面的影响而不同。如何确定少年儿童的原始先天性的柔韧程度，如何将后天训练获得性或环境影响的因素排除，或者使备选者在同一条件的前提下进行公平的对比，这将是选材者不得不时常面临且难以解决的问题。

五、灵敏素质选材测评

1. 目前选材测评灵敏素质大多是测试下肢的灵敏性（如用跑、迅速变换身体位置或姿势等），而实际上灵敏素质不单单指下肢的灵敏性，尚需要创造一些测试身体其他部位灵敏性的方法。

2. 位移较远的灵敏性测试（如侧向跨步、36 米往返跑等），可能更适合于高个运动员，若用身高比例来决定侧跨步等测试的距离将更加合理。

3. 灵敏性测试具有特异性，如十字跳的测试成绩与立卧撑的测试成绩不一定高度相关，证明不同的灵敏素质测试方法之间不能互为替换使用。这对选材中认为只要选择一种灵敏测试方法就能全面反映灵敏素质的做法提出了质疑，同时要求选择灵敏性测试方法时要更注重专项需求。

4. 有研究证明，肥胖体型者的灵敏性较差。若此结论成立，则要求测试灵敏素质时，不得不考虑体型的因素。目前选材测评中尚未对此引起重视。

六、平衡素质选材测评

1. 疲劳是影响平衡能力的因素，在成套选材测试的顺序排列上，应先做平衡测试，但目前常未能引起重视。在初级选材或备选者人数较多时，常因时间紧、指标多而将备选者分成多组轮换测试，后做平衡测试的组或人的测试结果可能会比其真实成绩差。

2. 测试环境是影响平衡能力的重要因素，不同的测试环境会导致不同的测试结果。环境的安静或嘈杂、围观者的提示和哄笑，常会影响测试结果。

3. 平衡测试有相对的偶然性，多测几次会使结果更可靠。目前常要求测试两次，似乎太少，测几次才合适尚有待商榷。

4. 动力性平衡与静力性平衡似乎有特异性，两者不宜替代。大多数运动项目需要的是动力性平衡，但由于专项化的动力性测试较难设计和操作，导致目前常用静力性平衡测试来替代，这种测试的有效性令人质疑。

七、韵律素质选材测评

1. 事实证明韵律或节奏对于表现性项目是非常重要的，但目前有关韵律或节奏的测试方法太少。

2. 环境对韵律或节奏感有影响。许多运动员（尤其是进入青春期后）在众人面前常因害羞而不能表现出真实的韵律成绩。

3. 有些韵律或节奏的测试，与训练效应关系较大，如何排除这些训练效应或使运动员尽量在相同训练因素的条件下进行测试比较困难。

本章思考题

1. 结合专项，试述体能速度力量类项目的运动素质选材要点。
2. 试述杠铃卧推的测试细则。
3. 联系自己专项谈初选时对身体素质的基本要求。
4. 试述俯卧撑耐力的测试细则。
5. 试述劈叉实验的测试细则。
6. 结合专项，任选某一运动素质，试述如何对其进行预测。

本章主要参考文献

1. 运动员科学选材. 北京：人民体育出版社，1992. 第 1 版
2. 运动选材学. 武汉体院教材. 鄂图内 1990
3. 运动员竞技能力模型与选材标准. 北京：人民体育出版社，1994. 第 1 版
4. 陈骏良. 体育测量与评价. 北京：人民体育出版社，1993. 第 1 版
5.松浦义行. 体力测定法. 北京：人民体育出版社，1989
6.奥森. 身体素质与运动成绩. 武唯一，等，译. 北京：人民体育出版社，1998
7. 李诚志，等. 教练员训练指南. 北京：人民体育出版社，1992
8. 体育学院通用教材. 运动训练学. 北京：人民体育出版社，1998
9. 柏晓玲. 实用运动生理实验. 北京：人民体育出版社，1989
10. 马特维也夫. 体育理论与方法. 姚颂平，等，译. 北京：北京体育大学出版社，1994
11. 徐本力. 运动训练学. 山东：山东教育出版社，1990
12. 王金灿. 运动素质选材测评中存在的困难和问题. 武汉体院学报，2002. 第 1 期

第六章　运动生理生化机能选材

［**教学要点**］掌握不同运动项群对生理机能的不同选材要求；理解骨骼肌、血液机能、心血管机能、呼吸机能、内分泌机能、物质能量代谢、感官机能、有氧工作能力、无氧工作能力选材指标及其测评。

人体生理机能是指组成人体各器官系统和组织的机能水平体现，可以采用各生理生化指标来测定和评价。不同的个体，其生理机能有差异，在很大程度上决定了个体在竞技运动所取得成绩的高低。生理机能选材是指在研究备选者生理机能现状的基础上，探索其生理机能发展潜力、并判断其是否适合于某运动项目（群）的过程。生理机能选材的任务就是借助科学的先进仪器对人体的生理机能水平进行测量与评价，研究与选拔适合某些专项运动、生理机能超常者的优秀竞技人才。

第一节　运动生理生化机能选材的依据

一、生理机能的特点

1. 遗传性

人体器官系统的机能性状况具有较大的遗传力，而且生理机能的多基因数量性状遗传具有连续性的特征（见第二章遗传选材)。故其在生长发育和训练过程中具有较强的稳定性，这为运动员选材提供了科学的依据。

2. 可变性

个体生长发育期，生理机能呈逐渐提高态势；生长发育停止后，生理机能在顶峰状态维持一段时间；然后随着年龄的增长，生理机能呈现退行性变化。而且，在不同的年龄阶段，生理机能还会随刺激和环境的改变而改变。竞技运动和训练不仅能改变或改善人体局部的形态结构，还能改变和调动与之相适应的最大生理机能，从而达到提高和突破运动成绩的目的。

3. 适应性

适应是有机体和内外界环境不断取得平衡的过程。它是生物界的一种基本活动规律。人体不只是被动地适应客观环境，而是主动地、有目的地改造客观环境，并在改造客观环境过程中也改造人体自身，更为积极地适应客观环境。在体育运动影响下，人体各器官系统可以达到超常的生理机能水平，遵守“用进废退”的规律。因此将那些适应能力强、体内各器官系统的结构、形态和机能发展“超常者”选拔出来，就可能培养出高水平的竞技运动人才。

二、生理机能测评的科技水平日益提高

合理运用基础理论、实验技术和测定方法评定运动员机能状态，对运动选材、有效地挖掘人体的运动潜力、提高竞技能力，均有重要的意义。随着生物工程、医学等学科迅猛发展，生理指标测评方法日益完善，仪器设备日益精良，并逐渐引进运动选材的研究领域，使得生理机能选材指标测评的准确、迅捷、适用性大大提高。

三、不同运动项群对生理机能的不同要求

人体在进行体育活动或在承受巨大的训练负荷时，体内各系统各器官的机能活动都活跃起来，表现出各自的机能功能水平。不同的运动项目对人体各器官系统的机能状况有不同的要求，机体生理机能水平的高低又直接影响着运动能力。机能水平越高，运动潜力越大，越有可能出优异运动战绩。

由于长期从事某一项群的运动训练，会使机体的生理生化机能产生相应的适应变化，能提高人体器官与系统的机能。在运动过程中，人体工作能力的发展与有关器官系统的机能变化密切相关。有关器官系统的水平越高，相应某方面的运动能力亦越强。人体之间各器官系统生理生化机制水平的差异性及其与专项运动特点相一致的特点，为运动选材创造了一个基础的前提。研究项群特点对人体生理生化机能的不同要求，设计与专项运动特点相一致的测试方法，就可以把握运动员是否适合于从事某一项群的运动训练，这是生理生化机能选材的重要依据。不同项目对生理生化机能的要求不同（表6–1）。

表6–1　主要运动项群（目）生理生化机能选材要点

项群（目）		生理生化机能选材要点
体能类速度力量性	短冲类	无氧代谢能力强，神经活动集中而强大、灵活性高，肌肉耐酸能力强，快肌纤维比例大
	跳跃类	空间本体感觉好，定向能力强，神经活动集中而强大。快肌纤维比例大
	投掷类	无氧代谢能力强，神经活动集中而强大，肌肉耐酸能力强。快肌纤维比例大
	举重类	神经活动集中而强大，肌肉耐酸能力强，快肌纤维比例大
体能类耐力性项群	短时	无氧代谢能力强，神经活动集中而强大，肌肉耐酸能力强。快肌纤维比例大
	中时	无氧和有氧耐力强，心肺发育良好，心容量大，脉搏徐缓有力，最大吸氧量和无氧阈指标优秀
	长时	有氧（速度和力量）耐力能力强，最大吸氧量和无氧阈指标优秀，心肺发育良好，心容量大，脉搏徐缓有力，体内血红蛋白含量高，红肌纤维比例高

续表

项群（目）		生理生化机能选材要点
技能表现难美性项群	体操、技巧、跳水、武术、艺体	有氧代谢能力强，神经活动集中而强大，快肌纤维比例大。本体感觉好，平衡能力强
技能准确性	射击 射箭	内脏系统健康，具有良好的有氧代谢能力和强有力的神经系统。本体感觉好，平衡能力强
技能隔网对抗	排、乒、羽、网球	快肌纤维比例大，本体感觉、视觉、听觉、位觉良好，良好的心肺功能，有氧代谢和 ATP-CP 供能能力强
技能同场对抗	篮、排、冰、足、垒、棒、手、水球	反应速度快，有氧和无氧供能能力强，快肌纤维比例大，良好的心肺功能，血红蛋白值高
技能格斗性项群	击剑、摔跤、柔道、散打、拳击、跆拳道	反应迅速，无氧供能能力强，心肺功能良好，快肌纤维比例大，ATP-CP 含量高，血红蛋白百分比大，本体感觉、视觉、听觉、位觉良好

第二节　常用生理生化选材指标及其测评

一、骨骼肌选材指标及其测评

（一）肌纤维类型与运动选材的关系

骨骼肌的发现及分类已有悠久的历史。1679 年 Lorenzini 首先发现兔的骨骼肌有不同的色泽。以后又发现胸肌呈旭红色的鸽子能飞翔千里，而呈苍白色的家鸽远飞能力很差。1873 年，Ranvier 第一次报道了肌肉的色泽与收缩性质不同有关，他用电刺激的方法证明红肌收缩较慢，持续时间长，而白肌收缩较快，但易疲劳。1962 年 Bergatrom 成功地创造了活体肌组织针检术，1975 年 Essen 成功地从活肌组织中分离出单条肌纤维，从而使肌纤维的分类和研究进入了新的水平。

划分肌纤维类型有许多种方法，根据不同分类方法，可将肌纤维划分为不同的类型。有如下的几种划分肌纤维类型的方法：（1）根据收缩速度，可将肌纤维划分为快肌纤维和慢肌纤维；（2）根据收缩及代谢特征，可将肌纤维划分为快缩、糖酵解型（FG），快缩、氧化、糖酵解型（FOG）和慢缩、氧化型（SO）；（3）根据运动单位的工作性质，可划分为运动性运动单位和紧张性运动单位；（4）根据收缩特性及色泽，也可将肌纤维划分为快白、快红和慢红三种类型；（5）布茹克司（Brooks，1970）将肌纤维分为Ⅰ型和Ⅱ型，其中Ⅱ型肌纤维又分为Ⅱa、Ⅱb 两个亚型。通常只区分为快肌纤维和慢肌纤维者较多。不同的个体或同一个体不同部位骨骼肌纤维成分也有所不同。据研究，多数人认为人体中的骨骼肌纤维的类型及其数量是不随年龄、运动项目和训练程度的不同而变化，主要决定于遗传。研究表明：男子肌纤维类型的遗传度为 99.5%，女子为 92.2%。运动训练只能使肌肉中蛋白质增加，或使某类肌纤维变粗，从而可能改变该肌肉体积中各类的百分比。通过耐力训练引起慢肌纤维出现适应性肥大，速度爆发力的训练可引起快肌纤维的适应性肥大，同时还能使相应的酶活性提高和神经、循环功能的适应性提高。

Wilmore1994 年汇集了快肌和慢肌纤维在结构、机能特征的不同，如表 6–2 所示。

表 6–2　骨骼肌纤维的结构、机能特征

特征	Ⅰ型	Ⅱa	Ⅱb
运动神经元体积	小	大	大
神经传导速度	慢	快	快
肌纤维数量/神经元	10~180	300~800	300~800
毛细血管密度	高	中	低
肌红蛋白含量	高	中	低
收缩速度（m/s）	50	110	110
肌凝蛋白 ATP 酶类型	慢	快	快
肌肉收缩力量	小	大	大
抗疲劳能力	强	中	弱
有氧代谢能力	高	中	低
无氧代谢能力	低	中	高

（引自 Wilmore，1994）

由以上分析可知，慢肌纤维百分比占优势者擅长耐力运动，而快肌纤维的百分比占优势者擅长于速度、力量项目。大强度（爆发性）的运动主要靠快肌纤维的积极收缩来完成；持续时间长，低强度的运动，则主要由慢肌纤维承受基本负荷。瑞典科学家 Saltin 指出：测定运动员的肌纤维类型，可以帮助教练员估计运动员的潜力，采用最好的方法进行因人而异的训练，是令人兴奋和非常有效的手段。目标是要拔尖，那么肌纤维类型有助于预测未来，有助于减轻为达到目标所做的努力和增加取得成功的希望。所以科学地检测运动员的肌纤维类型百分比组成，是预测其运动潜力、选拔运动员的有效途径。

（二）肌纤维类型的测定

1. 肌肉活检

1962 年 Bergatrom 成功地创造了活体肌组织针检术。每次取出的肌组织不超过 50mg，取检后局部无损伤，不影响被检者继续参加训练，也不影响运动能力。1975 年，Essen 成功地从活检标本中分离出单条肌纤维，使研究单条肌纤维属快肌或慢肌类型百分比成为可能。

2. 组织化学染色法

其基本原理是根据肌纤维的生化特征，慢肌纤维和快肌纤维中一些酶含量的明显不同，琥珀酸脱氢酶、细胞色素酶等，慢肌纤维中明显多于快肌；而 ATP 酶的活性快肌纤维比慢肌纤维中多 3 倍等。只要将肌纤维中的这些酶进行定性（或定量）检查，就能区别这两类肌纤维百分比组成。如肌纤凝蛋白 ATP 酶染色法，由于快肌纤维的肌纤凝蛋白 ATP 酶活性大，易被染色，依此将肌纤维进行分类。

肌肉活检或染色检验的基本方法均如下。

（1）取样：肌纤维取样是用尖端带有凹陷、形似采血针而内外两层管的取样针，在所确定的肌肉中抽出少量的肌肉（最少包括 300 条肌纤维）。

（2）切片：样品经冷冻等技术处理后进行切片或染色。

（3）镜检、照相：将肌纤维切片放在显微镜（或电子显微镜）下进行镜检分析，并进行显微照相。

3. 肌电图检测法（利用表面肌电图某些参数进行无损伤测定）

（1）实验步骤

受试者坐在等长测力椅上，膝关节屈曲 120°，髋关节 90°。首先让受试者做最大用力等长伸膝，测定股四头肌最大随意收缩力量（MVC）。然后让受试者以 70%MVC 持续等长伸膝至疲劳，测得等长耐力。在疲劳性等收缩过程中用 Ag-Agcl 双极表面电极（直径 8 毫米）引导股外侧肌肌电信号，并输入肌电放大器（Polygraphy System RM-6000）。输入阻抗 5 兆欧，频响 DC-3000 赫。肌电信号放大 1480 倍。放大后的肌电信号和肌力信号同步记录数据磁带（SONY，FE=30A）上，磁带转速 19 厘米/秒。用计算机对肌电作信号处理。采样频率 1024 次/秒，采样 5 秒钟。采样得到肌电信号经模/数转换后作快速付里叶变换（FFT），获得肌电图功率谱，积分肌电图方面的多项指标。

（2）数据处理

①肌电图指标与肌纤维类型百分比的单相关分析：将肌电、肌力及等长耐力三方面的指标与Ⅱ型肌纤维百分比作单相关分析。计算相关关系及直线方程，并作显著性检验。

②肌电图等指标与肌纤维类型百分比的多元回归分析。

在单相关分析的基础上，利用逐步回归的方法自动筛选出最有效的指标。建立推测股外侧肌Ⅱ型肌纤维百分比的多元回归方程，并作显著性检验。

（3）研究结果：经逐步回归并经检验后得到一个用于间接测定股外侧肌Ⅱ型肌纤维百分比的三元回归方程：$Y=5.895+35.5338X_1+18.2075X_2-6.40734X_3$

注：R（相关系数）=0.973；F（显著性）=173.109；SD（标准差）=2.49；

X_1—相对最大随意力量（R.MVC）；

X_2—肌电图平均功率频率下降百分数（MPF.DP）；

X_3—积分肌电图上升斜率（IEMG.slope）。

注：引自王楠《利用肌电图某些参数对骨骼肌纤维类型进行无损伤测定》《体育科学》1985（4）

4. 其他方法

关于肌纤类型的测定也可以用 H.李姆金教授和他的同事提出的方法来确定。具体方法是用电刺激肌肉，使肌肉纤维收缩，然后借助于放在肌肉上面的强力传感器，把肌肉的收缩情况记录下来，在所得到的双峰曲线中，第一波是快肌纤维收缩造成。其峰值与快肌数量有关；而第二波与慢肌数量有关。由于参与活动的肌纤维数量一般较多，干扰因素多，方法不太可靠，故要求仪器的精密度非常高。

有人也曾用纵跳的弹跳高度来评价肌肉的爆发力，据此来推断和比较肌肉快、慢肌的相对数量（如弹跳力好，则此人的腿部肌纤维类型以快肌占优势），这种方法有一定道理。但由于影响弹跳力的因素很多，有训练因素、技术因素和身体因素的影响，所以这种方法不一定可靠，仅供无试验条件时简易估测和队员间的大致比较。有人采用“非外科手术穿刺法”，其中一种是使用 CYBXLL 型仪（生物力学的测定仪器）对肌肉最大功能的测量法；另外一种是使用等动自行车功率计对肌肉最大做功疲劳程度的检查法（见西安体院学报 1985 年第二期 P74 刘万斌文）。我国研制的 HIS-1 型肌纤维测定仪采用无损伤的间接方法，很受教练员和运动员的欢迎。具体方法见使用说明书。

二、血液机能选材指标及其测评

（一）血红蛋白与运动选材的关系

血红蛋白（Hb）是红细胞中的一种载氧蛋白，是构成红细胞的主要成分，Hb 不仅有运输氧的作用，还有运输 CO_2 和缓冲血液酸碱度的作用。Hb 与红细胞数有密切关系，一般说能影响红细胞的因素也同样地影响 Hb。运动训练过程中，血液中血红蛋白的含量会发生敏感的变化。在肌肉活动时，血红蛋白的作用更为重要，这时会需要更多的 Hb，才能增加氧的供应及增加缓冲酸性代谢产物的能力，如果血红蛋白和红细胞数量减少到贫血的程度，就会导致运动能力下降。此指标遗传度高达 0.99，先天制约性高。每 100 毫升血液中的 Hb 含量通常以克%为单位，我国正常成年男子为 12~16 克%，女子为 11~15 克%。

实践证明，按每名运动员的 Hb 平均值，可将 Hb 值的个体差异分为三个类型，即偏高型、正常型和偏低型。每一个基本类型中又可分为两个亚型，即：按标准差（SD）大于 1 克%为波动大者，小于 1 克%为波动小者。因此，理论上可以把运动员的血红蛋白分为六个类型。但实际工作中经常遇到的只有四个类型：即偏高波动小者、正常波动大者、正常波动小者和偏低波动小者。运动训练实践证明，以血红蛋白值高、波动小者为最佳，这种类型能耐受大负荷运动训练，从事耐力性项目运动较好。而以血红蛋白值偏低波动者为较差。

在运动员训练期间，每周或每隔一周测定一次血红蛋白，1~2 个月就可以基本判定运动员属哪种类型。但也要注意，分析时应根据运动训练的实际情况综合分析，并和同队的其他队员进行横向比较才较为客观。这个指标在耐力性项目或速度耐力性项目运动员选材时可做参考。

杜国玺等对参加全国冬运会决赛各运动队中的 53 名队员的血红蛋白的研究结果表明：当血红蛋白值上升时，运动成绩最佳，反之成绩不好（表 6-3）。

表 6-3 血红蛋白值的变化对运动成绩的影响

性别	例数百分比 / 血红蛋白值变化	成绩佳		成绩不佳		合 计（人数）
		例数	百分比	例数	百分比	
男	上升	14	70%	6	30%	20
	下降	1	15.7%	5	83.3%	6
女	上升	12	75%	4	25%	16
	下降	2	18.2%	4	81.8%	11

其结果采用统计学检验后，男子 $x^2=4.056$，女子 $x^2=6.340$，男女均为 $p<0.05$，说明运动成绩与血红蛋白的上升和下降这两者间有显著相关。

国外有关资料报道，运动员出现最佳成绩时，血红蛋白都在 13.5 克%右右，有时在 15 克%以上，所以，血红蛋白可作为运动员机能评定和选材的生理指标。一般把男性低于 12 克%，女性低于 11 克%称为贫血。因此，在挑选运动员（尤其是耐力性项目运动员）时，应注意运动员的血红蛋白值，如广东省体工队在选拔运动员时，血红蛋白值男性在 13 克%以上，女性在 12 克%以上。

Hb 含量高低直接影响人体供氧能力和能量代谢能力，与耐力素质有关。含量高，有利于供氧、运动能力高；含量低至贫血程度，就会使运动能力下降。但当 Hb 超过正常值高限值时，血球压积变大，血粘度高，血流速度减慢，对运动能力反而不利。

由于血红蛋白的百分含量变化范围较大，故在以此作为选材指标时，应注意以下一些因素的影响：

1. 性别年龄对血红蛋白的影响（图 6-1）：新生儿血红蛋白值较高，可达 15~23 克%，以后逐渐减少；4~5 岁后又略有增加，约 13 克%，男性成人高于女性成人。男子至 30~35 岁达到最高水平，以后逐渐下降；女子 Hb 则在 13 岁左右达到第一次高峰，以后逐渐下降，20~30 岁维持于较低水平；30~40 岁又逐渐升高达到第二次高峰。随着年龄增大男女差别减少，老年人血红蛋白值偏低。

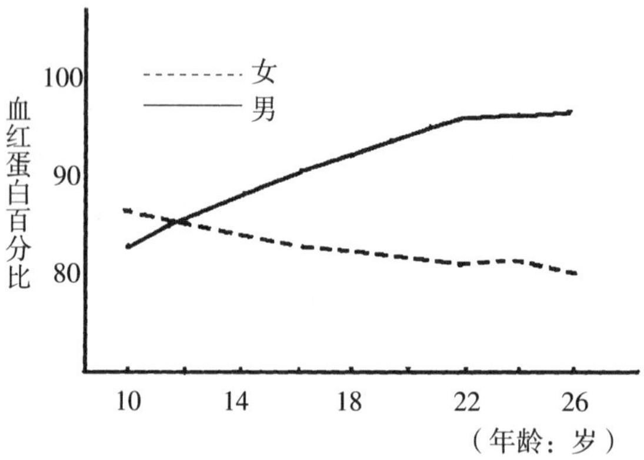

图 6-1　性别、年龄与血红蛋白的关系

2. 大运动量训练对血红蛋白的影响：大运动量训练时，运动员血红蛋白值明显下降，运动持续一段身体适应时，血红蛋白逐渐回升。所以在挑选运动员时，应避免在大运动量开始的一周左右时间内测试备选者的血红蛋白浓度。

3. 高山环境对血红蛋白的影响：久居高原地带的人和运动员的 Hb 含量比一般人要高，新到高原的人，前三周 Hb 含量大幅度提高，以后逐渐下降（依杜国玺等 1984）。

4. 膳食对血红蛋白的影响：当营养水平低、摄入蛋白质量不足，或由于某些原因使机体吸收铁离子的机能发生障碍时，往往会使血红蛋白值下降，严重时会引起贫血。所以，当把血红蛋白作为选材指标时，宜具体情况具体分析，不仅要考虑血红蛋白值，而且还要着重分析比较运动员血红蛋白的潜力，即合成血红蛋白的能力以及机体内血红蛋白的总量等。

（二）血红蛋白的测定

测定血红蛋白的方法很多，常用的是沙利氏比色法。其原理是加稀盐酸于血液中，可使血红蛋白变成不易变色的高铁血红蛋白，就容易与标准色相比较，从而测出其含量。

器材：经校正的沙利氏血红蛋白计（色柱相当于1%酸化血红蛋白液）小试管。0.02毫升吸管（经校正）小滴管，采耳血用具。

试剂：1%盐酸，蒸馏水。

操作

①加5滴1%盐酸于试管中。

②取耳血0.02毫升，擦净与管外附着血液，将吸管插入盐酸中，吹出血液，吸取上层清液冲洗两次，洗净管中的血液立即混合。

③静置10分钟，将试管中液体倾入比色管中用蒸馏水少许洗试管后，将液体一并倒入比色管。

④继续加蒸馏水，直到管中液体与标准色柱一致为止，读出液凹处刻度数，记下百分比（即100毫升血内血红蛋白的克数）。

注意事项

①采血时不可挤压过甚，以免血球淤积，使结果偏高。如结果偏高（如17g%上），则需要重测。

②放置时间必须10分钟，否则酸化不完全。

③测定时所用光源应与校正时光源一致，最好在自然光下比色。如果夜间在灯光下比色，须将比色计贴近比色管，以免比色计与灯光距离远近不同发生误差。

三、心血管机能选材指标及其测评

（一）心率

心率是心脏周期性活动的频率，青少儿随年龄的增长心率逐渐下降。测量心率最简易的方法是测量脉搏，在正常情况下脉搏和心率是一致的，通常以“次/分”表示。

1. 心率的分类及其应用

（1）基础心率。清晨起床前的卧位心率为基础心率。基础心率较为稳定，与年龄和发育有关，女性比同龄男性高出10次/分，亦随着训练年限的延长和训练程度的提高而减慢。

（2）安静心率。指空腹不运动状态下的心率。运动员的安静心率低于非运动员；不同项目运动员也有差异，一般来说耐力项目运动员的安静心率低于其他项目运动员；运动员的心搏量越大，安静心率越慢（优秀运动员可至30多次/分）。

（3）运动中心率。其常用指标有：

①定量工作心率。指从事同一运动练习或定量负荷时表现出的心率。常可用来进行自身前后比较或相互比较，一般情况下，其心率降低或较低可衡量运动员对该负荷的适应水平认为或机能水平较高。

②次极限心率。指从事极限负荷以下运动时的心率。无氧阈心率就是一种次极限心

率，PWC_{170} 测定中的 170 次心率也是次极限心率。运动员在次极限心率下做功增加或成绩（强度）提高是工作能力增强、身体机能良好的表现。

③最大心率。指从事极限负荷时的心率。最大心率随着年龄的增长而下降，在一定时间内，一个人的最大心率相对稳定，可采用（220–年龄）来估算。其遗传度很高，并与心脏潜在做功能力有关，在选材中更应注意。

注：以上三种心率若不能在运动中测定，可采用运动后即刻心率来估计运动中的心率。

（4）运动后恢复心率：指运动后恢复期间的心率，它不仅受先天因素影响，还受后天训练的影响。在一般情况下，定量工作后心率恢复较快（恢复期短或恢复期某时刻心率较低）者心血管功能较强。

要选拔那些基础、安静心率低，最大心率高，运动后心率恢复快的儿童少年运动员，他们可能在心肺功能方面存在优势。

2. 心率的测量

基础心率和安静心率常以 10 秒为单位连续记数每 10 秒钟的脉搏频率，若连续 3 个 10 秒的脉搏数是一样的，就将这个数乘 6，得出每分钟的心率；若受试者相邻两次 10 秒的脉搏频率只差 1 次，连续测量时均在相差 1 次上下浮动，即可用临近两次 10 秒的频率相加乘 3，得出每分钟的心率。

运动中和运动后心率的测定，常根据测试的要求分别在其第 1、2、3……分钟内测定，一般先测 10 秒钟的脉搏次数，再将其乘 6，得出每分钟心率。其主要测量方法有扪诊法和器械法：

（1）扪诊法

①桡动脉扪诊：以食指、中指和无名指压在受试者手腕（拇指侧）桡动脉上测量。

②颞浅动脉扪诊：在耳前部略偏上、颞浅动脉经过处测量。

③心前区扪诊：在左心前区心尖部测量。

④颈动脉扪诊：在胸锁乳突肌前、下颌角下部的下颌三角区测量。对戴有头盔和帽子的项目多用此法。采用两指在颈部一侧触摸，不宜用力。该部动脉有压力感受器，按压不当可引起心率下降，甚至昏厥。

（2）器械法

①听诊法：用听诊器在心前区直接听诊，计算心率。

②指脉仪法：用光电或压力传感器记录手指光密度或容积的周期性变化来显示心率，适用于实验室。

③心率遥测仪法：心率无线电遥测仪是由一个小发射机和一台普通接受机组成，适用于对运动中心率的检测，在运动实践中广泛使用。

实验器材：心率发射机、接收机或两用录音机、引导电极一对、导电膏、黏合剂、酒精、棉球、胶布。

测试方法：在贴电极的部位（胸骨体和胸大肌左下方相当心电图胸导联 1/4 处），用酒精进行清洁和去脂处理。

在电极凹陷处注满导电膏，再在电极周围接触皮肤处涂一层黏合剂，让黏合剂稍晾一下，然后贴在皮肤上，再用橡皮膏把电极的引线贴在皮肤上，以防运动时牵动电极。将发射机安置在适当的部位（腰或头部），将引导电极上的插销与发射机相联，此时心电波开始发射，随即打开接收机，并调节“调谐旋钮”，当调至和发射机的频率一样时，即可听到副载频的声音。就可以根据副载频随心率而变的节奏，记录心跳次数。记录时，可采用直接听声音节奏变化的方法记下心率，也可先录制，然后重播记录。

（二）60 米跑心率指数

1. 测试目的：测评运动员的心血管机能水平。

2. 测试依据：运动实践证明，在一定范围内，运动强度越大，工作时心率也越快，恢复时间也越长，反映机能情况的心率与运动强度、运动成绩和恢复情况有一定的内在关系。

3. 测验仪器：1/50 秒表的钟式诊断器。

4. 测验方法：让受试者静坐 10~15 分钟，测量安静时心率的稳定值（以 10 秒计，连续测三次）。然后进行 60 米全速跑，到终点时，一测试人员记录成绩，另一测试人员立即用听诊器直接置于受试者的心尖区，测每分钟前 10 秒的心率，连续测 3 分钟。

5. 指数及指数的评定：

$$K=\frac{S\times\Sigma P}{t\times p3}$$

注：式中 K 为心率指数，S 为距离（60 米），ΣP 为恢复期三分钟前 10 秒心率之和，t 为成绩，$p3$为第三分钟前 10 秒的心率。

公式说明在运动距离相同的情况下，心率指数与负荷后的心率成正比，与成绩和速度之积成反比，即成绩好（时间短），强度大，恢复快，心率指数就大，其评定如表 6-4。

表 6-4　60 米跑心率指数评定标准

等数＼指数＼对象	7~12 岁		13~17 岁	
	男	女	男	女
良好	22.60↑	21.60↑	25.30↑	21.50↑
较好	21.40~22.50	20.40~21.50	23.80~25.30	20.40~21.40
一般	18.70~21.30	17.50~20.30	21.30~23.70	17.70~20.30
较差	17.70~18.60	16.40~17.40	20.10~21.20	16.20~17.60
落后	17.60↓	16.30↓	20.10↓	16.20↓

引自沈阳体院《体育教学与研究》1981 年（3）P51

（三）30 秒 30 次蹲起机能测试（心功指数）

1. 测试目的　测定运动员心脏功能。

2. 测试依据　以相对定量的负荷，测心率变化和恢复情况。定量工作时的心率及其恢复与心脏功能情况有一定的内在关系，一般情况下心脏功能弱者工作时心率越快，恢复时间也越长，田径选材组用此法与哈佛台阶试验对比，相关系数为 0.927，且方法简单，利于基层运用。

3. 使用器材　秒表。

4. 测试方法

（1）静坐 5 分钟，测出 15 秒钟的心率，将所得数乘以 4，得出 1 分钟的心率，标以 P1。

（2）受试者从立正姿势开始，在 30 秒内完成 30 次蹲起动作（每秒一次，下蹲至最大限度），最后一次站起来时，测即刻 15 秒钟心率，将测得数乘以 4，标以 P2。

（3）休息 1 分钟后，再测 15 秒心率，将测得数乘以 4，即恢复期第一分钟的心率，标以 P3。

（4）按下列公式计算指数：$指数=\frac{P1+P2+P3-200}{10}$

5. 评价方法：根据计算出的指数评价心脏功能，指数小于或等于 0 的为最好，0~5 为很好，6~10 为一般，11~15 为不好，大于 16 为很差。

（四）布兰奇心功能指数（BI）

本测试方法所需仪器为秒表、血压计、听诊器。测量时让受试者采取坐姿，待完全安静下来以后，测 1 分钟心率，然后测血压。取得数据后将数据代入公式：

$$布兰奇心功能指数=\frac{心率（收缩压+舒张压）}{100}$$

这一方法的特点是在测量心率的同时，考虑了血压因素，因而能较全面地反映心脏和血管的功能。评定方法：BI 在 110~160 的范围内为心血管机能正常，平均值是 140。如果超过 200，应进行心血管机能的进一步检查。

（五）哈佛台阶试验

1. 测试目的　评价心血管机能。

2. 测试机理　哈佛台阶试验是由哈佛大学疲劳实验室勃鲁阿及其同事于 1942 年设计的，是一种简便易行的评价心血管系统对于定量负荷的反应和测定体力工作能力的方法。其生理机理是心率在一定范围内与运动强度和最大吸氧量成直线关系，心率在 120~160 次/分时的长时间运动以有氧代谢供能为主，超过 160 次/分体内便逐渐形成许多氧债，以无氧代谢供能为主，运动中最高心率与运动后心率密切相关。该试验就是在测量进行定量负荷后的心率变化和恢复情况，用来评价心血管机能的方法。

3. 测试器材　长 40 厘米、宽 35 厘米、高度不等（或可调高度的）的小凳，节拍器，秒表。

4. 测试方法

（1）根据受试者的年龄和性别，并以依久布阿氏图表确定体表面积（图 6–2），进而选择小凳高度和运动实验的持续时间（表 6–5）。

（2）先测安静时心率，然后做轻度准备活动（主要下肢活动），听口令开始后按节拍器的节律（120 节拍/分）完成试验。每上下一次为 4 节拍。

节拍一：受试者一只脚跨到小凳上；

节拍二：双脚站在小凳上；

节拍三：先上小凳的那只脚下到地板上；

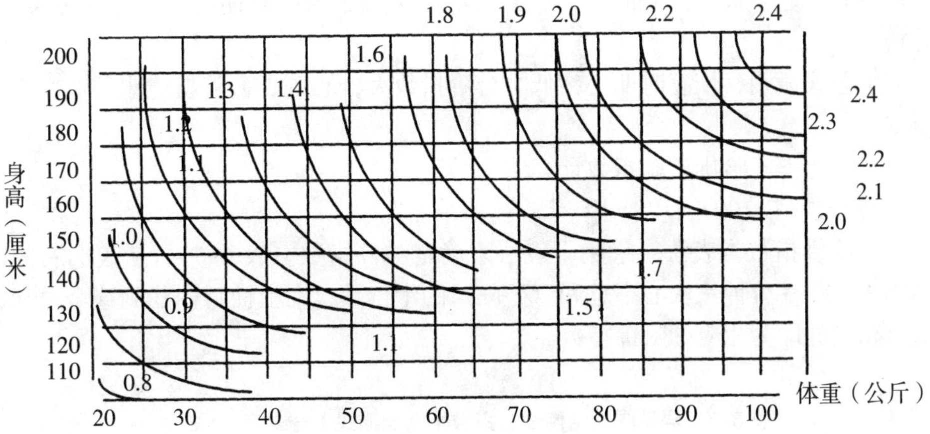

图 6–2　确定体表面积的图表

表 6–5　小凳高度、运动持续时间与年龄、性别的关系

受试者	年龄（岁）	体表面积（平方米）	小凳高度（厘米）	持续时间（分）
男子	成人		50	5
女子	成人		43	5
青少年	12~18	>1.85	50	4
青少年	12~18	<1.85	45	4
女青少年	12~18		40	4
男女儿童	8~12		35	3

节拍四：双脚站在地板上。

注意：按节律口令活动，站在凳面时膝关节伸直，身体挺直，从凳上下落时脚尖先落地。疲劳而跟不上节律达 20 秒者应停止试验，并记下时间。

试验完后不停秒表，测恢复期第 1、2、3 分钟后半分钟心率。心率记录表如表 6–6。

表 6–6　心率记录表

安静时心率（次/30 秒）	运动后心率（次/30 秒）			指数
	30 秒~1 分（F1）	1 分 30 秒~2 分（F2）	2 分 30 秒~3 分（F3）	

1. 评价方法：哈佛台阶试验的指数有两种计算方法，即哈佛试验的完全形式和简化形式。简化形式在群体测验中可以节省大量时间。

(1) 完全形式哈佛试验指数计算方法：

$$哈佛试验指数=\frac{T\times 100}{(F1+F2+F3)\times 2}$$

注：T 为上下台阶的总时间（秒），F1、F2、F3 为恢复期的 1、2、3 分钟后 30 秒的脉搏。

以上公式说明，恢复时期心率低、台阶指数大，心脏、血管机能水平高，有氧耐力素质好。

(2) 简化形式哈佛试验指数计算法

哈佛指数=T×100/（F1×5.5）

(3) 哈佛指数查表法：采用查表法来确定哈佛指数（表 6-7），从表的右侧纵行内找到第 1、2、3 分钟三次心率总和（∑Fn）的十位数，在上横行内找到这个总和数的个位数，相交处即为相应的哈佛指数。

表 6-7　男子成人哈佛试验指数（完全形式）查对表（t=5 分钟）

十位数	个位数									
∑Fn	0	1	2	3	4	5	6	7	8	9
80	188	185	183	181	179	176	174	172	170	168
90	167	165	163	161	160	158	156	155	153	152
100	150	148	147	146	144	143	142	140	139	138
110	136	135	134	133	132	130	129	128	127	126
120	125	124	123	122	121	120	119	118	117	116
130	115	114	114	113	112	111	110	110	109	108
140	107	106	106	105	104	103	103	102	101	101
150	100	99	99	98	97	97	96	96	95	94
160	94	93	93	92	92	91	90	90	89	89
170	88	88	87	87	86	86	85	85	84	84
180	83	82	82	82	82	81	81	80	80	79
190	79	78	78	78	77	77	76	76	76	75
200	75	75	74	74	74	73	73	72	72	72
210	71	71	71	70	70	70	69	69	69	68
220	68	67	67	67	67	67	66	66	66	66
230	65	65	65	64	64	64	64	63	63	63
240	62	62	62	62	61	61	61	61	60	60
250	60	60	60	59	59	59	59	58	58	58
260	58	57	57	57	57	57	56	56	56	56
270	56	55	55	55	55	55	54	54	54	54
280	54	53	53	53	53	53	52	52	52	52
290	52	52	51	51	51	51	51	50	50	50

简化形式哈佛指数可查表 6-8，方法同上。

哈佛试验指数评定机能水平，可参考表 6-9，表中所列的评价标准来源于对大、中学生的研究资料。

选拔运动员（尤其是选拔耐力项目运动员）时，不得低于良的要求。

表 6–8　男子成人（简化形式）哈佛试验指数查对表（t=5 分钟）

十位数	个位数									
ΣFn 0	0	1	2	3	4	5	6	7	8	9
30	182	176	171	165	160	156	152	147	144	140
40	136	133	130	127	124	121	119	116	114	111
50	109	107	105	103	101	99	97	96	94	92
60	91	89	88	87	85	84	83	82	80	79
70	78	77	76	75	74	73	72	71	70	69
80	68	67	67	66	65	64	63	63	62	61
90	61	60	59	59	58	57	57	56	56	55
100	55	54	53	53	52	52	51	51	50	50
110	50	49	49	48	48	47	47	47	46	46

表 6–9　用哈佛指数对机能水平的评价表

（完全形式）哈佛指数	评价	（简化形式）哈佛指数
≤55	劣	<50
55~64	中下	
65~79	中	50~80
80~89	良	
≥90	优	>80

2. 注意事项

(1) 试验前，测试人员应向受试者简明讲解台阶试验的要求，并做示范。

(2) 测量者如发现受试者的安静心率超过 80 次/分时，应令其休息一会儿再进行测量。若仍在 80 次/分以上者则如实记录。

(3) 受试者服装要轻便，脚穿运动鞋，要在听到“开始”口令时进行上下台阶运动。上台阶时膝关节要伸直，头和躯干也要伸直，另一脚踏在台阶的中部，不要用力蹬台阶。下台阶时要轻松自然，也不要用力蹬台阶，运动节奏与节拍器同步。

(4) 测试时间结束时，测试人员应立即发出“停止”口令，并让受试者坐下休息。

(5) 测量者要准确听记 30 秒的心率。

3. 哈佛台阶试验用于选材测评时存在的问题和建议

(1) 哈佛台阶试验多用于健康成人，其评价优劣也采用成人标准，能否适用于儿少运动员初级选材尚待探讨。应制定适应中国儿少运动员的评价标准，此项工作尚待深入。

(2) 在不同项目选材时采用此法，注意不同性别、年龄段应有相应的小凳高度和测试时间。

(3) 采用哈佛台阶试验指数来评定运动员机能水平时要慎重，因为它的绝对值并不总是与成绩完全一致。但是对同一运动员进行反复研究证明，该试验指数能较好地反映心血管系统机能状况和工作能力的变化。

用哈佛指数来评定运动员的机能状况时应考虑不同运动项目的不同要求。表 6–10 是国外研究工作者所获得的不同项目运动员和一般人的哈佛指数平均值，供选材时参考。

表 6–10　不同项目运动员和一般人哈佛指数均值

运动项目	指数	运动项目	指数	运动项目	指数
越野跑	111	拳击	94	短跑、跨栏	86
自行车	106	游泳	90	举重	81
滑雪	100	排球	90	一般人	62

（六）联合机能试验

1. 试验目的　测评运动员的心血管系统机能。

2. 试验机理　试验的第一部分（20 次蹲起）可视为准备活动；试验的速度性部分（15 秒原地快跑）能测定机体迅速加强血液循环的能力；耐力性部分（3 分钟原地高抬腿跑）能测定机体使循环机能保持高度水平的能力。由于该试验负荷强度较大，又对机体提出不同的要求，所以可作为选材中检查心血管系统机能的简便易行方法。

3. 使用仪器　秒表、血压计。

4. 试验方法：试验开始时，首先测量安静时脉搏和血压，然后不解下血压计袖带和气囊，按顺序做三个机能试验。

（1）30 秒 20 次蹲起。受试者两足开立与肩同宽，两臂自然下垂，做蹲起动作。下蹲时足跟不离地，两膝要深屈，两臂前平举，起立后，两臂恢复原状，如此重复 20 次。要求动作速度均匀，并在 30 秒内做 20 次。蹲起结束后立即测量。每分钟测量脉搏和血压各一次（前 10 秒钟测脉搏，然后紧接着测血压），共测 3 分钟。

（2）15 秒钟原地快跑。跑的速度和强度如同百米跑。跑完后测量恢复期的脉搏和血压，共测 4 分钟。

（3）3 分钟（女子一般做 2 分钟）原地高抬腿跑，要求每分钟步频为 180 次（每秒 3 次），跑完后测量恢复期的脉搏和血压，共测 5 分钟。

5. 注意事项　各部分之间都要密切衔接，动作要符合要求。测量时要严格遵守时间的限制，做完 20 次蹲起并经过 3 分钟恢复期后，紧接着要求开始做 15 秒钟的原地快跑，然后经过 4 分钟的恢复后，就紧接着做原地 3 分钟高抬腿跑。

6. 结果评价　根据负荷后脉搏和血压升降的幅度，以及恢复时间来评价。一般有五种反应类型（图 6–3）。

（1）正常反应型　其特点是在负荷后收缩压和脉搏适度平行上升，舒张压适度下降（5~30 毫米汞柱）或保持不变，脉搏和血压在负荷后 3~5 分钟恢复至负荷前水平。

（2）紧张性提高反应型　其特点是负荷后收缩压明显升高，可达 180~200 毫米汞柱，舒张压亦升高 10~20 毫米汞柱。脉搏也明显增加，恢复期延长。这种反应系周围血管调节障碍所致，多属生理性。多见于训练水平不高或初次参加训练的人。青少年运动员正处于青春期，心血管系统兴奋性较高，也可以出现这种反应类型。

（3）无力反应型　其特点是负荷后收缩压上升不多（一般不超过15毫米汞柱）甚至下降，脉搏急剧增高，血压和脉搏恢复时间长，这种现象表示心肌收缩力减弱或不良。运动员在患病或过度训练时可出现这种反应。

（4）紧张不全反应　其特点是在负荷后舒张压极度下降至零时仍能听到音响，即所谓“无休止音”现象。这有两种情况：一种是“无休止音”现象保持在2分钟以上，而负荷后的收缩压上升不明显，脉搏增加很明显，恢复期明显延长。这种现象说明受试者的身体机能不良，或者有早期过度训练的征象。另一种是“无休止音”在负荷后第2分钟便消失，负荷收缩压较高为其特点，说明心脏收缩力较强；由于脉搏快，致使舒张期缩短。这种现象多见于训练良好的运动员在激烈比赛后的即刻。

（5）梯形反应型　其特点是负荷后恢复期内第一分钟的收缩压上升不多，比恢复期内第2或3分钟的收缩压低，以后逐渐下降，脉搏明显增高，舒张压上升或不变。脉搏和血压的恢复时间明显延长。这种现象说明受试者在进行体力负荷时，心脏功能逐渐减弱，而在恢复期内第2和3分钟后由于心脏相对得到休息，心缩力又逐渐有所改善，因此表现为梯形上升。它反映心血管系统机能不良，多出现在过度训练的早期和中期，或病后身体未充分恢复时。有的运动员对速度负荷适应性不良亦可出现梯形反应。

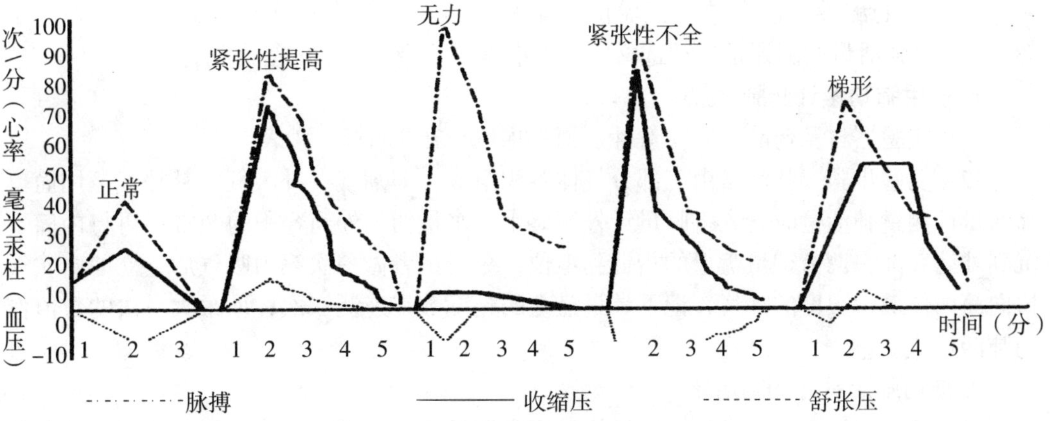

图6–3　联合机能试验的反应类型

7. 联合机能试验用于选材时存在的问题和建议

（1）联合机能测试的强度很难统一和调控，尤其是第2和第3个测试。强度不等，会影响测评结果。所以蹲起和高抬腿测试应注意动作的规格，原地快跑应强调尽快的步频和适当的抬腿幅度（近似高抬腿），并严格控制恢复期时间和间歇。否则将失去其选材可靠性及可比性。

（2）联合机能测试的结果与运动员的身体状况关系密切，如疾病和过度训练等因素对其影响很大，故评价时应全面分析。力求能从先天性的心血管机能角度进行判别，而排除后天性（如疾病、过度训练等）因素的干扰。

（3）联合机能试验的结果无疑是与训练程度有关，但初级选材中如何判断或避开这种“训练进步效应”，进而发现运动员原始的先天的心血管系统机能，这也是亟待解决的问题。

四、呼吸机能选材指标及其测评

呼吸系统的机能测评可作为心血管系统机能测评的补充，在选材时具有重要意义。

（一）肺通气功能测定的实验原理

人体为了维持正常的新陈代谢，就必须不断地从外界摄取氧气，并不断地将体内的代谢产物二氧化碳（CO_2）排出体外。肺就是完成该任务的重要器官之一，通过肺的活动，人体不断地同大气进行气体交换，因此，测定肺通气功能就具有重要意义。

肺通气功能受许多因素影响。如胸廓的大小、呼吸肌的力量及呼吸道的通畅程度等。要想比较确切地反映肺通气功能，就必须考虑这些因素。

（二）肺活量、肺活量指数及其在选材中的测评和应用

肺活量是指在不限时间的情况下，一次最大吸气后，再尽最大能力所呼出的气体量。它代表了一个人呼吸的最大通气能力，是反映人体生长发育水平的重要机能指标之一。由于它的测量方法简单，试验的可重复性强（一个人多次重复测量，误差小于5%），所以肺活量的测评是运动选材中一项准确、稳定和有效的静态指标。

1. 使用肺功量计测肺活量

（1）实验器材及药品　肺功量计、消毒棉球、75%酒精、秒表。

（2）实验步骤　肺活量由三部分气体容积组成，即潮气、补吸气、补呼气。用简单肺活量计测量肺活量时，先将肺量计外筒盛水，水量约为外筒容积的80%，再将内筒下沉到外筒底部，调节记量盘上的指针到零位，令受试者做一次竭力吸气后，立即由吹气口向筒内作最大限度的呼气，记下计量盘上的刻度数，连测三次，取最大一次的数值作为肺活量值。

2. 使用肺活量计测肺活量

（1）使用仪器　肺活量计。肺活量计应在测量前一天灌水，或备好一桶水，准备第二天使用。目的是使水温与室温基本一致。

（2）测量方法　受试者站立位，做一二次扩胸运动或深呼吸后尽力深吸气，吸满后再向肺活量计的口嘴尽力呼气，直到不能再呼气为止。此时应立即关闭进气管的开关（或折叠橡皮管）、待浮桶平稳后再进行读数。肺活量计上所显的数值即为受试者的肺活量的数值。呼气时如感到从鼻子漏气，可捏住鼻子。在受试者掌握吹肺活量技术后，每人测三次（两次间隔约15秒钟），选记最大值。

（3）测试误差　测试人员的测试技术水平应达到用同一个肺活量计、重复测量同一个人的肺活量时，各次肺活量的最大值的误差数（这种误差不是由于受试者未掌握吹肺活量的技术而造成的）不得超过200毫升，这是评定测试人员是否掌握肺活量测试技术的参考标志。我国部分运动项目肺活量值如表6–11。

表 6-11　部分项目运动员肺活量值（均数±标准差）

运动项目	性别	例数	年龄（岁）	肺活量（ml）	肺活量/体表面积
100m	男	26	22.2±2.6	4384±627	483±281
200m	女	25	20.4±3.2	3316±383	2143±248
400m	男	25	22.06±3.5	4740±511	2629±260
400m 栏	女	19	19.5±31	3340±624	2629±260
800m	男	25	22.0±2.5	4636±512	2703±268
1500m	女	31	19.5±2.7	3472±477	2337±197
5000m、马拉松、竞走、3000m 障碍	男	34	23.1±2.8	4702±441	2728±196
110m 栏	男	9	22.2±2.2	4983±566	608±238
100m 栏	女	13	20.8±2.2	3812±328	2315±184
跳高	男	18	21.0±3.2	4732±630	2494±306
	女	10	20.8±2.1	3720±664	2177±235
撑竿跳	男	10	23.5±2.1	4825±630	2730±273
跳远、三级跳远	男	21	22.8±2.3	4817±442	2608±221
跳远	女	16	20.0±2.7	3250±346	2063±182
标枪	男	11	24.3±1.1	5213±539	596±286
	女	14	21.0±24	3981±392	2312±169
铁饼、铅球、链球	男	24	23.6±2.7	5577±504	2534±204
铁饼、铅球	女	22	22.6±2.3	4166±402	2188±224
十项全能	男	10	24.3±1.1	5235±767	2710±330
七项全能	女	10	20.4±2.4	3805±498	2282±212
游泳优秀组	男	38	19.8±2.7	5128±572	2848±234
	女	42	16.7±1.8	3902±450	4228±235
一般组	男	134	17.3	4829±789	
	女	63	17.3	4830±789	

引自《优秀运动员机能评定手册》1989 人民体育出版社 P61

3. 肺活量推测值

保尔·得文等人提出用性别、年龄、身高推测肺活量的计算式（即根据不同年龄、性别和身高推测肺活量应达到的水平）。

男性肺活量（毫升）=（27.63−0.112×年龄）×身高

女性肺活量（毫升）=（21.78−0.101×年龄）×身高

肺活量%=肺活量实测值/肺活量推测值×100

采用保尔·得文法推测肺活量，由于推测指标较少，实际应用中推测误差较大。1984 年，北京体院贺东等人通过实测数据，推导了我国 15~20 岁男女青少年肺活量推测公式，可用作选材测试参考：

F 男=1.02×10−7×H3.44×W−1.27×C2.726×N−0.093

F 女=1×10−7×H3.4×W−1.1×C2.0×N−0.03

式中：F 为肺活量推测值；H 为身高，C 为胸围，N 为年龄。

4. 肺活量指数

肺活量的变化与年龄，特别是与身高、体重、胸围、坐高和体表面积等形态发育水平密切相关，故在评价时应充分考虑这些因素对肺活量大小产生的影响。采用相对值（即指数）进行评价，比用绝对值更能反映出个体差异。常用的肺活量指数有肺活量/身高、肺活量/体重、肺活量/胸围、肺活量/体表面积等。

（1）肺活量/身高

国内外大量研究证明，肺活量大小与身高呈高度相关。从该指数的均值可看出，7~19 岁该指数随年龄而增大，此后基本稳定。

（2）肺活量/胸围

肺活量大小与胸围呈正相关。胸围越大，胸腔越大，肺活量也越大。在对呼吸肌进行评价时，肺活量/胸围也是经常采用的指标。

该指标的性别和年龄特点与肺活量/身高指数基本一致。

（3）肺活量/体重

该指数反映每公斤体重的肺活量，使用相对值对呼吸机能评价时经常被采用。该指数均值曲线随着年龄的变化，男女呈现两种完全不同的趋势，这一情况在青春期表现更为明显。男性 7~11 岁该指数随年龄而增大；12~14 岁间体重突增，肺活量的增长速度与其相比较慢，因此指数曲线出现下降；14~21 岁，指数随年龄增大。21 岁后基本稳定。女性 7~10 岁，指数随年龄而增大；11~18 岁指数随年龄增大而减小，这是因为进入青春发育期后，肺活量增长速度慢于体重的增长速度。该指数能反映人体气体代谢的最基础的条件，凡耐力性项目（尤其是游泳）该指数均值都高（表 6–12）。

表 6–12　我国优秀游泳运动员肺活量与肺活量 / 体重平均值比较

项目	男（人数 81）		女（人数 51）	
	肺活量（毫升）	肺活量/体重（毫升/千克）	肺活量（毫升）	肺活量/体重（毫升/千克）
短距离自由泳	5250±686	74.5±9.4	3603±393	66.1±7.3
长距离自由泳	5181±647	80.9±7.3	3591±555	71.3±7.7
蝶泳	5275±831	74.8±7.4	4028±412	90.2±6.8
仰泳	5114±347	77.1±5.6	3870±528	69.1±10.6
蛙泳	4888±434	72.6±5.3	3811±437	66.2±3.8

依 1992《运动员科学选材》P95

云南体科所范宗光、范云生认为：肺活量/体重指数，是参与评定中长跑马拉松等运动员机能状态的高载负荷指标之一，可敏感性和可靠性值得信任。他们提出不同级别运动员该指数统计表，可供中长跑等运动员选材和评定机能时参考（表 6–13）。

表 6–13　不同级别运动员肺活量及肺活量 / 体重指数统计表

级别	n	肺活量（ml）	$S\bar{X}$	n	肺活量/体重（ml/kg）	$S\bar{X}$
男体校级	224	4277±433	29	224	79.6±4.3	2.74
	285	4232±514	30.6	285	75.7±7.2	0.42
	44	3790±708	10.7	44	72.2±8.0	1.22
	112	3163±443	42.1	112	65.6±4.3	0.41
	240	3122±372	24.1	240	65.1±6.1	0.39
女体校级	44	2872±348	52.7	48	61.0±9.0	1.3

引自《1985 年运动员机能评定论文汇编》国家体委科教司，P119

肺活量测定方法简便，可重复性很好，应用很广。但肺活量反应肺通气功能有其局限性，如果测定肺活量时不加以时间限制，则肺气肿患者和正常人的深呼吸量和呼吸运动幅度往往没有显著差异。因此提出了另一些测定肺通气功能的方法，如时间肺活量、五次肺活量等。

5. 时间肺活量（FEV）

时间肺活量是指在最大吸气之后，以最快速度完成呼气到不能再呼出气体为止，同时测定在第一秒、第二秒和第三秒所呼出的气量。由于是记录了一定时间内所能呼出的气量，因此叫做时间肺活量。其正常值用呼出气量占肺活量的百分比表示（图 6–4）。正常人第一秒末为 80%~83%，第二秒为末 95%~96%，第三秒末为 99%。其中以第一秒末的意义最大。其数值大小，反映通气舒畅程度及肺的弹性回缩力。测试表明那些要求运动员快呼、快吸的运动项目，其第一秒末的百分数较大，高于一般人 10%~16%。

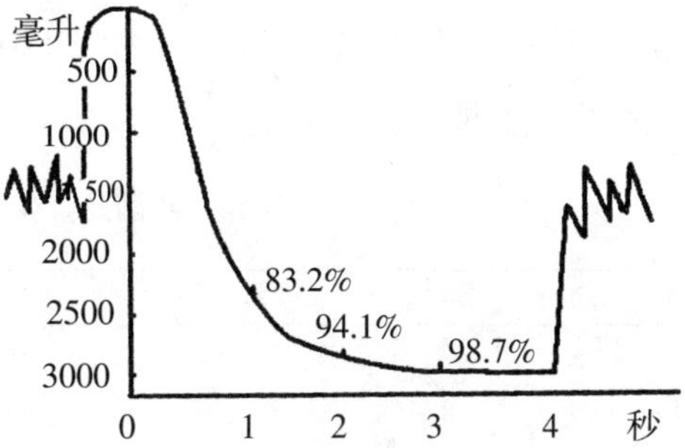

图 6–4　时间肺活量曲线

时间肺活量的测定（用肺功量计法）方法：

可用改良式肺量计或肺功量计测量。受试者取立位，夹鼻夹，口含与肺量计相通的橡皮口嘴，开动记纹鼓（鼓速 10 厘米/分）做平静呼吸数次，然后令受试者做最大吸气，屏住气，加快鼓速（150 厘米/分），待 1~2 秒后，立即令其迅速做最快的一口气呼出，直到不能再呼出为止。将记录的曲线计算出全部呼出气总量（肺活量），然后计算出第一秒、第二秒和第三秒钟内的呼出气量各占肺活量的百分比。测试两次，取第一秒末呼出气量占肺活量百分比的最大数。

6. 连续五次肺活量试验

这是专门试验呼吸功能的一种方法。让受试者连续测五次肺活量，每次间隔 15 秒钟（吹气时间在内）并记录结果。如果每次数值基本相同或逐渐增加者为肺功能良好，若每次测的数量逐次下降，特别是最后两次明显下降，则为呼吸机能不良的反应。

7. 肺活量运动负荷试验

（1）方法　先测安静时肺活量，然后作定量负荷（负荷量可根据不同对象而定，如20次起蹲或1分钟上下台阶），运动后立即测量肺活量，每分钟测1次，共测5次，记录每次结果。

（2）评定　负荷后5次肺活量逐渐增加或保持安静时水平者，或与运动前相同、增加、稍低，1~2分钟内恢复，为呼吸机能良好；运动后肺活量逐渐下降，第5分钟仍未恢复者，说明机能不良。

选材建议：以上指标多适用于耐力性运动项群选材时参考。

（三）最大通气量（MVV）

最大通气量指以适宜的呼吸频率和呼吸深度进行呼吸时所测得的每分通气量。一般只做15秒钟通气量的测定，并将所得的值乘以4，即为每分最大通气量。测最大通气量，可评定受试者的通气贮备能力。通气贮备能力低的人，难于胜任剧烈活动。肺通气贮备能力是衡量通气功能的重要指标。

肺通气贮备%=（最大通气量-每分通气量）/最大通气量×100%

儿童少年的最大通气量一般随年龄的增长和肺功能的完善而增大。男性在12~16岁间增大最快，18岁后趋向稳定。女性10~15岁间增长最快，15岁后趋向稳定（表6-14），一般男子平均最大通气量是100~110升，女子是80升左右，有良好训练的运动员可达220升左右。

表6-14　我国儿童少年肺通气量平均值（升/分）

年龄	女	男
7	36.75±11.37	41.21±11.42
8	41.29±10.83	45.81±12.21
9	48.89±12.20	51.52±12.31
10	53.12±13.34	55.50±12.52
11	57.31±12.82	60.51±13.73
12	63.93±15.69	64.25±16.28
13	69.46±14.27	80.77±21.16
14	71.27±19.80	91.14±22.04
15	80.98±23.41	100.16±25.60
16	84.64±32.76	111.39±31.05
17	81.96±23.83	114.67±29.27
18	81.18±23.85	117.36±27.88

最大肺通气量的测定可用肺功量计测定，也可先将呼出气体收集在气袋内，然后输入到气量计上测出。

肺功量计测定法：先令受试者按主试者口令在15秒钟内以适宜的呼吸频率和深度进行呼吸试测1~2次，受试者自认为已经适应了呼吸深度和呼吸频率以后，再正式测定。根据曲线高度，计算15秒钟内的呼出气的总量乘以4，即为每分钟的最大通气量。

五、内分泌机能选材指标及其测评

睾酮、可的松、生长素和甲状腺素水平与运动能力密切相关，许多国家的生理学者也将它们作为运动员选材指标。这四种物质的分泌有一个共同的特点：早晨觉醒前后，分泌水平和血液浓度达到最高峰；觉醒两小时后，血浓度迅速下降，直至晚间睡眠的最初 2~3 小时保持低水平状态，然后缓慢回升（表 6–15）。故在选材应用时，应采用同一时间采样分析，以便进行准确地相互比较。

表 6–15　正常人体血清睾酮、可的松、生长素和甲状腺素昼夜分泌特点

指标	峰相位时刻	变化范围	中值水平	节律性 p
睾酮	07：10	05：00–08：30	23.14	<0.001
可的松	06：18	05：00–08：00	218.08	<0.001
生长素（7–12 岁时）	22：39	21：00–05：00		<0.001
甲状腺素	07：44	04：32–11：00		<0.05

（引自体育院校通用教材《运动生理学》2002 年版 p437）

用激素节律选材的主要指标：

1. 中值水平　该指标较准确地反映了运动员体内的激素浓度在昼夜 24 小时内的节律性变化的平均水平。一般情况下，其中值水平越高越好。

2. 双倍振幅值　反映了激素浓度在昼夜 24 小时内，从最大值到最小值的变化程度，也反映了机体内分泌功能调节水平的潜力和可塑性。选材时运动员某激素的双倍振幅值越大，则体内激素的有效变化范围也大，该运动员更有机能潜力。

3. 节律性变化的最大值　它反映了运动员在安静状态下的激素水平上限。采用该指标既排除了可能存在的干扰因素，更能反映实际水平，又能与其他节律指标联系起来，从整体和多指标分析的角度，筛选出更有发展潜力的运动员。

4. 激素应激分泌最大值　指在最大强度运动（应激）状态下，激素分泌量能够达到的最高水平。它既反映了人体内分泌机能随运动强度的提高而增加的激素分泌储备能力，也反映了运动员能够达到的最大应激水平。一般情况下，该值越高，说明运动员更能承受大强度的运动训练和比赛应激的刺激，其机能潜力越大。

睾酮是雄性激素中最具代表性的一种激素，选材时一般应选处在各年龄段血清睾酮的上限值且运动能力强的少年儿童。人体血清睾酮各发育阶段正常值如表 6–16。

表 6–16　人体血清睾酮各发育阶段正常值

骨龄（岁）	女	男
8~10	106.7±19.2（72~150）	18.26±6.9（9~14）
11~12	114.7±54.3（85~200）	31.8±13.5（16~56）
13~14	377.0±91.3（125~500）	61.9±14.4（32~94）
15~16	585.0±112.3（370~770）	62.7±14.4（18~95）
17~18	666.0±145.5（370~900）	62.4±14.8（20~87）

血清睾酮的测评方法：1963 年 Rionder 和 1964 年 Brownin 先后报道采用双同位素稀释法，气相色谱法测定血浆睾酮的浓度，虽然准确性和特异性较高，但采血量需要 10~15 毫升，且手续繁杂，难以作为常规方法在一般实验室开展。1970 年，Furuyama 首先报道了采用放射免疫分析法测定血浆睾酮的浓度。l974 年 Horgan 在前人方法的基础上进行了若干改进，报道了竞争性蛋白结合分析法。其操作方法简便易行，具体方法可参考李振甲等编著的《放射免疫分析法手册》等相关书籍。

六、物质能量代谢选材指标及其测评

（一）血乳酸及其与运动能力之间的关系

肌糖原或葡萄糖在无氧条件下分解，生成乳酸的同时释放能量。运动时，大部分乳酸是在肌肉中产生的，肌乳酸通过扩散、活化转运等形式，透过肌细胞膜进入血液，即为血乳酸。安静时，血液中的乳酸是很少的，只有体内的少数组织即使在氧气供应充足的情况下，仍进行糖酵解以获取能量，这些组织中糖酵解产生的乳酸，称为乳酸的安静值。一般情况下，安静时血乳酸的量常维持在一定的范围（5%~15%mg 或 2mmol/L 左右）。血乳酸的浓度随着运动强度的加大而增加。在轻负荷运动时血乳酸增加不明显，随强度平缓上升；但运动强度超过一定水平时，血乳酸成直线急剧上升；特别是当运动时间在 45 秒以上、2~4 分钟以内的剧烈运动时，血乳酸浓度会大大提高。在血乳酸平缓上升和急剧上升之间存在一拐点，即为无氧阈（LAT），常为 4mmol/L。近来的进一步研究表明，无氧阈值存在个体差异，其变化范围为 1.4~7.5mmol/L。所以，在用无氧阈评定运动能力时，应注意测定其个体的无氧阈值。

影响血乳酸的因素除遗传（遗传度为 0.81）外，还有运动强度、运动持续时间、运动前膳食和训练水平。另外，年龄的影响也是很大的。儿童少年身体各系统尚处于生长发育阶段，其控制糖酵解的关键酶——磷酸果糖激酶活性较低，故血乳酸最大浓度常低于成年人。国内外研究均表明 15 岁以下的儿童少年无氧代谢能力比成人差。

乳酸是糖酵解的重要产物，由于糖酵解释放的能量是时间短、强度大、速度快的运动项目的主要能源，故常用血乳酸来评定运动强度和运动员的糖酵解供能能力。目前国内外已广泛运用这一生化指标来预测运动成绩和选拔运动员。如前联邦德国科隆运动医疗研究所马德尔博士分析了当时待选运动员恩德尔血乳酸水平，预料她未来会打破女子 100 米自由泳世界纪录，果然在几年后的 1976 年蒙特利尔奥运会上得到验证。

短跑，由于其运动时间短、运动强度大，故运动中主要靠 ATP—CP 和糖酵解功能，其功能能力越强，血乳酸产生量越多，运动员的成绩就越好。

上海体科所等对全运会后上海市部分运动员的测验研究材料（表 6–17）说明，全

表 6–17 在全运会和上海测验中不同距离自由泳血乳酸和成绩的关系

项目	全运会				测验			
	人数	血乳酸	标准差	平均速度（M/S）	人数	血乳酸	标准差	平均速度（M/S）
100M	22	108.3	21.91	1.7547	19	87.1	26.11	1.6326
400M	15	92.4	19.01	1.5065	15	87.0	19.20	1.3593

依许豪文等

运会上运动员的血乳酸较高，如 100 米自由泳后达 108.3mg%，平均速度达 1.7547 米/秒。而平时测验中血乳酸只有 87.1mg%，平均速度也只有 1.6326 米/秒，两者的相关关系很显著。

美国麦格利斯科等的研究也表明，同一距离游泳不同的血乳酸浓度其运动成绩也不同（表 6-18）。

表 6-18　游泳比赛后血乳酸与运动成绩关系

项目	实验对象	成绩	血乳酸 (Mm/L)	本人最好成绩
200 码自由泳	G.G.	1：47.66	15.02	1：42.66
	C.C.	1：48.75	10.99	1：44.82
	M.V.	1：45.62	16.29	1：40.63
500 码自由泳	A.F.	5：01.70	11.62	5：00.72
	C.C.	5：02.15	11.62	4：53.70
	M.S.	4：57.40	12.77	4：48.45

运动训练能影响血乳酸的浓度，一般来说，在进行定量负荷时，训练水平高的人血乳酸含量少；而在进行极限负荷时，训练水平高的人工作强度大，血乳酸和耐酸水平都高。

血乳酸的生成与运动强度关系密切，据研究证明，100 米跑时乳酸的生成速度最高，但由于运动时间较短，故运动后的血乳酸积累并不最高，只有在运动时间较长而速度又较快的项目，如 400、800、1500 米跑后，血乳酸积累才达到最高水平。

在安静时血乳酸的含量一般为 100ml 血液中含有 5~15mg 的血乳酸，非运动员平均男子为 11.5mg，女子为 12.2mg；运动员稍低些，男子平均为 10.9mg，女子为9.2mg。

每个人产生乳酸的能力不同，在最大强度运动中如能产生较多的血乳酸，则说明其通过糖酵解释放生成 ATP 的能力强，即具备了很好的无氧代谢的基础，具有较高的无氧供能能力，能在激烈运动中获得充足的能量供应，这无疑是取得优异成绩的保证。

血乳酸和无氧阈还可以用来评价有氧耐力，冯炜权提出：在周期性耐力项目中，血乳酸和运动耐力的相关性比最大摄氧量还要高。所以定量地测评血乳酸水平，是科学选材中一个有效的生化指标。

（二）血乳酸的测定

测定血乳酸的方法较多，根据使用的仪器和试剂不同有光电比色法、紫外分光酶法(或荧光酶法)、酶电极法以及气相色谱等方法。根据测定的精确性、取血量的多少、操作过程的繁简以及所用的仪器和试剂是否昂贵选出了下面几种：如帕克-萨姆尔氏法、杨天乐等改良法、肖尔氏氧化法、快速酶学测定法、简易测定法和 YSI-23L 型乳酸分析仪法等。

由于血乳酸在安静时变化不大，所以评定运动员的糖酵解供能能力时，须让其做一定时间和一定强度的运动，运动停止后 3~5 分钟取样测定。

1. 血乳酸的简易测定法

【原理】用三氯醋酸沉淀血液中的蛋白质，然后经离心得血滤液，血滤液中含有乳酸。血乳酸经浓硫酸作用能被分解成乙醛，在铜离子存在时乙醛能与对羟基联苯反应生成紫红色化合物（max=560nm），故可用比色法测定其含量。

【器材】

①台式离心机　②恒温水浴箱　③水浴锅　④比色计或分光光度计

⑤离心管　⑥试管　⑦移液管　⑧采血针、吸血管

【试剂】

①10%三氯醋酸：10g 三氯醋酸溶于 100ml 蒸馏水。

②4%硫酸铜：4g 硫酸铜溶于 100ml 蒸馏水。

③浓硫酸（分析纯）。

④1.5%对羟基联苯：称取对羟基联苯 1.5g，溶于 5%NaOH10ml 中再加蒸馏水稀释至 100m1，贮棕色瓶中。

⑤1%氯化钠 1g 氟化钠溶于 100m1 蒸馏水。

⑥乳酸标准液（1ml 含 0.05mg）称取乳酸锂 106.6mg，溶于约 10ml 水中，加 H_2SO_4（浓）2 滴，移至 100ml 容量瓶，用水稀释至刻度，混匀。此溶液每 ml 含乳酸 1ml。临用时，取此溶液 5ml，移入 100ml 容量瓶中，用水稀释至刻度即成。

【操作步骤】（表 6–19）

表 6–19　血乳酸测定操作方法、步骤

试制	空白管	标准管	测定管（运动前）	测定管（运动后）
1%氟化纳	0.5ml	0.40ml	0.48ml	0.48ml
血液	—	—	0.02ml	0.02ml
乳酸标准液	—	0.1ml	—	
10%三氯醋酸	1.5ml	1.5ml	1.5ml	1.5ml
测定管离心 10 分钟（3000s.p.m），各取上清液 0.5 毫升分别加入另一试管中				
4%硫酸铜	0.03ml	0.03ml	0.03ml	0.03ml
浓硫酸	3ml	3ml	3ml	3ml
沸水浴 5 分钟立即用冷水冲，冷却至 15℃以下				
对羟基联苯	0.05ml	0.05ml	0.05ml	0.05ml

注：测定管运动前血样取自安静状态，运动后血样取自快跑 100 米后 3~6 分钟内的血样。人体全血中乳酸含量正常范围约 1mmol/L（7.8mg%）。

立即摇匀置于 28~30℃恒温水浴保温 30 分钟，每 10 分钟摇一次，然后放入 100℃沸水浴内 90 秒，即放入冷水中冷却至室温，用 560nm 波长测定。

【计算】

测定管读数/标准管读数×标准管乳酸含量（mg）×4×100/0.02=mg%

注：引自《运动生物化学》高等教育出版社 1989 年 P333。

2. YSI–23L 型乳酸分析仪法

由美国金泉公司（YELLOW SPRINGS INSTRUMENTCO.INC）生产。可以测定全血、

红细胞破膜全血、血浆、脑脊液等样品中的乳酸浓度。测定时只需样品量25ul，是运动医学研究和科学训练的良好设备。由于该设备的样品需要量小，重复性好，是目前国际上普遍认可并通行的乳酸自动分析仪器，备受运动医学研究人员和教练员的推崇。

测定全血样品时可直接将样品注入仪器，不必进行任何前处理。这种测试所得数据不含红细胞中的乳酸浓度。因为测试过程中所用的缓冲液为等渗，因而在较短时间内不会有乳酸盐在红细胞膜两侧的转移。

测定破膜全血时要利用专用的 YSl2372 破膜管。

【测量过程】测量细则见随机使用说明书。

注：摘引自武汉体院测试中心编《现代科学实验技术》.1994. P82

（三）血乳酸选材评价

1. 标准　不同类型运动项目的选材标准如表 6–20 所示。

表 6–20　不同类型运动项目血乳酸选材标准

供能系统	静息	磷酸原系统		糖酵解供能系统		有氧代谢系统	
素质	心肺功能	速度、力量	无氧强度	无氧耐力	无氧耐力	有氧耐力	有氧耐力
测试程序	正常值	~10 秒全力运动	~45 秒全力跑	~45 秒全力间歇运动	渐增负荷	渐增负荷	10 分钟全力运动
取材标准	取低值者	取低值者	取最大值高者	>12mM/L 保持时间长者	V_{12} 大者	取 VAT_4 大者	取低值者

注：VAT_4 为无氧阈跑速，即当血乳酸=4mM/L 下的跑速。V_{12} 为血乳酸=12mM/L 下的跑速。

2. 测评　根据能量连续统一体原理和不同强度、不同时间运动血乳酸变化来评测应选者的素质。

(1) 静息　取低于正常值，表明应试者心肺功能状况良好，血循环系统无障碍，情绪稳定性较高。

(2) 磷酸原系统供能能力　10 秒左右的全力运动，主要靠 CP、ATP 供能，少部分靠乳酸能供能。运动后血乳酸低者，表明 CP、ATP 供能能力强。此值可作为尿肌酐系数的参评指标，用于速度力量型运动项目的选材。

(3) 糖酵解系统供能能力　乳酸是糖酵解过程的最终产物。全力运动 30~60 秒间，乳酸能的输出功率达最大值。当 45 秒全力运动后，血乳酸的稳定最大值越高，表明糖酵解系统供能能力越高。此值可适用于需要无氧强度的运动项目（如 400 米跑，50 米、100 米游泳等）的选材。当血乳酸较高值（>12mM/L）保持时间越长，或当 V_{12} 大者，表明乳酸耐受力强，可适用于无氧耐力的运动项目（如 800 米、1500 米跑，200 米、400 米游泳等）的选材。

(4) 有氧代谢系统供能能力　当运动时间超过 10 分钟，此时主要靠有氧系统供能能力，少部分靠乳酸能。若血乳酸低者，或 VAT_4 大者，表明有氧代谢系统供能能力强，VO_2max%高。可适用于长距离竞技项目的选材。中国国家队曾采用 VAT_4 这一指标，选拔赛艇、竞走、长跑运动员（引自杨长山《某些生化指标在运动选材中的应用》福建体育学院学报 1993.1）。

也可按下列方法评定乳酸供能水平。

①对运动员竭尽全力跑 60 米后采血测量血乳酸，其血乳酸较低而且成绩较好者，则认为其非乳酸能力（ATP—CP）供能能力高，可适应 100 米等速度类项目运动。

②运动员竭尽全力跑 300~400 米，血乳酸值高，成绩又好者，说明其乳酸供能能力高，适应于 400 米、800 米等速度耐力的运动。

③让一组待选队员以最高速度的 70%~80%速度跑 1500 米，跑后血乳酸低者，可以认为其具有较高的有氧氧化能力，适合于长距离运动项目。

④在有实验室的条件下，可以用逐步增加运动强度的方法，在每次增加运动强度的同时，测定血乳酸，从而求出运动强度和血乳酸的关系。人在有氧代谢条件下运动时，血乳酸值常在 2 毫克分子/升（2mmol/L）水平，当运动强度增加，血乳酸量也增加，开始时近似呈线性增加，但当血乳酸值达 4 毫克分子/升（即 36 毫克%）以上时，无氧代谢急剧增加，因此可以认为这个数值作为“无氧阈”。如果运动员在等负荷下，血乳酸上升慢，达到“无氧阈”较迟（即在同等负荷强度下乳酸值较低者）可认为其适合长距离的运动项目；如果运动员达无氧阈较快（在相同强度下乳酸值高），而且进一步加大强度，仍能保持较好的运动成绩时，可认为其无氧代谢能力较强。一般认为可适合于速度耐力（如中距离跑、游泳等）项目运动。

七、感官机能选材指标及其测评

（一）视野的测定

当眼球固定注视正前方一点所能看到的空间范围，谓之视野。视野的大小取决于视网膜上圆柱细胞与圆柱细胞的分布情况，面部骨骼结构以及视觉分析器皮层部分的机能状态。根据过去的测定证明，人的白色视野最大，其次是黄色、蓝色、红色，绿色视野最小。有训练的运动员，绿色视野的范围比一般人大。

实验器材：视野计（图 6-5）、色标、视野图纸。

实验方法与步骤

（1）让受试者背向光源，手持视野计，将眼托贴于被测眼的眼眶下部，被测眼的目光注视小镜，另一眼用眼罩遮闭。

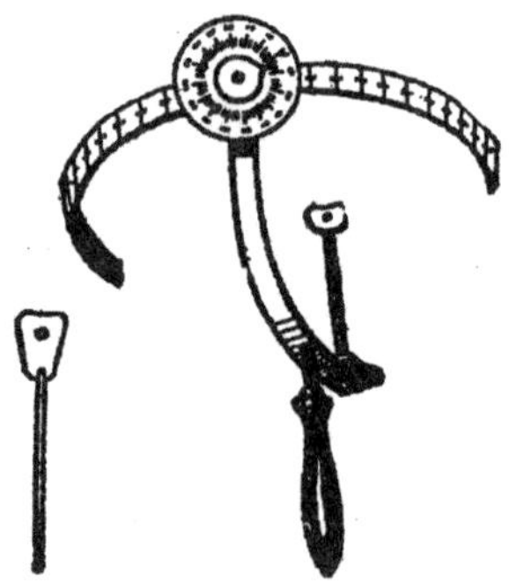

图 6-5 视野计

（2）旋转半圆弧使其与地面垂直(指针标示在 0°)。然后将色标放入半圆弧内，由远端慢慢向轴心移动，同时让受试者说出色标的颜色，待受试者回答正确时，则将这时色标所在处的刻度记下，并将色标所在半圆弧的度数记在视野图表相应经线上。

（3）依次旋转半圆弧继续检查 45°、90°、135°、180°、225°、275°、315°各个方向的视野，检查完毕后将所测各点连接起来绘成视野图（图 6-6）。

（4）同样可测定眼的各种颜色视野，测定颜色视野时，必须准确的分辨出颜色才算正确。

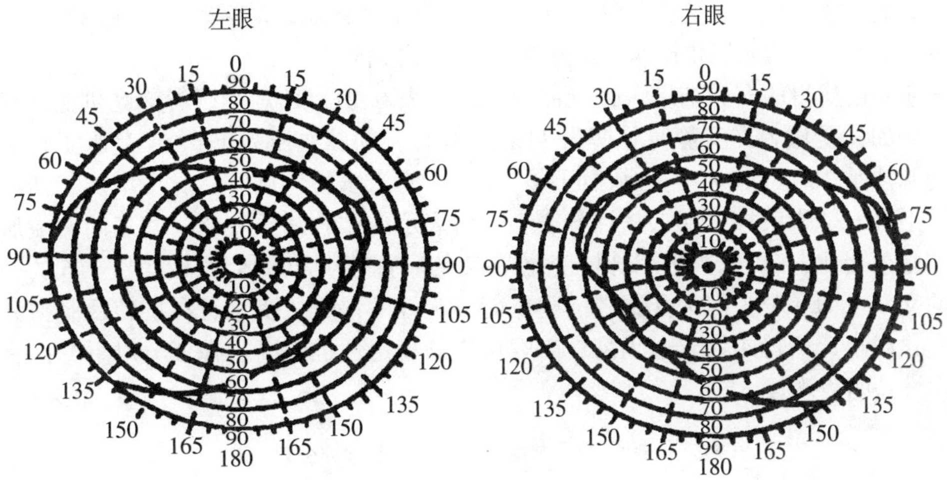

图 6–6　视野图纸

图上的曲线为正常白色视野的范围，数字为度数。

上面介绍的是一般实验常用的方法。因要求所测角度较多，花费时间过长，比赛或训练后的视野变化情况就不能真实反映出来。因此可以简化成只测 0°、90°、180°、270°四个主要角度的视野，这四个角度视标所测得数值的总和代表视野的大小。此外，测定颜色视野时常常只测白、绿两色。

注：引自体育院校通用教材《运动生理学》，1990，P363

（二）前庭机能稳定性测定

实验目的：利用旋转加速度刺激前庭分析器，研究前庭机能的稳定性。学会评定前庭机能的方法。

实验原理：前庭分析器的感受器位于内耳前庭。由椭圆囊、球囊和三个互相垂直的半规管组成。当人的身体或头在空中做直线或旋转运动时，由于直线或角加速度的变化，就会刺激前庭器官，引起前庭的位觉感受器的兴奋，从而使人体能够感觉到在空间的位置和身体姿势。过度刺激前庭器官，可引起许多反射性反应。其中包括感觉性反应，如头晕和旋转的感觉；躯体性反应，如肌紧张改变；植物性反应，如心血管系统、呼吸系统、消化系统、排泄系统（汗腺）的机能变化等。前庭受刺激的强度越大，这些反应就越明显。某些运动项目的运动员和航空航海等工作人员，前庭分析器的稳定性不高，就会直接影响运动成绩和工作。有系统地参加体育锻炼，能提高前庭器官的稳定性。也就是说，即使前庭器官受到较强烈的刺激，所引起的反应也会变小。

实验器材：旋转椅、血压计、听诊器、节拍器、评分表、皮尺、秒表。

实验步骤

1. 植物性反应的测定与观察

前庭分析器受刺激时，可根据刺激前后脉搏和血压变化，观察植物性神经机能的反应。按陆查诺夫和柏钦柯所制定的评分表，评定前庭机能的稳定性。实验步骤如下：

①令受试者坐在旋转椅上，过 5 分钟后测定受试者安静时脉搏血压。

②令受试者头前倾 30°，闭眼。试验者以两秒钟一周的速度旋转转椅 5 周（逆时针）。

③旋转停止后，令受试者快速抬头睁眼，并立刻测出旋转后第一个 10 秒钟的心率，接着测出血压（测血压要迅速，最好在 30 秒钟内完成）。

④根据所得的实验结果，查《评分表》（表 6–21）评定受试者前庭机能的稳定程度。例如：受试者在安静时脉搏为 11 次/10 秒，动脉血压为 116/64 毫米汞柱。旋转后的脉搏是 13 次/10 秒，动脉血压是 122/60 毫米汞柱。旋转后脉搏增加了两次，收缩压上升 6 毫米汞柱。那么从评分表上端所表示的“收缩压变化”和表的右端所表示的“脉搏变化”，可以查出“脉搏变化”+2 的一行数字和“收缩压变化”+6 的一列数字的交叉点为 4 分。即为受试者前庭机能稳定性的评分。受试者在旋转后脉搏和血压的变化越小，所得的评分也越高，前庭机能的稳定性也越高。在 3 分以下是前庭机能稳定性差的表现。

表 6–21　前庭分析器机能测验评分表

10 秒钟脉搏变化	最高血压变化（毫米汞柱）													
	+30	+26	+23	+20	+17	+14	+11	+8	+5	±2	–5	–8	–11	–14
+5	–	–	2	2.25	2.5	2.75	3	3.25	3.5	3.75	2.5	2.25	–	–
+4	–	2	2.25	2.5	2.75	3	3.25	3.5	3.75	4	3	2.75	2.5	–
+3	2	2.25	2.5	2.75	3	3.25	3.5	3.75	4	4.25	3.5	2.75	2.75	2.25
+2	2.25	2.5	2.75	3	3.25	3.5	3.75	4	4.25	4.5	4	3.5	3	2.5
+1	2.5	2.75	3	3.25	3.5	3.75	4	4.25	4.5	4.75	4.5	4	3.5	3
0	2.75	3	3.25	3.5	3.75	4	4.25	4.5	4.75	5	4.75	4.25	3.75	3.25
–1	–	2.5	2.75	3	3.25	3.5	3.75	4	4.25	4.5	4.25	3.75	3.25	2.75
–2	–	–	–	2.5	2.75	3	3.25	3.5	3.75	4	3.75	3.25	2.75	2.25
–3	–	–	–	–	2	2.5	2.75	3	3.25	3.5	3.75	2.75	2.5	–
–4	–	–	–	–	–	2	2.25	2.5	2.75	3	2.75	2.25	–	–
–5	–	–	–	–	–	–	–	–	2.25	–	–	–	–	–
–6	–	–	–	–	–	–	–	–	2	–	–	–	–	–

依柏钦柯、陆查诺夫

⑤运用评分表时应注意的事项

“收缩压变化”下面的一行数字，正数表示最高血压上升的差数，负数表示最高血压下降的差数。因此，当旋转后最高血压上升时按正数查表；下降时则按负数查表。

表中“收缩压变化”下面的数字±2，表示旋转后，最高压的变化在+2 到–2 之间变动。因此在这之间最高血压变化，就按这一行下面的数字查表。“+5”即是变动在+3 到+5 之间。“–5”即是变动在–3 到–5 之间，依此类推。

当脉搏压没有降低，最低压变化在±1 到±9 毫米汞柱之间时，不减分数。最低血压变化在±9 到±15 毫米汞柱时，要在按脉搏变化和收缩压变化查表所得的评分再减 0.5

分，在±16 到±20 毫米汞柱之间时，再减 1.0 分，在±21 毫米汞柱以上减 1.5 分。

如果遇到脉搏压降低时，不按收缩压的变化查表，而是把收缩压和最低血压变动数字相加之和按负数查表。

2. 躯体性反应的观察

（1）眼震颤的观察法

①受试者坐在转椅上，闭眼，头前倾 30°，按逆时针方向，每 2 秒一周的速度旋转 10 周。

②旋转结束后马上抬头，并睁开眼睛，注视竖立在右侧前方的目标（手指或小棒）。这时可以观察眼球有规律地左右震动。

③记录旋转停止后眼球震动的次数和持续时间。

（2）运动反射观察法

①用粉笔在旋转椅正中的地上画一条直线，长 6~7 米。

②受试者坐在旋转椅上，双脚蘸一点水。然后用上述方法旋转 10 周。让受试者旋转停止后立刻抬头睁眼，并站起沿直线行走（不要跑）。事先要告诉受试者，如果有身体倾斜感觉或已经偏离直线时，要努力控制自己沿直线前进。

③实验者站在旁边保护，并用粉笔记下受试者的脚印，量脚印离直线的距离。

旋转停止后，受试者能沿直线全程行走，偏离中线不超过 0.25 米者，属于前庭机能稳定性良好，得 5 分。

旋转停止后，受试者能全程行走，偏离中线超过 0.25 米而不超过 0.5 米者，属于前庭机能稳定性较好，得 4 分。

旋转停止后，受试者能全程行走，偏离直线超过 0.5 米而不超过 1 米者，属于前庭机能稳定性一般，得 3 分。

旋转停止后，受试者 2 秒钟内站不起来、不能行走、或走时偏离直线超过 1 米者，属于前庭机能稳定性差，评分为不及格。

3. 前庭器官受刺激时主观感觉评定法

听觉：①受试者坐在转椅上，先熟习闹钟声音的方向。

②依上法旋转，停止后，立刻用手指出声音的方向（闹钟位置和旋转前一样）。

视觉：①受试者坐在转椅上，前面放一狭长的木箱，把箱内的红灯开亮。

②依上法旋转，旋转后，立刻睁开眼睛观察红光的形象说出自我感觉。

肌肉感觉：受试者坐在转椅上，前面放一张桌子。告诉受试者，旋转后把手掌平放在桌面上，说出自我感觉。

注：引自体育院校通用教材《运动生理学》，1990，P365

（三）上肢三关节动觉方位测试

测试目的：测评上肢三关节动觉方位感受性。

测试原理：上肢三关节动觉方位感受，是人体感觉的重要组成部分，与体育运动有着密切的联系，尤其对球类和其他需要上肢参与或协同动作的运动项目，都有着十分重要的作用。本测试所采用的“动觉方位感觉仪”及其测试方法以心理、生理实验的理论为根据。由于肌肉、肌腱、韧带和关节囊内有本体感受器，运动员在做任何动作时，都会引起本体感受器的兴奋，这种兴奋沿着传入神经传到大脑皮层前中央回的动觉细胞，引起复杂的神经活动，这样由于已经建立的条件反射性联系，能感觉到动作的变化和身体各部分所处的位置。训练程度越高，本体感受器区分动作变化的能力也越高，所以该指标可为选材和评定运动效果提供一定依据。

测试仪器："武汉体院科研处、优秀运动员心理选材课题组"研制的"上肢动觉方位感觉测试仪"。该仪器由一个底座及支架和左、右上肢测试仪组成，每个单肢测试仪包括类似上臂、前臂、手部长度的三个连杆，依次绕轴连接，组合成类似肩关节、肘关节、腕关节的三个活动轴，每个活动轴可使相临两环节进行屈（内外）和伸（外展）。每个活动轴下方有转动角度盘，由指针标明该关节的运动角度。

测试方法

1. 让被试者在安静状态下，放松、集中注意力，坐在仪器侧，带眼罩，单侧手臂放在相应的上肢测试仪上，使其肩关节、肘关节、腕关节在运动时能带动仪器杆分别绕轴转动。

2. 每个单侧臂测 3 组，每组有两次活动。每组开始前，被试者手臂向侧平伸直。第一次由主试提示被试者开始手臂三环节作屈，令其在任意位置停止，呈静止状。被试者可用 5 秒钟的时间体会此时本人手臂各部分的肌肉感觉、方位、各关节的角度及其他状态，主试记录下当时的三个角度盘上的刻度。静止 5 秒钟后，主试让被试者手臂还原到原来侧向平伸的原始位置，再立刻要被试者根据本人的感觉方位记忆，自己主动屈手臂各环节，回到刚才主试叫停的那个位置上，当被试者认为已回到该位置时，就停下不动，由主试记下各环节的角度，然后令其还原放松，第一组测试结束。主试算出两次间的角度误差。依此方法测试第二组和第三组，并算出各组的误差度数和总平均误差。

3. 测试时每次结果不宜马上宣布，应在被试者全部测完后再告诉其误差，以免起暗示作用。

4. 当习惯手臂做完 3 组后，依同样方法测非习惯手臂。

据王金灿等测试认为：①由于运动员从事的运动项目不同，各关节的动觉方位感受性亦不同。②各运动项目运动员习惯手的动觉方位感受性明显高于非习惯手。③乒乓球运动员的运动级别越高，其各关节的动觉方位误差越小，其感受性因运动训练可相应提高。④男女乒乓球运动员之间的上肢动觉方位感受性无明显差异（表 6–22）。建议将"上肢动觉方位感受仪"用作测试运动员心理感受、记忆动觉等有关方面的测试，也可作为乒乓球、网球、羽毛球等项目运动员选材指标。

表 6–22 不同项目运动员三关节动觉方位感觉误差（度，平均值）

项目	人数	习惯手臂				非习惯手臂			
		肩	肘	腕	合计均值	肩	肘	腕	合计均值
篮球	7	5.5	7.1	5.3	5.8	5.6	7.4	4.7	5.9
足球	8	5.8	5.8	10.3	7.3	6.2	6.4	12.1	8.2
排球	8	5.0	4.7	5.9	5.0	5.6	5.1	6.8	5.9
投摔	7	3.0	4.3	3.3	3.5	4.1	5.0	4.3	4.5
跑跳	10	5.0	5.4	6.4	5.6	5.7	6.4	7.0	6.4
举重	6	4.5	5.1	4.5	4.7	5.7	7.7	5.2	6.2

续表

项目	人数	习惯手臂				非习惯手臂			
		肩	肘	腕	合计均值	肩	肘	腕	合计均值
体操	9	4.7	5.1	3.6	4.5	4.9	6.1	4.2	5.0
乒乓球	18	4.6	4.3	3.8	4.2	5.4	6.1	5.7	5.8

依王金灿、封飞虎，1997

5. 注意事项

(1) 由于此方法因训练（尤其是相应动作）的水平不同而有差异，故分析数据时应考虑其训练因素。选材或评价时应以同级别相互对照为好。

(2) 由于测试对象在不同条件下可能测出数据不同，故应注意测试时间、被试者情绪、身体状况及环境等情况的相对一致，不宜在过度疲劳和疾病等情况下应试。

注：引自《武汉体育学院学报》1997 年特刊 P119。

八、有氧工作能力选材指标及其测评

（一）最大摄氧量

1. 最大摄氧量在选材中的应用

最大摄氧量（VO_2max）是指人体在运动中呼吸和循环系统发挥出最大机能水平时，每分钟所能摄取的最大氧量。它的遗传度很高（69%~93.6%之间）。增长最快的时期在男性 11~13 岁之间，以后稳定上升，18 岁趋于稳定。女性在 11~12 岁之间增长最快，以后逐年增长，16 岁后逐渐稳定。最大摄氧量是评定人体负荷时有氧工作能力的指标，能综合反映呼吸和循环机能水平。由于最大摄氧量水平与许多项目运动成绩密切相关，因此常常应用于运动员选材中。从事不同项目的运动员其最大摄氧量亦不尽相同，有氧耐力项目的最大摄氧量最高，其次为既需要有氧耐力又需要无氧耐力的运动专项，而力量、灵巧等项目的最大摄氧量一般较低（表 6–23）。

表 6–23　最大吸氧量、最大氧债、无氧阈与径赛成绩的相关系数

项目	运动时间	最大吸氧量	最大氧债	无氧阈
100 米	10~12 秒	–0.05	0.56	
200 米	22~23 秒	–0.14	0.59	
400 米	45 秒~1 分	0.05	0.72	0.612
800 米	1 分 50 秒~2 分	0.41	0.60	0.642
1500 米	3 分 50 秒~5 分	0.48	0.26	0.716
3000 米	8~10 分	0.75	0.29	0.855
5000 米	15~20 分	0.79		0.896
10000 米	45 分~1 小时	0.88		

依佛奥利克、田中、盖尔森等

许多国家在球类运动员的选材中，将最大摄氧量指标列为选材的重要依据。该指标也可在其他许多项目的选材中使用（表 6–24）。

表 6–24 我国某些项目优秀运动员的最大摄氧量

项 目	VO_2maxL/min 每分最大摄氧量（升/分）（绝对值）	VO_2max ml / kgmin 每分每千克体重最大摄氧量（毫升/千克·分）（相对值）
中跑	4.72±0.59	69.20±7.79
长跑	4.57±0.34	72.55±3.47
公路自行车	4.54±0.45	65.80±5.81
排球	4.51±0.46	54.28±2.04
场地自行车	4.49±0.26	63.24±5.28
皮划艇	4.49±0.48	57.5±4.48
游泳	4.27±0.19	66.54±5.49
跳跃	4.12±0.39	56.23±4.98
羽毛球	4.09±0.23	60.34±3.67
短跑跨栏	4.68±0.25	57.70±2.25
足球	3.97±0.39	58.56±2.68
马拉松	3.95±0.352	68.18±6.29

依乔居庠等

对正处于生长发育高潮期的青少年进行最大摄氧量评价时，应将最大摄氧量的绝对值和相对值同时分析（表 6–25~表 6–28），避免由于此时体重变化较大造成评价失误，而在成年后体重趋于稳定，则以相对值作为评价的主要依据。

表 6–25 男性儿童少年最大摄氧量绝对值的评价表（单位：升/分）

年龄（岁）	差	可	中下	中上	良	优
11	<0.96	>0.96~<1.10	>1.10~<1.35	>1.35~<1.60	>1.60~<1.70	>1.70
12	<1.00	>1.00~<1.20	>1.20~<1.70	>1.70~<2.20	>2.20~<2.40	>2.40
13	<1.40	>1.40~<1.60	>1.60~<2.15	>2.15~<2.70	>2.70~<3.00	>3.00
14	<1.50	>1.50~<1.70	>1.70~<2.25	>2.25~<2.80	>2.80~<3.10	>3.10
15	<1.60	>1.60~<1.80	>1.80~<2.35	>2.35~<2.90	>2.90~<3.20	>3.20
16	<1.70	>1.70~<2.00	>2.00~<2.50	>2.50~<3.00	>3.00~<3.30	>3.30
17	<1.80	>1.80~<2.10	>2.10~<2.60	>2.60~<3.10	>3.10~<3.40	>3.40
18	<1.90	>1.90~>2.20	>2.20~<2.70	<2.70~<3.20	>3.20~<3.50	>3.50

表 6-26 男性儿童少年最大摄氧量相对值的评价表（单位：毫升 / 千克·分）

年龄（岁）	差	可	中下	中上	良	优
11	<25.0	>25.0~<30.0	>30.0~<35.0	>35.0~<40.0	>40.0~<45.0	>45.0
12	<25.0	>25.0~<30.0	>30.0~<37.6	>37.6~<45.0	>45.0~<55.0	>55.0
13	<26.0	>26.0~<31.0	>31.0~<41.0	>41.0~<51.0	>51.0~<55.0	>55.0
14	<26.0	>26.0~<31.0	>31.0~<42.0	>42.0~<52.0	>52.0~<57.0	>57.0
15	<27.0	>27.0~<32.0	>32.0~<42.0	>42.0~<52.0	>52.0~<57.0	>57.0
16	<27.0	>27.0~<32.0	>32.0~<42.0	>42.0~<52.0	>52.0~<57.0	>57.0
17	<28.0	>28.0~<33.0	>33.0~<41.0	>41.0~<49.0	>49.0~<54.0	>54.0
18	<28.0	>28.0~<33.0	>33.0~<41.0	<41.0~<49.0	>49.0~<54.0	>54.0

表 6-27　女性儿童少年最大摄氧量绝对值的评价表（单位：升 / 分）

年龄（岁）	差	可	中下	中上	良	优
11	<0.70	>0.70~<0.80	>0.80~<1.10	>1.10~<1.40	>1.40~<1.60	>1.60
12	<0.80	>0.80~<1.10	>1.10~<1.40	>1.40~<1.70	>1.70~<1.90	>1.90
13	<1.00	>1.00~<1.30	>1.30~<1.80	>1.80~<2.30	>2.30~<2.50	>2.50
14	<1.10	>1.10~<1.40	>1.40~<1.95	>1.95~<2.50	>2.50~<2.80	>2.80
15	<1.20	>1.20~<1.60	>1.50~<2.05	>2.05~<2.60	>2.60~<2.90	>2.90
16	<1.30	>1.30~<1.60	>1.60~<2.15	>2.15~<2.70	>2.70~<3.00	>3.00
17	<1.30	>1.30~<1.60	>1.60~<2.15	>2.15~<2.70	>2.70~<3.00	>3.00

表 6-28 女性儿童少年最大摄氧量相对值的评价表（单位：毫升/千克·分）

年龄（岁）	差	可	中下	中上	良	优
11	<20	>20~<25	>25~<30	>30~<35	>35~<45	>45
12	<25	>25~<30	>30~<35	>35~<40	>40~<50	>50
13	<25	>25~<35	>35~<40	>40~<45	>45~<50	>50
14	<25	>25~<35	>35~<40	>40~<45	>45~<55	>55
15	<25	>25~<35	>35~<40	>40~<45	>45~<55	>55
16	<25	>25~<35	>35~<40	>40~<45	>45~<55	>55
17	<25	>25~<35	>35~<40	>40~<45	>45~<55	>55

2. 最大摄氧量的测定

最大摄氧量的测定分直接测定和间接测定两种。直接测定常用何尔登气体分析法和贝克曼气体分析法，均需要精密的实验设备和比较复杂的实验程序，需要受试者作大强度运动的密切配合，很难推广和普及，特别是在大面积的选材测试中，更是难于实现。

为此，很多学者研究并设计了一些间接测定方法，用于选材测试中既简单易行又比较实用，下面推荐几种供参考：

（1）阿斯特兰德（Astrand）列线图法

根据负荷功率一方面与心率有线性关系，另一方面与摄氧量也有线性相关的原理，1954年瑞典学者阿斯特兰德用“负荷–心率”外推相关测定最大摄氧量，并设计了间接推导的列线图（图6–7）。

由左向右图示：

左侧竖直线是男女心率数轴。

斜线为最大摄氧量数轴。

第二条竖直线是女子体重数轴。

第三条竖直线是男子体重和吸氧量共同数轴（吸氧量不同于最大摄氧量）。

第四条竖直线是女子负荷功率数轴。

第五条竖直线是男子负荷功率数轴。

此法是让受试者在电动跑台、功率自行车或台阶上进行定量负荷试验。选材中多用台阶试验。

阿斯特兰德建议台阶高度男子为40厘米、女子为33厘米。登台阶的频率为22.5次/分。登台阶的总时间是5分钟，记录负荷后第一个10秒的心率（用遥控心率仪时可记录负荷最后30秒的心率）以次/分表示。然后在列线图相应的坐标位置上标出受试者体重和负荷后心率值（次/分），用直线连这两点，连线通过最大摄氧量标度尺上的数值，即为受试者最大摄氧量（升/分）。

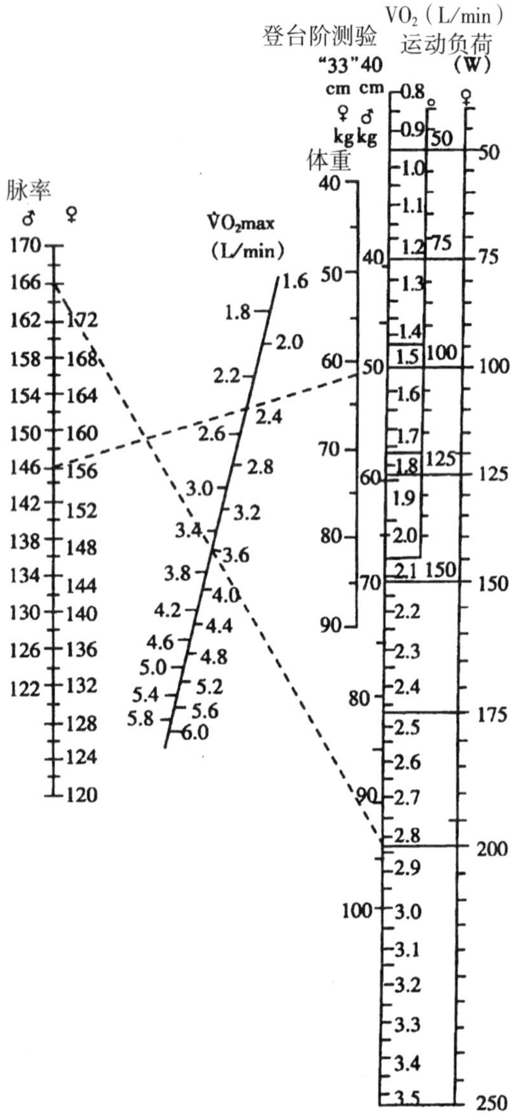

图6–7 最大摄氧量列线图（依Astrand）

例如：一名女受试者体重61公斤，完成台阶试验后，心率为156次/分。推测最大摄氧量时，先根据性别在列线图中的相应标尺刻度上找到体重为61公斤，心率为156次/分这两点，用直线连接（如图中短虚线）该直线与斜轴的交点为2.4升/分，即为该受试者最大摄氧量的推测值。

若运动负荷试验是在功率自行车上进行，可用同样方法记录负荷后第一个10秒的心率，并换算成次/分，同时记录所做的功率值，最后根据心率和功率值，用列线图推测最大摄氧量数值。

例如：一名男受试者在功率自行车上进行运动试验，负荷后心率为166次/分，负荷的功率为1200千克米/分（相当于列线图右测标尺200瓦特处）。

推测时先在相应标尺上找到这两点，连成直线（图中长虚线），该直线与最大摄氧量标尺刻度相交点的数值为3.6升/分。即为该受试者最大摄氧量的推测值。

阿斯特兰德认为，在完成上述运动试验时，应采用次最大强度的负荷，即将负荷后心率控制在120~170次/分。为此，他又制作了根据负荷后心率和功率推测最大摄氧量的推测表（表6-29、表6-30），可供直接查找。

表6-29　最大摄氧量的推测表（男性）

心率	功率（公斤米/分）					心率	功率（公斤米/分）				
	300	600	900	1200	1500		300	600	900	1200	1500
	最大摄氧量（升/分）						最大摄氧量（升/分）				
120	2.2	3.5	4.8			137	1.7	2.7	3.7	5.0	
121	2.2	3.4	4.7			138	1.6	2.7	3.7	4.9	
122	2.2	3.4	4.6			139	1.6	2.6	3.6	4.8	
123	2.1	3.4	4.6			140	1.6	2.6	3.6	4.8	6.0
124	2.1	3.3	4.5	6.0		141		2.6	3.5	4.7	5.9
125	2.0	3.2	4.4	5.9		142		2.5	3.5	4.8	5.8
126	2.0	3.2	4.4	5.8		143		2.5	3.4	4.6	5.7
127	2.0	3.1	4.3	5.7		144		2.5	3.4	4.5	5.7
128	2.0	3.1	4.2	5.6		145		2.4	3.4	4.5	5.6
129	1.9	3.0	4.2	5.6		146		2.4	3.3	4.4	5.5
130	1.9	3.0	4.1	5.5		147		2.4	3.3	4.4	5.8
131	1.9	2.9	4.0	5.4		148		2.4	3.2	4.3	5.4
132	1.8	2.9	4.0	5.3		149		2.3	3.2	4.3	5.4
133	1.8	2.8	3.9	5.3		150		2.3	3.2	4.2	5.3
134	1.8	2.8	3.9	5.2		151		2.3	3.1	4.2	5.2
135	1.7	2.8	3.8	5.1		152		2.3	3.1	4.1	5.2
136	1.7	2.7	3.8	5.0		153		2.2	3.0	4.1	5.1
154		2.2	3.0	4.0	5.1	163		2.0	2.8	3.7	4.6
155		2.2	3.3	4.0	5.0	164		2.0	2.7	3.6	4.5
156		2.2	2.9	4.0	5.0	165		2.0	2.7	3.6	4.5
157		2.1	2.9	3.9	4.9	166		1.9	2.7	3.6	4.5
158		2.1	2.9	3.9	4.9	167		1.9	2.6	3.5	4.4
159		2.1	2.8	3.8	4.8	168		1.9	2.6	3.5	4.4
160		2.1	2.8	3.8	4.8	169		1.9	2.6	3.5	4.3
161		2.0	2.8	3.7	4.7	170		1.8	2.6	3.4	4.3
162		2.0	2.8	3.7	4.6						

表 6–30 最大摄氧量的推测表（女性）

心率	功率（公斤米/分）					心率	功率（公斤米/分）				
	300	600	900	1200	1500		300	600	900	1200	1500
	最大摄氧量（升/分）						最大摄氧量（升/分）				
120	2.6	3.4	4.1	4.8		146	1.6	2.2	2.6	3.2	3.7
121	2.5	3.3	4.0	4.8		147	1.6	2.1	2.6	3.1	3.6
122	2.5	3.2	3.9	4.7		148	1.6	2.1	2.6	3.1	3.6
123	2.4	3.1	3.9	4.6		149	1.6	2.1	2.6	3.0	3.5
124	2.4	3.1	3.8	4.5		150		2.1	2.5	3.0	3.5
125	2.3	3.0	3.7	4.4		151		2.0	2.5	3.0	3.4
126	2.3	3.0	3.6	4.3		152		2.0	2.5	2.9	3.4
127	2.2	2.9	3.5	4.2		153		2.0	2.4	2.9	3.3
128	2.2	2.8	3.5	4.2	4.8	154		2.0	2.4	2.8	3.3
129	2.2	2.8	3.5	4.1	4.8	155		1.9	2.4	2.8	3.2
130	2.1	2.7	3.4	4.0	4.7	156		1.9	2.3	2.8	3.2
131	2.1	2.7	3.4	4.0	4.6	157		1.9	2.3	2.7	3.2
132	2.0	2.7	3.3	3.9	4.5	158		1.8	2.3	2.7	3.1
133	2.0	2.6	3.2	3.8	4.4	159		1.8	2.2	2.6	3.0
134	2.0	2.6	3.2	3.8	4.4	160		1.8	2.2	2.6	3.0
135	2.0	2.6	3.1	3.7	4.3	161		1.8	2.2	2.6	3.0
136	1.9	2.5	3.1	3.6	4.2	162		1.8	2.2	2.6	3.0
137	1.9	2.5	3.0	3.6	4.2	163		1.7	2.2	2.6	2.9
138	1.8	2.4	3.0	3.5	4.1	164		1.7	2.1	2.5	2.9
139	1.8	2.4	2.9	3.5	4.0	165		1.7	2.1	2.5	2.9
140	1.8	2.4	2.8	3.4	4.0	166		1.7	2.1	2.5	2.8
141	1.8	2.3	2.8	3.4	3.9	167		1.6	2.1	2.4	2.8
142	1.7	2.3	2.8	3.3	3.9	168		1.6	2.0	2.4	2.8
143	1.7	2.2	2.7	3.3	3.8	169		1.6	2.0	2.4	2.8
144	1.7	2.2	2.7	3.2	3.8	170		1.6	2.0	2.4	2.7
145	1.6	2.2	2.7	3.2	3.7						

这种方法比较简单，适用于较大规模的选材测量。

阿斯特兰德经过进一步研究，又提出了根据不同年龄和最大心率的修正系数对最大摄氧量的推测值进行修正的方法，即实际最大摄氧量等于推测值乘以年龄或最大心率的修正系数（表 6–31）。

近年来，有人研究提出，阿斯特兰德设计的列线图和推测表只适用于一般人，而不适用于运动员，它们主要依据是以最大摄氧量实测值为因变量，以负荷后心率和体重（或功率）为自变量而建立的回归方程计算出来的，一般只适用于建立回归方程时总体中个体或与这个总体属于同质个体的推测，而不能轻易外推（见《体育测量与评价》，北京体育大学出版社，1986）。

陈明达等研究提出：用 Astrand 列图推测最大摄氧量与实测值相比，其绝对值男生平均多 146.2 毫升、女生少 169.7 毫升，以每公斤体重计算男生多 3.38 毫升、女生少 3.71 毫升，经 T 检验均具有显著性差异（$P<0.02$）其相关均不密切。因此，能否用 Astrand 列线图法推测我国 14~15 岁儿童少年的最大摄氧量，尚待进一步研究（引自《国家体委科研所论文选》1985 年第二辑 P93）。

表 6–31　推测最大摄氧量的年龄修正系数

年龄	修正系数	最大心率	修正系数
15	1.10	210	1.12
25	1.00	200	1.00
35	0.87	190	0.93
40	0.83	180	0.83
45	0.78	170	0.75
50	0.75	160	0.69
55	0.71	150	0.64

（依 Astrand）

（2）用台阶指数推测法

近年来，国内学者提出了更简易的台阶试验指数间接推测最大摄氧量的方法。

台阶高度，男子为 40 厘米、女子为 30 厘米，上下台阶次数为 22.5 次/分，运动时间为 5 分钟。运动后坐在椅子上休息 3 分钟，用心率遥测仪记录恢复期第 1、2、3 分钟后 30 秒的心率，并代入下式计算台阶试验指数：

台阶指数=［运动时间（秒）×100］/［(恢复期第 1、2、3 分钟后 30 秒心率之和）×2］

再将台阶指数（X）代入推测最大摄氧量（Y）的回归方程：

(男子）Y（毫升/分）=13.25X+1740.86

(女子）Y（毫升/分）=13.94X+514.37

或：（男）Y（毫升/公斤/分）=0.2588X+24.170

(女）Y（毫升/公斤/分）=0.1912X+17.264

此方法更为简便，不需要复杂的试验设备。要提高推测的可靠性，尚需经过大量样本的进一步验证。

（3）延伸回归曲线推测法

由于儿童少年的体重及心率超过了 Astrand 的列线图的范围，上海体院科学选材研究组对 Astrand 的列线图进行了修正（图 6–8）。实验时参考 Astrand 方法进行台阶实验，根据体重心率查图，便可推测少儿的最大吸氧量。

（4）Y.休尔费尔德推测法

奥伦 1976 年提出：有氧耐力提高 10%，安静心率下降 5 次/分，安静时心率与最大摄氧量存在着显著负相关。据此，Y.休尔费尔德对 600 名 20~60 岁受试者进行了最大摄氧量的直接测定，同时观察了最大摄氧量与年龄、身高、体重和安静心率的关系，并用逐步回归分析法建立根据年龄、身高、体重和心率推测最大摄氧量的最优回归方程（负相关系数 r=0.646）。

这种方法不仅考虑了年龄和某些生理机能（心率）对最大摄氧量的影响，同时也考虑了某些形态（身高、体重）的影响，它比仅有一个变量的推测方程式具有更高的信息价值。

VO_2max=43.82−0.32×年龄−0.27×体重+0.18×身高−0.165×心率

此推测法能否用于少年和儿童，尚待进一步探讨。

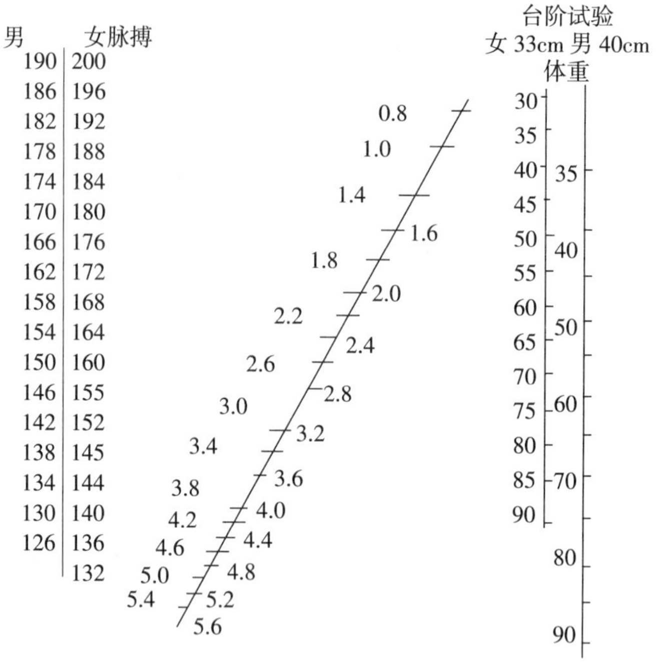

图 6−8 儿少最大吸氧量修正列线图

(5) 奎因台阶试验

本实验适于女性。所用器材是 48 厘米高的稳固台阶和秒表。实验步骤是受试者按每分钟 22 次的频率上下台阶 3 分钟，工作结束后，让受试者采取站姿测量练习后第 5~20 秒的心率。然后代入公式，即可算出该受试者的最大摄氧量。

该测试的可靠系数为 r=0.92

VO_2max（mL/min）=65.81−0.1847×心率/分

(6) 麦卡道台阶试验法

台阶高度 26 厘米，男性以 22 次/分，女性以 20 次/分的频率做台阶练习，时间 3 分钟。练习后，先坐下休息 5 秒钟，然后测定 15 秒的心率、乘 4 换算成 1 分钟心率，并代入下列公式推算最大摄氧量。

男性：VO_2max（ml/kg/min）=11.3−（0.42×心率/分）

(7) 多元回归推测法（引自杨锡让《北京体院学报》1985 年 4 期 P52）

翁玉泉等 1983 年对非周期项目运动员的心肺功能研究后提出，这些运动员的最大摄氧量可用下列公式推测：

VO_2max（升/分）=0.041 体重（公斤）+0.009 年龄（岁）+0.002 身高（厘米）+0.261

(8) 用 12 分钟跑的距离推测最大摄氧量（方法 A）

库珀（美国）认为：对于健康、不肥胖、明确测试目的的人，可采用在 12 分钟内尽可能全力跑完的距离来推测最大摄氧量（表 6−32、表 6−33）

引自 L.E 莫尔豪斯《运动生理学实验法》中译本 1987.10 月第一版 P239~241

例：一个 13 岁女孩在 12 分钟尽全力跑的距离是两公里，查表知其 VO_2max 在33.8~

42.6ml/kg/min 之间，再查表知其有氧能力等级在“女孩平均”和“很低”之间。

表 6-32　12 分钟跑 VO_2max 的关系

距离（公里）	VO_2max（ml/kg.min）
1.61 以下	25.0 以下
1.61~1.99	25.0~33.7
2.00~2.39	33.8~42.6
2.40~2.80	42.7~51.5
2.81 以上	51.6 以上

依 Coper

表 6-23　有氧能力的等级划分 VO_2max（mL / kg.min）

年龄	男					女				
	非常低	很低	平均	很高	非常高	非常低	很低	平均	很高	非常高
12~17	34	39	44	49	54	30	35	40	45	50
18~23	34	39	44	49	54	28	33	38	43	48
24~29	32	37	42	47	52	26	31	36	41	46
30~35	30	35	40	45	50	24	29	34	39	44
36~41	28	33	38	43	46	22	27	32	37	42

（9）用 12 分钟跑推测最大摄氧量（方法 B，赛艇运动员选材用）

测试方法：采用 12 分钟跑间接推算，有条件者可在实验室用心肺功能仪测试。12 分钟跑应在田径场跑道上进行，当 12 分钟到时，记下跑完的距离（以 50 米为单位，不足 50 米不计），然后按下列公式推算：

最大摄氧量（升 / 分）= [0.02125×12 分钟跑距离（米）−7.2371] ×体重（千克）/ 1000

注意事项：受试者跑前应做好准备活动，田径场跑道上每隔 50 米应插一标志杆，以便计算距离，测试人数较多时，应有多人协助计圈。

（10）用 12 分钟跑推测最大摄氧量（方法 C）

使用仪器（场地）：电子秒表，12 分钟跑的最大摄氧量推算表（表 6-34），标准 400 米田径场。

表 6-34　用 12 分钟跑推算最大摄氧量推算表

12 分钟跑距离（米）	最大摄氧量（毫升 / 千克·分）	12 分钟跑距离（米）	最大摄氧量（毫升 / 千克·分）
1000	14.0	2200	39.5
1100	16.1	2300	41.5
1200	18.3	2400	43.8
1300	20.4	2500	45.9

续表

12 分钟跑距离（米）	最大摄氧量（毫升/千克·分）	12 分钟跑距离（米）	最大摄氧量（毫升/千克·分）
1400	22.5	2600	48.0
1500	24.6	2700	50.1
1600	26.8	2800	52.3
1700	28.9	2900	54.4
1800	31.0	3000	56.5
1900	33.1	3100	58.5
2000	35.3	3200	60.8
2100	37.4	3300	62.9
3400	65.0	3700	71.4
3500	67.1	3800	73.5
3600	69.3	3900	75.6

测试方法：受试者在标准 400 米田径场 400 米起、终点处听信号开始起跑，计时员开表计时。另一助理计时员将六根带有明显标志的标杆插在 100 米、150 米、200 米、250 米、300 米、350 米分界点，随时注意受试者跑的距离并进行统计。当 12 分钟到时，计时员立刻喊："到"。助理计时员观察运动员此时跑在 400 米跑道的哪一点上，并根据累计的距离做出最后的统计（以 100 米为最小统计单位，不足 100 米的按四舍五入原则统计）。根据统计的距离查推算表，得出最大吸氧量的数据，填进测试卡片中。

注意事项

①测试人员要向受试者简单介绍 12 分钟跑的要求。

②受试者要全力跑，争取使测试较为准确。

注：引自曾凡辉，等. 运动员科学选材. 人民体育出版社，1992

（11）用台阶实验法推测最大摄氧量（自行车选材用）

器材设备：电子节拍器或录有节拍的录音机（使用前要校对节拍频率至 90 次/分），台阶若干（高度男子 40 厘米，女子 33 厘米，长度不限），心率监视器及配套电极和秒表。

测试方法：受测者站于台阶前，两脚依次蹬上台阶再依次踏下台阶为一次，以每分钟上下台阶 22.5 次（即节拍 90 次/分）的频率做 5 分钟上下台阶运动。

如有心率监视器，应先将电极及系带按要求固定在受试者的胸廓上，记录受试者在台阶试验 4 分 40 秒、4 分 50 秒、5 分钟时的即刻心率，并求出三者的平均值。作为 5 分钟台阶试验结束时的即刻心率。

无心率监视器时，则测量受试者 5 分钟结束后，第 5 秒到 15 秒的 10 秒心率，然后乘 6 换算成每分钟心率，作为 5 分钟台阶试验结束时的即刻心率。将即刻心率代入公式推算受测者的最大摄氧量。

最大摄氧量$=1.29\sqrt{N/(f-60)\ e^{-x}}$

式中：$N=H\times22.5\times1.3\times W$

H：台阶高度（单位为米）

W：体重（单位为千克）

f：5 分钟末即刻心率（次/分）

e^{-x}：年龄矫正系数（男女一样）

13 岁：0.8922　14 岁：0.8843　15 岁：0.8764　16 岁：0.8685

17 岁：0.8607　18 岁：0.8538

注意事项

①台阶试验前应使受测者静坐 5~10 分钟。

②不穿过厚、过紧的衣裤，穿胶鞋。

③受测者身体不适，腿部有伤病时不测试。

④使用心率监视器，要事先检查电极，系带松紧适度，及时更换电池。

⑤台阶放置要平稳。受测者要挺胸、抬头，两腿完成站立动作时，膝关节不得弯曲，节奏轻松并与给定的节拍吻合，不得忽快忽慢。

（注：第 9、11 方法引自《运动员竞技能力模型与选材标准》人民体育出版社 1994 年版 P275。）

以上介绍的各种间接推测最大摄氧量的方法，简便易行，便于选材中运用。但有些方法误差较大，有些不尽适合于儿童少年，有些是国外学者为特定人群的实验、研究而设计的，不能生搬硬套，仅供参考和借鉴其方法的基本原理，并有待于联系我国实际情况，进行深入的研究，建立合理的推测方法、推测方式和评价选材标准。I.Oragran 提出如下评定标准（表 6-35）：

表 6-35　运动员最大摄氧量标准 ml / kgmin（毫升/公斤分）

体重（公斤）	差	中等	好	较好	优
50.1~55	52	52~63	63~74	74~88	86
55.1~60	50	50~62	63~73	73~84	84
60.1~65	49	49~60	60~71	71~82	82
65.1~70	48	48~59	59~69	69~80	80
70.1~75	47	47~57	57~68	68~78	78
75.1~80	46	46~56	56~66	66~76	76
80.1~85	44	44~54	54~64	64~74	74
85.1~90	43	43~53	53~62	62~72	72
90.1~95	42	42~51	51~61	61~70	70
95.1~100	41	41~50	50~59	59~68	68

（引自刘献武等编著《运动员选材学》，人民体育出版社 1991. P100）

（二）PWC_{170} 机能试验及其在选材中的应用

PWC 是“physical work capacity”的缩写，指身体工作能力。PWC_{170} 是一种定量负荷试验，它表示机体工作心率达到 170 次/分并处于相对稳定状态时，单位时间内所做的功，即在这一特定心率时的身体工作能力。PWC_{170} 实验可用来了解机体做功的大小，还可反映心肺功能。一般心率在 170 次/分或接近此值时肌肉的工作强度与身体机能呈直线关系，心率超过 180 次/分以上，就表现为非直线关系。心脏容积越大，在心率为 170 次/分时所完成的功也就越大。所以 PWC_{170} 可以间接地反映心脏的容积和射血能力，而且该指标值越大，运动员的身体工作能力越好，耐力素质越好，对中长跑和超长跑等耐力项目的运动员具有特殊的重要意义。PWC_{170} 可以作为机能评定的一项指标，也可作为选拔运动员、特别是耐力项目运动员的一个选材指标。

PWC_{170} 正常值成年男子为 1060 公斤米/分，女子为 580 公斤米/分；运动员高于常人，且不同项目运动员的 PWC_{170} 值不相同，耐力项目运动员相对较高（表 6–36）。

表 6–36 中国优秀运动员（部分项目）PWC_{170} 正常值

运动项目	男子 PWC_{170} 正常值			女子 PWC_{170} 正常值		
	N	绝对值（公斤米/分）	相对值（公斤米/分）	N	绝对值（公斤米/分）	相对值（公斤米/分）
中长跑	14	1596±46	23.8±0.08	11	1090±25	20.2±0.49
长游	8	1608±51	21.8±0.53	15	1148±27	20.0±0.44
羽毛球	22	1632±45	24.7±0.66	24	1129±35	19.4±0.61
体操	13	1155±46	20.8±0.92	18	747±29	19.0±0.49
跳类	11	1342±51	19.4±0.73	10	1090±60	18.8±1.01
短泳	41	1563 ± 24	22.7±0.30	28	1012±17	18.6±0.24
篮球	15	1359±54	17.8±0.79			
排球	21	1651±57	20.6±0.37	21	1225±27	17.8±0.50
短跨	12	1433±35	20.8±0.60	13	985±34	17.5±0.18
乒乓球	33	1465±25	21.9±0.33	23	938±26	17.2±0.43
投掷	10	1697±74	17.4±0.92	13	1263±42	15.5±0.52
足球	22	1760±40	24.2±0.54			
$\bar{X}$±S		1536.54±175.07	21.76±2.17		1090.18±168.3	18.35±1.36

（引自王瑞元等，1997）

PWC_{170} 除受运动训练、运动项目和性别影响外，还受年龄的影响。曹志发（1989）通过研究 382 名 9~17 岁男孩的 PWC_{170} 表明，儿童少年的 PWC_{170} 绝对值是随年龄的增长而增加，除 10~11 岁和 12~13 岁的增加相对缓慢外，其他时期增加的程度均有显著性差异（$P<0.5$），儿童少年的身体工作能力，特别是心肺机能水平，是随年龄增长而上升的（表 6–37）。

PWC_{170} 的测定方法较多，因直接测定法较繁杂且用时较长，故常用间接测定法。间接测定法的理论基础是因心率与功率在一定范围内（相当于心率在 120~180 次/分之间）成直线关系。PWC_{170} 的间接测定方法是让受试者完成两个或两个以上不同功率的运动负荷（每次 6 分钟），在负荷末的最后 30 秒时测量心率，并描绘在坐标纸上。例如在第 1 种负荷（600 公斤米/分）中，心率为 125 次/分（A 点），在第 2 种负荷（1200 公斤米/

分）中，心率为160次/分（B点），连接这两点得一直线。该直线向上延长与心率为170次/分的水平线相交（C点），从C点作垂直线于横坐标交于D。这个D点所表明的功率就是受试者的PWC_{170}（图6–9）。

表6–37 9~17岁男孩PWC_{170}的值

年龄（岁）PWC_{170}		9	10	11	12	13	14	15	16	17
绝对值（公斤米/分）	$\bar{x}$	254.5	302.6	330.1	426.6	487.0	672.7	672.2	771.6	894.5
		±	±	±	±	±	±	±	±	±
	SD	104.8	88.1	98.3	159.7	117.4	142.4	147.2	157.0	190.0
相对值（公斤米/分）	$\bar{x}$	8.7	10.2	10.2	11.8	12.3	13.4	13.7	14.4	15.3
		±	±	±	±	±	±	±	±	±
	SD	3.2	2.7	2.9	3.7	2.7	2.8	2.2	2.9	2.5

（依曹志发）

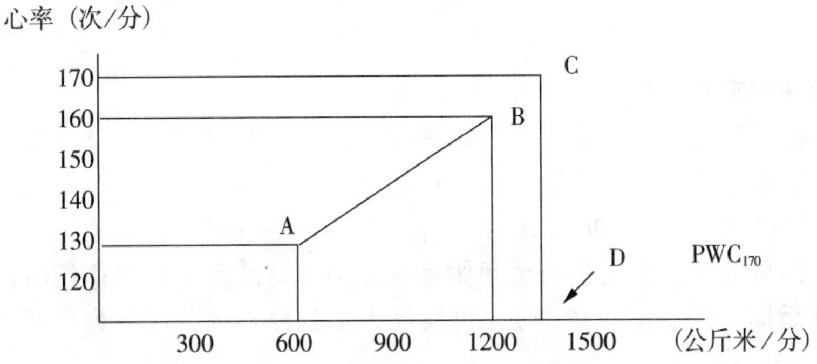

图6–9 PWC_{170}测试示例

PWC_{170}也可以用弗·勒·卡尔普曼建议的公式来计算：

$$PWC_{170}=\frac{170-f_1}{f_2-f_1}\times(W_2-W_1)+W_1$$

注：f_1为第一次负荷后心率（次/分）；

f_2为第二次负荷后心率（次/分）；

W_1为第一次负荷功率（公斤米/分）；

W_2为第二次负荷功率（公斤米/分）。

1. 用自行车测功计测定PWC_{170}

实验器材：自行车测功计、节拍器、听诊器（或心率遥测仪）、秒表。

实验步骤

（1）受试者应着运动服。测验前至少1小时不应吃过多食物，也不得吸烟。

（2）让受试者按第1个负荷开始蹬自行车，所用功率可参照表6–38。每次练习不超过6分钟，蹬踏频率为50周/分。

（3）在练习中每1分钟的最后30秒，测定并记录心率。由于受试者只须工作到稳定状态，故不必每一次完完全全地练习6分钟，当心率达到稳定状态后再继续蹬30秒，并同时测定及记录心率。

(4) 在从事第二种负荷的练习前，受试者可休息 5 分钟（坐在车上休息）。

(5) 用第二种负荷重复测验，方法同上。

(6) 在坐标图上描记心率和功率的点，画出心率–功率曲线，并测出 PWC_{170}。

(7) 或按照卡尔普曼公式计算 PWC_{170}。

表 6–38 测定 PWC_{170} 水平选取负荷参考表

受试者的 PWC_{170} 预测值（公斤米/分）	第一次负荷功率	第 1 次负荷时最后 1 分钟心率		
		100~120	120~130	130~140
		第二次负荷应取的功率（公斤米/分）		
<800	300~450	1080	900	750
800~1000 以下	450~720	1260	1080	900
1000~1500	720~900	1440	1260	1080
>1500 以上	900~1080	1800	1440	1260

（引自浦钧宗，1989）

2. 用台阶法测定 PWC_{170}

在没有自行车测功计时，也可用台阶进行测试。实验由两组定量负荷组成。第一组负荷是受试者以 20 次／分的频率上、下 30 厘米高台阶 5 分钟；第二组负荷是受试者以 30 次／分的频率上、下 30 厘米高台阶 5 分钟。左右腿均可先上，但每次上台阶要求两腿伸直后再下来。两次负荷之间休息 3 分钟。每次负荷后迅速用听诊器在心尖部测两次负荷后即刻的心率（10 秒），再换算为 1 分钟心率。用下列公式计算 PWC_{170} 水平。

$W=p\cdot h\cdot n/t$

式中：W：功率（公斤米/分）

p：受试者体重（公斤）

h：台阶高度（米）

n：上下台阶的总次数

t：上下台阶的总时间（分钟）

最后将 W_1 和 W_2 值代入卡尔普曼公式，求出 PWC_{170} 的值。

例如：某受试者体重 50 公斤，台阶高度分别是 0.20、0.40 米，上下台阶总次数是 150 次，上下台阶的总时间为 5 分钟，第 1 次负荷心率（f_1）是 110 次／分，第 2 次负荷心率（f_2）是 160 次／分。

另外下台阶所做的功，约等于上台阶所做的功的 1／3，因此在台阶实验中，所做的功率就要乘以（1+1／3）计算。PWC_{170} 计算方法如下：

第 1 次负荷功率 $W_1=50\times0.15\times150/5\times(1+1/3)=300$ 公斤米／分

第 2 次负荷功率 $W_2=50\times0.40\times150/5\times(1+1/3)=800$ 公斤米／分

最后将 W_1 和 W_2 值代入卡尔普曼公式，得出 PWC_{170} 的值：

$$PWC_{170}=\frac{170-110}{160-110}\times(800-300)+300=900\text{ 公斤米／分}$$

（三）无氧阈和乳酸阈指标在选材中的应用

传统的研究理论将随着运动强度增大血乳酸出现急剧增加的转折点定义为无氧阈。1964年沃塞曼（Wasserman）首次提出“无氧阈”的概念。其理论依据是肌肉组织因缺氧导致乳酸的产生，乳酸“拐点”的出现表明机体由有氧代谢供能向无氧代谢供能的过渡或转折。近年来，大量研究证据表明，在亚极量运动时，缺氧并不是肌肉产生乳酸的直接原因。因而又提出“在渐增负荷运动中，血乳酸浓度随运动负荷的递增而增加，当运动强度达到某一负荷时，血乳酸出现急剧增加的那一点（乳酸拐点）称为乳酸阈，这一点所对应的运动强度为乳酸阈强度”。

1. 无氧阈或乳酸阈与运动能力、运动选材的关系

最大摄氧量利用率和无氧阈是反映人体有氧耐力工作能力的重要指标。例如，某甲运动时的耗氧量为1.5升／分，最大摄氧量为3升／分，其最大摄氧量利用率为1.5／3.0×100=50%；而某乙从事该项运动时的耗氧量为1.5升／分，但乙的最大摄氧量却为4升/分。这样，其最大摄氧量利用率应为1.5／4×100=37.5%，上述甲乙二人负荷相同，耗氧量一样，但最大摄氧量利用率却不一致，反映出乙比甲有更大的运动潜力。

另外从无氧阈值来看，无训练者、长跑运动员以及马拉松世界纪录打破者的无氧阈值是不同的。开始堆积乳酸的最大摄氧量利用率，无训练者约为65%，长跑运动员约80%，而马拉松世界纪录打破者克莱顿（CLayton）最大摄氧量利用率高达85%时，乳酸堆积尚不明显。考斯迪尔（Costill）也发现，有高度训练者用90%的最大摄氧量利用率持续运动25~30分钟，血乳酸仅有中等程度的增加。耐力素质是中长距离和长时运动的生理基础，有氧耐力及其有关指标与之极为相关（见表6–21）。

以上说明，在选材中仅用最大吸氧量测定有氧耐力是不够的，还需测定最大吸氧量百分率。无氧阈或乳酸阈的提出，为周期性运动项目选材提供了新的理论基础，增添了一个有氧耐力选材的指标。

2. 无氧阈或乳酸阈的测定方法

（1）血乳酸测定法

在递增强度的运动中多次测定血乳酸浓度（可测动脉血、静脉血、耳血或指血），我国目前多采用耳血微量0.02ml测定法，将血乳酸浓度突然增高的那一点确定为无氧阈。

①田径场上测定无氧阈

杨奎生根据现场测定的特点，提出选用5×2400米的方法（表6–39）。因为受试者达到匀速时，需要教练员用口令调整，这可能要花2圈时间才达到，故选用5×2400米（每次跑6圈）。跑前受试者先进行10分钟准备活动。

表6–39 田径场上测定无氧阈实验程序

性别	段落组（米）	起始速度（米/秒）	递增速度（米/秒）	最后一级速度（米/秒）	间歇（分）	取血
男	5×2400	3.0	0.5	5.0	2	每组跑后
女	5×2400	2.5	0.5	4.5	2	2分钟末取血

将 5 级强度跑后血乳酸值绘在坐标纸上（图 6–10），然后在 4mmol / L 上求出对应的速度，或按公式用内插法求出无氧阈值。

$$无氧阈=\frac{(4-LA_1)\quad(V_2-V_1)}{LA_2-LA_1}+V_1$$

V_1、V_2 和 LA_2 分别为 4mmol / L 范围相近的跑速和跑后血乳酸浓度。

如某运动员：V_1=4.00 米 / 分，

V_2=4.95 mmol / L，

LA_1=3.00mmol / L，

LA_2=4.52mmol / L ，

则：无氧阈=〔(4–3)　(4.95–4)　/　(4.52–3)〕+4=4.63 米 / 秒

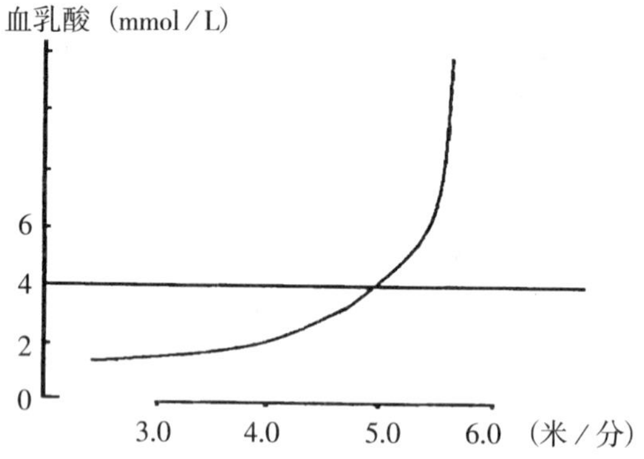

图 6–10　无氧阈测定示意图

如果长期随运动队进行监测，对运动员已了解其无氧阈的范围，则可采用两点法，即在无氧阈左右的范围内选择跑速，跑两次 2400 米，取血，将实验数值按上述法求出无氧阈（图 6–11）。

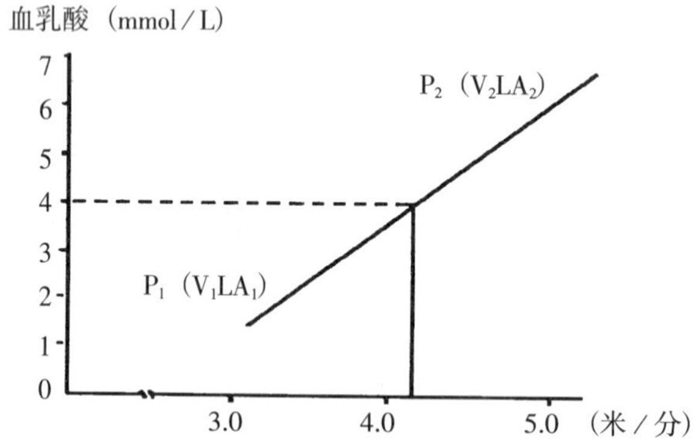

图 6–11　无氧阈两点测试法

两点法虽简化了测试程序，但往往不易选择合适程度，如两强度相差太大时，血乳酸相差过大，而强度差太小时，血乳酸相邻太近，容易出现较大误差。杨奎生又提出了三点法，并可将数据输入计算机，按计算程序得出无氧阈。

乳酸阈处的跑速越快（或功率越大），则有氧能力越强。

与这种测试思路雷同，翁庆章、缪素　、尤春英等分别对游泳、自行车、划船等运动员进行了无氧阈或乳酸阈的测定。

②测定个体无氧阈

1981 年 Stegman 等从运动时不同个体间血乳酸动力学不同，提出了测定个体无氧阈的方法，血乳酸浓度的大小是反映活动肌肉和血液间乳酸的弥散率和消除率的结果，当血乳酸升高时是弥散率大于消除率的结果，如消除率等于弥散率时，这时的运动强度被认为是个体无氧阈强度值（tm）。如图 6-12 所示，当强度增加时，血乳酸浓度增加，在运动结束时达最大（A），而在运动后恢复期中因血乳酸消除率增加而下降，在下降中存在一点与 A 平行相交的血乳酸值（B），在 A 与 B 间相连成平行线，从乳酸动力学变化中可推算出个体无氧阈值，在 B 和血乳酸曲线切点处（C）。

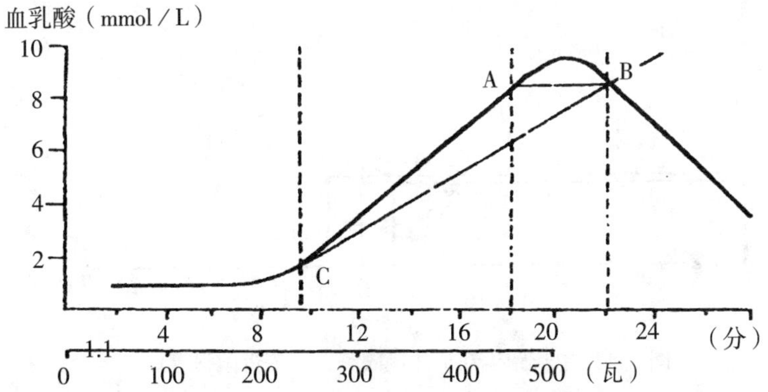

图 6-12　优秀划船选手递增负荷时血乳酸动力学

（引自 Srigman 等 1981）

在测定个体无氧阈时，必须采用逐级递增负荷，不同功率计或运动场和取血时间如表 6-40。将负荷数值和时间作为横坐标值，以各血乳酸值为纵坐标值，用曲线板平滑坐标上各血乳酸值的点，绘出血乳酸动力学变化曲线，从 A、B 值求出 C 点值，即为个体无氧阈值。

表 6-40　递增负荷测定个体无氧阈方法

功率计	性别	起始功率	递增负荷	取血时间
跑台	男	3.0 M/S	0.5 M/S	1. 安静时
	女	2.5 M/S		2. 每级负荷后即刻
自行车	男	50W	50W	3.最后一级负荷后及恢复期 2、5、10 分钟
	女			
田径场	男	8KM/h	2KM/h	

注：以上①和②方法摘引自《教练员训练指南》 P 8 7 冯炜权文。

(2) 非血乳酸测定法

由于采血乳酸的方法需要专业人员和较复杂的设备，不易在基层推广，因此，就需要研究一些简便的易于掌握和无损伤的确定无氧阈或乳酸阈的方法。

可利用与血乳酸浓度变化和无氧阈相关密切的指标来间接测定无氧阈，例如心率、气体代谢的指标等。

①通气无氧阈测定

根据肖国强等研究，在400米递增负荷跑后发现潮末呼出气CO_2峰值可测定无氧阈发生，与血乳酸无氧阈无显著性差异（$P<0.005$）。无氧阈跑速可作为中、长跑运动员选材的一项指标，图6–13中a是中长跑项目中无氧阈跑速，c是长跑项目无氧阈跑速。a<c可作为中长跑运动员选材标准。

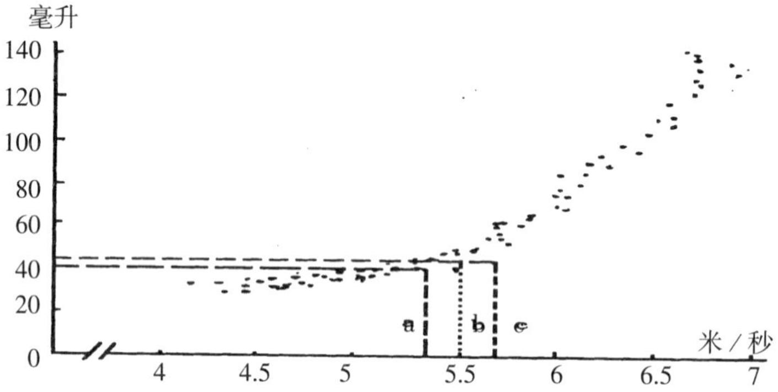

图6–13 中长跑运动员无氧阈测定（依肖国强等）

②心率无氧阈测定

我国杨奎生等人，对运动员在实验多级负荷和在800米及3000米段落中多次匀速跑后的血乳酸浓度及心率进行了研究，提出有氧–无氧的“转换点”的定位相当于本人800米或3000米最好成绩（稳定）的80%，心率为170次／分。

有人提出：在一般情况下，有氧代谢阈时心率为130~150次／分，无氧代谢阈时的心率为160~180次/分。但是，由于遗传、年龄、运动专项及训练水平等因素的影响，运动员的心率存在着普遍的个体差异，假若使用同一心率值来进行测验，可能会产生不同的强度。日本的丰冈示郎等研究提出：70%的最大吸氧量所对应的心率，中学生是176次／分，成年人是158次／分。因此证明以相同的心率推测运动强度时，中学生要比成年人低15%，所以测定每一位待选者能量代谢的生理指标相对应的心率，并以此心率来评价其机能和训练水平更为确切有效。

(3) 以偏转速度测定无氧阈

1982年康科妮等报告了一种测定无氧阈的无损伤性实地实验，为广泛地应用无氧阈的理论提供了简单易行的方法。具体做法如下：

通过测定运动员在逐渐增加跑速过程中的心率来确定跑速和心率的关系。在测定过程中，让运动员在400米跑道上连续跑动，跑的距离在8×400米至12×400米之间，总的时间15~20分钟，起始速度为12~14公里／小时（3.3~3.9米／秒）。要求运动员每200米增加一档速度，每200米的最后50米记录心率（使用遥测心率仪），并记录每段跑动时间，由此计算跑速。然后取一张坐标纸，画出坐标轴，横坐标表示速度，纵坐标表示心率。根据上述实验过程中测得的速度及对应的心率将各坐标点描绘出来，用肉眼观察其变化的规律。康科妮等经过大量的实验已证实跑速和心率的关系分为两部分，一部分为直线，一部分为曲线（图 6-14）。

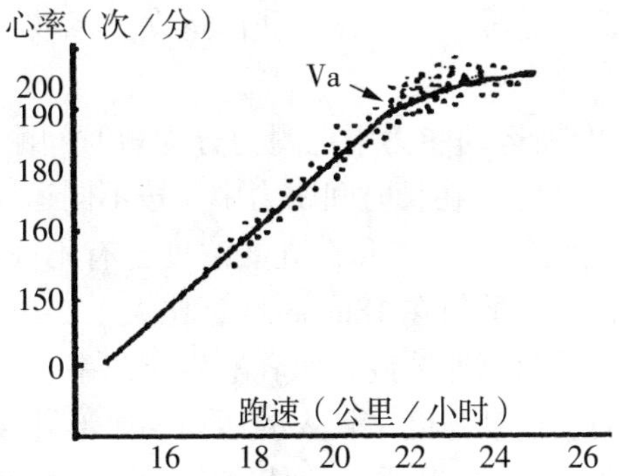

图 6-14 跑速和心率的关系图

最后，用两条线分别将呈直线关系的点和曲线关系的点连接起来，两条线有一交点。此点时的速度（称为偏转速度 Va），即为达到无氧阈时的跑速。

康科妮等又测定了不同跑速下的血乳酸浓度。根据血乳酸测出的无氧阈（以速度表示）和 Va 高度显著相关，r=0.99。因此说明和无氧阈是基本相同的。他们的研究还证明，Va 和马拉松、1 小时赛跑、5000 米项目的比赛速度密切相关，相关系数分别为：0.95、0.99、0.93。其中有部分人完全相同。这说明这种测定 Va 的方法不仅可以用来监督运动的强度，而且还具有能够预测运动员成绩的功能，故可以引用来作为运动选材的指标。这种方法不仅适用于长跑，对其他项目如竞走、自行车、游泳、滑雪等周期性的运动也同样适用。

（4）通过测试发育期男少年（14 岁）跑的成绩预测无氧阈跑速

据《欧洲应用生理学杂谈》1985 年 55 卷第 4 期载文报道，由于无氧阈跑速与训练有素的径赛运动员以及经常参加运动的男子中长跑成绩高度相关（Jassell 等人 1979 年，Janaka 等人 1983 年），就有可能从跑的成绩中预测无氧阈跑速。虽然这种方法在精确度和强调测试对象发挥最大能力方面受到一些限制，但对运动选材是一种实际而有用、可成批进行的测试方法，因为它既容易又便于迅速进行，不需要通气法那样完善设备的实验和技术。

该文列出公式如下：（r2=0.55）

无氧阈跑速=93-（0.551×40 秒跑）+（0.175×5 分钟跑）

注：式中无氧阈跑速单位为米/分钟。40 秒跑和 5 分钟跑单位为米。

3. 用无氧阈指标评定运动员有氧代谢能力

Mader（1976）提出可以用血乳酸 4mmol／L 时的跑速作为有氧代谢能力的评定，他提出的标准如下：

一般非耐力运动员	AT4	为	3.0±0.5m／sec
低水平耐力运动员	AT4		3.5±4.0m／sec

中等水平耐力运动员	AT4	4.0~4.7m / sec
高水平耐力运动员	AT4	4.8~5.2m / sec
尖子耐力运动员	AT4	5.3~5.6m / sec

测试程序为每 5.5 分钟递增速度 0.4m / s，跑台坡度为 1%。

我国运动员是否符合这个标准，有待于开展研究，因为不同条件，不同的测定程序、仪器和技术等都可能造成差异，应当制定我国运动员标准，以利于选材和评定训练效果。

1988 年 G.Neumsnn 在专项运动能力中把耐力分为短时间耐力（STE）、中等时间耐力（MTE）和长时间耐力（LTE）。在长时间耐力中又按不同运动时间分为四个阶段，在每种强度耐力运动时各机能系统的特点和血乳酸浓度各有不同的特点。如在 35 秒至 2 分钟的短时间耐力运动中，血乳酸值在 18mmol/L，比大于 2~10 分钟运动时间的血乳酸值略低，因为血乳酸的浓度受肌糖原浓度、肌乳酸生成速率、乳酸进入血液和从血液中消除等因素影响，较长时间、运动强度又较大的运动，血液乳酸可以达到一个较高的水平；在长于 90 分钟的运动中，体内几乎完全依靠有氧代谢过程来供应能量，肌糖原大量被有氧代谢分解，血乳酸值较低。

4. 不同项目运动员稳态运动血乳酸达 4mmol/L 时的运动强度

由于运动员血乳酸在 4mmol/L 时跑速与耐力跑成绩相关，J.Karisson（1981）曾报告 18 名男性马拉松运动员的 OBLA 与跑速相关系数达 0.95（r=0.95、P<0.001）。为便于参考，现将收集到的国内外研究血乳酸在 4mmol / L 时的运动强度列出（表 6–41）供选材和训练时参考。

表 6–41　各项自行车运动员无氧阈值（4mmol / L）比较

作者	年代	对象	性别	例数	4mmol/ L 无氧阈	方法
缪素堃等	1985 1986	优秀场地运动员	男	10	255.5±29.2	每级 3 分钟，递增 50 瓦，血乳酸测定用巴氏改良法
		优秀公路运动员	男	7	281.8±36.6	
		优秀场地运动员	女	14	198.1±23.3	
		优秀公路运动员	女	7	205.2±26.9	
		优秀公路运动员	男	4	309.1±19.9	
缪素堃等	1985	少年场地运动员	男	21	243.5±49.6	同上
		少年公路运动员	男	16	262.4±49.6	
		少年场地运动员	女	10	191.2±17.8	
		少年公路运动员	女	7	195.7±23.4	

注：以上（三）之 2 和 3 摘引自《教练员训练指南》冯炜权文

如果运动员在等负荷下，血乳酸上升慢，达到“无氧阈”较迟（即在同等负荷强度下乳酸值较低者）可认为其适合长距离的运动项目；如果运动员达无氧阈较快（在相同强度下乳酸值高），而且进一步加大强度，仍能保持较好的运动成绩时，可认为其无氧代谢能力较强，一般认为可适合于速度耐力（如中距离跑、游泳等）项目运动。

九、无氧工作能力选材指标及其测评

（一）磷酸肌酸

人体磷酸肌酸大约有 20~30mm／kg 肌肉，其含量比 ATP 高。在测定动物磷酸肌酸含量时，发现不同器官磷酸肌酸的含量不同，以骨骼肌含量为最高，其中快肌纤维中的含量高于慢肌纤维。

测定磷酸肌酸的方法有直接测定法和间接测定法。因直接测定法需进行肌肉活检，过程相当复杂，故多采用间接测定法，即测定运动员的尿肌酐浓度。其原理是磷酸肌酸在体内可以自行分解，失去磷酸而生成肌酸酐，后者经肾脏从尿中排出，即为尿肌酐。尿肌酐是磷酸肌酸的代谢产物，测其含量可间接了解运动员体内磷酸肌酸的水平。研究证明，运动员尿肌酐含量较高（即磷酸肌酸水平较高），而非运动员的磷酸肌酸含量较低。

人尿肌酐排泄量通常不受食物蛋白质含量及尿量的影响，男子排出尿肌酐为 1~1.8 克，女子 0.7~1 克，其排泄量与肌肉发达程度、性别、训练水平和年龄相关。

尿肌酐的含量常用尿肌酐系数来代表，所谓尿肌酐系数是指 24 小时每公斤体重排出尿肌酐的毫克数。正常成年人其值较为恒定，男为 18~32mg/kg，女为 10~25mg／kg。研究证明，非运动员的尿肌酐系数显著低于同年人的运动员（有极显著差异，$P<0.001$）。而不同的运动项目，其系数也不相同，一般来说短跑、投掷和举重运动员的尿肌酐系数高于中长跑和足球运动员，优秀的短跑运动员其尿肌酐系数最高可达 40mg／kg 之多。（见表 6–42）

表 6–42 不同项目运动员的尿肌酐系数（mg/kg 体重）

受试者	性别	人数	尿肌酐系数（均值 ± 标准差）
短跑	男	17	36.91 ± 0.59
足球	男	10	33.63 ± 0.53
中长跑	男	14	33.14 ± 0.66
投掷	男	6	33.54 ± 0.92
少年体操	男	16	31.14 ± 0.52
少年乒乓	男	6	29.20 ± 0.56
青年不常运动者	男	18	29.43 ± 0.48
短跑	女	10	33.78 ± 0.77
中长跑	女	8	31.42 ± 0.87
投掷	女	5	28.61 ± 0.59
少年体操	女	19	29.55 ± 0.49
少年乒乓	女	8	25.70 ± 0.62
青年不常运动者	女	12	21.90 ± 0.53

（引自李洁、陈仁伟编著《人体运动能力检测与评定》p142）

尿肌酐是人体磷酸肌酸或肌酸的代谢产物，由尿排出。若体重相近，尿肌酐系数高，可能肌肉增多，磷酸肌酸含量有提高的表现。磷酸肌酸是速度力量素质的基础，可作为短跑、投掷和举重等运动项目选材的指标。

通过王自勉的研究表明：①骨龄 13 岁以上的普通青少年，肌酐/体重系数与肌酐/瘦体重数比较稳定，同发育程度关系不大，肌酐/体重系数的均值，男为 21.4±2.7mg／kg；女为 18.8±2.7mg／kg。②速度力量型运动员的尿肌酐系数高于耐力运动员，有训练者高于无训练者；男运动员肌酐系数高于女运动员。李群认为：经过一年的系统训练，原来尿肌酐浓度基础值高者上升的幅度较大。通过系统追踪发现速度、力量型运动员从集训阶段过渡到专业队，其体内磷酸肌酸水平即晨尿肌酐浓度必须达到或超过 2.6~2.8mg／kg，并且越高越好。以上研究证明，系统测试尿肌酐浓度是选材的重要指标。

尿肌酐的测定方法

原理：尿中之肌酐与碱性苦味酸作用，生成黄红色复合物（称为“Jaffe 氏反应”），与同样处理之肌酐标准液比色，求得其含量。

仪器：试管、移液管、721 型分光光度计。

试剂：①饱和苦酸：取纯苦酸约 15 克，置于大烧瓶内，加水至 1000ml，可加温助溶，冷后瓶底如有结晶析出，表示已达饱和，取上清液备用。

②10%NaOH 溶液。

③碱性苦味酸：饱和苦味酸 5 份，加 10%NaOH 溶液 1 份，临用时新鲜配制。

④肌酐标准贮存液化气（1mg/ml）：取纯肌酐 500mg 或肌酐氯化锌 805mgh，置于 500ml 容量瓶内，用 0.1N 盐酸溶解并加至刻度。加甲苯数滴防腐，保存于冰箱备用。

⑤肌酐标准应用液（0.006mg/ml）：取肌酐标准贮存液 3ml，置于 500ml 容量瓶中，加 0.1%盐酸 50ml，再加水稀释至刻度，加甲苯酸数滴防腐。

操作步骤：

将尿液作 1:100 稀释，然后按下表操作（试剂、样品体积单位均为 ml）：

	标准（s）	测定（u）	空白（B）
尿液（1:100）	–	4.0	–
肌酐标准应用液	1.0	–	–
蒸馏水	3.0	–	4.0
碱性苦味酸	2.0	2.0	2.0
混合后 10 分钟，用 520nm 式绿色滤光片进行比色，读取各管光密度。			

$$\text{尿肌酐（mg\%）}=\frac{\text{测定管光密度}-\text{空白管光密度}}{\text{标准管光密度}-\text{空白管光密度}}\times 0.006\times\frac{100}{0.04}$$

$$\text{24 小时尿肌酐排出量（mg\%）}=\text{肌酐（mg\%）}\ \frac{\text{24h 尿总体积（ml）}}{100}$$

$$\text{尿肌酐系数}=\frac{\text{24h 尿肌酐排出量（mg）}}{\text{体重}}$$

在测定尿肌酐时，必须选择近乎基础代谢情况下测定，故宜测定晨尿的肌酐含量。

运动员的爆发力除与肌肉的力量有关外，还与 ATP-CP 供能系统的能力有关。选材中测试运动员的无氧功率，可对其爆发力和无氧工作能力做进一步的了解。

（二）无氧功率测定

1. 萨扎特（Sargent）纵跳实验法

【实验器材】长形刻度黑板、颜色粉末、体重计。

【实验方法与步骤】

(1) 将长形刻度黑板挂在墙上或一支架上，其高度以被试者侧身站在刻度板下，手臂垂直上举能摸着最低刻度为宜。

(2) 令被试者一手中指尖上涂上颜色粉末，侧身站在刻度板下，将手臂垂直上举中指按在刻度板上先作一标记作为基础高度。然后令被试者原地跳起摸高（身体和手臂可以在原地做助摆），其基础高和跳摸高之差即为被试者纵跳的高度。要求试做 3 次，取最高值记录。

(3) 测量体重：要求着装与纵跳时相同条件下称量体重。

(4) 无氧功率计算公式

功率（公斤米 / 秒）$=4.9\times$体重（kg）$\sqrt{\text{纵跳高度（m）}}$

（此法引自柏晓铃《实用运动生理实验》P369）

2. 跑楼梯法（自行车选材用，其他项目可借鉴）

(1) 使用仪器与场地：测试仪器 STK-4 多功能测试仪（山西省体育科研所研制）。在有 10~12 个台阶、坡度缓和的楼梯（或台阶）上进行，每级楼梯高度不超过 18 厘米，宽度不超过 32 厘米。

(2) 测试方法：将 STK-4 测试仪的两块踏板分别放在楼梯（或台阶）的倒数第一级和倒数第五级上，受测者站在楼梯的下端，尽可能按两级台阶一步向上跑，最后 3 步要用最快频率跑，并分别依次踏在台阶或楼梯的第 8、10、12 级楼梯（或台阶）上，倒数第 3 步和最后一步要踏在仪器的踏板上，仪器会自动显示受测者从倒数第 5 级到最后一级楼梯（台阶）跑动所用的时间（毫秒）。受测者连续测 3 次，以秒为单位记录成绩，并测量测试所用的楼梯台阶高度和长度（引自《运动员竞技能力模型与选材标准》P277）。

无氧功率计算公式：$P=h/t\times 33.8$

P：为无氧功率

H：为倒数第五级至倒数第一级四级台阶或楼梯的总高度（单位为米）

t：为经过上述四级台阶的总时间（单位为秒）

(3) 注意事项

①受测者应穿胶鞋测试，不能穿过厚、过紧的衣裤，并做好准备活动。

②事先应给受试者做讲解和示范，然后令其试练后再开始测试。

③受试者跑至最后三步时应是最高频率，根据测试场所条件，可加 1~2 步助跑。

④测试前检查踏板、导线、插头、仪器是否正常。

⑤两踏板放置在楼梯台阶的中央成直线，并保持相同距离。

3. 玛加利亚（Margaria）跑楼梯试验法

实验器材：脚踏记时计、皮尺，至少 9 级楼梯（图 6-15）。

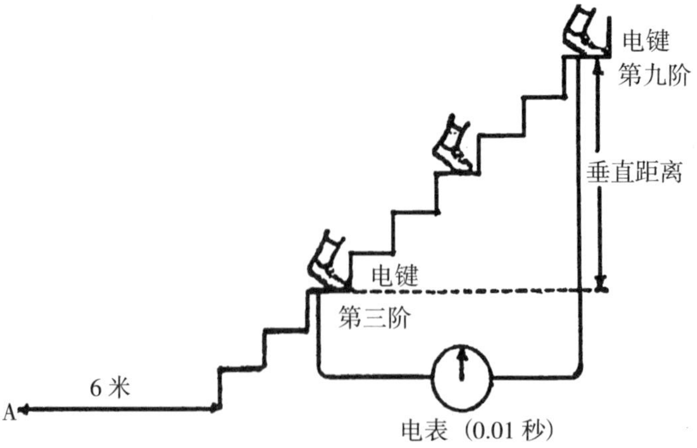

图 6-15 跑楼梯实验装置图

实验方法

(1) 将脚踏记时计的一个开关安放在第三阶，另一开关放在第九阶上。在离楼梯第一阶正前方 6 米处做一标记。

(2) 令受试者站在离楼梯 6 米处，任意选每隔两阶或三阶尽最快速度跑上楼梯，当脚踏在第三阶处时，1／100 秒表被踏开，当脚踏在第九阶处时，1／100 秒表被踏闭。

试验方法如图 6-15 所示。电表的开关分别放在第三级和第九级上，当脚在第三级时百分之一的秒表开动，当脚踏在第九级时秒表关闭。实验共进行 3~5 次。找出其最快的一次作为正式成绩。按下列公式计算功率：

$$P=\frac{W\times D\times 9.8}{T}$$

P：功率　　D：第一开关到第二开关的垂直距离

W：体重　　T：从第三级至第九级所需的时间

根据计算结果查表 6-43，即可了解无氧功率水平。

表 6-43 无氧功率评分标准（15~20 岁）

	差	不好	中等	好	很好
男	113 以下	113~149	150~187	188~224	224 以上
女	92 以下	92~120	121~151	152~182	182 以上

（此法引自柏晓铃《实用运动生理实验》P369）

4. 温盖特（Wingats）无氧功率实验法

实验仪器：皮脂厚度测量计、秒表、功率自行车（为记录蹬车圈数还需在自行车轮盘上安装磁感应装置，通过与计算器或记录仪的连接，可记录蹬车轮盘转动信号）。

测试方法：让受试者全力蹬车 30 秒，阻力以每公斤去脂体重 0.075 公斤计算。首先，向受试者讲解实验要求，进行 5 分钟准备活动，然后让受试者全力试蹬 3~5 秒，以熟悉快蹬要领，休息10~15分钟，开始正式测定。正式开始时，在无阻力情况下进行5秒钟的快蹬诱导，在一声快的命令下，受试者以本人最快的速度踏蹬，阻力在2~3秒内增加到预先计算值。与此同时启动秒表和圈数记录装置。在整个30秒快蹬过程中不断给予口头鼓励，直至运动结束。

Wingate无氧实验的主要指标：

平均功率绝对值（kgm/30sec）=阻力×30秒所蹬圈数×轮周长。它主要反映能力。

最高功率绝对值，是以5秒钟为单位将30秒钟分6段，以踏蹬圈数最多的5秒钟计算。

最高功率绝对值（kgm/5sec）=阻力×5秒钟所蹬圈数×轮周长。它主要反映功率。

平均功率相对值（kgm/30sec·kg）=平均功率绝对值/体重。

最高功率相对值（kgm/5sec·kg）=最高功率绝对值/体重。

罗兴华等对广东省体校14~15岁170名运动员进行的Wingats无氧实验研究结果如表6-44。

表6-44　广东省体校少年运动员无氧功率测试结果

项目	人数	年龄（岁）	去脂体重(kg)	平均功率(kgm/30sec)	平均功率(kgm/30secKg)	最高功率(kgm/5sec)	最高功率(kgm/5sec)
短跑	男12	14.7±0.5	54.5±3.9	1542.2±171.0	25.2±2.6	321.6±42.6	5.2±0.7
跨栏	女12	14.2±0.4	39.2±9.6	1062.4±156.9	21.0±2.5	212.7±36.3	4.2±0.6
中长跑	男5	14.6±0.9	46.4±4.8	1130.1±155.6	22.0±1.4	222.5±41.6	4.3±0.5
	女5	14.2±0.5	39.2±2.1	848.9±120.2	18.3±2.5	157.7±17.1	3.4±0.3
田赛类	男11	14.4±0.5	52.8±7.7	1351.9±202.8	22.9±3.0	276.1±41.1	4.7±0.6
	女6	14.5±0.6	44.4±2.4	1094.9±74.5	19.5±2.1	226.9±24.8	4.0±0.5
足球	男17	14.4±0.6	47.3±6.1	1133.8±213.6	21.2±2.4	241.0±50.1	4.5±0.6
篮球	男8	14.5±0.8	61.8±2.3	1617.1±165.6	23.1±2.1	333.3±29.2	4.8±0.4
	女20	14.5±0.4	45.8±4.1	929.9±124.3	16.4±1.6	180.5±28.3	3.2±0.4
排球	男8	14.8±0.4	59.4±4.4	1429.3±225.1	21.1±3.3	301.7±34.8	4.5±0.6
	女8	14.5±0.5	46.6±2.4	901.7±166.1	15.4±3.1	176.1±36.5	3.0±0.7
乒乓球	男5	14.2±0.5	46.6±2.4	1018.9±97.9	21.9±2.6	220.9±27.1	4.8±0.7
	女6	14.7±0.6	35.6±1.2	593.1±60.7	16.6±1.1	126.8±16.0	3.6±0.4
击剑	男4	14.8±0.2	48.7±6.8	1203.7±115.6	22.1±3.1	231.3±32.7	4.3±0.5
游泳	男5	14.4±0.6	45.2±6.2	1063.0±109.7	20.8±2.7	222.0±24.3	4.4±0.6
	女4	15.0±0.0	41.8±3.2	903.6±31.8	17.8±1.4	183.6±14.0	3.6±0.1
潜泳	男5	14.2±0.2	50.8±3.3	1219.4±91.3	24.0±2.0	242.2±18.7	4.8±0.3
	女5	14.4±0.3	42.0±3.1	827.7±140.3	19.6±2.1	174.4±20.6	4.2±0.3
举重	男8	14.5±0.3	47.4±5.6	1337.6±209.5	24.5±2.2	289.6±39.6	5.3±0.7
	女6	14.7±0.6	41.0±4.1	1030.2±59.2	19.2±1.5	210.0±17.4	3.9±0.2
摔跤	男5	14.8±0.2	47.3±7.1	1336.1±211.9	25.8±1.5	276.7±41.7	5.4±0.3
柔道	女5	14.6±0.5	41.2±5.0	977.7±116.6	18.1±1.8	197.3±29.8	3.7±0.5

引自罗兴华、赖荣兴1989《运动员选材原理与实用方法》P75）

利用生理生化的方法，即通过测评人体生理机能和生化代谢特征指标的方法来评定运动员的发展潜力，预测其未来在某项或某几项运动上可望取得成就，是选择运动天才的可靠方法。但目前许多生理生化指标尚有待开发，其选材应用尚有待进一步研究；由于生理生化选材方法存在专业知识较强、仪器试剂要求较高、操作过程精细复杂等特点，故而在基层选材应用中尚存一定困难，但只要引起重视，普及科学知识，随着经济和科技水平的提高，运用生理生化指标选材会具有非常广阔的前景。

本章思考题

1. 试述你所从事的运动项目生理机能选材要点。
2. 肌纤维类型应用于选材的基本思路是什么？
3. 如何运用血红蛋白指标进行运动选材？
4. 何谓最大摄氧量？最大摄氧量在运动员选材中有何作用？
5. 列出六个本专项选材时常用的生理测评指标。
6. 无氧阈应用于选材的基本思路是什么？
7. 60 米跑心功指数应用于选材的基本思路是什么？
8. 台阶实验应用于选材的基本思路是什么？
9. 用 12 分钟跑测评有氧工作能力的基本思路是什么？

本章主要参考文献

1. 李振甲，等. 放射免疫分析法手册. 北京：科学技术出版社，1980
2. 华明，王步标.人类骨骼肌纤维类型及其与运动训练的关系. 吉林：吉林体育科技，1981
3. 吕望山，钟瑞秋. 运动与肌纤维. 上海体院学报，1982（1）
4. 许豪文，等. 发展游泳运动员无氧能力的探讨. 体育科学，1983（3）
5. 杜国玺，等. 速滑运动员血红蛋白的研究. 冰雪运动，1983（5）
6. 冯炜权，等. 运动生物化学在体育实践中的应用. 中国人民解放军体院，1986
7. 浦钧宗，高崇玄，冯炜权，等. 优秀运动员机能评定手册. 北京：人民体育出版社，1989
8. 柏晓玲. 实用运动生理实验. 北京：人民体育出版社，1989
9. 浦钧宗，高崇玄，冯炜权，等. 优秀运动员机能评定手册. 北京：人民体育出版社，1989
10. 高等学校试用教材. 运动生物化学. 北京：高等教育出版社，1989
11. 浦钧宗，等. 无氧阈测定在耐力运动员中的预测和评定能力的意义. 中国运动医学杂志，1989（8）
12. 武汉体院编写组. 运动选材学. 鄂图内 12 号，武汉体院教材，1990
13. 体育学院通用教材. 运动生理学. 北京：人民体育出版社，1990
14. 刘献武，等. 运动选材学. 北京：人民体育出版社，1991
15. 曾凡辉，王路德，邢文华，等. 运动员科学选材. 北京：人民体育出版社，1992
16. 李诚志，等. 教练员训练指南. 人民体育出版社，1992
17. 杨长山. 某些生化指标在运动选材中的应用. 福建体院学报，1993（1）

18. 武汉体院测试中心. 现代体育科学实验技术. 鄂图内 54 号，1994
19. 钟添发，田麦久，王路德，等. 运动员竞技能力模型与选材标准. 北京：人民体育出版社，1994
20. 体育院校通用教材. 运动生物化学. 北京：人民体育出版社，1996
21. 王瑞元，熊开宇. 实用运动生理实验. 北京：北京体育大学出版社，1997
22. 体育学院通用教材. 运动生理学. 北京：人民体育出版社，2002
23. 田野. 运动生理学高级教程. 北京：高等教育出版社，2003
24. 李洁，陈仁伟. 人体运动能力检测与评定. 北京：人民体育出版社，2005

第七章　运动心理选材

【教学要点】理解运动心理选材的现实意义及理论依据；理解运动心理选材测试的构成及要求；掌握运动心理选材主要测评方法；了解运动心理选材的困难与展望。

第一节　运动心理选材概述

所谓运动心理选材就是运用现代心理学和运动心理学的理论、方法和手段，结合现代竞技理论来选拔优秀运动员以及优秀运动员后备力量的过程。心理选材既是运动员选材体系中的重要组成部分，也是运动心理学研究中的重要方面。

优秀运动员的成长因素是多方面的，不仅需要运动员具有优良的遗传优势、超群的运动素质及技战术能力、良好的生理机能，而且还要具备动员和发挥这些优势的心理能力。运动员所进行的运动活动既有肢体运动，也有心理活动，二者是统一的，其中心理活动对运动员的活动起着调节、控制和主导作用。心理对竞技运动的作用、心理选材对运动员成长发展的作用，已经被大量的运动实践所证明，并引起国内外体育学术界的高度重视和潜心研究。

一、心理选材的起源及发展

运动心理选材中的测评方法源于心理测验和实验心理学。1879 年德国心理学家冯特在莱比锡大学建立第一座实验室，从此开创了实验心理学道路，至今已有百余年的历史。1890 年美国心理学家卡特尔提出一个心理测验程序，刊登在不列颠杂志《心》上，从此心理测验一词便流传于世界各地。心理测验在中国有着悠久的历史，如 6 世纪初，南北朝时期著名文学家刘昼就创造出一种测验人注意能力的方法："使左手画方，右手画圆，无一俱成"（《新论·专学》），这就是"分心实验"。早在 1860 年以前我国已有七巧板（益智图），既是提高智力，又是测验心理能力的方法。

早期的心理选材的对象并不是运动员，而是飞行员。由于战争的需要，研究人员发现对飞行员经过心理测试筛选可以大大降低淘汰率，从而加快了飞行员的培养速度并节约大量经费，由此人们开始认识到心理选材的重要性。起源于 20 世纪初的运动心理学是一门年轻的学科，60 年代后随着竞技体育的快速发展，竞争的日益激烈，对运动员的选拔逐渐受到重视。在心理选材方面前苏联及东欧的一些国家起步较早，运动员的心理选材与宇航员、飞行员的心理选拔一样受到国家的高度重视，并有专门的机构来负责这项工作，其研究成果被视为国家的机密。1956 年意大利的安东内尼在意大利建立了运动员心理测评系统，其目的是通过心理评定挑选参加奥运会的选手。我国运动员心理选材的研究工作起步较晚，1980 年国家体委组织了大规模的“优秀青少年运动员科学选材研究”课题。其中“优秀运动员心理特征研究”对心理选材的理论与测试方法进行了较系统的研究和探索。二十多年来，经过许多有志于此的运动心理学工作者、体育科研人员和教练员的共同努力和大胆创新，使我国的运动员心理选材研究从无到有、由浅入深不断发展，已取得了很大的进展，填补了我国运动员科学选材中的一项空白（表 7–1）。当今我国运动心理选材研究正向着现代化和科学化的方向发展。但是，与形态、机能、素质等方面相比，心理选材研究的指标体系和测试方法都还有待进一步研究和完善。这一方面表明人的心理的复杂性，同时也反映出当前科学发展的水平还不能做到对人的心理特征进行全面的评定和准确的预测，因此，运动员心理选材的研究有待进一步长期深入下去。

表 7–1　我国运动员心理选材常用测试指标、方法及应用情况

编号	测试指标	测试工具及方法	研制者或厂家	选材曾经应用项目
1	简单反应时	心理测试专用计算机 选材多用微机 Y6D–3A 应变仪 SC–16 示波器	湖南省体科所 湖北省体科所 华东电子仪器厂 上海电表厂	田径短跑、足球、乒乓球、羽毛球、射击、田径、排球
2	选择反应时	心理测试专用计算机 心理选材多用微机	同前 同前	田径短跑、排球、羽毛球
3	综合反应	心理测试专用计算机 选材多用微机 综合反应测试仪	同前 同前 保定地区体委	体操、篮球、乒乓球、排球
4	手动稳定性	九孔仪	北京大学仪器厂	篮球、射击、射箭
5	肌肉用力感	WLJ–I 型握力计	华北光学仪器厂	体操、田径、射击、射箭、帆船
6	动觉方位感	动觉方位测试仪	武汉体育学院 北京大学仪器厂	体操、射击、射箭、帆船、帆板
7	深度知觉	深度知觉测试仪	中科院心理所	排球
8	视觉记忆	电子速视器	天津师院仪器厂	排球
9	时间估计	视听时间知觉测试仪	武汉体育学院	排球、射击
10	时空判断能力	时空判断测试仪	武汉体育学院	排球
11	动作控制能力	带钉羽毛球及球靶	羽毛球选材课题组	羽毛球
12	十秒脚踏频率	频率测试仪或秒表	同上	羽毛球
13	神经类型	808 测试量表 WT 神经类型测试	苏州大学 武汉体院	田径、游泳、体操、举重、篮球、排球、足球、乒乓球、羽毛球、赛艇、皮划艇、蹼泳、自行车、射箭 赛艇、蹼泳、帆船

（续表）

编号	测试指标	测试工具及方法	研制者或厂家	选材曾经应用项目
14	智力水平	绘人法智商测试 韦氏智力量表 三个筹码测试 教练员评定	Goodenough 修订国外版本 前苏联鲁吉克 田径选材课题组	体操 田径 羽毛球 田径
15	意志品质	教练员评定	田径、篮球、排球选材课题组	田径、篮球、排球
16	个性	淡路向性性格检查法 场依存性棒框测试 明尼苏达人格测试 16PF 人格测试 艾森克个性问卷 安菲莫夫矫正法 Y-G 性格检查法 WT 性格测试表	日本 美国 美国 美国 英国 日本、美国 苏联 武汉体院	乒乓球 女排、田径、射击、射箭 女排 篮球、排球、足球、射击、田径 田径、体操、射箭 篮球、排球、射击 田径、游泳 赛艇、蹼泳、帆船

二、运动员心理选材的依据

运动员的心理能不能进行测量、能不能准确地进行评定与鉴别以及能不能进行有效地预测，是心理选材的三大核心理论问题，也是运动员心理选材首先应解决的问题。心理选材过程中对运动员心理素质进行测评、预测是有理论和实践依据的。这些理论和实践依据包括以下几个方面。

第一，人类遗传的特点和规律为运动员心理能力的测评和预测提供了可能。人的心理现象是十分复杂的，但又是客观存在且人们能够感觉到的，是社会外界事物对人大脑皮质产生的刺激的结果，是物质发展规律在人脑中的反映。研究表明，遗传素质即与生俱来的解剖生理特点对人的某些心理能力的发展具有重大影响，尤其是对感觉器官和神经系统活动特点有重要的影响。所以人的心理是可以测量的，而且已有许多相应的心理测量的技术和方法。同样，运动员的心理也是可以测量的，这些规律的揭示为运动员心理能力的测评和预测提供了可能。

第二，人的心理素质发展的相对稳定性为运动员心理选材的测评和预测提供了可能。人的心理现象是复杂的，受诸多因素影响而易变的，但受遗传基本物质的制约和社会外界的客观刺激，其心理能力的发展、尤其是人的个性心理特征具有相对的稳定性，即具有相对的持续性和倾向性，其变化也是有规律的。这就为运动员心理测评和预测提供了可能。

第三，人的心理素质发展的阶段性为运动员心理选材的测评和预测提供了可能。通过对儿童、青少年心理发展的年龄规律的深入研究，为不同年龄阶段运动员或其后备队伍的选拔提供了心理测评和预测的可能。

第四，运动心理研究的发展和实践中的应用经验为运动员心理选材提供了可能。当前，由于心理实验和测验手段的不断更新，尤其是生物反馈技术提高了对运动员心理状态研究的准确性。生物反馈技术是20世纪60年代，在操作条件学习理论和现代电子技术高度发展的基础上兴起的一门新学科，并逐渐成为运动员心理活动规律的重要手段。生物反馈技术的主要种类有脑电波反馈、肌电反馈、心率反馈和皮肤电反馈等。应用生理、生化测定运动员情绪状态，应用远红外光点运动系统和光电仪测量运动员动作稳定性，应用自制仪器和设计的方法对运动员心理能力进行研究，应用“量表”和实验仪器研究运动员的个性特征，运用生物反馈仪可以准确地测量运动员有关心理反应等等，都证明当代运动心理选材研究正向着现代化、科学化的方向发展。

大量实践证明，在优异遗传素质的基础上加之良好的早期训练，形成了优秀运动员苗子的高起点，提供测评运动员心理素质的重要标志，为运动员心理素质的测评和预测提供了可能。

第五，不同项目（群）运动员心理素质的不同要求为运动员心理选材提供了依据。心理研究者提出了大量有关运动员心理研究的结果，其中列举了众多项目（群）对心理能力和个性心理特征的不同要求。许多项目（群）要求特殊的感知觉能力，不同（简单或复杂）反应的特点，不同智力、思维能力、运动记忆和运动表象能力等。在个性心理特征方面更有明显的区别，例如各主要运动项目对神经类型的不同要求（表7–2）。

表7–2 主要运动项目对神经类型的要求

项 目	神经类型	主要内容
短跑跨栏	活泼一、二型为宜	节奏感明显，接受力强，性格开朗，精力充沛，神经过程平衡而灵活
中长跑	活泼二型与安静一型	精力充沛，意志顽强，勇于克服困难，沉着实干，敢于胜利
跳远	活泼三型与安静一型为宜	具有强烈速度感，节奏感，准确性大，敢跑敢跳勇敢果断，善于控制自己
跳高	活泼一、二型为宜	勇敢果断，接受能力强，节奏感好，善于思考，勇于克服困难
撑竿跳高	活泼一型与兴奋三型为宜	具有坚强的毅力，勇敢而富于冲动，善于思考和克服困难，有良好节奏感和本体感觉
投掷	安静一型与安静二型	意志顽强，刻苦耐劳，体会动作深刻而不易遗忘，位感强，节奏感好
全能项目	活泼三型与安静二型为宜	对体育兴趣全面，意志顽强，吃苦耐劳，理解能力强，神经灵活性大，模仿能力强
体操	活泼二、三型与安静一型为宜	性格开朗，精力充沛，活泼好动，反应迅速，善于表现，思维和想象、记忆力好，自控能力强，平衡感好，立体感觉好，节奏感强
篮球	前锋活泼一、二型，中锋活泼三型、后卫安静一型	活泼好动，性格开朗，精神饱满，模仿和接受能力强，善于思考，敢拼敢胜，斗志顽强，集体观念强，反应灵敏

续表

项 目	神经类型	主要内容
排球	活泼三型与安静一型为宜	勇敢顽强，性格开朗，训练和比赛兴趣浓厚，不拘束，不服输，拼劲足，机智灵敏，情绪稳定，反应灵敏
足球	前锋兴奋三型，中锋活泼二型，后卫活泼三型或安静一型	反应灵敏，情绪高昂，积极主动，刻苦认真，肯动脑，勇敢顽强，好胜敢拼，沉着冷静，集体感和责任心强
游泳	短泳：兴奋三型和活泼一型，长泳：活泼三型和安静一、二型	活泼好动，兴趣稳定，动作协调，模仿能力强，节奏感强，本体感觉好，意志顽强
乒乓球、羽毛球、网球	活泼二、三型，防守类队员以安静一型为好	反应灵敏，活泼好动，灵活准确，接受能力强，记忆好，快速勇猛，敢杀敢拼，善用脑，防守时沉着冷静，机智灵活
武术	活泼二、三型和安静一型	勇敢大胆，果断机敏，灵活准确，富有想象力和自制力，平衡能力强，节奏感强，本体感觉好，接受能力快，记忆力强，刻苦认真
射击、射箭	安静一、二型（速射项目可偏灵活型或亚灵活型）	神经机能强而均衡，性格沉着稳定。认真顽强，刻苦耐劳，处事细心准确，注意力的稳定性、意志的坚韧性和精力的持久性均强。速射项目要反应快、准，应变能力强

（依郑如赐）

三、运动员心理选材的主要测试内容

（一）运动员心理过程及能力

1. 各种感知觉（视、听、触、肌肉、时间、节奏、空间、平衡等）特点的测试。
2. 各种反应（简单、选择反应）特点的测试。
3. 注意、智力、思维能力的测定。
4. 运动记忆、运动表象特性的测定。

（二）运动员个性心理特征

神经类型、气质类型、兴趣爱好、情感态度、意志品质、情绪状态等的测定。

四、运动心理选材的步骤

1. 分析专项运动特点、专项运动心理特点和不同年龄、性别、运动水平状态下心理选材要点。
2. 选择选材测试指标（要求结合专项特点、尽量排除训练或其他后天因素的影响）。
3. 选择和研制测试仪器和材料。
4. 制定测试细则。

5. 组织中间试验。
6. 进行正式测试。
7. 数据处理，提出和分析测试结果。
8. 追踪研究，信息反馈、修订研制。

五、心理选材测验及其要求

心理测验是一种心理学技术，是对被试者施加一些经过选择的可以反映人的一定心理特点的刺激（即测验材料），让被试者做出应答的过程。

（一）运动心理选材测验方法分类

运动员心理选材测验方法依不同视角可以有多种分类法。
1. 依主客观线索分为经验法与科学化法。
2. 依测试形式分为纸墨测试法与仪器测试法。
3. 依时间序列分为回溯法与推测法。
4. 依测验功能分为能力测验与人格（个性）测验。

（二）运动心理选材测验的要求

1. 对主试者的要求

⑴ 经过一定的心理测验培训，具备普通心理学的基本知识，掌握选择测验、实际施测和对测验结果正确解释这三方面的知识和操作能力，了解测验的信度、效度水平，掌握量表的适用年龄范围，主要解决的问题并选择合适的测验方法，必要时可区分测试者和评定者。

⑵ 测试者要了解受试者的职业、文化、专项及训练年限等情况。还要结合测验时的具体情况，如是否有外界干扰，受试者的情绪状态和身体状况如何等，对所测的情况作出合理的解释。

⑶ 评定者要准确地掌握评分标准。

2. 测验准备

进行心理测验时，需做好下列几方面的准备工作。

⑴ 主试者要熟记测验的指导语，能自然流畅地说出来，这是对主试者的最基本要求。

⑵ 准备好测验材料，包括实验仪器，测题测纸等。

⑶ 熟练掌握测验的具体实测手续，为此，测验者必须在测前进行必要的训练。

3. 测验条件

心理测验要求条件较严格，标准化的测验不仅包括准确的指导语、合理有序地安排测验材料、计时准确等，还要求有一个安静环境：屋内无噪音干扰，光线柔和，通风较好，否则会影响测验结果。另外，主试者的态度对测试结果也有影响，要求主试不应有暗示表情和姿势。

4. 良好的协调关系

在运动心理测验中测验者与受测者良好协调的关系非常重要，因此，要求测验者要深入了解受试者对测验产生的疑虑，并及时给予正确迅速的解答，应以友好、热情、轻松、愉快的自然态度，使被测者特别是儿童产生信任，不要操之过急，匆忙示范。设法引起受试者对测验产生兴趣，取得他们积极的合作，并认真地按指导语要求做答测题，集中注意全神贯注地完成测试。对于含有暴露个人弱点的测题，要鼓励受试者打消疑虑，诚实地填写测验题。心理测验不能用邮递测验的办法，否则将无法控制测验条件，影响测验结果的准确性。

第二节　运动心理能力选材测试及其测评

心理能力的测评包括一般心理能力的测评和运动心理能力测评，前者的测试内容和方法很多，适合于各类人群或个体。为精选内容，突出运动员选材的特异性，本书只对运动心理和专项心理能力的选材测评做一介绍。

一、运动心理能力的选材测评

1. 视觉反应时

目的：测试运动员从看到信号到做出反应动作的速度。

仪器：电子或机械秒表。

方法：主试用手指压起动键，被试用手指压同一表的止动键，被试看到指针起动后应立即停表，计下表启动至停止的时间。

记录与结果评定：共做六组，要求记录每组表启动至停表间的时间，计算平均数，越小越好。

要求：①主试应轻轻事先压过第一道簧，再突然压过第二道簧使表启动。

②被试应看到指针动后再停表，不能仅以主试的动作停表。

③有时主试可作按表的假动作，而指针并未启动，试被试的反应。

注：此方法也可先同时启动两块表，然后主试先停表，被试看到主试表停后立即停表，计两表间之差。

2. 起跑反应时

目的：测试运动员起跑反应时。

器材：发令枪（无条件可用口令或手势代替），秒表。

方法：对少儿可让其背向主试站立摸墙或下蹲摸地然后听到枪声即转身快跑 10~15 米，计所用时间。对跑类运动员可用标准起跑动作做。共测三组，求平均时间或速度。

要求：①跑的距离不能太长，否则就成了跑动速度的测试。

②有条件时可用起跑反应仪，只计手离地或蹬离地面的时间。

③人多时，可只计名次，然后多次筛选。

3. 动作反应的迅速性与准确性测试

目的：测定运动员动作反应的迅速性和准确性。

方法：打手背。两人各伸出习惯手，一人掌心向上，另一人掌心向下，两手轻贴，手在下的人翻掌击打对方伸出的手背，击中后交换手上下的位置，记录单位时间内击中对方手背的次数。

4. 臂腿动觉方法辨别

目的：测定运动员臂、腿动觉方位准确性。

仪器：用臂腿动觉方位仪或用黑板、粉笔。

简单方法：面对（或背对）黑板，蒙眼。测臂动觉方位时可让被试者手拿粉笔，屈臂经体侧由下向上移动，当主试让其停止时，被试就在黑板上点点，然后还原，主试令其重新复制以上动作，让其力争点在上次相同的位置上。连做三组（选不同点），计其误差，求出平均数，误差平均数越小越好（可用红、白粉笔以示区别）。测腿动觉方位时，当主试令被试停时由主试帮助往黑板上点点，其他与测臂动觉方位的方法类同。

要求：①蒙眼。

②别人不准提示。

③被试复制时认为到位时要停止动作并称“好”。

5. 旋转定向测定

目的：测定运动员在前庭、视觉、本体感觉共同参与下的平衡能力。

场地：手扶旋转椅，空场地 10 平方米左右。

方法：确定方向及目标后让被试蒙眼，主试使其原地转 5~10 圈，让其向该方向走 10 步，或手拿粉笔在该目标（如黑板）上点点，看其偏离中心线（或预定目标）距离大小，连做三组，求出三次误差的平均值，误差越小越好。

要求：①每次结束可休息 2 分钟，可看自己的误差分。

②环境安静，别人不准提示。

6. 动作频率及频率感

目的：测试运动员的抬腿最高动作频率及频率感。

仪器：固定在低双杆之间的橡胶皮带（或类似绳带）、秒表一块（皮带与人的距离将近一腿长）。

方法：①最高动作频率：让被试一腿（直腿）快速踢触皮带，然后触地再踢触皮带，计 30 秒内的最高次数。

②频率感：让被试用一般速率触带和触地，计其 30 秒内的次数，然后休息 10 秒后再以上一次的动作频率复制（即再作 30 秒争取与上一次频率相同）计两次的误差，共做三组，求出平均误差，误差越小越好。

注：此方法可用双腿交替做，也可以用手臂冲拳、抬臂等方式做。

7. 肌肉用力感

目的：测试运动员对肌肉用力大小的自我感觉。

仪器：握力器（或其他测力器）、遮眼罩或蒙眼布。

方法：①让被试蒙眼后缓慢压握力器，在其尚未到最大握力时主试让其停止，让握力器指针还原后再让被试复制，计其两次间的误差，共做三组（6 次），求其平均误差；越小越好。

②此方法可用有指针的握力器、测力器来测试，无测力器可用弹簧杆代替，基本方法同上。

8. 速度感测定

目的：测定运动员控制和判断本人跑速的能力。

场地器材：秒表，30~50 米场地。

方法：让被试用最高跑速以下（中速或慢速）跑 30~50 米，然后让其复制。计其两者时间（速度）误差，共做三组，求出误差平均数，误差越小越好。

注：速度感可用于跑、自行车、游泳等周期性运动项目，也可测试反复冲拳、抬腿、投掷动作等，方法基本同上。

9. 动觉时间估计

目的：测定运动员动觉时间估计准确性。

器材：画有 20 个格子的纸板一块，长形塑料瓶（或木块、小球、棋子等）10 个，秒表。

方法：让被试将瓶一一放在格子里（不必用最快速度），同时记录其 10 个瓶全部放完所用的时间，然后还原，再让其争取以同样速度完成一次，记录两次所用时间的误差。共做三组（6 次），求出平均误差，误差越小越好。

10. 注意力测定

用具：画有 8 个方框的纸两张，棋子 8 个（或其他物品）。

方法：将 8 个棋子无规律地摆放在纸上方框内，然后向被试展示 1~3 秒，让被试在另外一张纸上重现它们的分布位置。

评定：重现位置越准确越好。

11. 平衡力测定

在闭目情况下进行以下三种姿势的测定：

①任意一腿支撑，另一腿抬起，膝盖成直角，两臂向前平举，两手手指微微张开。

②两臂侧平举，一腿站立，另一腿的脚后跟放在支撑腿的膝盖上，脚尖绷直。

③“燕式平衡”。

计各个动作保持时间。出现大晃动时停表（时间越长越好）。眼皮震颤或手指颤抖反映平衡能力不佳。

12. 计数耐力测定

要求被试者在 12 分钟内连续、迅速、准确地写数字 1、2、3、……写满 12 分钟，如写错了不许涂改，立即从 1 开始重写，错写几次，重写几次，直到写满 12 分钟为止。根据写的数量与错误次数计算成绩，以错得少、写得多、书写整齐的为优。

600 以上为优，500 以上为良，400 以上为中等，300 以上为及格，低于 300 为不及格。

本测定检查被试注意集中程度与细心、耐久性自我控制能力，以及思维准确、敏捷等特点。

13. 空间定向能力测定

被试者在一端线中点前站好（图 7–1），目测 10 米远另一端线中点，然后闭目用步行速度向该点端线行走，记下与该端线中点偏移的距离，然后再扭头目测原出发端线中点，闭目退回原端线中点，记录偏移的距离，算出两次偏移的平均值，值越小，表明被试的空间定向能力越强。

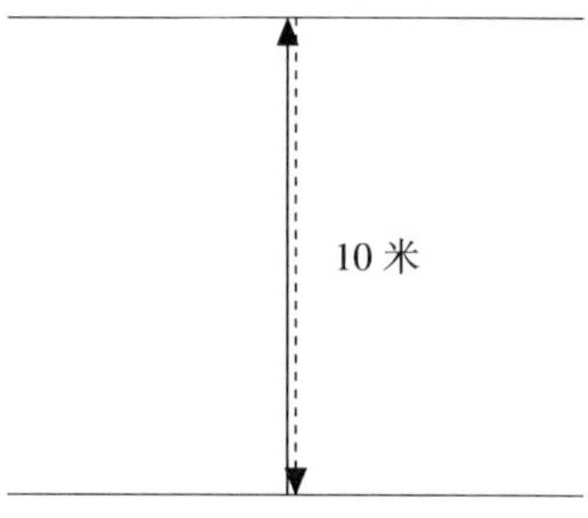

图 7–1

14. 夹纸法（或托纸法）

测试目的：测试手臂精细动作稳定性（多用来测试射击运动员持枪时的稳定性）。

测试用具：32 开的挺括薄纸（如中等厚度的信纸）。

测试方法

①夹纸法：被试用食指和中指把纸夹住，手臂平举，做手枪持枪姿势，主试观察其纸的抖动。

②托纸法：让被试者自然站立，右臂前平举，伸直手背朝上，主试把纸放在被试者手背上，纸的一头超出中指约 1.5 厘米，要求四个手指接触纸，指关节灵活者要求指甲接触纸，然后观察纸的抖动情况（时间为 3 分钟）。

要求：被试者动作要自然放松，连测 3~4 次，左、右手交换托（夹）纸，以最好的一次计算成绩。

评定：肉眼看不出颤动的最好，纸角微颤的尚可，纸面抖动为不好。

15. 叠弹壳

测试目的：测试手臂部精细动作稳定性（多用来测射击运动员）。

测试用具：乒乓球拍，小口径弹壳。

方法：被试一手悬空持球拍，另一手拿弹壳依次往上叠，先试叠一次，正式叠三次，计最好一次的成绩。

评定：叠的弹壳数越多越好（依赖德仲的测试，好的队员可叠 6~7 个以上）。

16. 九洞仪

测试目的：同上。

测试用具：九洞仪。

方法：将九洞仪放置桌上，边沿与桌边齐平。被试者坐下，面对九洞仪用优势手持铁笔，手臂悬空，将笔端金属捧垂直插入最大洞的底部，在白色指示灯亮时抽出棒，如棒碰到洞边，就会发出声音信号，主试记下错误一次。

被试从大洞到小洞的顺序插入，一次通过后即可换插下一个洞，若不通过，可再插二次，三次都不通过，就不再继续做下去，按通过的上一洞计分。

结果：用通过的洞的直径的倒数乘 2 表示手动作的稳定程度。成功插进的洞数越多越好（依赖德仲等测试，好的队员可插 5~7 个洞以上）。最后通过的洞直径越小，说明稳定性越好。

17. 检查手动作快慢的马克维里测验

在小圆圈中画点：在一张纸上预先画 100 个圆圈，10 个圆圈一排，共 10 排，被试者在每个圈内点 4 点，点子不得重叠，依次进行，计 5 分钟内点的圈数。

在小圆圈里画十字：在一张纸上预先画 250 个圆圈，50 个圆圈一排，共 50 排，被试者在每个圆圈内画一个十字，依次进行，计 10 分钟内画十字的圆圈数。

18. 抗干扰听力、记忆测试

目的：测试运动员抗干扰能力及听力、记忆的准确性。

器材：录放机，纸和笔。

方法：在室内放录音（如流行歌曲、赛场噪音等），音量应较大。此时主试读出四个以上的数字（如无规律的 1368，2574 等），或四个以上的字母（如 ABDE，ABEBA 等），让被试听并记录下来。最后核对其正误数，共测三组，求出其平均误差，误差越小越好。该法可多人同时进行，互相检查。

要求：①视运动员文化水平高低，信号应有难易差别。

②干扰声和报数（字母）声应清晰可闻。

19. 记忆速度测试

国防科技大学徐明欣等为测试少儿运动员的记忆速度，根据体育运动和少儿的年龄特征，设计了认图填数的方法。按动作习惯顺序和动作结构的形体与数字相似的特点，绘制了 10 个徒手操（图 7–2）。

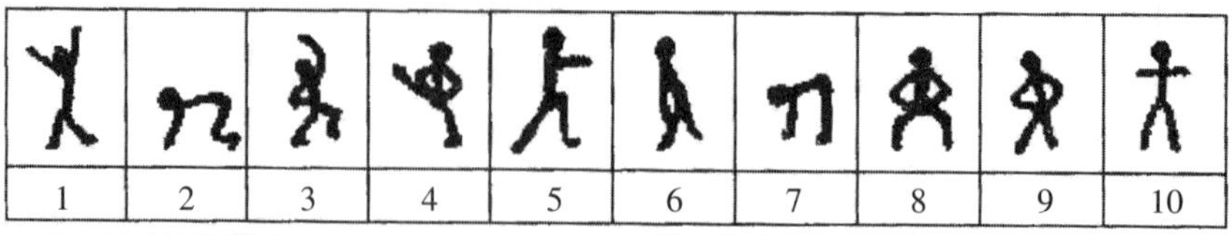

图 7–2　认图填数样图

认图测试与评定方法：

①主试者让受试者在 20 秒内记住 10 个图形所表示的数字。

②主试者将测试答卷（图 7–3）交给被试者，并按统一口令开始认图填数，时间为 35 秒。

③运用公式，对少儿运动员记忆速度给予评价，其公式为：

$$T=35秒+\frac{错误数（含漏填数）}{50}\times 60秒$$

时间 T 值越小，则记忆的心理品质越佳，反之则劣。

图 7–3　认图填数答卷

20. 时间知觉实验法

目的：测验运动员时间知觉能力。

仪器：心理测试专用计算机和软件。

方法：被试者坐在仪器前，用优势手按键注视屏幕。准备好后，主试按下键，屏幕即出现一小方块，小方块在屏幕上停留一段时间后消失，重复出现三次，让被试按键模仿小方块在屏幕上停留的时间，每组模仿 5 次，共做三组。

结果：记录每一组成绩的误差值（单位：秒）。

指导语："测验开始后，屏幕上一个小方块并闪三次，这是标准刺激时间，你要记住小方块在屏幕上停留的时间，然后模仿此时间按键，你按键时屏幕上也出现一红色方块，一松手红色方块便消失。"

红色方块在屏幕上停留时间与标准刺激时间的误差越小越好。

21. 时空判断实验法

目的：测定运动员时空判断的准确性。

仪器：时空判断测试仪。

方法：被试坐于仪器前，用优势手按红色键，注视显示屏。准备好后主试发出信号，首先在屏幕上出现一小球（在中央），然后从左（右）边出现一运动小球，要求被试在适当的时候按键，使运动着的小球到达中央小球位置时停住，小球左右各出现 5 次。

结果：记录五次的平均误差（单位：秒）。

指导语："屏幕中央闪动的小球提示此处是屏幕中心，你一按红键从两边出来的小球就停止移动。小球出现后，你争取将运动中的小球停在屏幕中心小球的位置上。"

22. 肘关节动觉感受能力实验法

目的：测验肘关节肌肉感受能力及动觉方位辨别能力。

仪器：动觉仪，遮眼罩。

方法：见第六章第二节七之（三）。

23. 深度知觉实验法

目的：测定双眼辨别远近的能力。

仪器：深度知觉测量仪。

方法：被试坐在仪器前半米处，通过观察孔进行观察。仪器内有两根立柱，一根是标准刺激，位置固定，另一根是变异刺激。先由主试将标准刺激调到某一位置，然后由被试根据观察用手转旋钮调到他认为两根立柱的距离相等为止。主试记录两根立柱的实际距离即为误差。

在双眼视觉情况下，进行四次测验，其中变异刺激两次在前，由近向远调整，两次在后，由远向近调整，顺序及距离随机安排。

结果：用相对平均误差来表示辨别远近能力，误差越小，其辨别能力越强。

相对平均误差 $= \bar{x} / 500$ *（*$\bar{x}$ *为四次的平均值）*

24. 敲击实验法

目的：通过测试上肢左右或前后敲击的次数，测定肌肉紧张与放松的交替能力。

仪器：敲击板。

方法：被试练习左右及前后敲击三四次，然后，主试下令"预备""开始!"同时记录时间与次数。到 30 秒时叫“停止”。主试在测试记录上记下敲击次数。

指导语：“请你拿这支笔在板的两头的金属板上轮流敲击，看 30 秒能敲击多少次，越快越好。”

结果：运用测定 30 秒敲击次数，求 X 平均数与 S（标准差），然后对每个运动员的紧张与放松交替能力作出评价。

25. 知觉类型实验法

目的：用仪器测定被试场依存性或场独立性的类型。

仪器：棒框实验仪。

方法：主试将仪器置桌上，根据仪器上部水泡将仪器调成水平，将框调到左倾 17°，棒调到左倾 20°。让被试从观察窗里看棒是否与地面垂直，被试通过旋扭调节棒的斜度，直到他感到棒与地面垂直为止，被试眼离开观察窗后不许再调节。主试记下当时棒偏离垂直的角度（即误差）。按下表顺序，被试共做 8 次。

顺序	1	2	3	4	5	6	7	8
框 17°	左	右	右	左	右	左	左	右
棒 20°	左	右	左	右	左	右	左	右
误差（度）								

结果：用平均误差表示依存性的大小，误差较大者，场依存性较大，误差较小者，场独立性较大。

26. 视觉表象清晰度测验法

目的：测定视觉表象的清晰度。

仪器：电子速示器，画有无意义图形的卡片两套、每套 10 张。

方法：被试坐在速示器前 2 米处，主试按随机顺序呈现第一套图形（每个被试的呈现顺序相同）。呈现时间为 500 毫秒，要求被试记住图形的形象。

然后，主试将第二套图片与第一套图片混在一起随机呈现（各被试呈现次序不变），呈现时间如上。要求被试每看一张图形时都要判断这些图形是否在前面看到过，如难以决定也要猜一下是看过的可能性大，还是没有看过的可能性大。

结果：用对图形表象的保存量来表示视觉表象的清晰，保存量越大者，视觉表象的清晰度越高。保存量按下列公式计算：*保存量＝（对的次数－错的次数）／20*

27. 操作思维实验法

运动员的思维是与操作活动紧密相联系的，操作思维主要反映运动员的视觉观察能力及智力水平。前苏联心理学家鲁吉克曾对各种不同运动项目、不同年龄的运动员的操作思维与运动操作关系，以及不同运动操作类型对操作思维的作用问题进行过研究，他发现运动员的操作思维优于从事其他操作活动的人。

操作思维测验方法（图 7-4）：在测试图下方有 18 块积木图案，要求被试镶对在上面的图案上，有一个虚线口对一个相应的积木，全图最多的虚线口有三个，最少有一个。

测验时间为 3 分钟，每镶对一个积木给加 1 分，最低为 0 分，最高为 18 分，不同年龄评分标准不同（表 7–3）。

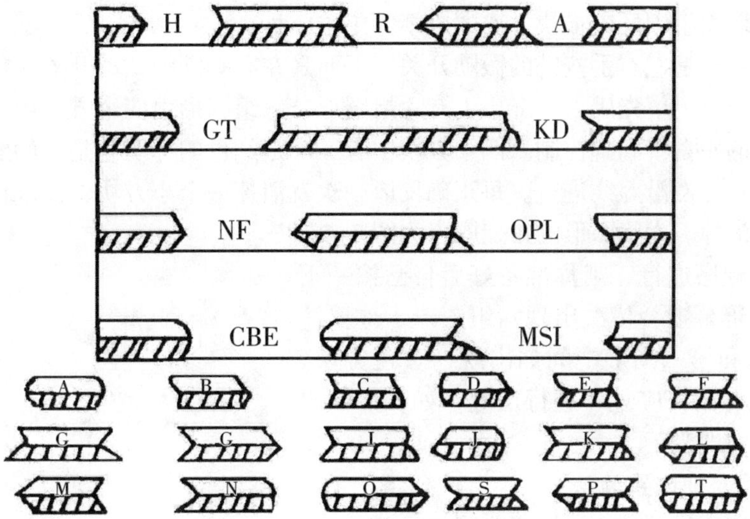

图 7–4　操作思维测验图

表 7–3　评分标准表

年龄 成绩	13~14 岁	15~16 岁	成年
优	15~18 分	15~18 分	17~18 分
良	10~14 分	9~14 分	13~16 分
中	7~9 分	6~9 分	10~12 分
差	5~6 分	3~5 分	7~9 分
很差	0~4 分	0~4 分	0~6 分

28. 反应时实验法

实验目的：测定运动员简单反应时间。

使用仪器：LASER–310 心理机能综合测试仪。

方法：被试者坐在仪器前，手拿装有信号的键盘，注视键盘上的信号灯。

主试发出：“预备”口令后按键，计算机发出信号，要求被试者看到信号后立即做出反应（按键）。信号连续出现十次（可减可增）。

结果：记录十次反应的平均值（单位：毫秒）。

指导语：这是反应键，你用优势手拿键，当听到“预备”时，注视信号灯，在信号出现后，立即按键，按键速度越快越好，但不要提前按键，信号要连续出现十次，你要连续按键十次。

29. 运动员综合反应时实验法

目的：测定运动员手、脚协调反应速度和准确性。

仪器：同前。

方法:被试者坐在仪器前,两手各持一个按键开关,两脚各踏一开关,注视显视屏幕。

屏幕上出现六个由四个方块和虚线构成的图形，当屏幕上出现开始信号后，运动员立即按规定的手脚分工，将屏幕上的图形消掉。共做六组。

结果：取六组中反应最快一次的成绩（单位：秒）。

指导语：这是左右手按键的微动开关，下面是左右脚踏的微动开关，你手脚要紧贴微动开关，但不要事先用力，屏幕上有六组图形，每组图形由四个方块组成，这四个方块分别是你的左右手和脚控制。四个方块中有一个是红色的标明它是开始的位置，顺序是从红色方块开发沿虚线进行。每正确反应一次就消掉一个小方块，要求你以最快速度将全部图形消掉。六组图形的排列顺序为图 7–5。

你要按顺序进行，当你准备好后自己按一下“回车键”，屏幕上会依次出现六组图形，你要注意第一图形和第二图形中间如出现一黄色方块，则表示测试开始，应立即进行反应，如反应中出现错误，应立即改正。

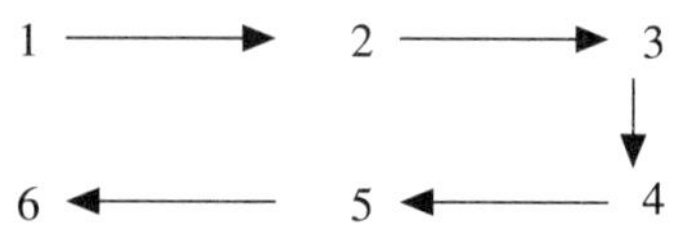

图 7–5

30. 选择反应时实验法

目的：测定运动员选择反应时间。

仪器：同上。

方法：注视屏幕准备好后，被试按一键测试即开始，屏幕上随机出现数字，要求被试按规定看到信号后立即反应（按键），每组出现十个数字，共做六组。

结果：记录最好一组的反应时间和错次（单位：秒、次）。

指导语：测试开始后，屏幕上随机出现一个数字（0~9）。当出现双数时你要快速按左手控制键，当出现单数时快速按右手控制键。但当出现的数字是金黄色的时候，不管单双数你都用左右手反应，你准备好之后按一下键便开始，要求你反应快速、准确。

31. 动作技能练习曲线实验法

目的：测定被试动作技能形成的练习曲线。

仪器：双手调节器，秒表，坐标纸。

方法：主试将双手调节器上的笔尖调到花纹的最左端（或最右端）作为起点，主试告诉被试实验要求：

①用双手分别操纵摇把，使笔尖从左端（或右端）顺花纹沟槽到达最右端（或左端），然后返回到起点，算做一遍。

②练习要求以最快速度移动笔尖。

③笔尖在花纹沟槽移动时，不得碰边，如果碰边指示灯就亮，算一次错误。

④最后要求达到不出现错误连续做三遍为止。

⑤被试者握住摇把做准备，听到开始口令立即动作，但事先不得摆动摇把。

正式测试时主试发出“开始”口令的同时，开秒表。主试记录被试每完成一遍的时间和错误次数。根据结果用坐标纸画出时间曲线和错误曲线。

评定：不出现错误连续做三遍的用时越少越好。

32. 动作技能迁移实验法

目的：测定被试者优势手镜画练习对非优势手的迁移作用。

仪器：镜画仪、铅笔、星形图案纸 12 张，秒表。

方法：被试面对镜子正坐，主试把星形图案纸放在镜前，调节遮眼板，使被试不能直接看见图纸，只能在镜中看见。被试用非优势手执笔，笔尖在星形图的起点处做好准备。主试发令“开始”，被试者立即动作，按图上箭头所示方向，顺着星形双线中间尽快地画一图，中途笔尖不能离开图纸，画的线越出星形线以外一次就算一次错误，倒退也算一次错误。直到画回到起点处，算做一遍。然后被试用优势手做镜画练习十遍，再用非优势手做一遍。

主试记下从发令到被试左、右手画完每一遍的时间和错误次数，并列表整理。

评定：比较非优势手前后两次镜画练习的结果，计算其进步的百分数。用时短、错误次数少或者进步百分数大则证明其动作技能迁移能力越强。

二、专项运动心理能力的选材测评

专项心理素质因项目不同，其测试内容和方法及测评要求亦不相同。前述运动心理能力的测试中某些方法就可以有选择地作为专项心理测试。现以武汉体院心理研究所及专项教师对排球、短跑、体操和游泳专项心理选材研究的结果为例来说明。

（一）短跑、体操、排球运动员专项心理能力测验

黄向东、黄香伯 1982 年报告指出：短跑运动员选材可依起跑反应时、听动反应时和百米速度预先估计误差率三项指标为主作为心理特征选材测试指标。

何桂麟等 1982 年报告提出：体操运动员选材可用旋转定向、握力感、臂方位准确性、腿方位准确性、视觉短时记忆、抗干扰能力等为重要的心理测试指标，并提出二级选材判别模式和选材标准（表 7–4）。

邱宜均、贝恩渤、常庆等（1982 年）报告提出：排球运动员选材可依据操作思维综合反应、时空判断、时间知觉、动觉时间知觉、立体视觉敏度、视时间知觉、视听反应等作为重要的心理测试指标，并提出二级选材判别函数和选材标准。以上结论均可作为选材参考。

以上三个项目的专项心理测试指标与方法如下：

1. 简单反应时的测定

目的：测定运动员视听简单反应的时间。

仪器：C–T3 神经机能测定仪（四川 701 厂生产，成都体院研制）。

FS–1 反应时时间知觉测试仪（武汉体院研制）。

方法：①被试坐在仪器前，面对信号盒。

②主试发出“预备”口令时，被试注视信号盒准备对刺激（灯光或声音）做出反应，约两秒钟，主试呈现信号；要求被试看到信号（红灯或听到声音）立即做出反应（按键），反应的时间越短越好。视、听反应各测 8 次。测试时以优势手按键。

评定：分别记录 6 次反应时间，然后求均数（单位为千分之一秒）。

该指标受年龄因素影响，性别差别显著，受训练因素影响少（表 7–5、6）。

表 7–4　优秀排球、体操运动员认识心理特征分析表

		排　球	体　操
指标性质	重要指标	X_1 视反应时，X_2 听反应时，X_{12} 综合反应时间，X_{13} 综合反应错次，X_3 视时间知觉，X_6 时空判断准确性（左），X_7 时空判断准确性（右），X_8 深度知觉 2，X_{10} 操作思维时间，X_{11} 操作思维步数	X_6 旋转定向，X_3 握力感，X_1 臂方位准确性，X_2 腿方位准确性，X_4 视觉短时记忆，X_7（抗干扰能力+20）
	一般指标	X_9 视觉记忆	Xs 动觉时间估计
	次要指标	X_4 听时间知觉，X_5 动作时间知觉	
指标类型	稳定型	X_3、X_4、X_9	X_6、X_5、X_7
	年龄型	X_1、X_2、X_5、X_6、X_7、X_8、X_{10}、X_{11}	
	训练型	X_{13}	
	混合型	X_{12}	X_1、X_2、X_3、X_4
决定性因素（基本结构）		思维敏捷能力，综合能力，反应能力时间估计能力，物体运动时间判断能力，动作时间估计能力，立体视觉敏度	接受能力，平衡能力，用力感觉能力，记忆能力，抗干扰能力，动作时间估计能力
运动员中不同群体		不存在	第一群：以臂方位准确性好为其特点 第二群：以接受能力强，腿方位准确性好为其特点
选材判别函数	少年运动员选材	（男）$Dj=1/13\times(0.0052X_1+0.0061X_2+0.0859X_3+0.0885X_4+0.2976X_5+15.635X_6+19.2308X_7+0.2204X_8+0.1564X_9+0.1634X_{10}+0.0881X_{11}+0.041X_{12}+0.2709X_{13})$ 及格=1.2579，良好=1.1384 优秀=0.9998 （女）$Dj=1/13\times(0.0048X_1+0.0057X_2+0.0882X_3+0.838X_4+0.2655X_5+14.3472X_6+13.089X_7+0.1864X_8+0.1648X_9+0.13X_{10}+0.0859X_{11}+0.0384X_{12}+0.0284X_{13})$ 及格=1.272，良好=1.1356 优秀=1.0037	$Dj=1/7\times(0.2583X_1+0.3278X_2+10.7527X_3+1.0482X_4+10.7527X_5+0.0872X_6+0.0512X_7$ 及格=2.0705 良好=1.4470 优秀=1.0000
选材判别函数	优秀运动员选材	（男）Dj=1/13×（0.0056X1+0.0067X2+0.0849X3+0.0948X4+0.2656X5+20.833X6+16.6667X7+0.3089X8+0.1465X9+0.1561X10+0.09X_{11}+0.056X_{12}+0.3075X_{13}） 及格=1.4263，良好=1.1936 优秀=1.0010 （女）$Dj=1/13\times(0.0053X_1+0.0064X_2+0.0914X_3+0.103X_4+0.2653X_5+22.2222X_6+17.8571X_7+0.2427X_8+0.1522X_9+0.1764X_{10}+0.0942X_{11}+0.0494X_{12}+0.3236X_{13})$ 及格=1.45，良好=1.252 优秀=0.9965	$Dj=1/7\times(0.2717X_1+0.3511X_2+16.3943X_3+1.1274X_4+11.1111X_5+0.0987X_6+0.052X_7)$ 及格=1.612 良好=1.25 优秀=0.991

表 7–5　排球运动员心理选材反应时指标要求

	12~13 岁	14~15 岁	16~17 岁	18~19 岁	12~21 岁
视反应时	227	209	201	200	201
听反应时	188	178	170	169	169

表 7–6　排球运动员反应时测试平均值

		甲级排球队	业余排球队	大中学生
视反应时	男	177	189	197
	女	191	199	206
听反应时	男	147	158	166
	女	161	171	175

2. 视听觉时间知觉的测定

目的：测定运动员视、听觉反应时间估计的准确性。

仪器：FS–1 型反应时时间知觉测试仪（武汉体院研制）。

方法：①主试给被试呈现不同时距（3 秒或 7 秒）的声音或光信号作为标准刺激。

②要求被试按照主试呈现的刺激（光或声音）时距复制一次。主试记下复制的时间。

视觉、听觉刺激各做 6 次，长短各 3 次。

评定：分别计算不同信号、不同时距被试复制结果的误差值，不同运动水平的排球运动员视时间知觉差异显著，甲级队为 12.76，业余队为 14.79，大中学生为 15.53（表 7–7）。

表 7–7　排球运动员视时间知觉测试选材指标

	12~13 岁	14~15 岁	16~17 岁	18~19 岁	20~21 岁
视时间知觉	16.46	14.34	14.43	14.91	15.65

3. 操作思维测试

目的：测定运动员操作思维的准确性和敏捷性。

器材：棋盘纸一张（格式如下）棋子三枚，分别标上①②③，秒表一只。

方法：①主试将棋子按一定阵式摆在盘纸上。告诉被试移动棋子，一步移一格，只准移向邻近的空格，不准跨格，直到把棋子从左到右按①②③的顺序排成一个横排为止。要求被试听到开始口令后即开使移动，力求以最快的速度、最少的步数完成，主试记下被试完成的时间和移动的步数。

②按照测试规定的三个筹码四种不同的摆法，如：

1		
3	2	

3		
1	2	

2		
1	3	

3		
2	1	

要求：被试者各做一次。记下每次所走的步数和所用的时间。

指标特点：受年龄因素影响，与文化程度、智力水平有关，甲级排球队中不同性别差异很小，是球类运动员必备的心理素质（表 7–8、9）。

表 7–8　球类运动员选材测试指标要求

操作思维	12~13 岁	14~15 岁	16~17 岁	18~19 岁	20~21 岁
时间（秒）	8.51	8.14	7.12	6.08	5.64

表 7–9　排球运动员操作思维测试平均值

	性别	甲级队（排）	大学生业余队	普通大学生
操作思维	女	6.95	5.05	5.29
时间（秒）	男	6.95	4.83	5.06

评定：比较被试完成的步数和所用的时间，步数越少、时间越短说明操作思维的敏捷性越高。

要求：从①→②最佳步数为 7 步，5~6 秒；

从③→④最佳步数为 6 步，3~4 秒；

从②→④最佳步数为 10 步，10~11 秒。

4. 动作神经过程测试

目的：测定运动员视觉——动觉调节手、脚协调配合反应的敏捷性和准确性，其中包含注意记忆、思维敏捷性、动作协调性等心理因素。

仪器：DSG–6 型动作神经过程测试仪（保定地区体委制）。

方法：①被试者坐在仪器前，两手各拿一个按键开关，两脚各踏一个开关，眼睛注视灯光符号板上的显示。

②主试给被试显现一组符号（每组 6 个符号）。每个符号要求被试者用左、右手，左、右脚各正确反应一次，反应的顺序按符号箭头所指。如果被试反应错误，仪器会发出特殊响声，被试应该立即改正（即按符号的要求改正），再继续往下做，变换符号样式，测 6 组。主试记下每组所用的时间和错误次数。

评定：取其中反应最快的一组，记录所用的时间及错误次数。该指标受年龄和文化程度的影响，男比女优，受训练年限影响不显著（表 7–10、11）。

表 7–10 排球运动员综合反应时间均值

综合反应时均值（秒）	甲级队		大学生业余队		大学生对照组	
	男	女	男	女	男	女
	20.36	21.69	18.49	19.21	19.51	20.06

表 7–11 综合反应时选材的指标要求

综合反应时均值（秒）	12~13 岁	14~15 岁	16~17 岁	18~19 岁	20~21 岁
	30.41	26.67	23.57	21.17	19.08

5. 运动时间知觉判断测试

目的：测定运动员时空判断的准确性。

仪器：运动时间知觉判断测试仪（武汉体院研制）。

方法：①被试坐在仪器前，手拿微动开关，注视仪器上一排红色发光管。主试向被试指示在中间位置的一个闪亮的红色发光管，并演示3次，要求被试记下被指示的发光管的空间位置。

②主试打开起动开关，红色发光管依次从右至左（从左至右）地闪亮，形成一个运动着的光点，当光点运动到主试曾向被试提示过的发光管处时，要求被试完成按键动作。

③红色光点从左向右运动和从右向左运动各测5次。

评定：计算被试按键判断的时间与红色光点实际运行到提示发光管处的时间的误差平均数（单位：秒）。

该指标与年龄因素有关，男性较女性在准确性上有优势，但甲级排球队差异并不显著，受训练年限的影响不显著（其准确性甲级队0.058，业余队0.072，大中学生0.075），可作为排球等运动员心理特征选材的指标（表7–12）。

表7–12　排球运动员运动时间知觉判断测试指标要求

准确性	12~13岁	14~15岁	16~17岁	18~19岁	20~21岁
	0.092	0.084	0.079	0.077	0.075

6. 视觉深度知觉的测定

目的：测定运动员视觉深度知觉（立体视觉）的准确性。

仪器：视觉深度知觉测试仪（中国科学院心理研究所制）。

方法：①被试坐在仪器前，眼睛视线与仪器窗口水平中线同高，距离窗口内标准刺激（固定黑色棍）2.5米，被试只能从窗口看到窗内三黑色竖棍中段。

②主试把能前后移动的竖棍（中间一根）按被试觉得明显远（近）于固定竖棍（标准刺激）位置进行调整，当被试觉得三根棍处于同一平面时，立即按下控制键，移动的一根竖棍随之停止移动。主试记下能移动的竖棍（变异刺激）与固定的竖棍（标准刺激）的距离误差。共测8次（两次练习）。

评定：计算后6次测定误差的平均数（单位mm）。

该指标受年龄因素影响，受训练因素影响不显著。可作为排球等运动员心理特征的一项选材指标（表7–13）。

表7–13　排球运动员深度知觉准确性指标选材要求

准确性均值	12~13岁	14~15岁	16~17岁	18~19岁	20~21岁
	6.79	7.01	7.63	5.42	5.27

7. 起跑反应时

目的：测定受试者起跑反应时。

仪器：起跑反应仪、枪声传感器及配套仪器。

方法：主试发令，被试按“各就各位”和“预备”口令做好相应动作。当听到枪声时，被试立即蹬离起跑器，每人连续做 2~3 次。

评定：记录枪声至手离地的时间（即反应的潜伏期）。该指标受训练因素及年龄因素影响不显著，男性优于女性，但优秀短跑运动员起跑时明显低于其他组（表 7–14），可作为短跑运动员心理特征选材测试指标。

表 7–14　不同群体起跑反应时均值（单位：毫秒）

	短跑运动员	少年运动员	中学田径队员	普通大学生
男	210	222	262	274
女	234	236	268	284

8. 速度预先估计测试

目的：测定运动员提前估计自己速度的能力。

仪器：秒表。

方法：①被试根据自己的情况，提前估计自己将进行的站立式起跑 100 米的成绩。

②被试按估计的速度跑 100 米，主试将成绩告诉被试。

③休息 5 分钟，被试再估计成绩后跑 100 米。

评定：记录两次估计成绩和两次实跑成绩。该指标受年龄因素及训练年限影响不显著，但短跑运动员明显优于其他组（表 7–15）。

表 7–15　不同群体速度预先估计测试均值（单位：秒）

		短跑运动员	少年运动员	中学田径队员	普通大学生
速度预先	男	1.14	2.42	3.21	3.10
估计（%）	女	1.14	3.02	4.50	3.85

9. 动觉时间估计准确性测定

目的：测定运动员对完成动作时间估计的准确性。

仪器：起跑反应仪及配套仪器（Y6D3A 应变仪器及 SC–16 光线示波器）。

方法：①被试自然站立，大拇指指腹与起跑反应仪接触。

②主试依次发出“预备”“按”“停”三个口令，被试从“按”到“停”压紧起跑反应仪。

③被试思考片刻，复制上述动作 3 次。

评定：记录标准时间与复制时间，并求出两者的误差。该指标受年龄因素及训练因素影响不显著。优秀短跑运动员动觉时间估计准确性明显优于其他对照组（表 7–16）。可作为短跑运动员心理选材测试指标。

表 7–16　不同群体测定均值（单位：毫秒）

		短跑运动员	少年运动员	中学田径队员	普通大学生
动觉时间	男	13.99	20.87	16.76	24.52
估计准确性	女	14.69	18.08	25.33	22.02

10. 臂、腿动觉方位辨别测试

目的：测定运动员臂、腿动觉方位的准确性。

仪器：动觉方位测量仪（自制）。

方法：①动觉位移，给运动员标准方位刺激（臂 150°、腿 70°）。当听到开始动作口令时，臂、腿按中等匀速自然举起，当感到带标碰到“挡”时，即为标准方位，随即把臂、腿放下。第二次动作同第一次，但无“挡”的刺激。要求用第一次肌肉运动感觉复制到第一次的标准方位，共测 3 组。

②第二次根据动觉记忆表象进行复制（排除视觉）。

③正式测试前做准备练习一次，掌握方法。

④测定过程中，每次测试结果不得告诉被试。

评定：取 3 次位移误差平均数；优秀体操运动员明显优于其他组（表 7–17）。可作体操等运动员心理选材测试指标。

表 7–17　不同群体动觉方位测试均值（单位：度）

	优秀运动员	少儿运动员	非运动员
臂	3.36	4.05	6.19
腿	2.91	3.77	5.04

11. 动作“反馈”能力测定

目的：测定运动员在知道练习结果条件下完成动作准确性的接受能力。

仪器：动觉方位测定仪。

方法：与臂、腿动觉方位准确性施测步骤相同，加做 5 次，并把每次误差结果告诉被试，被试可根据动作误差大小自行调整。

评定：依前 3 次误差平均值为基数，与最后 3 次平均值比较，提高为正值，下降为负值，然后以两次比较的差值除以基数，为最后成绩。

该指标受年龄及文化程度的影响不显著，无明显性别差异。优秀运动员明显优于少儿运动员与非运动员（表 7–18），可作为体操运动员心理选材测试指标。

表 7–18　不同群体（臂）动作“反馈”能力测定均值

	优秀运动员（体操）	少儿运动员	非运动员
动作反馈能力	0.3485	0.1883	0.2116

12. 用力感测定

目的：测定运动员肌肉用力（握力）感觉的准确性。

仪器：握力感测量仪（自制）。

方法：①被试戴眼罩用优势手以最大力量握 1 次，取其 50% 为标准刺激。

②让被试复制该值。

③正式测试前先练习 1 次，掌握方法，共测 3 次。

④用力应匀慢速进行。

⑤在测试过程中，结果不告诉被试。

评定：取 3 次误差平均数，除最大握力，即为最后成绩。该指标受年龄因素影响（表 7–19）。优秀运动员明显优于其他组（表 7–20）。可作为体操等运动员心理测试指标。

表 7–19　不同年龄体操运动员用力感测试均值

年龄（岁）	8~9	10~11	12~13	14~15	16~17	18~19
肌肉用力感	0.147	0.135	0.081	0.088	0.091	0.056

表 7–20　不同群体用力感测试值

	优秀运动员	少儿运动员（体操）	非运动员
肌肉用力感	0.065	0.100	0.090

（二）游泳运动员专项心理测试

林诗存等（1982 年）报告提出，可将动觉方位感、专项用力感、速度阈限、距离感等指标作为游泳运动员选材参考指标，其中数据可作为同年龄、同训练年限和同性别组的参考数据。另外，时间估计和时间分配（节奏）可作为长距离游泳运动员选材的参考指标。具体测试及评定方法如下：

1. 动觉方位感

（1）上肢动觉方位测试方法

见第六章第二节七之（三）。

（2）水中下肢动觉方位感

①分腿动觉方位测试法

仪器：QA–1 型牵引测力仪。

方法：被试者在离池端 25 米处，四肢前后伸展卧水中，两手执牵引绳，两腿伸直任选一角度（必须宽于肩）左右分开。然后主试按下牵引仪启动开关，以规定速度牵引被试者移动 25 米，要求被试者在牵引过程中体会并保持两腿所选角度，复制 3 次（25 米距离）。

评定：取 3 次误差角度平均值，其值与原角度误差越小越好。

②收腿动觉方位测试法

仪器：同①。

方法：被试者做蛙泳收腿动作，其他同①。

评定：同①。

2. 专项用力感

仪器：QA–1 型牵引测力仪。

方法：主试者将牵引测力仪牵引扣转角上的牵引绳系于被试者腰腹处。要求运动员用主项（比赛姿势）自选中等力量原地游 20 秒钟，在游泳过程中认真体会用力程度，复制 3 次，要求各次之间用力大小尽量相同，当被试游泳时，主试启动测力仪，由描记仪记下运动员的 3 次用力曲线。

评定：取 3 次用力（公斤）的误差率，运动员水平越高，专项用力感越准确，误差率越小。

3. 速度感

仪器：QA-1 型牵引测力仪。

方法①：测速度阈限。采用牵引测力仪控制牵引（速度为 1 米/秒），测定运动员对速度变化感知时间，以确定出速度阈限。

评定：取感知时间。

方法②：速度辨别。采用牵引测力仪以 1.21 米/秒、1.63 米/秒、1.84 米/秒与 1.10 米/秒、1.20 米/秒、1.30 米/秒、1.40 米/秒的 7 种递增速度变化牵引，测定运动员对速度变化的感知。

评定：感知速度答对为“(+)”，答错为“(-)”取正负多少给分。依林诗存等研究，训练年限在 6~7 年以上者速度阈限感较好，平均值为 2.45；速度辨别以训练年限 2 年组正确率较高。

4. 时间、节奏感

仪器：秒表。

方法：主试手持秒表，被试得到主试开表信号后，立即按顺序口念 1234567 数码，要求被试者正确估计 10 秒的时间，力争念出最后一个数码“7”时正好落在 10 秒处。当被试念出“7”时主试立即停表。复制 4 次。

评定：记下后 3 次的实际时间，求其平均数与 10 秒的差数评定时间感。按其标准差评定时间分配（节奏感）。

据林诗存等研究证明：测试结果说明时间感、节奏感受运动等级、训练年限和年龄等因素的影响甚微。而长、短距离游泳运动员之间有明显性差异（长游优于短游），短游队员中女性优于男性。

5. 距离感

方法：被试立于池中端线，戴眼罩做中等速度蹬边滑行 5~10 米，第一次由被试自选一距离作为基点结束滑行起立。然后同法复制 3 次。要求复制距离与第一次基点尽量一致。

评定：主试记下 3 次完成的实际距离，取各次与基点误差率。据林诗存等研究表明，训练年限 4~5 年者为最好。

第三节　运动员个性心理特征选材及其测评方法

所谓个性特征就是那些较稳定的、能表现一个人个性特点的行为倾向。正因为各种特征在一个人身上的不同组合，才构成一个人不同于他人的独特个性。个性心理特征一般含高级神经活动的基本特征和性格、能力、态度、兴趣、意志等特征。

一、个性心理特征与运动能力和选材的关系

人类高级神经活动的基本特征有：强度（指兴奋和抑制的强度，有强弱之分）、均衡性（指兴奋和抑制的适宜性，有均衡和不均衡之分）和灵活性（指对刺激的反应速度和兴奋过程与抑制过程的相互转换速度，有灵活性和不灵活性之分）。由于每个人神经

系统活动的基本特征不同，人的心理过程就表现出不同的心理特征。由上述三种不同特征的不同组合结果，可分为四种不同的神经类型：

①强而不均衡的“兴奋性”；

②强而均衡灵活的“活泼型”；

③强、均衡而不灵活的“安静型”；

④弱而不均衡的“弱型”。

巴甫洛夫认为这四种神经类型也可以与人的四种气质类型相对应，即兴奋型相当于胆汁质，活泼型相当于多血质，安静型相当于粘液性，弱型相当于抑郁质。人各有其自身的心理特征，同样，儿童少年的心理活动亦是复杂多样、性格也是千差万别的（表 7–21）。

表 7–21 神经类型及其特征

神经类型	特　征
兴奋型 胆汁质	勇敢冒险，感情狂热，不易抑制，性情刚毅，容易发怒，精力充沛，动作激烈，接受较快，但欠准确，干劲很足，冷热不一，拼劲十足，反应迅速，争强好胜，尚欠仔细
活泼型 多血质	活泼热情，旺盛精力，头脑机灵，多种兴趣，容易转移，接受较快，遗忘容易，感情浓厚，略带性急，有创造性，想象丰富，理解力强，善学好问，接受容易，平易近人，善于模仿，动作麻利
安静型 粘液质	平静稳重，兴趣隐蔽，从容安详，不易转移，意志较强，深思熟虑，不易激动，个性较强，固守己见，反应较慢，行动迟缓，记忆牢靠，学习努力
沉默型 抑郁质	沉默寡欢，不善交际，多愁善感，缺乏勇气，兴趣微弱，遇事犹豫，反应迟钝，办事心细，谨小慎微，胆小懦弱，与世无争，意志薄弱，悲观消极

引自郑如赐文，编者稍有修改

运动才能的形成和发展与神经类型有着内在的联系，即神经类型是运动才能形成和发展的重要生理基础。神经类型应作为运动员重要的生理心理指标。不同运动项目的选材，应选择不同神经类型的运动员。球类项目，核心队员应选择神经类型灵活（含亚型）、稳定型者；田径中的短跑等项目，可选择灵活（含亚型）及兴奋型者；投掷应以稳定性为主，灵活型为辅；而跳跃应选稳定型者；中长跑应以稳定型为主，其亚型为辅；体操运动员应选稳定型；射击项目，因枪种的不同也应选择不同的神经类型，灵活型宜搞速射，稳定型搞慢射更合适；举重、射箭等稳定性要求高的项目，就应选稳定型为好；短距离游泳应以灵活型、稳定型为主；长距离游泳应以稳定型为主。只有具备适宜神经类型的运动员，在科学训练下才有可能在大赛中取胜，这早已被运动实践所证实。因此，对神经类型的选择与评价是运动员选材中必须考虑的重要问题。

田赐福等人对我国优秀体操运动员的气质类型研究后指出：

(1) 气质类型的分布趋势特点是以黏液质、多血质两种类型为主兼其他气质类型，应在选材时加以考虑。

(2) 气质类型与运动成绩的关系：随着运动成绩的提高，气质类型的分布逐渐向黏液质、多血质和以这两种类型为主并兼有其他类型特征的方向集中。这种趋势的形成，不受年龄大小、训练年限长短的直接影响。虽然一个具有多血质、粘液气质类型特征的人不一定能够成为一名优秀的体操运动员，而一名优秀的体操运动员则必须具备多血质、粘液气质类型的某些特征。原苏联萨利尼科夫等（1984 年）提出：举重运动员两项总成绩的增长速度在很大程度上间接地取决于他们的个性特征（表 7–22）。

表 7–22　不同类型的举重运动员两项总成绩增长的速率百分比（%）

类型特征		各年成绩增长速度				五年间总的增长速度
		第二年	第三年	第四年	第五年	
神经系统兴奋的强度	强	21.2	14.3	6.1	6.3	47.2
	弱	18.8	17.6	11.2	8.0	55.0
	P	>	<	<	>	<
兴奋的灵活性	强	20.9	12.2	6.0	5.6	47.2
	弱	19.3	19.2	10.2	6.9	55.0
	P	>	<	<	>	<
抑制的灵活性	高	22.7	13.5	5.8	6.0	48.0
	低	17.9	17.9	10.8	8.5	55.1
	P	<	<	<	>	<
外部兴奋与抑制的平衡	兴奋占优势	20.6	19.4	9.2	5.2	54.4
	稳定或抑制占优势	19.7	14.6	8.1	8.6	50.0
	P	>	<	>	<	>
内部兴奋与抑制的平衡	兴奋占优势	23.6	16.9	7.9	6.9	55.3
	稳定或抑制占优势	17.3	15.8	8.1	7.2	47.6
	P	<	>	>	>	<

注：P 栏中的“>”或“<”是指差异的显著性大于或小于 0.05。

作者认为，出现以上情况的原因是由于举重运动有着相当单调的特点，那些具有神经过程灵活性高的强型神经系统的运动员受不了单调的运动环境和训练过程的贫乏情绪，使训练成效下降和创造性特点的活动无法发挥。而那些具有神经过程灵活性低的弱型神经系统的运动员都很好地适应这种运动环境，所以后来取得了较好的运动成绩。

郑如赐提出以下个性心理特征类型及选材评分表（表 7–23、24），可提供个性心理特征选材时参考。应当强调指出，神经类型主要是遗传因素所决定的，然而体质的强弱及后天教育对心理状态也起着重要影响。

评分表使用说明：

▲按“神经类型”“性格类型”“能力类型”“兴趣类型”所得分数分别填入格内。

▲“神经类型”一栏有两种计分法：一种对未确定专项的人可采用表 7–23 的评分法计算。另一种是运动专项已定（如表 7–24），就应将适宜的神经类型（如篮球以中锋活泼三型为宜）定为 5 分，其余向两头各递减 1 分计算。

▲总分 16~20 分的为“理想”　10~15 分的为“可用”；

6~9 分的为“一般”　1~5 分的为“不可用”。

表 7-23 个性心理特征类型及选材评分表

类型	分类型	分值	类型	分类型	分值
神经类型	兴奋一型	0	性格类型	爽朗型	5
	兴奋二型	1		实干型	4
	兴奋三型	2		骄傲型	3
	活泼一型	3		一般型	2
	活泼二型	4		自卑型	1
	活泼三型	5	能力类型	强　型	5
	安静一型	4		特强型	4
	安静二型	3		普通型	3
	安静三型	2		弱　型	2
	沉默一型	1		最弱型	1
	沉默二型	0	兴趣类型	特别浓厚而全面	5
	沉默三型	0		一般浓厚而全面	4
				特别浓厚而单一	3
				一般浓厚而单一	2
				无兴趣	1

表 7-24 个性心理选材评分举例

姓名	运动项目	神经类型	性格类型	能力类型	兴趣类型	合计	评语
T	篮球中锋	5	5	5	5	20	理想
H	篮球后卫	4	3	3	2	12	可用
I	篮球前锋	3	2	2	2	9	一般
J	篮球后卫	2	2	1	1	6	不可用

二、神经类型测评方法

（一）感觉测评法

“打手背”。依据收手动作和被击中次数来确定（表 7–25）。

表 7–25

收手动作	灵活	慌乱	略迟	迟钝
被击中次数	最少	稍多	较多	最多
神经类型	活泼型	兴奋型	安静型	弱型

（二）视听觉测评法

受试者听事先编排的混杂信号（敲击声），边听边记下每组的敲击次数（采用灯光信号即视觉评定），然后核对正误进行评定（表 7–26）。

表 7–26　听觉测定评定表

记录速度	跟上	跟上	刚跟上	跟不上
动作	沉着而无错	灵活迅速	慌乱着急	迟缓且错多
神经类型	安静型	活泼型	兴奋型	弱型

（三）问答题测评法

徐明欣运用自编的《气质类型评定问答题》对游泳运动员的气质类型进行鉴别归类。对运动员进行问卷调查，但要结合教练员的意见对答案给予客观的校正。其具体评定方法按以下四点实施：

1. 采用分组列题的办法，答卷共 20 个大题组，回答时应在每个题组中选其中一个适合于个人情况回答。

2. 凡符合自己情况，应在题前画两个√符号；若不完全符合则画一个√符号，每个符号得 2.5 分，每一类气质是 20 个题数，即满分为 100 分。有关气质考查题的气质类型如表 7–27 所示：

表 7–27　气质考查题的归类表

多血质	1	8	9	16	17	24	25	32	33	36	37	42	43	46	47	51	52	56	57	62
胆汁质	2	7	10	15	18	23	26	31	33	36	37	41	43	46	47	51	52	55	57	61
黏液质	3	6	11	14	19	22	27	30	34	35	38	40	44	45	48	50	53	54	58	60
抑郁质	4	5	12	13	20	21	28	29	34	35	38	39	44	45	48	49	53	54	59	60

3. 有的题目介于两种气质之间，应根据全面而稳定的气质特征进行归类。

4. 人的气质类型，往往是两三种气质型的交叉融合，应集中于主要气质特征进行评定。如某一气质得分超过 60 分，则此人应属该气质型。若某一气质不满 60 分，而第二气质积分达到或超过第一类气质积分的一半时，就将此人确定可具有两种气质特征的气质类型。

附件：游泳运动员气质类型评定题

（一）

1. 掌握技术动作比较快，准确性也高，但不巩固。

2. 掌握技术动作比较快，但准确性差。

3. 掌握技术动作比较慢，但一旦掌握技术就较巩固。

4. 掌握技术动作比较迟缓，技术动作也不巩固。

（二）

5. 有自卑感，较敏感，细心守纪律。

6. 性格沉静，善于思考，不爱发脾气。

7. 心直口快，敢于表态，但容易急躁。

8. 活泼开朗，情绪稳定，谈吐风趣。

（三）

9. 运动反应速度快，动作敏捷而灵活。

10. 运动反应速度快，但动作灵活性差。

11. 运动反应速度慢，动作缓慢而稳定。

12. 运动反应速度慢，动作不灵活。

（四）

13. 训练中经常无力完成训练计划。

14. 训练认真细心，并能注意体力分配。

15. 训练刻苦有拼劲，但不太注意自己的技术动作。

16. 训练善于开动脑筋，并总是以最省力的方式完成计划。

（五）

17. 适应于强度中、大交替的集中训练。

18. 适应于强度大而集中的训练。

19. 适应于强度适中而稳定的训练。

20. 适应于强度小而分散的训练。

（六）

21. 对危险动作，总感到心惊肉跳。

22. 对危险动作，总是先看后试再做。

23. 对危险动作，能很快发现技术要点，主动完成动作。

24. 对危险动作，敢冒险，争先试做。

（七）

25. 疲劳时，往往会自主地调整训练强度。

26. 疲劳时，能迎难而上。

27. 疲劳时，能埋头苦干，坚持到底。

28. 疲劳时，往往不能坚持训练。

（八）

29. 赛前情绪淡漠，总感觉到兴奋不起来。

30. 赛前情绪稳定，考虑问题仔细，但求胜心不强。

31. 赛前兴奋性高，很难控制自己情绪。

32. 赛前兴奋性高，情绪较稳定，信心也足。

（九）

33. 能很快地进入训练状态。

34. 进入训练状态需要有一段适应时间。

（十）

35. 喜欢单一的训练方法。

36. 适应新颖多变的训练法。

（十一）

37. 对游泳新技术感兴趣，并善于模仿。

38. 对游泳新技术有望尘莫及感，不愿轻易放弃原技术。

（十二）
39. 动作速度感差，感到频率快不起来。
40. 动作速度感强，能均匀分布速度。
41. 动作有速率感，但易受外界影响，速度变化起伏大。
42. 动作速率感强，并有一定加速能力。
（十三）
43. 运动中兴趣不稳定，容易转移。
44. 运动中兴趣单一而稳定。
（十四）
45. 遇事常因犹豫错过有利时机。
46. 遇事果断能作出决定。
（十五）
47. 对生疏场地适应性较强，出发和转身影响不大。
48. 生疏场地适应性较差，往往造成转身时机不准。
（十六）
49. 临场比赛常因紧张而"怯场"。
50. 临场比赛喜欢安静，很会节省自己的精力。
51. 临场比赛喜欢显示自己的力量，并向对手施加精神压力。
（十七）
52. 比赛接近终点时，能奋力冲刺。
53. 比赛接近终点时，总感到力不从心。
（十八）
54. 很不习惯与生疏的比赛对手交谈。
55. 比赛中，往往容易树敌。
56. 能很快与竞争对手交上朋友。
（十九）
57. 能自动向教练提出训练要求和意见。
58. 服从计划安排，从不轻易提出个人见解。
59. 对训练计划，总感到运动量太大。
（二十）
60. 受到严厉批评时，感到灰心丧气。
61. 能正视严厉批评，但遇出入会反驳。
62. 批评过头并不在意。

（四）数字划消法

目的：测试运动员神经运动特点的灵活性程度。

用具：随机数字表（表 7–28，表中列有数字 30 × 30，也可用 50 × 50）和笔。

方法：测试时，自发出信号开始，要求受试者在 1 分钟内画出指定的数字，如把表中的"7"勾出来，1 分钟后停止。然后统计被试者画到第几个数字（e），画了几个数字（C），画错了几个数字（W）和漏画了几个数字（O），然后用下列公式计算其效率：

$$E=e\left(\frac{C-W}{C+O}\right)$$

依此方法，共进行 4 组，分别计算出第一、第二、第三、第四分钟的效率。

根据 E2、E3、E4 的数量关系，确定被试神经活动的灵活特征，分为三种水平：

E3≥E2 定为灵活性；

E3<E2，但 E4≥E2 定为中等；

E3<E2，但 E4<E2 定为欠灵活。

表 7–28　随机数字表

		编号						姓名						性别						年龄						填写日期			
8	8	7	6	8	6	6	6	0	5	3	3	8	4	3	4	3	6	2	3	6	2	7	7	4	2	5	5	1	7
3	5	6	6	1	4	2	8	3	2	1	6	2	4	0	7	7	4	1	0	2	0	6	8	6	2	6	8	5	6
2	6	3	3	5	0	3	7	7	1	4	6	1	1	5	8	8	1	3	3	4	0	7	2	1	0	6	7	8	7
6	0	8	2	6	7	4	7	1	8	5	6	5	2	7	2	9	5	0	8	9	1	9	7	5	1	3	6	9	5
9	5	0	4	4	9	9	8	9	6	1	3	7	6	3	3	1	7	5	4	9	3	9	7	0	6	0	9	8	7
8	3	7	4	6	4	7	6	9	4	0	6	1	4	3	4	2	7	4	1	3	8	3	3	8	9	7	6	9	4
2	7	9	9	8	4	2	5	6	2	6	3	4	0	2	1	0	0	5	6	8	1	6	6	8	4	8	7	4	4
8	2	6	8	5	3	2	3	2	3	7	4	6	2	5	1	4	5	1	0	8	5	9	2	7	2	8	0	1	7
1	8	3	8	6	1	3	8	6	2	1	0	9	8	8	0	4	1	9	7	1	8	7	7	0	7	2	7	6	7
2	1	7	1	7	1	3	1	4	1	2	2	7	0	7	6	8	1	6	5	6	8	4	4	0	1	9	1	8	7
1	8	4	4	6	8	3	0	5	2	3	1	8	4	2	0	8	6	3	4	1	1	8	8	7	8	6	0	7	0
8	6	0	2	7	7	5	1	7	7	4	7	3	8	8	6	6	4	2	3	7	0	1	6	0	6	1	2	3	2
5	1	4	2	0	9	6	7	7	9	5	4	3	0	9	8	7	4	5	6	7	8	9	6	7	7	9	6	3	8
2	7	0	4	5	6	2	6	2	6	7	3	1	5	9	1	1	1	4	9	9	6	5	0	9	4	4	2	0	4
1	3	0	9	4	1	7	7	2	5	1	4	1	0	3	0	0	0	6	7	6	9	9	4	3	6	3	5	6	5
9	2	3	8	2	6	2	5	1	8	1	7	7	5	2	6	3	1	6	3	6	3	8	5	2	4	4	8	4	0
1	6	2	1	5	5	0	8	0	9	4	9	3	2	6	7	7	2	3	2	9	0	1	5	5	8	9	9	5	5
0	9	3	4	2	1	4	5	2	8	6	4	7	2	7	7	1	4	0	3	8	4	1	5	6	3	4	0	8	3
3	8	1	4	8	7	9	0	0	1	0	3	5	0	9	7	9	4	2	4	3	9	6	2	5	7	3	3	1	5
2	3	6	8	9	1	9	9	9	7	7	2	3	8	2	1	5	2	4	7	8	0	2	0	5	5	8	6	9	0
2	5	4	0	7	3	7	7	2	6	7	3	0	9	9	5	1	0	5	7	6	8	7	3	3	7	5	7	6	8
2	9	3	4	9	6	9	4	5	6	1	9	6	9	3	8	5	5	6	8	9	3	8	7	6	1	8	6	6	1
0	2	3	2	2	7	7	4	9	1	5	6	0	9	6	0	3	0	5	5	8	7	7	3	8	1	8	2	1	6
2	7	0	0	2	3	1	0	3	6	8	5	2	7	8	7	4	5	4	7	8	4	8	0	9	3	6	2	5	2
6	6	1	8	1	8	3	3	1	6	4	0	3	8	6	5	4	3	1	6	3	9	6	0	5	8	6	0	3	2
0	9	7	7	9	0	1	8	2	2	4	5	5	3	7	1	3	1	2	8	6	1	1	2	8	8	2	7	0	3
1	0	7	9	1	0	7	7	0	6	8	7	4	8	1	2	6	1	0	7	3	4	8	5	7	7	2	7	8	5
7	4	8	3	3	5	6	7	6	7	3	1	3	1	2	7	6	6	1	1	6	7	3	8	9	0	4	6	9	1
1	7	5	8	3	2	4	0	3	8	8	3	7	0	1	2	8	5	7	0	6	3	5	6	1	0	0	0	9	3
4	5	6	0	1	4	6	9	7	7	3	9	3	2	5	0	9	2	8	6	4	1	1	3	3	3	4	9	3	1

（五）排瓶法

目的：用简易方法测定运动员的神经类型。

器材：不同重量（如装沙或水）的瓶子 10 个，蒙眼布。

方法：用重量感觉测定。将 10 个不同重量的瓶子混杂排列在桌上，令受试者蒙上眼睛，把瓶子由轻到重依次排好，并计算排列所需时间。

评定：排列动作灵活而错误少的为“灵活型”；
排列动作慌乱而错误多的为“兴奋型”；
排列动作沉着而无错或错甚少者为“安静型”；
排列动作缓慢而错误多的为“沉默型”。

（六）声响记录法

目的：测定受试者听觉及神经类型。

器材：事先安排好的信号底稿（如 3、4、2、4、1 ……）。

方法：测试者按底稿用硬器或手指在桌上叩击发出“嗒嗒嗒”“嗒嗒嗒嗒……”的复制信号，每组 30 个信号。受试者边听边用数字记录下来，然后核对底稿。

评定：能记录迅速，跟上速度的为“活泼型”；
慌忙着急，记录跟上速度的为“兴奋型”；
记录速度刚好跟上而无错误的为“安静型”；
记录速度跟不上而错误又多的为“沉默型”。

（七）视力脑力反应测评法

目的：测试受试者的视力、脑力及动作速度，也可以此判断运动员的神经类型。

器材：测试表（50×50）。

方法：将相类似的文字混杂排列印成测定表（如表 7–29，本表仅排 40×14），根据受试者的文化程度选择字的难度。

表 7–29　神经类型测定表

学校：　年级：　　姓名：　性别：　年龄：　测定所用时间：　画对的字数：　划错的字数：
测定时表情：慌张、急躁、果断、沉着、不专心、无所谓。神经类型：　　测定　　年　月　日

体禾本不大个体丈末木千于休禾本不大个体丈末禾体于未禾木本不大个体丈木未千未于休禾
大个体丈末木千末休禾末丈体个大不体禾体于末千木禾体于未千木本不大个体丈末木干末于
木干未于休木禾本不大个体丈末不大个体丈未木千未于休禾本不大个体文末禾体于未本不大
个体末未木千未于休禾本不大个体丈末本不大个体丈末木千未于休禾木千禾于休禾本不大个
大个体千末本不个个体丈末木千未于休禾木千未于休禾本不大个体丈末本不大个体丈末千未
木干末于体禾本大大个体文末本大大个体丈末木千未于休禾木千未于体禾木不大个体丈末于
丈末木千末十休禾本不大个体文末本不大个体丈末木千未于休禾木千未于休禾本不大个体文
末于休禾本不大个体丈末本不大个入休丈末木千未禾千木未于体禾本不大个体丈末禾体于未
末禾本个体未木千未休禾大本不个体丈末大不体于木禾千末未本个体未木千未于休禾本不大
木干于未禾体木不休大个休丈末禾木未千于休本千不大个丈体末木千未于休禾本大个体丈末
于末千末于体禾本木木个体丈末体丈末个大不本禾休于未干木本不大个体丈末木干未于休禾
末木干未于体禾本不大个体丈末本子丈个体丈末木干末于休木本大大个体丈末木不大个体文
本木不大个体丈未本不大个体丈未木千末于体禾本不大个本文末本不大个体丈末木干末于休
木千未于体禾本不大个体文未木不大个体丈未木干于末体禾本不末丈体个大不本禾体于未千

除此表所列的字外，还可用消哨稍俏锁晴睛清借惜等字。测试时，从发出信号开始，在 4 分钟内要求受试者勾出指定的字（如要求把表中“不”字画掉）。4 分钟后停止。计算出谁画得多错误少。

可用 $E=e\,[(C-W)/(C+O)]$ 计算其效率。

若画的快而错误多的为兴奋型；

若画的快而错误较少的为活泼型；

若画的稍慢而无错误的为安静型；

若画的很慢而有错误的为沉默型。

（八）80·8 神经类型测评法

测试目的和任务：使用 80·8 神经类型测试表评定人的神经类型，了解人类高级神经活动的基本特征。

本表是王文英、张卿华根据人的大脑皮质机能能力的发展和神经细胞兴奋与抑制过程的活动规律而设计的。本表经过 1980 年和 1985 年共 3 次修订，形成第三代“80·8”量表，提高了测试难度，方法变化多，重复测试效果好，并建立了全国常模，批卷有卡板，评价有软件，可输入微机自动判别出结果。这一研究成果通过了国家体育总局科教司组织的专家鉴定，并获得 1991 年度国家体委体育科学技术进步二等奖。

《80·8 量表》适用于 6 岁以上任何年龄，不受文化、种族的影响，测试可个别或团体进行，结果量化、评价客观，经实验证明此方法可揭示人类神经系统所表现出的基本特性，可作为运动员选材的生理心理指标之一。经王文英、张卿华测试发现，体操、举重、射击（箭）等项目，稳定型占的百分率高，与其他项目相比差异显著（$p<0.005$）。球类项目除灵活、稳定两型占有相当大的比例外，特别突出的是亚灵活型、亚稳定型的百分率显著高于其他项目（除体操外），$p<0.001$。田径运动项目运动员的神经类型分布，除中下型（男子）外，其余各型均无显著差异。

第三代《80·8 量表》选用 10 种符号，组合成一个 30 行、50 列的符号表，每行每种符号均出现 5 次，按照符号的相似性、彼此区别程度，大脑皮质兴奋过程与抑制过程的扩散、后作用以及相互诱导的规律进行排列。每行边线左侧设有 2 个符号，称为标志符，根据测试的目的选用。每行边线右侧设有 3 个空白栏，对应为“O”“X”“E”，分别统计被试在每行符号识别中的“漏”、“一般错”、“特殊错”的符号个数。

本实验测试内容和方法有三种，有简有繁，可根据被试的年龄及测验的不同目的进行不同难度的测验。第一种方法反映大脑皮质的分化能力；第二种方法可反映大脑皮质的分化能力和记忆能力；第三种方法可反映大脑皮质的全面机能特性和机能能力。可单独选用一种方法，也可以选用几种方法联合进行。每一种方法测验时间均为 5 分钟。联合测验时，一种测验结束后，间隔 5 分钟再进行下一种测验。一般采用的常规联合测验由 3 种难度组成（难度逐次增加），整个测验需 30~40 分钟。

实验器材：80·8 神经类型测试表、笔和秒表。

实验步骤：

1. 测试准备

测验要求环境安静、光线明亮，被试技能状态正常，备笔一支，主试将《80·8 量表》按每份 3 张准备好，在黑板上画好演示用的符号，准备秒表一块。

80·8神经类型测试表

单位　　文化程度　　姓名　　职业　　性别　　特长　　出生年月　　性格特点　　民族　　籍贯　　编号　　测试日期

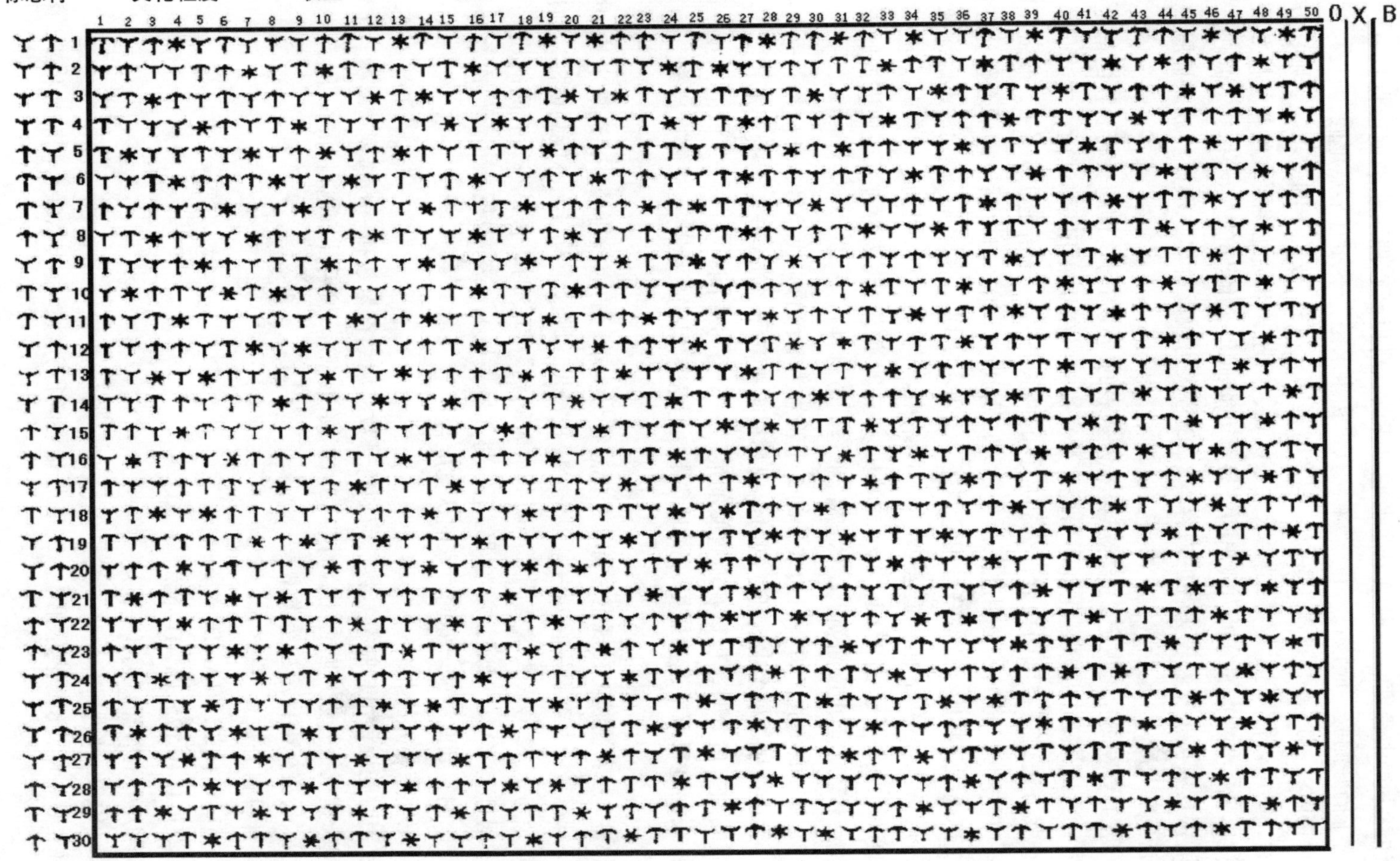

总阅符号数　　个，错（X　　个，E　　个）　　%

应划符号数　　个，漏（O　　个）　　%，　　得分　　分，类型

2. 主试用简短、通俗的语言向被试介绍测试方法并实施测验

“这是一种有效的心理测验，通过测验可以帮助大家了解自己的反应能力、观察能力、注意力集中程度、心理稳定性水平和特点，对提高心理素质、完善自我有参考作用。为了搞好测验，应该：（1）严肃认真，实事求是，不能有半点虚假；（2）注意力集中听讲解，不理解的问题在答疑时间及时提问；（3）按统一的要求、规则、方法进行测验，不可自行其事。测验是要求大家认真、快速、准确地将要找的符号按照统一的规则找出来，要求在 5 分钟内找出的符号尽可能地多，并尽可能不找错、不漏找。

请认真填写 1 号表表头各栏内容，2、3 号表可仅写姓名，填好后放入抽屉或反面朝上放在桌上。

（1）1 号表测验。规定 2 个标志符号为全表的应找符号，即每一行要找的都是这两种符号，无论是单个出现还是同时出现都是应找的（在开始正式测试前，主试在黑板上演示查找方法，待被试明白后，公布应找的两种符号，开始正式实验）。被试在听到“预备”口令时，将 1 号表翻过来，拿好笔；听到“开始”口令后，即可逐行从左向右逐行快速查阅，将所规定的符号用笔划杠，力争不错划、不漏划，错划后不能涂改（改还算错），漏划不再补划。直至规定的时间结束。当听到“时间到”口令时，被试在所查阅的最后一个符号中间打上“√”标记，并立即停笔，将表翻过来或放进抽屉里，同时拿出 2 号表，但仍反面朝上，休息片刻（约 30 秒钟）。

（2）2 号表测验。每行右边线外的 2 个符号为本行的应找符号，即应找符号每行都变换，无论符号是单个出现还是同时出现都是应找符号。其余与 1 号表要求相同。当听到“时间到”口令时，被试在所查阅的最后一个符号中间打上“√”标记，并立即停笔，将表翻过来或放进抽屉里，同时拿出 3 号表，但仍反面朝上，休息片刻（约 1 分钟）。

（3）3 号表测验。在规定每行 2 个标志符号为本行的应找符号外，还规定其中的一个为特殊符号，凡在特殊符号后紧跟一个应找符号，则这个符号上不能划横杠，而应划圈。其余与 1、2 号表要求相同。当听到“时间到”口令时，被试在所查阅的最后一个符号中间打上“√”标记，并立即停笔，将 3 号表与 1 号表、2 号表一起依次叠好，放在桌上。测验到此结束。谢谢大家的认真配合！”

评定标准和方法

评定时先统计出总阅符号数、应划符号数、漏划符号数和一般错划符号数，3 号表还有特殊错找符号数（联合测验时共 13 个原始数据）。然后计算出得分数，漏、错划百分率，最后按标准评定神经类型。

1. 计算得分数

$K_1=D_1-O_1+0.125(A_1-D_1-X_1)$

$K_2=D_2-O_2+0.125(A_2-D_2-X_2)$

$K_3=D_3-O_3+0.125(A_3-D_3-X_3)$

$K=(0.8K_1+K_2+1.2K_3)/3$

注：K_1，K_2，K_3，表示第 1、2、3 号量表的得分数，K 表示联合测验加权平均得分数；

A_1，A_2，A_3，表示第 1、2、3 号量表的总阅符号数；

D_1，D_2，D_3，表示第 1、2、3 号量表的应找符号数；

X_1，X_2，X_3，表示第 1、2、3 号量表的漏找符号数；

E 表示特殊错找符号数。

2. 错百分率的计算（即错划符号数占总阅读符号数的百分率）

$G_1=X_1$（A_1-D_1）×100%

$G_2=X_2$（A_2-D_2）×100%

$G_3=$（X_3+E）/（A_3-D_3+E）×100%

$G=$（$0.8\ G_1+G_2+1.2G_3$）/3

注：G_1，G_2，G_3，表示第 1、2、3 号量表的错百分率；

G 表示联合测验加权平均错百分率。

3. 漏百分率的计算（即漏划符号数占总阅符号中应划符号数的百分比）

$H_1=O_1/D_1\times100\%$

$H_2=O_2/D_2\times100\%$

$H_3=O_3/D_3\times100\%$

$H=$（$0.8H_1+H_2+1.2H_3$）/3

注：H_1，H_2，H_3，表示第 1、2、3 号量表的漏百分率；

H 表示联合测验加权平均漏百分率。

以上计算均可由计算机进行，只要将批阅的 13 个原始数据输入计算机，即可打印出 3 种难度测验的得分、错、漏百分率，以及 3 项指标在同年龄、同性别人群中所处的等级水平、标准分数及神经类型（共 16 种）。

《80·8 量表》联合测验的加权得分、错百分率、漏百分率 3 项指标各分为 5 个等级，共有 125 种组合，按照各种组合所反映的神经类型基本特征，将神经类型划分为 16 种(表 7–30)：

表 7–30　16 种神经类型划分

型号	类型名称	三项指标各等级的组合
1	最佳型	555
2	灵活型	554 545 544
3	稳定型	455 454 445 444
4	安静型	355 354 345 344
5	兴奋型	515 514 525 524 415 414 425 424
6	亚兴奋型	315 314 325 324
7	易扰型	551 541 552 542 451 441 452 442
8	亚易扰型	351 341 352 342
9	上中型	553 543 533 523 513 532 522 512 531 521 535 534 511
10	中间型	435 434 453 443 433 423 413 432 422 412 431 421 411 335 334 353 343 333 323 313 332 322 312 331 321 311
11	下中型	235 234 253 243 233 223 213 232 222 212 231 221 211
12	低中型	135 134 153 143 133 123 113 132 122 112 131 121
13	谨慎型	255 254 245 244 155 154 145 144
14	泛散型	215 225 214 224 115 125 114 124
15	抑制型	251 252 241 242 151 152 141 142
16	模糊型	111

（引自张力为、毛志雄主编《体育科学常用心理量表评定手册》2004 年）

表 7–31 各神经类型的特点

神经类型	特 点
灵活性	反应快，准确，活泼，思维敏捷，接受能力强，富于创造性，具有强而稳定的工作能力
稳定型	反应较灵活型慢，细心，踏实，肯于钻研，思维准确，具有长时间稳定的工作能力
兴奋型	反应快，准确性较差，好动，对新事物敏感，不易控制自己，具有较强的工作能力
易扰型	反应较快，但注意力不易集中，粗心，工作能力不够稳定，起伏较大
中间型及各种亚型	有的接近灵活型或稳定型，有的接近兴奋型或易扰型，有的介于两者之间
谨慎型	反应慢，准确，沉着谨慎，细心踏实，肯于钻研
中下型	有的接近谨慎型或泛散型，有的接近抑制型或模糊型，有的介于两者之间
泛散型	反应慢，准确性差，自控能力差，工作能力较低
抑制型	反应慢，注意力分散，粗心，工作能力较低
模糊型	反应既慢又不准确，接受能力极差，很难建立条件反射，工作能力极低，其中有部分属于智能低下者

武汉体院姚家新等也对原《80·8 量表》进行了改进，称为 WT 神经类型测试系统。条件刺激符号的显示、受试者的选择和测试结果全部在计算机上完成，使测试更加简便易行；按随机和控制原理，设计了专门的程序控制阳性符号及阴性符号出现的顺序、次数和测试内容的随机组合形式，从而保证重复测试结果的稳定性。

三、情感态度测量

情感态度包括态度、动机、兴趣、意志及其他方面个体的情感状态。

（一）体育运动态度测定

态度是人格的倾向性，是个体对某类型的人、事、环境观念的见解和行为。态度往往千差万别且比较具体。参加体育运动的态度、动机和行为不可避免会受到社会环境的影响与制约，所以在运动员的心理选材中，对其参加体育运动的态度进行测量与评价无疑会对运动员有更全面更深入的了解和认识。

1.《运动员态度调查表》（ATPA）

（1）美国心理学家凯尼恩（Kenyon，1968）编制的《体育运动态度调查表》，基于“对体育活动的态度是一种稳定和持久的性格，它不由教育而变化”的理论，对体育活动的态度包括六个方面：①社交；②身心健康；③刺激；④审美；⑤精神解脱；⑥苦行者。男女之间存在着差异，需进行区别性的测试评分。

（2）评分方法：ATPA 调查表的每个量表单独评分，这样拿到调查表的每个受试者获得 6 个得分。如果 6 个独立的得分能非常明确地描述受测者的态度，就可以不进行 6

个方法的总分评价，否则，应将6个方面的得分进行总计来综合评价其态度。

对试题的回答可用七分量表，从非常强烈不同意到非常强烈同意，按顺序排列得分（表7-32）。

表7-32　七分量表示意

大	1	2	3	4	5	6	7	小
好	1	2	3	4	5	6	7	坏
强	1	2	3	4	5	6	7	弱
积极	1	2	3	4	5	6	7	消极
肯定	1	2	3	4	5	6	7	否定

ATPA表，男性测试共59题，女性共54题，其6个方面的最高得分如表7-33。

表7-33　ATPA 6个方面的最高得分

顺序	内容方面	男	女
1	社会	70分（10个试题）	56分（8个试题）
2	身心健康	70分（10个试题）	77分（11个试题）
3	刺激	70分（10个试题）	63分（9个试题）
4	审美	70分（10个试题）	63分（9个试题）
5	精神解脱	63分（9个试题）	63分（9个试题）
6	苦行者	70分（10个试题）	56分（8个试题）

可运用下列符号表示对每句话的态度，其后面是得分，如表7-34。

表7-34　评分表

肯定试题			否定试题		
VSA	（非常强烈同意）	7	VSA	（非常强烈同意）	1
SA	（强烈同意）	6	SA	（强烈同意）	2
A	（同意）	5	A	（同意）	3
U	（未定）	4	U	（未定）	4
D	（不同意）	3	D	（不同意）	5
SD	（强烈不同意）	2	SD	（强烈不同意）	6
VSD	（非常强烈不同意）	1	VSD	（非常强烈不同意）	7

要注意一些否定语句的试题，例如身心健康的试题中有一题是“非常健康不是我生活中最重要的事”，非常强烈同意这一陈述的人得分是7，然而这一陈述是否定的言词表达（表7-35），该人的得分应变换为1，以表达其对身心健康的否定态度。对每句话都要回答，尽可能不用U（未定）。

表7-35　DM形式（男子）试题分类

社交	身心健康	刺激	审美	精神解脱	苦行者
7	8*	2*	3*	5*	1
17	13	6	11*	12	4

（续表）

社交	身心健康	刺激	审美	精神解脱	苦行者
20	18	9	14	15*	10
26	21*	16*	19*	23	24*
30*	25*	22*	32	27	31*
34*	29	28	35	33*	37*
44*	36	42*	39*	43	40*
48*	38	46	44*	54	49*
25	41	53	47	59*	51
56	55	58	50		57*

注：数字后有 * 的为否定试题。

（3）DM 形式（男子）试题

以下每题后第一个圆圈中的数字为该题的归类，第二个括号中请被试者表示态度。

[1] 为得到参加（美国）奥林匹克队选拔赛的机会，我乐意用上几年的必要的时间，每日刻苦训练。（⑥）（ ）

[2] 我宁愿参加像游泳或抛球那样的从容活动，而不参加赛车或赛艇那样的活动。（③）（ ）

[3] 我们所需要的体育活动形式是那种能表现出美和人的特点的形式，如现代舞和水中芭蕾。（④）（ ）

[4] 我喜欢需要非常刻苦的训练和紧张竞争的体育活动，像校际和大学间的田径活动。（⑥）（ ）

[5] 幸福的生活不需要固定地参加体育活动。（⑥）（ ）

[6] 当你认为惊险来自登山和滑雪这样的活动时，冒受伤的危险是值得的。（③）（ ）

[7] 每人至少属于一个体育群体是很需要的。（①）（ ）

[8] 所有的体育活动中，我的第一选择并非主要发展身体健康。（②）（ ）

[9] 最好的体育活动是那些体现个体挑战的活动。如滑雪登山或恶劣天气下的帆船运动。（③）（ ）

[10] 我从长时间的细心准备并与强手激烈竞争的比赛中得到最大的满足。（⑥）（ ）

[11] 体育中所发现的优美动作和美的程度有时不如语言所描述的程度。（④）（ ）

[12] 体育运动几乎是解除精神剧烈紧张的唯一令人满意的方法。（⑤）（ ）

[13] 如给与选择的话，我通常选择费力的体育活动胜过轻松的体育活动。（②）（ ）

[14] 体育教学大纲应多注意一些人体运动中存在的美。（④）（ ）

[15] 有比必须参加或观看体育活动更好的方法去解除当今生活的压力。（⑤）（ ）

[16] 经常参加危险的体育活动对他人适宜，一般对我并非如此。（③）（ ）

[17] 我喜欢适合社交的体育活动。（①）（ ）

[18] 我们日常生活中的大部分时间应参加朝气蓬勃的锻炼。（②）（ ）

[19] 我一点儿也不喜欢那些着意刻画人体美的活动项目。（④）（ ）

[20] 大学应发起更多的社交性体育活动。（①）（ ）

[21] 身体强壮和高度健康，并非我生活中最重要的事情。(②) ( )
[22] 最不吸引人的体育活动是有危险和受伤可能的运动，如在陡坡上滑雪、登山或跳伞。(③) ( )
[23] 为获得健康的体魄和充沛的精力就要每日参加体育活动。(⑤) ( )
[24] 如果一项体育活动经过复杂的组织，有激烈的竞争，有时就失去了它的意义。(⑥) ( )
[25] 每日做健美操的时间，用在其他方面能更有益。(②) ( )
[26] 我喜欢体育运动，主要因为它给我认识人生的机会。(①) ( )
[27] 实际上，解除挫折和受压抑的情感的唯一方法是通过参加某种形式的体育活动。(⑤) ( )
[28] 我宁可选择参加汽艇比赛，在急流中赛船，而不愿参加更从容的一种划船形式。(③) ( )
[29] 力量和耐力是整个生命中最重要的先决条件。(②) ( )
[30] 所有体育活动中，我最不喜欢那些需要很多人协作的活动。(①) ( )
[31] 最令人愉快的体育活动是参加带刺激的活动或游戏，而并非是需要长期训练的活动。(⑥) ( )
[32] 体育运动中我最喜欢的事情之一就是可体现出人体运动美的多种方法。(④) ( )
[33] 大多数智力活动经常像体育活动那样使人精神爽快。(⑤) ( )
[34] 完全为社交目的的体育活动，如学院舞等，有时浪费时间。(①) ( )
[35] 我看到人体运动美的时候，就会得到愉快的享受。(④) ( )
[36] 我认为健美操属于不太需要的体育活动形式。(②) ( )
[37] 当今国际比赛成功所需要的自我否定和牺牲，对十三四岁的少年要求过高。(⑥) ( )
[38] 人们每天应用上 20~30 分钟的时间来做朝气蓬勃的健美体操。(②) ( )
[39] 对想把人体运动描述成一种艺术形式的体育活动所付的注意力太大了。(④) ( )
[40] 观看体育比赛和从事体育活动是娱乐活动，别太正规了，也别需要太多时间与精力。(⑥) ( )
[41] 所有体育活动中，我首先选择的是主要发展和维持身体健康的活动。(②)( )
[42] 如果我得在静水划船和急流中划艇中选择的话，我选择静水划船。(③) ( )
[43] 观看体育比赛，完全沉浸在运动员所从事的运动当中，几乎总能使我逃避现今生活中的许多烦恼。(⑤) ( )
[44] 参加体育运动和比赛，有时会损害良好的友谊。(①) ( )
[45] 每一人体运动都美，这一观点是可笑的。(④) ( )
[46] 具有很大拼搏成分或需要冒险的体育活动是非常吸引人的。(⑧) ( )
[47] 花一小时观看花样滑冰运动员优美协调的运动或现代舞对我很容易。(④)( )
[48] 有比体育运动和比赛方法还好的方法认识人生。(①) ( )
[49] 当体育运动组织过于复杂、竞争过分激烈、对参加者要求过多时，就失去了乐趣。(⑥) ( )

[50] 用身体表达美感最好的形式是体育活动。（④）（ ）

[51] 竞争是社会的基础，所以对体育运动有更大的需求，也更需要有竞争性。（⑥）（ ）

[52] 体育运动最大的优点是在社交场合给人们更多的信心。（①）（ ）

[53] 给人以危险的刺激感是最好的体育活动形式之一。如恶劣的天气下的帆船运动或在江河急流中划艇。（③）（ ）

[54] 固定参加体育活动，是令人满意的生活的重要前提。（⑤）（ ）

[55] 朝气蓬勃的每日锻炼，对维持人的整体健康绝对必要。（②）（ ）

[56] 交际舞是最吸引人的体育活动形式之一。（①）（ ）

[57] 有时对于体育的成功而努力奋斗强调得过多。（⑥）（ ）

[58] 我喜欢参加那些在很大程度上需要向危险挑战的体育活动。（③）（ ）

[59] 大多数人过幸福生活并不取决于经常观看或参加体育比赛和锻炼。（⑤）（ ）

（4）PW 形式（女子）试题（本书略）

2. 少年儿童参加体育活动态度测定（CATPA）

由于 ATPA 调查表适用对象是大学生或成年人，不适用于少年儿童，为了研究少年儿童参加体育活动的态度，加拿大心理学家 Schutz、Sonou、Carve and Mosher 在 ATPA 的基础上发展了《少年儿童参加体育活动态度测定表》即 CATPA。CATPA 包括测定参加体育活动态度的七个方面：社会成长、社会关系、健康、冒险、审美、精神调节、刻苦训练。通过 CATPA 测定，可以了解少年儿童参加体育活动的主要态度和动机是什么，以便有针对性地进行选材和训练。

CATPA 有两个量表，其一是用于 9~10 岁儿童的测试表，题目简洁明了，根据儿童特点，答题用图示意，全表只有 5 个题；其二是用于 11~12 岁儿童少年的测试表，文字简洁清楚，答题为双极形容词中的五级不同程度感觉，择一而答。全表共有 7 个题。根据答题记录算出最后得分。

附件：体育活动态度调查表（CATPA 一， 9~10 岁儿童）

这份问卷是用来发现你是如何感受参加体育活动的。体育活动就是各种比赛、游戏和舞蹈，如捉人游戏、骑自行车、远足、踢足球、游泳、体操和跳方块舞或牛皮筋等。这些体育活动可能是、也可能不是在体育课程中学习过的。这不是一次考试，你的回答没有对错之分，读懂一个题目，然后在最能代表你自己感受的图的下面画一横线。如果你不理解那个题目，就在“我不理解”这句话后打√。

姓名：　　　性别：　　　出生年月：　　　运动项目：

（1）体育活动给了你一个机会去认识新的人，你对参加这种体育活动觉得怎样？

—— 我不理解

(2) 你对参加能使你更健康的体育活动感觉如何？

（编者注：原文中每个问题下均有类似1题下的图，此处略。）

(3) 有些体育活动带有危险，因为需要跑得很快，并且突然地改变方向，你对参加这些令人激动的体育活动感觉怎样？

(4) 参加体育活动，能使你和朋友们在一起，对此你感觉如何？

(5) 对于参加那些具有漂亮、优美动作的体育活动，你感觉怎样？

附件：体育活动态度调查表（CATPA二，11~12岁儿童少年）

姓名：　　　　性别：　　　　出生年月：　　　　运动项目：

这份答卷是用来发现你是如何感受参加体育活动的。体育活动就是各种比赛、游戏和舞蹈，如骑自行车、远足、踢球、游泳、跑步、体操和跳方块舞或牛皮筋等。

试卷中每一页的上方有一句话，在这句话的下面有五对不同的形容词，每一对形容词之间分有五个等级，根据你对那句话意思的感受，依次在每一对形容词之间合适的位置上打“√”，这不是一次考试，并不存在正确和错误的答案。如果你不理解那句话，就在这句话后面的小框“□”内打“√”。

对每一个体育项目都不用过多地考虑，我们想要的是你的第一印象，即对该项目的立即的感觉。另一方面，也不要马虎了事，因为我们想得到的是你的真实印象。

(1) 参加体育活动给了你一个机会去认识新的人。

如果你不理解这句话的意思，就在后面的小框“□”内打× 。

[1] 好的 ——————————— 不好的　□

[2] 没有用的 ————————— 有用的　□

[3] 不舒服的 ————————— 舒服的　□

[4] 美妙的 —————————— 糟糕的　□

[5] 快乐的 —————————— 难受的　□

(2) 参加体育活动能使你的身体更结实、更健康，并使你更喜爱自己的身体。　□

（注：原文中每句话下面均有五对供选择的形容词，因形式内容一样，本书此处略。）

(3) 参加某些令人激动的体育活动带有危险，因为你跑得很快，并且突然改变方向。　□

(4) 参加体育活动使你有机会与同学、朋友在一起。　□

(5) 去参加那些具有漂亮、优美的动作的体育活动。　□

(6) 参加体育活动能帮助你减小压力或使你从烦恼中解脱出来。　□

(7) 参加那些须长期艰苦训练的体育活动，把时间花在训练上，你就得放弃其他一些你喜欢做的事。　□

（二）自我控制能力的评定

自我控制能力是运动心理选材的一项重要指标。心理工作者试图用实验的方法，例如在模拟比赛的环境、播放赛场录音的环境下进行：①集中注意力的加算实验；②动作稳定器插孔数实验等评定。

徐明欣等人认为：运动员的自我控制能力不能单纯依赖于试验法，这种心理品质的优劣水平，主要取决于在激烈比赛的特定环境中，运动员能否迅速排除来自主客观不良因素的影响。因此，教练员对少儿运动员的临场观察和经验评定是不可忽视的有效手段。据此，他们设计了评价的内容方法，可以从比赛规模、运动员自我评定和教练员临场观察三个方面进行评定（表 7–36）。

表 7–36　自我控制能力评定表

类　别	评价内容
常规测验	1. 运动会性质、等级、规模 2. 条件、设备、气候、环境 3. 脉搏、血压等生理条件
自我评分	1. 情绪紧张程度分值评定 淡漠　松弛　适度　最佳　极度 → 1　2　3　4　5 2. 自信心和竞争性 差　较差　一般　较强　强 → 1　2　3　4　5
观察评分	1. 情绪状态　2. 运动反应 3. 意志品质　4. 技、战术发挥 差　可　及　良　优 → 1　2　3　4　5
总　评	（根据运动员的自我评定和教练员评定，进行综合分析，写出评语）

注：表中评分类横线下数字为分数，运动员自我评定时，只需在应得分数处画"√"即可，最后由教练员校正和计算。

（三）意志品质的测试与评定

意志是主体为了实现预定的目的而自觉努力的一种心理过程。训练与竞赛总是克服内外障碍为其特征，若没有意志渗透到训练或比赛中去，要想提高运动技术水平或取得比赛的胜利是不可能的。因此在选材时测试与评定他们的意志品质十分重要。

1. 让受试者完成一系列的完整练习和补充练习，要靠加强各种动机去完成

通过完成两次练习的力量、速度及频率的指标对比，来鉴别意志品质，在体力下降的情况下，观察其敢于拼搏的意志品质。如采用以下方法：意志努力的程度实验法。

目的：通过测定人对不断增长着的肌肉疲乏感的忍受性，评定意志努力的程度。

材料：哑铃（1 公斤重），扩音听诊器，两只秒表，记录纸（表 7–37）。

程序

①无比赛气氛下的测试

实验开始前，先测出被试平静时 10 秒钟内的脉搏次数。主试的助手站在被试左边，继续听诊其脉搏。主试发出指导语："我给你一个哑铃。请你用右手拿着它，做侧平举动作，要尽量坚持平稳地举着。当你开始感到疲乏时，就说'开始有点疲乏'。当你感到'疲乏''很疲乏''快不行了'就照实地说出来。明白了吗？（回答）。好，请拿起哑铃，开始侧平举！"按秒表计时，当被试说出各种自我感觉时，记录自实

表 7–37　意志努力实验记录表

姓名：	队、班：		日期：
阶段	秒表读数	脉搏次数	观察到的行为表现
开始举重			
“有点疲乏”			
“疲乏”			
“很疲乏”			
“快不行了”			
“很快就不行了”			
放下哑铃			

验开始以来经历的时间和被试的行为表现。主试助手在被试说出某种自我感觉后，立即统计出 10 秒钟内的心跳次数，当被试放下哑铃时，主试停止计时。实验后询问被试的内心感觉。

②有比赛气氛下的测试

隔一天后，程序①中的被试使其与体力基本相当的另一位被试比赛。以程序①的方式对后一位被试做实验。对于前一位被试除实施程序①外，还告知对手的成绩，当他感到“快不行了”时，又呈现秒表上的计时，鼓励他超过对手。

结果：a. 列表比较在有无比赛气氛下出现各种疲乏感时的脉搏次数。

b. 算出并列表比较在有无比赛气氛下出现各种疲乏感的速度和坚持负重的时间。评定意志努力程度及比赛气氛，增进意志努力的程度。

2. 通过训练和比赛考察运动员的意志品质

例如：由教练员根据运动员在训练、比赛中的表现情况综合观察以下四方面的表现，按 5 个等级进行评定：

(1) 独立性：有独立的工作能力，少依赖，遇事有主见。

(2) 果敢性：在比赛和训练中，遇有偶发事件，迅速作出判断和决定。

(3) 坚持性：有不屈不挠、坚持不懈、克服困难的精神，有顽强的毅力。

(4) 自制性：善于控制自己，既能控制自己的过度紧张、恐惧、暴怒、失望、懒惰等,又有组织纪律性，服从大局和集体目标。

评定分为 5 个等级：①很不坚强；②不坚强；③一般；④坚强；⑤很坚强。

3. 利用不利的气候或条件，考查运动员的意志品质

4. 运用拟定的《意志测验题》对受试者进行问卷评定

目前，国内外有关意志测试题的形式是多种多样的，实质上它是一种经验考察运动员意志的评定方法。从问卷题的性质内容来看，归纳起来大致有六类（表 7–38）：

表 7–38　问卷题的性质内容

	拟题性质	拟题内容
1	肌肉紧张时的意志努力	有关强度和极限负荷方面
2	克服肌肉惰性的意志努力	有关快速起动和运动速率方面
3	注意力紧张时的意志努力	有关集中注意力和抗干扰能力

（续表）

	拟题性质	拟题内容
4	克服疲劳、厌倦的意志努力	有关克服运动“极点”和疲劳方面
5	克服有关危险的意志努力	有关态度、情绪和勇敢方面
6	遵守制度的意志努力	有关制度对己约束力方面

在实践中，从事选材的教练员可以根据专项特点自己编拟问卷题。

意志评定一般用分值表示。每个试题都应有相应的分值（E），受试者对问题的回答有“是”“不全是”“不是”三种答案；教练员对回答的真实性给以校正，最后得出两次评分的均值，即：

$d=(\sum E_1+\sum E_2)/2$　　（d 为意志品质的总分值）

实践证明，把上述四种方法结合运用对于评定运动员意志品质是行之有效的方法。

人的意志多种多样，意志品质也是互相联系的，各运动项目都要求运动员全面发展意志品质。但是项目不同，对各种意志品质的要求也不同，测量也不同（表 7–39）。

表 7–39　各项运动所需意志品质参考表

运动项目	首要品质	主要品质	必要品质
跑、滑冰、滑雪、游泳 自行车、划船、帆船	顽强性	自制性 坚定性	主动性、独立性 果断性、勇敢性
体操、艺体、技巧、举重、射击 田径跳跃和投掷、花样滑冰	顽强性 果断性	勇敢性	主动性、独立性 果断性
滑雪跳跃、障碍滑雪、跳水 跳伞、摩托车、登山、马术	勇敢性 果断性	顽强性 自制性	主动性 独立性
球类运动	主动性 独立性	顽强性 果断性	自制性 坚定性
拳击、击剑、摔跤	主动性 独立性	果断性 勇敢性	自制性、顽强性 坚定性

但必须指出，根据项目、训练和比赛中的不同情况，运动员所需要的意志品质也会有所改变，有时必要的品质可以成为首要的品质。如足球运动员的首要品质是主动性、独立性，但在罚点球时，运动员最主要的是沉着、果断和勇敢。

附：（WEM）意志测试

一、测试目的

采用问卷测试方式（测试题附后）用评分法对运动员的个性意志特点进行量化评定。

二、测试材料

采用黄翔岳设计的“意志问卷（心理学测验问题问卷）”（WEM），这一评定由五方面的内容综合组成。

心理学测验问题问卷（WEM）（1）
（运动员填写）

单位：　　姓名：　　性别：　　年龄：

专项：　　测试日期：　　从事项目的年限：

在下列问题上，根据你的情况回答，凡问题的内容与你的实际情况相符合（是）；有点符合（不完全是）；完全不符合（不是）。择其中之一种，在每题后面括弧内的（是）（不完全是）（不是）上面画“√”号。

务必回答下列所有的问题。如果你已经画了“√”，但又改变了主意，则不要擦掉“√”号，只把它涂黑，再照上述方法画号。请在15分钟内做完。

1. 当受到批评时，我感到灰心丧气。（是）（不完全是）（不是）
2. 一旦我生气以后，很难镇静下来。（是）（不完全是）（不是）
3. 不管环境多么吵闹和不习惯，我仍能保持镇静和思想集中。（是）（不完全是）（不是）
4. 训练或比赛中碰到困难时，要保持头脑清醒很困难。（是）（不完全是）（不是）
5. 我知道自己有很多短处，但我也知道很难克服它。（是）（不完全是）（不是）
6. 比赛条件越困难，我的求胜心越迫切。（是）（不完全是）（不是）
7. 在训练中，我喜欢给自己提出各种难题。（是）（不完全是）（不是）
8. 训练课的时间长了，要求集中思想是很困难的。（是）（不完全是）（不是）
9. 我很自信，在我面前出现的各种困难，总认为有能力克服它。（是）（不完全是）（不是）
10. 我认为做一件事情遭到多次失败，就足以说明成功的希望甚微。（是）（不完全是）（不是）
11. 既然我从事了这一专项，我就要在这个岗位上干出点名堂来。（是）（不完全是）（不是）
12. 碰到下雨或烈日当空，到室外训练我的劲头就减低了。（是）（不完全是）（不是）
13. 现在到处都在宣传吸烟对健康有害，但我觉得戒烟是困难的。（是）（不完全是）（不是）
14. 不管做什么事情，我总是先在脑子里想一想，后定出计划，付诸实践。（是）（不完全是）（不是）
15. 在集体生活中，有各种各样的规章制度，要遵守好是困难的。（是）（不完全是）（不是）
16. 我认为受了伤还要坚持一定的运动量，是对运动员不体贴。（是）（不完全是）（不是）
17. 做难、新动作使人感到费力，做熟悉的动作痛快，我总是选择后者。（是）（不完全是）（不是）

18. 我想，假如获得技术和出成绩，像游山玩水那样轻松，那该多好！
(是)　(不完全是)　(不是)

19. 训练或比赛中出现被动局面时，我总是放弃坚持下去的决心。
(是)　(不完全是)　(不是)

20. 搞体育这一行太辛苦了。真羡慕坐办公室的同志那么轻松！
(是)　(不完全是)　(不是)

21. 竞赛就要争个高低，何必去讨这个苦头吃。　(是)　(不完全是)　(不是)

22. 早晨的觉最好睡，所以我总不想按时起床。　(是)　(不完全是)　(不是)

23. 教练的严厉和批评，反而使我心里对他尊敬。　(是)　(不完全是)　(不是)

24. 学习技术动作，做得不好时，我总是要求再做。
(是)　(不完全是)　(不是)

25. 学习和训练中的不利条件，怎么也不能阻止我作最大的努力。
(是)　(不完全是)　(不是)

26. 为了完成任务，我能承受极度疲劳。　(是)　(不完全是)　(不是)

27. 人们总希望生活道路上一帆风顺，困难太多会减弱一个人的斗志。
(是)　(不完全是)　(不是)

28. 比赛的准备工作要做，但文娱活动很吸引人，我不愿放弃难得的节目。
(是)　(不完全是)　(不是)

29. 凡碰到伤病之时，我总会这样想，大概自己的运动生涯该结束了吧！
(是)　(不完全是)　(不是)

运动员心理调查问卷（WEM）　(2)
（教练员填写）

为对运动员的个性特征作出评定，需请您发表看法。您对自己的队员都有比较深刻的了解，故请您根据您对运动员的印象，在下列问题的每一项中的几种答案上选择一种画“√”号。您的看法，我们绝对保守秘密，不会让运动员看到。

运动员姓名：　　　　　　性格特征：

分项＼等级	1	2	3	4	5
顽强—软弱	非常顽强	很顽强	顽强	不甚顽强	软弱
自控力	自控力非常强	自控力很强	有一定自控力	有时能控制	无自控能力
果断—怯懦	当机立断	果断性强	尚能决断	犹豫较多	怯懦
坚韧性—惰性	非做出成绩，决不罢休	经常能坚持到底	大多数情况能坚持到底	顺大流，不愿作努力	保守，不图进取
自信心—悲观失望	总是满怀完成任务的信心	信心很足	有信心	易受影响动摇信心	悲观失望
总　评					

三、测试程序

1. 运动员填写问卷（1）。

2. 操作程序

（1）发给每人一份“心理学测验问题问卷（1）”。

（2）请填好测试时间、单位、姓名、年龄、专项和从事项目年限（检查是否有人漏填）。

（3）念指导语（见测卷前面的一段话，不必做解释）。

（4）询问被试是否明确填写方法。

（5）请大家进入训练、竞赛的情境（意想一分钟）。

（6）开始填写（问卷在15分钟内做完）。

3. 教练员填写问卷（2）

（1）发给教练员所有队员人数的“对运动员的心理调查问卷（2）”。

（2）请教练员阅读指导语。

（3）集中自己队的全体队员一次做完。

四、结果及评定

1. 根据表7-40的评分标准为每一题的回答结果评分。

表7-40　WEM评分标准（1）

题号	是	不完全是	不是	题号	是	不完全是	不是	题号	是	不完全是	不是
1	1	2	4	11	4	2	1	21	1	2	4
2	1	2	4	12	1	2	4	22	4	2	1
3	4	2	1	13	1	2	4	23	4	2	1
4	1	2	4	14	4	2	1	24	4	2	1
5	1	2	4	15	1	2	4	25	4	2	1
6	4	2	1	16	1	2	4	26	4	2	1
7	4	2	1	17	1	2	4	27	1	2	4
8	1	2	4	18	1	2	4	28	1	2	4
9	4	2	1	19	1	2	4	29	1	2	4
10	1	2	4	20	1	2	4	30	1	2	4
$\sum x1=Q1+Q2+Q3+\cdots\cdots+Q30$								（Q为各题得分）			

2. 教练员根据表7-41的评分标准为运动员的意志评分。

表7-41　WEM评分标准（2）

	1	2	3	4	5（等级）
顽强——软弱	24（分）	18 12	6	3	
自控力	24	18	12	6	3
果断——怯懦	24	18	12	6	3
坚韧性——惰性	24	18	12	6	3
自信心——悲观失望	24	18	12	6	3
$\sum x2=w+j+g+k+c$					

注：w，j，g. k. c　为教练员的分项评定得分。

3. 在表 7–42 中汇总得分。

表 7–42 WEM 测试结果登记表

姓名 / 项目 / 年龄 / 得分 / 性别 / 序号 Qn												
姓名												
项目												
性别	年龄	性别	年龄	性别	年龄	性别	年龄	性别	年龄	性别	年龄	性别
序号 Qn												
1												
2												
……												
29												
30												
$\sum X1$												
W												
J												
G												
K												
C												
$\sum X2$												

4. 在表 7–43 中汇总评定结果。

表 7–43 WEM 测试结果总表

项目	训练年限	姓名	年龄	性别	$\sum X1$	$\sum X2$	W	J	G	K	C

五、结果处理

1. 计算教练员评定的得分$\sum X2$。
2. 计算运动员自我评定的总分$\sum X1$。
3. $\sum X1$ 与 $\sum X2$ 的比较。
4. 分项评定

顽强　$W = w + Q1 + Q7 + Q11 + Q12 + Q23 + Q25$

自控力　$J = j + Q2 + Q3 + Q4 + Q14 + Q17 + Q29$

果断　$G = g + Q5 + Q13 + Q16 + Q21 + Q24 + Q30$

坚韧性　$K = k + Q8 + Q15 + Q18 + Q20 + Q22 + Q26$

自信心　$C = c + Q6 + Q9 + Q10 + Q19 + Q27 + Q28$

注：w、j、g、k、c 为该方面的教练员评分，Q1~Q30 为运动员答题的评分。

六、注意事项

1. 教练员填写"心理调查"卷时，不能先看运动员测试结果，事后再告诉教练员。

2. 运动员所填答案中，如第10题和27题的答案不一致时，则说明填写有问题，要与运动员商量，说明该表需做一次复查，让他再填一次，但不要告诉他这两题的关系。

3. 教练员所填的结果，对运动员绝对保密。

（四）训练动机的评定

正确的体育训练动机，既是提高运动成绩的前提条件，又是形成良好的体育道德的组成部分。近十几年来，国内外一些心理学家对运动员参加训练和比赛的动机颇感兴趣，有人把动机作为选材的指标。原联邦德国阿姆特曼博士认为选材应包括：①形态和生理方面的先决条件；②可训练性；③动机和事业心。从我国优秀运动员成材的原因来看，其中的志向动机——为国争光的理想，是夺取冠军的动力之一。

评定运动员的训练或比赛动机，一般多采用动态调查法，用观察、谈话的问卷，但是用问卷方法常会出现运动员表白的动机与实际的动机不一致。其原因：①心理发展水平不够；②隐瞒真实思想。

由于动机的形成过程具有实践性，动机一旦形成必然会在实践中表现出来。

徐明欣等人在研究儿少业余运动员的训练动机时采用以下内容和分类（表7–44）。

必须指出，动机是可变的，经教育和训练，可培养和激发更高尚、正确的训练动机。

表7–44　动机考察的内容与分类

动机的内容	动机的分类	
1. 训练态度	1. 服从家长的意愿与决定	1、2、3低级动机
2. 训练与学习关系	2. 羡慕运动员的地位与外表	
3. 成功与挫折态度	3. 希望获得奖励	
4. 对待奖励、批评态度	4. 身心满足感	4、5直接动机
5. 运动竞争的态度	5. 对某项技术感兴趣	
6. 个人与集体的关系	6. 做全面发展的学生	6、7间接动机
	7. 热爱体育	
	8. 为国争光	8高尚动机
	9. 升学	9、10不正确动机
	10. 就业	

第四节　运动心理选材存在的困难和前景展望

一、运动心理选材存在的困难

我国运动心理选材研究虽然有了很大的发展，但是与形态、机能、素质等方面相比，心理选材研究的指标体系和测试方法都还有待进一步研究和完善。这一方面表明人的心理的复杂性，同时也反映出当前科学发展的水平还不能做到对人的心理特征进行全面的评定和准确的预测，因此，运动员心理选材的研究有待进一步长期深入下去。运动员心理选材从某种意义上说比其他方面的选材更为重要和必要，同时操作起来也更困难、更复杂。具体表现在以下几个方面：

1. 对选材方法手段的要求

心理测试的方法手段繁多，但现有的这些方法、手段很多都不能直接为心理选材所用，或者说不能简单地为心理选材所用。首要问题是所用的方法、手段应具有较高的信度与效度。而目前具有较高信度和效度的选材方法、手段还不多，尚需在此方面加大开发力度。

2. 对测试主试者的要求

心理选材中对测试的主试者的要求是比较高的，必须经过专门训练合格后才能担任测试工作。测试人员对心理测试的理解和掌握程度影响测试结果的准确性和可信度。但目前这方面的人员比较缺乏。

3. 对被测者的要求

心理选材测试时必须取得被测者的完全配合，这一点十分重要。人的心理状态具有可变性，要得到真实的结果须注意被测者的状态及反应，同时还要控制和保持测试环境的稳定。实际操作中要完全做到上述两点是十分困难的，只能尽可能地按要求去做。

4. 对研究人员的要求

运动员的心理选材研究是跨专业的研究。心理选材研究人员除对心理专业、运动心理专业理论与操作要十分了解外，对运动专项理论与专业经验也要求比较熟悉和了解。这样更便于不同专业间的融合和渗透。目前还很缺乏这样的专门人才。

5. 建立与项目相关的指标体系

心理选材的指标体系的建立是选材研究的核心，也是心理选材成败的关键。在确定了一些选材指标后，如何判定它们是不是选材的敏感指标，这其实是最困难的。这方面已有不少的研究，但是缺乏权威的和有说服力的具体标准。

6. 追踪研究

心理选材的追踪研究在技术上并不困难，困难在于操作上。然而，缺乏追踪研究的选材成果和方法显然是不完备的和没有说服力的。有时一项研究课题时间跨度可长达几十年，最短也需要七八年的时间，这对研究者将是耐心和毅力的考验。

二、运动心理选材前景展望

当代竞技运动已发展到相当高的程度，竞争比以往任何时候都更加激烈，更加需要运动员精神的力量和卓越的才能。因此运动员的心理选材有着诱人的广阔前景，其研究和选材实践仍将是竞技体育战略中的重点。但由于心理选材涉及到运动员心理、社会及生理诸多方面的复杂情况，到目前为止心理选材研究与应用仍处于初级阶段，还需要许多人长期、耐心和细致的工作，才有可能实现预想的目标。同时心理选材研究又具有多层次、多阶段、长周期及多因素等特点，因此还必须重点研究和解决下述问题。

1. 建立心理选材体系

建立心理选材体系是心理选材研究总的目标和构架。当前应根据基础心理选材和专项心理选材的区分，依据选材不同阶段（初选、复选、决选等）的要求，研究运动心理能力特征和运动员个性心理特征，研制各自的专用心理测试量表、测试工具和预测模式。随着心理选材研究的深入和实践，还可能提出许多新的问题和设想，进一步完善心理选材体系。

2. 加强心理选材理论研究

目前仍需要解决心理选材中的一些重大理论问题。如：运动员心理素质的先天遗传与后天的教育训练的关系及科学评定；运动员心理因素与成才关系的理论与预测模式；青少年生理、心理发展规律与心理选材最佳模式；一般心理素质与专项心理素质问题等等；相邻学科的理论借鉴与综合研究、青少年运动专项训练规律与相应的心理发展规律的探讨；大脑与神经生理研究的发展与运动员心理选材的关系等等。

3. 心理选材技术与方法的研究

运动员心理选材的实现必须有相应的技术与方法的支持。这些技术与方法多为心理实验、心理测验、心理诊断、社会心理学方法及现代数理统计和预测技术，尚缺乏专门用于选材的技术与方法，十分成熟的技术与方法更少。这种状况反映了现代科学技术发展的水平和局限，特别是心理科学发展的水平与局限。随着心理选材研究的深入，就要不断探索某些具有专门特点的心理技术和方法，其中特别需要研究和探讨在运动条件下运动员心理评定的指标、技术、方法以及数理统计理论、方法的发展与运动员心理选材的关系等问题。

4. 追踪研究与成果的应用

运动员心理选材研究不是一次测试就可以大功告成的，而应该是一个长期追踪研究的过程。特别是提高预测的成功率，解决优秀运动人才预测的问题，至少需经几个培养周期才能得出确切的结论。这是一个难以解决而又必须解决的问题。目前所见心理选材研究成果多数还停留在某一个层面上，纵向的研究很少。另外，心理选材研究展开的面也较窄、较零散，有些项目（群）做得好一些，有些则基本没有涉及。现有成果的推广应用也存在一些问题，或推广得不够，或应用效果不很显著。这些问题反过来又影响到心理选材的推广和应用。因此，今后的研究方向主要是纵向的追踪研究，先在某些项目（群）上取得突破，然后带动其他项目。必须指出的是，运动员心理选材研究不是一个孤立的研究，它需要与形态、生理、素质及遗传的选材研究共同构成一个完整的选材体系，几个因素之间的关系是动态的，存在着交互作用，因此，必须对运动员心理选材研究的难度有充分的认识。

本章思考题

1. 运动心理选材三大核心理论问题是什么？如何理解？
2. 运动心理选材的依据是什么？
3. 心理选材的步骤主要有哪些？
4. 联系自己专项，谈对运动员心理素质的基本要求是什么？
5. 本专项运动心理选材时主要的测评内容是什么？
6. 何谓“心理测验”“个性心理特征”？
7. 心理选材测试的要求有哪些？
8. 目前运动心理选材存在哪些困难，如何应对这些难题？

本章主要参考文献

1. 邱宜均著. 实用运动心理学. 湖北：湖北体育科技出版社，1988
2. 邱宜均著. 运动心理学的理论与应用. 北京：中国地质大学出版社，1988
3. 钟添发，田麦久，等编著. 运动员竞技能力模型与选材标准. 北京：人民体育出版社， 1994
4. 武汉体院编写组. 运动选材学. 鄂图内 1990
5. 刘献武，等. 运动选材学. 北京：人民体育出版社，1991
6. 谢三才，等. 运动心理实验和测验方法. 沈阳体院教务处，辽沈图字 38 号，1992
7. 曾凡辉，王路德，邢文华，等. 运动员科学选材. 北京：人民体育出版社，1992
8. 张力为，毛志雄主编. 体育科学常用心理量表评定手册. 北京：北京体育大学出版社，2004

第八章　运动技能选材

【教学要点】理解运动技术选材的内容、运动技术选材的方法、运动技术选材的特点、运动技术选材的标准、竞技战术选材的内容、竞技战术选材的方法等内容，掌握本专项技战术选材测评内容和方法。

技能是指运用知识和经验执行一定活动的方式。运动技能是指人体运动中掌握和有效地完成专门动作的能力。从宏观理解，运动技能含运动素质能力、技战术能力和心理能力等方面。从微观理解，运动技能含运动技术和运动战术的能力。本章仅从微观角度进行探讨。运动技能选材是指运用科学诊断和经验判断的方法对备选运动员的技术及战术能力进行分析和评价，从而选拔优秀运动员的过程。它是运动选材中的重要内容之一。

运动技能选材具有项群（目）特点，不同项群（目）其选材内容、方法、要求及评价标准均有其特异性。运动技能选材有其明显的层次特点，即自基础选材→初级选材→中级选材→高级选材（拔），其重要程度（权重比例）层层递进（表 8–1）。

表 8–1　不同层次选材中技能重要性判别

选材层次	高级 选材（拔）	中级 选材	初级 选材	基础 选材
技能重要性等级	4	3	2	1

第一节　运动技术选材

运动技术是指符合人体运动的科学原理、能充分发挥身体潜在能力、有效地完成动作的合理方法。运动技术选材是指选材者在科学诊断理论指导下，应用现代科技手段或依据自身经验分析和评价备选者专项技术水平，从而决定取舍的过程。

一、运动技术选材内容

由于各专项运动技能的特异性，不可能以某一内容作为对所有运动项目的测评内容，但可认为在各项中应有各自相对稳定的测验组合。从理论上讲，采用因子分析的方法能够选择出用于测定其技术要素水平为目的的测试，进而编制出有效性高的成套测验。但到目前为止，根据科学的方法导出有效性很高的专项技能测验非常少（球类项目更甚），只能大致地测验评价其技术状况。运动技术选材的内容很多，这里仅对运动员技术水平的测验及评价要求进行论述。运动技术水平一般包括技术质量、技术容量、技术效果和技术学习能力四个方面（图 8–1）。

- 运动技术水平
  - 技术质量
    - 技术动作的合理性
    - 技术动作的稳定性
    - 技术动作的全面性
  - 技术容量
    - 比赛的技术容量
    - 训练的技术容量
  - 技术效果
    - 技术理论效果
    - 技术运用的实际效果
      - 训练效果
      - 比赛效果
  - 技术学习能力

图 8–1　运动技术评价内容体系

（一）运动技术质量

技术质量的评价应从合理性、稳定性和全面性等方面来考虑。

1. 技术动作的合理性　常从运动成绩和运动动作的生物力学特征来评价。运动成绩对技术的合理性有较大的信息价值，周期性运动项目更是如此，但由于运动成绩的受控因素很多，所以仅据此很难确定技术的合理性和掌握程度。用技术动作的生物力学特征来评价技术的合理性是比较可靠的，但需要较高的测试条件。

技术动作是否合理，要看它的“实效性”“经济性”和“协调性”。技术动作的“实效性”常与表现出来的运动成绩密切相关，在完成动作时能发挥最大的能力，所发挥的能力又能产生最大的作用并获得最大效果。如果在合理运用体力并能获得最大运动效果的前提下，又尽量少消耗身体的能量，那么这个动作技术的经济性也就好。要达到这个标准，则不论在形式上和内容上都必须符合人体运动力学、解剖学和生理学的要求。

技术动作协调是指各个动作之间、各动作要素之间以及动作与人体机能之间在时间、空间上的有效配合。

在大多数体育竞技项目中，动作协调性的表现形式是：

(1) 在时间上同时配合，如当协同肌快速收缩时，对抗肌要同时快速放松，这是使动作协调的关键。

(2) 在时间、空间上正确配合。如动作的发力过程有严格的时间、空间顺序，它们之间既不能颠倒，也不能快慢无序，而必须是快速的准确的配合，才能达到有效和省力的目的。

2. 技术动作的稳定性　这是评价动作技术质量很重要的指标，可采用无干扰条件下的多次重复某一技术，视其动作是否变形或成绩是否稳定，也可在训练测验或比赛测验中用连续重复和有一定时间间隔后再重复做某一技术的方式进行。此处无干扰条件是指相对稳定的习惯条件，要排除疲劳、器械、环境、场地、气候和情绪等因素的干扰。

在有干扰的条件下测评技术稳定性更是有效的方法。很多运动员平时训练技术掌握或发挥得很好，但在比赛中因情绪波动、疲劳、遇到对手的积极对抗和外界条件的改变时，技术动作就会显得不稳定。动作的稳定性是以效果下降的程度来评定的。例如，某一跳高运动员的平时成绩为216~218厘米，助跑的最大速度为7.40米/秒，但在重大比赛时，他的成绩波动于210~214厘米之间，最高速度为7.30米/秒，把这两组数据一比较就可以看出该队员的稳定性差，基本原因是心理紧张和技术的生物力学指标发生了改变。

评价技术稳定性时要考虑到疲劳的因素，如可能出现这样情况：开始训练时，技术较稳定，后来从某一时刻起（这一时刻出现的早或迟取决于专项耐力的发展水平），技术指标值的离散程度加大，但仍在允许的范围内，再继续做下去，终于导致动作失误。选材者善于在技术测评中抓住这一时间有很大意义，他可依此判断造成技术不稳定的原因是技术因素、或是专项耐力因素、或是心理素质因素、或是诸因素共同促成的。

在评定技术稳定性时，还应估计到完成动作的条件。例如，在铺设不同材料的跑道（煤渣跑道，塔当塑胶跑道）上，支撑反作用力有显著差异，导致跑的技术出现差异，但这并不足以证明技术的稳定性不够，而只能说明不同类型的跑道对动作的生物力学特征产生了影响。

在评定技术稳定性时，还应考虑到教练员（或选材者）对运动员的不同要求，可能会对技术指标的稳定性造成影响（表8–2）。

表8–2　教练员下达不同要求对排球正面扣球指标的影响

不同要求	扣球速度（米/秒） $\bar{x}\pm S$	扣球角度（分数） $\bar{x}\pm S$
大力扣球	22.8±2.2	2.1±0.3
快速扣球	20.0±1.8	2.1±0.3
准确扣球	20.0±1.6	2.2±0.3

依 B. A.леьчук 1975

在技术选材评价中，要尽量使运动员的体力、情绪、技术要求、测验条件和方法等方面保持相对一致，以增加众多备选对象间的可比性。然后在此基础上，增加相对统一的干扰条件，以期进一步对其技术的稳定性进行判别。

3. 技术的全面性　技术的全面性，是指备选者所掌握技术动作的多样性程度，可分为训练技术全面性和比赛技术全面性，分别指训练或比赛中掌握和运用技术动作的多样性程度。一般情况下训练技术全面性要高于比赛技术的全面性。其原因在于比赛中，运动员采用的技术动作必须是有针对性和代表性的。当代许多项目的优秀选手都在向着“全面型”的模式发展，如我国乒乓球队就提出“技术全面，无明显漏洞”的要求。当然，全面要建立在专项需要的基础上，且与“特长突出”并行。

在选材的测验评价中，要筛选出能较全面地反映本专项和本人特点所必需有的几个或一套基本技术，并制定切合实际的测验体系，以便对运动员的技术全面性进行评价。

（二）运动技术容量

技术容量是指运动员在训练或比赛中所完成的不同技术的总量。在周期性的运动项目中（跑、游、划等），其比赛的技术量就是一个多次重复的动作，而在非周期性项目中（尤其是在表现性和对抗性项目中），就包含很多不同的技术。

训练的技术量能证明备选者的潜在能力。该技术量通常高于比赛的技术量。而比赛的技术量与训练的技术量之比，则表明这类潜力的发挥程度。

技术容量对评价不同项目运动员技术水平的信息价值是不同的。如非周期性项目中该指标价值就比周期性运动项目高。在非周期性运动各项目之间，那些技巧性、对抗性强的项目，其技术容量的评价价值就高。而在该类某一项目中，某运动员的技术容量越多，则可认为在一定程度上该队员的技术水平较高，当然，这些技术应符合合理性、协调性、实用性等质量要求。

（三）运动技术效果

运动技术效果是指个人技术与该技术最佳方案的接近程度。凡能保证达到最高成绩的动作技术，原则上认为具有最大效果。但由于成绩取决于多种因素，所以把运动成绩作为评价技术效果的标准是有局限性的，更多的是把该动作技术与生物力学标准相比较或与优秀运动员的技术相比较。

技术效果可分为理论效果和实际效果两种。技术的理论效果是指该技术的理论体系与生物力学、生理学、心理学、美学和竞赛特点等诸因素要求的接近程度，越接近则其理论效果越好。技术的实际效果是指该技术动作在比赛中所达到的效果与理论上应达到的作用的接近程度，两者越接近，则其实际效果越好。例如：高级短跑运动员跑进时的支撑反作用力的垂直分力曲线应是一个单峰曲线，而三级运动员则可能是双峰曲线，新手可能是三或四峰曲线，因此可依曲线的峰数多少评价该部分的技术效果。

理论效果与实际效果往往会有差异，如在球类或其他对抗项目中，其技术动作与生物力学等因素的要求很接近，可认为其理论效果较好。但在比赛中的实际效果却可能不好或一般。这时技术的突发性和隐蔽性显得十分有效，尽管有时从生物力学等因素上分析并不完全合理。

另外，在球类或其他对抗项目中，在遇到不同水平的对手时，尽管其技术的理论效果未变，但技术的实际效果却大相径庭。遇到高水平对手时，其实际效果会很差，而遇到低水平对手时，其实际效果会很好，故选材时应注意这些情况。

评价技术效果的方法有三种：

1. 整体性评价 整体性评价指对某一技术的效果做总体评价。如有两名标枪运动员的原地掷铅球成绩、身体各部分力量及身高体型等情况基本一致，但甲的标枪成绩却高于乙，即可认为甲的整体技术“较好”。

2. 分解性评价 分解性评价指对某一技术动作中的某基本环节进行的评价。它首先在生物力学的基础上进行分析，确定出这个项目技术的主导动作，然后分别测评这些主导动作的技术效果。

3. 综合性评价 综合性评价是将测得的所有技术中每个动作的技术效果得分相加并进行评价的方法。它是在动作整体性评价和分解性评价的基础上，制定每一动作的“权重”，最后得出综合分数的方法。

（四）运动技术学习能力

它指学习和掌握新技术的能力，这种能力出色的人，可以更快、更轻松地学习运动技术，并尽早达到更高的水平。运动技术学习能力受发育程度、基础条件反射建立的数量、运动员的智力心理特征、有机体运动素质发展情况等方面的影响。

技术学习能力与协调性关系密切，该协调能力一般可分为神经系统的、肌肉的、运动的协调能力。对协调能力的测评，可有助于对备选对象的运动技术学习能力进行分析和评价。具体测评可采用如下方法：①完成不习惯的开始姿势和动作组合的能力；②改变动作完成速度、节奏和空间位置的能力；③学习、改进技术的速度和效果；④在游戏和比赛中完成复杂多变动作的能力及创造能力。

在技术评定与选材中，一定要区分运动员的层次、基础及原始状态。如首先区分该队员（某技术）是处于初步形成运动技能阶段，还是处于改进与提高运动技能阶段，还是处于巩固与熟练技术阶段，从而提出不同的选材评价要点（表 8–3）。

表 8–3　不同阶段技术选材评价的要点

阶段	动作特征	选材时评价要点
初步形成运动技术阶段	动作紧张、僵硬、用力不协调、时有多余动作	1. 了解运动员学习或运用技术时间的长短 2. 评估目前该技术的质量、正误率、错误程度 3. 分析形成错误或多余动作的主、客观原因 4. 分析改进技术的难易程度和预期结果 5. 观察其习惯动作或现有技术的状况、协调性及学习新技术的可接受性
改进与提高技能阶段	动作过程已初步掌握（或在轻助力下能完成），细节上有毛病	1. 判断其技术质量、技术容量、技术效果 2. 进一步分析改进技术动作的难易程度和预期效果 3. 观察其对已明确的细节错误的改进速度 4. 了解和分析运动员对技术的主诉感觉和技术要领的理解
巩固与提高运动技能阶段	动作已较为熟练并进而达到自动化	1. 进一步观察其技术的质量、容量及效果 2. 了解关键技术向全面技术转移或配套能力 3. 在快速对抗与实战条件下技术的正确性、稳定性、实效性

二、运动技术选材的测评方法

技术选材中测验与评价方法很多，一般分为询问法（问卷法）、直观法和仪器测量法。

（一）询问（问卷）法

询问（问卷）法是主试用口头或文字提问的方式，让被试回答技术动作的要领或完成动作的自我感觉，最后主试予以评分的方法。

（二）观察法

观察法是最常见的检测评价方法，也是对抗性和表现性运动项目的最基本检测评价方法之一。该方法对那些没有或不易用确定的测量单位的指标（定性指标）比较适用。

对直接观察的结果常用专家评定或比赛评定来决定其技术优劣。

专家评定是指特聘有某专门知识的人对某事物进行评价的方法，它分个人判定与集体评定两种。各位专家从各自的训练实践中对各类动作技术逐步加深理解，最终形成该动作的理想模式（经验模式），并以此为样本，对被选者的技术以口头或书面的形式发表看法、进行分析和评价。

专家评定的过程，包括以下几个基本阶段：即确定评定的目的、挑选专家、选择方法、征询意见、汇总整理等。

有经验的教练员，对运动员进行中的技术动作往往具有敏锐超常的观察力。即使在没有仪器设备的条件下，凭着直感就能以运动员动作外部形态为依据、对其技术动作进行判断。所以正确的经验判断是科学选材的重要组成部分，经验判断的有效性取决于选材者经验的正误与多寡。其不足之处是易受选材者主观因素的影响，且难于定量分析。

实践中常用一名专家的评分与一组专家的平均评分的差数来反映该专家的业务水平。一般认为该差数越小，则其业务水平越高。但不排除某些独特的新见解可能不会立即被别人理解的情况。

评定的方法很多，最简单的是比较排序法。即专家们将备选对象按由好到差的顺序给分，获总分越多（或越少）的人，其名次排列越靠前。

另一种常见的评定方法是成对比较法。它是采用备选运动员之间的两两相互比较，以确定名次或优劣（类似球类单循环比赛决定名次）的方法。

还有一种较复杂的评定方法是特尔菲法，是多位专家的评定的意见逐步趋向统一的方法。它有匿名性、多阶段性、可控制性、可检查评定质量等优点。

技术的观察法可用以下具体方法：

1. 在现场无特殊限制的正常条件下，对运动员在训练或比赛中的技术进行观察

2. 在现场有特殊限制的条件下，对运动员的技术进行观察

（1）缓慢完成动作法：是让被试放慢动作速度去完成某一技术从而观察其动作质量的方法。如武术运动员完成某一组动作时拖泥带水、动作不清时，可让他减慢动作节奏，从而细致评价其技术。

（2）全力完成动作法：是让被试按技术的要求，尽最大的努力去完成练习，从而观察评价其技术的方法。如让排球队员尽力扣球时就可能出现其在轻扣球时不易暴露的技术问题。

（3）模仿动作法：是让被试按技术动作的要求，徒手或不加防守地完成某一技术，从而观测评价其技术的方法。如乒乓球运动员徒手（持拍不击球）时完成正手拉弧圈球的技术动作，能在一定程度上了解该队员对某技术的理解和掌握程度。

(4) 分解完成动作法：是将某些较复杂的技术分解成几个部分，让被试完成局部或局部配合的练习，从而观察评价其技术状况的方法。如将篮球持球突破技术分成蹬地跨步、转体摆肩、运球加速三个技术环节，让被试做某一个环节的动作，从而对该队员的技术状况进行观察和评价。

3. 录像、图片分析法

录像、图片分析法是指将被试完成技术的情况拍摄成录像或图片，然后进行系统、细致地观察分析的方法。这种方法近年来使用很广，其优点是：

(1) 能如实地记录和再现运动员的动作；

(2) 可建立技术动作系列录像资料库，从而对运动员的技术进行动态分析；

(3) 利用停格和慢动作画面，可提高动作分析的可信程度；

(4) 排除比赛环境对观察者的影响，以免因情绪激动和全神贯注于某一精彩场面而发生观察错误。

(三) 仪器测量法

仪器测量法是指采用现代科技手段对进行中的动作直接测试，获取必要的人体运动学、动力学、形态学及功能解剖学等方面的参数，对技术进行精确的定量分析的方法。该方法可分为即时评价和非即时评价两类。即时评价多指由电子计算机控制检查过程与进行数据处理的自动化系统评价，其特点是现场测试，即时打印（或显示）检测评价结果。非即时评价是指在运动现场采集必要的信息（如应变波形曲线图、磁盘或磁带记录的数据信息等），然后进行加工处理的方法。

仪器测量法检测技术可分为光电法和机电法。光电法用于对运动员远距离技术测验，不妨碍技术的自然进程。其信息借助于光线或热辐射传输到记录装置中，如摄影法、录像法或录像解析法等。其摄像方向可正面摄影、侧面摄影和俯视摄影，可用单机（单一图片）分析，也可用多机（立体多片）分析。机电法由遥测装置、记录装置和计算装置组成，其精度首先取决于信息传感器的功能。传感器的类型很多，常用的是记录生物电的传感器和测量某生物力学特征指标（如力、加速度、速度、位移等）的传感器。

记录生物电的传感器（如心电图、肌电图），均用来测量有机体活动过程中产生的生物电现象。尤其是肌电图，可用于测定不同的肌肉参与某种运动的程度，研究运动行为的内在结构，揭示最合理和最有效特征，依此对运动员的技术状况进行分析和评价。

测量生物力学特征指标的传感器，最古老的是弹簧测力计、握力计、背力计等，方便但有局限性，其惯性大，不能反映快速动作中力的变化。新式的应变传感器是把运动器械或专门测力元件中的机械应力转变成电流，运动员所发挥的力引起元件机械形变，引起应变放大器中的电阻值和电压值变化，从而可迅速、准确地测量出力量等技术指标的变化。多方法、手段的联合运用可从多角度、多层次、多数量获取技术评价所需要的参数信息，弄清各环节及因素相互作用的实际情况，以确保分析和评价的无误。

运动技术选材中常用的参数与获取手段有：

1. 运动学参数与获取手段，包括对技术的空间特征、时间特征及两者共含的时空特征的描述（表 8–4）。

表 8–4　常用运动学参数

类别	常用参数
空间特征	位置坐标值（人体或某一环节的位置） 运动轨迹（动点在给定的参考系数中的几何位置）
时间特征	持续时间（动作过程运动时间的量度） 运动节奏（运动中各部分时间之比） 运动频率（单位时间动作重复的次数）
时空特征	速度（运动点位置坐标随时间变化的值） 加速度（描述人体或某一环节运动速度变化的时间量度）

依王萍 1988 年

提供运动学参数常用的手段有图片、图像分析和利用专门仪器直接测量两大类。

利用图片图像分析常用高速摄影影片、三维立体摄影、连续闪光摄影、高速录像图片、电子计算机模拟技术图像、图像解析仪等工具或方法。

利用专门仪器对速度、加速度、位移等进行直接测量时，常用的仪器有“短跑测速仪”“激光自动测试仪”“游泳速度遥测仪”“红外线分段计时仪”等。

2. 动力学参数与获取手段，包括对人体惯性特征、动力特征以及运动能量特征的描述（表 8–5）。

表 8–5　常用动力学参数

类别	常用参数
人体惯性特征	质量（人体平动时惯量的量度） 转动惯量（转动时人体或转动环节惯量的量度）
动力特征	力、力矩、力的冲量、动量与动量矩
运动能量特征	功、功率、动能、势能等

依王萍 1988 年

要获取动力学参数，除根据已知条件（如体重、速度、体长或环节长度等）进行推算外，目前多采用三维测力台或各种自动的测力装置进行测试。

3. 功能解剖学参数与肌肉生物电量检测。通过对主要工作肌群生物电活动的检测，可以确定完成动作时，有关肌群参与工作的方式和程度。此参数可通过生理学、解剖学有关知识或通过多道遥测肌电仪等方面获取。

三、不同运动项群（目）技术选材的特点

不同项目的技术有不同的内容和要求，这就形成了技术选材的不同特点。

（一）按预定动作参赛的项目

该类项目的共同特点是运动员严格按预先练就的动作参赛，完成动作时一般不受环境及对手的直接干预，具有很大的主动性。其技术选材时，主要以分析与判断单个动作、组合（成套）技术的合理性、先进性为主，对运动员进行中的动作形态、用力时间、方向量值及用力过程的合理性和运动中的功能解剖学特征等进行分析评价。

1. 以单一动作参赛的项目

(1) 周期性单一动作参赛项目

跑、游、滑、划、竞走、自行车等项目的共同特点是比赛动作呈周期性变化，动作结构较为简单，体能对运动成绩起主导体用，但技术质量也对充分发挥体能、创造优异成绩起作用。其技术评价有以下特点：

①对初学者要观察其动作的原始状态，观察其技术是否具有一定的自然优势和动作协调性，而到了相当的技术水平之后才采用技术检测活动。

②技术检测时对整个动作及各主要技术环节的分析研究要细致入微。

③技术评价时常须研究技术与水、冰、雪、空气等介质之间的关系，确定介质对技术影响的种类与量值。

(2) 非周期性单一动作参赛项目

田径中的跳、投及举重、射击、射箭等项目，其特点是动作单一、技术变化相对较慢，比赛时以一两个动作（或重复若干次）来决定成绩，因而对技术的要求极高，每一个环节的技术都关系重大。

选材评价时，要着重探查每一环节技术的实际效果及其与理想数据的差距。

2. 以成套或多个动作参赛的项目

体操、艺体、花样滑、花样游、武术、技巧、跳水等项目的特点是动作形式多种多样，难度发展快，新动作层出不穷，惊险创新、优美是成功的保证，高度复杂困难的动作常完成于转瞬之间，技术对比赛起主导作用，故选材时，技术评价的重要性更加突出。

该类项目的技术评价有以下特点：

(1) 从运动员动作技术的合理性及可观赏性进行全面考察，以技术质量为主，追求动作的尽善尽美，着重分析创新性、优美性、稳定性。

(2) 技术特征具有鲜明的个人特征，评价时要因人而异。

(3) 除对单个动作进行评价外，还应注意对动作之间的连接和成套动作的评价。

如对武术技术水平评价时，对完整动作的评价标准可概括为：定势动作看身型、步型，手法看方法，腿法看速度，跳跃看腾空，平衡看稳定，助跑看步数。而对其技术综合评价时，其要点可概括为：劲力看力点，协调看身法，精神看动作起、伏、转、折的配合和面部表情，节奏看快慢有序，风格看特点突出，结构看重点动作的排列和组织，布局看场地的运用范围。

（二）无严格预定动作参赛的项目

该类可分为格斗与球类运动两个大类。

格斗类项目如拳击、击剑、摔跤、柔道、散打等。动作的目的是击倒对手，使自己得分或防止对方得分。在规则允许的范围内，不管动作的观赏价值，以能达到目的的技术为佳。其技术评价的突出特点是在实战的强对抗中检验动作技术的实用性及合理性。常用各类反应时、测专项力量及速度的方法检测运动员的动作反应、力量、速度等参数。

球类运动又可分为同场对抗及隔网对抗两个次亚类。其完成各种动作技术均是为了得分或者不失误而运用的专门合法动作。该类项目的技术动作，依据经验可分为正规动作和应急动作。正规动作有通用的技术名称，动作要领清楚，有相对稳定的开始姿势和结束姿势，有相对稳定的动作方向、路线和幅度，有在一定范围内调节的动作力量、速度和节奏，从整体看动作是协调合理的。而应急动作，往往是在仓促和不得已的情况下采用的动作。它的特点是与正规动作相反，没有一定的技术标准，在日常训练中，这些应急动作也很少得到有意的训练。

在这些项目中，借助于专项测验来评价技术质量的准确性是非常有局限的，因为在测验过程中所测得的指标（如传、接、扣球的准确性）的完成条件与比赛环境中完成技术行为的条件差异很大，其信息价值一般都很小。尽管这样，技术测验仍有可取之处。其主要优点一是在没有比赛因素干扰下的技术水平可以较容易地测得；二是将这种测验结果与比赛情况相比较，就可能发现运动员的薄弱环节。如足球“绕柱运球”的测验，甲队员的测验结果胜过乙队员，但在比赛条件下，乙队员运球过人的能力却胜过甲队员。由此可见，乙队员关键在于提高轻松条件下的技术能力，而甲队员应提高他在有干扰因素条件下的技术行为水平（对抗性、隐蔽性、机动性等）。

直接在比赛中测评技术与平时的专项技术测评有本质差异。这些测评指标在很大程度上是由运动员的战术技巧和身体训练水平决定的，所以与其说是测评技术水平，不如说是测评技、战术和运动素质等综合水平。

根据不同运动项群（目）技术选材的不同特点，其技术测评指标也应不同（表8-6）。

表 8-6　不同项目技术测试指标举例

项群		项目	技术类别	测验指标
体能类	速度力量型	跳高	过杆技术效果	四步助跑过杆
	耐力性	游泳	技术动作效果	动作的频率、幅度、时间等各种运动学指标
	表现难美性	体操	难度、基本姿态	成套中难度动作数量，对完成动作的规格判定评分
技能类	表现准确性	射击	击发	击发动作的合理性及稳定性
	隔网对抗性	乒乓球	接发球能力	接发球成功率及回球威力统计
	同场对抗性	足球	控球能力	几个部位颠球次数稳定性及熟练性
	格斗对抗性	摔跤	进攻技术运用	主要技术使用次数及得分率

依田麦久 1988 年

四、运动技术选材评价的标准

该标准是对被测者的技术水平进行判定的标尺。不论采用什么标准，均力求做到切合本专项需要、切合本层次选材的要求，能客观准确地体现被测者的个体差异。常用的考核（评价）标准有以下两大类：

1. 客观评价标准

客观评价标准是指能用各种客观指标确定成绩（时间、速度、高度、重量等）的项目按其客观成绩制定相应评分的尺度。它是事先以各种方法制定出评分标准，对照被试的测验成绩（主要指达到的绝对成绩），算出相应得分。这种标准常以“达标”的要求出现。

2. 经验评价标准

经验评价标准是指依主试的主观经验对被试的技术状况作基本的定性（量）分析和评价的尺度。这种评价标准适用于难以依客观数据测量成绩和结果的项目（如体操、球类等）。这种标准常以“技评”的要求出现。

经验评价着重评定被试掌握技术的质量。它根据专项的特点、各技术的主要环节、可能出现的典型错误以及本层次阶段选材的不同要求，先拟订出各项目（内容）的经验评分标准。具体评定时有两种方法：一是整体地评定完成技术动作的质量（表 8–7），另一种是根据动作中某一个基本环节的技术要求和出现典型错误的具体情况进行评定（局部评定），如表 8–8 所示。可采用 100 分、10 分、5 分等评分制。

表 8–7 五级分制判定动作质量的标准示例

评定分值	完成质量程度
5 分	正确完成动作，动作轻松自然，协调准确，有节奏
4 分	能正确完成动作，轻松自然，但有 1~2 个错误
3 分	基本上能完成动作，有一个大错误或 1~3 个小错误
2 分	动作完成不正确，缺乏信心，不连贯，动作方向、轨迹不正确，有 2~3 个以上大错误
1 分	动作未完成

注：动作大错误：是指破坏动作的基本结构、方向轨迹等。
动作小错误：在动作的细节、幅度协调、节奏方面有缺陷。

表 8–8 10 分制评定动作质量的标准示例（体操）

	评定内容与要求	标准分值	典型错误	扣分分值
	半蹲、两臂后摆	1.0	直立两臂未后摆	0.3~0.5
男：鱼跃前滚翻	两臂由后向前摆起，同时两脚蹬地，身体向前跃起、身体在腾空时保持两臂前伸、含胸、髋高于头的姿势	4.0	两脚未离地手已撑垫，没有明显的腾空阶段	1.0~1.5
			在腾空阶段两臂、两腿不直，未含胸	0.3~0.5
	两手撑垫并迅速屈臂低头，团身向前滚翻起立	5.0	缓冲不及时，未低头身体展开（未团身）	0.5~1.0
			半滚翻起立或翻转过度	0.5~1.0

第二节 竞技战术选材

竞技战术是运动员或运动队在比赛中使用的各种方法的总合，或战胜对手而采取的计谋、行动。战术能力是竞技能力的重要组成部分，也是高层次运动员选材的重要评价内容。少儿或初学者，其战术意识和能力相对较低，随着年龄的增长和运动技术水平及身体能力的提高，战术能力会随之增加。战术能力高低对体能、技能、心理能力和智能的发展都有很大的影响作用。

对不同的运动项目，战术的重要程度有所不同（表 8–9）。

表 8–9 不同项目战术重要性的五级判别

竞赛人数	竞赛形式	战术重要性等级
集体	同场对抗、隔网对抗	5
个人	格斗对抗、隔网对抗	4
	同道争先	3
	分组竞速	2
	依次竞赛、竞远、竞重	2
	依次表现难美性	1
	独立表现准确性	1

依李安格等

不同的运动项目，其战术能力测试内容和指标也不同（表 8–10）。

表 8–10 不同项目专项战术能力测试指标举例

项群		项目	战术类别	测试指标
体能类	速度力量性	跳高	竞赛战术	起跳、免跳及递升高度的选择
	耐力性	游泳	速度感，体力分配	计时与自估数之差，分段计时
技能类	表现难美性	体操	临场准备	准备活动内容与选择
	隔网对抗性	乒乓球	发抢战术运用	得失率
	同场对抗性	足球	个人战术意识	比赛中传球时机及跑位意识统计
	表现准确性	射击	比赛时间控制	各组射击用时
	格斗对抗性	摔跤	战术运用	不同战术运用次数及成功率

依田麦久等

一、竞技战术选材的测评内容

竞技战术能力选材所包含的内容如图 8–2 所示。

战术能力选材内容 { 理论、行动、意识 } { 数量、质量、效果 } { 全面性、熟练性、先进性、创新性 }

图 8–2　竞技战术能力选材测评内容结构

(一) 战术意识

是指运动员在临场复杂多变的比赛中根据比赛的规律和各方面的情况，随机应变，有目的有预见性地决定自己或与同伴的配合行动和对付对手策略的思维活动。战术意识总要和运动员实践行为结合才能表现出来，行动的效果又反过来对战术意识的强弱进行评价。战术意识也包括接受战术教育和训练的能力。战术意识强，可以更快地学会多种战术并迅速提高战术质量，战术运用就灵活，更有针对性，更有利于掌握先进的战术和促进新战术的创造和绝招的形成。

(二) 战术理论知识

包括本专项的战术指导思想；运用战术的原则；各种攻、防战术的形式、阵形、套路和这些战术的优缺点；战术的发展、演变和今后的发展趋向；对付各种战术的策略及其有效范围；运用各种战术的前提条件；规则对战术的限制与要求等方面。

(三) 战术行动

1. 战术的质量

表现在以下四个方面。

(1) 全面性：表示运动员（队)的战术方案（手段）多样化及达到何等程度。

(2) 熟练性：适合本身特点的战术只有熟练，才能运用自如。

(3) 先进性：战术具有先进和落后之分，而且其先进程度不是一成不变的。其先进程度还依据对方是否适应为前提。

(4) 创新性：包括别人没有的新战术或在某种共有的战术上比别人有独到之处。这种战术创新可使战术质量达到全新的高级阶段，从而最能体现战术能力的飞跃。

2. 战术的数量

运动员（队）所掌握的战术步骤和方案数目，叫做战术总量（数量)。许多竞技体育项目（尤其是同场对抗的项目）中，运动员都会遇到各种各样的对手，同一个对手也常会变化使用多种战术。因此，一名优秀的运动员，必须在把符合自己特点的、能形成绝招的战术作为重点的基础上来掌握多种战术，才有可能提高应变能力，争取战术运用的主动权。

运动员（队）所掌握的战术步骤和方案数目，叫做战术总量（数量）。在比赛条件下使用的战术步骤和方案叫做比赛战术量。比赛战术量总是低于战术总量。

原苏联学者乌特金将战术分成单调型、突发型、诱惑型和保险型四类。不含突然性因素而对比赛结果无决定性影响的战术，称为单调型战术（如足球赛中的多数运球、短传和横传）。突然的有一定冒险性的战术（如断球、底线传中、一过二突破等）称为突发型战术。用来隐蔽自己真实意图的战术称为诱惑性战术（如足球队员不带球冲刺，以转移对手对真实进攻方向注意的“声东击西”）。而只用来防止对手可能发起的进攻或反攻的战术，称为保险型战术。

若在训练时，运动员常常可显示多种多样的战术，而比赛中能够运用的战术却很少，且大多数表现为单调型战术，这证明运动员的战术训练水平还不够高。

3. 战术效果

战术效果主要指该战术运用与该战术最佳方案的接近程度，表现为能否运用该战术达到既定的目标。

在评价战术效果时，要依实际提出的目标来分析。如一种目标是表现出自己的最好成绩，这时应视其能否选择合理的战术方案，以最大的概率取得最好成绩。另一种目标是战胜具体的对手，这时不存在对于一切情况皆合理的战术方案，一切皆取决于运动员及其对手的个人特点。战术效果是由运动员的具体战术技巧来表现的，战术越接近最优（合理）方案，战术效果越高。

在周期性运动项目（如跑）中，应当怎样分配力量才能在规定的时间内以最低的能量消耗或以最短的时间跑完全程？可采用的战术方案常有：匀速跑、减速跑、加速跑、途中匀速而起点和终点加速跑。而对于长跑，较为合理的力量分配方案是匀速跑。

评价战术效果最简单方法是计算该战术方案的成功率（即该战术方案成功与失败的百分比）。在理想的情况下，每一合理的战术，其运用结果应是成功的。但这种方法的不足之处是没有考虑到对手的适应情况，且很难说某一战术要经过多少次失败才算不合理。

依此分析，战术效果可分为理论效果和实际效果。理论效果是分析本方和对手的情况后而设计的最理想的战术效果，实际效果是在比赛中运用某战术而获得的真实效果。

二、竞技战术选材的测评方法

（一）心理测定法

运动员战术活动的心智能力（如表象能力、动觉能力和思维能力等）与战术能力有紧密的联系，战术的思维活动都是与操作行动相联系、且具有敏捷性和灵活性特点，几乎在“一瞬间”就要完成几套战术的思维。

战术思维和神经类型特点有着密切的关系：

1. 具有惰性神经过程的运动员，比赛中虽然能对不断变化的情况作出预测，改变行动计划，但一般都表现出预测情况不及时，改变行动较慢，甚至来不及完成战术行动。

2. 具有不平衡性神经过程的运动员，比赛中往往不能冷静地评定环境的全部特点，易为一些情境所迷惑，不冷静，易于过早地暴露自己的真实意图，有时还以希望代替现实，若习惯某一战术，常一味实施，输到底还不服，执意不变。但有时不受情绪影响时，某战术的敏捷性、灵活性也较好。

3. 具有灵活性神经过程的运动员，其战术的预测、敏捷、灵活能力均较好，但有时持久性不足，注意力易分散，稍有不顺，就乱用战术。

对于体能类运动项目，选材时尚可选那些具有惰性神经过程的运动员，但对于技能类尤其是对抗性项目，最好选具有灵活性神经过程的运动员。竞技战术选材中的心理测定法还有对运动员的认知、思维、记忆、情感及意志品质的有关测验。

（二）询问（问卷）法

此法是用口头或文字形式来了解运动员战术意识和战术理论的方法。

它可用口头提问、书面提问来进行，书面提问又有问答题、填空题、是非题、选择题、图示解答题等多种类型。

（三）观察法

观察法主要指主试在训练或比赛中实地观察和评价备选运动员的战术能力表现的方法。可观察单一战术配合也可观察综合战术配合，依主试要求而定。直观法也可用电影、录像进行实战观察，让被试回答战术名称、配合要求及预测比赛发展进程，这时主试的专项经验和理论知识就显得十分重要。必要时可组织许多专家来共同视察，分别评分，以便准确地对被测队员的战术能力进行评价。

在训练和比赛中观察队员的战术能力时，应考虑到成队或成对队员的配合，如甲队员在行进间向乙队员做了准确的、有战术根据的传球，并向该战术要求的方位行动，但乙未能正确理解甲方的意图，迟迟未与配合，则失误应记在乙队员身上。诸如此类的“策应”配合，主试均应全面地观察策应配合的位置、距离、策应队员的摆脱抢位、传球队员的传球时机与到位情况、策应队员接球后的动作等，以便确定被测者在策应配合中的战术能力。战术观察评价法的其他部分内容可参考“技术观察评价法”。

（四）仪器分析法

使用仪器测量可以大大提高反映战术训练水平各项指标的可靠性，减轻测试人员和工作人员负担，提高工作效率。

在周期性运动项目中，可采用自动装置来测量运动员的全程行进速度，以及使用模拟比赛条件的练习器（自行车测力器、划船训练池、转动跑道、流体动力训练池）来观察其体力的分配和速度的变化。在球类或其他对抗项目中，仪器设备法主要用于运动员战术思维测评和比赛活动的速记。

战术思维测评装置，由幻灯（或录像）、投影机、计算机和键盘控制器组成。测验时，在屏幕上给运动员放映一组摄自比赛不同时机的幻灯片或录像，受试者每看到一张图片时，必须尽快地作出判断，并迅速按动相应的键以示自己的战术决策，计算机将自动累计决策时间和判断错误的次数。决策是否正确，可以用事先制定的标准答案进行比较来确定。

如果采用有多个键（钮）的专门统计装置，可做现场战术速记。每个键（钮）代表一定的战术类别，连接计数器，能更可靠和客观地统计出战术运用情况，以便随时分析。

测验运动员（尤其是球类运动员）的战术意识，还可用练习器——在比赛场地的小型沙盘模型里用不同颜色的灯来表示运动员，通过开不同组合的灯把对方球队的具体战术情况表现出来，这时被测运动员要选择切合这一情况的战术对策，按想要按的开关。如果战术对策正确，模型上的灯就熄灭，反之灯就继续亮着，直到选择出正确的战术对策。练习器上装有电子计算器，可计算寻找正确对策所花费的时间。

周工、邱宜均等曾用战术思维微机模拟测评实验，对篮球运动员的战术思维的预测性、及时性和准确性等指标进行评价，可用做选材时参考。此实验方法如下：

1. 仪器

(1) 计算机和兼容便携机。

(2) 系统组成

①硬件：软盘、操作系统为键盘。输出设备为打印机，终端设备为显示器。

②系统软件：高级 BASIC 解释程序。

③动画图形：指在屏幕上显示出的画面或画面中的一部分能够按战术规则要求进行相应的变动。操作过程由程序完成，类似动画影片的制作过程。

2. 测试条件和实验程序

室内进行，被试坐在距屏幕约 0.5 米处，平视，操作键盘于显示屏前。当被试在领会了主试的指示语后，练习一次，测试时，主试发出“准备”口令，被试注视屏幕，当战术场景呈现后被试立即判断并按下相应的操作键。三套完整战术各测 3 次，共 9 次。

计算机自动计算决策时间和判断正误的次数，操作后很快可得到计算结果。其结果的评价是与专家系统评定模式进行比较后得出的。该实验结果（此处仅选其中两个结果）表明：

A. 不同训练程度的运动员，其战术思维测试指标是不同的（表 8–11）。

B. 篮球运动员的战术思维的发展并不随年龄的增长和训练年限的增加呈直线上升趋势，它与人的思维发展过程较为一致（表 8–12）。

表 8–11　不同训练程度的运动员几项指标的比较

		优秀运动员	一般运动员	篮球专选组	非篮球专选组
判断时（秒）	$\bar{x}$	1.655	1.830	2.052	2.403
	S	0.499	0.614	0.638	0.937
判断准确性得分	$\bar{x}$	3.438	3.361	3.354	3.151
	S	0.329	0.340	0.295	0.305
综合评定值	$\bar{x}$	1.171	1.091	1.021	0.828
	S	0.251	0.310	0.280	0.238

表 8–12　不同年龄运动员战术思维综合评定值比较

年龄分组	16~18 岁	19~20 岁	21~22 岁	23~24 岁	25~26 岁
$\bar{x}$	1.18	1.21	1.14	1.03	1.04
S	0.374	0.349	0.268	0.190	0.197

他们又用离差法制定出女子篮球运动员各级别的评分标准（表 8–13）。

表 8–13　评分标准

战术思维综合评定值指标	战术思维综合评定五等级的评分标准			
	等级划分	比　例	等级评定范围	等　级
n　110	$\bar{x}$+1.5S 以上	10.91%	1.560 以上	上等
	$\bar{x}$+0.5S~$\bar{x}$+1.5S	18.18%	1.269~1.559	中上
$\bar{x}$　1.124	$\bar{x}$–0.5S~$\bar{x}$+0.5S	37.27%	0.979~1.268	中等
	$\bar{x}$–1.5S~$\bar{x}$–0.5S	20%	0.689~0.978	中下
s　0.290	$\bar{x}$–1.5S 以下	3.64%	0.688 以下	下等

第三节　主要运动项群（目）技能选材测评内容和方法

一、田径项目技能选材测评内容和方法

对运动员技术质量的测评，用生物力学手段才能进行定量分析，但由于条件限制而很难普及，故目前主要采用专项成绩、对运动员几年训练比赛成绩的跟踪观察、专项成绩提高的速度及专项与素质的提高速度的相互关系来间接地评定其技术质量。

1. 短跑和中长跑类

（1）专项成绩：按田径竞赛规则要求进行。

（2）教练员评定

①柔韧性、协调性和灵活性：柔韧性、协调性和灵活性，反映运动员的协调能力和随机应变能力，以及掌握和学习新技术的情况。优秀的运动员都应该是比较灵巧的。

②接受能力和智力水平：运动训练要求运动员能够及时、准确领会教练员的意图和目的，并准确无误地执行，以达到良好的训练效果。比赛中临场的变化也要求运动员具有一定的思考分析能力，作出正确判断，尽力发挥水平。要求运动员具有良好的智力水平，任何头脑简单的人，都不可能应付错综复杂的激烈比赛场面而最终难以成为优秀运动员。

③跑的技术合理性：运动技术评定的一个重要标志，就是技术的合理性。运动员的技术要适合专项技术特点并具有个人的特点，适合于个人的素质水平，跑得自然、放松。

④意志品质、比赛和训练作风：运动员是否具有吃苦耐劳、勇于进取和比赛中不畏强手、遇到困难时不低头的顽强意志品质，是评定一名运动员能否成材的关键因素。运动员具备顽强意志品质，才能够自觉地积极地进行艰苦的训练。

2. 跨栏专项类

跨栏技术包括栏间跑技术和过栏技术两大部分。二者的协调、自然、快速的衔接，是取得优异成绩的必要条件。

（1）专项成绩：按田径竞赛规则要求进行。

运动员专项成绩是运动员专项技术水平、专项素质水平和其他专项能力的综合反映。经过一段时间的练习后，专项成绩的好坏和提高的幅度，直接反映运动员的专项可训练性和运动潜力，是选材的重要指标。

选材中，通过对运动员训练、比赛成绩的跟踪观察，并通过对其专项成绩的速度以及专项素质的提高速度的相互关系等方面的分析对比，可发现运动员的专项发展潜力。起点低、但提高速度快、并且仍处于不断提高阶段的运动员，有可能成为一名优秀选手。而起点较高、但提高速度较慢的、甚至停顿的运动员，其发展潜力较小。

（2）专项技术：现代跨栏技术已由“跨”栏发展为“跑”栏技术。因此运动员的跨栏技术好坏对于成绩取得起着重要的作用。用跨栏跑的专项成绩与相同距离平跑成绩的差值，查评分表进行评定，可客观反映运动员的跨栏技术水平和专项技术效果，差值越小，技术越好。一般情况下，优秀运动员的跨栏与平跑成绩差值为 2~3 秒。

（3）教练员评定：由于现代科学技术发展和人们认识事物的局限，对某些方面的评定尚无法采用定量方法进行。教练员通过长期的实践，积累了大量的选材经验及专项教学训练经验，因此，选材中教练员的经验评定与测试的有机结合，可以更全面地反映运动员的各方面情况。教练员评定包括五个方面：

①节奏感、协调性、柔韧性和灵活性：节奏感反映运动员栏间跑节奏的掌握。协调性、柔韧性和灵活性反映运动员的协调能力和应变能力，以及学习掌握新技术的情况。

②接受能力和智力水平（同短跑和中长跑）。

③跑跨技术合理及熟练程度：运动技术评定的一个重要标志，就是技术合理性。运动员的技术要适合专项技术特点并具有个人特点，适合于个人的运动素质水平。技术熟练程度的好坏，反映运动员正确技术动力定型的巩固程度，高者在各种比赛场合中能自如地发挥水平，取得良好成绩。

④意志品质、比赛训练作风（同短跑和中长跑）。

3. 标枪

（1）原地投枪（标枪运动员专项技能测验）

详见第五章第二节一之 23。

（2）专项技术

①专项成绩：按竞赛规则要求进行。在制定专项成绩的评定标准时，不仅考虑各省市少年运动员的测试数据，而且还充分考虑了儿童少年身体生长发育的规律。实践证明，不能对儿童少年运动员过早地提出过高要求，应将重点放在全面训练、打好基础，使专项成绩保持稳步增长。

②专项技术效果评定：在掷标枪中，通常把全程助跑投枪成绩减去原地投枪成绩的差值，查相应评分表进行评定。这一差值越大，说明助跑速度损失越小，技术效果较好。世界优秀男子运动员这一指标可达 30 米以上，女运动员可达 22~24 米。因此，采用这一指标可以较为真实、客观地反映出运动员的技术状况。

（3）教练员评定：对投掷技术自然合理、协调性、灵活性、接受能力、智力水平、意志品质、比赛和训练作风进行评定。

4. 铅球

（1）原地推铅球（铅球运动员专项技能测验）

详见第五章第二节一之21。

(2) 专项成绩：按田径竞赛规则要求进行。

(3) 技术效果评定：在技术效果评定时，通常以滑步（旋转）投成绩减去原地投成绩的差值，查相应评分表进行评定。这一差值越大，说明运动员的投掷技术较好。优秀铅球运动员这一指标可达1.5~2.5米。采用这一指标可以较为真实、客观地反映出运动员的技术状况。

(4) 教练员评定：对投掷技术合理、自然、协调性、灵活性、接受能力、智力水平、意志品质、比赛和训练作风进行评定。

5. 铁饼

(1) 原地掷铁饼（铁饼运动员专项技能测验）

详见第五章第二节一之22。

(2) 专项成绩

按竞赛规则要求进行。在专项成绩的评价中，各等级的得分比重在不同年龄阶段有所不同。在12~15岁组，低于身体形态类指标的得分。在16~17岁组，低于运动素质的得分。避免过早追求专项成绩的倾向。

(3) 技术效果评定

通常以旋转投成绩减去原地投成绩的差值，查相应评分表进行评定。这一差值越大，说明运动员的投掷技术较好。优秀铁饼运动员旋转投比原地投远8~12米。因此，采用这一指标可以较为真实、客观地反映出运动员的技术状况。

(4) 教练员评定

对投掷技术合理、自然、协调性、灵活性、接受能力、智力水平、意志品质、比赛和训练作风进行评定。

二、游泳项目技能选材测评内容和方法

（一）纵跳

（游泳运动员专项技能测验，其他项目为素质测验）

使用仪器：纵跳板。

测试方法：受试者站在纵跳板的固定点上，也可按自己的习惯站立姿势站在纵跳板上。将尼龙绳系在受试者腰部（脐上部位），再将系着皮尺的尼龙绳拉直，把纵跳板上与绳接触的游标移至零位。纵跳时先下蹲，再摆动两臂伸直膝关节，垂直向上跳起。跳3次，取最好一次的成绩，记录以厘米为单位。

（二）专项成绩

根据游泳竞赛规则进行测验。通过四式各种距离的测验成绩，综合反映游泳运动员的专项能力，全面观察运动员的速度及速度耐力素质，了解运动员的动作连贯性、协调性和节奏感以及全身力量发展。

（三）教练员评定

教练员经验评定纳入选材评价体系，重点考察游泳运动员的水性和专项能力。以确

保综合评价结果的科学性。

三、举重项目技能选材测评内容和方法

（一）卧推

（举重运动员专项测验，其他项目为素质测验）
详见第五章第二节一之7。受试者骨龄在16~17岁测此指标。

（二）深蹲

（举重运动员专项测验，其他项目为素质测验）
详见第五章第二节一之9。受试者骨龄在16~17岁测此指标。

（三）抓举

（举重运动员专项测验，其他项目为素质测验）
详见第五章第二节一之10。受试者骨龄在16~17岁测此指标。

（四）后蹲

（按专项训练的动作要求进行测验）
该指标反映运动员背肌、腰肌、特别是腿部的肌肉力量，是除臂部外全身肌肉力量的综合反映。它的好坏直接影响抓、挺成绩，是举重运动员选材的一个必不可少的重要指标。

（五）总成绩

（按举重竞赛规则要求进行测验）
该指标反映运动员技术、力量、素质和心理等方面的综合能力。

四、体操项目技能选材测评内容和方法

（一）30米跑

测验方法与田径相同，但要求穿运动鞋，不穿钉鞋。

（二）立定跳远

测验方法同田径但在体操垫或自由体操场进行。

（三）引体向上

场地器材：单杠。
测验方法：在单杠上正握直膝并腿悬垂开始，双臂同时用力引体至下颌过杠，然后伸直臂至悬垂为一次。
男子6~9岁和女子6~11岁连续做，计次数。
男子10~12岁为30秒钟计次数。

注意事项

1. 拉伸过程中不能屈腿蹬腿，否则该次不计入总数，可以继续做。

2. 拉引过程中，男子 9 岁以前允许有小的摆振，但不能形成摆动，男子其他年龄和女子不允许有摆振。

3. 每次都要以直臂悬垂开始，引至下颌过杠。若有摆动，测试人员可帮助稳定。

（四）悬垂举腿

详见第五章第二节一之 6。

（五）提倒立

详见第五章第二节一之 15。

（六）体前屈

详见第五章第二节四之 3。

（七）后桥

场地器材：地毯或垫子、直尺或皮尺。

测验方法：受试者两脚同肩宽，向后下桥，两手同肩宽撑地，直膝，髋部尽量上顶，拉开肩关节，手脚尽量靠近。测量足跟至掌跟之间的最近距离。以厘米为单位，取小数点后一位。

注意事项

1. 必须直膝后再测量。

2. 也可以仰卧垫上，屈腿起成桥，尽量顶髋。

（八）专项技术测验

场地器械：体操训练或比赛场地和器械。

测验方法：选用男女体操教学训练大纲的各个年龄组的单个考核动作，按日历年龄进行考核。大纲中不同年龄规定了若干个基本动作进行年度考核，小年龄组只考核部分项目。选材考核，除各训练阶段的最后一年可考核成套动作外，其他年龄组只考单个动作，以避免同一训练阶段不同年龄运动员由于能力和动作熟练程度的不同出现的差别。选材考核，不与比赛结合，以避免某些偶然性和评分的差别。考核时组织 4 名以上的教练员和裁判员组成裁判组，按体操规则和大纲要求评分，每项多个单个考核动作的平均分为该项的考核得分。各个项目得分的平均分为选材技术考核得分。将技术考核得分，按运动员的骨龄对照评分表，查到运动员技术考核得分等级和选材的加权得分，这才是技术考核的选材分。

注意事项

1. 考核的动作是运动员日历年龄规定的考核动作，但是按骨龄进行计算选材加权分，是为了选材和训练一致。

2. 运动员必须考核全部规定的考核动作。

3. 动作可以单个做也可联合做，除成套动作外，都要按单个动作进行评分。

4. 原则上只做一次动作，如有明显的偶然失误，最多可做第二次。

5. 裁判组必须客观地评分。一方面从整体评价，按不足 8 分为不及格，8~8.95 分为及格，9 分以上为优秀的标准进行评分。另一方面，又要从具体的技术和完成情况评价得更细，分出优劣和差别。

6. 选材的技术考核，应主要评价动作技术的正确性、先进性和准确性。在此基础上按完成的情况进行评分，避免只重视完成情况而不重视技术规格的现象。

各年龄组技术考核动作（按日历年龄）

男子：

六岁组

自由体操：①侧手翻 ②前手翻 ③踺子 ④原地后手翻 ⑤提倒立（稍停）

跳马：①小山羊分腿腾越 ②助跑起跳团身前空翻（垫子高度 60 厘米）

双杠：支撑摆动

单杠：悬垂摆动

七岁组

自由体操：①踺子接后手翻 ②踺子接后手翻 2~3 次 ③头手翻 ④助跑挺身鱼跃前滚翻 ⑤提倒立（停止 3 秒以上）

鞍马：山羊正撑全旋

吊环：悬垂摆动

跳马：①助跑起跳团身前空翻（垫子高度 1 米） ②起跳后摆手倒立（垫子高度 1 米）

双杠：①直角支撑 ②支撑摆动 ③悬垂摆动 ④支撑摆动经手倒立

单杠：①悬垂起摆 ②悬垂摆动

八岁组

自由体操：①踺子接后手翻 4~5 次 ②踺子后手翻接团身后空翻 ③助跑团身前空翻 ④前手翻接挺身鱼跃前滚翻

鞍马：①山羊侧撑全旋 ②山羊全旋转体 180°

吊环：①悬垂摆动 ②悬垂摆动直体前空翻下

跳马：前手翻躺高垫（垫子高度 1 米）

双杠：①支撑摆动手倒立 ②直臂屈体分腿慢起手倒立 ③长振屈伸上

单杠：①向后大回环 ②悬垂摆动团身后空翻下

九岁组

六个项目“大纲”规定的成套动作进行考核。

十岁组

自由体操：①踺子后手翻接直体后空翻 ②跺子接团身前空翻 ③前手翻接团身前空翻 ④双脚起跳的前手翻（前小翻）接团身前空翻

鞍马：①山羊正撑托马斯全旋 ②低马环上全旋 ③低马头全旋 ④单腿同侧全旋

吊环：①手倒立（分腿靠带） ②向后转肩

跳马：横马前手翻（马高 1.25 米）

双杠：①长振屈伸上后摆手倒立 ②经手倒立的支撑摆动 ③跳起后上成悬垂

单杠：①悬垂摆动后摆上 ②正转反

十一岁组

自由体操：①踩子接屈体分腿侧空翻 ②直体后空翻转体 360° ③踺子小翻接快速后空翻 ④团身前空翻两脚依次落地接踺子后手翻

鞍马：①低马马头托马斯全旋 ②低马反马头全旋 ③环上全旋转体 180° ④侧撑后单环全旋

吊环：①慢起手倒立（分腿靠带） ②向后高转肩 ③悬垂摆动团身后空翻两周下

跳马：纵马前手翻（马高 1.20 米）

双杠：①向后大回环 ②前或后空翻下

单杠：①直体后空翻下 ②正掏 ③正转反

十二岁组

六个项目“大纲”规定的成套动作进行考核。

女子：

六岁组

高低杠：①悬垂摆动 ②长振屈伸上成支撑

技巧：①连续团身前滚翻 ②手倒立前滚翻 ③团身后滚翻 ④原地侧手翻 ⑤双腿后软翻 ⑥前软翻

七岁组

四个项目“大纲”规定的单个或成套动作进行考核。

八岁组

跳马：①原地及行进间的高抬腿练习 ②后蹬跑练习 ③加速跑练习（20~30 米）④10~15 米上板起跳团身前空翻（翻入海绵坑或海绵包） ⑤前手翻推手躺垫

高低杠：①由倒立下浪接屈伸上并腿后摆成倒立 ②高杠悬垂前摆屈伸上后摆成倒立 ③腾身回环成倒立 ④向后大回环

平衡木：①大分腿跳（希松跳） ②单腿站立向前转体 360° ③手倒立（纵木） ④前软翻成桥点木接后软翻 ⑤后手翻（单双腿落木均可）

技巧：①后滚翻经直臂手倒立落胸滚 ②挺身鱼跃前滚翻 ③原地连续后手翻（3 个） ④原地团身后空翻 ⑤踺子接连续后手翻（2~3 个） ⑥踺子接后手翻团身后空翻

九岁组

按四个项目“大纲”规定的单个或成套动作进行考核。

十岁组

跳马：①加速跑练习（20~30 米） ②起跳站高垫（垫高 1.0 米） ③前手翻转体 360°

高低杠：①高杠悬垂短振屈伸上后摆成倒立 ②腾身回环转体 180°成倒立

平衡木：①猫跳 ②双脚跳转 270°（纵或横木） ③踺子接直体后空翻下

技巧：①双腿鱼跃前手翻 ②前手翻接鱼跃前滚翻 ③助跑团身前空翻单足落 ④原地团身后空翻转体 360° ⑤踺子接后手翻直体后空翻转体 360° ⑥踺子接后手翻快速后空翻接后手翻团身或直体后空翻

十一岁组

跳马：①加速跑练习（20~30 米） ②前手翻转体 540°或跳起转体 180°屈体后空翻或踺子后手翻屈体后空翻

高低杠：①高杠悬垂短振屈伸上后摆倒立转体 180°成倒立　②分腿支撑后回环成倒立（“正掏”）或分腿支撑前回环成倒立（“反掏”）　③向前大回环（并腿）　④高杠倒立杠中落下前摆团身后翻两周下或高杠反握倒立前翻杠中下摆后摆团身或屈体前空翻下

平衡木：①木端助跑双脚起跳上成蹲立　②侧跨跳　③单腿站立向后转体 360°　④后手翻接屈体后空翻或后手翻接拉拉提空翻　⑤踺子接直体后空翻 360°下

技巧：①双腿鱼跃前手翻　②前手翻接团身前空翻　③团身前空翻单足落接踺子后手翻团身或直体空翻　④原地团身后空翻接回龙团身前空翻　⑤踺子接直体后空翻转体 540°　⑥踺子接后手翻直体后空翻回龙团身前空翻

十二岁组

四个项目均按“大纲”规定的单个或成套动作进行考核。

另外，男女日历年龄超过 12 岁的运动员仍用“大纲”12 岁成套动作进行考核。

（九）教练员评定

1. 教练员评定的内容和分值

为了使教练员的评定比较一致，在教练评定一类中规定对六个方面进行评定，满分为 15 分，其评定内容和分数分配如下：

(1) 肘关节直，肩关节开，膝关节直，脚面直，不塌腰（5 分）。教练员根据运动员的缺陷程度进行扣分，最多只能将 5 分扣完。扣分后剩余的分数为该项得分。

(2) 总体印象。包括运动员形态、气质及其他方面（2 分）。其中好的得 2 分、中等得 1 分、差的为 0 分。

(3) 意志品质、临场发挥（2 分），其中好的得 2 分、中等得 1 分、差的为 0 分。

(4) 协调性、接受能力（2 分），其中好的得 2 分、中等得 1 分、差的为 0 分。

(5) 基本技术的全面性和规范性（2 分）。其中好的 2 分、中等 1 分、差的为 0 分。

(6) 技术项目和运动素质有无特长或特短（2 分）。有特长无特短得 2 分，无特长也无特短或有特长也有特短得 1 分，无特长有特短得 0 分。

评定工作由了解运动员情况的教练员进行，并应得到教练组的审查认可。

2. 注意事项

(1) 评定工作必须实事求是，认真负责。虽然这是一种主观性的判断，但是只要进行深入细致观察和分析是可以进行较为准确的判断的。

(2) 为了使不同的教练在评定工作中有比较统一的评定标准，必须按要求的六个方面进行评定，不能增加也不能减少。教练评定的满分为 15 分，但不能超过，也不能改变六个方面的分数分配方案。

(3) 对特长和特短的掌握要严格，在此不是指运动员本身相对的强项或弱项，而是有与众不同的长处或有显著的缺陷。

五、篮球技能选材测评内容和方法

篮球技术分为进攻技术和防守技术两大部分。进攻技术有传接球、投篮、运球、持球突破等；防守技术有防守脚部动作、抢球、封球、断球等。各类动作又有许多具体不同的方法，各种动作方法又都可能在不同条件下完成。因而，在设计技术测试内容时，应充分考虑技术的结构体系。

（一）十字跳

场地器材：在平坦的地面上，画两条相互垂直的交叉线，形成四等份，并标明 1、2、3、4 四个区，秒表一块（图 8–3）。

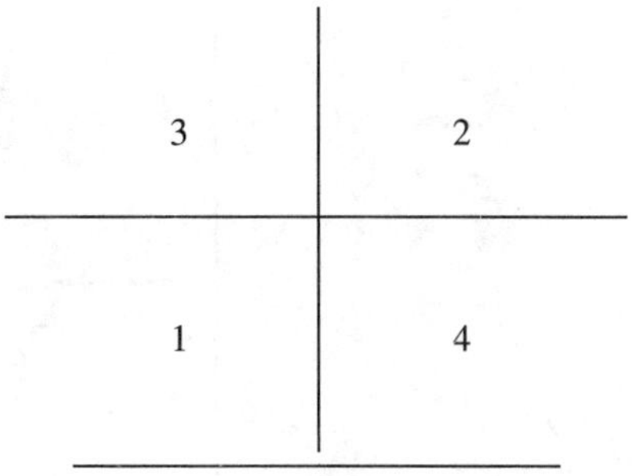

图 8–3 十字跳测验场地示意图

测验方法：受试者听到口令后，由起点用双脚跳入 1 区并连续依次跳至 2、3、4 区。计 10 秒钟内跳的次数及跳错次数（包括跳错格、踩线、双脚未同时落地等）。每跳一次计 1 分，跳错扣 0.5 分，以得分多少记录成绩。

注意事项

1. 测试前可让受试者试做两次以熟悉方法。

2. 受试者因故中断而影响成绩时，允许重做一次。

（二）两分钟投篮

两分钟投篮是看运动员在两分钟内投中的次数。其特点是要求运动员在快速移动和有一定强度条件下完成投篮动作，同时有一定的时间限制，增加了运动员在投篮时的心理压力，这与比赛的要求基本吻合。

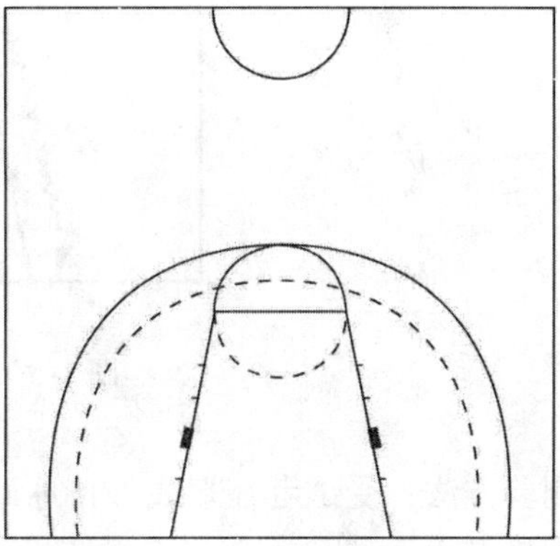

图 8–4 2 分钟投篮测验场地图

场地器材：中锋组和 12~13 岁组，以端线中点为圆心、5.80 米为半径画一半圆，其余均在三分线外投篮（图 8–4）。

测验方法：受试者持球，听信号后在限制线外投篮，自投自抢，抢得篮板球后至限制线外再投。计 2 分钟投中次数。

注意事项

1. 必须在限制线外投篮，但允许跳投球出手后，落地脚踩线。

2. 遇特殊情况影响投篮成绩时允许重测一次。

（三）综合运球

运球技术因外部形式的变化可划分为许多种类。这些方法依比赛中不断变化的情况有各自的作用。本标准是以转身、胯下、转身、背后、体前为动作顺序，要求按一定的路线尽快完成运球动作的测试方法。它是一种考查运球技术熟练程度的行之有效的方法。

场地器材：28 米 × 15 米篮球场进行，全场设 B、C、D、E、F5 个障碍。B 点位于弧顶延长线，距边线 3 米处，C 点位于中圈中心，D 点于另一弧顶延长线距边线 3 米处，E 点于罚球区第一分位线上，F 点于弧顶中点（图 8–5）。

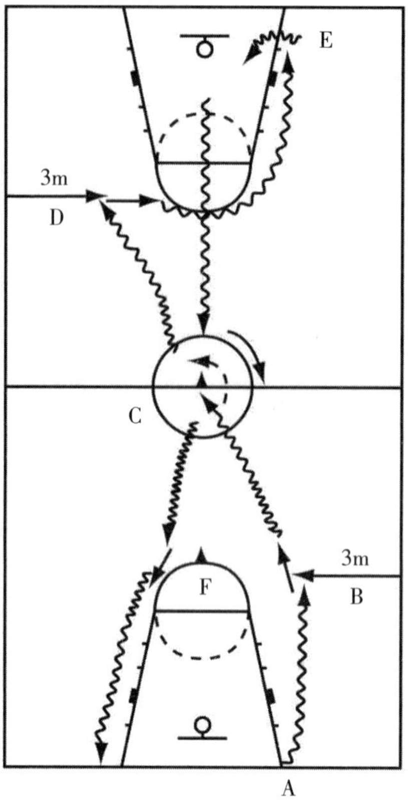

图 8–5 综合运球测验场地图

测验方法：受试者在端线外持球站于 A 点，听口令后用右手运球至 B 点做运球转身变向换左手运球，运至 C 点做胯下运球变向换右手运球，过 C 点障碍后随即做体前变向运球换左手运球至 D 点，再做运球转身变向换右手运球按逆时针方向绕过 E 点，至 C 点做背后运球变向换左手运球，至 F 点时做体前变向运球换右手运球，最后运球冲出端线。计完成综合运球的时间。

注意事项

1. 必须按规定的路线及方法在距障碍前一米的区域内变向完成全程运球。

2. 不得两次运球或走步。

（四）四种方式传球

由于传球是一项较为复杂的技术，判断传球的好坏主要从传球的及时性、准确性以及传球动作的隐蔽性来考虑。但由于目前测试手段的局限，我们对传球的测试仅能从传球的速度与准确性来评定。随着测试手段的不断完善，今后如能把静止传球方法与移动的传球和突变的传球目标相结合，将更能反映篮球运动中的传球特点。

场地器材：在平整的墙面上（或在纸上画后贴于墙上）画 4 个半径为 15 厘米的圆圈为传球目标。A、B、C 三圆离地面 1.6 米，相距 0.5 米。在 A 圆正上方离 A 圆圆心 0.6 米处画 D 圆。在距墙 2.2 米处画一横线为限制线（图 8–6）。

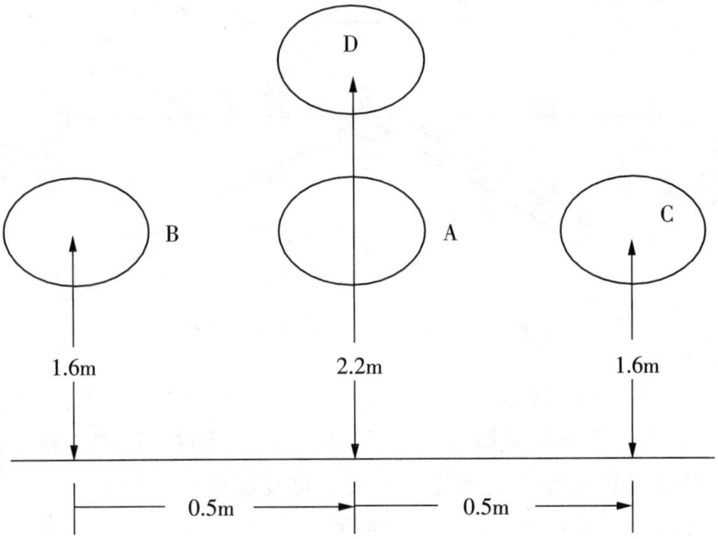

图 8–6 四种方式传球测验场地示意图

测验方法：受试者在限制线外持球站立，听口令后开始用双手头上传球方式向 D 圆传球 10 次；再用双手胸前传球方式向 A 圆传球 10 次；而后用单手胸前传球方式分别用左、右手向目标 B 圆和 C 圆各传球 10 次；最后用单手体侧传球方式分别用左、右手向传球目标 B 圆和 C 圆各传球 10 次。计完成全部传球的时间。

注意事项

1. 传球时应击中目标 10 次才能进行下一种方式传球。
2. 球击中圆圈边缘即为击中，传球时不得超过或踩限制线。
3. 测试人员在受试者每传一次时应读出传球次数。未击中时重读一次原传球次数，当读完第 10 次时方能进行下一种方式传球。
4. 受试者完成最后一次传球且接到球时停表。
5. 各种传球方式的技术动作规格应严格要求。

（五）防守滑步

现代篮球运动的发展，对防守提出了越来越高的要求。要想取得比赛的胜利，就必须要有强有力的防守。而成功的防守，又取决于灵活快速而多变的脚步移动动作。

场地器材：在球场中线的中心点 B 上向外画出两条长 5 米的斜线 BA 和 BC，两线在中点交叉的夹角为 120°。在 A 和 C 点上各画一个半径为 5 厘米的小圆圈。在距中线 1.3 米处设置 3 个相距 1.5 米并与中线平行的标杆 H、P、G，中间的标杆 P 正对中心点 B，在其高度 2.20 米处做一标志，在标杆 H、G 高度 1.3 米处也各做一个标志（图 8–7）。

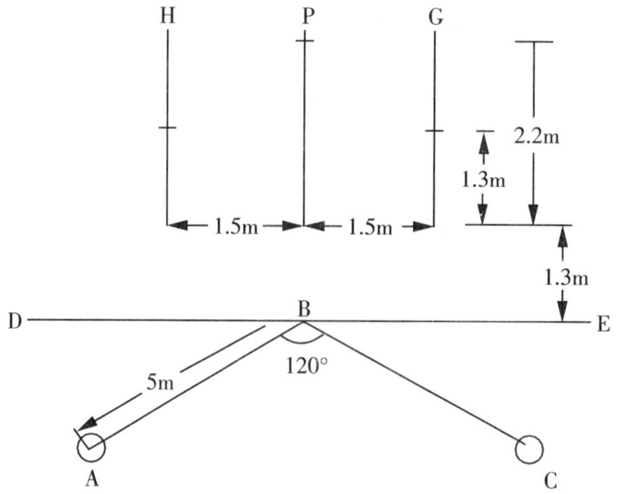

图 8-7 防守滑步测验场地示意图

测验方法：受试者右脚踏在 A 圈上，发令后迅速向 B 点做侧滑步，两脚过 DE 线后成平步防守，左、右两手分别触摸 H、G 两杆标记处，后双手触摸 P 杆标记处。然后迅速滑回 A 圈，左脚踏圈后再迅速向 B 点滑去，重复触摸三个标记。然后，快速滑向 C 圈，右脚踏 C 圈后，再滑向 B 处，做平步防守重复触及三标杆，最后滑过 C 圈。以秒为单位，记录完成全套滑步防守动作的时间。

注意事项

1. 必须按规定的路线和方法完成滑步动作。

2. 不得采用交叉步。

（六）教练员评定

把教练员评定纳入选材指标体系，充分重视教练员在多年训练中长期积累的经验，使科学选材和经验选材有机地结合在一起，这是当前选材研究尚待进一步深入情况下不可忽视的一个重要方面。教练员评定包括以下三个方面：

1. 形态发育潜能和体质状况：其中包括预测身高、身体匀称程度、身体健康状况。

2. 运用和掌握技术能力：运用和掌握技术能力包括篮球意识、临场发挥、技术规范以及球感等。这些方面内容由于受测试方法和手段的限制很难量化，因而通过教练员的经验评定能更准确地测出运动的实际等次。

3. 意志品质：包括思想意识、集体主义、拼搏精神，概括起来就是团结合作、克服困难、勇于进取的精神。篮球运动是集体项目，运动员个人技术的发挥必须建立在全队配合的基础上。因而与同伴团体合作、善于配合是教练员评定的另一主要内容。判断一个人的意志品质，单凭一两次观察是很不够的，教练员只有对运动员反复观察和平时加强了解，才能对他们作出比较准确的评价。

六、排球技能选材测评内容和方法

排球技术是由发球、垫球、传球、扣球和拦网等基本技术组成的。排球比赛特点，要求每一个队员都必须掌握全面的攻、防技术，因此可选择以下测试指标：

（一）36米移动

详见第五章第二节五之6。

（二）发球

发球在排球比赛中是进攻手段之一。对发球技术，主要从抛球、击球动作和击球点三个内容评分。

场地器材：排球场发球区，排球若干个。

测验方法：任选一种发球姿势，在发球区连续发球至裁判员令停为止。

评分办法：最高分为100分。按发球技术要领分别定为：

1. 抛球，基础得分为10分，减去应扣分，再乘以3.5为最后得分。
2. 击球动作，基础得分为10分，减去应扣分，再乘以4为最后得分。
3. 击球点，基础得分为10分，减去应扣分，再乘以2.5为最后得分。

三项得分相加，即为发球得分。

（三）传球

传球的种类很多，正面双手上手传球是最基本的方法。对传球技术，主要从击球点、手形和传球动作三方面进行评分。

场地器材：排球场地。

测验方法：由本队教练或指定一名队员，在网边与受试队员相距6米，做顺网上手对传高球，至裁判员令停为止。

评分方法：最高分为100分。按传球技术要领定为：

1. 传球点，基础得分为10分，减去应扣分，再乘以3为最后得分。
2. 手形，基础分为10分，减去应扣分，再乘以3.5为最后得分。
3. 传球动作，基础得分为10分，减去应扣分，再乘以3.5为最后得分。

三项得分相加，即为传球得分。

（四）垫球

垫球的技术动作多种多样，但最基本的是正面双手垫球。主要从垫球时的身体姿势、手臂姿势和击球动作三方面进行评分。

场地器材：排球场地，排球若干个。

测验方法：由本队教练员或指定队员从对方中场进攻线后轻发球，受试队员在本区6号位正面垫球至插上位置，至裁判员令停为止，发球方法不限。

评分方法：最高分为100分。按垫球技术要领定为：

1. 垫球时的身体姿势，基础得分为10分，减去应扣分，再乘以3为最后得分。
2. 垫球时的手臂姿势，基础得分为10分，减去应扣分，再乘以3.5为最后得分。
3. 击球动作，基础得分为10分，减去应扣分，再乘以3.5为最后得分。

三项得分相加，即为垫球得分。

（五）扣球

扣球动作比较复杂，但在测试中只扣正面一般近网球（13岁以下组免测），主要从助跑起跳、击球动作和击球手法三方面进行评分。

场地器材：排球场地，排球若干个。

测验方法：受试队员在4号位正面扣一般近网高球，至裁判员令停为止，队员自己选派二传队员。

评分方法：最高分为100分。按扣球技术要领定为：

1. 助跑起跳，基础得分为10分，减去应扣分，再乘以3为最后得分。
2. 击球动作，基础得分为10分，减去应扣分，再乘以3.5为最后得分。
3. 击球手法，基础得分为10分，减去应扣分，再乘以3.5为最后得分。

以上三项最后得分相加，即为扣球得分。

技术评定扣分表（表8-14~17）。

表8-14 攻击性发球扣分表

技术要领	评定内容	扣分数（分）
抛 球（10分）	抛球有屈腕动作	1~2
	抛球位置左右、前后、高低不稳定	2~4
	抛球高度不适当	1~2
击球动作（10分）	不能运用腰腹发力，挥臂动作不协调	1~2
	挥臂手的轨迹：飘球不走直线，大力球摆弧太小	1~2
	击球手法：飘球有屈腕动作，球产生旋转，大力球无推压动作或推压动作不明显，球不上旋或上旋不够	1~2
	击球部位不准	1~2
击球点（10分）	击球点左右、前后、高低不稳定	1~4
	击球点不适当	1~4

表8-15 正面垫轻球扣分表

技术要领	评定内容	扣分数（分）
垫球时身体姿势（10分）	身体后坐或后仰	1~3
	腿太直、重心高	1~3
	两脚平行站立，不分前后	1~2
垫球时手臂姿势（10分）	两臂未伸直	1~2
	两臂未靠近	1~2
	不压腕，前臂不外旋	1~2
	两手抱不拢，两臂高低不一致	1~2
击球动作（10分）	不主动抬送前臂迎击球	1~2
	不蹬腿或抬臂与蹬腿动作不协调	1~2
	手臂触球部位不准，不能经常保持用前臂前部垫球	1~2
	击球点不能保持下腹前	1
	肌肉过于紧张，动作僵硬	1

表 8–16　正面传高球扣分表

技 术	评定内容	扣分数（分）
击球点（10 分）	上下或前后偏离正确击球点	1~2
	上下或前后偏离正确击球点 10 厘米以上	3~4
	上下或前后偏离正确击球点 20 厘米以上	5~8
	左右偏离正确击球点 10 厘米以上	5~8
手 形（10 分）	拇指朝前	1~2
	手指不弯曲	1
	掌心朝前	1~2
	两手之间的距离或手指间的距离过小或过大	1~2
	两手高低、前后不齐	1
传球动作（10 分）	伸臂伴送球的动作不明显、不充分	1~2
	手指、手腕缓冲控制球的动作过小	1~2
	两手用力方向不一致	1
	不蹬地或蹬地不及时，身体无伸展动作配合	1
	传球的同时，身体有后仰动作	1~2

表 8–17　正面扣一般近网高球扣分表

技 术	评定内容	扣分数（分）
助跑起跳（10 分）	助跑加速度小	1~2
	起跳前最后一步过小，制动动作不明显，向前冲跳	1~2
	不摆臂或未完成摆臂动作（包括单臂不摆或未完成摆臂动作）及摆臂不及时	1~2
	起跳过早或过晚，不能保持在弹跳最高点击球	1~2
击球动作（10 分）	转体、收腹、含胸等动作发力不充分	1~2
	挥臂弧形鞭甩动作不协调，动作僵硬	1~3
	不能在同侧肩的前上方最高点击球	1~3
击球手法（10 分）	手形不对	1~2
	手包不住球，打不满	1~3
	手腕推压不甩和屈指动作不明显，不充分，球不上旋或上旋不够	1~3

（六）教练员评定

教练员在日常训练和运动员接触过程中不断加以观察，做到边选拔、边培养、边观察，避免对运动员运动能力及其潜力估价的失误，才能得出较客观的结论。评定的内容如下：

1. 对发育程度的鉴别。

2. 技术动作的协调性和掌握动作的能力：运动员球感（即时空感觉）、身体控制能力、节奏感及各种适应性等。

3. 训练和比赛作风：意志品质、吃苦耐劳、拼搏精神、自信心、敢于和善于比赛、能与同伴同心协作的集体主义精神。

七、足球技能选材测评内容和方法

（一）30 米跑

（测验方法同田径，但要求穿胶鞋或足球鞋）

（二）立定跳远

立定跳远是弹跳能力的简易测试指标。足球运动员争夺头球“空中优势”和守门员扑球均要具备良好的弹跳能力（测验方法同田径）。

（三）引体向上或屈臂悬垂

引体向上（男）、屈臂悬垂（女）是足球守门员上肢力量的测试指标（测验方法同田径）。

（四）3 米往返跑

详见第五章第二节五之 5。

（五）滑步摸地

详见第五章第二节五之 4。

（六）运球过杆

运球是足球运动的主要技术之一，它通过运球绕过距离不等的固定标杆的速度快慢，衡量运动员的运球基本技术掌握的熟练程度。

场地器材：在球场或平整场地上距离 20 米画两条线，中间插杆 10 根，每根距离 1~3 米不等，两端的杆距线 1 米（图 8–8）；秒表。

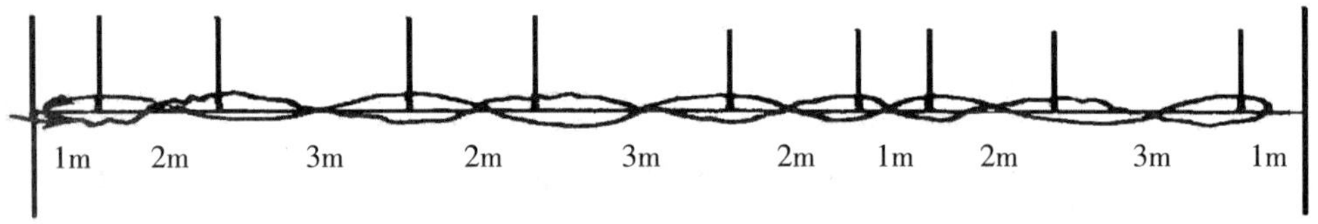

图 8–8　运球过杆测验场地示意

测验方法：听口令从端线起运球，同时开表计时，依次过杆（漏杆须补过）。往返运回到端线（人球到线）时停表。测两次，取好的一次记录成绩。

注意事项：穿胶鞋、专项球鞋均可，精确到 0.1 秒，不得将杆碰倒。

（七）接球传准

接、传球是足球运动的主要技术。用接球传准测验测试足球运动员接四方高低球技术和左右脚传球的准确性。

场地器材：在球场或平坦地面上画一条长 5 米以上的白线。以白线为一边，在白线中段一侧画边长为 3 米的正方形接球区。接球区两边 1 米处各画一条与白线垂直的线，与接球区边线构成传球区。在另一侧距白线中点 20 米处插一根高 1.5 米的标志杆，以杆为中心画半径为 1 米和 2 米的两个同心圆（图 8–9），秒表。

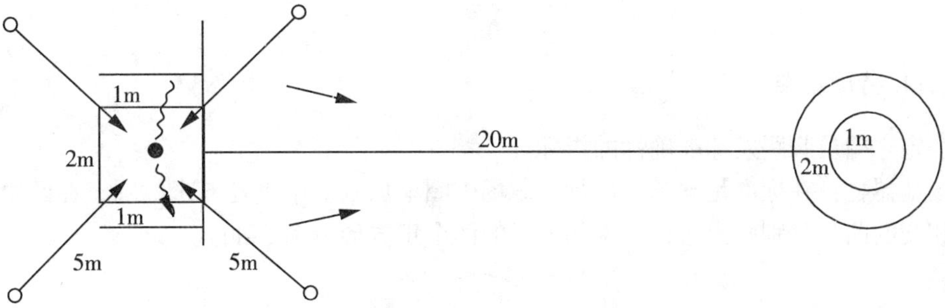

图 8–9　接球传准测验场地示意

测验方法：受试者站在接球区内，依次接从接球区对角线延长线四角 5 米处传来的一高（胸部以下）一低（地滚球）球后，迅速带球至传球区踢向标志杆。打中标志杆和落点在中心圈内得 5 分，落点在外圈得 3 分，落点在圈外不得分。接球后分别向右、左传球区带球一次，用右、左脚各踢一球。每四球为一轮，测三轮 12 个球。从第一个球进入接球区起计时，到第 12 个球踢出时停表。限时 1 分钟。每超过 2 秒扣 1 分。在传球区外踢球扣 1 分，记录所得总分。

注意事项：在接球区内没有接到球，须运回区内再带往传区踢准；每踢完一次，受试者身体进入接球区边线后，传球人须及时将球传出。

（八）球门墙射准

可采用得分和技术评定结合衡量足球运动员左右脚定点射门技术。

场地器材：按标准球门画好球门墙（内宽用鲜明线均分 7 份，内高均分为 3 份，标明各部位得分）。球门墙前画出罚球区及罚球弧，并以球门底线中点为圆心，16.5 米为半径在罚球区内画弧（图 8–10）。

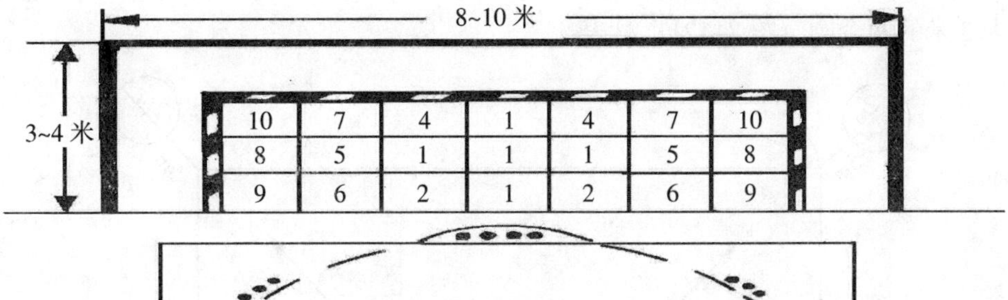

图 8–10　球门墙射准测验场地示意

测验方法：在罚球弧内放 4 个球，罚球区两角弧线后各放 3 个球。受试者射完 10 个球（左、右脚各 5 个），记录射中部位的总得分，再由教练（组）根据踢球质量（力量、脚法等）给予技术评定。

测试人员站在正面观察射中部位报分，射中点如正中区分线，则记录两部位的平均分。

（九）持球踢准

测定守门员脚踢发球准确性的指标。

场地器材：在标准足球场地进行。球场中圈里加画一个直径 5 米的圆，在两边线和中线相交的两角分别画出边长 5 米和 8 米的两个正方形（图 8–11）。

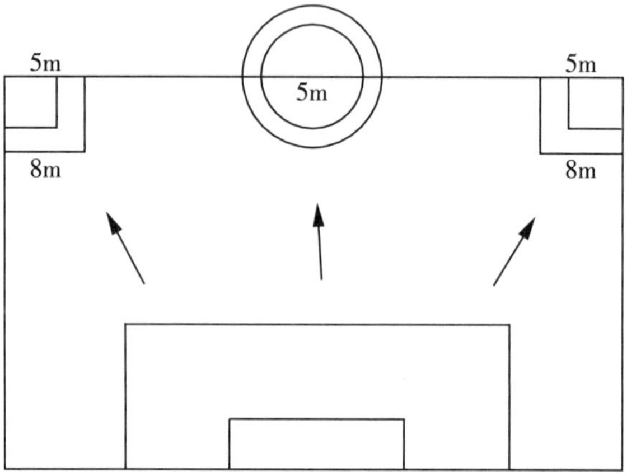

图 8–11　持球踢准测验场地示意

测验方法：守门员持球在罚球区内，向左右后场两正方形内各踢 3 个球，向中圈内踢 4 个球。球落点在小方形及小圆内得 3 分，落点在小方形外、大方形内及小圆外大圆内得 2 分，场内得 1 分，场外 0 分，记录 10 个球的总得分。

（十）扑定点发球

测守门员扑定点球、退守速度及手抛发球的准确性。

场地器材：在标准足球场进行，球门区内罚球区两角连线的延长线外 5 米为圆心画直径为 2 米的两个圆（图 8–12）；秒表。

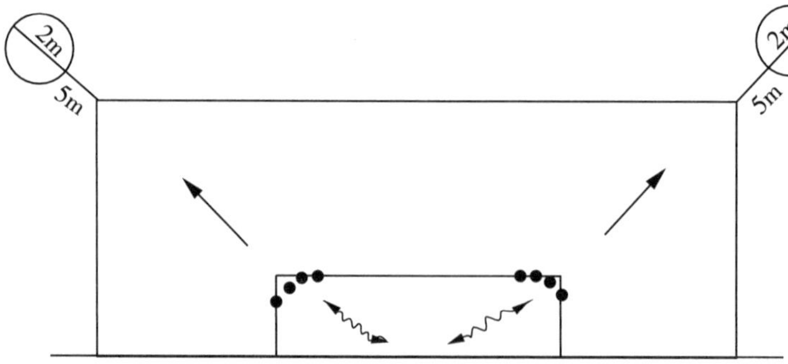

图 8–12　扑定点发球测验场地示意

测验方法：在球门区两角各放 4 个球。守门员从球门底线中点出发计时，先向右倒地扑右角球后起立，用手发往右方圆内，倒退或侧向跑回球门底线中点。再扑左角球起立，用手发往左方圆内。直至 8 个球发完返回球门底线中点时停表。每一个球落点发到圆外加计 1 秒。记录完成的总秒数。

（十一）守定点射门

测守门员连续防守定点射门的技术。

场地器材：标准足球场。以球门底线中点为圆心，16.5 米为半径在罚球区内画弧（图 8–13）。

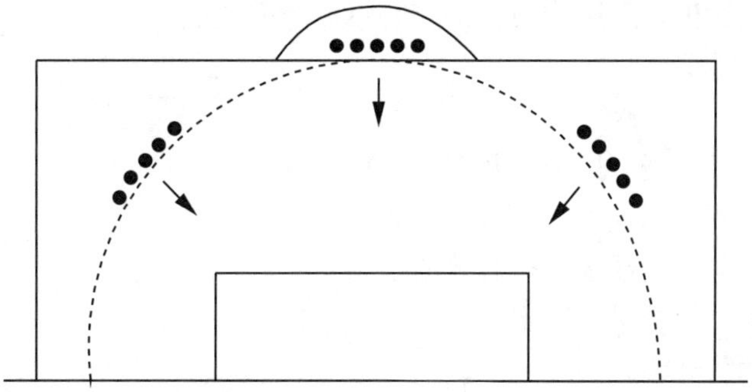

图 8–13　守定点射门测验场地示意

测验方法：在罚球弧及罚球区两角弧线后各放 5 个球，分别由一名射手按计时员每隔 3 秒所发口令，依次用各种力量、角度及脚法射门（踢出界须补）。守门员接到球后从左右两侧抛出。出界球守门员手触到也算防守成功。记录并计算防守成功率。由教练（组）对射手射门的平均质量作出优、良、中、差评定，分别对防守成功率乘以 1、0.9、0.8、0.7。

最后记录守定点射门成功率（百分率，四舍五入取整数）。

注：各年龄组测试技术指标时，使用相应规定足球，场地不变。

（十二）教练员评定（战术意识类）

主要指对战术意识的评定，均在比赛中由教练（组）根据以下内容及标准进行：

1. 锋卫线队员

（1）有球进攻意识

①控球后能否注意观察，且有组织进攻意识。

②传球的目标、时机和方式是否得当，有无明确的战术意识。

③运球推进、突破、控制节奏、选择进攻时机如何，有无明显的全局战术意图。

④定点射门，配合射门，运球突破射门，补射意识及射门时机、距离、角度、脚法、力量、弧度掌握是否恰当。

⑤在传、运、射过程中的应变能力。

（2）无球进攻意识

①能否采取突然动作摆脱对方防守队员。

②跑位接应、策动、牵制、突破，为自己创造得球和为同伴创造进攻机会。

③是否在无球跑位中能体现或贯彻明确的整体战术意识。

(3) 盯人防守意识

①由攻转守意识及盯人是否及时。

②盯人选位，采用紧逼或松动盯人方式是否恰当。

③盯人中封堵、延缓、抢截、补位意识及运用如何。

④盯人防守中是否有局部和整体防守意识。

(4) 区域防守意识

①区域防守意识如何，能否对防守区域实行有效控制。

②防守选位、封堵、延缓、抢截运用是否合理。

③补位、协同意识及运用如何，是否有整体防守意识。

2. 守门员战术意识

(1) 防守意识

①防守选位是否恰当（比赛中及定位球）。

②能否准确判断运用合理的技术进行防守。

③能否快速移动对罚球区进行有效的控制。

④特殊情况下，能否果断出击。

⑤组织及指挥防守能力如何。

(2) 进攻意识

①获球后，观察发动快速反击能力如何。

②能否运用合理准确的发球技术组织进攻。

3. 教练员评定（战术意识）分级标准

较差：战术意识不强。

一般：部分战术意识有待改进。

较好：战术意识运用基本合理。

好：战术意识全面，比赛应用正确、效果明显。

突出：战术运用自如，攻守意识强，比赛中能成为贯彻总体战术的核心。

八、乒乓球技能选材测评内容和方法

（一）基础训练层次选材测评内容和方法

1. 45 秒跳绳（8~10 岁单摇跳，11~12 岁双摇跳）

详见第五章第二节五之 8。

2. 羽毛球掷远

详见第五章第二节二之 10。

3. 对墙击球

球感是乒乓球运动员十分重要的一种综合性的本体感觉，良好的球感是乒乓球运动员完成一系列复杂而细致的技术动作的保证。对墙击球，是乒乓球教学训练大纲中的考核项目，它在一定程度上可反映运动员的球感。

场地器材：在离地面 130 厘米处的墙上任选一点，以该点为圆心，画一个直径为

45厘米的圆圈。距墙1.5米和2米处各画一条线。乒乓球拍及放有若干个乒乓球的筐一个，秒表。

测验方法：受试者站在2米线（8~9岁为1.5米线）后，一手握球拍，一手持球。听到测试人员发令后，开始连续对墙击球至圆圈内。测试人员计一分钟内击球入圆的累计次数。每人可测两次，记录较好的一次成绩。

注意事项

（1）受试者击球时，脚不得踩入线内。

（2）握拍方法同受试者打法。

（3）装有乒乓球的筐，应放在受试者不持拍的一侧，以便击球失误时，可以从筐中取球继续进行。

4. 移步换球

乒乓球运动员要有极灵活的步法，移步换球是乒乓球教学训练大纲中的考核项目，它可以反映运动员的步法灵活程度。

详见第五章第二节五之10。

5. 教练员评定

乒乓球运动是技术性很强的项目，许多目前还无法测试而对于选材又十分重要的内容，由教练员根据平时的观察进行评定特别重要。此时观察评定的内容主要有：小队员反应的敏捷性，行动的灵活性、协调性，球感，起动和重心交换速度，基本技术的学习能力（含基本感觉、记忆、模仿能力，学习和运用技术时间的长短及技术提高速度，改进技术的难易程度等），在训练和游戏中完成多变动作、应急动作和新动作创造能力等等。

（二）中初级训练层次技术选材测评指标和方法

1. 技术测评分类及项目（表8–18）

表8–18　乒乓球不同打法测评指标选择

		直板快攻	直板快弧	横板快弧	横板快攻	削中反攻
1.	正手攻	主	主	主	主	主
2.	反手攻	副	副	主	主	主
3.	推挡	主	副	副	副	副
4.	搓球	主	主	主	主	免
5.	搓中扣（冲）	主	主	主	主	主
6.	推侧扑	主	主	副	主	副
7.	左推（攻）右攻	主	主	主	主	主
8.	正手弧圈	副	主	主	副	主
9.	发球	主	主	主	主	主
10.	正反手结合削	免	免	免	免	主

合计：主7项（每项12分）、副2项（每项8分）、免1项。

2. 技术测验内容方法及评分比重细则

（1）正手攻（拉攻、快攻、加力攻）：12分（其中技评最高3分）。

方法

①陪测人先发中等旋转强度的下旋长球到对方正手位，被测人以中等力量正手拉攻，双方打成快速对攻，打30板后陪测人后退放高球，被测人加力扣高球成功5板后结束。

②每人三次机会，取得分最高的一次记分。

③评分：每一次机会（共成功击球36板）最高可得9分（其中每成功一板得0.25分）。技评最高3分。

（2）反手攻（拉攻、快攻）

直板8分（副项）、横板12分（主项）、其中技评最高3分。

方法

①陪测人发中等旋转强度下旋长球到对方反手位，被测人以中等力量反手拉攻斜线成攻—推。

②每人三次机会，取得分最高的一次记分。

③评分：直板每一次机会成功击球10板达标，得5分（每成功一板得0.5分），技评最高3分。横板每一次机会成功击球18板达标，得9分（每成功一板得0.5分），技评最高3分。

（3）推挡（快推、侧推、加力推、减力挡）：12分（其中技评最高3分）。

方法

①加力推和减力挡为第一组；快推和侧推为第二组。

②每一组中的两项技术轮流做两板（每组18板），两组共36板，得9分（每打中一板得0.25分），技评最高3分。

③每组可有三次机会。

（4）搓球（快搓、慢搓、搓加转、搓不转、搓两点、两面搓）：共12分（其中达标9分，技评最高3分）。

方法

①陪测人发下旋球到对方反手成斜线对搓，被测人快搓3板——慢搓3板——搓不转3板——搓加转3板——搓两点3板——两面搓对方一点3板（共18板）。

②评分：一次机会最高（成功18板）可得9分，其中每搓一板得0.5分。技评最高3分。

③每人三次机会：取得分最高的一次计分。

（5）搓中扣杀（或拉冲）：12分（其中技评最高3分）。

方法

①陪测人进行中路单线搓球，被测人搓后“突击”（冲或扣）。共进行12个“突击”。

②评分：每完成一个“突击”得1分，满分为9分。技评最高3分。

③连续搓失误两板为“突击”失误一个。

④每人有三次机会。

（6）“推—侧—扑”：主项12分、副项8分（其中技评最高3分）。

方法

①陪测人以中上速度推挡3/4台范围左右，被测人推挡后侧身正手攻再进行正手

半台攻球，三个动作均完成为成功一组，共进行 10 组（三个动作中任一动作失误、即为该组失误）。

②评分：每完成一组得 1 分，主项满分为 9 分，副项满分为 5 分。技评最高 3 分。

③每人三次机会，取得分最高的一次计分。

(7) 左推（攻）右攻：12 分（其中技评最高 3 分）。

方法

①陪测人以中等力量速度推对方 3/4 台范围（有规律一边一个），被测人进行左推（攻）右攻。

②评分：一次机会最高（成功击球 18 板）得 9 分（其中每成功一板得 0.5 分）。技评最高 3 分。

③每人三次机会。取得分最高的一次计分。

(8) 正手弧圈：主项 12 分，副项 8 分（其中技评最高 3 分）。

方法

①中路单线进行，陪测人发中等力量的急球，被测人拉高吊或前冲弧圈。

②高吊和前冲分别进行测验，每项各三次机会。主项每次机会共拉 10 板，成功一板得 0.5 分（两项合计 9 分为满分）；副项每次机会共拉 8 板，成功一板 0.5 分（两项合计 5 分为满分）。

(9) 发球：〔正（反）手发上旋、下旋、侧上、侧下、高抛、正手下蹲发球〕：12 分（其中技评最高 3 分）。

方法

①被测人按临时指定的发球要求进行发球，前四种发至 1/6 台，后两种不限落点。

②每人发球 12 个，发中一个得一分（9 分为满分）。

③每人一次机会。

(10) 正反手结合削球：8 分（其中技评最高 3 分）。

方法

①被测人削接对方发来的中等难度的急球和有规律（1/2 台两点）的一般拉攻。

②评分：削接 13 板，成功一板得 0.5 分（最高满分 5 分），技评最高 3 分。

③每人三次机会。

注：以上方法若陪测人失误，被测人可连续累计次数。

3. 技术评分标准

(1) 技评每项以 0.1 分为累计积分，最高 3 分。

(2) 动作正确、协调、击球质量好者得 2.3~3 分。

动作基本正确，击球质量一般者得 1.5~2.2 分。

动作无根本性错误，击球质量较差或不协调者得 0.7~1.4 分。

动作有明显错误者得 0~0.6 分。

4. 教练员评定

教练员根据平时的观察进行评定。

(1) 手法：主要评定运动员动作的规范性、协调性、手感、爆发力和比赛中手法的稳定性。

(2) 步法：主要评定运动员练习或比赛中前后、左右移动速度和到位击球的能力。

(3) 实战应用：主要评定运动员在比赛中各种技术、战术灵活运用的能力。

九、羽毛球技能选材测评内容和方法

(一) 1分钟单摇或双摇跳绳

(测验方法同乒乓球，仅时间不同)。

(二) 立定跳远

(测验方法同田径)。

(三) 羽毛球掷远

(测验方法同乒乓球)。

(四) 5次左右两侧跑和5次直线进退跑或10次低重心四角跑

详见第五章第二节五之11。

(五) 技战术评定

1. 手法 手法是上肢动作的总称，是羽毛球的主要基本技术之一。它包括握拍法、发球法和击球法等。手法评定包括准备（握拍、功架）、引拍（轨迹、翻拍）、击球（击球点、发力）、随前（回位、回收）四个方面内容。评定标准如表8–19。

表8–19 手法评定内容与标准

	等级		
	优	良	差
准备	(1) 握拍合理、规范、灵活 (2) 基本功架合理、协调（为引拍击球创造有利条件）	(1) 握拍基本合理、不活 (2) 准备动作幅度大而结构基本合理，符合规范	(1) 握拍不规范或错 (2) 准备姿势不规范
引拍	(1) 引拍的轨迹有利于创造击球条件，符合运动力学原理 (2) 完成引拍速度快	引拍回环动作幅度大，完成引拍速度慢	引拍过程中受某环节制约，身体不协调或有错
击球	(1) 击球点适宜 (2) 发力集中	(1) 稍偏离击球点 (2) 发力不够集中	(1) 偏离击球点太远 (2) 发不出力
随前	(1) 击球后能根据战术需要，恢复重心快，利于连贯性回到有利位置 (2) 还原握拍	(1) 恢复重心慢 (2) 回位慢	(1) 恢复不了重心 (2) 回不了位

2. 步法 步法是下肢动作的总称。步法与手法组成羽毛球的基本技术，由垫步、并步、跨步、蹬步和跳步五种基本步的不同组合构成场上的各种步法。步法评定包括准备（站位、重心）、起动（准、快）、移动（合理、连贯）、回动（回位、恢复重心）四个方

面的内容。评定标准如表 8–20。

表 8–20　步法评定内容与标准

	等　级		
	优	良	差
准备	(1) 站位（根据战术需要）活 (2) 重心稳，有利起动	(1) 站位不够活 (2) 重心不够活 (3) 站位错误	(1) 站位错误 (2) 重心死板
起动	(1) 起动及时、方向准 (2) 起动速度快	(1) 起动尚能及时，反应慢 (2) 起动慢	起动时乱
移动	(1) 移动的组合步法合理 (2) 连贯性好、有节奏	(1) 移动的组合步法基本合理 (2) 节奏不明显	移动步法乱
回动	(1) 重心恢复快 (2) 回位快	回动盲目	回动困难

3. 基本技术应用和战术意识　在中级选材阶段，主要是观察战术意识和基本技术应用。对运动员的具体要求是战术意识强，各种基本动作和基本技术组合适时、适当，应用灵活、合理、规范。评定标准如表 8–21。

表 8–21　基本技术应用和战术意识评定等级标准

	优	良	差
战术意识	(1) 意识强 (2) 判断准	一般	无战术意识
基本技术应用	(1) 组合适时 (2) 应用活	一般	战术死板

十、赛艇技能选材测评内容和方法

优秀赛艇运动员的技术特点是：基本技术规范，具有较好的水感、节奏感、平衡能力、稳定性和良好的划桨效果。

优秀赛艇运动员的战术特点是：能合理分配体力，控制划桨速度，专项成绩较好。

其技能测验的内容和方法主要有：

（一）500 米单人艇

是反映运动员专项速度水平的指标。

（二）4000 米单人艇

对已经进行过赛艇训练的人，此指标更能反映其专项耐力水平。

测试方法：4000 米单人艇测试规定在 1000 米长的航道上进行，航道两端应设浮标，受测人从起点出发后，绕过浮标，划两个来回，记录成绩。

注意事项：应在静水、平风或二级以下风速的情况下测试。

（三）2000 米单人艇

为专项比赛距离，可反映运动员的专项能力。也有人用赛艇测功仪做 2000 米测功来评定运动员的专项能力。

测试方法：2000 米单人艇测试规定在 1000 米长的航道上进行，航道两端应设浮标，受测人从起点出发后，绕过浮标，划一个来回，记录成绩。

也可以用赛艇测功仪做 2000 米测功，记录时间。

注意事项：应在静水、平风或二级以下风速的情况下测试。

（四）水感

赛艇运动员的水感是指运动员在划船时对水的浮力、阻力、船在水中运行的速度及划桨效果等因素的综合性的专门化知觉。水感是掌握赛艇基本技术的必要条件，优秀赛艇运动员都具有良好的水感。但目前只能通过教练员的观察、依据“人艇结合、匀、漂、刚、柔”等方面对运动员的水感进行评定。

测试方法：教练员根据集训期间对运动员的观察，按以下等级要求评定等级。

五等：学习掌握赛艇技术动作很快，动作连贯流畅；人与船、桨、水的结合显得协调紧密；船的运行匀速、飘浮；基本技术评定达到四等以上。

四等：学习掌握赛艇技术动作快；动作连贯；人与船、桨、水的结合协调；船的运行较匀速、飘浮；基本技术评定达到三等以上。

三等：学习掌握赛艇技术动作一般；动作较为连贯；人与船、桨、水的结合较协调；船的运行尚匀速；基本技术评定达到二等以上。

二等：学习掌握赛艇技术动作尚可；动作不够连贯；人与船、桨、水的结合基本协调；船的运行速度不匀；基本技术评定达到二等。

一等：达不到二等要求者。

（五）划桨稳定性

用桨数差（4×500 米单人艇桨数差值）来评定。每次桨数差是衡量基本技术好坏的重要指标。

（六）基本技术

掌握良好的、规范的基本技术是运动员成材的重要条件，教练员可依据运动员技术是否“展、轻、快、柔”等方面来评定。

测试方法：教练员根据集训期间对运动员的观察，按以下等级要求评定等级。

五等

身体动作：推桨入水接蹬拉动作连贯，能充分发挥以腿为主，全身协调拉桨用力；“后转换”结合较好；推按桨动作顺序好，回桨滑座速度相对均匀，身体姿势稳定自然。

桨叶运行：桨叶入水轻、快、连贯；推桨桨叶平稳，划幅较大，深度适中。桨叶出水有适当高度且干净。

节奏：推、拉桨比例合理，桨频稳定。

平衡起伏：艇速均匀，平衡很好，艇首尾上下起伏小，两舷力量对称，自然直线划行。

四等

身体动作：推桨入水与蹬拉结合较好，较充分发挥全身协调用力；“后转换”完成较好；按推桨顺序合理，滑座较均匀不撞“前止点”，身体姿势较稳定自然。

桨叶运行：桨叶入水前不停顿，推拉路线较平稳，无明显起伏；划幅桨深基本合理；按桨出水有一定高度，带水不多。

节奏：推、拉桨比例基本合理，桨频变化不大。

平稳起伏：艇速较均匀，平衡好，艇起伏不大，两舷力差不大，能划直。

三等

身体动作：推桨入水蹬拉基本合理，能发挥全身力量拉桨；“后转换”基本能正确完成；按推桨顺序不够明显，滑座运行不大均匀，“前止点”有时停顿，身体姿势不够自然，也不稳定。

桨叶运行：入水前桨叶偶有停顿，推拉路线不够稳定，偶有两次用力，划幅偏小，按桨出水基本干净，高度偏低。

节奏：推、拉桨节奏不够稳定，桨频时有高低。

平衡起伏：可看出艇的断续前进，平衡尚好，左右舷力不够对称。

二等

身体动作：蹬拉结合不够稳定，拉桨时全身力量大部能用上，但时有间断用力现象，滑座运行不均匀，身体偶有紧张的多余动作。

桨叶运行：入水前桨叶有时停顿，有时顺序不对，深浅不一，有时边转边按。

节奏：推、拉桨节奏不稳定，偶有打水、拖水现象。

平衡起伏：艇速不匀，桨虽有打水、拖水而平衡尚可，两舷力不均，易偏航。

一等

达不到二等要求者。

（七）节奏感

教练可依据是否“张弛有度、节奏鲜明”来评价。

（八）控制速度感

控制速度感可用“4×500 米单人艇成绩差值”（即在反复多次、力争用相同的速度划 500 米时，其成绩的差值）来评定。

测试方法：四次 500 米单人艇测试均应连续地向同一方向划，要求受测者用全力划一次 500 米，记录成绩（供素质评定用）。再用该成绩的 90%速度划四次，力求每次的桨数和时间一样。每次划完 500 米后，放松划回起点，再开始下一次测试。主试者记录每次的桨数和成绩。以四次中桨数的最大值减去最小值，为时间差。

注意事项：应在静水、平风或二级以下顺风的情况下测试。

十一、皮、划艇技能选材测评内容和方法

（一）技术测试内容和方法

1. 协调性 协调性好的运动员其基本技术的可塑性较好。协调性可按以下三条标准进行评定：

（1）躯干的转动自如　　（2）肩部的柔韧性好

（3）保持所有关节自由放松且动作舒展幅度大

等级评定：五等：基本具备以上 3 条　　三等：基本具备以上 2 条

一等：基本具备以上 1 条

2. 节奏感 节奏感好的运动员其基本技术的可塑性较好。节奏感可按以下三条标准进行评定。

（1）有节奏转换能力　　（2）有正确的划桨节奏

（3）比赛时有节奏分配能力

等级评定：五等：基本具备以上 3 条　　三等：基本具备以上 2 条

一等：基本具备以上 1 条

3. 基本技术 掌握良好、规范的基本技术是运动员成材的重要条件，教练员可在训练中仔细观察和评定，按以下五条标准进行评定：

（1）坐姿（跪姿）与握桨方法正确、自然。

（2）划桨动作的幅度大，转体充分蹬腿实效性好。

（3）桨叶在水中的支撑作用好，深度适当，出水干净。

（4）艇速较均匀，上下起伏小，左右摇摆小。

（5）平衡能力好，起航急转急停快慢均自如。

技术等级：五等：基本具备以上 5 条　　四等：基本具备以上 4 条

三等：基本具备以上 3 条　　二等：基本具备以上 2 条

一等：基本具备以上 1 条

4. 划桨效果指数 500 米单人艇划桨数×运动成绩/1000。

它是衡量基本技术的重要指标，通常认为划桨少而运动时间短，则划桨效果好。

测试方法：500 米单人艇测试，要求受测者用全力划，记录成绩。主试者记录桨数和成绩。再代入指数计算公式，求出划桨效果指数。

注意事项：应在静水、平风或二级以下顺风的情况下测试。

（二）战术测试内容

能合理地控制速度、分配体力是优秀运动员战术能力的重要标志。可按以下五条标准进行评定：

1. 能控制比赛节奏　　2. 会放松和放松效果好

3. 桨频的控制能力强　　4. 能执行教练员制定的既定的比赛战略

5. 能明白和相信在自己的身体和心理条件下选定的计划，谨慎地听取各种外界的意见，糅合进既定的战略中去。

等级评定：五等：基本具备以上 5 条　　四等：基本具备以上 4 条

三等：基本具备以上 3 条　　　　二等：基本具备以上 2 条

一等：基本具备以上 1 条。

注：以上等级得分见附录“皮划艇选材标准评分表”

十二、自行车技能选材测评内容和方法

（一）专项技评

测试方法

1. 场地规格　如图 8–14 所示，全长 80 米，8 字形大圈半径为 2.5 米，小圈半径为 2.0 米，内外圈间距为 1.5 米。蛇行点 12 个，每点间距 2 米，共 24 米。直段冲刺为 10 米长，20 米宽的直线段。

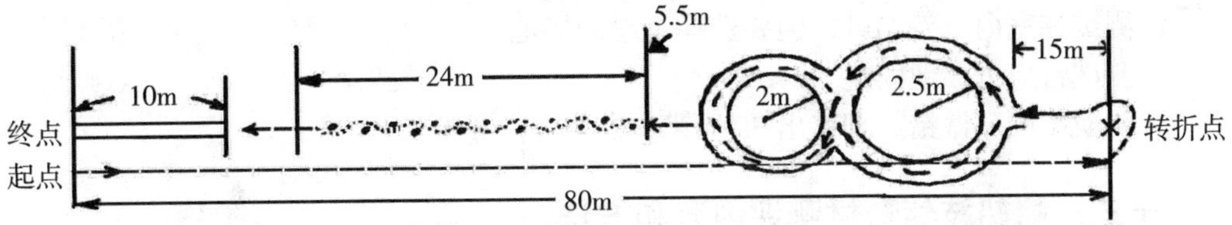

图 8–14　自行车专项技术测评场地图

2. 骑行路线　由起点出发至转折点折回，绕 8 字一圈半，再绕 12 个蛇形点，最后直段冲刺。

3. 规则

（1）起跑时不得抢跑。

（2）转折点压线扣 0.5 分。

（3）凡绕 8 字时车轮压线一次扣 0.5 分，从第 4 次起，加倍处罚（即压线一次加罚 1 分）。

（4）凡绕蛇形点时车轮压点一次扣 0.5 分，从第 4 次起，加倍处罚（即压点一次加罚 1 分），若漏一点，扣 1 分。

（5）10 米直段冲刺中，轻微压线一次加罚 0.5 秒，压线越过 5 米，未进直段冲刺加罚 2 秒。

（6）途中运动员摔倒可重测。

4. 技评办法　按表 8–22 扣分。

表 8–22　自行车专项技评扣分表

单位：	姓名：　　性别：　　骨龄：	
	扣分标准	实际扣分
头部	左右晃动，上下点头或仰头、低头者，严重扣 2 分，一般扣 1.5 分，轻度扣 1 分	
臂部	上肢太高，没有拉把动作，肩关节特别紧，严重扣 1 分，一般扣 0.5 分，轻度扣 0.3 分	
腰部	腰部过直呈板腰状，或无力或左右转扭动，严重扣 1 分，一般扣 0.5 分，轻度扣 0.3 分	
膝部	踏蹬时膝关节左右摇晃，上下肢配合不当，严重扣 1.5 分，一般扣 1 分，轻度扣 0.5 分	
足踝	踏蹬不圆滑、有下死点，脚过分向下或向上伸，严重扣 1.5 分，一般扣 1 分，轻度扣 0.5 分	
骑行	走车轨迹呈曲线，严重（自始至终）扣 3 分，一般者或冲刺段出线者扣 2 分，偶发者扣 1 分	

（二）协调能力（跳换步测验）

场地设备：在平坦的场地上放一个高 10 厘米、宽 30 厘米、长 30 厘米的测试台。在台下四边分别标记"1" "2" "3" "4"（图 8–15）。

测试方法：受测者站在测试台上，当听到"开始"口令后，两脚一齐向前跳下到"1"，然后跳返台上，再跳下到"2"。再返回台上，再跳下到"3"……，如此依顺序（面朝同一方向）往返跳上跳下。自"8"返回台上后，再从"1"开始，连续跳 10 秒钟，记录步数。共测两次，记最好一次的成绩。

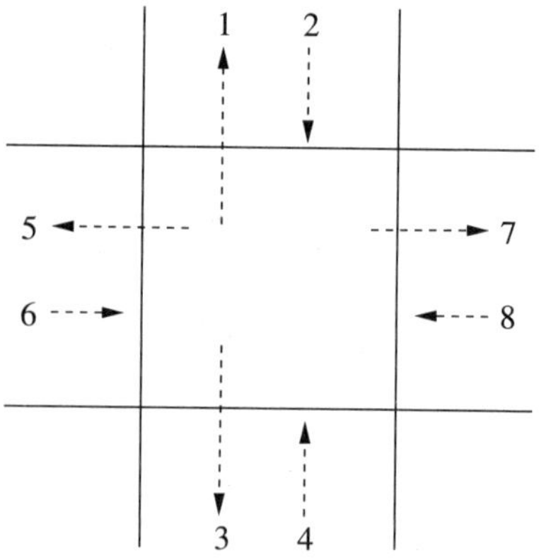

图 8–15　跳步测验图

注意事项

1. 测试在室内、外均可，但要选择不滑的场地。
2. 测试台应可靠地固定。
3. 跳换步顺序做错或脚移出 30 厘米宽的界线应重测。

十三、帆船技能选材测评内容和方法

（一）基本技术

测试方法：教练员根据平时训练的观察，按以下六条标准进行评定。

1. 全面准确地掌握比赛规则。
2. 对风速、风向及其变化作出准确的判断。
3. 熟练地调整船舵、稳向板以及各种帆具、索具。
4. 全身协调和灵活地完成换舷等动作。
5. 充分利用阵风和涌浪及时完成冲浪、滑行等技术动作。

五等：基本具备以上 5 条　　四等：基本具备以上 4 条
三等：基本具备以上 3 条　　二等：基本具备以上 2 条
一等：基本具备以上 1 条

（二）赛场战术应用

教练员根据平时训练和比赛情况仔细观察进行评定。

五等：全面熟练地掌握帆船比赛中起航、迎风、横风、尾风、终点等战术技巧，并能在风速风向变化时做出机智灵活的应用

四等：全面掌握以上战术但不够灵活应用

三等：基本掌握以上战术但缺乏熟练应用

二等：基本掌握以上战术但个别战术技巧应用较差

一等：个别战术尚未掌握

（三）知识类

初级选材综合考核文化知识或利用平时数学、物理、语文总评成绩决定。

中级选材考核水文、气象、力学专业知识。由教练员参考考核提纲，命题考试，每份考卷应包括帆船空气动力学、流体力学的基本理论，水文气象的变化规律及特点，不同环境气象条件下的技战术应用三大部分。

五等：90 分以上　　四等：80~80.9 分

三等：70~70.9 分　　二等：60~60.9 分

一等：50.9 分以下

附：考核提纲

1. 风向角、迎角（帆攻角）、帆角及其相互关系。
2. 感觉风、真风、船速风及其相互关系。
3. 决定帆型的主要参数，最大升力产生的条件。
4. 风帆的最佳迎角如何确定？
5. 风帆的压力中心。
6. 帆船航行时的阻力包括哪些？
7. 速度极图及其作用。
8. 什么是气流分离及失速，它们在顺风、横风、迎风航行各有什么特点？
9. 什么是方位线和等位线，顺风、横风、迎风航行时方位线各有什么特点？
10. 阵风、间歇以及真风风摆、速度风摆各有什么特点，它们对船的迎风角的改变如何？
11. 风摆带来的损失和利益如何，其利用的原理是什么？
12. 什么是信风，它在不同纬度处的特点如何？
13. 季风及其特点。
14. 海陆风、湖陆风、山谷风及其在同一天不同时刻的特点。
15. 海岸、湖岸、海岛对风力风向的影响。
16. 云层对风力风向的影响及其利用的原则。
17. 在海岸边，多云、晴天、阴天对风力风向的影响。
18. 微海风、内陆风以及气流绕过障碍物时的特点。
19. 水流在浅水、深水、障碍物的局部水域的流动特点。
20. 潮汐和海浪的运动特点，它们在不同风向及在海水、淡水、浅水、深水等局部水域的流动特点。
21. 不同云和地理环境气象条件下的技术战术原则。
22. 间歇气流条件下的技术战术原则。
23. 有节奏风向变化条件下的技术战术原则。
24. 微风条件下的技术战术原则。
25. 强风条件下的技术战术原则。

十四、射击技能选材测评内容和方法

（一）基本技术测评

技术是取胜的重要基础，射击运动员必须具有良好的设计技术，首先设计技术质量要高，姿势动作正确，瞄准正确，运持枪平稳，稳瞄扣协调一致，击发后保持好；其次技术效果好，训练时效果好，更重要的是在比赛时效果要好。

测试方法：教练员根据平时训练和比赛时的观察，从以下七个方面评定运动员的技术质量，每一方面都按 5 等给分：很好（很正确）为 5、好（正确）为 4、一般为 3、不好（不正确）为 2、很不好（很不正确）为 1。

1. 姿势动作正确性

步枪：很好地利用骨骼、托座等支撑物负重，肌肉负荷很小，贴腮、握把力量正确。

手枪速射类：站立稳定，纵向运枪和横向运枪协调。

手枪慢射类：很好地利用骨骼承重，关节固定。

移动靶：站立稳定，向左向右转体协调自如，贴腮、握把力量正确。

飞碟：灵活、稳定、协调，贴腮、握把、抵肩正确。

2. 瞄准正确性

步枪：准孔套圆或者柱型顶部与黑环下沿相切。

手枪：准星、缺口关系平正，在瞄区内保持协调晃动，在瞄区内停留时间较长。

移动靶：合适的提前量，准星与理想瞄准点吻合。

飞碟：合适的提前量，准星、碟靶吻合关系清晰。

3. 运持枪平稳性

运枪协调、平稳，持枪枪面平正，握枪力量适宜，食指能灵活地扣动扳机。

4. 瞄扣协调一致性

枪支在瞄区内呈有规律的缓慢晃动，且晃动范围小；击发过程心情坦然；扣响扳机适时。

5. 击发后保持时间的长短（速射最后一发保持）

保持时间较长，达 1.5 秒以上得 5 分，保持 1.2~1.49 秒得 4 分，保持 0.9~1.19 秒得 3 分，保持 0.4~0.89 秒得 2 分，保持 0.39 秒以下得 1 分。

6. 比赛效果

7. 训练效果

将以上 7 个方面得分相加后除以 7，即为该运动员的“技术”得分等级（四舍五入）。

（二）战术能力测评

射击运动员要能合理地运用战术，战术意识好，战术质量高，具有良好的发射节奏，时间分配合理，信息回避做得好，在训练、比赛中的战术效果好，才能取得比赛好成绩。

测评方法：教练员根据平时训练和比赛时的观察，从以下六个方面评定运动员的战术质量，每一方面都按 5 等给分：很好（很正确）为 5、好（正确）为 4、一般为 3、不好（不正确）为 2、很不好（很不正确）为 1。

1. 战术意识：根据临场情况的变化随机应变地决定自己行动方案的能力。

2. 比赛效果　3. 训练效果　4.发射节奏　5. 时间分配　6. 信息回避

将以上六个方面得分相加然后除以 6，即为该队员的“战术”得分等级（四舍五入）。

（三）知识类指标

射击运动员应有较高的文化程度和较丰富的知识，还要具有一定的专业基础知识，如射击原理、训练学等有关知识。

十五、射箭技能选材测评内容和方法

（一）专项技术测评

射箭运动的基本技术由九个基本动作（站立、搭箭、推弓、勾弦、举弓、开弓、瞄准、撒放、暂留）组成一个完整、规范、连续、协调一致、节奏鲜明的发射动作。只有在训练有素的情况下形成良好的条件反射，塑造极佳的动作动力定型才能创造优异的运动成绩。

测评方法：教练员根据平时训练和比赛时的观察，从以下三方面评定运动员的技术。每一方面都按5等给分。

1. 身体稳定性：两脚同肩宽，前手及撒放时身体的稳定性。

2. 动作一致性：人体额状面观人体中心垂线在两脚中间，俯视观两肩关节中心点和推弓点的中心线成直线，后面观两肩关节点和推弓点在一直线，前面观右肘关节在拉力延长线之上。

3. 动作协调性：人体矢状面观人体垂心放于前脚掌上，动作的节奏鲜明，撒放手所走的路线正确。

将三项得分相加再除以3，即为射箭专项技评得分。

（二）基本战术评定

评定方法：教练员根据平时训练和比赛时的观察给以评定。

五等：一支箭、一组箭的节奏鲜明，动作的成功率高；在恶劣气候条件下（风、雨）发挥技术的能力非常强，在待射时活动安排合理。

四等：一支箭的节奏较鲜明、一组箭的节奏鲜明，动作的成功率高；在恶劣气候条件（风、雨）下发挥技术的能力强，在待射时活动安排较合理。

三等：一支箭的节奏较鲜明、一组箭的节奏鲜明，动作的成功率高；在恶劣气候条件（风、雨）下发挥技术的能力较强，在待射时活动安排较合理。

二等：一支箭、一组箭的节奏较鲜明，动作的成功率较高；在恶劣气候条件（风、雨）下发挥技术的能力较强，在待射时活动安排合理。

一等：一支箭、一组箭的节奏不鲜明，动作的成功率低；在恶劣气候条件（风、雨）下发挥技术的能力差，在待射时间活动安排不合理。

十六、摔跤技能选材测评内容和方法

（一）优秀摔跤运动员的技能特征

技术规范、移动灵活、攻守兼备、以力（巧）取胜，进攻的时机好、路线准、速度快，抓握准狠、抱握准紧、全身配合好、站立技术和跪撑技术好、技术主动、技术多样、动静有术、战术多样、运用合理。

（二）自由式摔跤技术测试和评定方法

由于技术动作多、实用性强，据原苏联专家统计自由式摔跤技术动作有380个，都有其摔人的使用价值。每个技术都有进攻、防守及反攻的变化，技术规律性差。目前没有统一的技术选材测试评定标准，一般测试可有以下三种方法：

1. 在规定的时间内完成单个技术动作数量，以测评其技术动作的熟练程度和数量。

2. 在实战比赛时，能使用赢分技术动作的数量，作为判断运动员使用技术动作的能力标准。

3. 在实战比赛中，使用技术动作“快、连、变”程度，作为判断运动员使用技术应变能力的强弱标准。其中“快”是指使用技术动作的速度和准确性；“连”是指使用一个技术动作接另一个技术动作连贯性；“变”是指使用一个技术动作时，根据对手进攻、防守、反攻而变化的速度和方向的合理性。

（三）战术测试方法

目前还没有很好的战术测试方法，主要通过教学、训练和比赛的实践来观察和评定。

本章思考题

1. 如何依据项目（群）特点以及实际需求进行技术选材？
2. 如何依据项目（群）特点以及实际需求进行战术选材？
3. 如何依据项目（群）特点以及实际需求对备选对象技能水平综合评价？
4. 简述不同运动项群运动技能选材的特点。
5. 本专项本层次技能选材或测评时的主要内容、常用方法和大致要求是什么？
6. 作为一名新任教练员重新组队训练时，将如何进行运动员选材工作。

本章主要参考文献

1. 曾凡辉，王路德，邢文华，等著. 运动员科学选材. 北京：人民体育出版社，1992
2. 武汉体院编写组. 运动选材学. 鄂图内 1990
3. 钟添发，田麦久，王路德，等. 运动员竞技能力模型与选材标准.北京：人民体育出版社，1994
4. 陈骏良编译. 体育测量与评价. 北京：人民体育出版社，1993
5. （日）松浦义行. 体力测定法. 北京：人民体育出版社，1989
6. 李诚志等. 教练员训练指南. 北京：人民体育出版社，1992
7. 体育学院通用教材. 运动训练学. 北京：人民体育出版社，1998
8. 邢文华，等. 奥运优秀运动员科学选材的研究. 北京：北京体育大学出版社，2008

附录

主要运动项目（群）选材评分表

附表 1–1　　短跑运动员 12 岁骨龄组选材评分表　　性别：男

等级 / 指标	一		三		五		三		一	
	标准	得分	标准	得分	标准	得分	标准	得分	标准	得分
体重／身高×1000（克／厘米）	~269	0.8	270~	2.4	290~310	4.0	311~	2.4	350~	0.8
等级 / 指标	一		二		三		四		五	
	标准	得分	标准	得分	标准	得分	标准	得分	标准	得分
身高（厘米）	~151.9	1.0	152.0~	2.0	156.0~	3.0	160.0~	4.0	164.0~	5.0
下肢长 A／身高×100（%）	~55.4	1.2	55.5~	2.4	56.0~	3.6	56.5~	4.8	57.0~	6.0
〔下肢长 B-小腿长 A〕／小腿长 A×100（%）	~98.1	2.4	98.0~	4.8	94.0~	7.2	90.0~	9.6	86.0~	12.0
下肢长 C／下肢长 H×100%	~75.9	1.6	76.0~	3.2	77.0~	4.8	78.0~	6.4	79.0~	8.0
踝围／跟腱长×100（%）	~98.1	0.6	98.0	1.2	96.0~	1.8	92.0~	2.4	88.0~	3.0
心功指数	~10.1	0.8	10.0~	1.6	8.0~	2.4	6.0~	3.2	4.0~	4.0
肺活量／体重（毫升／千克）	~55.9	0.8	56.0~	1.2	58.0~	1.8	60.0~	2.4	62.0~	3.0
60 米跑（秒）	~9.1	2.0	9.0~	4.0	8.6~	6.0	8.2~	8.0	8.0~	10.0
立定三级跳远（米）	~5.99	2.0	6.0~	4.0	6.4~	6.0	6.8~	8.0	7.0~	10.0
步频	~4.19	1.0			4.20~	3.0			4.50~	5.0
后抛铅球（米）	~6.49	1.0	6.5~	2.0	7.5~	3.0	8.5~	4.0	9.5~	5.0
声反应时（毫秒）	~191	0.4	190~	2.0	175~	6.0	160~	4.0	140 ~	5.0
专项（100 米）（秒）	~14.3	2.0	14.2~	4.0	13.6~	6.0	13.0~	8.0	12.6~	10.0
专项（400 米）（分、秒）	~1:6.1	2.0	1:6.~	4.0	1:3.~	6.0	1:1.~	8.0	59.~	10.0
教练员评定：										
1. 节奏性、协调性、灵活性	差	0.5	及格	1.0	中	1.5	良	2.0	优	2.5
2. 接受能力、智力水平	差	0.5	及格	1.0	中	1.5	良	2.0	优	2.5
3. 跑的技术自然、放松与合理	差	0.5	及格	1.0	中	1.5	良	2.0	优	2.5
4. 意志品质、比赛和训练作风	差	0.5	及格	1.0	中	1.5	良	2.0	优	2.5

注：专项 100 米或 400 米任选测一项。

附表 1-2　　短跑运动员 16 岁骨龄组选材评分表　　性别：男

等级 / 指标	一		三		五		三		一	
	标准	得分	标准	得分	标准	得分	标准	得分	标准	得分
体重/身高×1000（克/厘米）	~339	0.8	340~	2.4	380~400	4.0	401~	2.4	440~	0.8

等级 / 指标	一		二		三		四		五	
	标准	得分	标准	得分	标准	得分	标准	得分	标准	得分
身高（厘米）	~160.0	0.8	162.0~	1.6	166.0~	2.4	170.0~	3.2	174.0~	4.0
下肢长 A/身高×100（%）	~55.4	1.0	55.5~	2.0	56.0~	3.0	56.5~	4.0	57.0~	5.0
〔下肢长 B-小腿长 A〕/小腿长 A×100（%）	~98.1	2.0	98.0~	4.0	94.0~	6.0	90.0~	8.0	86.0~	10.0
下肢长 C/下肢长 H×100%	~75.9	1.0	76.0~	2.0	77.0~	3.0	78.0~	4.0	79.0~	5.0
踝围/跟腱长×100（%）	~98.1	0.4	98.0	0.8	96.0~	1.2	92.0~	1.6	88.0~	2.0
心功指数	~8.1	0.5	9.0~	1.0	7.0~	1.5	5.0~	2.0	3.0~	2.5
肺活量/体重（毫升/千克）	~59.9	0.5	58.0~	1.0	60.0~	1.5	62.0~	2.0	64.0~	2.5
60 米跑（秒）	~8.9	2.0	8.6~	4.0	8.2~	6.0	7.8~	8.0	7.6~	10.0
立定十级跳远（米）	~25.99	2.0	26.0~	4.0	28.0~	6.0	30.0~	8.0	31.0~	10.0
步频	~4.29	1.0			4.30~	3.0			4.70~	5.0
后抛铅球（米）	~9.99	1.0	10.0~	2.0	11.0~	3.0	12.0~	4.0	13.0~	5.0
声反应时（毫秒）	~171	1.0	170~	2.0	155~	3.0	140~	4.0	127 ~	5.0
专项（100 米）（秒）	~12.3	4.0	12.2~	8.0	11.6~	12.0	11.2~	16.0	11.0~	20.0
专项（400 米）（分、秒）	~56.6	4.0	56.5~	8.0	54.5~	12.0	52.5~	16.0	50.5~	20.0
教练员评定：										
1. 节奏性、协调性、灵活性	差	0.5	及格	1.0	中	1.5	良	2.0	优	2.5
2. 接受能力、智力水平	差	0.5	及格	1.0	中	1.5	良	2.0	优	2.5
3. 跑的技术自然、放松与合理	差	0.5	及格	1.0	中	1.5	良	2.0	优	2.5
4. 意志品质、比赛和训练作风	差	0.5	及格	1.0	中	1.5	良	2.0	优	2.5

注：专项 100 米或 400 米任选测一项。

附表 1–3　　短跑运动员 12 岁骨龄组选材评分表　　性别：女

等级 / 指标	一		三		五		三		一	
	标准	得分	标准	得分	标准	得分	标准	得分	标准	得分
体重/身高×1000（克/厘米）	~239	0.8	240~	2.4	260~270	4.0	271~	2.4	330~	0.8

等级 / 指标	一		二		三		四		五	
	标准	得分	标准	得分	标准	得分	标准	得分	标准	得分
身高（厘米）	~149.9	1.0	150.0~	2.0	154.0~	3.0	158.0~	4.0	162.0~	5.0
下肢长 A/身高×100（%）	~55.4	1.2	55.5~	2.4	56.0~	3.6	56.5~	4.8	57.0~	6.0
［下肢长 B-小腿长 A］/小腿长 A×100（%）	~98.1	2.4	98.0~	4.8	92.0~	7.2	90.0~	9.6	86.0~	12.0
下肢长 C/下肢长 H×100%	~75.9	1.6	76.0~	3.2	77.0~	4.8	78.0~	6.4	79.0~	8.0
踝围/跟腱长×100（%）	~98.1	0.6	98.0	1.2	96.0~	1.8	92.0~	2.4	88.0~	3.0
心功指数	~12.1	0.8	12.0~	1.6	10.0~	2.4	8.0~	3.2	6.0~	4.0
肺活量/体重（毫升/千克）	~53.9	0.6	54.0~	1.2	56.0~	1.8	58.0~	2.4	60.0~	3.0
60 米跑（秒）	~9.3	2.0	9.2~	4.0	8.8~	6.0	8.4~	8.0	8.2~	10.0
立定三级跳远（米）	~5.79	2.0	5.8~	4.0	6.2~	6.0	6.6~	8.0	6.8~	10.0
步频	~4.19	1.0			4.20~	3.0			4.50~	5.0
后抛铅球（米）	~5.99	1.0	6.0~	2.0	7.0~	3.0	8.0~	4.0	9.0~	5.0
声反应时（毫秒）	~196	1.0	195~	2.0	180~	3.0	160~	4.0	150 ~	5.0
专项（100 米）（秒）	~14.5	2.0	14.4~	4.0	14.0~	6.0	13.6~	8.0	13.2~	10.0
专项（400 米）（分、秒）	~1:10.1	2.0	1:10~	4.0	1:08.~	6.0	1:06.~	8.0	1:04.~	10.0
教练员评定：										
1. 节奏性、协调性、灵活性	差	0.5	及格	1.0	中	1.5	良	2.0	优	2.5
2. 接受能力、智力水平	差	0.5	及格	1.0	中	1.5	良	2.0	优	2.5
3. 跑的技术自然、放松与合理	差	0.5	及格	1.0	中	1.5	良	2.0	优	2.5
4. 意志品质、比赛和训练作风	差	0.5	及格	1.0	中	1.5	良	2.0	优	2.5

注：专项 100 米或 400 米任选测一项。

附表 1–4　　**短跑运动员 16 岁骨龄组选材评分表**　　性别：女

等级 / 指标	一		三		五		三		一	
	标准	得分	标准	得分	标准	得分	标准	得分	标准	得分
体重／身高×1000（克／厘米）	~289	0.8	290~	2.4	310~320	4.0	321~	2.4	360~	0.8

等级 / 指标	一		二		三		四		五	
	标准	得分	标准	得分	标准	得分	标准	得分	标准	得分
身高（厘米）	~159.9	0.8	160.0~	1.6	163.0~	2.4	167.0~	3.2	171.0~	4.0
下肢长 A／身高×100（%）	~55.4	1.0	55.5~	2.0	56.0~	3.0	56.5~	4.0	57.0~	5.0
〔下肢长 B-小腿长 A〕／小腿长 A×100（%）	~98.1	2.0	98.0~	4.0	94.0~	6.0	90.0~	8.0	86.0~	10.0
下肢长 C／下肢长 H×100%	~75.9	1.0	76.0~	2.0	77.0~	3.0	78.0~	4.0	79.0~	5.0
踝围／跟腱长×100（%）	~98.1	0.4	98.0	0.8	96.0~	1.2	92.0~	1.6	88.0~	2.0
心功指数	~10.1	0.5	10.0~	1.0	8.0~	1.5	6.0~	2.0	4.0~	2.5
肺活量／体重（毫升／千克）	~57.9	0.5	58.0~	1.0	60.0~	1.5	62.0~	2.0	64.0~	2.5
60 米跑（秒）	~8.3	2.0	8.2~	4.0	7.8~	6.0	7.6~	8.0	7.4~	10.0
立定十级跳远（米）	~22.99	2.0	23.0~	4.0	24.0~	6.0	25.4~	8.0	26.0~	10.0
步频	~4.29	1.0			4.30~	3.0			4.60~	5.0
后抛铅球（米）	~7.99	1.0	8.0~	2.0	9.0~	3.0	10.0~	4.0	11.0~	5.0
声反应时（毫秒）	~176	1.0	175~	2.0	160~	6.0	145~	4.0	132 ~	5.0
专项（100 米）（秒）	~13.3	4.0	13.2~	8.0	12.8~	12.0	12.4~	16.0	11.8~	20.0
专项（400 米）（分、秒）	~1:3.1	4.0	1:3~	8.0	1:0.~	12.0	58.0~	16.0	56.0~	20.0
教练员评定：										
1. 节奏性、协调性、灵活性	差	0.5	及格	1.0	中	1.5	良	2.0	优	2.5
2. 接受能力、智力水平	差	0.5	及格	1.0	中	1.5	良	2.0	优	2.5
3. 跑的技术自然、放松与合理	差	0.5	及格	1.0	中	1.5	良	2.0	优	2.5
4. 意志品质、比赛和训练作风	差	0.5	及格	1.0	中	1.5	良	2.0	优	2.5

注：专项 100 米或 400 米任选测一项。

附表 1–5

中长跑运动员 12 岁骨龄选材评分表

性别：男

等级 指标	一		三		五		三		一	
	标准	得分	标准	得分	标准	得分	标准	得分	标准	得分
体重/身高×1000（克/厘米）	~239	1.2	240~	3.6	260~270	6.0	271~	3.6	310~	1.2

等级 指标	一		二		三		四		五	
	标准	得分	标准	得分	标准	得分	标准	得分	标准	得分
身高（厘米）	~151.9	0.8	152.0~	1.6	156.0~	2.4	160.0~	3.2	164.0~	4.0
下肢长 A/身高×100（%）	~55.4	1.0	55.5~	2.0	56.0~	3.0	56.5~	4.0	57.0~	5.0
〔下肢长 B-小腿长 A〕/小腿长 A×100（%）	~98.1	2.0	98.0~	4.0	94.0~	6.0	90.0~	8.0	86.0~	10.0
踝围/跟腱长×100（%）	~98.1	1.0	98.0~	2.0	96.0~	3.0	92.0~	4.0	88.0~	5.0
心功指数	~10.1	0.8	10.0~	1.6	8.0~	2.4	6.0~	3.2	4.0~	4.0
肺活量/体重（毫升/千克）	~57.9	0.8	58.0~	1.6	60.0~	2.4	62.0~	3.2	64.0~	4.0
最大摄氧量（毫升/千克/分）	~44.9	2.0	45.0~	4.0	50.0~	6.0	55.0~	8.0	60.0~	10.0
60 米跑（秒）	~9.3	2.0	9.2~	4.0	8.8~	6.0	8.4~	8.0	8.2~	10.0
立定十级跳远（米）	~20.99	2.0	21.0~	4.0	23.0~	6.0	25.0~	8.0	26.0~	10.0
步频	~4.19	1.0			4.20~	3.0			4.50~	5.0
后抛铅球（米）	~5.99	1.0	6.0~	2.0	7.0~	3.0	8.0~	4.0	9.0~	5.0
声反应时（毫秒）	~191	0.4	190~	0.8	175~	1.2	160~	1.6	140~	2.0
专项（800 米）（分、秒）	~2:40.1	2.0	2:40.~	4.0	2:30.~	6.0	2:24.~	8.0	2:18~	10.0
教练员评定：										
1. 节奏性、协调性、灵活性	差	0.5	及格	1.0	中	1.5	良	2.0	优	2.5
2. 接受能力、智力水平	差	0.5	及格	1.0	中	1.5	良	2.0	优	2.5
3. 跑的技术自然、放松与合理	差	0.5	及格	1.0	中	1.5	良	2.0	优	2.5
4. 意志品质、比赛和训练作风	差	0.5	及格	1.0	中	1.5	良	2.0	优	2.5

附表 1-6　　中长跑运动员 16 岁骨龄选材评分表　　性别：男

等级 指标	一		三		五		三		一	
	标准	得分	标准	得分	标准	得分	标准	得分	标准	得分
体重/身高×1000（克/厘米）	~299	0.8	300~	2.4	320~330	4.0	331~	2.4	370~	0.8
等级 指标	**一**		**二**		**三**		**四**		**五**	
	标准	得分	标准	得分	标准	得分	标准	得分	标准	得分
身高（厘米）	~165.9	0.4	166.0~	0.8	170.0~	1.2	174.0.~	1.6	178.0~	2.4
下肢长 A/身高×100（%）	~55.4	0.8	55.5~	1.6	56.0~	2.4	56.5~	3.2	57.0~	4.0
〔下肢长 B-小腿长 A〕/小腿长 A×100（%）	~98.1	1.6	98.0~	3.2	94.0~	4.8	90.0~	6.4	86.0~	8.0
踝围/跟腱长×100（%）	~98.1	0.4	98.0~	0.8	96.0~	1.2	92.0~	1.6	88.0~	2.0
心功指数	~8.1	0.8	8.0~	1.6	6.0~	2.4	4.0~	3.2	2.0~	4.0
肺活量/体重（毫升/千克）	~59.9	0.8	60.0~	1.6	62.0~	2.4	64.0~	3.2	66.0~	4.0
最大摄氧量（毫升/千克/分）	~54.9	2.0	55.0~	4.0	60.0~	6.0	65.0~	8.0	70.0~	10.0
60 米跑（秒）	~8.5	2.0	8.4~	4.0	8.0~	6.0	7.6~	8.0	7.3~	10.0
立定十级跳远（米）	~24.99	2.0	25.0~	4.0	27.0~	6.0	29.0~	8.0	29.5~	10.0
步频	~4.39	1.0			4.40~	3.0			4.70~	5.0
后抛铅球（米）	~9.45	1.0	9.5~	2.0	10.5~	3.0	11.5~	4.0	12.5~	5.0
声反应时（毫秒）	~171	0.4	170~	0.8	155~	1.2	140~	1.6	125~	2.0
专项（1500 米）（分、秒）	~4:28.1	4.0	4:28.~	8.0	4:16.~	12.0	4:06.~	16.0	3:58.~	20.0
教练员评定：										
1. 节奏性、协调性、灵活性	差	0.5	及格	1.0	中	1.5	良	2.0	优	2.5
2. 接受能力、智力水平	差	0.5	及格	1.0	中	1.5	良	2.0	优	2.5
3. 跑的技术自然、放松与合理	差	0.5	及格	1.0	中	1.5	良	2.0	优	2.5
4. 意志品质、比赛和训练作风	差	0.5	及格	1.0	中	1.5	良	2.0	优	2.5

附表 1–7　　中长跑运动员 12 岁骨龄选材评分表　　性别：女

等级 / 指标	一		三		五		三		一	
	标准	得分	标准	得分	标准	得分	标准	得分	标准	得分
体重／身高×1000（克／厘米）	~219	1.2	220~	3.6	240~250	6.0	251~	3.6	280~	1.2

等级 / 指标	一		二		三		四		五	
	标准	得分	标准	得分	标准	得分	标准	得分	标准	得分
身高（厘米）	~147.9	0.8	158.0~	1.6	152.0~	2.4	156.0~	3.2	160.0~	4.0
下肢长 A／身高×100（%）	~55.4	1.0	55.5~	2.0	56.0~	3.0	56.5~	4.0	57.0~	5.0
［下肢长 B–小腿长 A］／小腿长 A×100（%）	~98.1	2.0	98.0~	4.0	94.0~	6.0	90.0~	8.0	86.0~	10.0
踝围／跟腱长×100（%）	~98.1	1.0	98.0~	2.0	96.0~	3.0	92.0~	4.0	88.0~	5.0
心功指数	~11.1	0.8	11.0~	1.6	9.0~	2.4	7.0~	3.2	5.0~	4.0
肺活量／体重（毫升／千克）	~55.9	0.8	56.0~	1.6	58.0~	2.4	60.0~	3.2	62.0~	4.0
最大摄氧量（毫升／千克／分）	~44.9	2.0	45.0~	4.0	50.0~	6.0	55.0~	8.0	60.0~	10.0
60 米跑（秒）	~9.4	2.0	9.3~	4.0	8.8~	6.0	8.5~	8.0	8.2~	10.0
立定十级跳远（米）	~19.99	2.0	20.0~	4.0	21.0~	6.0	22.0~	8.0	23.0~	10.0
步频	~4.19	1.0			4.20	3.0			4.50	5.0
后抛铅球（米）	~4.99	1.0	5.0~	2.0	6.0~	3.0	7.0~	4.0	8.0~	5.0
声反应时（毫秒）	~196	0.4	195~	0.8	180~	1.2	165~	1.6	150~	2.0
专项（800 米）（分、秒）	~2:44.1	2.0	2:44.~	4.0	2:36.~	6.0	2:28.~	8.0	2:22.~	10.0
教练员评定：										
1. 节奏性、协调性、灵活性	差	0.5	及格	1.0	中	1.5	良	2.0	优	2.5
2. 接受能力、智力水平	差	0.5	及格	1.0	中	1.5	良	2.0	优	2.5
3. 跑的技术自然、放松与合理	差	0.5	及格	1.0	中	1.5	良	2.0	优	2.5
4. 意志品质、比赛和训练作风	差	0.5	及格	1.0	中	1.5	良	2.0	优	2.5

附表 1-8　　**中长跑运动员 15 岁骨龄选材评分表**　　性别：女

指标 \ 等级	一		三		五		三		一	
	标准	得分	标准	得分	标准	得分	标准	得分	标准	得分
体重/身高×1000（克/厘米）	~269	1.2	270~	3.6	290~300	6.0	301~	3.6	340~	1.2

指标 \ 等级	一		二		三		四		五	
	标准	得分	标准	得分	标准	得分	标准	得分	标准	得分
身高（厘米）	~157.9	0.8	158.0~	1.6	162.0~	2.4	166.0~	3.2	170.0~	4.0
下肢长 A/身高×100（%）	~55.4	1.0	55.5~	2.0	56.0~	3.0	56.5~	4.0	57.0~	5.0
〔下肢长 B-小腿长 A〕/小腿长 A×100（%）	~98.1	2.0	98.0~	4.0	94.0~	6.0	90.0~	8.0	86.0~	10.0
踝围/跟腱长×100（%）	98.1~	1.0	98.0~	2.0	96.0~	3.0	92.0~	4.0	90.0~	5.0
心功指数	~10.1	0.8	10.0~	1.6	8.0~	2.4	6.0~	3.2	4.0~	4.0
肺活量/体重（毫升/千克）	~57.9	0.8	58.0~	1.6	60.0~	2.4	62.0~	3.2	64.0~	4.0
最大摄氧量（毫升/千克/分）	~49.9	2.0	50.0~	4.0	55.0~	6.0	60.0~	8.0	65.0~	10.0
60 米跑（秒）	~8.7	2.0	8.6~	4.0	8.2~	3.0	7.8~	8.0	7.6~	10.0
立定十级跳远（米）	~21.99	2.0	22.0~	4.0	24.0~	6.0	25.0~	8.0	26.0~	10.0
步频	~4.19	1.0			4.20~	3.0			4.50~	5.0
后抛铅球（米）	~7.49	1.0	7.5~	2.0	8.5~	3.0	9.5~	4.0	10.5~	5.0
声反应时（毫秒）	~181	0.4	180~	0.8	165~	1.2	150~	1.6	135~	2.0
专项（1500 米）（分、秒）	~5:10.1	2.0	5:10.~	4.0	4:58.~	6.0	4:44.~	8.0	4:36.~	10.0
教练员评定：										
1. 节奏性、协调性、灵活性	差	0.5	及格	1.0	中	1.5	良	2.0	优	2.5
2. 接受能力、智力水平	差	0.5	及格	1.0	中	1.5	良	2.0	优	2.5
3. 跑的技术自然、放松与合理	差	0.5	及格	1.0	中	1.5	良	2.0	优	2.5
4. 意志品质、比赛和训练作风	差	0.5	及格	1.0	中	1.5	良	2.0	优	2.5

附表 1–9　　跳远运动员 12 岁骨龄选材评分表　　性别：男

等级 指标	一		三		五		三		一	
	标准	得分	标准	得分	标准	得分	标准	得分	标准	得分
体重/身高×1000（克/厘米）	~249	1.0	250~	3.0	270~290	5.0	291~	3.0	330~	1.0

等级 指标	一		二		三		四		五	
	标准	得分	标准	得分	标准	得分	标准	得分	标准	得分
身高（厘米）	~155.9	1.0	156.0~	2.0	160.0~	3.0	164.0~	4.0	168.0~	5.0
下肢长 A/身高×100（%）	~55.9	2.0	56.0~	4.0	56.5~	6.0	57.0~	8.0	57.5~	10.0
［下肢长 B–小腿长 A］/小腿长 A×100（%）	~96.1	2.4	96.0~	4.8	94.0~	7.2	92.0~	9.6	88.0~	12.0
踝围/跟腱长×100（%）	~98.1	0.6	98.0~	1.2	94.0~	1.8	90.0~	2.4	86.0~	3.0
心功指数	~11.1	0.6	11.0~	1.2	9.0~	1.8	7.0~	2.4	5.0~	3.0
60 米跑（秒）	~9.2	2.0	9.1~	4.0	8.7~	6.0	8.4~	8.0	8.1~	10.0
立定跳远（厘米）	~199	1.0	200~	2.0	210~	3.0	220~	4.0	230~	5.0
后抛铅球（米）	~6.49	1.0	6.5~	2.0	7.5~	3.0	8.5~	4.0	9.0~	5.0
四步助跑五级跨步跳远（米）	~10.99	2.0	11.0~	4.0	12.0~	6.0	13.0~	8.0	14.0~	10.0
反应时［眼–手］（毫秒）	~226	0.4	225~	0.8	210~	1.2	195~	1.6	175~	2.0
跳远（米）	~4.79	4.0	4.8~	8.0	5.0~	12.0	5.2~	16.0	5.4~	20.0
教练员评定：										
1. 节奏性、协调性、灵活性	差	0.5	及格	1.0	中	1.5	良	2.0	优	2.5
2. 接受能力、智力水平	差	0.5	及格	1.0	中	1.5	良	2.0	优	2.5
3. 跳的自然、放松与合理	差	0.5	及格	1.0	中	1.5	良	2.0	优	2.5
4. 意志品质、比赛和训练作风	差	0.5	及格	1.0	中	1.5	良	2.0	优	2.5

附表 1-10　　**跳远运动员 16 岁骨龄选材评分表**　　性别：男

等级 指标	一		三		五		三		一	
	标准	得分	标准	得分	标准	得分	标准	得分	标准	得分
体重/身高×1000（克/厘米）	~339	0.8	340~	2.4	470~390	4.0	391~	2.4	430~	0.8
等级 指标	一		二		三		四		五	
	标准	得分	标准	得分	标准	得分	标准	得分	标准	得分
身高（厘米）	~171.9	0.8	172.0~	1.6	176.0~	2.4	180.0~	3.2	184.0~	4.0
下肢长 A/身高×100（%）	~55.9	1.2	56.0~	2.4	56.5~	3.4	57.0~	4.8	57.5~	6.0
〔下肢长 B-小腿长 A〕/小腿长 A×100（%）	~96.1	1.6	96.0~	3.2	92.0~	4.8	90.0~	6.4	86.0~	8.0
踝围/跟腱长×100（%）	~98.1	0.6	98.0~	1.2	94.0~	1.8	90.0~	2.4	86.0~	3.0
心功指数	~9.1	0.6	9.0~	1.2	7.0~	1.8	5.0~	2.4	3.0~	3.0
60 米跑（秒）	~7.9	2.4	7.8~	4.8	7.5~	7.2	7.2~	9.0	6.9~	12.0
立定跳远（厘米）	~269	0.8	270~	1.6	280~	2.4	290~	3.2	300~	4.0
后抛铅球（米）	~9.49	0.8	9.5~	1.6	10.5~	2.4	11.5~	3.2	12.5~	4.0
四步助跑五级跨步跳远（米）	~17.29	2.0	17.3~	4.0	18.3~	6.0	19.3~	8.0	20.3~	10.0
反应时〔眼-手〕（毫秒）	~301	0.4	200~	0.8	190~	1.2	175~	1.6	160~	2.0
跳远（米）	~6.29	6.0	6.3~	12.0	6.5~	18.0	6.7~	24.0	6.9~	30.0
教练员评定：										
1. 节奏性、协调性、灵活性	差	0.5	及格	1.0	中	1.5	良	2.0	优	2.5
2. 接受能力、智力水平	差	0.5	及格	1.0	中	1.5	良	2.0	优	2.5
3. 跳的自然、放松与合理	差	0.5	及格	1.0	中	1.5	良	2.0	优	2.5
4. 意志品质、比赛和训练作风	差	0.5	及格	1.0	中	1.5	良	2.0	优	2.5

附表 1-11

跳远运动员 12 岁骨龄选材评分表

性别：女

等级 / 指标	一		三		五		三		一	
	标准	得分	标准	得分	标准	得分	标准	得分	标准	得分
体重/身高×1000（克/厘米）	~249	1.0	250~	3.0	270~290	5.0	291~	3.0	330~	1.0

等级 / 指标	一		二		三		四		五	
	标准	得分	标准	得分	标准	得分	标准	得分	标准	得分
身高（厘米）	~151.9	1.0	152.0~	2.0	156.0~	3.0	160.0~	4.0	164.0~	5.0
下肢长 A/身高×100（%）	~55.9	2.0	56.0~	4.0	56.5~	6.0	57.0~	8.0	57.5~	10.0
［下肢长 B-小腿长 A］/小腿长 A×100（%）	~96.1	2.4	96.0~	4.8	94.0~	7.2	92.0~	9.6	88.0~	12.0
踝围/跟腱长×100（%）	~98.1	0.6	98.0~	1.2	94.0~	1.8	90.0~	2.4	86.0~	3.0
心功指数	~11.1	0.6	11.0~	1.2	9.0~	1.8	7.0~	2.4	5.0~	3.0
60 米跑（秒）	~9.2	2.0	9.1~	4.0	8.9~	6.0	8.7~	8.0	8.5~	10.0
立定跳远（厘米）	~179	1.0	180~	2.0	190~	3.0	200~	4.0	210~	5.0
后抛铅球（米）	~5.99	1.0	6.0~	2.0	7.0~	3.0	8.0~	4.0	9.0~	5.0
四步助跑五级跨步跳远（米）	~10.49	2.0	10.5~	4.0	11.5~	6.0	12.5~	8.0	13.5~	10.0
反应时［眼-手］（毫秒）	~236	0.4	235~	0.8	215~	1.2	200~	1.6	185~	2.0
跳远（米）	~3.99	4.0	4.0~	8.0	4.2~	12.0	4.4~	16.0	4.6~	20.0
教练员评定：										
1. 节奏性、协调性、灵活性	差	0.5	及格	1.0	中	1.5	良	2.0	优	2.5
2. 接受能力、智力水平	差	0.5	及格	1.0	中	1.5	良	2.0	优	2.5
3. 跳的自然、放松与合理	差	0.5	及格	1.0	中	1.5	良	2.0	优	2.5
4. 意志品质、比赛和训练作风	差	0.5	及格	1.0	中	1.5	良	2.0	优	2.5

附表 1–12

跳远运动员 16 岁骨龄选材评分表

性别：女

等级 / 指标	一		三		五		三		一	
	标准	得分	标准	得分	标准	得分	标准	得分	标准	得分
体重/身高×1000（克/厘米）	~309	0.8	310~	2.4	320~330	4.0	331~	2.4	360~	0.8

等级 / 指标	一		二		三		四		五	
	标准	得分	标准	得分	标准	得分	标准	得分	标准	得分
身高（厘米）	~159.9	0.8	160.0~	1.6	164.0~	2.4	168.0~	3.2	172.0~	4.0
下肢长 A/身高×100（%）	~55.9	1.2	56.0~	2.4	56.5~	3.6	57.0~	4.8	57.5~	6.0
〔下肢长 B–小腿长 A〕/小腿长 A×100（%）	~96.4	1.6	96.0~	3.2	94.0~	4.8	92.0~	6.4	88.0~	8.0
踝围/跟腱长×100（%）	~98.1	0.6	98.0~	1.2	94.0~	1.8	90.0~	2.4	86.0~	3.0
心功指数	~10.1	0.6	10.0~	1.2	8.0~	1.8	6.0~	2.4	4.0~	3.0
60 米跑（秒）	~8.2	2.4	8.1~	4.8	7.9~	7.2	7.7~	9.6	7.5~	12.0
立定跳远（厘米）	~129	0.8	140~	1.6	150~	2.4	260~	3.2	270~	4.0
后抛铅球（米）	~8.99	0.8	9.0~	1.6	10.0~	2.4	11.0~	3.2	12.0~	4.0
四步助跑五级跨步跳远（米）	~13.59	2.0	13.6~	4.0	14.6~	6.0	15.6~	8.0	16.6~	10.0
反应时〔眼–手〕（毫秒）	~211	0.4	210~	0.8	195~	1.2	185~	1.6	165~	2.0
跳远（米）	~5.44	6.0	5.45~	12.0	5.60~	18.0	5.75~	24.0	5.90~	30.0
教练员评定：										
1. 节奏性、协调性、灵活性	差	0.5	及格	1.0	中	1.5	良	2.0	优	2.5
2. 接受能力、智力水平	差	0.5	及格	1.0	中	1.5	良	2.0	优	2.5
3. 跳的自然、放松与合理	差	0.5	及格	1.0	中	1.5	良	2.0	优	2.5
4. 意志品质、比赛和训练作风	差	0.5	及格	1.0	中	1.5	良	2.0	优	2.5

附表 1–13

跳高运动员 12 岁骨龄选材评分表

性别：男

等级 / 指标	一		三		五		三		一	
	标准	得分	标准	得分	标准	得分	标准	得分	标准	得分
体重/身高×1000（克/厘米）	~249	1.2	250~	3.6	270~280	6.0	281~	3.6	340~	1.2

等级 / 指标	一		二		三		四		五	
	标准	得分	标准	得分	标准	得分	标准	得分	标准	得分
身高（厘米）	~161.9	2.0	162.0~	4.0	166.0~	6.0	170.0~	8.0	174.0~	10.0
下肢长 A/身高×100（%）	~56.9	2.0	57.0~	4.0	57.5~	6.0	58.0~	8.0	58.5~	10.0
〔下肢长 B–小腿长 A〕/小腿长 A×100（%）	~96.1	1.2	96.0~	2.4	92.0~	3.6	88.0~	4.8	86.0~	6.0
踝围/跟腱长×100（%）	~98.1	0.6	98.0~	1.2	92.0~	1.8	86.0~	2.4	82.0~	3.0
心功指数	~11.1	0.6	11.0~	1.2	9.0~	1.8	7.0~	2.4	5.0~	3.0
30 米跑（秒）	~5.5	1.6	5.4~	3.2	5. 1~	4.8	4.9~	6.4	4.7~	8.0
助跑摸高净跳高度（厘米）	~39.9	2.4	40.0~	4.8	50.0~	7.2	55.0~	9.6	60.0~	12.0
后抛铅球（米）	~5.99	0.8	6.0~	1.6	7.0~	2.4	8.0~	3.2	9.0~	4.0
四步助跑五级跨步跳远（米）	~9.99	1.2	10.0~	2.4	11.5~	3.6	12.8~	4.8	13.8~	6.0
反应时〔眼–手〕（毫秒）	~226	0.4	225~	0.8	210~	1.2	195~	1.6	175~	2.0
跳高（米）	~1.29	4.0	1.30~	8.0	1.40~	12.0	1.45~	16.0	1.50~	20.0
教练员评定：										
1. 节奏性、协调性、灵活性	差	0.5	及格	1.0	中	1.5	良	2.0	优	2.5
2. 接受能力、智力水平	差	0.5	及格	1.0	中	1.5	良	2.0	优	2.5
3. 跳的自然、放松与合理	差	0.5	及格	1.0	中	1.5	良	2.0	优	2.5
4. 意志品质、比赛和训练作风	差	0.5	及格	1.0	中	1.5	良	2.0	优	2.5

附表 1–14　　**跳高运动员 16 岁骨龄选材评分表**　　性别：男

等级 / 指标	一		三		五		三		一	
	标准	得分	标准	得分	标准	得分	标准	得分	标准	得分
体重/身高×1000（克/厘米）	~329	0.6	330~	1.8	360~370	3.0	371~	1.8	410~	0.6

等级 / 指标	一		二		三		四		五	
	标准	得分	标准	得分	标准	得分	标准	得分	标准	得分
身高（厘米）	~178.9	1.6	179.0~	3.2	183.0~	4.8	187.0~	6.4	191.0~	8.0
下肢长 A/身高×100（%）	~56.9	1.6	57.0~	3.2	57.5~	4.8	58.0~	6.4	58.5~	8.0
［下肢长 B-小腿长 A］/小腿长 A×100（%）	~96.1	0.8	96.0~	1.6	92.0~	2.4	88.0~	3.2	86.0~	4.0
踝围/跟腱长×100（%）	~98.1	0.4	98.0~	0.8	92.0~	1.2	86.0~	1.6	82.0~	2.0
心功指数	~9.1	0.6	9.0~	1.2	7.0~	1.8	5.0~	2.4	3.0~	3.0
30 米跑（秒）	~4.6	1.2	4.5~	2.4	4.3~	3.6	4.1~	4.8	3.9~	6.0
助跑摸高净跳高度（厘米）	~69.9	3.0	70.0~	6.0	80.0~	9.0	90.0~	12.0	95.0~	15.0
后抛铅球（米）	~9.99	0.8	10.0~	1.6	11.0~	2.4	12.0~	3.2	13.0~	4.0
四步助跑五级跨步跳远（米）	~15.49	1.0	15.5~	2.0	17.0~	3.0	18.5~	4.0	19.8~	5.0
反应时［眼–手］（毫秒）	~201	0.4	200~	0.8	190~	1.2	175~	1.6	160~	2.0
跳高（米）	~1.79	6.0	1.80~	12.0	1.90~	18.0	1.95~	24.0	2.00~	30.0
教练员评定：										
1. 节奏性、协调性、灵活性	差	0.5	及格	1.0	中	1.5	良	2.0	优	2.5
2. 接受能力、智力水平	差	0.5	及格	1.0	中	1.5	良	2.0	优	2.5
3. 跳的自然、放松与合理	差	0.5	及格	1.0	中	1.5	良	2.0	优	2.5
4. 意志品质、比赛和训练作风	差	0.5	及格	1.0	中	1.5	良	2.0	优	2.5

附表 1–15

跳高运动员 12 岁骨龄选材评分表

性别：女

等级 / 指标	一		三		五		三		一	
	标准	得分	标准	得分	标准	得分	标准	得分	标准	得分
体重/身高×1000（克/厘米）	~259	1.2	260~	3.6	280~290	6.0	291~	3.6	330~	1.2
等级 / 指标	一		二		三		四		五	
	标准	得分	标准	得分	标准	得分	标准	得分	标准	得分
身高（厘米）	~159.9	2.0	160.0~	4.0	164.0~	6.0	168.0~	8.0	172.0~	10.0
下肢长 A/身高×100（%）	~56.9	2.0	57.0~	4.0	57.5~	6.0	58.0~	8.0	58.5~	10.0
［下肢长 B-小腿长 A］/小腿长 A×100（%）	~96.1	1.2	96.0~	2.4	92.0~	3.6	88.0~	4.8	86.0~	6.0
踝围/跟腱长×100（%）	~98.1	0.6	98.0~	1.2	92.0~	1.8	86.0~	2.4	82.0~	3.0
心功指数	~11.1	0.6	11.0~	1.2	9.0~	1.8	7.0~	2.4	5.0~	3.0
30 米跑（秒）	~5.7	1.6	5.6~	3.2	5.4~	4.8	5.2~	6.4	5.0~	8.0
助跑摸高净跳高度（厘米）	~29.9	2.4	30.0~	4.8	40.0~	7.2	45.0~	9.6	50.0~	12.0
后抛铅球（米）	~5.99	0.8	6.0~	1.6	7.0~	2.4	8.0~	3.2	9.0~	4.0
四步助跑五级跨步跳远（米）	~9.99	1.2	10.0~	2.4	11.0~	3.6	12.0~	4.8	13.0~	6.0
反应时［眼–手］（毫秒）	~236	0.4	235~	0.8	215~	1.2	200~	1.6	185~	2.0
跳高（米）	~1.24	4.0	1.25~	8.0	1.30~	12.0	1.35~	16.0	1.40~	20.0
教练员评定：										
1. 节奏性、协调性、灵活性	差	0.5	及格	1.0	中	1.5	良	2.0	优	2.5
2. 接受能力、智力水平	差	0.5	及格	1.0	中	1.5	良	2.0	优	2.5
3. 跳的自然、放松与合理	差	0.5	及格	1.0	中	1.5	良	2.0	优	2.5
4. 意志品质、比赛和训练作风	差	0.5	及格	1.0	中	1.5	良	2.0	优	2.5

附表 1–16

跳高运动员 16 岁骨龄选材评分表

性别：女

等级 指标	一		三		五		三		一	
	标准	得分	标准	得分	标准	得分	标准	得分	标准	得分
体重／身高×1000（克／厘米）	~299	0.6	300~	1.8	320~330	3.0	331~	1.8	360~	0.6
等级 指标	**一**		**二**		**三**		**四**		**五**	
	标准	得分	标准	得分	标准	得分	标准	得分	标准	得分
身高（厘米）	~168.9	1.6	169.0~	3.2	173.0~	4.8	177.0~	6.4	181.0~	8.0
下肢长 A／身高×100（%）	~56.9	1.6	57.0~	3.2	57.5~	4.8	58.0~	6.4	58.5~	8.0
［下肢长 B–小腿长 A］/小腿长 A×100（%）	~96.1	0.8	96.0~	1.6	92.0~	2.4	88.0~	3.2	86.0~	4.0
踝围／跟腱长×100（%）	~98.1	0.4	98.0~	0.8	92.0~	1.2	86.0~	1.6	82.0~	2.0
心功指数	~10.1	0.6	10.0~	1.2	8.0~	1.8	6.0~	2.4	4.0~	3.0
30 米跑（秒）	~4.9	1.2	4.8~	2.4	4.6~	3.6	4.4~	4.8	4.2~	6.0
助跑摸高净跳高度（厘米）	~54.9	3.0	55.0~	6.0	65.0~	9.0	70.0~	12.0	75.0~	15.0
后抛铅球（米）	~8.99	0.8	9.0~	1.6	10.0~	2.4	11.0~	3.2	11.5~	4.0
四步助跑五级跨步跳远（米）	~12.99	1.0	13.0~	2.0	14.1~	3.0	15.1~	4.0	16.1~	5.0
反应时［眼–手］（毫秒）	~211	0.4	210~	0.8	195~	1.2	185~	1.6	165~	2.0
跳高（米）	~1.54	6.0	1.55~	12.0	1.65~	18.0	1.70~	24.0	1.75~	30.0
教练员评定：										
1. 节奏性、协调性、灵活性	差	0.5	及格	1.0	中	1.5	良	2.0	优	2.5
2. 接受能力、智力水平	差	0.5	及格	1.0	中	1.5	良	2.0	优	2.5
3. 跳的自然、放松与合理	差	0.5	及格	1.0	中	1.5	良	2.0	优	2.5
4. 意志品质、比赛和训练作风	差	0.5	及格	1.0	中	1.5	良	2.0	优	2.5

附表 1–17　　**标枪运动员 14 岁骨龄选材评分表**　　性别：男

等级 指标	一		三		五		三		一	
	标准	得分	标准	得分	标准	得分	标准	得分	标准	得分
体重／身高×1000（克／厘米）	~339	1.0	340~	3.0	350~370	5.0	371~	3.0	420~	1.0

等级 指标	一		二		三		四		五	
	标准	得分	标准	得分	标准	得分	标准	得分	标准	得分
身高（厘米）	~162.9	1.6	163.0~	3.2	167.0~	4.8	171.0~	6.4	175.0~	8.0
指距—身高（厘米）	~3.9	1.6	4.0~	3.2	5.0~	4.8	6.0~	6.4	7.0~	8.0
上臂围松紧差（厘米）	~2.4	1.0	2.5~	2.0	3.0~	3.0	3.5~	4.0	4.0~	5.0
盆骨宽／肩宽×100（%）	~68.9	0.8	69.0~	1.6	69.5~	2.4	70.0~	3.2	70.5~	4.0
心功指数	~10.1	1.0	10.0~	2.0	8.0~	3.0	6.0~	4.0	4.0~	5.0
投小垒球（米）	~62.99	2.0	63.0~	4.0	67.0~	6.0	71.0~	8.0	75.0~	12.0
30 米跑（秒）	~4.9	1.2	4.8~	2.4	4.6~	3.6	4.4~	4.8	4.2~	6.0
立定跳远（厘米）	~229	1.2	230~	2.4	240~	3.6	250~	4.8	260~	6.0
后抛铅球（米）	~11.99	0.6	12.0~	1.2	13.5~	1.8	14.0~	2.4	14.5~	3.0
后桥高／身高×100（%）	~33.9	0.6	34.0~	1.2	36.0~	1.8	38.0~	2.4	40.0~	3.0
被动反应时（秒）	~13.3	1.0	13.2~	2.0	12.4~	3.0	11.3~	4.0	9.8~	5.0
专项成绩（米）	~41.99	3.0	42.0~	6.0	46.0~	9.0	50.0~	12.0	52.0~	15.0
专项技术效果评定（米）	~9.99	1.0	10.0~	2.0	12.0~	3.0	14.0~	4.0	16.0~	5.0
教练员评定：										
1. 节奏性、协调性、灵活性	差	0.5	及格	1.0	中	1.5	良	2.0	优	2.5
2. 接受能力、智力水平	差	0.5	及格	1.0	中	1.5	良	2.0	优	2.5
3. 投掷技术自然、放松与合理	差	0.5	及格	1.0	中	1.5	良	2.0	优	2.5
4. 意志品质、比赛和训练作风	差	0.5	及格	1.0	中	1.5	良	2.0	优	2.5

附表 1-18　　标枪运动员 16 岁骨龄选材评分表　　性别：男

指标 \ 等级	一		三		五		三		一	
	标准	得分	标准	得分	标准	得分	标准	得分	标准	得分
体重/身高×1000（克/厘米）	~379	1.0	380~	3.0	400~420	5.0	421~	3.0	470~	1.0
指标 \ 等级	**一**		**二**		**三**		**四**		**五**	
	标准	得分	标准	得分	标准	得分	标准	得分	标准	得分
身高（厘米）	~169.9	1.2	170.0~	2.4	174.0~	3.6	178.0~	4.8	182.0~	6.0
指距—身高（厘米）	~3.9	1.6	4.0~	3.2	6.0~	4.8	8.0~	6.4	9.0~	8.0
上臂围松紧差（厘米）	~2.9	0.8	3.0~	1.6	3.5~	2.4	4.0~	3.2	4.5~	4.0
盆骨宽/肩宽×100（%）	~69.4	0.4	69.5~	0.8	70.0~	1.2	70.5~	1.6	71.0~	2.0
心功指数	~9.1	0.4	9.0~	0.8	7.0~	1.2	5.0~	1.6	3.0~	2.0
投小垒球（米）	~77.9	3.0	78.0~	6.0	82.0~	9.0	86.0~	12.0	90.0~	15.0
30 米跑（秒）	~4.6	1.0	4.5~	2.0	4.3~	3.0	4.1~	4.0	3.9~	5.0
立定跳远（厘米）	~249	1.0	250~	2.0	270~	3.0	280~	4.0	290~	5.0
后抛铅球（米）	~11.99	0.8	12.0~	1.6	14.0~	2.4	14.5~	3.2	15.0~	4.0
抓举（千克）	~47.9	0.6	48.0~	1.2	52.0~	1.8	56.0~	2.4	60.0~	3.0
双手投实心球（米）	~13.9	0.6	14.0~	1.2	16.0~	1.8	17.0~	2.4	18.0~	3.0
被动反应时（秒）	~12.6	0.6	12.5~	1.2	11.7~	1.8	10.7~	2.4	9.3~	3.0
专项成绩（米）	~53.99	4.0	54.0~	8.0	58.0~	12.0	62.0~	16.0	64.0~	20.0
专项技术效果评定（米）	~13.99	1.0	14.0~	2.0	16.0~	3.0	18.0~	4.0	20.0~	5.0
教练员评定：										
1. 节奏性、协调性、灵活性	差	0.5	及格	1.0	中	1.5	良	2.0	优	2.5
2. 接受能力、智力水平	差	0.5	及格	1.0	中	1.5	良	2.0	优	2.5
3. 投掷技术自然、放松与合理	差	0.5	及格	1.0	中	1.5	良	2.0	优	2.5
4. 意志品质、比赛和训练作风	差	0.5	及格	1.0	中	1.5	良	2.0	优	2.5

附表 1–19

标枪运动员 14 岁骨龄选材评分表

性别：女

等级 / 指标	一		三		五		三		一	
	标准	得分	标准	得分	标准	得分	标准	得分	标准	得分
体重/身高×1000（克/厘米）	~329	1.0	330~	3.0	340~350	5.0	351~	3.0	420~	1.0
等级 / 指标	一		二		三		四		五	
	标准	得分	标准	得分	标准	得分	标准	得分	标准	得分
身高（厘米）	~155.9	1.6	156.0~	3.2	160.0~	4.8	164.0~	6.4	168.0~	8.0
指距—身高（厘米）	~1.9	1.6	2.0~	3.2	3.0~	4.8	4.0~	6.4	5.0~	8.0
上臂围松紧差（厘米）	~2.1	1.0	2.2~	2.0	2.5~	3.0	2.8~	4.0	3.0~	5.0
盆骨宽/肩宽×100（%）	~70.4	0.8	70.5~	1.6	71.0~	2.4	71.5~	3.2	72.0~	4.0
心功指数	~10.1	1.0	10.0~	2.0	8.0~	3.0	6.0~	4.0	4.5~	5.0
投小垒球（米）	~47.99	2.4	48.0~	4.8	52.0~	7.2	56.0~	9.6	60.0~	12.0
30 米跑（秒）	~5.2	1.2	5.1~	2.4	4.9~	3.6	4.7~	4.8	4.5~	6.0
立定跳远（厘米）	~209	1.2	210~	2.4	220~	3.6	230~	4.8	240~	6.0
后抛铅球（米）	~9.49	0.6	9.5~	1.2	11.0~	1.8	11.5~	2.4	12.0~	3.0
后桥高/身高×100（%）	~37.9	0.6	38.0~	1.2	40.0~	1.8	42.0~	2.4	44.0~	3.0
被动反应时（秒）	~13.5	1.0	13.4~	2.0	12.7~	3.0	11.5~	4.0	9.8~	5.0
专项成绩（米）	~23.99	3.0	24.0~	6.0	28.0~	9.0	32.0~	12.0	36.0~	15.0
专项技术效果评定（米）	~5.99	1.0	6.0~	2.0	8.0~	3.0	10.0~	4.0	12.0~	5.0
教练员评定：										
1. 节奏性、协调性、灵活性	差	0.5	及格	1.0	中	1.5	良	2.0	优	2.5
2. 接受能力、智力水平	差	0.5	及格	1.0	中	1.5	良	2.0	优	2.5
3. 投掷技术自然、放松与合理	差	0.5	及格	1.0	中	1.5	良	2.0	优	2.5
4. 意志品质、比赛和训练作风	差	0.5	及格	1.0	中	1.5	良	2.0	优	2.5

附表 1–20 标枪运动员 16 岁骨龄选材评分表 性别：女

等级 / 指标	一		三		五		三		一	
	标准	得分	标准	得分	标准	得分	标准	得分	标准	得分
体重/身高×1000（克/厘米）	~349	1.0	350~	3.0	370~390	5.0	391~	3.0	450~	1.0

等级 / 指标	一		二		三		四		五	
	标准	得分	标准	得分	标准	得分	标准	得分	标准	得分
身高（厘米）	~158.9	1.2	159.0~	2.4	163.0~	3.6	167.0~	4.8	171.0~	6.0
指距—身高（厘米）	~3.9	1.6	4.0~	3.2	6.0~	4.8	7.0~	6.4	8.0~	8.0
上臂围松紧差（厘米）	~2.4	0.8	2.5~	1.6	2.8~	2.4	3.0~	3.2	3.2~	4.0
盆骨宽/肩宽×100（%）	~71.4	0.4	71.5~	0.8	72.0~	1.2	72.5~	1.6	73.0~	2.0
心功指数	~9.1	0.4	9.0~	0.8	7.0~	1.2	5.0~	1.6	4.0~	2.0
投小垒球（米）	~57.9	3.0	58.0~	6.0	62.0~	9.0	66.0~	12.0	70.0~	15.0
30 米跑（秒）	~5.0~	1.0	4.9~	2.0	4.7~	3.0	4.5~	4.0	4.3~	5.0
立定跳远（厘米）	~229	1.0	230~	2.0	240~	3.0	250~	4.0	260~	5.0
后抛铅球（米）	~10.49	0.8	10.5~	1.6	12.0~	2.4	12.5~	3.2	13.0~	4.0
抓举（千克）	~38.9	0.6	39.0~	1.2	41.0~	1.8	43.0~	2.4	45.0~	3.0
双手投实心球（米）	~11.99	0.6	12.0~	1.2	14.0~	1.8	15.0~	2.4	16.0~	3.0
被动反应时（秒）	~12.9	0.6	12.8~	1.2	12.1~	1.8	11.2~	2.4	9.4~	3.0
专项成绩（米）	~35.99	4.0	36.0~	8.0	40.0~	12.0	44.0~	16.0	48.0~	20.0
专项技术效果评定（米）	~9.99	1.0	10.0~	2.0	12.0~	3.0	14.0~	4.0	16.~	5.0
教练员评定：										
1. 节奏性、协调性、灵活性	差	0.5	及格	1.0	中	1.5	良	2.0	优	2.5
2. 接受能力、智力水平	差	0.5	及格	1.0	中	1.5	良	2.0	优	2.5
3. 投掷技术自然、放松与合理	差	0.5	及格	1.0	中	1.5	良	2.0	优	2.5
4. 意志品质、比赛和训练作风	差	0.5	及格	1.0	中	1.5	良	2.0	优	2.5

附表 1-21

铅球和铁饼运动员 14 岁骨龄选材评分表

性别：男

指标＼等级	一		三		五		三		一	
	标准	得分	标准	得分	标准	得分	标准	得分	标准	得分
体重/身高×1000（克/厘米）	~339	1.2	340~	3.6	370~390	6.0	391~	3.6	480~	1.2

指标＼等级	一		二		三		四		五	
	标准	得分	标准	得分	标准	得分	标准	得分	标准	得分
身高（厘米）	~167.9	2.4	168.0~	4.8	172.0~	7.2	176.0	9.6	180.0~	12.0
指距—身高（厘米）	~2.9	1.6	3.0~	3.2	4.5~	4.8	6.0~	6.4	7.5~	8.0
盆骨宽/肩宽×100（%）	~69.4	1.0	69.5~	2.0	70.5~	3.0	71.5~	4.0	72.0~	5.0
手长（厘米）	~19.4	0.8	19.5~	1.6	19.7~	2.4	19.9~	3.2	20.1~	4.0
心功指数	~10.1	1.0	10.0~	2.0	8.0~	3.0	6.0~	4.0	4.0~	5.0
30 米跑（秒）	~5.2	1.5	5.1~	3.0	4.9~	4.5	4.7~	6.0	4.5~	7.5
立定跳远（厘米）	~219	1.0	220~	2.0	240~	3.0	250~	4.0	260~	5.0
后抛铅球（米）	~12.49	1.0	12.5~	2.0	13.5~	3.0	14.5~	4.0	15.5~	5.0
原地推铅球（米）	~11.49	1.5	11.5~	3.0	12.5~	4.5	13.1~	6.0	13.5~	7.5
原地掷铁饼（米）	~29.99	1.5	30.0~	3.0	32.0~	4.5	34.0~	6.0	36.0~	7.5
被动反应时（秒）	~13.3	1.0	13.2~	2.0	12.4~	3.0	11.3~	4.0	9.8~	5.0
滑步推铅球（米）	~12.49	3.0	12.5~	6.0	13.5~	9.0	14.1~	12.0	14.5~	15.0
旋转掷铁饼（米）	~35.99	3.0	36.0~	6.0	38.0~	9.0	40.0~	12.0	42.0~	15.0
铅球技术效果评定（米）	~0.59	1.0	1.6~	2.0	1.0~	3.0	1.4~	4.0	1.8~	5.0
铁饼技术效果评定（米）	~4.19	1.0	4.2~	2.0	4.8~	3.0	5.4~	4.0	6.0~	5.0
教练员评定：										
1. 节奏性、协调性、灵活性	差	0.5	及格	1.0	中	1.5	良	2.0	优	2.5
2. 接受能力、智力水平	差	0.5	及格	1.0	中	1.5	良	2.0	优	2.5
3. 投掷技术自然、放松与合理	差	0.5	及格	1.0	中	1.5	良	2.0	优	2.5
4. 意志品质、比赛和训练作风	差	0.5	及格	1.0	中	1.5	良	2.0	优	2.5

附表 1-22　　铅球和铁饼运动员 16 岁骨龄选材评分表　　性别：男

指标＼等级	一		三		五		三		一	
	标准	得分	标准	得分	标准	得分	标准	得分	标准	得分
体重/身高×1000（克/厘米）	~419	1.6	420~	4.8	440~460	8.0	461~	4.8	540~	1.6

指标＼等级	一		二		三		四		五	
	标准	得分	标准	得分	标准	得分	标准	得分	标准	得分
身高（厘米）	~175.9	2.0	176.0~	4.0	180.0~	6.0	184.0~	8.0	188.0~	10.0
指距—身高（厘米）	~3.9	1.0	4.0~	2.0	6.0~	3.0	8.0~	4.0	9.0~	5.0
盆骨宽/肩宽×100（%）	~69.4	0.8	69.5~	1.6	70.5~	2.4	71.5~	3.2	72.0~	4.0
手长（厘米）	~20.3	0.6	20.4~	1.2	20.7~	1.8	21.0~	2.4	21.3~	3.0
心功指数	~9.1	0.6	9.0~	1.2	7.0~	1.8	5.0~	2.4	3.0~	3.0
30 米跑（秒）	~4.9	1.0	4.8~	2.0	4.6~	3.0	4.4~	4.0	4.2~	5.0
立定跳远（厘米）	~249	0.8	250~	1.6	270~	2.4	280~	3.2	290~	4.0
后抛铅球（米）	~14.49	1.0	14.5~	2.0	15.5~	3.0	16.5~	4.0	17.5~	5.0
原地推铅球（米）	~13.49	2.0	13.5~	4.0	14.5~	6.0	15.1~	8.0	15.5~	10.0
原地掷铁饼（米）	~33.99	2.0	34.0~	4.0	36.0~	6.0	38.0~	8.0	40.0~	10.0
卧推（千克）	~69.9	0.6	70.0~	1.2	80.0~	1.8	86.0~	2.4	90.0~	3.0
深蹲（千克）	~99.9	0.6	100.0~	1.2	110.0~	1.8	120.0~	2.4	130.0~	3.0
被动反应时（秒）	~12.6	0.4	12.5~	0.8	11.7~	1.2	10.7~	1.6	9.3~	2.0
滑步推铅球（米）	~14.49	4.0	14.5~	8.0	15.5~	12.0	16.1~	16.0	16.5~	20.0
旋转掷铁饼（米）	~41.99	4.0	42.0~	8.0	45.0~	12.0	48.0~	16.0	50.0~	20.0
铅球技术效果评定（米）	~0.99	1.0	1.0~	2.0	1.4~	3.0	1.8~	4.0	2.2~	5.0
铁饼技术效果评定（米）	~5.99	1.0	6.0~	2.0	7.0~	3.0	8.0~	4.0	9.0~	5.0
教练员评定：										
1. 节奏性、协调性、灵活性	差	0.5	及格	1.0	中	1.5	良	2.0	优	2.5
2. 接受能力、智力水平	差	0.5	及格	1.0	中	1.5	良	2.0	优	2.5
3. 投掷技术自然、放松与合理	差	0.5	及格	1.0	中	1.5	良	2.0	优	2.5
4. 意志品质、比赛和训练作风	差	0.5	及格	1.0	中	1.5	良	2.0	优	2.5

附表 1–23 **铅球和铁饼运动员 14 岁骨龄选材评分表** 性别：女

等级 / 指标	一		三		五		三		一	
	标准	得分	标准	得分	标准	得分	标准	得分	标准	得分
体重/身高×1000（克/厘米）	~349	1.2	350~	3.6	370~390	6.0	391~	3.6	460~	1.2

等级 / 指标	一		二		三		四		五	
	标准	得分	标准	得分	标准	得分	标准	得分	标准	得分
身高（厘米）	~160.9	2.4	161.0~	4.8	165.0~	7.2	169.0~	9.6	173.0~	12.0
指距—身高（厘米）	~1.4	1.6	2.5~	3.2	3.5~	4.8	4.5~	6.4	5.5~	8.0
盆骨宽/肩宽×100（%）	~70.4	1.0	70.5~	2.0	71.0~	3.0	71.5~	4.0	72.0~	5.0
手长（厘米）	~18.6	0.8	18.4~	1.6	18.7~	2.4	19.0~	3.2	19.3~	4.0
心功指数	~10.1	1.0	10.0~	2.0	8.0~	3.0	6.0~	4.0	4.0~	5.0
30 米跑（秒）	~5.4	1.5	5.3~	3.0	5.1~	4.5	4.9~	6.0	4.7~	7.5
立定跳远（厘米）	~189	1.0	190~	2.0	210~	3.0	220~	4.0	230~	5.0
后抛铅球（米）	~10.49	1.0	10.5~	2.0	11.5~	3.0	12.5~	4.0	13.5~	5.0
原地推铅球（米）	~9.99	1.5	10.0~	3.0	11.0~	4.5	11.6~	6.0	12.0~	7.5
原地掷铁饼（米）	~19.9	1.5	20.0~	3.0	22.0~	4.5	24.0~	6.0	26.0~	7.5
被动反应时（秒）	~13.5	1.0	13.4~	2.0	12.7~	3.0	11.5~	4.0	9.8~	5.0
滑步推铅球（米）	~10.99	3.0	11.0~	6.0	12.0~	9.0	12.6~	12.0	13.0~	15.0
旋转掷铁饼（米）	~25.99	3.0	26.0~	6.0	28.0~	9.0	30.0~	12.0	32.0~	15.0
铅球技术效果评定（米）	~0.59	1.0	0.6~	2.0	1.0~	3.0	1.4~	4.0	1.8~	5.0
铁饼技术效果评定（米）	~4.19	1.0	4.2~	2.0	4.8~	3.0	5.4~	4.0	6.0~	5.0
教练员评定：										
1. 节奏性、协调性、灵活性	差	0.5	及格	1.0	中	1.5	良	2.0	优	2.5
2. 接受能力、智力水平	差	0.5	及格	1.0	中	1.5	良	2.0	优	2.5
3. 投掷技术自然、放松与合理	差	0.5	及格	1.0	中	1.5	良	2.0	优	2.5
4. 意志品质、比赛和训练作风	差	0.5	及格	1.0	中	1.5	良	2.0	优	2.5

附表 1-24　　**铅球和铁饼运动员 16 岁骨龄选材评分表**　　性别：女

等级 / 指标	一		三		五		三		一	
	标准	得分	标准	得分	标准	得分	标准	得分	标准	得分
体重／身高×1000（克／厘米）	~379	1.0	380~	4.8	400~420	8.0	421~	4.8	480~	1.6
等级 / 指标	**一**		**二**		**三**		**四**		**五**	
	标准	得分	标准	得分	标准	得分	标准	得分	标准	得分
身高（厘米）	~164.9	2.0	165.0~	4.0	169.0~	6.0	173.0~	8.0	177.0~	10.0
指距—身高（厘米）	~2.4	1.0	2.5~	2.0	4.0~	3.0	5.5~	4.0	7.0~	5.0
盆骨宽／肩宽×100（%）	~72.4	0.8	72.5~	1.6	73.0~	2.4	73.5~	3.2	74.0~	4.0
手长（厘米）	~18.7	0.6	18.8~	1.2	19.1~	1.8	19.4~	2.4	19.6~	3.0
心功指数	~10.1	0.6	10.0~	1.2	8.0~	1.8	6.0~	2.4	4.0~	3.0
30 米跑（秒）	~5.1	1.0	5.0~	2.0	4.8~	3.0	4.6~	4.0	4.4~	5.0
立定跳远（厘米）	~219	0.8	220~	1.6	240~	2.4	250~	3.2	260~	4.0
后抛铅球（米）	~11.99	1.0	12.0~	2.0	13.0~	3.0	14.0~	4.0	15.0~	5.0
原地推铅球（米）	~10.99	2.0	11.0~	4.0	12.0~	6.0	12.6~	8.0	13.0~	10.0
原地掷铁饼（米）	~31.99	2.0	32.0~	4.0	34.0~	6.0	36.0~	8.0	38.0~	10.0
卧推（千克）	~49.9	0.6	50.0~	1.2	55.0~	1.8	60.0~	2.4	65.0~	3.0
深蹲（千克）	~69.9	0.6	70.0~	1.2	80.0~	1.8	90.0~	2.4	100.0~	3.0
被动反应时（秒）	~12.9	0.4	12.8~	0.8	12.1~	1.2	12.0~	1.6	9.4~	2.0
滑步推铅球（米）	~11.99	4.0	12.0~	8.0	13.0~	12.0	14.0~	16.0	14.5~	20.0
旋转掷铁饼（米）	~39.99	4.0	40.0~	8.0	42.0~	12.0	44.0~	16.0	46.0~	20.0
铅球技术效果评定（米）	~0.99	1.0	1.0~	2.0	1.4~	3.0	1.8~	4.0	2.2~	5.0
铁饼技术效果评定（米）	~5.99	1.0	6.0~	2.0	7.0~	3.0	8.0~	4.0	9.0~	5.0
教练员评定：										
（指标和评分同上表）										

附表 1–25　　**游泳运动员（形态、机能、素质）8 岁骨龄选材评分表**　　性别：男

等级 / 指标	一		三		五		三		一	
	标准	得分	标准	得分	标准	得分	标准	得分	标准	得分
克托莱指数（克/厘米）	~210	7.5	211~	10.4	230~	14	240~	10.4	260~	7.5

等级 / 指标	一		二		三		四		五	
	标准	得分	标准	得分	标准	得分	标准	得分	标准	得分
身高（厘米）	~133.7	7.5	133.8~	9	135.2~	10.4	136.6~	12	138.0~	14
指距—身高（厘米）	~1.0	7.5	1.1~	9	1.2~	10.4	1.4~	12	1.5~	14
体型指数	~54.0	7.5	54.1~	9	56.4~	10.4	58.7~	12	61.0~	14
手面积指数	~80.0	7.5	80.1~	9	84.7~	10.4	89.3~	12	94.0~	14
心功指数	~14.5	2.7	14.4~	3.2	12.7~	3.7	11.1~	4.2	9.5~	5
憋气时间（秒）	~32.0	2.7	32.1~	3.2	36.1~	3.7	40.0~	4.2	44.0~	5
纵跳（厘米）	~34.0	1	34.1~	1.2	36.1~	1.4	38.1~	1.7	40.0~	2
体前屈（厘米）	~9.0	1	9.1~	1.2	11.1~	1.4	13~	1.7	15.0~	2
体后屈（厘米）	~38.0	1	38.1~	1.2	40.8~	1.4	43.4~	1.7	46.0~	2
踝关节屈伸度（踝伸度）（度）	~166	1	167~	1.2	170~	1.4	174~	1.7	179~	2
踝关节屈伸度（踝屈度）（度）	~105	1	104~	1.2	97~	1.4	95~	1.7	93~	2

附表 1-26　　游泳运动员（形态、机能、素质）12 岁骨龄选材评分表　　性别：男

等级 指标	一		三		五		三		一	
	标准	得分	标准	得分	标准	得分	标准	得分	标准	得分
克托莱指数（克/厘米）	~250	4.3	251~	5.9	270~	8	280~	5.9	300~	4.3

等级 指标	一		二		三		四		五	
	标准	得分	标准	得分	标准	得分	标准	得分	标准	得分
身高（厘米）	~151.6	4.3	151.7~	5.1	153.8	5.9	155.9~	6.7	158.0~	8
指距—身高（厘米）	~3.0	4.3	3.1~	5.1	3.6~	5.9	4.1~	6.7	4.6~	8
体型指数	~72.0	4.3	72.1~	5.1	74.7~	5.9	77.3~	6.7	80.0~	8
手面积指数	~113.0	4.3	113.1~	5.1	121.7~	5.9	130.4~	6.7	139.0~	8
心功指数	~12.5	2.7	11.4~	3.2	10.7~	3.7	9.1~	4.2	7.5~	5
憋气时间（秒）	~40.0	2.7	40.1~	3.2	44.1~	3.7	48.0~	4.2	52.0~	5
纵跳（厘米）	~44.0	2.1	44.1~	2.5	46.1~	3.0	48.1~	3.3	50.0~	4
体前屈（厘米）	~12.8	2.1	12.9~	2.5	14.5~	3.0	16.2~	3.3	18.0~	4
体后屈（厘米）	~45.0	2.1	45.1~	2.5	47.7~	3.0	50.3~	3.3	53.0~	4
踝关节屈伸度（踝伸度）（度）	~169	2.1	170~	2.5	174~	3.0	178~	3.3	182~	4
踝关节屈伸度（踝屈度）（度）	~101	2.1	100~	2.5	96~	3.0	92~	3.3	88~	4

附表 1–27　游泳运动员（形态、机能、素质）8 岁骨龄选材评分表　性别：女

等级 / 指标	一		三		五		三		一	
	标准	得分	标准	得分	标准	得分	标准	得分	标准	得分
克托莱指数（克/厘米）	~190	7.5	191~	10.4	200~	14	220~	10.4	230~	7.5

等级 / 指标	一		二		三		四		五	
	标准	得分	标准	得分	标准	得分	标准	得分	标准	得分
身高（厘米）	~129.8	7.5	129.9~	9	132.6~	10.4	135.5~	12	138.0~	14
指距—身高（厘米）	~0	7.5	0.1~	9	0.4~	10.4	0.7~	12	1.0~	14
体型指数	~54.0	7.5	54.1~	9	56.4~	10.4	58.7~	12	61.0~	14
手面积指数	~77.0	7.5	77.1~	9	81.4~	10.4	85.7~	12	90.0~	14
心功指数	~15.5	2.7	15.4~	3.2	13.2~	3.7	11.6~	4.2	10.0~	5
憋气时间（秒）	~30.0	2.7	30.1~	3.2	34.1~	3.7	38.0~	4.2	42.0~	5
纵跳（厘米）	~30.0	1	30.1~	1.2	32.1~	1.4	34.1~	1.7	36.0~	2
体前屈（厘米）	~11.5	1	11.6~	1.2	13.6~	1.4	15.6~	1.7	17.5~	2
体后屈（厘米）	~38.0	1	38.1~	1.2	40.8~	1.4	43.4~	1.7	46.0~	2
踝关节屈伸度（踝伸度）（度）	~167	1	168~	1.2	172~	1.4	176~	1.7	180~	2
踝关节屈伸度（踝屈度）（度）	~103	1	102~	1.2	98~	1.4	95~	1.7	92~	2

附表 1–28　　游泳运动员（形态、机能、素质）12 岁骨龄选材评分表　　性别：女

等级 / 指标	一		三		五		三		一	
	标准	得分	标准	得分	标准	得分	标准	得分	标准	得分
克托莱指数（克/厘米）	~240	3.2	241~	4	250~	6	265~	4	280~	3.2

等级 / 指标	一		二		三		四		五	
	标准	得分	标准	得分	标准	得分	标准	得分	标准	得分
身高（厘米）	~154.0	3.2	154.1~	3.8	157.4~	4	160.7~	5	164.0~	6
指距—身高（厘米）	~1.0	3.2	1.1~	3.8	1.8~	4	2.5~	5	3.1~	6
体型指数	~59.0	3.2	59.1~	3.8	62.1~	4	65.1~	5	68.1~	6
手面积指数	~106.0	3.2	106.1~	3.8	114.7~	4	123.4~	5	132.0~	6
心功指数	~13.5	2.7	13.4~	3.2	11.7~	3.7	10.1~	4.2	8.5~	5
憋气时间（秒）	~38.0	2.7	38.1~	3.2	41.1~	3.7	46.0~	4.2	50.0~	5
纵跳（厘米）	~40.0	2.1	40.1~	2.5	41.7~	3	43.2~	3.3	45.0~	4
体前屈（厘米）	~16.1	2.1	16.2~	2.5	17.8~	3	19.4~	3.3	21.1~	4
体后屈（厘米）	~45.0	2.1	45.1~	2.5	48.0~	3	50.9~	3.3	54.0~	4
踝关节屈伸度（踝伸度）（度）	~172	2.1	173~	2.5	177~	3	181~	3.3	185~	4
踝关节屈伸度（踝屈度）（度）	~98	2.1	97~	2.5	93~	3	90~	3.3	87~	4

附表 1–29

体操运动员 6 岁骨龄选材评分表

性别：男

等级 指标	一		三		五		三		一	
	标准	得分	标准	得分	标准	得分	标准	得分	标准	得分
身高（厘米）	109~	0.8	111~	4.0	113~119	8.0	~121	5.0	~123	0.8
胸围/身高×100%	49.0~	0.6	49.8~	3.0	51.8~52.0	6.0	~52.8	3.0	~53.5	0.6
下肢长 B/身高×100%	48.3~	0.5	48.8~	2.5	49.3~51.3	5.0	~51.8	2.5	~52.3	0.5

等级 指标	一		二		三		四		五	
	标准	得分	标准	得分	标准	得分	标准	得分	标准	得分
指距—身高（厘米）	–3.0~	1.2	–1.0~	2.4	1.0~	3.6	2.5~	4.8	3.5~	6.0
髂前上棘宽/肩宽×100%	74.5~	1.0	72.5~	2.0	70.5~	3.0	69.0~	4.0	68.0~	5.0
心功指数	13.6~	1.0	12.0~	2.0	10.0~	3.0	8.0~	4.0	6.0~	5.0
30 米跑（秒）	6.1~	1.0	5.9~	2.0	5.7~	3.0	5.5~	4.0	5.3~	5.0
立定跳远（厘米）	145~	1.0	155~	2.0	163~	3.0	168~	4.0	173~	5.0
引体向上（次）	9~	1.0	13~	2.0	17~	3.0	21~	4.0	25~	5.0
30 秒悬垂举腿（次）	13~	1.0	15~	2.0	17~	3.0	21~	4.0	23~	5.0
体前屈（厘米）	15~	1.0	17~	2.0	19~	3.0	21~	4.0	23~	5.0
智商（分）	85~	1.0	95~	6.0	103~	9.0	109~	12.0	114~	15.0
技术考核（分）	7.5~	2.0	8.0~	4.0	8.5~	6.0	9.0~	8.0	9.5~	10.0
教练员评定（分）										15

附表 1–30　　**体操运动员 10 岁骨龄选材评分表**　　性别：男

指标 \ 等级	一		三		五		三		一	
	标准	得分	标准	得分	标准	得分	标准	得分	标准	得分
身高（厘米）	125~	0.4	127~	2.0	129~135	4.0	~137	2.0	~139	0.4
胸围/身高×100%	48.2~	0.4	49.2~	2.0	50.5~52.0	4.0	~53.0	2.0	~53.9	0.4
下肢长 B/身高×100%	50.0~	0.4	50.5~	2.0	51.0~53.0	4.0	~53.5	2.0	~54.0	0.4

指标 \ 等级	一		二		三		四		五	
	标准	得分	标准	得分	标准	得分	标准	得分	标准	得分
指距—身高（厘米）	–1.0~	0.8	1.0~	1.6	3.0~	2.4	4.5~	3.2	5.5~	4.0
髂前上棘宽/肩宽×100%	73.0~	0.8	71.0~	1.6	69.0~	2.4	67.5~	3.2	66.5~	4.0
心功指数	12.8~	1.0	10.8~	2.0	8.8~	3.0	6.8~	4.0	4.8~	5.0
30 米跑（秒）	5.3~	1.0	5.1~	2.0	4.9~	3.0	4.7~	4.0	4.5~	5.0
立定跳远（厘米）	185~	1.0	195~	2.0	203~	3.0	208~	4.0	213~	5.0
引体向上（次）	18~	1.0	20~	2.0	22~	3.0	24~	4.0	26~	5.0
30 秒悬垂举腿（次）	18~	1.0	20~	2.0	22~	3.0	24~	4.0	26~	5.0
提倒立（次）	16~	1.0	20~	2.0	23~	3.0	25~	4.0	27~	5.0
综合反应最优组（秒）	27.1~	1.6	23.8~	3.2	21.1~	4.8	18.8~	6.4	16.2~	8.0
综合反应总错次（次）	37~	1.4	26~	2.8	18~	4.2	13~	5.6	9~	7.0
技术考核（分）	7.5~	4.0	8.0~	8.0	8.5~	12.0	9.0~	16.0	9.~	20.0
教练员评定（分）										15

附表 1–31

体操运动员 6 岁骨龄选材评分表

性别：女

等级 指标	一		三		五		三		一	
	标准	得分	标准	得分	标准	得分	标准	得分	标准	得分
身高（厘米）	109~	0.8	111~	4.0	113~119	8.0	~115	4.0	~123	0.8
体重/身高×1000（克/厘米）	143~	0.6	147~	3.0	152~161	6.0	~166	3.0	~173	0.6
下肢长 B/身高×100%	49.0~	0.6	49.5~	2.5	50.0~52.0	5.0	~52.5	2.5	~53.0	0.5

等级 指标	一		二		三		四		五	
	标准	得分	标准	得分	标准	得分	标准	得分	标准	得分
指距—身高（厘米）	–4.0~	1.2	–2.0~	2.4	0~	3.6	1.5~	4.8	2.5~	6.0
髂前上棘宽/肩宽×100%	74.0~	1.0	72.0~	2.0	70.0~	3.0	68.5~	4.0	67.5~	5.0
心功指数	13.6~	1.0	12.0~	2.0	10.0~	3.0	8.0~	4.0	6.0~	5.0
30 米跑（秒）	6.1~	1.0	5.9~	2.0	5.7~	3.0	5.5~	4.0	5.3~	5.0
立定跳远（厘米）	140~	1.0	150~	2.0	160~	3.0	168~	4.0	173~	5.0
引体向上（次）	6~	1.0	10~	2.0	13~	3.0	15~	4.0	17~	5.0
30 秒悬垂举腿（次）	15~	1.0	17~	2.0	19~	3.0	21~	4.0	23~	5.0
后桥（厘米）	20~	1.0	13~	2.0	8~	3.0	4~	4.0	0~	5.0
智商（分）	85~	3.0	95~	6.0	103~	9.0	109~	12.0	114~	15.0
技术考核（分）	7.5~	2.0	8.0~	4.0	8.5~	6.0	9.0~	8.0	9.5~	10.0
教练员评定（分）										15

附表 1–32　　**体操运动员 10 岁骨龄选材评分表**　　性别：女

等级 / 指标	一		三		五		三		一	
	标准	得分	标准	得分	标准	得分	标准	得分	标准	得分
身高（厘米）	125~	0.4	127~	2.0	129~135	4.0	~137	2.0	~139	0.4
体重/身高×1000（克/厘米）	170~	0.4	177~	2.0	184~199	4.0	~209	2.0	~219	0.4
下肢长 B/身高×100%	50.5~	0.4	51.0~	2.0	51.5~53.5	4.0	~54.0	2.0	~54.5	0.4

等级 / 指标	一		二		三		四		五	
	标准	得分	标准	得分	标准	得分	标准	得分	标准	得分
指距—身高（厘米）	-2.0~	0.8	0~	1.6	2.0~	2.4	3.5~	3.2	4.5~	4.0
髂前上棘宽/肩宽×100 %	72.5~	0.8	70.5~	1.6	68.5~	2.4	67.0~	3.2	66.0~	4.0
心功指数	13.6~	1.0	11.8~	2.0	9.6~	3.0	7.6	4.0	5.2~	5.0
30 米跑（秒）	5.6~	1.0	5.4~	2.0	5.2~	3.0	5.0~	4.0	4.8~	5.0
立定跳远（厘米）	165~	1.0	175~	2.0	185~	3.0	193~	4.0	198~	5.0
引体向上（次）	15~	1.0	19~	2.0	22~	3.0	24~	4.0	26~	5.0
30 秒悬垂举腿（次）	18~	1.0	20~	2.0	22~	3.0	24~	4.0	26~	5.0
提倒立（次）	11~	1.0	15~	2.0	18~	3.0	20~	4.0	22~	5.0
综合反应最优组（秒）	27.1~	1.6	23.8~	3.2	21.1~	4.8	18.8~	6.4	16.2~	8.0
综合反应总错次（次）	37~	1.4	26~	2.8	18~	4.2	13~	5.6	9~	7.0
技术考核（分）	7.5~	3.0	8.0~	6.0	8.5~	9.0	9.0~	12.0	9.5~	15.0
教练员评定（分）										15

附表 1-33　　44 公斤以下级　举重运动员 14 岁骨龄选材评分表　　性别：男

等级 / 指标	一		三		五		三		一	
	标准	得分	标准	得分	标准	得分	标准	得分	标准	得分
坐高指数（%）	~52.8	2.3	52.9~	3.2	54.3~	4.2	55.7~	3.2	56.4~	2.3
克托莱指数（克/厘米）	~290	2.3	291~	3.2	311~	4.2	350~	3.2	380~	2.3

等级 / 指标	一		二		三		四		五	
	标准	得分	标准	得分	标准	得分	标准	得分	标准	得分
身高（厘米）	~146.9	2.3	146.8~	2.7	145.2~	3.2	143.6~	3.6	142.0~	4.2
拇指长（厘米）	~5.4	2.3	5.5~	2.7	5.6~	3.2	5.7~	3.6	5.8~	4.2
上臂围松紧差（厘米）	~1.8	2.3	1.9~	2.7	2.1~	3.2	2.3~	3.6	2.5~	4.2
髂宽指数	~71.1	2.3	71.0~	2.7	68.0~	3.2	66.0~	3.6	64.2~	4.2
纵跳（厘米）	~54.9	8.1	55.0~	9.6	60.0~	11.1	65.0~	12.6	71.6~	15
睾丸体积（毫升）	~17	2.3	18~	2.7	19~	3.2	20~	3.6	21~	4.2
血睾酮水平（毫微克/100 毫升）	~299.9	8.1	300.0~	9.6	400.0~	11.1	500.0~	12.6	682.0~	15
后蹲（千克）	~95.0	10.8	97.5~	12.8	105.0~	14.8	112.5~	16.8	120.0~	20
总成绩（千克）	~135.0	10.8	137.5~	12.8	145.0~	14.8	152.5~	16.8	160.0~	20

附表 1-34　　48 公斤级　举重运动员 16 岁骨龄选材评分表　　性别：男

等级 指标	一		三		五		三		一	
	标准	得分	标准	得分	标准	得分	标准	得分	标准	得分
坐高指数（%）	~53.7	1.5	53.8~	2.1	54.7~	2.8	56.1~	2.1	56.7~	1.5
克托莱指数（克/厘米）	~330	1.5	331~	2.1	340~	2.8	390~	2.1	420~	1.5
等级 指标	一		二		三		四		五	
	标准	得分	标准	得分	标准	得分	标准	得分	标准	得分
身高（厘米）	~151.9	1.5	151.8~	1.8	150.2~	2.1	148.6~	2.4	147.0~	2.8
拇指长（厘米）	~5.7	1.5	5.8~	1.8	5.9~	2.1	6.0~	2.4	6.1~	2.8
上臂围松紧差（厘米）	~2.2	1.5	2.3~	1.8	2.5~	2.1	2.7~	2.4	2.9~	2.8
髂宽指数 (%)	~69.4	1.5	69.3~	1.8	66.9~	2.1	64.5~	2.4	62.8~	2.8
纵跳（厘米）	~62.9	5.4	63.0~	6.4	67.5~	7.4	71.2~	8.4	75.8~	10
睾丸体积（毫升）	~18	1.5	19~	1.8	20~	2.1	21~	2.4	22~	2.8
血睾酮水平（毫微克/100 毫升）	~499.9	5.4	500.0~	6.4	600.0~	7.4	700.0~	8.4	816.4~	10
后蹲（千克）	~135.0	16.2	137.5~	19.2	145.0~	22.2	152.5~	25.2	160.0~	30
总成绩（千克）	~190.0	16.2	192.5~	19.2	200.0~	22.2	207.5~	25.2	215.01~	30

附表 1–35　　44 公斤以下级　举重运动员 14 岁骨龄选材评分表　　性别：女

等级 / 指标	一		三		五		三		一	
	标准	得分	标准	得分	标准	得分	标准	得分	标准	得分
坐高指数（%）	~53.6	2.7	53.7~	3.7	55.3~	5	55.6~	3.7	56.2~	2.7
克托莱指数（克/厘米）	~270	2.7	271~	3.7	290~	5	320~	3.7	340~	2.7

等级 / 指标	一		二		三		四		五	
	标准	得分	标准	得分	标准	得分	标准	得分	标准	得分
身高（厘米）	~151.9	2.7	151.8~	3.2	150.2~	3.7	148.6~	4.2	147.0~	5
拇指长（厘米）	~5.4	2.7	5.5~	3.2	5.6~	3.7	5.7~	4.2	5.8~	5
上臂围松紧差（厘米）	~1.3	2.7	1.4~	3.2	1.6~	3.7	1.8~	4.2	2.~	5
髂宽指数（%）	~73.4	2.7	73.3~	3.2	71.3~	3.7	69.6~	4.2	68.5~	5
纵跳（厘米）	~48.2	8.1	48.3~	9.6	52.9~	11.1	57.0~	12.6	61.5~	15
血睾酮水平（毫微克/100 毫升）	~49.9	8.1	50.0~	9.6	60.0~	11.1	70.0~	12.6	80.0~	15
后蹲（千克）	~75.0	10.8	77.5~	12.8	85.0~	14.8	92.5~	16.8	100.0~	20
总成绩（千克）	~95.0	10.8	97.5~	12.8	105.0~	14.8	112.5~	16.8	120.0~	20

附表 1–36　　44 公斤级　举重运动员 16 岁骨龄选材评分表　　性别：女

指标 \ 等级	一		三		五		三		一	
	标准	得分	标准	得分	标准	得分	标准	得分	标准	得分
坐高指数（%）	~54.0	1.8	54.1~	2.5	55.5~	3.3	55.8~	2.5	56.4~	1.8
克托莱指数（克/厘米）	~315	1.8	316~	2.5	338~	3.3	360~	2.5	380~	1.8

指标 \ 等级	一		二		三		四		五	
	标准	得分	标准	得分	标准	得分	标准	得分	标准	得分
身高（厘米）	~154.9	1.8	154.8~	2.1	153.2~	2.5	151.6~	2.8	150.0~	3.3
拇指长（厘米）	~5.6	1.8	5.7~	2.1	5.8~	2.5	5.9~	2.8	6.0~	3.3
上臂围松紧差（厘米）	~1.5	1.8	1.6~	2.1	1.8~	2.5	2.0~	2.8	2.2~	3.3
髂宽指数（%）	~72.8	1.8	72.7~	2.1	70.5~	2.5	68.5~	2.8	67.4~	3.3
纵跳（厘米）	~51.9	5.4	52.0~	6.4	56.5~	7.4	61.0~	8.4	65.7~	10
血睾酮水平（毫微克/100 毫升）	~64.9	5.4	65.0~	6.4	75.0~	7.4	85.0~	8.4	95.0~	10
后蹲（千克）	~95.0	16.2	97.5~	19.2	105.0~	22.2	112.5~	25.2	120.0~	30
总成绩（千克）	~130.0	16.2	132.5~	19.2	140.0~	22.2	147.5~	25.2	155.0~	30

附表 1–37　　篮球运动员 12 岁骨龄选材评分表　　性别：男

指标 \ 等级		一		二		三		四		五	
		标准	得分	标准	得分	标准	得分	标准	得分	标准	得分
身高（厘米）		159~	3.5	165~	7.0	170~	10.5	174~	14.0	177~	17.5
指距（厘米）		162~	3.5	166~	7.0	170~	10.5	174~	14.0	178~	17.5
视野右（度）		47~	0.5	55~	1.0	61~	1.5	67~	2.0	73~	2.5
视野左（度）		51~	0.5	59~	1.0	65~	1.5	71~	2.0	77~	2.5
心功指数		12~	1.0	10~	2.0	8.6~	3.0	7.2~	4.0	6.0~	5.0
手动稳定性（孔数）		2~	0.5	3~	1.0	4~	1.5	5~	2.0	6~	2.5
综合反应（秒）		26.1~	0.5	23.1~	1.0	20.5~	1.5	18.1~	2.0	15.8~	2.5
100 米跑（秒）		17.8~	1.6	16.9~	3.2	16.1~	4.8	15.6~	6.4	15.2~	8.0
助跑摸高（厘米）		265~	0.4	270~	0.8	275~	1.2	280~	1.6	285~	2.0
收腹举腿（次/30 秒）		11~	0.4	15~	0.8	18~	1.2	21~	1.6	23~	2.0
800 米跑（分、秒）		3:12.~	0.4	3:05.~	0.8	2:59.~	1.2	2:55.~	1.6	2:51.~	2.0
十字跳（次/10 秒）		18~	1.2	21~	2.4	24~	3.6	25~	4.8	26~	6.0
两分钟投篮（5.8 米命中数）		1~	0.5	3~	1.0	5~	1.5	6~	2.0	7~	2.5
传球（分、秒）		1:32.~	0.5	1:27.~	1.0	1:25.~	1.5	1:23.~	2.0	1:21.~	2.5
综合运球（秒）		18.5~	0.5	17.9~	1.0	17.6~	1.5	16.9~	2.0	16.5~	2.5
防守移动（秒）		19.5~	0.5	19.0~	1.0	18.6~	1.5	18.3~	2.0	18.1~	2.5
教练评定	形态潜能	差	1.6	及格	3.2	中	4.8	良	6.4	优	8.0
	技术能力	差	1.2	及格	2.4	中	3.6	良	4.8	优	6.0
	意志品质	差	1.2	及格	2.4	中	3.6	良	4.8	优	6.0

附表 1–38　　篮球运动员 16 岁（内线组）骨龄选材评分表　　性别：男

指标 \ 等级		一		二		三		四		五	
		标准	得分	标准	得分	标准	得分	标准	得分	标准	得分
身高（厘米）		185~	5.0	189~	10.0	193~	15.0	197~	20.0	199~	25.0
指距（厘米）		187~	4.0	191~	8.0	195~	12.0	199~	16.0	201~	20.0
视野右（度）		53~	0.3	61~	0.5	67~	0.8	73~	1.0	79~	1.3
视野左（度）		54~	0.3	63~	0.5	69~	0.8	75~	1.0	81~	1.3
心功指数		11.0~	1.0	8.8~	2.0	6.8~	3.0	5.4~	4.0	4.2~	5.0
手动稳定性（孔数）		4~	0.5	5~	1.0	6~	1.5	7~	2.0	8~	2.5
综合反应（秒）		20.2~	0.5	18.0~	1.0	16.4~	1.5	15.0~	2.0	13.7~	2.5
100 米跑（秒）		15.0~	0.6	14.1~	1.2	13.3~	1.8	12.8~	2.4	12.4~	3.0
助跑摸高（厘米）		312~	0.4	317~	0.8	322~	1.2	325~	1.6	328~	2.0
收腹举腿（次/30 秒）		19~	0.6	24~	1.2	27~	1.8	29~	2.4	30~	3.0
1500 米跑（分、秒）		5:45.~	0.3	5:32.~	0.6	5:20.~	0.9	5:11.~	1.2	5:06.~	1.5
十字跳（次/10 秒）		22~	0.5	26~	0.9	28~	1.4	30~	1.8	31~	2.3
两分钟投篮（5.8 米命中数）		8~	1.2	10~	2.4	12~	3.6	13~	4.8	14~	6.0
传球（分、秒）		1:07.~	0.5	1:03.~	0.9	1:00.~	1.4	0:58.~	1.8	0:56.~	2.3
综合运球（秒）		14.7~	0.1	14.1~	0.2	13.5~	0.4	13.1~	0.6	12.7~	0.8
防守移动（秒）		15.7~	1.2	15.4~	2.4	15.0~	3.6	14.7~	4.8	14.5~	6.0
教练评定	形态潜能	差	0.4	及格	0.8	中	1.2	良	1.6	优	2.0
	技术能力	差	0.8	及格	1.6	中	2.4	良	3.2	优	4.0
	意志品质	差	0.8	及格	1.6	中	2.4	良	3.2	优	4.0

附表 1–39　　篮球运动员 16 岁（外线组）骨龄选材评分表　　性别：男

等级 指标		一		二		三		四		五	
		标准	得分	标准	得分	标准	得分	标准	得分	标准	得分
身高（厘米）		187~	5.0	191~	10.0	195~	15.0	199~	20.0	201~	25.0
指距（厘米）		189~	4.0	193~	8.0	197~	12.0	201~	16.0	203~	20.0
视野右（度）		53~	0.3	61~	0.5	67~	0.8	73~	1.0	79~	1.3
视野左（度）		54~	0.3	63~	0.5	69~	0.8	75~	1.0	79~	1.3
心功指数		10.6~	1.0	8.4~	2.0	6.4~	3.0	4.8~	4.0	3.8~	5.0
手动稳定性（孔数）		4~	0.5	5~	1.0	6~	1.5	7~	2.0	8~	2.5
综合反应（秒）		20.0~	0.5	17.9~	1.0	16.2~	1.5	14.5~	2.0	13.1~	2.5
100 米跑（秒）		14.7~	0.6	13.8~	1.2	13.0~	1.8	12.5~	2.4	12.1~	3.0
助跑摸高（厘米）		317~	0.4	322~	0.8	327~	1.2	331~	1.6	335~	2.0
收腹举腿（次/30 秒）		21~	0.6	26~	1.2	29~	1.8	31~	2.4	32~	3.0
1500 米跑（分、秒）		5:40.~	0.3	5:27.~	0.6	5:15.~	0.9	5:06.~	1.2	5:01.~	1.5
十字跳（次/10 秒）		23~	0.5	27~	0.9	29~	1.8	31~	2.4	32~	3.0
两分钟投篮（6.25 米命中数）		10~	1.2	12~	2.4	14~	3.6	15~	4.8	16~	6.0
传球（分、秒）		1:01.~	0.5	0:57.~	0.9	0:55.~	1.4	0:53.~	1.8	0:51.~	2.3
综合运球（秒）		14.4~	0.1	13.8~	0.2	13.2~	0.4	12.8~	0.6	12.4~	0.8
防守移动（秒）		15.5~	1.2	15.0~	2.4	14.6~	3.6	14.3~	4.8	14.1~	6.0
教练评定	形态潜能	差	0.4	及格	0.8	中	1.2	良	1.6	优	2.0
	技术能力	差	0.8	及格	1.6	中	2.4	良	3.2	优	4.0
	意志品质	差	0.8	及格	1.6	中	2.4	良	3.2	优	4.0

附表 1–40 篮球运动员 12 岁骨龄选材评分表 性别：女

指标＼等级		一		二		三		四		五	
		标准	得分	标准	得分	标准	得分	标准	得分	标准	得分
身高（厘米）		162~	3.5	164~	7.0	166~	10.5	168~	14.0	170~	17.5
指距（厘米）		164~	3.5	166~	7.01	168~	10.5	170~	14.0	172~	17.5
视野右（度）		51~	0.5	59~	1.0	65~	1.5	71~	2.0	77~	2.5
视野左（度）		52~	0.5	60~	1.0	66~	1.5	72~	2.0	77~	2.5
心功指数		12.8~	1.0	11~	2.0	8.0~	3.0	7.6~	4.0	6.8~	5.0
手动稳定性（孔数）		2~	0.5	3~	1.0	4~	1.5	5~	2.0	6~	2.5
综合反应（秒）		26.4~	0.5	23.3~	1.0	20.8~	1.5	18.2~	2.0	16.6~	2.5
100 米跑（秒）		17.0~	1.6	16.4~	3.2	16.0~	4.8	15.6~	6.4	15.2~	8.0
助跑摸高（厘米）		260~	0.4	265~	0.8	270~	1.2	275~	1.6	280~	2.0
收腹举腿（次/30 秒）		11~	0.4	15~	0.8	19~	1.2	21~	1.6	23~	2.0
800 米跑（分、秒）		3:33.~	0.4	3:19.~	0.8	3:08.~	1.2	3:02.~	1.6	3:00.~	2.0
十字跳（次/10 秒）		20~	1.2	24~	2.4	26~	3.6	27~	4.8	28~	6.0
两分钟投篮（6.25 米命中数）		1~	0.5	3~	1.0	5~	1.5	6~	2.0	7~	2.5
传球（分、秒）		1:32.~	0.5	1:27.~	1.0	1:25.~	1.5	1:23.~	2.0	1:21.~	2.5
综合运球（秒）		18.4~	0.5	17.8~	1.0	17.4~	1.5	17.0~	2.0	16.7~	2.5
防守移动（秒）		20.0~	0.5	19.5~	1.0	19.1~	1.5	18.8~	2.0	18.6~	2.5
教练评定	形态潜能	差	1.6	及格	3.2	中	4.8	良	6.4	优	8.0
	技术能力	差	1.2	及格	2.4	中	3.6	良	4.8	优	6.0
	意志品质	差	1.2	及格	2.4	中	3.6	良	4.8	优	6.0

附表 1–41　　篮球运动员 16 岁（内线组）骨龄选材评分表　　性别：女

等级 / 指标		一		二		三		四		五	
		标准	得分	标准	得分	标准	得分	标准	得分	标准	得分
身高（厘米）		174~	5.0	177~	10.0	179~	15.0	181~	20.0	183~	25.0
指距（厘米）		176~	4.0	179~	8.0	181~	12.0	183~	16.0	185~	20.0
视野右（度）		53~	0.3	61~	0.5	67~	0.8	73~	1.0	79~	1.3
视野左（度）		53~	0.3	63~	0.5	69~	0.8	75~	1.0	81~	1.3
心功指数		11.6~	1.0	9.2~	2.0	7.4~	3.0	6.2~	4.0	5.0~	5.0
手动稳定性（孔数）		4~	0.5	5~	1.0	6~	1.5	7~	2.0	8~	2.5
综合反应（秒）		21.8~	0.5	19.4~	1.0	17.8~	1.5	16.2~	2.0	14.6~	2.5
100 米跑（秒）		15.4~	0.6	14.8~	1.2	14.4~	1.8	14.2~	2.4	13.9~	3.0
助跑摸高（厘米）		285~	0.4	290~	0.8	295~	1.2	300~	1.6	305~	2.0
收腹举腿（次/30 秒）		17~	0.6	21~	1.2	25~	1.8	27~	2.4	29~	3.0
1500 米跑（分、秒）		6:15.~	0.3	6:05.~	0.6	5:50.~	0.9	5:41.~	1.2	5:36.~	1.5
十字跳（次/10 秒）		24~	0.5	27~	0.9	29~	1.4	31~	1.8	32~	2.3
两分钟投篮（5.8 米命中数）		8~	1.2	10~	2.4	12~	3.6	13~	4.8	14~	6.0
传球（分、秒）		1:11.~	0.5	1:06.~	0.9	1:04.~	1.4	1:02.~	1.8	1:00.~	2.3
综合运球（秒）		16.0~	0.1	15.4~	0.2	15.0~	0.4	14.6~	0.6	14.3~	0.8
防守移动（秒）		16.7~	1.2	16.2~	2.4	15.8~	3.6	15.5~	4.8	15.3~	6.0
教练评定	形态潜能	差	0.4	及格	0.8	中	1.2	良	1.6	优	2.0
	技术能力	差	0.8	及格	1.6	中	2.4	良	3.2	优	4.0
	意志品质	差	0.8	及格	1.6	中	2.4	良	3.2	优	4.0

附表 1–42　　篮球运动员 16 岁（外线组）骨龄选材评分表　　性别：女

指标 \ 等级		一		二		三		四		五	
		标准	得分	标准	得分	标准	得分	标准	得分	标准	得分
身高（厘米）		174~	3.0	177~	6.0	179~	9.0	181~	12.0	183~	15.0
指距（厘米）		176~	3.0	179~	6.0	181~	9.0	183~	12.0	185~	15.0
视野右（度）		53~	0.3	61~	0.5	67~	0.8	73~	1.0	79~	1.3
视野左（度）		54~	0.3	63~	0.5	69~	0.8	75~	1.0	81~	1.3
心功指数		11.6~	1.0	9.2~	2.0	7.4~	3.0	6.2~	4.0	5.0~	5.0
手动稳定性（孔数）		4~	0.5	5~	1.0	6~	1.5	7~	2.0	8~	2.5
综合反应（秒）		21.8~	0.5	19.4~	1.0	17.8~	1.5	16.2~	2.0	13.9~	2.5
100 米跑（秒）		15.4~	1.5	14.8~	3.0	14.4~	4.5	14.2~	6.0	14.0~	7.5
助跑摸高（厘米）		285~	0.4	290~	0.8	295~	1.2	300~	1.6	305~	2.0
收腹举腿（次/30 秒）		17~	0.8	21~	1.5	25~	2.3	27~	3.0	29~	3.8
1500 米跑（分、秒）		6:15.~	0.8	6:02.~	1.5	5:50.~	2.3	5:41.~	3.0	5:36.~	3.8
十字跳（次/10 秒）		24~	0.8	27~	1.5	29~	2.3	31~	3.0	32~	3.8
两分钟投篮（6.25 米命中数）		5~	1.5	7~	3.0	9~	4.5	11~	6.0	12~	7.5
传球（分、秒）		1:11.~	1.0	1:06.~	2.0	1:04.~	3.0	1:02.~	4.0	1:00.~	5.0
综合运球（秒）		16.0~	1.0	15.4~	2.0	15.0~	3.0	14.6~	4.0	14.3~	5.0
防守移动（秒）		16.7~	1.5	16.2~	3.0	15.8~	4.5	15.5~	6.0	15.3~	7.5
教练评定	形态潜能	差	0.4	及格	0.8	中	1.2	良	1.6	优	2.0
	技术能力	差	0.8	及格	1.6	中	2.4	良	3.2	优	4.0
	意志品质	差	0.8	及格	1.6	中	2.4	良	3.2	优	4.0

附表 1–43

排球运动员 12 岁骨龄选材评分表

性别：男

等级 指标	一		二		三		四		五	
	标准	得分	标准	得分	标准	得分	标准	得分	标准	得分
身高（厘米）	155~	5.00	160~	10.00	163~	15.00	166~	20.0	168~	25.00
指距—身高（厘米）	–3.4~	2.00	–2.3~	4.00	–1.2~	6.00	1.0~	8.00	3.0~	10.00
下肢长 A/身高×100（%）	55.4~	2.00	55.9~	4.00	56.4~	6.00	57.3~	8.00	58.2~	10.00
跟腱长/小腿加足高×100%	46.5~	1.00	47.6~	2.00	48.8~	3.00	51.5~	4.00	53.2~	5.00
60 米跑（秒）	11.0~	1.05	10.5~	2.10	10.0~	3.15	9.5~	4.20	9.0~	5.25
36 米移动（秒）	15.0~	0.90	14.0~	1.80	13.0~	2.70	12.2~	3.60	11.8~	4.50
助跑摸高（米）	2.70~	1.05	2.75~	2.10	2.80~	3.15	2.85~	4.20	2.90~	5.25
被动反应（秒）	16.90~	1.00	15.75~	2.00	14.60~	3.00	11.80~	4.00	10.77~	5.00
发球（分）	50~	0.90	55~	1.80	60~	2.70	75~	3.60	85~	4.50
传球（分）	50~	1.20	55~	2.40	60~	3.60	70~	4.80	80~	6.00
垫球（分）	50~	0.90	55~	1.80	60~	2.70	75~	3.60	85~	4.50
教练评定（分）	50~	3.00	55~	6.00	60~	9.00	70~	12.00	80~	15.00

附表 1–44　　排球运动员 16 岁骨龄选材评分表　　性别：男

等级 / 指标	一		二		三		四		五	
	标准	得分	标准	得分	标准	得分	标准	得分	标准	得分
身高（厘米）	180~	3.0	185~	6.0	189~	9.0	192~	12.0	194~	15.0
指距—身高（厘米）	–1.0~	2.4	0.0~	4.8	2.0~	7.2	5.0~	9.6	10.0~	12.0
跟腱长/小腿加足高×100%	45.2~	0.6	46.5~	1.2	47.8~	1.8	50.6~	2.4	52.9~	3.0
肺活量/体重（毫升/千克）	60.5~	1.0	64.8~	2.0	69.5~	3.0	75.2~	4.0	84.4~	5.0
60 米跑（秒）	9.0~	1.0	8.8~	2.0	8.6~	3.0	8.1~	4.0	7.7~	5.0
36 米移动（秒）	12.2~	1.0	11.6~	2.0	11.0~	3.0	10.8~	4.0	10.6~	5.0
助跑摸高（米）	3.00~	2.0	3.06~	4.0	3.10~	6.0	3.18~	8.0	3.34~	10.0
20 次仰卧起坐计时（秒）	22.0~	1.0	21.0~	2.0	20.5~	3.0	18.8~	4.0	17.8~	5.0
被动反应（秒）	13.20~	1.0	12.50~	2.0	11.60~	3.0	10.80~	4.0	9.80~	5.0
发球（分）	65~	1.0	70~	2.0	75~	3.0	85~	4.0	90~	5.0
传球（分）	55~	1.5	60~	3.0	65~	4.5	75~	6.0	85~	7.5
垫球（分）	60~	1.0	70~	2.0	80~	3.0	85~	4.0	90~	5.0
扣球（分）	55~	1.5	60~	3.0	65~	4.5	75~	6.0	85~	7.5
教练评定（分）	50~	2.0	55~	4.0	60~	6.0	75~	8.0	85~	10.0

附表 1–45

排球运动员 12 岁骨龄选材评分表

性别：女

等级 指标	一		二		三		四		五	
	标准	得分	标准	得分	标准	得分	标准	得分	标准	得分
身高（厘米）	155~	5.0	160~	10.00	165~	15.00	168~	20.00	170~	25.00
指距—身高（厘米）	–1.9~	2.00	–0.7~	4.00	0.4~	6.00	2.8~	8.00	4.6~	10.00
下肢长 A/身高×100（%）	55.2~	2.00	55.7~	4.00	56.1~	6.00	57.2~	8.00	58.1~	10.00
跟腱长/小腿加足高×100%	45.2~	1.00	46.7~	2.00	48.2~	3.00	51.4~	4.00	53.2~	5.00
60 米跑（秒）	12.0~	1.05	11.0~	2.10	10.~	3.15	9.6~	4.20	9.4~	5.25
36 米移动（秒）	15.0~	0.90	14.4~	1.80	13.8~	2.70	12.9~	3.60	12.0~	4.50
助跑摸高（米）	2.70~	1.05	2.78~	2.10	2.82~	3.15	2.85~	4.20	2.90~	5.25
被动反应（秒）	16.35~	1.00	15.35~	2.00	14.40~	3.00	12.10~	4.00	10.70~	5.00
发球（分）	50~	0.9	55~	1.80	60~	2.70	75~	3.60	85~	4.50
传球（分）	50~	1.20	55~	2.40	60~	3.60	70~	4.80	80~	6.00
垫球（分）	50~	0.90	55~	1.80	60~	2.70	75~	3.60	85~	4.50
教练评定（分）	50~	3.00	55~	6.00	60~	9.00	70~	12.00	80~	15.00

附表 1–46　　**排球运动员 16 岁骨龄选材评分表**　　性别：女

指标 \ 等级	一		二		三		四		五	
	标准	得分	标准	得分	标准	得分	标准	得分	标准	得分
身高（厘米）	170~	3.0	175~	6.0	180~	9.0	182~	12.0	184~	15.0
指距—身高（厘米）	–3.0~	2.4	–1.0~	4.8	0.0~	7.2	3.0~	9.6	8.0~	12.0
跟腱长/小腿加足高×100%	45.4~	0.6	46.5~	1.2	47.7~	1.8	50.5~	2.4	52.6~	3.0
肺活量/体重（毫升/千克）	60.2~	1.0	65.8~	2.0	70.9~	3.0	76.2~	4.0	81.5~	5.0
60 米跑（秒）	10.3~	1.0	9.7~	2.0	9.1~	3.0	8.9~	4.0	8.7~	5.0
36 米移动（秒）	13.8~	1.0	13.2~	2.0	12.5~	3.0	12.0~	4.0	11.3~	5.0
助跑摸高（米）	2.85~	2.0	2.89~	4.0	2.92~	6.0	2.98~	8.0	3.03~	10.0
20 次仰卧起坐计时（秒）	22.5~	1.0	21.5~	2.0	21.0~	3.0	20.0~	4.0	18.0~	5.0
被动反应（秒）	14.00~	1.0	13.60~	2.0	12.50~	3.0	10.90~	4.0	10.0~	5.0
发球（分）	65~	1.0	70~	2.0	75~	3.0	85~	4.0	90~	5.0
传球（分）	55~	1.5	60~	3.0	65~	4.5	75~	6.0	85~	7.5
垫球（分）	60~	1.0	70~	2.0	80~	3.0	85~	4.0	90~	5.0
扣球（分）	55~	1.5	60~	3.0	65~	4.5	75~	6.0	85~	7.5
教练评定（分）	50~	2.0	55~	4.0	60~	6.0	75~	8.0	85~	10.0

附表 1–47　　足球守门员 14 岁骨龄选材评分表　　性别：男

等级 / 指标	一		二		三		四		五	
	标准	得分	标准	得分	标准	得分	标准	得分	标准	得分
身高（厘米）	155~	2	161~	4	167~	6	173~	8	178~	10
指距—身高（厘米）	0.2~	1	1.0~	2	2.2~	3	4.5~	4	6.6~	5
肺活量（毫升）	3100~	1	3360~	2	3670~	3	3990~	4	4270~	5
30 米跑（秒）	5.3~	1	5.1~	2	4.8~	3	4.5~	4	4.2~	5
3 米滑步摸地（次）	22~	1	25~	2	27~	3	29~	4	31~	5
立定跳远（厘米）	170~	1	196~	2	216~	3	237~	4	258~	5
引体向上（次）	2~	0.5	4~	1.0	7~	1.5	11~	2.0	14~	2.5
视—手反应（毫秒）	244~	1	234~	2	209~	3	184~	4	158~	5
视—脚反应（毫秒）	290~	1	274~	2	244~	3	214~	4	183~	5
持球踢准（分）	10~	0.58	12~	1.0	14~	1.5	16~	2.0	19~	2.5
扑定点球发球（分）	1:25.~	1	1:15.~	2	1:10.~	3	1:05.~	4	0:59.~	5
守定点射门	35~	2	44~	4	52~	6	60~	8	68~	10
防守意识	较差	3	一般	6	较好	9	好	12	突出	15
进攻意识	较差	1	一般	2	较好	3	好	4	突出	5
神经类型（808 表）	模糊泛散中下抑制	0	亚易扰型	6	中间易扰型	9	亚稳定亚兴奋谨慎	12	亚灵活灵活稳定兴奋型	15

附表 1-48 足球守门员 16 岁骨龄选材评分表 性别：男

指标＼等级	一		二		三		四		五	
	标准	得分	标准	得分	标准	得分	标准	得分	标准	得分
身高（厘米）	163~	2	169~	4	174~	6	180~	8	186~	10
指距—身高（厘米）	1.0~	1	2.0~	2	3.4~	3	5.8~	4	10.1~	5
肺活量（毫升）	3560~	1	3870~	2	4220~	3	4590~	4	4910~	5
30 米跑（秒）	5.0~	1	4.8~	2	4.6~	3	4.3~	4	4.0~	5
3 米滑步摸地（次）	23~	1	26~	2	29~	3	30~	4	32~	5
立定跳远（厘米）	200~	1	216~	2	235~	3	254~	4	273~	5
引体向上（次）	4~	0.5	7~	1.0	11~	1.5	14~	2.0	17~	2.5
视—手反应（毫秒）	230~	1	221~	2	196~	2	171~	4	145~	5
视—脚反应（毫秒）	240~	1	237~	2	232~	3	207~	4	177~	5
持球踢准（分）	12~	0.5	15~	1.0	17~	1.5	19~	2.0	21~	2.5
扑定点球发球（分）	1:18.~	1	1:11.~	2	1:06.~	3	1:01.~	4	0:55.~	5
守定点射门	40~	2	52~	4	60~	6	68~	8	76~	10
防守意识、进攻意识					同上表					
神经类型（808 表）	模糊泛散中下抑制	0	亚易扰型	6	中间易扰型	9	亚稳定亚兴奋谨慎	12	亚灵活灵活稳定兴奋型	15

附表 1–49　　足球守门员 14 岁骨龄选材评分表　　性别：女

等级 / 指标	一		二		三		四		五	
	标准	得分	标准	得分	标准	得分	标准	得分	标准	得分
身高（厘米）	152~	2	157~	4	162~	6	167~	8	173~	10
指距—身高（厘米）	0~	1	0.5~	2	0.8~	3	3.3~	4	4.9~	5
肺活量（毫升）	2670~	1	2890~	2	3160~	3	3430~	4	3670~	5
30 米跑（秒）	5.5~	1	5.3~	2	5.0~	3	4.7~	4	4.3~	5
3 米滑步摸地（次）	21~	1	23~	2	25~	3	27~	4	29~	5
立定跳远（厘米）	156~	1	162~	2	180~	3	198~	4	217~	5
屈臂悬垂（秒）	11.~	0.5	16.~	1.0	27.~	1.5	38.~	2.0	49.~	2.5
视—手反应（毫秒）	280~	1	252~	2	222~	3	192~	4	161~	5
视—脚反应（毫秒）	300~	1	287~	2	252~	3	217~	4	181~	5
持球踢准（分）	8~	0.5	10~	1.0	12~	1.5	14~	2.0	16~	2.5
扑定点球发球（分）	1:28.~	1	1:23.~	2	1:18.~	3	1:11.~	4	1:04.~	5
守定点射门	30~	2	38~	4	45~	6	52~	8	59~	10
防守意识、进攻意识	同上表									
神经类型（808 表）	模糊泛散 中下抑制	0	亚易扰 型	6	中间易 扰型	9	亚稳定 亚兴奋 谨慎	12	亚灵活 灵活稳定 兴奋型	15

附表 1–50　　足球守门员 16 岁骨龄选材评分表　　性别：女

指标＼等级	一		二		三		四		五	
	标准	得分	标准	得分	标准	得分	标准	得分	标准	得分
身高（厘米）	156~	2	159~	4	164~	6	170~	8	175~	10
指距—身高（厘米）	0.2~	1	0.8~	2	1.5~	3	4.0~	4	8.1~	5
肺活量（毫升）	2900~	1	3150~	2	3440~	3	3740~	4	4000~	5
30 米跑（秒）	5.3~	1	5.0~	2	4.7~	3	4.4~	4	4.1~	5
3 米滑步摸地（次）	21~	1	23~	2	25~	3	27~	4	29~	5
立定跳远（厘米）	160~	1	165~	2	182~	3	200~	4	218~	5
屈臂悬垂（秒）	13.~	0.5	18.~	1.0	29.~	1.5	40.~	2.0	51.~	2.5
视—手反应（毫秒）	245~	1	234~	2	209~	3	184~	4	158~	5
视—脚反应（毫秒）	290~	1	276~	2	243~	3	210~	4	176~	5
持球踢准（分）	10~	0.5	12~	1.0	14~	1.5	16~	2.0	18~	2.5
扑定点球发球（分）	1:25.~	1	1:20.~	2	1:14.~	3	1:07.~	4	1:00.~	5
守定点射门	40~	2	46~	4	53~	6	60~	8	67~	10
防守意识	较差	3	一般	6	较好	9	好	12	突出	15
进攻意识	较差	1	一般	2	较好	3	好	4	突出	5
神经类型（808 表）	模糊泛散 中下抑制	0	亚易扰 型	6	中间易 扰型	9	亚稳定 亚兴奋 谨慎	12	亚灵活 灵活稳定 兴奋型	15

附表 1–51

足球运动员 12 岁骨龄选材评分表

性别：男

指标 \ 等级	一		二		三		四		五	
	标准	得分	标准	得分	标准	得分	标准	得分	标准	得分
身高（厘米）	140~	2	146~	4	152~	6	158~	8	164~	10
体重/身高×1000（克/厘米）	~210	0.5			210.1~	1.5			236~	2.5
肺活量/体重（毫升/千克）	54~	1	56~	2	58~	3	60~	4	62~	5
心功指数	14~	2	12~	4	10~	6	8~	8	6~	10
30 米跑（秒）	5.8~	1.5	5.5~	3	5.2~	4.5	4.9~	6.0	4.6~	7.5
3 米往返跑（次）	20~	1	22~	2	24~	3	25~	4	27~	5
12 分钟跑（米）	2560~	1	2680~	2	2800~	3	2920~	4	3040~	5
立定跳远（厘米）	158~	0.5	171~	1.0	188~	1.5	205~	2.0	222~	2.5
视—脚反应（毫秒）	324~	0.5	314~	1.0	276~	1.5	238~	2.0	199~	2.5
运球过杆（秒）	21.8~	1	20.6~	2	19.5~	3	18.5~	4	17.3~	5
接球传准（分）	5~	1.5	10~	3.0	17~	4.5	24~	6.0	31~	7.5
门墙射准 得分	18~	0.5	26~	1.0	34~	1.5	42~	2.0	50~	2.5
门墙射准 技评	较差	0.5	一般	1.0	较好	1.5	好	2.0	突出	2.5
有球进攻意识	较差	1	一般	2	较好	3	好	4	突出	5
无球进攻意识	较差	1	一般	2	较好	3	好	4	突出	5
盯人防守意识	较差	1	一般	2	较好	3	好	4	突出	5
区域防守意识	较差	1	一般	2	较好	3	好	4	突出	5
神经类型（808 表）	模糊泛散 中下抑制	0	亚易扰 型	5.0	中间易 扰型	7.5	亚稳定 亚兴奋 谨慎	10.0	亚灵活 灵活稳定 兴奋型	12.5

附表 1-52　　足球运动员 16 岁骨龄选材评分表　　性别：男

指标 \ 等级		一 标准	一 得分	二 标准	二 得分	三 标准	三 得分	四 标准	四 得分	五 标准	五 得分
身高（厘米）		164~	2	169~	4	174~	6	180~	8	186~	10
体重/身高×1000（克/厘米）		~283	0.5			284~	1.5			318~	2.5
肺活量/体重（毫升/千克）		56~	1	58~	2	60~	3	62~	4	64~	5
心功指数		12~	2	10~	4	8~	6	6~	8	4~	10
30 米跑（秒）		5.0~	1.5	4.8~	3.0	4.6~	4.5	4.3~	6.0	4.0~	7.5
3 米往返跑（次）		25~	1	27~	2	29~	3	31~	4	33~	5
12 分钟跑（米）		2810~	1	3030~	2	3150~	3	3270~	4	3400~	5
立定跳远（厘米）		200~	0.5	216~	1.0	235~	1.5	254~	2.0	273~	2.5
视—脚反应（毫秒）		275~	0.5	257~	1.0	232~	1.5	207~	2.0	177~	2.5
运球过杆（秒）		18.7~	1	17.7~	2	16.8~	3	15.9~	4	14.8~	5
接球传准（分）		12~	1.5	17~	3.0	24~	4.5	31~	6.0	39~	7.5
门墙射准	得分	38~	0.5	45~	1.0	53~	1.5	61~	2.0	70~	2.5
	技评	较差	0.5	一般	1.0	较好	1.5	好	2.0	突出	2.5
有球进攻意识		较差	1	一般	2	较好	3	好	4	突出	5
无球进攻意识		较差	1	一般	2	较好	3	好	4	突出	5
盯人防守意识		较差	1	一般	2	较好	3	好	4	突出	5
区域防守意识		较差	1	一般	2	较好	3	好	4	突出	5
神经类型（808 表）		模糊泛散 中下抑制	0	亚易扰型	5.0	中间易扰型	7.5	亚稳定 亚兴奋 谨慎	10.0	亚灵活 灵活稳定 兴奋型	12.5

附表 1–53　　足球运动员 12 岁骨龄选材评分表　　性别：女

指标 \ 等级	一		二		三		四		五	
	标准	得分	标准	得分	标准	得分	标准	得分	标准	得分
身高（厘米）	144~	2	149~	4	154~	6	159~	8	164~	1.0
体重/身高×1000（克/厘米）	~215	0.5			216~	1.5			244~	2.5
肺活量/体重（毫升/千克）	52~	1	54~	2	56~	3	58~	4	60~	5
心功指数	15~	2	13~	4	11~	6	9~	8	7~	10
30 米跑（秒）	5.9~	1.5	5.7~	3.0	5.4~	4.5	5.0~	6.0	4.7~	7.5
3 米往返跑（次）	20~	1	22~	2	23~	3	25~	4	27~	5
12 分钟跑（米）	2260~	1	2380~	2	2500~	3	2620~	4	2720~	5
立定跳远（厘米）	145~	0.5	158~	1.0	175~	1.5	193~	2.0	210~	2.5
视—脚反应（毫秒）	350~	0.5	332~	1.0	289~	1.5	246~	2.0	202~	2.5
运球过杆（秒）	24.0~	1	22.9~	2	21.7~	3	20.5~	4	19.2~	5
接球传准（分）	4~	1.5	8~	3.0	14~	4.5	20~	6.0	26~	7.5
门墙射准　得分	14~	0.5	22~	1.0	30~	1.5	38~	2.0	46~	2.5
技评	较差	0.5	一般	1.0	较好	1.5	好	2.0	突出	2.5
有球进攻意识	较差	1	一般	2	较好	3	好	4	突出	5
无球进攻意识	较差	1	一般	2	较好	3	好	4	突出	5
盯人防守意识	较差	1	一般	2	较好	3	好	4	突出	5
区域防守意识	较差	1	一般	2	较好	3	好	4	突出	5
神经类型（808 表）	模糊泛散 中下抑制	0	亚易扰 型	5.0	中间易 扰型	7.5	亚稳定 亚兴奋 谨慎	10.0	亚灵活 灵活稳定 兴奋型	12.5

附表 1–54　　**足球运动员 16 岁骨龄选材评分表**　　性别：女

指标 \ 等级		一		二		三		四		五	
		标准	得分	标准	得分	标准	得分	标准	得分	标准	得分
身高（厘米）		155~	2	159~	4	164~	6	170~	8	175~	10
体重/身高×1000（克/厘米）		~270	0.5			271~	1.5			306~	2.5
肺活量/体重（毫升/千克）		56~	1	58~	2	60~	3	62~	4	64~	5
心功指数		13~	2	11~	4	9~	6	7~	8	5~	10
30 米跑（秒）		5.3~	1.5	5.0~	3.0	4.7~	4.5	4.4~	6.0	4.1~	7.5
3 米往返跑（次）		23~	1	25~	2	26~	3	28~	4	30~	5
12 分钟跑（米）		2600~	1	2720~	2	2830~	3	2940~	4	3035~	5
立定跳远（厘米）		155~	0.5	164~	1.0	182~	1.5	200~	2.0	218~	2.5
视—脚反应（毫秒）		290~	0.5	276~	1.0	243~	1.5	210~	2.0	176~	2.5
运球过杆（秒）		21.0~	1	19.7~	2	18.7~	3	17.6~	4	16.5~	5
接球传准（分）		10~	1.5	16~	3.0	22~	4.5	28~	6.0	34~	7.5
门墙射准	得分	30~	0.5	42~	1.0	50~	1.5	58~	2.0	66~	2.5
	技评	较差	0.5	一般	1.0	较好	1.5	好	2.0	突出	2.5
有球进攻意识		较差	1	一般	2	较好	3	好	4	突出	5
无球进攻意识		较差	1	一般	2	较好	3	好	4	突出	5
盯人防守意识		较差	1	一般	2	较好	3	好	4	突出	5
区域防守意识		较差	1	一般	2	较好	3	好	4	突出	5
神经类型（808 表）		模糊泛散中下抑制	0	亚易扰型	5.0	中间易扰型	7.5	亚稳定亚兴奋谨慎	10.0	亚灵活灵活稳定兴奋型	12.5

附表 1–55

乒乓球运动员 8 岁骨龄选材评分表

性别：男

等级 / 指标	二		三		二	
	标准	得分	标准	得分	标准	得分
体重／身高×1000（克／厘米）	~185	1.3	186~	4.2	225	1.3

等级 / 指标	一		二		三		四		五	
	标准	得分	标准	得分	标准	得分	标准	得分	标准	得分
身高（厘米）			~12.6	0.8	12.61~	2.8				
心功指数	~14.3	0.8	14.2~	2.5	12.8~	4.2	9.9~	5.9	8.5~	8.4
30 米跑（秒）	~7.2	0.6	7.1~	1.9	6.8~	3.2	6.5~	4.4	6.3~	6.3
立定跳远（厘米）	~134	0.4	135~	1.3	146~	2.1	157~	2.9	168~	4.2
45 秒单摇跳绳（次）	~71	0.6	72~	1.9	92~	3.2	112~	4.4	130~	6.3
羽毛球掷远（米）	~7.16	0.4	7.17~	1.3	7.43~	2.1	7.69~	2.9	7.93~	4.2
400 米跑（分、秒）	~1:58.	0.4	1:57.~	1.1	1:48.~	1.7	1:39.~	2.5	1:28.~	3.5
光反应（毫秒）	~295	0.5	294~	1.5	279~	2.5	249~	3.4	220~	4.9
综合反应平均时（秒）	~46.6	0.6	46.5~	1.7	42.4~	2.8	36.2~	3.9	30.4~	5.6
综合反应最优组（秒）	~37.6	0.7	37.5~	2.1	34.2~	3.5	29.3~	4.9	24.8~	7.0
一分钟对墙击球（次）	~44	0.6	45~	1.7	57~	2.8	69~	3.9	80~	5.6
移步换球（秒）	~39.8	0.7	39.7~	2.1	36.5~	3.5	33.3~	4.9	30.5~	7.0
手法		1.0		3.0		5.0		7.0		10.0
步法		0.8		2.4		4.0		5.6		8.0
实战应用		1.2		3.6		6.0		8.4		12.0

附表 1–56　　乒乓球运动员 12 岁骨龄选材评分表　　性别：男

等级 / 指标	二		三		二	
	标准	得分	标准	得分	标准	得分
体重/身高×1000（克/厘米）	~233	1.3	219~	4.2	273	1.3

等级 / 指标	一		二		三		四		五	
	标准	得分	标准	得分	标准	得分	标准	得分	标准	得分
身高（厘米）			~145	0.8	145.1~	2.8				
心功指数	~13.7	0.8	13.6~	2.5	12.0~	4.2	8.7~	5.9	7.1~	8.4
30 米跑（秒）	~5.5	0.6	5.4~	1.9	5.1~	3.2	4.8~	4.4	4.6~	6.3
立定跳远（厘米）	~168	0.4	169~	1.3	180~	2.1	191~	2.9	200~	4.2
45 秒单摇跳绳（次）	~51	0.6	52~	1.9	70~	3.2	88~	4.4	107~	6.3
羽毛球掷远（米）	~8.01	0.4	8.02~	1.3	8.32~	2.1	8.62~	2.9	8.89~	4.2
400 米跑（分、秒）	~1:41.	0.4	1:40.~	1.1	1:32.~	1.7	1:24.~	2.5	1:12.~	3.5
光反应（毫秒）	~226	0.5	225~	1.5	214~	2.5	196~	3.4	177~	4.9
综合反应平均时（秒）	~29.8	0.6	29.7~	1.7	27.2~	2.8	23.2~	3.9	19.9~	5.6
综合反应最优组（秒）	~24.6	0.7	24.5~	2.1	22.3~	3.5	19.2~	4.9	16.7~	7.0
一分钟对墙击球（次）	~55	0.6	56~	1.7	68~	2.8	80~	3.9	91~	5.6
移步换球（秒）	~33.8	0.7	33.7~	2.1	30.5~	3.5	27.3~	4.9	24.5~	7.0
手法		1.0		3.0		5.0		7.0		10.0
步法		0.8		2.4		4.0		5.6		8.0
实战应用		1.2		3.6		6.0		8.4		12.0

附表 1–57

乒乓球运动员 8 岁骨龄选材评分表

性别：女

等级 / 指标	二		三		二	
	标准	得分	标准	得分	标准	得分
体重/身高×1000（克/厘米）	1.80~	1.3	181~	4.2	221~	1.3

等级 / 指标	一		二		三		四		五	
	标准	得分	标准	得分	标准	得分	标准	得分	标准	得分
身高（厘米）			~125	0.8	125.1~	2.8				
心功指数	~14.2	0.8	14.2~	2.5	12.9~	4.2	9.9~	5.9	8.4~	8.4
30 米跑（秒）	~7.4	0.6	7.3~	1.9	7.0~	3.2	6.7~	4.4	6.4~	6.3
立定跳远（厘米）	~129	0.4	130~	1.3	141~	2.1	152~	2.9	162~	4.2
45 秒单摇跳绳（次）	~71	0.6	72~	1.9	92~	3.2	112~	4.4	130~	6.3
羽毛球掷远（米）	~5.89	0.4	5.90~	1.3	6.35~	2.1	6.80~	2.9	7.17~	4.2
400 米跑（分、秒）	~2:05.	0.4	2:04.~	1.1	1:55.~	1.7	1:46.~	2.5	1:34.~	3.5
光反应（毫秒）	~303	0.5	302~	1.5	285~	2.5	257~	3.4	237~	4.9
综合反应平均时（秒）	~47.8	0.6	47.7~	1.7	42.7~	2.8	35.9~	3.9	31.0~	5.6
综合反应最优组（秒）	~39.0	0.7	38.9~	2.1	34.9~	3.5	29.0~	4.9	25.1~	7.0
一分钟对墙击球（次）	~47	0.6	48~	1.7	57~	2.8	69~	3.9	80~	5.6
移步换球（秒）	~42.0	0.7	41.9~	2.1	38.5~	3.5	35.1~	4.9	32.1~	7.0
手法		1.0		3.0		5.0		7.0		10.0
步法		0.8		2.4		4.0		5.6		8.0
实战应用		1.2		3.6		6.0		8.4		12.0

附表 1–58　　乒乓球运动员 12 岁骨龄选材评分表　　性别：女

指标 \ 等级	二		三		二	
	标准	得分	标准	得分	标准	得分
体重/身高×1000（克/厘米）	~240	1.3	241~	4.2	312~	1.3

指标 \ 等级	一		二		三		四		五	
	标准	得分	标准	得分	标准	得分	标准	得分	标准	得分
身高（厘米）			~147	0.8	147.1~	2.8				
心功指数	~14.7	0.8	14.6~	2.5	12.9~	4.2	9.5~	5.9	7.7~	8.4
30 米跑（秒）	~5.8	0.6	5.7~	1.9	5.4~	3.2	5.1~	4.4	4.8~	6.3
立定跳远（厘米）	~158	0.4	159~	1.3	170~	2.1	181~	2.9	191~	4.2
45 秒单摇跳绳（次）	~51	0.6	52~	1.9	70~	3.2	88~	4.4	107~	6.3
羽毛球掷远（米）	~6.84	0.4	6.85~	1.3	7.11~	2.1	7.37~	2.9	7.67~	4.2
400 米跑（分、秒）	~1:53.	0.4	1:52.~	1.1	1:42.~	1.7	1:32.~	2.5	1:20.~	3.5
光反应（毫秒）	~235	0.5	234~	1.5	222~	2.5	202~	3.4	185~	4.9
综合反应平均时（秒）	~31.0	0.6	30.9~	1.7	28.0~	2.8	24.0~	3.9	21.1~	5.6
综合反应最优组（秒）	~25.7	0.7	25.6~	2.1	23.3~	3.5	19.6~	4.9	17.3~	7.0
一分钟对墙击球（次）	~55	0.6	56~	1.7	68~	2.8	80~	3.9	91~	5.6
移步换球（秒）	~36.0	0.7	35.9~	2.1	32.5~	3.5	29.1~	4.9	26.1~	7.0
手法		1.0		3.0		5.0		7.0		10.0
步法		0.8		2.4		4.0		5.6		8.0
实战应用		1.2		3.6		6.0		8.4		12.0

附表 1–59　　羽毛球运动员 9 岁骨龄选材评分表　　性别：男

指标＼等级		一		二		三		四		五	
		标准	得分	标准	得分	标准	得分	标准	得分	标准	得分
身高（厘米）		~132.1	0	132.2~	3	134.4~	5	136.6~	7	138.5~	10
体重/身高×1000（克/厘米）				~193	1.2	194~	2	230~	1.2		
上肢长（厘米）		~56.2	0	56.3~	0.9	58.1~	1.5	59.9~	2.1	61.5~	3
前臂长/上肢长×100（%）				~33.5	1.2			33.6~	2.0		
下肢长 B/身高×100（%）				~51.7	1.8			51.8~	3.0		
心功指数		~12.7	0	12.6~	1.5	11.5~	2.5	9.5~	3.5	7.5~	5
肺活量/体重（毫升/千克）		~60.2	0	60.3~	1.5	67.0~	2.5	73.7~	3.5	79.8~	5
50 米跑（秒）		~9.1	0	9.0~	1.5	8.9~	2.5	8.6~	3.5	8.3~	5
800 米跑（分、秒）		~3:02.	0	3:01.~	1.5	2:52.~	2.5	2:43.~	3.5	2:34.~	5
单摇跳绳（次）		~149	0	150~	1.5	160~	2.5	170~	3.5	179~	5
立定跳远（厘米）		~147	0	148~	1	158~	2.5	168~	3.5	177~	5
羽毛球掷远（米）		~7.39	0	7.40~	1.5	7.60~	2.5	7.90~	3.5	8.20~	5
5 次左右两侧跑（秒）		~18.9	0	18.8~	0.8	17.8~	1.3	16.8~	1.8	15.9~	2.5
5 次直线进退跑（秒）		~17.8	0	17.7~	0.8	16.9~	1.3	16.1~	1.8	15.4~	2.5
视动简单反应时（毫秒）		~340	0	339~	0.7	295~	1.1	251~	1.5	210~	2.2
视动选择反应时	时间（毫秒）	~354	0	353~	0.5	320~	0.8	287~	1.1	256~	1.5
	错次（次）	~5	0	4~	0.5	3~	0.8	2~	1.1	1~	1.5
操作思维	时间（毫秒）	~12.1	0	12.0~	0.7	10~	1.2	8.0~	1.7	6.2~	2.4
	步数（次）	~14	0	13~	0.7	11~	1.2	10~	1.7	8.7~	2.4
动作控制能力（厘米）		~31	0	30~	0.7	24~	1.2	18~	1.7	13~	2.4
十秒脚踏频率（次）		~70	0	71~	0.5	82~	0.8	93~	1.1	102~	1.5
手法、步法（各）							5.0		10.0		15.0

附表 1–60

羽毛球运动员 13 岁骨龄选材评分表

性别：男

指标 \ 等级	一		二		三		四		五	
	标准	得分	标准	得分	标准	得分	标准	得分	标准	得分
身高（厘米）	~153.9	0	154.0~	3	156.4~	5	158.8~	7	161.1~	10
体重/身高×1000（克/厘米）			~243	1.2	244~	2	306~	1.2		
上肢长（厘米）	~66.4	0	66.5~	0.9	68.6~	1.5	70.7~	2.1	72.6~	3
前臂长/上肢长×100（%）			~33.9	1.2			34.0~	2.0		
下肢长 B/身高×100（%）			~53.4	1.8			53.5~	3.0		
心功指数	12.1	0	12.0~	3	9.5~	5	7.5~	7	5.5~	10
肺活量/体重（毫升/千克）	~60.7	0	60.8~	1.5	66.8~	2.5	72.8~	3.5	78.3~	5
50 米跑（秒）	~8.2	0	8.1~	0.9	7.9~	1.5	7.6~	2.1	7.3~	3
1500 米跑（分、秒）	~5:49.	0	5:48.~	0.9	5:37.~	1.5	5:26.~	2.1	5:17.~	3
双摇跳绳（次）	~86	0	87~	0.9	99~	1.5	111~	2.1	122~	3
立定跳远（厘米）	~187	0	188~	0.9	198~	1.5	208~	2.1	217~	3
羽毛球掷远（米）	~8.26	0	8.27~	0.6	8.61~	1.0	8.95~	1.4	9.25~	2
10 次低重心四角跑（秒）	~21.0	0	20.9~	1.8	20.2~	3.0	19.5~	4.2	18.9~	6
视动简单反应时（毫秒）	~268	0	267~	1	231~	1.7	195~	2.3	162~	3.3
视动选择反应时 时间（毫秒）	286~	0	285~	0.7	262~	1.1	239~	1.6	217~	2.3
错次（次）	~5	0	4~	0.7	3~	1.1	1~	1.6	1~	2.3
操作思维 时间（毫秒）	~5.7	0	5.6~	1.1	5.1~	1.8	4.6~	2.5	4.1~	3.6
步数（次）	~11	0	10~	1.1	9.4~	1.8	8.7~	2.5	8.0~	3.6
动作控制能力（厘米）	~16	0	15~	1.1	12~	1.8	9~	2.5	6~	3.6
十秒脚踏频率（次）	~83	0	84~	0.7	93~	1.1	102~	1.6	111~	2.3
手法 、步法（各）						3.0		7.0		10.0
战术						3.0		7.0		10.0

附表 1-61　　羽毛球运动员 9 岁骨龄选材评分表　　性别：女

指标 \ 等级	一		二		三		四		五	
	标准	得分	标准	得分	标准	得分	标准	得分	标准	得分
身高（厘米）	~130.6	0	130.7~	3	133.3~	5	135.9~	7	138.3~	10
体重/身高×1000（克/厘米）			~190	1.2	191~220	2	221~	1.2		
上肢长（厘米）	~55.1	0	55.2~	0.9	56.7~	1.5	58.2~	2.1	59.8~	3
前臂长/上肢长×100（%）			~32.9	1.2			33.0~	2.0		
下肢长 B/身高×100（%）			~51.9	1.8			52.0~	3.0		
心功指数	~13.0	0	12.9~	1.5	12.0~	2.5	10.0~	3.5	8.0~	5
肺活量/体重（毫升/千克）	~55.0	0	55.1~	1.5	62.5~	2.5	69.9~	3.5	76.6~	5
50 米跑（秒）	~9.1	0	9.0~	1.5	8.9~	2.5	8.7~	3.5	8.5~	5
800 米跑（分、秒）	~3:24.	0	3:23.~	1.5	3:14.~	2.5	3:04.~	3.5	2:56.~	5
单摇跳绳（次）	~149	0	150~	1.5	160~	2.5	170~	3.5	179~	5
立定跳远（厘米）	~146	0	147~	1.5	157~	2.5	166~	3.5	175~	5
羽毛球掷远（米）	~6.93	0	6.94~	1.5	7.33~	2.5	7.72~	3.5	8.07~	5
5 次左右两侧跑（秒）	~19.4	0	19.3~	0.8	18.3~	1.3	17.3~	1.8	16.4~	2.5
5 次直线进退跑（秒）	~17.9	0	17.8~	0.8	17.0~	1.3	16.2~	1.8	15.5~	2.5
视动简单反应时（毫秒）	~335	0	334~	0.7	298~	1.1	262~	1.5	229~	2.2
视动选择反应时　时间（毫秒）	~361	0	360~	0.5	320~	0.8	280~	1.1	256~	1.5
错次（次）	~5	0	4~	0.5	3~	0.8	2~	1.1	2~	1.5
操作思维　时间（毫秒）	~13.6	0	13~	0.7	11.5~	1.2	9.5~	1.7	7.7~	2.4
步数（次）	~14	0	13~	0.7	11.4~	1.2	10.0~	1.7	8.7~	2.4
动作控制能力（厘米）	~35	0	34~	0.7	29~	1.2	24~	1.7	19~	2.4
十秒脚踏频率（次）	~69	0	70~	0.5	80~	0.8	90~	1.1	99~	1.5
手法、步法（各）						5.0		10.0		15.0

附表 1–62　　　　羽毛球运动员 13 岁骨龄选材评分表　　　　性别：女

等级 指标		一		二		三		四		五	
		标准	得分	标准	得分	标准	得分	标准	得分	标准	得分
身高（厘米）		~153.8	0	153.9~	3	156.5~	5	159.1~	7	161.5~	10
体重／身高×1000（克／厘米）				~252	1.2	253~309	2	310~	1.2		
上肢长（厘米）		~65.5	0	65.6~	0.9	67.4~	1.5	69.2~	2.1	71.1~	3
前臂长／上肢长×100（%）				~33.2	1.2			33.3~	2.0		
下肢长 B／身高×100（%）				~52.2	1.8			52.3~	3.0		
心功指数		~12.8	0	12.7~	3	10.5~	5	8.5~	7	6.5~	10
肺活量／体重（毫升／千克）		~51.3	0	51.4~	1.5	58.8~	2.5	66.6~	3.5	72.9~	5
50 米跑（秒）		~8.3	0	8.2~	0.9	8.0~	1.5	7.8~	2.1	7.6~	3
800 米跑（分、秒）		~6:09.	0	6:08.~	0.9	5:58.~	1.5	5:47.~	2.1	5:37.~	3
双摇跳绳（次）		~99	0	100~	0.9	110~	1.5	120~	2.1	129~	3
立定跳远（厘米）		~176	0	177~	0.9	186~	1.5	194~	2.1	202~	3
羽毛球掷远（米）		~7.77	0	7.78~	0.6	8.06~	1.0	8.34~	1.4	8.64~	2
10 次低重心四角跑（秒）		~24.3	0	24.2~	1.8	23.0~	3.0	21.8~	4.2	20.8~	6
视动简单反应时（毫秒）		~270	0	269~	1	238~	1.7	207~	2.3	179~	3.3
视动选择反应时	时间（毫秒）	~291	0	290~	0.7	266~	1.1	242~	1.6	221~	2.3
	错次（次）	~5	0	4~	0.7	3~	1.1	1~	1.6		
操作思维	时间（毫秒）	~7.4	0	7.3~	1.1	6.6~	1.8	5.9~	2.5	5.3~	3.6
	步数（次）	~11	0	10~	1.1	9.4~	1.8	8.7~	2.5	8.0~	3.6
动作控制能力（厘米）		~24	0	23~	1.1	19~	1.8	16~	2.5	13~	3.6
十秒脚踏频率（次）		~81	0	82~	0.7	91~	1.1	100~	1.6	109~	2.3
手法、步法（各）							3.0		7.0		10.0
战术							3.0		7.0		10.0

附表 1–63

赛艇运动员初级选材标准（13~15 岁　男子组）

类别	指标	骨龄	一 标准	一 得分	三 标准	三 得分	五 标准	五 得分	三 标准	三 得分	一 标准	一 得分
形态	克托莱指数	13~15	<341	3.0	≥341	4.2	≥353	6.0	≥379	4.2	≥391	3.0

类别	指标	骨龄	一 标准	一 得分	二 标准	二 得分	三 标准	三 得分	四 标准	四 得分	五 标准	五 得分
形态	身高	13	≥161.3	6.5	≥162.7	7.8	≥163.9	9.1	≥165.2	10.4	≥167.8	13.0
		14	≥168.2	6.5	≥169.6	7.8	≥170.9	9.1	≥172.3	10.4	≥175.0	13.0
		15	≥174.1	6.5	≥175.5	7.8	≥176.9	9.1	≥178.3	10.4	≥181.1	13.0
	指距—身高	13	≥1.3	5.0	≥2.3	6.0	≥3.2	7.0	≥4.2	8.0	≥6.1	10.0
		14	≥1.6	5.0	≥2.8	6.0	≥3.9	7.0	≥5.1	8.0	≥7.3	10.0
		15	≥2.1	5.0	≥3.6	6.0	≥5.1	7.0	≥6.7	8.0	≥9.6	10.0
	肩宽	13	≥34.0	3.5	≥34.5	4.2	≥35.0	4.9	≥35.4	5.6	≥36.3	7.0
		14	≥35.6	3.5	≥36.2	4.2	≥36.7	4.9	≥37.1	5.6	≥38.1	7.0
		15	≥37.3	3.5	≥37.8	4.2	≥38.4	4.9	≥38.9	5.6	≥39.9	7.0
	下肢长/身高	13~15	≥51.2	4.5	≥51.8	5.4	≥52.4	6.3	≥53.0	7.2	≥53.5	9.0
机能	心功指数	13	≤11.8	7.5	≤10.1	9.0	≤8.3	10.5	≤6.5	12.0	≤4.9	15.0
		14	≤11.6	7.5	≤9.7	9.0	≤7.9	10.5	≤6.0	12.0	≤4.2	15.0
		15	≤11.3	7.5	≤9.4	9.0	≤7.4	10.5	≤5.4	12.0	≤3.5	15.0
素质	3000 米跑	13	≤13:25	7.5	≤13:10	9.0	≤13:03	10.5	≤12:50	12.0	≤12:30	15.0
		14	≤13:05	7.5	≤12:50	9.0	≤12:43	10.5	≤12:35	12.0	≤12:20	15.0
		15	≤12:35	7.5	≤12:20	9.0	≤12:13	10.5	≤12:05	12.0	≤11:50	15.0
	3 分钟立卧撑	13~15	≥79	5.5	≥86	6.6	≥92	7.7	≥100	8.8	≥110	11.0
	下蹲伸臂距	13~15	≥43.4	4.5	≥45.7	5.4	≥48.0	6.3	≥50.3	7.2	≥55.0	9.0
协调	纵向踩木	13~15	≥2.0	2.5	≥3.0	3.0	≥5.0	3.5	≥7.0	4.0	≥10.0	5.0

附表 1–64　　赛艇运动员初级选材标准（13~15 岁　女子组）

类别	指标	骨龄	一		三		五		三		一	
			标准	得分	标准	得分	标准	得分	标准	得分	标准	得分
形态	克托莱指数	13~15	<323	3.0	≥323	4.2	≥337	6.0	≥365	4.2	≥379	3.0
类别	指标	骨龄	一		二		三		四		五	
			标准	得分	标准	得分	标准	得分	标准	得分	标准	得分
形态	身高	13	≥161.6	6.5	≥163.0	7.8	≥164.5	9.1	≥165.9	10.4	≥168.7	13.0
		14	≥165.0	6.5	≥166.5	7.8	≥167.9	9.1	≥169.4	10.4	≥172.2	13.0
		15	≥167.1	6.5	≥168.6	7.8	≥170.1	9.1	≥171.6	10.4	≥174.4	13.0
	指距—身高	13	≥0.2	5.0	≥1.2	6.0	≥2.3	7.0	≥3.3	8.0	≥5.4	10.0
		14	≥0.3	5.0	≥1.7	6.0	≥3.2	7.0	≥4.6	8.0	≥7.5	10.0
		15	≥0.4	5.0	≥2.0	6.0	≥3.7	7.0	≥5.4	8.0	≥8.8	10.0
	肩宽	13	≥34.6	3.5	≥35.1	4.2	≥35.6	4.9	≥36.2	5.6	≥37.2	7.0
		14	≥35.6	3.5	≥36.1	4.2	≥36.7	4.9	≥37.2	5.6	≥38.3	7.0
		15	≥36.4	3.5	≥36.9	4.2	≥37.5	4.9	≥38.0	5.6	≥39.1	7.0
	下肢长/身高	13~15	≥50.9	4.5	≥51.3	5.4	≥51.8	6.3	≥52.3	7.2	≥52.7	9.0
机能	心功指数	13	≤12.9	7.5	≤11.1	9.0	≤9.3	10.5	≤7.6	12.0	≤5.8	15.0
		14	≤12.7	7.5	≤11.0	9.0	≤9.2	10.5	≤7.4	12.0	≤5.6	15.0
		15	≤12.6	7.5	≤10.8	9.0	≤9.0	10.5	≤7.1	12.0	≤5.3	15.0
素质	3000 米跑	13	≤14:10	7.5	≤13:40	9.0	≤13:33	10.5	≤13:25	12.0	≤13:10	15.0
		14	≤14:00	7.5	≤13:30	9.0	≤13:23	10.5	≤13:15	12.0	≤13:00	15.0
		15	≤13:50	7.5	≤13:20	9.0	≤13:13	10.5	≤13:05	12.0	≤12:50	15.0
	3 分钟立卧撑	13~15	≥76	5.5	≥83	6.6	≥90	7.7	≥98	8.8	≥110	11.0
	下蹲伸臂距	13~15	≥43.4	4.5	≥45.7	5.4	≥48.0	6.3	≥50.3	7.2	≥55.0	9.0
协调	纵向踩木	13~15	≥2.0	2.5	≥4.0	3.0	≥5.0	3.5	≥7.0	4.0	≥10.0	5.0

附表 1–65

赛艇运动员中级选材标准（15~17 岁　男子组　公开级）

类别	指标	骨龄	一		三		五		三		一	
			标准	得分	标准	得分	标准	得分	标准	得分	标准	得分
形态	克托莱指数	15~17	<341	2.0	≥341	2.8	≥353	4.0	≥379	2.8	≥391	2.0
类别	指标	骨龄	一		二		三		四		五	
			标准	得分	标准	得分	标准	得分	标准	得分	标准	得分
形态	身高	15	≥182.3	4.0	≥183.6	4.8	≥185.1	5.6	≥186.5	6.4	≥189.4	8.0
		16	≥185.6	4.0	≥187.2	4.8	≥188.7	5.6	≥190.1	6.4	≥193.1	8.0
		17	≥187.5	4.0	≥189.0	4.8	≥190.5	5.6	≥191.9	6.4	≥194.9	8.0
	指距—身高	15	≥2.1	2.0	≥3.6	2.4	≥5.1	2.8	≥6.7	3.2	≥9.6	4.0
		16	≥2.4	2.0	≥4.1	2.4	≥5.9	2.8	≥7.6	3.2	≥11.0	4.0
		17	≥2.5	2.0	≥4.3	2.4	≥6.1	2.8	≥7.9	3.2	≥11.4	4.0
	肩宽	15	≥39.1	2.0	≥39.8	2.4	≥40.5	2.8	≥41.4	3.2	≥42.8	4.0
		16	≥40.3	2.0	≥41.0	2.4	≥41.8	2.8	≥42.6	3.2	≥44.2	4.0
		17	≥41.2	2.0	≥41.9	2.4	≥42.9	2.8	≥43.6	3.2	≥45.1	4.0
机能	心功指数	15	≤11.3	4.0	≤9.4	4.8	≤7.4	5.6	≤5.4	6.4	≤3.5	8.0
		16	≤11.1	4.0	≤9.0	4.8	≤6.8	5.6	≤4.8	6.4	≤2.7	8.0
		17	≤10.8	4.0	≤8.5	4.8	≤6.3	5.6	≤4.0	6.4	≤1.8	8.0
	肺活量	15	≥4050	2.0	≥4200	2.4	≥4350	2.8	≥4500	3.2	≥4800	4.0
		16	≥4410	2.0	≥4570	2.4	≥4730	2.8	≥4890	3.2	≥5220	4.0
		17	≥4690	2.0	≥4860	2.4	≥5040	2.8	≥5210	3.2	≥5550	4.0
	最大摄氧量	15	≥4.21	4.0	≥4.41	4.8	≥4.61	5.6	≥4.82	6.4	≥5.23	8.0
		16	≥4.39	4.0	≥4.60	4.8	≥4.82	5.6	≥5.03	6.4	≥5.46	8.0
		17	≥4.42	4.0	≥4.64	4.8	≥4.85	5.6	≥5.70	6.4	≥5.50	8.0

素质	杠铃俯卧拉	15	≥40	2.5	≥45	3.0	≥50	3.5	≥55	4.0	≥65	5.0
		16	≥50	2.5	≥55	3.0	≥60	3.5	≥65	4.0	≥75	5.0
		17	≥60	2.5	≥65	3.0	≥70	3.5	≥75	4.0	≥85	5.0
	负重深蹲	15	≥60	2.5	≥70	3.0	≥80	3.5	≥85	4.0	≥90	5.0
		16	≥70	2.5	≥80	3.0	≥90	3.5	≥95	4.0	≥100	5.0
		17	≥80	2.5	≥90	3.0	≥100	3.5	≥105	4.0	≥110	5.0
	500 米单人艇	15	≤2:18	2.0	≤2:13	2.4	≤2:10	2.8	≤2:08	3.2	≤2:06	4.0
		16	≤2:08	2.0	≤2:03	2.4	≤2:00	2.8	≤1:58	3.2	≤1:55	4.0
		17	≤2:04	2.0	≤1:58	2.4	≤1:55	2.8	≤1:53	3.2	≤1:50	4.0
	2000 米单人艇	15	≤9:35	2.5	≤9:20	3.0	≤9:10	3.5	≤9:00	4.0	≤8:50	5.0
		16	≤8:55	2.5	≤8:40	3.0	≤8:30	3.5	≤8:20	4.0	≤8:10	5.0
		17	≤8:35	2.5	≤8:20	3.0	≤8:10	3.5	≤8:00	4.0	≤7:50	5.0
	4000 米单人艇	15	≤20:05	3.5	≤19:30	4.2	≤19:05	4.9	≤18:40	5.6	≤18:15	7.0
		16	≤18:45	3.5	≤18:10	4.2	≤17:45	4.9	≤17:20	5.6	≤16:55	7.0
		17	≤18:05	3.5	≤17:30	4.2	≤17:05	4.9	≤16:40	5.6	≤16:15	7.0
	下蹲伸臂距	15~17	≥43.4	2.0	≥45.7	2.4	≥48.0	2.8	≥50.3	3.2	≥55.0	4.0
技术	水感	15~17		3.5				4.9		5.6		7.0
	基本技术	15~17		4.0				5.6		6.4		8.0
	桨数差	15~17			≤5	3.0			≤3	4.0	≤1	5.0
战术	控制速度感	15~17			≤5	3.0			≤3	4.0	≤1	5.0
心理	意志品质	15~17		2.5				3.5		4.0		5.0

附表 1–66

赛艇运动员中级选材标准（15~17 岁　女子组　公开级）

类别	指标	骨龄	一		三		五		三		一	
			标准	得分	标准	得分	标准	得分	标准	得分	标准	得分
形态	克托莱指数	15~17	<323	2.0	≥323	2.8	≥337	4.0	≥365	2.8	≥379	2.0

类别	指标	骨龄	一		二		三		四		五	
			标准	得分	标准	得分	标准	得分	标准	得分	标准	得分
形态	身高	15	≥174.6	4.0	≥175.7	4.8	≥176.8	5.6	≥177.9	6.4	≥180.1	8.0
		16	≥175.7	4.0	≥176.8	4.8	≥177.9	5.6	≥179.0	6.4	≥181.2	8.0
		17	≥176.1	4.0	≥177.2	4.8	≥178.3	5.6	≥179.4	6.4	≥181.5	8.0
	指距—身高	15	≥0.4	2.0	≥2.0	2.4	≥3.7	2.8	≥5.4	3.2	≥8.8	4.0
		16	≥0.5	2.0	≥2.2	2.4	≥4.0	2.8	≥5.8	3.2	≥9.3	4.0
		17	≥0.6	2.0	≥2.3	2.4	≥4.2	2.8	≥6.1	3.2	≥9.9	4.0
	肩宽	15	≥38.4	2.0	≥38.8	2.4	≥39.2	2.8	≥39.5	3.2	≥40.2	4.0
		16	≥38.9	2.0	≥39.3	2.4	≥39.6	2.8	≥39.9	3.2	≥40.6	4.0
		17	≥39.1	2.0	≥39.5	2.4	≥39.9	2.8	≥40.1	3.2	≥40.8	4.0
机能	心功指数	15	≤12.6	4.0	≤10.8	4.8	≤9.0	5.6	≤7.1	6.4	≤5.3	8.0
		16	≤12.4	4.0	≤10.6	4.8	≤8.8	5.6	≤6.9	6.4	≤5.1	8.0
		17	≤12.2	4.0	≤10.4	4.8	≤8.5	5.6	≤6.7	6.4	≤4.9	8.0
	肺活量	15	≥3360	2.0	≥3590	2.4	≥3820	2.8	≥4050	3.2	≥4500	4.0
		16	≥3460	2.0	≥3700	2.4	≥3940	2.8	≥4170	3.2	≥4640	4.0
		17	≥3510	2.0	≥3750	2.4	≥3990	2.8	≥4230	3.2	≥4710	4.0
	最大摄氧量	15	≥2.80	4.0	≥3.37	4.8	≥3.56	5.6	≥3.75	6.4	≥4.13	8.0
		16	≥3.11	4.0	≥3.74	4.8	≥3.95	5.6	≥4.16	6.4	≥4.18	8.0
		17	≥3.11	4.0	≥3.74	4.8	≥3.95	5.6	≥4.16	6.4	≥4.18	8.0

素质	杠铃俯卧拉	15	≥35	2.5	≥40	3.0	≥45	3.5	≥50	4.0	≥60	5.0
		16	≥40	2.5	≥45	3.0	≥50	3.5	≥55	4.0	≥65	5.0
		17	≥45	2.5	≥50	3.0	≥55	3.5	≥60	4.0	≥70	5.0
	负重深蹲	15	≥55	2.5	≥65	3.0	≥75	3.5	≥80	4.0	≥85	5.0
		16	≥60	2.5	≥70	3.0	≥80	3.5	≥85	4.0	≥90	5.0
		17	≥65	2.5	≥75	3.0	≥85	3.5	≥90	4.0	≥100	5.0
	500 米单人艇	15	≤2:26	2.0	≤2:22	2.4	≤2:20	2.8	≤2:18	3.2	≤2:15	4.0
		16	≤2:17	2.0	≤2:13	2.4	≤2:10	2.8	≤2:08	3.2	≤2:05	4.0
		17	≤2:12	2.0	≤2:08	2.4	≤2:05	2.8	≤2:03	3.2	≤2:00	4.0
	2000 米单人艇	15	≤10:15	2.5	≤10:00	3.0	≤9:50	3.5	≤9:40	4.0	≤9:30	5.0
		16	≤9:35	2.5	≤9:20	3.0	≤9:10	3.5	≤9:00	4.0	≤8:50	5.0
		17	≤9:15	2.5	≤9:00	3.0	≤8:50	3.5	≤8:40	4.0	≤8:30	5.0
	4000 米单人艇	15	≤21:25	3.5	≤20:50	4.2	≤20:25	4.9	≤20:00	5.6	≤19:35	7.0
		16	≤20:05	3.5	≤19:30	4.2	≤19:05	4.9	≤18:40	5.6	≤18:15	7.0
		17	≤19:25	3.5	≤18:50	4.2	≤18:25	4.9	≤18:00	5.6	≤17:35	7.0
	下蹲伸臂距	15~17	≥43.4	2.0	≥45.7	2.4	≥48.0	2.8	≥50.3	3.2	≥55.0	4.0
技术	水感	15~17		3.5				4.9		5.6		7.0
	基本技术	15~17		4.0				5.6		6.4		8.0
	桨数差	15~17			≤5	3.0			≤3	4.0	≤1	5.0
战术	控制速度感	15~17			≤5	3.0			≤3	4.0	≤1	5.0
心理	意志品质	15~17		2.5				3.5		4.0		5.0

附表 1–67

皮艇运动员初级选材标准（13~14 岁　男子组）

类别	指标		一		二		三		四		五	
			标准	得分	标准	得分	标准	得分	标准	得分	标准	得分
形态	身高	13	<160	1.2	≥160	3.6	≥162	6.0	≥165	8.4	≥167	12.0
		14	<167	1.2	≥167	3.6	≥169	6.0	≥172	8.4	≥174	12.0
	指距—身高	13	<1.0	1.2	≥1.0	3.6	≥1.7	6.0	≥2.3	8.4	≥3.0	12.0
		14	<1.3	1.2	≥1.3	3.6	≥2.2	6.0	≥3.0	8.4	≥3.8	12.0
	肩宽	13	<34	0.8	≥34	2.4	≥34.5	4.0	≥35	5.6	≥36	8.0
		14	<35	0.8	≥35	2.4	≥36	4.0	≥37	5.6	≥38	8.0
机能	心功指数	13	>10	1.2	≤10	3.6	≤8.5	6.0	≤7.0	8.4	≤5.0	12.0
		14	>9.0	1.2	≤9.0	3.6	≤7.5	6.0	≤6.5	8.4	≤5.0	12.0
	肺活量	13	<3000	1.2	≥3000	3.6	≥3210	4.0	≥3410	8.4	≥3650	12.0
		14	<3520	1.2	≥3520	3.6	≥3730	4.0	≥3940	8.4	≥4160	12.0
素质	俯卧撑	13	<10	0.8	≥10	2.4	≥18	4.0	≥25	5.6	≥35	8.0
		14	<21	0.8	≥21	2.4	≥29	4.0	≥37	5.6	≥46	8.0
	引体向上	13	<1	0.8	≥1	2.4	≥3	4.0	≥5	5.6	≥8	8.0
		14	<8	0.8	≥8	2.4	≥11	4.0	≥14	5.6	≥18	8.0
	100 米跑	13	>15.8	0.8	≤15.8	2.4	≤15.0	4.0	≤14.5	5.6	≤14.0	8.0
		14	>15.3	0.8	≤15.3	2.4	≤14.5	4.0	≤14.0	5.6	≤13.5	8.0
	3000 米跑	13	>8:40	0.8	≤8:40	2.4	≤8:10	4.0	≤7:50	5.6	≤7:30	8.0
		14	>8:20	0.8	≤8:20	2.4	≤8:00	4.0	≤7:35	5.6	≤7:20	8.0
协调	协调性	13~14		0.3		0.9		1.5		2.1		3.0
	纵向踩木	13~14	<5.0	0.4	≥5.0	1.2	≥6.5	2.0	≥8.0	2.8	≥10.0	4.0
心理	意志品质	13~14		0.5		1.5		2.5		3.5		5.0

附表 1–68

皮艇运动员初级选材标准（13~14 岁　女子组）

类别	指标		一		二		三		四		五	
			标准	得分	标准	得分	标准	得分	标准	得分	标准	得分
形态	身高	13	<161	1.2	≥161	3.6	≥162.5	6.0	≥165	8.4	≥167	12.0
		14	<164	1.2	≥164	3.6	≥166	6.0	≥172	8.4	≥174	12.0
	指距—身高	13	<0.5	1.2	≥0.5	3.6	≥1.4	6.0	≥2.3	8.4	≥3.0	12.0
		14	<0.8	1.2	≥0.8	3.6	≥1.5	6.0	≥3.0	8.4	≥3.8	12.0
	肩宽	13	<34	0.8	≥34	2.4	≥34.5	4.0	≥35	5.6	≥36	8.0
		14	<35	0.8	≥35	2.4	≥35.5	4.0	≥37	5.6	≥38	8.0
机能	心功指数	13	>10	1.2	≤10	3.6	≤8.5	6.0	≤7.0	8.4	≤5.0	12.0
		14	>10	1.2	≤10	3.6	≤8.5	6.0	≤6.5	8.4	≤5.0	12.0
	肺活量	13	<2600	1.2	≥2600	3.6	≥2900	6.0	≥3410	8.4	≥3650	12.0
		14	<2800	1.2	≥2800	3.6	≥3130	6.0	≥3940	8.4	≥4160	12.0
素质	俯卧撑	13	<3	0.8	≥3	2.4	≥5	4.0	≥25	5.6	≥35	8.0
		14	<8	0.8	≥8	2.4	≥12	4.0	≥37	5.6	≥46	8.0
	引体向上	13	<1	0.8	≥1	2.4	≥2	4.0	≥5	5.6	≥8	8.0
		14	<2	0.8	≥2	2.4	≥4	4.0	≥14	5.6	≥18	8.0
	100 米跑	13	>17.9	0.8	≤17.9	2.4	≤17.1	4.0	≤14.5	5.6	≤14.0	8.0
		14	>17.4	0.8	≤17.4	2.4	≤16.7	4.0	≤14.0	5.6	≤13.5	8.0
	3000 米跑	13	>4:10	0.8	≤4:10	2.4	≤3:55	4.0	≤7:50	5.6	≤7:30	8.0
		14	>4:00	0.8	≤4:00	2.4	≤3:45	4.0	≤7:35	5.6	≤7:20	8.0
协调	协调性	13~14		0.3		0.9		1.5		2.1		3.0
	纵向踩木	13~14	<5.0	0.4	≥5.0	1.2	≥6.5	2.0	≥8.0	2.8	≥10.0	4.0
心理	意志品质	13~14		0.5		1.5		2.5		3.5		5.0

附表 1-69　　皮艇运动员中级选材标准（15~17 岁　男子组）

类别	指标	骨龄	一		二		三		四		五	
			标准	得分	标准	得分	标准	得分	标准	得分	标准	得分
形态	身高	15	<173	0.4	≥173	1.2	≥175	2.0	≥178	2.8	≥180	4.0
		16	<176	0.4	≥176	1.2	≥179	2.0	≥182	2.8	≥184	4.0
		17	<178	0.4	≥178	1.2	≥180	2.0	≥183	2.8	≥185	4.0
	指距—身高	15	<1.7	0.4	≥1.7	1.2	≥2.6	2.0	≥3.5	2.8	≥4.4	4.0
		16	<1.9	0.4	≥1.9	1.2	≥2.9	2.0	≥4.0	2.8	≥5.0	4.0
		17	<2.0	0.4	≥2.0	1.2	≥3.0	2.0	≥4.1	2.8	≥5.2	4.0
	肩宽	15	<37	0.4	≥37	1.2	≥37.5	2.0	≥38	2.8	≥39	4.0
		16	<38	0.4	≥38	1.2	≥39	2.0	≥40	2.8	≥41	4.0
		17	<39	0.4	≥39	1.2	≥40	2.0	≥41	2.8	≥42	4.0
	体重	15	<64	0.4	≥64	1.2	≥66.5	2.0	≥68.5	2.8	≥70	4.0
		16	<68	0.4	≥68	1.2	≥71.3	2.0	≥73	2.8	≥75	4.0
		17	<71	0.4	≥71	1.2	≥74.1	2.0	≥76.3	2.8	≥78	4.0
	胸围	15	<89	0.4	≥89	1.2	≥90.5	2.0	≥92	2.8	≥93	4.0
		16	<92	0.4	≥92	1.2	≥93.5	2.0	≥95	2.8	≥96	4.0
		17	<94	0.4	≥94	1.2	≥96.5	2.0	≥97	2.8	≥98	4.0
机能	心功指数	15	>8.5	1.0	≤8.5	3.0	≤7.0	5.0	≤6.0	7.0	≤4.5	10.0
		16	>8.0	1.0	≤8.0	3.0	≤6.5	5.0	≤5.5	7.0	≤4.0	10.0
		17	>7.0	1.0	≤7.0	3.0	≤6.0	5.0	≤4.5	7.0	≤3.0	10.0
	肺活量/体重	15	<60.5	1.0	≥60.5	3.0	≥63.5	5.0	≥66.0	7.0	≥68.0	10.0
		16	<61.5	1.0	≥61.5	3.0	≥64.0	5.0	≥66.5	7.0	≥69.0	10.0
		17	<63.0	1.0	≥63.0	3.0	≥65.5	5.0	≥68.5	7.0	≥70.5	10.0

素质	俯卧撑	15	<37	0.6	≥37	1.8	≥45	3.0	≥53	4.2	≥62	6.0
		16	<47	0.6	≥47	1.8	≥56	3.0	≥64	4.2	≥74	6.0
		17	<62	0.6	≥62	1.8	≥70	3.0	≥78	4.2	≥87	6.0
	引体向上	15	<17	0.6	≥17	1.8	≥20	3.0	≥23	4.2	≥27	6.0
		16	<25	0.6	≥25	1.8	≥28	3.0	≥31	4.2	≥35	6.0
		17	<32	0.6	≥32	1.8	≥36	3.0	≥40	4.2	≥44	6.0
	300 米单人艇	15	>1:21	1.0	≤1:21	3.0	≤1:17	5.0	≤1:14	7.0	≤1:11	10.0
		16	>1:16	1.0	≤1:16	3.0	≤1:12	5.0	≤1:09	7.0	≤1:06	10.0
		17	>1:13	1.0	≤1:13	3.0	≤1:09	5.0	≤1:06	7.0	≤1:03	10.0
	2000 米单人艇	15	>10:30	1.0	≤10:30	3.0	≤10:10	5.0	≤10:00	7.0	≤9:50	10.0
		16	>9:50	1.0	≤9:50	3.0	≤9:60	5.0	≤9:20	7.0	≤9:10	10.0
		17	>9:30	1.0	≤9:30	3.0	≤9:10	5.0	≤9:00	7.0	≤8:50	10.0
协调	协调性	15~17		0.2		0.6		1.0		1.4		2.0
	节奏感	15~17		0.2		0.6		1.0		1.4		2.0
技术	基本技术	15~17		0.6		1.8		3.0		4.2		6.0
	划桨效果指数	15	>28.1	0.5	≥28.1	1.5	≥26.9	2.5	≥25.9	3.5	≥24.8	5.0
		16	>27.2	0.5	≥27.2	1.5	≥26.6	2.5	≥25.4	3.5	≥24.2	5.0
		17	>26.4	0.5	≥26.4	1.5	≥25.9	2.5	≥24.7	3.5	≥23.5	5.0
战术	战术能力	15~17		0.3		0.9		1.5		2.1		3.0
心理	意志品质	15~17		0.7		1.4		3.5		4.9		7.0
知识	专业知识	15~17		0.3		0.9		1.5		2.1		3.0

附表 1-70

皮艇运动员中级选材标准（15~17 岁　女子组）

类别	指标	骨龄	一		二		三		四		五	
			标准	得分	标准	得分	标准	得分	标准	得分	标准	得分
形态	身高	15	<166	0.4	≥166	1.2	≥168	2.0	≥171	2.8	≥172	4.0
		16	<167	0.4	≥167	1.2	≥169	2.0	≥171.5	2.8	≥173	4.0
		17	<168	0.4	≥168	1.2	≥169.5	2.0	≥172	2.8	≥173.5	4.0
	指距—身高	15	<1.0	0.4	≥1.0	1.2	≥2.0	2.0	≥3.0	2.8	≥4.0	4.0
		16	<1.3	0.4	≥1.3	1.2	≥2.5	2.0	≥3.5	2.8	≥4.5	4.0
		17	<1.5	0.4	≥1.5	1.2	≥2.8	2.0	≥4.0	2.8	≥5.5	4.0
	肩宽	15	<35.5	0.4	≥35.5	1.2	≥36.5	2.0	≥37.5	2.8	≥38.5	4.0
		16	<36	0.4	≥36	1.2	≥37	2.0	≥38	2.8	≥39	4.0
		17	<36	0.4	≥36	1.2	≥37.5	2.0	≥38.5	2.8	≥40	4.0
	体重	15	<58	0.4	≥58	1.2	≥60	2.0	≥62.5	2.8	≥64	4.0
		16	<60	0.4	≥60	1.2	≥62	2.0	≥64	2.8	≥66	4.0
		17	<62	0.4	≥62	1.2	≥63.6	2.0	≥65.3	2.8	≥67	4.0
	胸围	15	<84	0.4	≥84	1.2	≥86	2.0	≥88	2.8	≥90	4.0
		16	<86	0.4	≥86	1.2	≥88	2.0	≥90	2.8	≥62	4.0
		17	<88	0.4	≥88	1.2	≥90	2.0	≥92	2.8	≥94	4.0
机能	心功指数	15	>9.5	1.0	≤9.5	3.0	≤8.0	5.0	≤7.0	7.0	≤5.5	10.0
		16	>9.0	1.0	≤9.0	3.0	≤7.5	5.0	≤6.5	7.0	≤5.0	10.0
		17	>8.5	1.0	≤8.5	3.0	≤7.0	5.0	≤6.0	7.0	≤4.5	10.0
	肺活量/体重	15	<56	1.0	≥56	3.0	≥58	5.0	≥61.5	7.0	≥65	10.0
		16	<55	1.0	≥55	3.0	≥57.5	5.0	≥61.5	7.0	≥64	10.0
		17	<54	1.0	≥54	3.0	≥57	5.0	≥61	7.0	≥64	10.0

素质	俯卧撑	15	<15	0.6	≥15	1.8	≥20	3.0	≥25	4.2	≥30	6.0
		16	<25	0.6	≥25	1.8	≥32	3.0	≥38	4.2	≥45	6.0
		17	<35	0.6	≥35	1.8	≥42	3.0	≥48	4.2	≥55	6.0
	引体向上	15	<6	0.6	≥6	1.8	≥9	3.0	≥12	4.2	≥15	6.0
		16	<11	0.6	≥11	1.8	≥15	3.0	≥20	4.2	≥25	6.0
		17	<16	0.6	≥16	1.8	≥22	3.0	≥28	4.2	≥34	6.0
	300 米单人艇	15	>1:43	1.0	≤1:43	3.0	≤1:37	5.0	≤1:33	7.0	≤1:29	10.0
		16	>1:39	1.0	≤1:39	3.0	≤1:33	5.0	≤1:29	7.0	≤1:25	10.0
		17	>1:35	1.0	≤1:35	3.0	≤1:29	5.0	≤1:25	7.0	≤1:21	10.0
	2000 米单人艇	15	>10:40	1.0	≤10:40	3.0	≤10:10	5.0	≤9:50	7.0	≤9:30	10.0
		16	>10:20	1.0	≤10:20	3.0	≤9:50	5.0	≤9:30	7.0	≤9:10	10.0
		17	>9:05	1.0	≤10:05	3.0	≤9:35	5.0	≤9:15	7.0	≤8:55	10.0
协调	协调性	15~17		0.2		0.6		1.0		1.4		2.0
	节奏感	15~17		0.2		0.6		1.0		1.4		2.0
技术	基本技术	15~17		0.6		1.8		3.0		4.2		6.0
	划桨效果指数	15	>28.5	0.5	≥28.5	1.5	≥27.7	2.5	≥27.1	3.5	≥26.5	5.0
		16	>28.0	0.5	≥28.0	1.5	≥27.2	2.5	≥26.6	3.5	≥25.8	5.0
		17	>27.3	0.5	≥27.3	1.5	≥26.5	2.5	≥25.9	3.5	≥24.6	5.0
战术	战术能力	15~17		0.3		0.9		1.5		2.1		3.0
心理	意志品质	15~17		0.7		1.4		3.5		4.9		7.0
知识	专业知识	15~17		0.3		0.9		1.5		2.1		3.0

附表 1–71

自行车运动员初级选材标准（13~16 岁　男子组）

类别	指标	骨龄	一		三		五		三		一	
			标准	得分	标准	得分	标准	得分	标准	得分	标准	得分
形态	克托莱指数	13	<320	0.4	≥320	2.1	≥340	4.1	≥361	2.1	≥380	0.4
		14	<330	0.4	≥330	2.1	≥350	4.1	≥371	2.1	≥390	0.4
		15	<350	0.4	≥350	2.1	≥370	4.1	≥391	2.1	≥410	0.4
		16	<380	0.4	≥380	2.1	≥400	4.1	≥421	2.1	≥440	0.4

类别	指标	骨龄	一		二		三		四		五	
			标准	得分	标准	得分	标准	得分	标准	得分	标准	得分
形态	身高（厘米）	13	<164.3	0.5	≥164.3	1.3	≥167.9	2.2	≥171.5	3.1	≥175.0	4.4
		14	<165.6	0.5	≥165.6	1.3	≥169.2	2.2	≥172.7	3.1	≥176.4	4.4
		15	<166.6	0.5	≥166.6	1.3	≥170.4	2.2	≥173.8	3.1	≥177.6	4.4
		16	<168.1	0.5	≥168.1	1.3	≥171.7	2.2	≥175.3	3.1	≥178.9	4.4
	体脂（%）	13	>11.7	0.3	≤11.7	0.9	≤10.4	1.5	≤9.1	2.1	≤7.9	3.0
		14	>11.3	0.3	≤11.3	0.9	≤10.1	1.5	≤8.9	2.1	≤7.7	3.0
		15	>11.3	0.3	≤11.3	0.9	≤10.1	1.5	≤8.8	2.1	≤7.6	3.0
		16	>11.3	0.3	≤11.3	0.9	≤10.1	1.5	≤8.8	2.1	≤7.6	3.0
	大腿围（厘米）	13	<46.4	0.4	≥46.4	1.1	≥48.4	1.8	≥50.5	2.5	≥52.5	3.5
		14	<48.4	0.4	≥48.4	1.1	≥50.7	1.8	≥52.7	2.5	≥54.9	3.5
		15	<50.3	0.4	≥50.3	1.1	≥52.4	1.8	≥54.6	2.5	≥56.8	3.5
		16	<51.5	0.4	≥51.5	1.1	≥53.4	1.8	≥55.6	2.5	≥58.1	3.5
机能	肺活量（毫升）	13	<3900	0.5	≥3900	1.5	≥4400	2.4	≥4900	3.4	≥5400	4.8
		14	<4000	0.5	≥4000	1.5	≥4600	2.4	≥5100	3.4	≥5600	4.8
		15	<4200	0.5	≥4200	1.5	≥4700	2.4	≥5200	3.4	≥5800	4.8
		16	<4300	0.5	≥4300	1.5	≥4800	2.4	≥5300	3.4	≥5900	4.8
	最大摄氧量（升/分）	13	<3.08	0.8	≥3.08	2.5	≥3.38	4.2	≥3.78	5.8	≥4.18	8.3

		14	<3.18	0.8	≥3.18	2.5	≥3.48	4.2	≥3.88	5.8	≥4.28	8.3
		15	<3.18	0.8	≥3.18	2.5	≥3.58	4.2	≥3.98	5.8	≥4.38	8.3
		16	<3.28	0.8	≥3.28	2.5	≥3.58	4.2	≥4.08	5.8	≥4.48	8.3
	最大摄氧量/体重	13	<46.9	0.5	≥46.9	1.5	≥51.7	2.5	≥56.5	3.5	≥61.3	5.0
		14	<50.4	0.5	≥50.4	1.5	≥55.6	2.5	≥60.7	3.5	≥65.8	5.0
		15	<52.4	0.5	≥52.4	1.5	≥57.7	2.5	≥63.1	3.5	≥68.4	5.0
		16	<52.8	0.5	≥52.8	1.5	≥58.1	2.5	≥63.5	3.5	≥68.8	5.0
	无氧功率/千卡/km/h	13	<38.0	0.7	≥38.0	2.1	≥42.9	3.5	≥47.5	4.8	≥54.3	6.9
		14	<38.0	0.7	≥38.0	2.1	≥42.9	3.5	≥47.5	4.8	≥54.3	6.9
		15	<37.8	0.7	≥37.8	2.1	≥41.9	3.5	≥46.3	4.8	≥54.0	6.9
		16	<37.5	0.7	≥37.5	2.1	≥41.5	3.5	≥45.9	4.8	≥50.5	6.9
素质	立定跳远（厘米）	13	<170	0.6	≥170	1.7	≥180	2.9	≥200	4.1	≥220	5.8
		14	<180	0.6	≥180	1.7	≥200	2.9	≥210	4.1	≥240	5.8
		15	<190	0.6	≥190	1.7	≥210	2.9	≥230	4.1	≥250	5.8
		16	<200	0.6	≥200	1.7	≥220	2.9	≥240	4.1	≥260	5.8
	20级蛙跳（秒）	13	>19.95	0.5	≤19.95	1.4	≤17.25	2.3	≤14.55	3.2	≤11.85	4.5
		14	>19.70	0.5	≤19.75	1.4	≤17.00	2.3	≤14.30	3.2	≤11.70	4.5
		15	>19.30	0.5	≤19.30	1.4	≤16.70	2.3	≤14.10	3.2	≤11.50	4.5
		16	>18.90	0.5	≤18.90	1.4	≤16.30	2.3	≤13.80	3.2	≤11.20	4.5
	屈臂悬垂（秒）	13	<23.74	0.3	≥23.74	0.8	≥34.17	1.3	≥55.03	1.8	≥1:15.9	2.6
		14	<26.78	0.3	≥26.78	0.8	≥36.84	1.3	≥56.96	1.8	≥1:17.1	2.6
		15	<37.4	0.3	≥37.4	0.8	≥46.15	1.3	≥1:3.6	1.8	≥1:21.5	2.6
		16	<37.8	0.3	≥37.8	0.8	≥49.30	1.3	≥1:22	1.8	≥1:34	2.6
	仰卧抱头起（次/30秒）	13	<18	0.2	≥18	0.5	≥21	0.9	≥23	1.3	≥25	1.8
		14	<21	0.2	≥21	0.5	≥23	0.9	≥25	1.3	≥26	1.8
		15	<22	0.2	≥22	0.5	≥24	0.9	≥26	1.3	≥27	1.8

		16	<23	0.2	≥23	0.5	≥25	0.9	≥27	1.3	≥29	1.8
	原地高抬腿（次/30秒）	13	<18	0.5	≥18	1.6	≥20	2.7	≥22	3.7	≥22	5.3
		14	<18	0.5	≥18	1.6	≥20	2.7	≥22	3.7	≥22	5.3
		15	<18	0.5	≥18	1.6	≥20	2.7	≥22	3.7	≥22	5.3
		16	<18	0.5	≥18	1.6	≥20	2.7	≥22	3.7	≥22	5.3
	100米跑（秒）	13	>14.8	0.6	≤14.8	1.7	≤14.2	2.8	≤13.6	3.9	≤13.0	5.6
		14	>14.5	0.6	≤14.5	1.7	≤13.9	2.8	≤13.3	3.9	≤12.9	5.6
		15	>14.3	0.6	≤14.3	1.7	≤13.7	2.8	≤13.1	3.9	≤12.7	5.6
		16	>13.1	0.6	≤13.1	1.7	≤13.5	2.8	≤12.9	3.9	≤12.5	5.6
	400米跑（分、秒）	13	>1:10	0.8	≤1:10	2.5	≤1:8	4.2	≤1:6	5.8	≤1:4	8.3
		14	>1:8	0.8	≤1:8	2.5	≤1:6	4.2	≤1:4	5.8	≤1:2	8.3
		15	>1:6	0.8	≤1:6	2.5	≤1:4	4.2	≤1:2	5.8	≤1:0	8.3
		16	>1:4	0.8	≤1:4	2.5	≤1:2	4.2	≤1:0	5.8	≤0:58	8.3
	800米跑（分、秒）	13	>2:50	0.6	≤2:50	1.8	≤2:40	3.0	≤2:36	4.3	≤2:30	6.1
		14	>2:47	0.6	≤2:47	1.8	≤2:37	3.0	≤2:33	4.3	≤2:17	6.1
	1500米跑（分、秒）	15	>4:58	0.6	≤4:58	1.8	≤4:45	3.0	≤4:35	4.3	≤4:25	6.1
		16	>4:48	0.6	≤4:48	1.8	≤4:36	3.0	≤4:26	4.3	≤4:16	6.1
	心理　意志品质	13		1		3		5		7		10
		14		1		3		5		7		10
		15		1		3		5		7		10
		16		1		3		5		7		10
协调能力	跳换步测验（次/10秒）	13	<23	1	≥23	3	≥26	5	≥30	7	≥33	10
		14	<24	1	≥24	3	≥27	5	≥31	7	≥34	10
		15	<24	1	≥24	3	≥27	5	≥31	7	≥34	10
		16	<25	1	≥25	3	≥28	5	≥31	7	≥34	10

附表 1-72

自行车运动员初级选材标准（13~16 岁　女子组）

类别	指标	骨龄	一		三		五		三		一	
			标准	得分	标准	得分	标准	得分	标准	得分	标准	得分
形态	克托莱指数	13	<280	0.3	≥280	1.4	≥300	2.8	≥321	1.4	≥340	0.3
		14	<300	0.3	≥300	1.4	≥320	2.8	≥341	1.4	≥360	0.3
		15	<320	0.3	≥320	1.4	≥340	2.8	≥361	1.4	≥380	0.3
		16	<320	0.3	≥320	1.4	≥340	2.8	≥361	1.4	≥380	0.3

类别	指标	骨龄	一		二		三		四		五	
			标准	得分	标准	得分	标准	得分	标准	得分	标准	得分
形态	身高（厘米）	13	<155.7	0.3	≥155.7	0.9	≥159.5	1.5	≥163.3	2.0	≥167.1	2.9
		14	<156.8	0.3	≥156.8	0.9	≥160.6	1.5	≥164.4	2.0	≥168.2	2.9
		15	<158.9	0.3	≥158.9	0.9	≥162.8	1.5	≥166.6	2.0	≥170.5	2.9
		16	<158.9	0.3	≥158.9	0.9	≥162.8	1.5	≥166.6	2.0	≥170.5	2.9
	体脂（%）	13	>19.5	0.2	≤19.5	0.6	≤16.6	1.0	≤13.8	1.4	≤10.9	2.0
		14	>21.3	0.2	≤21.3	0.6	≤18.2	1.0	≤15.1	1.4	≤11.9	2.0
		15	>22.9	0.2	≤22.9	0.6	≤19.6	1.0	≤16.3	1.4	≤12.9	2.0
		16	>22.9	0.2	≤22.9	0.6	≤19.6	1.0	≤16.3	1.4	≤12.9	2.0
	大腿围（厘米）	13	<45.4	0.3	≥46.4	0.6	≥48.5	1.2	≥50.5	1.6	≥52.5	2.3
		14	<48.0	0.3	≥48.0	0.6	≥50.2	1.2	≥52.2	1.6	≥54.3	2.3
		15	<50.8	0.3	≥50.8	0.6	≥53.0	1.2	≥55.2	1.6	≥57.5	2.3
		16	<50.8	0.3	≥50.8	0.6	≥53.0	1.2	≥55.2	1.6	≥57.5	2.3
机能	肺活量（毫升）	13	<3100	0.5	≥3100	0.7	≥3300	2.4	≥3500	3.4	≥3700	4.8
		14	<3500	0.5	≥3500	0.7	≥3700	2.4	≥3900	3.4	≥4200	4.8
		15	<3800	0.5	≥3800	0.7	≥4000	2.4	≥4300	3.4	≥4500	4.8
		16	<3800	0.5	≥3800	0.7	≥4000	2.4	≥4300	3.4	≥4500	4.8
	最大摄氧量（升/分）	13	<2.48	0.8	≥2.48	1.4	≥2.88	4.2	≥3.18	5.8	≥3.48	8.3

		14	<2.78	0.8	≥2.78	1.4	≥3.18	4.2	≥3.58	5.8	≥3.78	8.3
		15	<2.88	0.8	≥2.88	1.4	≥3.28	4.2	≥3.58	5.8	≥3.98	8.3
		16	<2.98	0.8	≥2.98	1.4	≥3.38	4.2	≥3.78	5.8	≥4.18	8.3
	最大摄氧量/体重	13	<47.2	0.5	≥47.2	1.5	≥54.2	2.5	≥61.1	3.5	≥68.0	5.0
		14	<46.9	0.5	≥46.9	1.5	≥53.8	2.5	≥60.8	3.5	≥67.7	5.0
		15	<46.8	0.5	≥46.8	1.5	≥53.7	2.5	≥60.5	3.5	≥67.4	5.0
		16	<46.6	0.5	≥46.6	1.5	≥53.5	2.5	≥60.3	3.5	≥67.2	5.0
	无氧功率/千卡/km/h	13	<35.7	0.7	≥35.7	2.1	≥38.6	3.5	≥41.5	4.8	≥44.4	6.9
		14	<35.7	0.7	≥35.7	2.1	≥41.4	3.5	≥44.2	4.8	≥47.1	6.9
		15	<35.5	0.7	≥35.5	2.1	≥38.4	3.5	≥41.3	4.8	≥44.0	6.9
		16	<35.5	0.7	≥35.5	2.1	≥38.3	3.5	≥41.1	4.8	≥43.9	6.9
素质	立定跳远（厘米）	13	<158	0.7	≥158	2.0	≥170	3.3	≥185	4.6	≥210	6.6
		14	<160	0.7	≥160	2.0	≥170	3.3	≥185	4.6	≥215	6.6
		15	<170	0.7	≥170	2.0	≥180	3.3	≥200	4.6	≥220	6.6
		16	<170	0.7	≥170	2.0	≥180	3.3	≥200	4.6	≥230	6.6
	20 级蛙跳（秒）	13	>19.3	0.5	≤19.3	1.5	≤16.8	2.6	≤14.3	3.6	≤11.8	5.1
		14	>18.2	0.5	≤18.2	1.5	≤15.8	2.6	≤13.5	3.6	≤11.2	5.1
		15	>17.3	0.5	≤17.3	1.5	≤15.1	2.6	≤12.9	3.6	≤10.7	5.1
		16	>16.7	0.5	≤16.7	1.5	≤14.5	2.6	≤12.4	3.6	≤10.3	5.1
	屈臂悬垂（秒）	13	<8	0.3	≥8	0.9	≥14.5	1.5	≥28.1	2.0	≥41.7	2.9
		14	<8	0.3	≥8	0.9	≥14.5	1.5	≥28.1	2.0	≥41.7	2.9
		15	<8	0.3	≥8	0.9	≥14.5	1.5	≥28.1	2.0	≥41.7	2.9
		16	<8	0.3	≥8	0.9	≥14.5	1.5	≥28.1	2.0	≥41.7	2.9
	仰卧抱头起（次/30 秒）	13	<20	0.2	≥20	0.6	≥21	1.1	≥23	1.5	≥24	2.1
		14	<21	0.2	≥21	0.6	≥23	1.1	≥25	1.5	≥26	2.1
		15	<23	0.2	≥23	0.6	≥24	1.1	≥26	1.5	≥28	2.1

		16	<24	0.2	≥24	0.6	≥25	1.1	≥27	1.5	≥29	2.1
	原地高抬腿（次/30 秒）	13	<18	0.6	≥18	1.8	≥19	3.0	≥20	4.1	≥21	5.9
		14	<18	0.6	≥18	1.8	≥19	3.0	≥20	4.1	≥21	5.9
		15	<18	0.6	≥18	1.8	≥19	3.0	≥20	4.1	≥21	5.9
		16	<18	0.6	≥18	1.8	≥19	3.0	≥20	4.1	≥21	5.9
	100 米跑（秒）	13	>14.8	0.6	≤14.8	1.9	≤14.4	3.2	≤14.0	4.4	≤13.6	6.3
		14	>14.6	0.6	≤14.6	1.9	≤14.2	3.2	≤13.8	4.4	≤13.4	6.3
		15	>14.4	0.6	≤14.4	1.9	≤14.0	3.2	≤13.6	4.4	≤13.2	6.3
		16	>13.4	0.6	≤13.4	1.9	≤13.0	3.2	≤12.6	4.4	≤12.2	6.3
	400 米跑（分、秒）	13	>1:12	0.9	≤1:12	2.8	≤1:10	4.6	≤1:08	6.4	≤1:06	9.2
		14	>1:10	0.9	≤1:10	2.8	≤1:08	4.6	≤1:06	6.4	≤1:04	9.2
		15	>1:08	0.9	≤1:08	2.8	≤1:06	4.6	≤1:04	6.4	≤1:02	9.2
		16	>1:06	0.9	≤1:06	2.8	≤1:04	4.6	≤1:02	6.4	≤1:00	9.2
	800 米跑（分、秒）	13	>2:52	0.7	≤2:52	2.1	≤2:44	3.5	≤2:36	4.8	≤2:28	6.9
		14	>2:48	0.7	≤2:48	2.1	≤2:40	3.5	≤2:32	4.8	≤2:24	6.9
	1500 米跑（分、秒）	15	>5:32	0.7	≤5:32	2.1	≤5:20	3.5	≤5:18	4.8	≤5:08	6.9
		16	>5:26	0.7	≤5:26	2.1	≤5:16	3.5	≤5:06	4.8	≤4:56	6.9
	心理　意志品质	13		1		3		5		7		10
		14		1		3		5		7		10
		15		1		3		5		7		10
		16		1		3		5		7		10
协调能力	跳换步测验（次/10 秒）	13	<22	1	≥22	3	≥27	5	≥31	7	≥34	10
		14	<23	1	≥23	3	≥28	5	≥32	7	≥35	10
		15	<22	1	≥22	3	≥25	5	≥39	7	≥32	10
		16	<22	1	≥22	3	≥25	5	≥39	7	≥31	10

附表 1–73

帆船运动员初级选材标准（13~15 岁　男子组）

类别	指标	骨龄	一		三		五		三		一	
			标准	得分	标准	得分	标准	得分	标准	得分	标准	得分
形态	克托莱指数	13~15	<350	3.0	≥350	4.2	≥370	6.0	≥400	4.2	≥420	3.0

类别	指标	骨龄	一		二		三		四		五	
			标准	得分	标准	得分	标准	得分	标准	得分	标准	得分
形态	身高（厘米）	13	≥155.0	3.0	≥156.4	3.6	≥157.9	4.2	≥159.3	4.8	≥162.5	6.0
		14	≥161.7	3.0	≥163.1	3.6	≥164.6	4.2	≥166.1	4.8	≥169.4	6.0
		15	≥167.3	3.0	≥168.8	3.6	≥170.5	4.2	≥171.9	4.8	≥175.4	6.0
	肩宽	13	≥31.9	2.0	≥32.3	2.4	≥32.7	2.8	≥33.1	3.2	≥34.2	4.0
		14	≥33.5	2.0	≥33.9	2.4	≥34.3	2.8	≥34.7	3.2	≥35.8	4.0
		15	≥35.1	2.0	≥35.6	2.4	≥35.9	2.8	≥36.3	3.2	≥37.5	4.0
	下肢长 B/身高	13~15	≥54.0	2.0	≥54.5	2.4	≥55.0	2.8	≥55.4	3.2	≥56.3	4.0
机能	心功指数	13	≤10.5	2.5	≤9.5	3.0	≤8.5	3.5	≤7.5	4.0	≤5.5	5.0
		14	≤10.1	2.5	≤9.1	3.0	≤8.1	3.5	≤7.1	4.0	≤5.1	5.0
		15	≤9.8	2.5	≤8.8	3.0	≤7.7	3.5	≤6.7	4.0	≤4.6	5.0
素质	1500 米跑	13	≤6:51	2.5	≤6:40	3.0	≤6:30	3.5	≤6:19	4.0	≤5:58	5.0
		14	≤6:34	2.5	≤6:24	3.0	≤6:13	3.5	≤6:03	4.0	≤5:42	5.0
		15	≤6:19	2.5	≤6:09	3.0	≤5:59	3.5	≤5:50	4.0	≤5:30	5.0
	背力指数	13	≥155	2.5	≥161	3.0	≥167	3.5	≥173	4.0	≥186	5.0
		14	≥166	2.5	≥172	3.0	≥179	3.5	≥185	4.0	≥198	5.0
		15	≥175	2.5	≥182	3.0	≥189	3.5	≥195	4.0	≥209	5.0
	引体向上	13	≥4	2.5	≥5	3.0	≥6	3.5	≥7	4.0	≥9	5.0
		14	≥6	2.5	≥7	3.0	≥8	3.5	≥9	4.0	≥12	5.0
		15	≥8	2.5	≥10	3.0	≥12	3.5	≥14	4.0	≥17	5.0
	一分钟仰卧起坐	13	≥38	2.5	≥40	3.0	≥42	3.5	≥44	4.0	≥48	5.0

协调	方位感觉	13~15	≥9.0	4.0	≥7.0	4.8	≥5.0	5.6	≥2.5	6.4	≥0.0	8.0
	肌肉用力感	13~15	≥6.5	4.0	≥5.0	4.8	≥3.0	5.6	≥1.5	6.4	≥0.0	8.0
	平衡能力	13~15	≥0:2	2.0	≥0:3	2.4	≥0:5	2.8	≥0:7	3.2	≥0:10	4.0
心理知识	操作思维	13~15	一	7.5	二	9.0	三	10.5	四	12.0	五	15.0
	图形推理	13~15	一	7.5	二	9.0	三	10.5	四	12.0	五	15.0
	文化知识	13~15	一	2.5	二	3.0	三	3.5	四	4.0	五	5.0

附表 1–74　　帆船运动员初级选材标准（13~15 岁　女子组）

类别	指标	骨龄	一		三		五		三		一	
			标准	得分	标准	得分	标准	得分	标准	得分	标准	得分
形态	克托莱指数	13~15	<325	3.0	≥325	4.2	≥345	6.0	≥365	4.2	≥385	3.0
类别	指标	骨龄	一		二		三		四		五	
			标准	得分	标准	得分	标准	得分	标准	得分	标准	得分
形态	身高（厘米）	13	≥159.6	3.0	≥161.0	3.6	≥162.3	4.2	≥163.6	4.8	≥166.3	6.0
		14	≥161.0	3.0	≥164.4	3.6	≥165.7	4.2	≥167.1	4.8	≥169.8	6.0
		15	≥165.1	3.0	≥166.5	3.6	≥167.8	4.2	≥169.2	4.8	≥172.0	6.0
	肩宽	13	≥33.3	2.0	≥33.8	2.4	≥34.2	2.8	≥34.5	3.2	≥35.6	4.0
		14	≥34.3	2.0	≥34.8	2.4	≥35.1	2.8	≥35.6	3.2	≥36.7	4.0
		15	≥35.0	2.0	≥35.5	2.4	≥35.9	2.8	≥36.3	3.2	≥37.4	4.0
	下肢长 B/身高	13~15	≥54.0	2.0	≥54.5	2.4	≥55.0	2.8	≥55.4	3.2	≥56.3	4.0
机能	心功指数	13	≤11.4	2.5	≤10.4	3.0	≤9.4	3.5	≤8.5	4.0	≤6.4	5.0
		14	≤11.1	2.5	≤10.0	3.0	≤9.1	3.5	≤8.3	4.0	≤6.1	5.0
		15	≤10.9	2.5	≤9.8	3.0	≤8.9	3.5	≤8.1	4.0	≤5.9	5.0

素质	1500 米跑	13	≤7:15	2.5	≤7:00	3.0	≤6:46	3.5	≤6:32	4.0	≤6:02	5.0
		14	≤7:05	2.5	≤6:51	3.0	≤6:38	3.5	≤6:23	4.0	≤5:54	5.0
		15	≤7:01	2.5	≤6:46	3.0	≤6:32	3.5	≤6:18	4.0	≤5:50	5.0
	背力指数	13	≥133	2.5	≥142	3.0	≥151	3.5	≥160	4.0	≥178	5.0
		14	≥135	2.5	≥144	3.0	≥153	3.5	≥162	4.0	≥180	5.0
		15	≥137	2.5	≥146	3.0	≥155	3.5	≥164	4.0	≥182	5.0
	引体向上	13	≥2	2.5	≥3	3.0	≥4	3.5	≥5	4.0	≥7	5.0
		14	≥2	2.5	≥3	3.0	≥4	3.5	≥5	4.0	≥7	5.0
		15	≥3	2.5	≥4	3.0	≥5	3.5	≥7	4.0	≥10	5.0
	一分钟仰卧起坐	13~15	≥36	2.5	≥38	3.0	≥40	3.5	≥42	0.4	≥46	5.0
协调	方位感觉	13~15	≥9.0	4.0	≥7.0	4.8	≥5.0	5.6	≥2.5	6.4	≥0.0	8.0
	肌肉用力感	13~15	≥6.5	4.0	≥5.0	4.8	≥3.0	5.6	≥1.5	6.4	≥0.0	8.0
	平衡能力	13~15	≥2.0	2.0	≥3.0	2.4	≥5.0	2.8	≥7.0	3.2	≥10.0	4.0
心理知识	操作思维	13~15	一	7.5	二	9.0	三	10.5	四	12.0	五	15.0
	图形推理	13~15	一	7.5	二	9.0	三	10.5	四	12.0	五	15.0
	文化知识	13~15	一	2.5	二	3.0	三	3.5	四	4.0	五	5.0

附表 1–75　　帆板运动员初级选材标准（13~15 岁　男子组）

类别	指标	骨龄	一		三		五		三		一	
			标准	得分	标准	得分	标准	得分	标准	得分	标准	得分
形态	身高	13	≥155.3	2	≥157.2	6	≥160.8	10	≥163.7	6	≥166.4	2
		14	≥161.5	2	≥163.4	6	≥167.2	10	≥170.2	6	≥174.0	2
		15	≥165.5	2	≥167.4	6	≥171.3	10	≥174.3	6	≥177.2	2
类别	指标	骨龄	一		二		三		四		五	
			标准	得分	标准	得分	标准	得分	标准	得分	标准	得分
形态	指距—身高	13	≥−0.8	1.4	≥0.2	2.8	≥1.9	4.2	≥2.9	5.6	≥4.1	7
		14	≥−0.6	1.4	≥0.4	2.8	≥2.3	4.2	≥3.2	5.6	≥4.6	7
		15	≥−0.3	1.4	≥1.0	2.8	≥2.7	4.2	≥3.2	5.6	≥5.3	7
	皮褶厚	13~15	≤7.5	1.6			≤5.5	4.8			≤3.5	8
机能	心功指数	13	≤12.0	3	≤10.2	6	≤9.0	9	≤7.2	12	≤5.4	15
		14	≤12.0	3	≤12.0	6	≤8.4	9	≤6.2	12	≤4.4	15
		15	≤11.8	3	≤9.8	6	≤7.8	9	≤5.6	12	≤3.8	15
素质	屈臂悬垂	13	≥50	2	≥60	4	≥70	6	≥80	8	≥90	10
		14	≥60	2	≥70	4	≥80	6	≥95	8	≥105	10
		15	≥75	2	≥80	4	≥95	6	≥105	8	≥120	10
	卧撑屈伸腿	13	≥34	1.4	≥36	2.8	≥38	4.2	≥40	5.6	≥43	7
		14	≥37	1.4	≥39	2.8	≥41	4.2	≥43	5.6	≥46	7
		15	≥40	1.4	≥43	2.8	≥45	4.2	≥47	5.6	≥50	7
	1500 米跑	13	≤6:15	1	≤6:02	2	≤5:50	3	≤5:41	4	≤5:35	5
		14	≤6:00	1	≤5:47	2	≤5:35	3	≤5:26	4	≤5:21	5
		15	≤5:50	1	≤5:37	2	≤5:25	3	≤5:16	4	≤5:11	5

协调	方位感觉	13~15	≤6.7	1.6	≤5.6	3.2	≤4.5	4.8	≤3.4	6.4	≤2.3	8
	平衡能力	13	≥15	3.2	≥25	4.8	≥33	7.2	≥44	9.6	≥60	12
		14	≥20	3.2	≥30	4.8	≥38	7.2	≥47	9.6	≥60	12
		15	≥25	3.2	≥34	4.8	≥42	7.2	≥49	9.6	≥60	12
心理	综合反应	13	≤25:06	1.6	≤22:47	3.2	≤20:63	4.8	≤18:80	6.4	≤16:81	8
		14	≤24:03	1.6	≤21:53	3.2	≤19:78	4.8	≤18:02	6.4	≤16:12	8
		15	≤23:20	1.6	≤20:77	3.2	≤19:10	4.8	≤17:40	6.4	≤15:57	8
知识	文化知识	13~15	下	2			中	6			上	10

附表 1–76　　帆板运动员初级选材标准（13~15 岁　女子组）

类别	指标	骨龄	一		三		五		三		一	
			标准	得分	标准	得分	标准	得分	标准	得分	标准	得分
形态	身高	13	≥156.4	2	≥159.4	6	≥163.3	10	≥167.3	6	≥169.2	2
		14	≥158.9	2	≥161.8	6	≥165.8	10	≥169.9	6	≥171.9	2
		15	≥159.6	2	≥162.6	6	≥166.6	10	≥170.7	6	≥172.6	2
类别	指标	骨龄	一		二		三		四		五	
			标准	得分	标准	得分	标准	得分	标准	得分	标准	得分
形态	指距—身高	13	≥-0.3	1.4	≥0.7	2.8	≥1.9	4.2	≥3.1	5.6	≥4.3	7
		14	≥-0.2	1.4	≥0.8	2.8	≥2.1	4.2	≥3.3	5.6	≥4.5	7
		15	≥0	1.4	≥1.0	2.8	≥2.4	4.2	≥3.6	5.6	≥4.9	7
	皮褶厚	13	≤11.0	1.6			≤8.0	4.8			≤6.0	8
		14	≤11.5	1.6			≤8.5	4.8			≤6.5	8
		15	≤12.0	1.6			≤9.0	4.8			≤7.0	8

机能	心功指数	13	≤12.2	3	≤9.8	6	≤8.8	9	≤7.4	12	≤6.4	15
		14	≤12.2	3	≤9.8	6	≤8.4	9	≤6.8	12	≤5.6	15
		15	≤12.0	3	≤9.8	6	≤8.0	9	≤6.2	12	≤5.0	15
素质	屈臂悬垂	13	≥25	2	≥33	4	≥42	6	≥51	8	≥61	10
		14	≥28	2	≥35	4	≥46	6	≥55	8	≥65	10
		15	≥30	2	≥39	4	≥49	6	≥58	8	≥68	10
	卧撑屈伸腿	13	≥32	1.4	≥36	2.8	≥38	4.2	≥40	5.6	≥43	7
		14	≥34	1.4	≥39	2.8	≥41	4.2	≥43	5.6	≥46	7
		15	≥36	1.4	≥40	2.8	≥42	4.2	≥44	5.6	≥47	7
	1500 米跑	13	≤6:40	1	≤6:27	2	≤6:15	3	≤6:06	4	≤6:01	5
		14	≤6:30	1	≤6:17	2	≤6:05	3	≤5:56	4	≤5:51	5
		15	≤6:20	1	≤6:07	2	≤5:55	3	≤5:46	4	≤5:41	5
协调	方位感觉	13~15	≤6.7	1.6	≤5.6	3.2	≤4.5	4.8	≤3.4	6.4	≤2.3	8
	平衡能力	13	≥15	3.2	≥25	4.8	≥33	7.2	≥44	9.6	≥60	12
		14	≥20	3.2	≥30	4.8	≥38	7.2	≥47	9.6	≥60	12
		15	≥25	3.2	≥34	4.8	≥42	7.2	≥49	9.6	≥60	12
心理	综合反应	13	≤26:10	1.6	≤23:58	3.2	≤21:53	4.8	≤19:43	6.4	≤17:32	8
		14	≤25:03	1.6	≤22:61	3.2	≤20:67	4.8	≤18:68	6.4	≤16:67	8
		15	≤24:17	1.6	≤21:83	3.2	≤19:97	4.8	≤18:07	6.4	≤16:14	8
知识	文化知识	13~15	下	2			中	6			上	10

附表 1–77

射击运动员初级选材标准（12~15 岁　男子组）

类别	指标	骨龄	一		三		五		三		一	
			标准	得分	标准	得分	标准	得分	标准	得分	标准	得分
形态	克托莱指数	12	≥201	3.5	≥242	4.9	≥278	7.0	≥291	4.9	≥305	3.5
		13	≥201	3.5	≥242	4.9	≥278	7.0	≥291	4.9	≥305	3.5
		14	≥223	3.5	≥264	4.9	≥284	7.0	≥306	4.9	≥328	3.5
		15	≥240	3.5	≥282	4.9	≥317	7.0	≥331	4.9	≥344	3.5
类别	指标	骨龄	一		二		三		四		五	
			标准	得分	标准	得分	标准	得分	标准	得分	标准	得分
形态	手长	12	≥16.2	3.0	≥16.6	3.6	≥16.9	4.2	≥17.3	4.8	≥18.1	6.0
		13	≥17.3	3.0	≥17.8	3.6	≥18.2	4.2	≥18.7	4.8	≥19.2	6.0
		14	≥17.4	3.0	≥17.9	3.6	≥18.4	4.2	≥18.9	4.8	≥19.4	6.0
		15	≥17.5	3.0	≥18.0	3.6	≥18.5	4.2	≥19.0	4.8	≥19.5	6.0
	上肢长/身高*100	12~15	≥42.3	3.5	≥42.8	4.2	≥43.3	4.9	≥43.8	5.6	≥44.3	7.0
机能	肺活量/体重	12	≥52.6	3.5	≥58.6	4.2	≥64.6	4.9	≥70.6	5.6	≥76.6	7.0
		13	≥52.9	3.5	≥58.9	4.2	≥64.9	4.9	≥70.9	5.6	≥76.9	7.0
		14	≥53.1	3.5	≥59.1	4.2	≥65.1	4.9	≥71.1	5.6	≥77.1	7.0
		15	≥54.9	3.5	≥60.9	4.2	≥66.9	4.9	≥72.9	5.6	≥78.9	7.0
素质	1000 米跑	12	≤4:44.8	2.5	≤4:31.8	3.0	≤4:18.8	3.5	≤4:05.8	4.0	≤3:52.8	5.0
		13	≤4:38.8	2.5	≤4:25.8	3.0	≤4:12.8	3.5	≤3:59.8	4.0	≤3:46.8	5.0
		14	≤4:29.4	2.5	≤4:16.4	3.0	≤4:03.4	3.5	≤3:50.4	4.0	≤3:37.4	5.0
		15	≤4:21.8	2.5	≤4:08.8	3.0	≤3:55.8	3.5	≤3:42.8	4.0	≤3:29.8	5.0
	俯卧撑	12	≥17	2.5	≥20	3.0	≥23	3.5	≥26	4.0	≥29	5.0
		13	≥22	2.5	≥25	3.0	≥28	3.5	≥31	4.0	≥34	5.0
		14	≥27	2.5	≥30	3.0	≥33	3.5	≥36	4.0	≥39	5.0
		15	≥32	2.5	≥35	3.0	≥38	3.5	≥41	4.0	≥44	5.0

心理	视简单反应时	12	≤250	3.0	≤215	3.6	≤198	4.2	≤180	4.8	≤165	6.0
		13	≤243	3.0	≤211	3.6	≤195	4.2	≤179	4.8	≤157	6.0
		14	≤235	3.0	≤205	3.6	≤190	4.2	≤175	4.8	≤145	6.0
		15	≤228	3.0	≤197	3.6	≤181	4.2	≤166	4.8	≤135	6.0
	时间估计误差	12	≤0.70	2.5	≤0.60	3.0	≤0.50	3.5	≤0.40	4.0	≤0.30	5.0
		13	≤0.68	2.5	≤0.57	3.0	≤0.46	3.5	≤0.35	4.0	≤0.24	5.0
		14	≤0.60	2.5	≤0.50	3.0	≤0.40	3.5	≤0.30	4.0	≤0.20	5.0
		15	≤0.59	2.5	≤0.48	3.0	≤0.37	3.5	≤0.26	4.0	≤0.15	5.0
	肘动觉方位	12	≤7	2.5	≤6	3.0	≤5	3.5	≤4	4.0	≤2	5.0
		13	≤7	2.5	≤6	3.0	≤5	3.5	≤3	4.0	≤2	5.0
		14	≤6	2.5	≤5	3.0	≤4	3.5	≤3	4.0	≤2	5.0
		15	≤6	2.5	≤5	3.0	≤4	3.5	≤3	4.0	≤1	5.0
	用力感	12	≤0.71	4.5	≤0.57	5.4	≤0.44	6.3	≤0.30	7.2	≤0.17	9.0
		13	≤0.68	4.5	≤0.54	5.4	≤0.40	6.3	≤0.26	7.2	≤0.12	9.0
		14	≤0.66	4.5	≤0.52	5.4	≤0.38	6.3	≤0.24	7.2	≤0.10	9.0
		15	≤0.54	4.5	≤0.42	5.4	≤0.30	6.3	≤0.18	7.2	≤0.06	9.0
	手动稳定性	12~15	≥4	4.5	≥5	5.4	≥6	6.3	≥7	7.2	≥8	9.0
	场依存性—场独立性	12	≤6	3.5	≤5	4.2	≤4	4.9	≤3	5.6	≤2	7.0
		13	≤6	3.5	≤5	4.2	≤4	4.9	≤3	5.6	≤2	7.0
		14	≤5	3.5	≤4	4.2	≤3	4.9	≤2	5.6	≤1	7.0
		15	≤5	3.5	≤4	4.2	≤3	4.9	≤2	5.6	≤1	7.0
	焦虑	12~15	≤49.0	2.0	≤43.0	2.4	≤41.0	2.8	≤38.0	3.2	≤35.0	4.0
	智商	12~15		2.5		3.0		3.5		4.0		5.0
协调	选择反应时	12	≤16.9	5.0	≤15.7	6.0	14.2≤	7.0	≤12.9	8.0	≤11.7	10.0
		13	≤16.2	5.0	≤15.0	6.0	≤13.6	7.0	≤12.4	8.0	≤11.3	10.0
		14	≤15.6	5.0	≤14.5	6.0	≤13.2	7.0	≤12.0	8.0	≤10.9	10.0
		15	≤15.1	5.0	≤14.1	6.0	≤12.8	7.0	≤11.7	8.0	≤10.6	10.0
知识	文化知识	12~15		1.5		1.8		2.1		2.4		3.0

附表 1–78

射击运动员初级选材标准（12~15 岁　女子组）

类别	指标	骨龄	一		三		五		三		一	
			标准	得分	标准	得分	标准	得分	标准	得分	标准	得分
形态	克托莱指数	12	≥186	3.5	≥220	4.9	≥257	7.0	≥270	4.8	≥294	3.5
		13	≥215	3.5	≥250	4.9	≥271	7.0	≥295	4.8	≥308	3.5
		14	≥233	3.5	≥268	4.9	≥285	7.0	≥300	4.8	≥324	3.5
		15	≥248	3.5	≥280	4.9	≥308	7.0	≥312	4.8	≥333	3.5

类别	指标	骨龄	一		二		三		四		五	
			标准	得分	标准	得分	标准	得分	标准	得分	标准	得分
形态	手长	12	≥15.2	3.0	≥15.8	3.6	≥16.4	4.2	≥17.0	4.8	≥17.6	6.0
		13	≥15.4	3.0	≥16.0	3.6	≥16.6	4.2	≥17.2	4.8	≥17.8	6.0
		14	≥16.2	3.0	≥16.6	3.6	≥17.0	4.2	≥17.4	4.8	≥17.8	6.0
		15	≥15.4	3.0	≥17.0	3.6	≥17.6	4.2	≥18.2	4.8	≥18.8	6.0
	上肢长/身高 *100	12~15	≥42.0	3.5	≥42.5	4.2	≥43.0	4.9	≥43.5	5.6	≥44.0	7.0
机能	肺活量/体重	12	≥51.9	3.5	≥52.5	4.2	≥53.1	4.9	≥53.7	5.6	≥54.3	7.0
		13	≥49.7	3.5	≥53.7	4.2	≥57.7	4.9	≥61.7	5.6	≥65.7	7.0
		14	≥48.9	3.5	≥52.9	4.2	≥56.9	4.9	≥60.9	5.6	≥64.9	7.0
		15	≥48.1	3.5	≥52.1	4.2	≥56.1	4.9	≥60.1	5.6	≥64.1	7.0
素质	800 米跑	12	≤4:11	2.5	≤3:59	3.0	≤3:47	3.5	≤3:35	4.0	≤3:23	5.0
		13	≤4:11	2.5	≤3:58	3.0	≤3:45	3.5	≤3:33	4.0	≤3:20	5.0
		14	≤4:10	2.5	≤3:58	3.0	≤3:45	3.5	≤3:33	4.0	≤3:20	5.0
		15	≤4:10	2.5	≤3:58	3.0	≤3:45	3.5	≤3:33	4.0	≤3:20	5.0
	俯卧撑	12	≥12	2.5	≥15	3.0	≥15	3.5	≥21	4.0	≥24	5.0
		13	≥15	2.5	≥18	3.0	≥21	3.5	≥24	4.0	≥27	5.0
		14	≥18	2.5	≥21	3.0	≥24	3.5	≥27	4.0	≥30	5.0
		15	≥22	2.5	≥25	3.0	≥28	3.5	≥31	4.0	≥34	5.0

心理	视简单反应时	12	≤245	3.0	≤229	3.6	≤213	4.2	≤198	4.8	≤176	6.0
		13	≤242	3.0	≤226	3.6	≤210	4.2	≤193	4.8	≤173	6.0
		14	≤229	3.0	≤211	3.6	≤193	4.2	≤185	4.8	≤171	6.0
		15	≤227	3.0	≤210	3.6	≤193	4.2	≤182	4.8	≤169	6.0
	时间估计误差	12	≤0.90	2.5	≤0.80	3.0	≤0.70	3.5	≤0.60	4.0	≤0.50	5.0
		13	≤0.80	2.5	≤0.70	3.0	≤0.60	3.5	≤0.50	4.0	≤0.40	5.0
		14	≤0.70	2.5	≤0.60	3.0	≤0.50	3.5	≤0.40	4.0	≤0.30	5.0
		15	≤0.60	2.5	≤0.50	3.0	≤0.40	3.5	≤0.30	4.0	≤0.20	5.0
	肘动觉方位	12	≤9	2.5	≤8	3.0	≤7	3.5	≤6	4.0	≤5	5.0
		13	≤8	2.5	≤7	3.0	≤6	3.5	≤5	4.0	≤4	5.0
		14	≤7	2.5	≤6	3.0	≤5	3.5	≤4	4.0	≤3	5.0
		15	≤6	2.5	≤5	3.0	≤4	3.5	≤3	4.0	≤2	5.0
	用力感	12	≤0.63	4.5	≤0.51	5.4	≤0.39	6.3	≤0.27	7.2	≤0.15	9.0
		13	≤0.60	4.5	≤0.48	5.4	≤0.37	6.3	≤0.26	7.2	≤0.14	9.0
		14	≤0.59	4.5	≤0.47	5.4	≤0.36	6.3	≤0.24	7.2	≤0.13	9.0
		15	≤0.57	4.5	≤0.47	5.4	≤0.35	6.3	≤0.24	7.2	≤0.13	9.0
	手动稳定性	12~15	≥4	4.5	≥5	5.4	≥6	6.3	≥7	7.2	≥8	9.0
	场依存性—场独立性	12	≤6	3.5	≤5	4.2	≤4	4.9	≤3	5.6	≤2	7.0
		13	≤6	3.5	≤5	4.2	≤4	4.9	≤3	5.6	≤2	7.0
		14	≤5	3.5	≤4	4.2	≤3	4.9	≤2	5.6	≤1	7.0
		15	≤5	3.5	≤4	4.2	≤3	4.9	≤2	5.6	≤1	7.0
	焦虑	12~15	≤51.0	2.0	≤44.0	2.4	≤41.0	2.8	≤37.0	3.2	≤34.0	4.0
	智商	12~15		2.5		3.0		3.5		4.0		5.0
协调	选择反应时	12	≤16.8	5.0	≤15.6	6.0	≤14.3	7.0	≤13.1	8.0	≤11.7	10.0
		13	≤16.1	5.0	≤15.0	6.0	≤13.8	7.0	≤12.6	8.0	≤11.3	10.0
		14	≤15.6	5.0	≤14.6	6.0	≤13.4	7.0	≤12.3	8.0	≤11.0	10.0
		15	≤15.2	5.0	≤14.2	6.0	≤13.0	7.0	≤12.0	8.0	≤10.7	10.0
知识	文化知识	12~15		1.5		1.8		2.1		2.4		3.0

附表 1–79　　射箭运动员初级选材标准（12~15 岁　男子组）

类别	指标	骨龄	一		二		三		四		五	
			标准	得分	标准	得分	标准	得分	标准	得分	标准	得分
形态	身高（厘米）	12	≤144.6	0.4	≥146.5	1.2	≥148.5	2.0	≥152.5	2.8	≥156.4	4.0
		13	≤151.3	0.4	≥151.4	1.2	≥155.3	2.0	≥159.3	2.8	≥163.3	4.0
		14	≤158.4	0.4	≥158.5	1.2	≥162.5	2.0	≥166.4	2.8	≥170.4	4.0
		15	≤163.7	0.4	≥163.8	1.2	≥167.8	2.0	≥171.7	2.8	≥175.7	4.0
	指距—身高	12	≤-2.3	0.6	≥-2.2	1.7	≥0.70	2.9	≥3.60	4.0	≥6.50	5.7
		13	≤-2.1	0.6	≥-2.0	1.7	≥1.40	2.9	≥4.80	4.0	≥8.20	5.7
		14	≤-1.6	0.6	≥-1.7	1.7	≥1.80	2.9	≥5.30	4.0	≥8.70	5.7
		15	≤-0.9	0.6	≥-0.8	1.7	≥2.50	2.9	≥5.90	4.0	≥9.20	5.7
	（前臂长+手长）/（指距/2）	12	≤0.479	0.7	≥0.480	2.1	≥0.486	3.6	≥0.498	5.0	≥0.504	7.1
		13	≤0.482	0.7	≥0.483	2.1	≥0.489	3.6	≥0.501	5.0	≥0.507	7.1
		14	≤0.483	0.7	≥0.484	2.1	≥0.490	3.6	≥0.502	5.0	≥0.508	7.1
		15	≤0.482	0.7	≥0.483	2.1	≥0.489	3.6	≥0.501	5.0	≥0.507	7.1
	钩弦纹（厘米）	12	≥0.90	0.4	≤0.80	1.3	≤0.70	2.0	≤0.50	2.9	≤0.40	4.2
		13	≥0.90	0.4	≤0.80	1.3	≤0.70	2.0	≤0.50	2.9	≤0.40	4.2
		14	≥0.90	0.4	≤0.80	1.3	≤0.70	2.0	≤0.50	2.9	≤0.40	4.2
		15	≥1.00	0.4	≤0.90	1.3	≤0.80	2.0	≤0.60	2.9	≤.50	4.2
机能	肺活量/体重（毫升/千克）	12	≤51.7	1.3	≥51.8	3.8	≥57.0	6.3	≥64.3	8.8	≥70.4	12.5
		13	≤57.6	1.3	≥57.7	3.8	≥63.6	6.3	≥70.5	8.8	≥75.6	12.5
		14	≤58.7	1.3	≥58.8	3.8	≥64.4	6.3	≥71.0	8.8	≥76.3	12.5
		15	≤60.8	1.3	≥60.9	3.8	≥66.5	6.3	≥72.3	8.8	≥77.9	12.5

素质	拉弓稳定时间/体重（秒/千克）	12	≤0.466	0.4	≥0.467	1.3	≥0.561	2.1	≥0.655	2.9	≥0.750	5.7
		13	≤0.583	0.4	≥0.584	1.3	≥0.681	2.1	≥0.778	2.9	≥0.876	5.7
		14	≤0.708	0.4	≥0.709	1.3	≥0.811	2.1	≥0.914	2.9	≥1.016	5.7
		15	≤0.794	0.4	≥0.795	1.3	≥0.915	2.1	≥1.035	2.9	≥1.154	5.7
	下肢静止耐力(分、秒)	12	≤2:29	0.2	≥2:30	0.7	≥3:24	1.2	≥5:34	1.7	≥7:34	2.4
		13	≤2:57	0.2	≥2:58	0.7	≥3:59	1.2	≥5:59	1.7	≥7:59	2.4
		14	≤2:59	0.2	≥3:00	0.7	≥4:30	1.2	≥6:30	1.7	≥8:30	2.4
		15	≤3:13	0.2	≥3:14	0.7	≥4:57	1.2	≥6:57	1.7	≥8:57	2.4
	肩关节柔韧性（厘米）	12	≥63.2	0.6	≤63.1	1.8	≤56.4	3.0	≤52.9	4.1	≤50.2	5.9
		13	≥63.2	0.6	≤63.1	1.8	≤56.4	3.0	≤52.9	4.1	≤50.2	5.9
		14	≥63.2	0.6	≤63.1	1.8	≤56.4	3.0	≤52.9	4.1	≤50.2	5.9
		15	≥69.8	0.6	≤69.7	1.8	≤63.0	3.0	≤60.5	4.1	≤57.8	5.9
心理	声反应时（毫秒）	12	≥216	0.2	≤215	0.6	≤194	1.0	≤174	1.4	≤154	2.0
		13	≥209	0.2	≤208	0.6	≤188	1.0	≤167	1.4	≤148	2.0
		14	≥203	0.2	≤202	0.6	≤183	1.0	≤163	1.4	≤143	2.0
		15	≥199	0.2	≤198	0.6	≤178	1.0	≤158	1.4	≤138	2.0
	综合反应总错次	12~15	≥32	0.2	≤31	0.7	≤22	1.2	≤18	1.7	≤15	2.4
	综合反应波动指数	12~15	≥9.03	0.2	≤9.02	0.6	≤6.48	1.1	≤5.37	1.5	≤4.18	2.1
	综合反应最优组（毫秒）	12	≥28.75	0.3	≤28.74	0.9	≤27.79	1.5	≤22.50	2.1	≤19.84	3.0
		13	≥27.28	0.3	≤27.27	0.9	≤26.37	1.5	≤21.34	2.1	≤18.83	3.0
		14	≥26.16	0.3	≤26.15	0.9	≤25.29	1.5	≤20.47	2.1	≤18.05	3.0
		15	≥25.27	0.3	≤25.26	0.9	≤24.43	1.5	≤19.77	2.1	≤17.44	3.0

心理	手动稳定性（孔数）	12	≤2	0.2	≥3	0.5	≥4	1.6	≥5	2.2	≥6	3.2
		13	≤2	0.2	≥3	0.5	≥4	1.6	≥5	2.2	≥6	3.2
		14	≤3	0.2	≥4	0.5	≥5	1.6	≥6	2.2	≥7	3.2
		15	≤3	0.2	≥4	0.5	≥5	1.6	≥6	2.2	≥7	3.2
	用力感	12	≥0.201	0.2	≤0.20	0.5	≤0.15	0.9	≤0.12	1.3	≤0.10	1.8
		13	≥0.191	0.2	≤0.19	0.5	≤0.14	0.9	≤0.11	1.3	≤0.09	1.8
		14	≥0.221	0.2	≤0.22	0.5	≤0.17	0.9	≤0.14	1.3	≤0.12	1.8
		15	≥0.221	0.2	≤0.22	0.5	≤0.17	0.9	≤0.14	1.3	≤0.12	1.8
	场依存性—场性（度）	12~15	≥4.46	0.3	≤4.45	0.9	≤3.48	1.5	≤2.50	2.1	≤1.83	1.8
	静力性平衡能力（秒）	12	≤2.9	0.2	≥3.0	0.7	≥4.2	1.1	≥5.8	1.5	≥7.2	2.2
		13	≤3.9	0.2	≥4.0	0.7	≥4.2	1.1	≥9.2	1.5	≥11.80	2.2
		14	≤3.9	0.2	≥4.0	0.7	≥4.2	1.1	≥9.2	1.5	≥11.80	2.2
		15	≤3.9	0.2	≥4.0	0.7	≥4.2	1.1	≥9.2	1.5	≥11.80	2.2
	性格调查	12~15		0.4		1.2		2.0		2.8		4.0
	操作思维时间（秒）	12	≥12.1	0.6	≤12.0	1.8	≤10.2	3.0	≤8.50	4.2	≤6.60	6.0
		13	≥12.1	0.6	≤12.0	1.8	≤10.2	3.0	≤8.50	4.2	≤6.60	6.0
		14	≥11.61	0.6	≤11.6	1.8	≤9.80	3.0	≤8.30	4.2	≤6.20	6.0
		15	≥11.5	0.6	≤11.4	1.8	≤9.67	3.0	≤8.10	4.2	≤6.00	6.0
	操作思维步数（步）	12	≥13.4	0.6	≤13.3	1.8	≤11.7	3.0	≤10.2	4.2	≤8.9	6.0
		13	≥13.4	0.6	≤13.3	1.8	≤11.7	3.0	≤10.2	4.2	≤8.9	6.0
		14	≥12.91	0.6	≤12.9	1.8	≤11.3	3.0	≤9.8	4.2	≤8.5	6.0
		15	≥12.8	0.6	≤12.7	1.8	≤11.1	3.0	≤9.8	4.2	≤8.3	6.0
技术	专项技术	12~15	≥0.5	2.2			≥1.2	11			≥2.0	22

附表 1–80　射箭运动员初级选材标准（12~15 岁　女子组）

类别	指标	骨龄	一		二		三		四		五	
			标准	得分	标准	得分	标准	得分	标准	得分	标准	得分
形态	身高（厘米）	12	≤152.4	0.4	≥152.5	1.2	≥154.3	2.0	≥157.9	2.8	≥159.8	4.0
		13	≤157.1	0.4	≥157.2	1.2	≥159.1	2.0	≥162.8	2.8	≥167.4	4.0
		14	≤160.4	0.4	≥160.5	1.2	≥162.4	2.0	≥166.3	2.8	≥168.1	4.0
		15	≤162.5	0.4	≥162.6	1.2	≥164.5	2.0	≥168.4	2.8	≥170.3	4.0
	指距—身高	12	≤−1.7	0.6	≥−1.6	1.7	≥−0.3	2.9	≥2.30	4.0	≥4.90	5.7
		13	≤−2.3	0.6	≥−2.2	1.7	≥0.50	2.9	≥3.10	4.0	≥5.60	5.7
		14	≤−2.3	0.6	≥−2.2	1.7	≥0.70	2.9	≥3.30	4.0	≥5.80	5.7
		15	≤−2.3	0.6	≥−2.2	1.7	≥0.70	2.9	≥3.30	4.0	≥5.80	5.7
	（前臂长+手长）/（指距/2）	12	≤0.4711	0.7	≥0.4712	2.1	≥0.4772	3.6	≥0.4892	5.0	≥0.4952	7.1
		13	≤0.4730	0.7	≥0.4731	2.1	≥0.4791	3.6	≥0.4911	5.0	≥0.4971	7.1
		14	≤0.4712	0.7	≥0.4713	2.1	≥0.4773	3.6	≥0.4893	5.0	≥0.4953	7.1
		15	≤0.4693	0.7	≥0.4694	2.1	≥0.4754	3.6	≥0.4874	5.0	≥0.4934	7.1
	钩弦纹（厘米）	12	≥0.90	0.4	≤0.80	1.3	≤0.70	2.0	≤0.50	2.9	≤0.40	4.2
		13	≥0.90	0.4	≤0.80	1.3	≤0.70	2.0	≤0.50	2.9	≤0.40	4.2
		14	≥0.90	0.4	≤0.80	1.3	≤0.70	2.0	≤0.50	2.9	≤0.40	4.2
		15	≥1.00	0.4	≤0.90	1.3	≤0.80	2.0	≤0.60	2.9	≤0.50	4.2
机能	肺活量/体重（毫升/千克）	12	≤51.7	1.3	≥51.8	3.8	≥57.9	6.3	≥64.3	8.8	≥70.4	12.5
		13	≤50.1	1.3	≥50.2	3.8	≥55.8	6.3	≥61.8	8.8	≥67.6	12.5
		14	≤49.8	1.3	≥49.9	3.8	≥54.4	6.3	≥61.2	8.8	≥66.7	12.5
		15	≤49.2	1.3	≥49.3	3.8	≥54.7	6.3	≥60.2	8.8	≥65.5	12.5

素质	拉弓稳定时间/体重（秒/千克）	12	≤0.574	0.4	≥0.575	1.3	≥0.691	2.1	≥0.807	2.9	≥0.902	5.7
		13	≤0.594	0.4	≥0.595	1.3	≥0.715	2.1	≥0.835	2.9	≥0.955	5.7
		14	≤0.594	0.4	≥0.595	1.3	≥0.715	2.1	≥0.835	2.9	≥0.955	5.7
		15	≤0.594	0.4	≥0.595	1.3	≥0.715	2.1	≥0.835	2.9	≥0.955	5.7
	下肢静止耐力(分、秒)	12	≤2:23.	0.2	≥2:34.	0.7	≥3:18.	1.2	≥4:03.	1.7	≥4:48.	2.4
		13	≤2:48.	0.2	≥2:49.	0.7	≥3:28.	1.2	≥4:27.	1.7	≥5:16.	2.4
		14	≤2:50.	0.2	≥2:51.	0.7	≥3:40.	1.2	≥4:30.	1.7	≥5:20.	2.4
		15	≤2:53.	0.2	≥2:54.	0.7	≥3:43.	1.2	≥4:34.	1.7	≥5:24.	2.4
	肩关节柔韧性(厘米)	12	≥57.0	0.6	≤56.9	1.8	≤52.4	3.0	≤48.6	4.1	≤44.7	5.9
		13	≥57.0	0.6	≤56.9	1.8	≤52.4	3.0	≤48.6	4.1	≤44.7	5.9
		14	≥62.7	0.6	≤62.6	1.8	≤57.5	3.0	≤53.2	4.1	≤47.3	5.9
		15	≥65.4	0.6	≤65.5	1.8	≤60.1	3.0	≤55.8	4.1	≤50.6	5.9
心理	声反应时(毫秒)	12	≥248	0.2	≤247	0.6	≤224	1.0	≤201	1.4	≤177	2.0
		13	≥241	0.2	≤240	0.6	≤217	1.0	≤194	1.4	≤171	2.0
		14	≥234	0.2	≤233	0.6	≤211	1.0	≤188	1.4	≤166	2.0
		15	≥228	0.2	≤227	0.6	≤206	1.0	≤186	1.4	≤162	2.0
	综合反应总错次(次)	12~15	≥33	0.2	≤32	0.7	≤23	1.2	≤19	1.7	≤16	2.4
	综合反应波动指数	12~15	≥9.91	0.2	≤9.90	0.6	≤7.12	1.1	≤5.80	1.5	≤4.55	2.1
	综合反应最优组(毫秒)	12	≥34.87	0.3	≤34.86	0.9	≤31.32	1.5	≤24.24	2.1	≤20.69	3.0
		13	≥33.17	0.3	≤33.16	0.9	≤29.78	1.5	≤23.05	2.1	≤19.68	3.0
		14	≥31.87	0.3	≤31.86	0.9	≤28.60	1.5	≤22.13	2.1	≤18.87	3.0
		15	≥30.77	0.3	≤30.76	0.9	≤27.60	1.5	≤21.40	2.1	≤18.26	3.0

心理	手动稳定性（孔数）	12	≤2	0.2	≥3	0.5	≥4	1.6	≥5	2.2	≥6	3.2
		13	≤2	0.2	≥3	0.5	≥4	1.6	≥5	2.2	≥6	3.2
		14	≤3	0.2	≥4	0.5	≥5	1.6	≥6	2.2	≥7	3.2
		15	≤3	0.2	≥4	0.5	≥5	1.6	≥6	2.2	≥7	3.2
	用 力 感	12	≥0.211	0.2	≤0.21	0.5	≤0.16	0.9	≤0.13	1.3	≤0.11	1.8
		13	≥0.201	0.2	≤0.20	0.5	≤0.15	0.9	≤0.12	1.3	≤0.10	1.8
		14	≥0.231	0.2	≤0.23	0.5	≤0.18	0.9	≤0.15	1.3	≤0.13	1.8
		15	≥0.231	0.2	≤0.23	0.5	≤0.18	0.9	≤0.15	1.3	≤0.13	1.8
	场依存性—场性（度）	12~15	≥4.95	0.3	≤4.94	0.9	≤4.14	1.5	≤3.13	2.1	≤1.90	1.8
	静力性平衡能力（秒）	12	≤2.9	0.2	≥3.0	0.7	≥4.2	1.1	≥5.8	1.5	≥7.2	2.2
		13	≤3.1	0.2	≥3.2	0.7	≥5.6	1.1	≥8.4	1.5	≥11.00	2.2
		14	≤3.1	0.2	≥3.2	0.7	≥5.6	1.1	≥8.4	1.5	≥11.00	2.2
		15	≤3.1	0.2	≥3.2	0.7	≥5.6	1.1	≥8.4	1.5	≥11.00	2.2
	性格调查	12~15		0.4		1.2		2.0		2.8		4.0
	操作思维时间（秒）	12	≥13.1	0.4	≤13.0	1.2	≤11.2	2.0	≤9.50	2.8	≤7.60	4.0
		13	≥13.1	0.4	≤13.0	1.2	≤11.2	2.0	≤9.50	2.8	≤7.60	4.0
		14	≥12.7	0.4	≤12.6	1.2	≤10.8	2.0	≤9.30	2.8	≤7.20	4.0
		15	≥12.5	0.4	≤12.4	1.2	≤10.6	2.0	≤9.10	2.8	≤7.00	4.0
	操作思维步数（步）	12	≥13.8	0.4	≤13.7	1.2	≤12.1	2.0	≤10.6	2.8	≤9.3	4.0
		13	≥13.8	0.4	≤13.7	1.2	≤12.1	2.0	≤10.6	2.8	≤9.3	4.0
		14	≥13.4	0.4	≤13.3	1.2	≤11.7	2.0	≤10.2	2.8	≤8.9	4.0
		15	≥13.2	0.4	≤13.1	1.2	≤11.5	2.0	≤10.0	2.8	≤8.7	4.0
技术	专项技术	12~15	≥0.5	2.2			≥1.2	11			≥2.0	22

注：附录中的表 1~表 62 摘引自曾繁辉、王路德、邢文华等著. 运动员科学选材. 人民体育出版社，1992 年版。表 63~表 80 摘引自钟添发、田麦久、王路德等著. 运动员竞技能力模型与选材标准. 人民体育出版社，1994 年版。